历史人物传奇系列

■ 李　楠
■ 张　蕊
　　　——编著

你方唱罢
我登场

中国历代

皇帝

观览

中国文史出版社
CHINA CULTURAL AND HISTORICAL PRESS

图书在版编目（CIP）数据

你方唱罢我登场：中国历代皇帝观览：全2册 / 李楠，张蕊编著 . -- 北京：中国文史出版社，2018. 7

ISBN 978-7-5205-0497-3

Ⅰ . ①你… Ⅱ . ①李… ②张… Ⅲ . ①皇帝—列传—中国 Ⅳ . ① K827=2

中国版本图书馆 CIP 数据核字（2018）第 198877 号

责任编辑：殷旭

出版发行：**中国文史出版社**

网　　址：www. wenshipress. com

社　　址：北京市西城区太平桥大街 23 号　邮编：100811

电　　话：010-66173572　66168268　66192736（发行部）

传　　真：010-66192703

录　　排：沁雨心录排部

印　　装：廊坊市海涛印刷有限公司

经　　销：全国新华书店

开　　本：16 开

印　　张：39　　字数：468 千字

版　　次：2019 年 2 月北京第 1 版

印　　次：2019 年 2 月第 1 次印刷

定　　价：98. 00 元（全 2 册）

前　言

中国是一个具有漫长封建历史的古国。从公元前 221 年秦始皇统一中国到 1911 年辛亥革命爆发，满清王朝被推翻，帝制在中国延续了两千多年。

时势造英雄，也造就了历代皇帝。在中国历史的长河中，经历了秦、两汉、三国、两晋、南北朝、隋、唐、五代、宋、元、明、清等诸多朝代。在朝代的不断更迭中，从秦始皇到溥仪，400 多位帝王先后登上了历史的舞台。不论是一统天下的君王，还是割据一方作威作福的霸王，都在中国复杂而混乱的历史上留下了自己的痕迹。他们当中，有的是功高天下，为苍生造福的明主仁君，如汉文帝、唐太宗、朱元璋、康熙皇帝等。他们握天下苍生之命，知道百姓的困苦和艰难，因而为天下做了不少好事。像朱元璋这样的人物，尽管有其残忍的一面，实行的许多政策却实实在在是为百姓着想，因为他自己出身于贫苦的农民，经历了无数的困苦和磨难。有不少皇帝，是威震天下的雄主，如秦始皇、汉武帝、成吉思汗、忽必烈等，他们的功名，大都建立在杀人盈野、流血漂杵的基础上。对他们自己的王朝而言，这样的雄主也许是幸事；对天下百姓而言，这样的雄主却意味着深重的灾难。中国的皇帝，既包括秦皇汉武、唐宗宋祖这些或以盖世武功称霸于世，或以绝妙文采震烁古今，或以雄韬伟略彪炳史册的英主；也涵盖了汉献蜀后、晋惠隋炀这些或因软弱无能而失国，或因昏庸无道而身死的昏君。他们共同铸就了一部洋洋洒洒长达 4000 多年的王朝史。皇帝这个身份给他们的感觉却存在着天壤之别，有叹息流涕者，有志得意满者，有战战兢

前　言

兢者，也有胸有成竹者。无论是在处理与朝臣、外戚、皇族、百姓的关系上，还是在重大决策的执行上，他们都展现出了各自不同的姿态。

历史的风风雨雨，常常让我们感慨良多。秦始皇的一统天下，三国时期的群雄逐鹿，大唐帝国的起伏兴衰，康乾盛世中的危机暗藏，天朝大国唯我独尊的美梦破灭……王朝更迭的硝烟与战火、百姓臣民的不屈与抗争等，无不时时拨动着我们的神经，触发着我们的情感。时间可以磨去历史的棱角，却无法抚平史书中的记忆；历史的车轮碾过每个人的心，留下深深的辙痕。历史是人民写就的，但我们不得不承认，史书中的记载，更多的是对于帝王将相的描述。

在中国 2000 多年漫长的封建社会里，皇帝是国家的最高统治者，是封建专制统治的象征与代表，拥有法律制定权、行政决策权和军事权等绝对权力，唯我独尊，独断乾坤，决定着国家的命运与臣民的生死荣辱。他们在中国历史上，是每个时期的统治阶级的总代表，他们在政治上的一切举措、作为，最能反映出封建政治的本质与特征，显示出封建社会至高无上的专制集权主义——皇权的实质。

皇帝作为古代历史的重要角色之一，是当时左右和影响国家、民族的关键人物。我们编纂本书，是想较全面地反映历代皇帝的各个方面，研究他们的生平事迹、功过是非、治乱兴替，可以揭示中国古代社会由乱到治、由治到乱以及繁荣衰败的内在规律，诠释中华民族嬗变兴替的过程。在一定意义上事关国家兴衰、民族兴亡、个人成败，对我们现代人有着极大的借鉴意义。由于学识所限，不足之处在所难免，还望读者批评指正。

第一章　中国古代皇帝概述

第二章　秦汉时期的著名皇帝

第三章 三国两晋南北朝时期的著名皇帝

第四章　隋唐五代时期的著名皇帝

第五章　宋辽夏金元时期的著名皇帝

第六章 明清时期的著名皇帝

第一章

中国古代皇帝概述

第一节　皇帝的由来

皇帝的鼻祖——三皇五帝

早在远古时代，中国是没有皇、帝、王之类的人物的。我们通过诸多史书得知，那时的世界，可谓"天地玄黄，宇宙洪荒"；山林之中，虎啸猿啼，狼奔蛇走；平川之上，野草苃苃，树木苍苍；人类的老祖先们藏身于山洞巢穴之中，以树叶、树皮遮羞防寒，靠石头做成的武器抵御野兽的侵害，并猎取这些野兽以填饱肚皮。后来又发展到用石头制成的工具进行耕作，以维持生存。

至于人与人之间的关系，《吕氏春秋·恃君览》介绍说："昔太古尝无君矣，其民聚生群处，知母不知父，无亲戚、兄弟、夫妻、男女之别，无上下长幼之道，无进退揖让之礼。"这个人们知母不知父的时期，被现在的历史学家称之为"母系氏族社会"。也就是说，在一个氏族中，一切由女性当家做主。人与人之间相互平等，既无穷富尊卑之分，也无什么"纲常""礼教"之说，大家见了面，谁也用不着向谁下跪磕头，或战战兢兢、恭听训教，故又被历史学家冠以一个十分美好的词汇，名曰："大同社会"。

母系氏族社会发展到父系氏族社会之后，群居一地的人开始形成部落，人们开始有了私有财产，而由于私有财产的多寡不同，人与人之间不再是平等无尊卑之分。人们对于私有财产所带来的好处已经看得明明白白，并开始进行无止境的追求。人的占有欲膨胀到一定程度，便不择手段，对别人的财产采取"拿来主义"，于是部落之间为掠夺财富和人口而引起的攻伐连绵不断，"大同社会"的平静被彻底打破。

人们不但要与大自然做斗争，为改变自己的生存状态而进行种种发明创造，还要抵御其他部落的侵略与掠夺。于是，每一个部落都需要一位有号召力、凝聚力的智勇兼备的人物来做首领，一些人开始被大家推举为部落的酋长。各部落内部均形成一个政治权力中心，而酋长便是这个中心的领袖人物。

从此，帝王开始接二连三、热热闹闹地登上中国历史舞台。

伏羲女娲

见诸于史籍的最早的帝王是"三皇五帝"，所谓"三皇"，史家有不同的说法，一说是指燧人、伏羲、神农；一说是燧人、女娲、神农，而常见的说法则是指燧人、伏羲、神农三氏。

关于三皇的神话传说很多，总之是说他们神通广大，法力无边。其中比较可信的传说是：燧人氏发明了钻木与击石取火的方法，并用火种点燃柴草，将禽兽的肉烤熟了吃，改变了初民们茹毛饮血的生活方式，即所谓"钻燧取火，以化腥臊"；伏羲氏发明了可以远距离射杀野兽的弓箭，并以绳结网，用来捕兽打鱼，即所谓"做结绳而为网罟，以佃以渔"，捕捉到活的禽兽，一时吃不完，便将其饲养起来，以备不时之需；神农氏发明了可以耕地的农具，使人们开始大面积种起庄稼，即所谓"斫木为耜，揉木为耒"，并亲尝百草，发现了许多可食的植物和可以用来治病的药材……

轩辕黄帝雕塑

总之，这些连姓名都没留下的大人物是远古时代的发明家兼部落酋长。"皇"的伟大头衔，显然是后人加给的。至于他们是否享有"皇"的权力，虽然没有多少文字可寻，但从《史记·五帝本纪》中可以看出，神农氏时代已经形成部落联盟，而神农氏便是部落联盟的最高领导人。他领导的那些部落，则被司马迁先生称为"诸侯"。又有记载，神农氏以火德王天下，故称"炎帝"，但正史中却并无这位"帝"的位置。

"五帝"则是有名有姓的人物，关于他们的种种历史记载，也介于神、人之间，这五帝是：黄帝、颛顼、帝喾、尧、舜。《史记》开篇便对这五人做了介绍，而黄帝，是进入正史的最早的帝王，也可以说是以后各代帝王的鼻祖。

黄帝本姓公孙，因久居姬水，后改姓姬。又因居住于轩辕之丘而号"轩辕"，又号"有熊氏"。姬轩辕和他的部落生活在黄河中下游以北地区。司马迁先生说他："生而神灵，弱而能言，幼而徇齐，长而敦敏，成而聪明。"这一番形容，是说姬轩辕一生下来就神奇得很，在别的孩子还不会说话的年龄，他就会说话，幼小时才智已很成熟完备，到了成年，更是聪明绝顶，诸事明辨。总之是说这位中国皇帝的老祖宗非同凡品。

《史记·五帝本纪》曰："轩辕之时，神农氏世衰。诸侯相侵伐，暴虐百姓，而神农氏弗能征。于是轩辕乃习用干戈，以征不享，诸侯咸来宾从。"也就是说，当时炎帝神农氏威信越来越低，失去了维持部落联盟安定团结的能力，各部落之间征战掠夺，致使百姓陷于苦难之中。于是，有杰出的政治、军事才能的轩辕通过战争结束了这种混乱局面，成为诸酋长中的领袖。

又有传说称，姬轩辕发明了车船弓箭，将衣服染成五颜六色，他的大老婆嫘祖发明了养蚕。姬轩辕还驯养熊、罴、貔、貅等野兽，在与其他部落作战时，把这些猛兽放出来攻击对手，把敌人打得落花流水。

姬轩辕起先不过是一个大部落的酋长，他率领部落几经征战，先后打败了九黎、蚩尤等部落，又与炎帝率领的姜姓部落在阪泉（今河北省涿鹿东南）一带展开三次血战，大获全胜，姜姓部落从此被姬轩辕所吞并，于是"诸侯咸尊轩辕为天子，代神农氏"，皇帝的鼻祖自此隆重登场。

黄帝以后的几任君王：少暤、颛顼、帝喾、挚，都是姬轩辕的子孙，这些人得以弄个"帝"的头衔，大概都是靠沾老祖宗的光，史籍对他们有何特殊才能，几乎没有什么文字记载，《史记·五帝本纪》对此二人也是一笔带过，看来这些人皆一辈子碌碌无为，没有多大成就。到了尧、舜时代，司马迁先生才开始大做文章。

皇权的象征——专制制度

从秦代建立皇帝制度起，到清王朝被推翻的 2000 多年，中国一直处在专制皇权的统治之下。专制皇权支配着整个社会的政治生活、经济生活、社会生活和文化生活，高度膨胀的皇权是中央集权专制政治的轴心，皇帝是最高统治权力的执掌者和象征。

中国古代政治制度的发展变化，总是围绕着皇权这根主轴来运动，一应军、政、财、刑、文等制度的建立和修订，总是依据在位皇帝的统治利益和运用方便作为取舍的标准。其指导思想是尽可能维护和强化朝廷的统治地位，体现和扩大皇帝的权威。专制皇权是中国古代政治制度的灵魂与核心。

专制皇权高于一切，支配一切。从行政方面看，就职官的设置及其实际职、权、责的演变而言，以皇权为核心的封建官制体系，呈现为辐射状向全国各级伸展而构成网络性的结构。历代皇帝总是要极力保持和加强对这张网的绝对控制，并为此目的而不时地进行调节。中国古代官制的演变轨迹，大体上是将国君或皇帝在宫内的身边侍从人员逐渐转化为朝廷的正式官吏，由职秩较低的事务性小官吏转化为官阶较高、拥有相当权力的政务官僚，其中的少数人曾执掌过很大的实权。当这些部门或官僚的权势足以构成对皇权的威胁时，皇帝又以新的机构和新的亲信侍从人员取而代之的。同时，皇帝们也总是用这些内朝官来与外朝官相互牵制、相互制衡，以便于皇帝灵活控制。总之，是否继续拥有对官制的绝对控制和调整的权力，是否能继续行使对文武官吏绝对人事任免的权力，乃是皇帝能否保住皇权的主要标志之一。

从法律方面而言，中国古代的法律以刑法为主，主要职能是维护专制皇权，打击的主要对象是任何敢于侵犯（哪怕是过失的）皇权的人。自隋唐至明清，在各代颁布的法典中，无不把触犯皇权的"十恶"之罪列于刑章之首，对犯了"十恶"之条的罪人以最残酷的刑罚予以惩治。在专制制度下，皇帝集最高立法权和司法权于一身，他的诏、令、敕、

神圣而又高贵的龙椅

谕都具有绝对的法律效力，他对一切重大及疑难案件都拥有最高的裁决权。历代王朝都以法律的强制力来无微不至地捍卫着专制皇权。

就经济制度而言，在专制制度下，主要以赋税制度为主。赋税制度与国家的财政收支密切相关，历代变法的目的主要是为了增加财政收入，小农经济是专制皇权的基础，所以历代都巩固它，商品经济不利于皇权统治，所以历代王朝，采取重农抑商的政策。虽然历代皇帝都希望风调雨顺、物阜民丰，甚至动用国家财力，组织人力物力、治理河道等，共同的目的是维护皇权统治的稳定。

就宗教方面而言，中国的宗教从没有获得过像西欧的基督教、阿拉伯人的伊斯兰教以及印度的佛教等那么高的权威，它一直处在专制皇权的笼罩与控制之下。特别是汉代董仲舒"罢黜百家，独尊儒术"的建议被汉武帝采纳后，儒学成了官方的意识形态，它虽然不是宗教，但却发挥着宗教的功能。在古代中国，专制皇帝不仅不受宗教的任何约束，而且他还可以把宗教变成维护其统治的工具。唐太宗李世民时是一道、二儒、三佛，武则天做皇帝时便是一佛、二儒、三道。佛教是外来宗教，它传入中国后，对儒学冲击很大，专制皇帝绝不能任其发展，于是便有了北魏太武帝、北周武帝、唐武宗、后周世宗的灭佛事件。佛教要求生存与发展，就必须改变自身以适应皇权的需要，因为宗教的盛衰与帝王的好恶直接相关，专制皇权是决定宗教命运的绝对力量。历代皇帝对佛、道等宗教的态度是既利用其为皇权服务，又不允许其过度的发展。任何外来宗教只有迎合皇权统治的需要，才得以立足。明末，西方基督教传入中国，只是荡起一点点小小的涟漪，由于它不愿改变自己，不向皇权稽首，不跪拜皇帝，最后不得不悄然退出中国。

从思想文化方面而言，专制皇权对思想文化的控制是和它对政治、经济、军事、司法等方面的控制有机地结合在一起的。历朝历代的法律都严惩思想犯罪，屡兴文字之祸，以打击异端邪说。皇帝不仅是政治上的最高权威，同时也是思想文化方面的最高权威。

在皇权专制下的古代中国，不论是经济、文化，还是艺术、宗教，凡是有利于皇权的都能得到发展，反之将失去存在的条件。皇权高于一切、决定一切、涵盖一切、支配一切，这是中国古代政治史的突出特点。

第二节　皇位继承与皇嗣制度

武力夺取皇位

中华民族几千年来，每一次朝代更迭，几乎都是大规模战争的结果。而在推翻前朝政权的战争中，不知多少人在通往龙椅的险途上浴血搏杀，或死于竞争者的刀剑之下，或踏着失败者如山的尸骨登上龙椅，当上了皇帝。靠武力夺取帝位的第一类人是诸侯番将、皇亲贵胄、功臣勋旧，总之是一些手握兵权、有武力可用的人。他们一旦觉得自己兵多将广，"取而代之"的野心就渐渐膨胀。终于在一个他们自以为适当的时机，找一个证明自己"师出有名"的借口，开始了夺取帝位的血腥搏杀。

靠武力夺取帝位的第二类人是生活在社会底层的民众。他们或是饱受暴官恶吏的欺压而啸聚山林，或是为繁重的税负徭役所苦而聚众闹事，开始他们只是与官府对抗，后来响应者日重，势力越来越大，待到队伍壮大到一定程度之时，他们的矛头便直指朝廷，要以武力将皇帝拉下马。有的人则是在"天下大乱，群雄并起"之时，加入某个举事的队伍，或拉起一帮人马，后来在征战中崛起，成为帝位的角逐者。如刘邦、黄巢、朱元璋、李自成、洪秀全等，均属此类。

列宁说："历史上常常有这样的战争，它们虽然像一切战争一样不可避免地带来种种惨祸、暴行、灾难和痛苦，但是它们仍然是进步的战争，也就是说，它们有利于人类的发展，有利于破坏特别有害的反动的制度。"遗憾的是，中国在清朝灭亡以前，这种有利于破坏特别有害的反动的制度的战争，就不曾有过，所谓"百代皆施秦政法"，一场战争推翻了一个旧王朝之后，新皇帝又建立了一个新王朝，但其特别有害的制度却没有变。坐稳了龙椅的刘邦、朱元璋不会改变旧有的制度，黄巢、李自成、洪秀全如果坐稳了龙椅，也不会改变旧有的制度。只要当上皇帝，江山便成了自己的家当，并且可以名正言顺地传给子孙，还有什么制度比这种制度更能满足人的私欲！

黑格尔先生有言："中国的历史从本质上看，是没有历史的。它只是君主覆灭的一再重复而已，任何进步都不可能从中产生。"黑格尔的说法，未免有些过激，中国的历史，不是没有任何进步，而是其进步十分缓慢，其原因就是新王朝取代旧王朝，然后再被新王朝取代的历史，是2000年换汤不换药的政治体制所造成的。

皇位的禅让制

以和平方式接受前任帝王让出的帝位，名曰"禅代"。禅代需有一个前提，那就是得有人愿意把帝位让出来。

禅让又分"外禅"与"内禅"。所谓"外禅"，即是把帝位让给外姓的人，尧、舜禹时期，实行的便是外禅。所谓"内禅"，即是把帝位让给自己的儿孙或弟兄，如宋徽宗提先把帝位让给宋钦宗，便是内禅。

皇位的继承

太子为一国之储君，亦是未来的君主。历代封建王朝对确立皇储都十分重视，皇储一旦确立，对他们的教育训导，自然也成为王朝内部一项重要的政务。

这样，在朝廷内就有了各种名目的机构，各种品秩的经过皇帝精心挑选的官员，不折不扣地贯彻皇帝对太子的种种教育意图，千方百计地要把太子造就成为未来一代明君。汉代，在确立皇嗣继承制度的同时，还建立了一套为嗣皇服务的东宫官系统。皇太子既为国家之储君，为了保证其将来能胜任治国之重任，汉代特设称为太傅、少傅的太子师傅之官，负责对太子的教育、培训。

殷周时期，已设有太傅，与太师、太保合称三公。秦朝亦设立，因秦未预立太子，实形同虚设。至汉代，远古已有之制才恢复起来。

汉代，太子太傅、少傅的地位不断提高。至东汉时，对太傅、少傅的秩禄、职掌做了明确规定："太子太傅一人，中二千石"，"职掌辅导太子，礼如师，不领官司属"，"太子少傅，二千石"。"亦以辅导为职，悉主太子属官。"太子太傅、少傅还有为数不少的属官，主要有太子率更令、太子庶子、太子舍人、太子家令、太子仓令、太子食官令、太子仆、太子厩长、太子门大夫、太子中庶子、太子洗马、太子中盾、太子卫率等。

隋唐时期，东宫建置更为完备。隋唐两代，均模仿宫城，于宫城东边营建了规制略小于宫城的东宫。其内，各种用途的殿堂一应俱全。有皇太子举行加冕大礼，接受群臣朝贺的嘉德殿；有皇太子接见宾客的崇教殿；有皇太子日常处理政务的南正殿；有皇太子平时居住的光天殿和承恩殿。东宫前半部东边所设左春坊，西边所设右春坊，则掌管对皇太子的侍从和启奏。东宫的后庭事务，则由后半部的命妇院和内坊主管。如果说东宫是一个微型朝廷，那么东宫的官属就是朝廷官职的翻版。东宫官属主要有：太子三师、三少，职掌教育、培养太子；詹事府统领家令、率更、仆三寺和左右卫、司御、清道、监门、内等十率府；左春坊设左庶子、中允、司议郎、左谕德、左赞善大夫等职；右春坊设右庶子、中舍人、舍人、通事舍人、右谕德、右赞善大夫等职。太子的三师三少在大多数情况下以朝官兼任，其余官属由吏部选任。大批的东宫官属，在嗣皇为太子时，既授太子以传统的为君之道，同时又为太子出谋划策，打击竞争对手，保住太子地位，以确保皇位的顺利承继。太子一旦继位，这些人立即成为新朝新贵，成为新皇帝的重要亲信。

宋代东宫官属大致仿唐制，设太子太师、傅、保；太子少师、傅、保。还有太子宾客；太子詹事；太子左庶子、右庶子，左谕德、右谕德；太子侍读、侍讲；太子中舍人、舍人；资善堂；主管左右春坊事、同主管左右春坊事；率府等。宋代的东宫官不及唐代系统完整，大多随宜制官，"多以他官兼领"，大多没有实际的责任。宋代南渡以后，不再另建东宫。太子居住皇城之内，便于皇帝对皇太子的控制，其东宫官属也形同虚设。

自唐代开始，太子在被册立以后，一般都在皇帝指导下处理一些军政事务，称为"监国"。宋代亦仿唐代监国之制，遇有皇帝疾患等因，准太子监国。如宋真宗时，因真宗得风疾，宰相寇准密令翰林学士杨亿草表，请太子监国。监国必然要听政，地点在太子东宫之资善堂。宋孝宗时，则创议事堂，命皇太子参决庶务。此后，一直沿袭下来。太子监国时处理的事务仅限于平常事务，重要的军国事务尚需皇帝颁发旨意。这种太子监国之制，一方面使皇太子处理政务的能力预先得到锻炼，以备将来一旦继承帝位不会因生疏而手足无措；另一方面太子监国，平时处理一般事务，遇到国家动乱的非常时期，皇太子可由监国直接继承皇位。

宋太宗还制定了皇太子兼任首都地方长官的制度。这种制度一方面可以使皇太子熟悉政务；另一方面又可以使皇太子处于臣僚地位，免除皇太子抢班夺权的危险。

由蒙古族建立的元朝，初无立太子之制，直至元世祖入主中原后，始采汉法，预建太子。同时，以汉法立制，一度曾有师、傅、保之设。除了由师、傅、保对太子实施教导外，又仿唐宋东宫官之制，立詹事院以辅翼太子。詹事院设

明太祖朱元璋

詹事三员，同知二员，副詹事二员，丞二员，中议二员，长史二员，照磨二员，管勾二员。

元代，皇太子在继位之前，通常皆兼判中书省及枢密院的首长，使太子对政务、军务获得实际经验，以利于将来对国家的治理。

明代辅佐太子机构庞大，其组织规模大体与唐代相类。设计有：太子太师、傅、保；太子少师、傅、保；太子宾客。詹事府设詹事、少詹事、府丞、主簿厅、主簿、录事、通事舍人。还有左、右春坊、司经局等。

以上东宫官属，皆以词臣及政府部臣或宪官兼领，不设专职。究其原因，乃出于明太祖的深谋远虑，试图以宫府一体化来避免宫府间的嫌隙。当时，负责掌握太子进德修业的人，皆为翰林及左、右春坊大学士和司经局的臣僚。他们给太子上课的讲义，先要经内阁核阅，呈朱元璋亲自过目始能讲授。有时，皇帝还亲定文献，命学士给太子讲授。明太祖时，还在宫内"建大本堂，取古今图籍充其中"，同时征求国中四方名士教诲太子。除太子之外，诸王可以同时受教，还选才俊之士充伴读。由此可见，明代统治者对太子教育是非常重视的。

明代亦实行太子监国之制。明太祖时，朱元璋曾规定："朕若有事于外，必太子监国。"要求各大臣"事当奏闻"。但此时尚无定制。至成祖时始成定制，规定"凡常朝，皇太子于午门左视事。左右侍卫及各官启事如常仪。"太子监国有一定的权力范围。明太祖时规定，凡天子外出时，"凡内外军机及王府急务"可奏请太子处理，但"有边警，即调军剿捕"，仍需驰奏天子决定。太子监国权力范围的大小并没有一定的规制，一般由皇帝临时指定。

清代对皇子的教育培养亦十分重视。清亦沿用明制，有师、傅、保之设。但清代的师、傅、保既非专授，亦没有限额，仅是一种兼官、加官及赠官。同时清代并没有规定师、傅、保的职掌，实际上并不是所有的师、傅、保都能成为太子真正意义上的老师。因为清代为教育皇子（因清代自雍正后不明立皇储，因而所有皇子都有同等的受教育的权利）设有上书房，只有值上书房者，才为真正的师傅，其余的师、傅、保仅备位而已。

清代亦建东宫，也有庞大的属官系统，詹事、坊、局一应俱全。清代雍正后不明建皇储，东宫官属之所以保留，仅作为词臣迁转之地。

第二章

秦汉时期的著名皇帝

第一节　秦代著名皇帝

秦始皇嬴政

秦始皇（公元前259—前210年），姓嬴，名政，秦庄襄王之子，13岁时继承王位。由于年龄太小，由丞相吕不韦以"仲父"的身份辅政。22岁时开始亲政。次年，丞相吕不韦去职，从此"独治其民"。

嬴政掌权后，重用尉缭、李斯等大臣，谋划灭亡六国的策略，任命王翦、李信、王贲、蒙恬等为将军，展开了大规模的统一战争。经过十年的兼并战争，先后灭掉了东方六国。公元前221年，秦王嬴政成为一统天下的至高君主，在秦都

秦始皇像

咸阳举行盛大朝会。面对崭新政局，嬴政感到"王"的含义过于狭小，不足垂留史册，必须更新名号，以表彰自己的无量功德和体现人君的至上权威，便责成群臣议举尊号。以李斯为首的群臣和博士们在郑重讨论之后，认为秦王平定天下，海内为郡县，法令由一统，功业空前，远超五帝，鉴于古有三皇而泰皇最贵的传说，建议尊号更为"泰皇"，命为"制"，令为"诏"，自称为"朕"。秦王嬴政觉得自己功兼三皇五帝，泰皇虽贵，却难夸三皇五帝之功，于是决定从"三皇""五帝"中各取一字，号为"皇帝"，并批准"制""诏""朕"作为皇帝专用术语。又说："朕为始皇帝。后世以计数，二世三世至于万世，传之无穷。"虽然秦朝二世而亡，皇帝宝位并未按照秦始皇的设计在嬴姓子孙中世世相传，但后来易姓的历代君主，除个别少数民族外，无不沿用秦始皇所定的"皇帝"称号及其有关制度，直到1911年辛亥革命推翻清王朝，历经2100多年，中国的皇帝和皇权才算寿终正寝。秦始皇开始了中国皇帝和皇权的历史，他本人也成为一个至关重大和影响深远的历史人物。

秦始皇出生的时代，是一个大变革和大动荡的时代。各国间的剧烈战争是这一时代的显著特点，所以史称战国时代。当时，中原地区的秦、齐、楚、燕、韩、赵、魏七个大国，号称"战国七雄"。秦据西方，都咸阳（今属陕西）；齐据东方，都临淄（今属山东）；楚据南方，都郢（今湖北江陵）；燕居北方，都蓟（今北京西南）；韩、赵、魏三国位于中部，韩都阳翟（今河南新郑），赵都邯郸（今属河北），魏都大梁（今河南开封）。各国连年混战，割据形势，变化多端。为了避免兼并和兼并别国，七国都使出浑身解数。其中外交手段尤为重要。

秦始皇诞生前夕，正值曾祖父秦昭王在位。秦昭王采取范雎"远交近攻"的兼并方针，大力进攻与秦土毗连的韩、魏二国，领地不断扩充。为避免三晋联合，昭王与赵国达成盟约。按照当时惯例，成约之后往往要向同盟国送交人质，以示信任。秦、赵二国成盟之后，秦始皇的父亲子楚便被作为质子，送到了赵国。

秦昭王五十六年（公元前215年），昭王死，太子安国君继位，是为秦孝文王。华阳夫人为王后，子楚为太子。这时秦赵关系已经缓和，赵国就把赵姬母子送归秦国。嬴政在生地邯郸度过了大部分童年，9岁的时候才来到秦国。

秦孝文王在位时间甚短，他先服丧一年，然后正式继位，继位三天就死了。接着子楚继承王位，是为秦庄襄王。庄襄王一继位，便起用吕不韦做相国，封为文信侯，赏赐洛阳十万户作为他的食邑。

庄襄王在位时间也很短，三年就去世了。秦庄襄王三年（公元前247年），13岁的少年嬴政登上了秦国的王位。13岁的少年还没有处理国政的能力，因此秦国政权就由秦始皇的母亲赵太后和相国吕不韦执掌。

秦始皇继承秦国王位以后，吕不韦的权势进一步扩大。他继续官居相国，并取得作为国君长者的"仲父"尊号，不但食封大邑十万户，而且家童万人，财力雄厚，成为秦国首屈一指的富翁和政治暴发户。当时各国盛行"养士"之风，一般权门都收养大批食客，魏国的信陵君，楚国的春申君，赵国的平原君，齐国的孟尝君，号称"四公子"，都豢养数以千计的食客，名冠诸侯。吕不韦认为，秦国如此强大，养士反不如关东诸侯，这是秦人的羞耻，于是也招养门客三千，让他们每人著写见闻，然后为他集论成书，这样秦国吕氏的书就可包罗天地万物古今之事，压倒东方诸子百家之说。这就是《吕氏春秋》。

赵太后在秦庄襄王死后，孤身无偶，与吕不韦旧情复发，二人时常私通。秦始皇日见长大，渐知人道，赵太后纠缠不休，吕不韦恐怕隐私暴露，祸端临头，就为自己找了一个替身。此人名叫嫪毐，原是市井无赖，为人阴诈。吕不韦先召他作为自己的舍人，然后推荐给赵太后，拔掉须眉，假充宦官，进入太后宫中。嫪毐侍奉太后，深得太后宠爱。不久，赵太后怀孕，恐被人发觉，就诈称神灵指示应当隐居避人，移居于雍（今陕西凤翔）地故宫。在这里，赵太后与嫪毐先后生下二子，赵太后所掌政务，一切皆由嫪毐决断。嫪毐拥有宾客一千余人，家童数千人，朝中官员争相交结，不少重要官员如卫尉竭、内史肆等都充当党羽，成为仅次于吕不韦的秦国又一股政治势力。

秦王八年（公元前239年），秦始皇已经21岁，按秦国制度，明年就要举行加冠典礼，亲自听政。嫪毐也在这时极力扩充力量。这一年，他依靠赵太后的权势封为长信侯，先得到山阳（今太行山东南地区）作为封地，后来又把河西（今陕西东南部）和太原（今山西中部）二郡更为毐国。嫪毐还与太后密谋，秦王一死，就扶私生子继承王位。在赵太后的支持下，嫪毐放纵欲为，宫室、舆服、苑囿、驰猎任意排场，眼中根本没有国家和君主。

面对吕党和后党两集团的嚣张气焰，秦始皇未动声色。秦王九年（公元前238年）四月，他照预定计划到秦故都雍城的蕲年宫举行冠礼。当时，嫪毐常与贵臣饮酒博弈，醉中争斗，忘乎所以，瞪眼吼斥贵臣说：“我是国王的假父，穷小子怎么敢与我抗争！”贵臣逃走，向秦始皇告发了嫪毐与太后的隐私和阴谋。嫪毐得到消息，乘秦始皇至雍加冠之机矫秦王御玺和太后玺发动暴乱。叛军由卫士、宫中骑兵、少数民族和他的门下食客仓促组成，企图进攻蕲年宫，杀死秦始皇。秦始皇早有戒备，立刻命令相国昌平君等人率军镇压。叛军还未出咸阳，就被打得人仰马翻，四处溃散，嫪毐等人狼狈不堪，落荒而逃。

秦始皇下令："活捉嫪毐，赏钱百万；杀死嫪毐，赏五十万。"不久，嫪毐等全被逮捕归案。九月，嫪毐被车裂，诛灭三族；党羽骨干 20 余人皆枭首示众；舍人都被判处服刑，受案件牵连的四千余家全部夺爵流放蜀地。

嫪毐案件，牵连到相国吕不韦。秦始皇早已深感吕氏集团对秦国君权的威胁，就打算乘机诛杀吕不韦，一并清除吕氏集团。但是，考虑到吕不韦辅佐先王继位的卓著功勋，为他游说的宾客辩士又纷沓而至，吕氏不比嫪毐，他在秦国有深厚的根基，操之过急，难免败事，因此，秦始皇暂时没有触动吕不韦。

秦王十年（公元前 237 年），秦始皇已经牢握国政，站稳脚跟，便免去吕不韦的相国职位，将他赶出秦都咸阳，迁居封邑洛阳。吕不韦在洛阳居住了一年多，关东六国君主频繁地派人到洛阳向吕不韦请安，往往宾客使者络绎不绝，相望于道。从这些往来宾使的脚步中，秦始皇更进一步看到了吕不韦在关东六国的势力。为防止吕氏变乱，秦王十二年（公元前 235 年），他果断地决定置吕不韦于死地，根除祸患。于是派人给吕不韦送去一封书信，信中说："君对秦国有何功劳？却封土洛阳，食邑十万。君与秦国有何血亲？却号称仲父，妄自尊大。快带家属滚到西蜀去住！"吕不韦受到这番凌辱，自度不免一死，于是服毒自尽。

吕不韦死后，他的许多宾客偷偷为他办理丧事。秦始皇知道后，把吕不韦全家男女老少籍没官府为奴，大力搜查处理吕不韦的宾客，有的驱逐出境，有的削夺爵位，有的流放边郡，同时宣布："从今以后，如果有人像嫪毐、吕不韦那样操持国道、图谋不轨，一律照此例籍没全家为奴。"

秦始皇亲政不久，就先后消灭嫪毐和吕不韦两大敌对势力，彻底肃清了自己行施君权的严重障碍。

秦始皇清除国内敌对势力后，就把视线移向了统一关东六国的事业。

在战国七雄中，秦国最具备完成统一的有利条件。秦自孝公时商鞅进行变法以来，一直奉行法家政策，重视耕战，领土不断扩大，国家日益富强，经孝公、惠文王、武王、昭王、孝文王、庄襄王六代国君的努力，到秦始皇继承秦国王位之时，秦国的地盘已从今陕西地区扩展到甘肃、宁夏、四川、山西、河南、湖北、贵州等地，几乎相当于六国领土面积的总和。在这块广大的领土内，富饶的关中平原和号称"天府之国"的成都平原以及河东、三川、南郡等地都是重要的农业生产区，陇西、北地等郡是畜牧资源盛地，蜀郡、南阳产铁，河东、蜀郡产盐。广大的版图使秦国财力雄厚，兵源深广。在地理形势上，秦居高临下，本土关中有所谓"四塞之固"，进可以取，退可以守，不断向东蚕食山东领土，完全处于有利的主动地位。秦国到秦始皇继承王位时，无论在经济力量上、军事力量上还是地理形势上，都具备了完成统一关东六国的条件。

秦始皇的文武骨干约有 20 人。其中王翦、王贲、蒙武、蒙恬出自将门世家，都是善于用兵、能征惯战的将才；顿弱、姚贾擅长辞令，随机应变，精于从事和组织间谍活动；尉缭和李斯则是秦始皇的得力谋士。

秦始皇团结和依靠文武骨干，在统一关东六国的事业中，继续奉行先王"远交近攻"的战略方针，同时又采用了新的策略，即间谍活动。李斯根据尉缭意图定出具体措施，暗派间谍携带金玉财宝潜入各国内部，收买权臣，离间各国之间以及各国内部的关系。收买不成就进行暗杀，制造混乱和摩擦，削弱六国力量。目的达到之后，即派重兵良将武力进攻，各个击破。这套措施将收买、暗杀和武力进攻三者结合起来，有效地瓦解了各国的抵抗力量，在秦的统一过程中起到了重大作用。

韩国最靠近秦国，在六国中也最弱小，是秦国经常进攻的目标。秦王十四年（公元前233年），韩王献地称臣。秦王十七年（公元前230年），秦军攻韩，俘韩王安，尽取韩地，置为颍川郡，韩国灭亡。

灭韩之年，赵国发生了严重饥荒。次年（公元前229年），秦兵分两路，大举攻赵。一路由王翦率领直下井径（今属河北），一路由杨端和率领围攻邯郸。赵将李牧、司马尚指挥赵兵浴血抵抗。秦间谍郭开放出李牧、司马尚谋反的谣言，赵王中计，杀死李牧，起用赵葱、颜聚为将，结果被秦军打得大败，邯郸失守，赵王迁被俘。赵王被俘后，赵公子嘉带数百人逃奔代郡（今河北蔚县一带），自立为代王。

秦王二十二年（公元前225年），秦将王贲率军攻魏，掘引黄河、鸿沟，水灌魏都大梁（今河南开封）。三个月后，大梁城破，魏王假被俘，魏国灭亡。

秦王二十三年（公元前224年），秦始皇想一举灭楚，派王翦领兵出征。王翦率军深入楚境，稳扎稳打，连续击败楚军，楚将项燕自杀，楚王负刍被俘。秦王二十五年（公元前222年），王翦又平定楚的江南地区，设置了会稽郡。王翦用兵三年，楚国全部灭亡。

西安秦皇陵

灭楚的同年，秦派王贲进攻燕的辽东，俘燕王喜，燕国灭亡。接着回兵进攻代郡，俘代王嘉，赵国灭亡。

　　齐国长期屈服于秦，苟且偷安，当秦国吞并山东各国的时候，既不援助别国抗秦，也不修整本国战备。始皇二十六年（公元前221年），山东其他五国已经无一存在，齐王与相国后胜才派兵防守西界，与秦断绝来往。王贲大军由燕南下，一举战胜齐军，俘齐王建，齐国灭亡。

　　秦始皇从秦王十七年（公元前230年）灭韩开始，到始皇二十六年（公元前221年），历经10年时间，终于完成了统一中国的大业。

　　武力统一完成之后，长期割据所形成的各地差异依然存在。秦始皇以巩固统一为核心，以秦国制度为蓝本，在政治、经济、文化等各个领域实行全面改革，创立空前庞大和统一的封建帝国。

　　秦始皇称帝后，首先是建立中央集权政府，规定皇帝是至高无上的统治者，在皇帝之下设有三公九卿，组成中央政府。

　　三公，即丞相、太尉、御史大夫。丞相是最高的文官，辅佐皇帝处理国政，丞相有左、右之分，当时以右为上；太尉是最高的武官，掌管军事；御史大夫监察百官，掌管文书。三公之下是九卿，即有掌管宗庙礼仪的奉常，有掌管宫廷警卫的郎中令，有负责皇宫保卫工作的卫尉，有掌管宫廷车马的太仆，有掌管刑法的廷尉，有负责民族事务和外交的典客，有掌管皇族内部事务的宗正，有分管财政的治粟内史，还有负责山海地泽税收的少府等。这三公、九卿分工明确，各司其职，共同对皇帝负责。

　　设置地方机构时，秦始皇采纳了廷尉李斯（后任丞相）的建议，否定分封制，推行郡县制，即把天下分为36郡，郡以下设县。后来，疆土扩展，由36郡变为40郡。每个郡由朝廷任命三个长官。郡守是一郡之长，掌管全郡政务，是一郡的最高行政官；郡尉掌管军队，负责治安；郡监御史负责监察。每县由皇帝任命县令，当时由皇帝任命的共 108 名郡（36 郡时）一级的官员和 800 多名县令。县以下设乡，乡以下设亭。乡有乡官，亭有亭长，大约十里为一亭，十亭为一乡。这样，就把全国最后的一切权力都集中在了皇帝一人手中。二十几个世纪以来，中国历史上朝代虽然不断更迭，而秦始皇所开创的封建政体却相沿不衰。故有"历代都行秦政事"之说，可见其影响之深远。

其次是统一政令，统一各种制度。在战国时期，各国车辆大小不同，道路也有宽有窄，造成了交通阻断的情况。秦始皇下令各地，拆除阻碍交通的关隘、堤防、城堡，修建以咸阳为中心通向全国各郡的驰道，东达今河北、山东，南至江苏、湖南，北抵内蒙古的阴山；并规定全国驰道一律宽 50 步，驰道每隔 3 丈各植青松一棵。

秦始皇为开发偏僻落后的岭南地带，还下令抽调了 50 万名民工，由水利专家史禄负责，开山凿渠，以沟通湘水和漓江，这就是秦凿渠，后来改为灵渠，灵渠的开凿，便利了南方与中原地区的经济、文化交流。这样一来，全国 36 郡变得四通八达，改变了割据局面。

新政权建立后，各地诸侯的余孽不断制造骚乱，秦始皇为此又下令：一搜六国兵器；二拆天下险要关塞；三调民间豪富名士集中咸阳。用这种釜底抽薪的办法，平息了地方叛乱。

在语言文字方面，由于当时国度不同、地区不同，字体写法也出现了很大差异，给经济发展和文化交流带来了很大困难。秦始皇统一六国后，便命廷尉李斯整理文字。

李斯依据籀文，制定出了一套笔画简便的新文字。这就是小篆，作为当时标准文字，通用于公文法令，促进了当时的文化交流。

此外，秦始皇还下令统一货币，规定钱为二等；黄金为上币，以镒（yì，二十两）为单位；铜钱为下币，以半两为单位。统一度量衡，规定：度，分为寸、尺、丈；量，分为升、斗、桶；衡，以 10 钱为 1 两，

16两为1斤，120斤为1石。以上这些，在当时都是涉及千百万人习惯势力的重大改革，而秦始皇竟在十余年中就能胜利完成，展现了我国历史上第一个皇帝的雄才大略。

为了巩固政权，秦始皇开始进行了一系列的举措。

一是修造长城。秦始皇为了防止北方匈奴的骚扰，下令修筑长城，西起临洮，中经阴山，东跨鸭绿江，也就是今天的万里长城。

二是没收天下的兵器，然后熔化铸成12个巨大的铜人，每个有24万斤，用铜288万斤。这12个大金人，都置于咸阳宫前，以显示秦始皇的威严，避免天下人作乱。

三是修建官道，即驰道。以咸阳为中心，共修成三条，一条向北通到了内蒙古，叫作直道；一条通向东面的河北和山东，直到海边；一条向南，通两湖和江苏。驰道宽达50步，两旁每三丈远就种一棵青松树。驰道的建立，大大缩短了传令的时间，有利于中央集权的加强和政令的及时传达。

四是为了杜绝先前六国后裔的反叛行动，秦始皇将各国后裔贵族们连同富豪一块儿迁到了咸阳，这样便于监视，同时也繁荣了都城的经济。

五是"焚书坑儒"。（1）焚书：他为了统一思想、钳制人口，下令凡是秦记以外的书，凡是那些讲医药、占卜、种树一类的书以外，凡是各国史官所记的历史书，凡是史官所不需要的书，全部烧掉，这是一场文化浩劫。（2）坑儒：他认为儒生乱发议论，妖言惑众，就亲自圈点了460余人一律杀掉。这是压制言论的

万里长城

残酷手段。这样，秦朝以前的许多历史事实和学术思想从此失传。这是秦始皇摧残中国多元文化的一大错误之举，使中国的文化事业遭受了一次重创。

秦始皇进行全面改革，树立了皇帝的至上权威，确定了秦朝的正统地位，建立了中央集权的行政制度，颁行了各项统一法规，划定了统一的国家疆域。于是，一个空前庞大的封建帝国便创立出来。后来尽管改朝换代，但基本上是在秦始皇所创立的秦朝帝国的基础上进行发展。秦始皇吞并山东诸侯，建立庞大的秦朝帝国，树立个人的至上权威，踌躇满志，以为天下人间没有自己不可征服的事，便穷奢极欲，大兴土木，横征暴敛，峻法严刑。极端残暴的统治搞得哀鸿遍野，怨声载道。

秦始皇在兼并六国时，每灭掉一国，就命人把该国宫殿绘制图样，在咸阳仿造。统一后，他曾打算扩建苑囿，西起雍、陈仓（今陕西凤翔、宝鸡一带），东至函谷关（今河南灵宝东北），面积广阔，东西千里。秦始皇身边的侏儒优旃爱开玩笑，他说："好极了！这么大的苑囿，多放凶禽猛兽，有强盗从东方来进犯，让麋鹿出动就能把他们顶跑了。"秦始皇听后大笑，这才作罢。他虽然没有扩建这一苑囿，却到处建造离宫别馆，仅首都咸阳四周100千米内就有宫殿270座，关中有行宫300处，关外400多处。

在秦始皇兴修的宫殿中，规模最大的宫殿是阿房宫。阿房宫究竟有多大是难以确估的。据载，阿房宫的前殿东西宽500步（约合今700米），南北长50丈（约合今115米），上面可坐万人，下面可竖五丈大旗。殿门以磁石做成，用防刺客暗携兵器入殿。殿门前排列没收民间武器铸成的十二金人，各重24万斤。这项宏大的工程，常年用工70万人，没有等到建成，秦始皇去世，后来项羽入关放火焚烧，一连三个月还没烧灭。

阿房宫大殿复原图

骊山墓是秦始皇的另一项宏大工程。秦始皇刚继位，就开始在骊山为自己修造坟墓，统一后扩大规模修造，常年使用刑徒 72 万人，一直修到死。

阿房宫和骊山墓两项宏大工程，就用去了精壮劳力 140 余万人，加上北筑长城，南戍五岭，修驰道，造离宫，以及其他兵役杂役，常年动用民力多达 300 余万人。丁男全被征发服役，部分丁女也裹入服役队伍。沉重的兵役、徭役压得人民喘不过气来，又加以横征暴敛，于是海内虚耗，民穷财尽。秦自孝公以来奉行法家学说，法家急法尚刑，山东称秦为虎狼之国。秦始皇继续推崇法家，他为人刻薄寡恩，用刑残酷，杀人如麻，使秦政的残暴达到高峰。人民扬手犯法，举足触律，无所措手足，大批无辜者被罗入刑徒去服苦役，路上行人半数都是囚犯。长城脚下，阿房宫中，骊山墓旁以及五岭路上，处处堆积着白骨。秦帝国成了一座人间大地狱，百姓生活在恐怖之中。

秦始皇的残暴统治，引起了社会的普遍不满。一直对秦恨之入骨的六国贵族首当其冲，多次采用暗杀方式行刺秦始皇；士人得不到信用，纷纷指责秦的统治政策；广大百姓刚刚脱离战争之苦，本来拥护统一，但秦的暴政又引起了他们对故国的怀念，转而诅咒秦始皇早死，秦朝快亡。始皇二十九年（公元前 218 年），韩国贵族后裔张良求得力士，专门制造了 120 斤重的铁椎，埋伏在博浪沙（今河南中牟北）中，狙击秦始皇，由于误中副车，刺杀失败。秦始皇大怒，通令全国搜捕刺客，迫使张良改名换姓，亡匿下邳（今江苏邳县南）。

始皇三十一年（公元前 216 年），秦始皇身着便服，与四名武士在咸阳行走，深夜行至兰池时，遭遇一股民间刺客，情况相当危机，武士奋力击杀，秦始皇才得以脱险。事后，在关中进行了 20 天的大搜捕。

接着，壮士荆轲的故友、击筑乐师高渐离更名换姓进入宫中。有人认出他，对秦始皇说："这是高渐离。"秦始皇爱惜高渐离高超的击筑技艺，没有对他治罪，在毁坏他的视力后，仍留在宫中击筑。时间一长，秦始皇放松警惕，高渐离得以接近秦始皇。他在演奏之前把铅装于筑中，当靠近秦始皇时，突然举筑向秦始皇打去。由于高渐离双目失明，一筑没有打中，秦始皇诛杀了高渐离。这次遇刺以后，秦始皇终生再也不敢接近山东诸侯的故人。

公元前 211 年，秦始皇作最后一次大巡游。他从咸阳出发，首先来到南方的云梦（今洪湖、洞庭湖一带），在九嶷山祭祀了虞舜。然后顺江东下，由丹阳（今安徽当涂东）登陆，来到钱塘（今浙江杭州），打算由钱塘江南渡浙江（今富春江）上会稽山，由于水流湍急，于是绕道向西 60 千米，渡江登上会稽山，在山上祭祀了大禹。祭罢大禹，秦始皇在会稽山刻石留念，然后下山，经吴中（今江苏吴县）北上。秦始皇一行从江乘（今江苏镇江）渡江，一直沿着海边向北，又来到琅邪。他总想能在海边有所收获，遇见仙人或得到仙药，所以一直靠着海岸走，然而仍一无所获。方士徐福等人入海求仙，历经数载，耗资甚多，恐怕遭到谴责，这时就又对秦始皇胡说："蓬莱仙药是可以取到手的，只是海中的大鲛鱼常捣乱，不能靠近仙岛。请陛下调给一些射术高超的弓箭手使用，再遇见大鲛鱼捣乱，就用连弩射它。"秦始皇听到这番胡诌，就在夜间做了一梦，梦见自己与海神打仗，海神的相貌与人一样。他让卜者解梦，有的博士官为了迎合秦始皇的求仙心理，插言道："水神不会轻易露面，陛下所梦见者乃是为水神站岗的大鱼、蛟龙等恶神。只要把它们除去，就可以见到善良的水神了。"于是秦始皇命令入海的方士携带击捕巨鱼的工具，自己也准备了连弩，打算一旦大鱼出现，就亲自射击。从琅邪到成山，一路也没见到大鱼的踪影，走到芝罘时发现巨鱼，于是便射杀一条。沿胶东半岛北岸继续向西行进，看看求仙无望，便决定返回咸阳。连日的旅途劳累，加上心情沮丧，到平原津（今山东平原附近）就病倒了。

当时，跟随秦始皇出游的有左丞相李斯、中车府令赵高等人，还有秦始皇的少子胡亥。虽然秦始皇已经病危，但由于他最厌恶死亡，忌讳"死"字，所以李斯等无人敢向他问及后事。不过，随着病情加重，秦始皇自己也明白要死到临头了。于是，他给在北边监军的长子扶苏留下了玺书，让他急赴咸阳主办丧事。明确地安排由扶苏来继承帝位。玺书封好后，放在中车府令赵高处，没有来得及交予使者。这时，行舆已经来到沙丘平台（今河北广宗西北），秦始皇病逝。时为始皇三十七年（公元前210年）七月。秦始皇在位37年，称王25年，称帝12年，终年50岁。

秦始皇从13岁继位开始，就动工修建骊山陵墓。全国统一后，又调发役夫徒隶70余万人，大肆修建，耗时38年。直到秦始皇死，陵墓工程尚未完工。现在此墓叫秦始皇帝陵，法国总统希拉克惊羡地称其为"世界第八大奇迹"。然而，有谁知道这奇迹中耗尽了多少人的鲜血？

秦始皇还建筑了很多华丽的宫殿。他每灭掉一个国家，都要让人将宫殿的图画下来，然后在咸阳照样仿造。结果咸阳的周围就建有宫殿270多座，行宫在关外有400多座，关内300多座。在这些宫殿中，最大最有名的莫过于阿房宫。因为在秦末已经被项羽烧毁，所以其规模究竟有多大，现已无法考证。根据历史记载，阿房宫的前殿的东西就宽达 500 步，大约相当于 700 米。南北有 50 丈，相当于 115 米。这个巨大的宫殿，每年都要调用民工 70 万人，足见工程之浩大。

苛捐杂税，加上严苛的法律，使人民生活在水深火热之中。百姓渴望统一，渴望结束无休止的战争，渴望过上安宁的日子。可是秦的暴政让他们失望至极，民心丧失加速了秦帝国灭亡的脚步。

秦二世胡亥

秦二世胡亥（公元前 230—前 207 年），嬴姓，赵氏，秦始皇第十八子，公子扶苏之弟。秦朝第二位皇帝，亦称二世皇帝。

公元前 230 年，胡亥出生，他是秦始皇的第 18 个皇子。在秦始皇的众多皇子中，胡亥的才德没有丝毫突出之处。然而，就是这样一个平庸的人，却登上了皇帝的宝座。

秦始皇虽然忙于处理国事，但并没有忽视对宗室子弟的教育。当时，秦国国力雄厚，诸公子的学习条件非常优越。尤其在秦始皇焚书坑儒前，宫廷内的儒学氛围很浓厚。诸公子从中学习了礼仪道德之类的知识，其中秦始皇的长子扶苏最为优秀。扶苏为人宽厚仁慈，深爱儒学，得到秦始皇的喜爱。后来，秦始皇焚书坑儒，遭到了扶苏的反对。秦始皇虽然很生气，但考虑到扶苏有治国才能，于是将他派往北方守将蒙恬的军队里监军，这样做既可以避免与他争论，又可以磨炼他。

与扶苏不同的是，胡亥虽然也学了一些儒学理论，但他对此并没有很大的兴趣。再加上秦朝在管理过程中多尊崇法家学说，胡亥刚接触它就被它吸引了。

尽管扶苏在各个方面都比胡亥优秀，然而秦始皇的突然驾崩和赵高的蓄谋篡权却将胡亥推上了皇位。

赵高原本只是宫中的一个太监，此人不仅身强力壮，而且擅长书法、谙熟刑律，因而深受秦始皇喜爱，屡屡被提拔，直到升为中车府令。后来，他做了胡亥的老师，与胡亥的关系非常亲密。

中车府令虽然不是一个很高的官职，但却起着不可忽视的作用。赵高做了中车府令后，主要负责为皇帝准备车马仪仗。不仅如此，他还要为皇帝起草诏书和下传符玺。因此，他可以时常跟随在秦始皇的身边，特别是当秦始皇出巡时。

公元前210年，秦始皇最后一次出巡，左丞相李斯随行。胡亥得到秦始皇的允许后，跟随在老师赵高身边。此时的秦始皇已经有50岁了，一番长途跋涉舟车劳顿，患染病死于沙丘平台。秦始皇不愿意让自己辛苦打下来的江山付诸东流，于是给扶苏留下遗诏，"以兵属蒙恬，与会咸阳而葬"，希望扶苏在朝中众多重臣的拥护下继承父业并将其发扬光大。

赵高见诏书还未发出时秦始皇就已死去，立即在李斯面前分析了扶苏继位给李斯带来的不利，并最终说服了李斯。二人将秦始皇的遗诏扣下，然后商量如何将秦始皇的遗体运回咸阳城。

为了防止秦始皇死亡的消息泄露出去，他们像往常一样为秦始皇安排饮食起居，并在随行的车上装满鲍鱼，以鲍鱼的腥味来掩盖尸体的腐臭味。

不久，赵高、李斯等人将秦始皇的遗体运进咸阳城。接着，他们将篡改的诏书公布于世，立胡亥为皇帝。

秦二世靠赵高的阴谋当上皇帝之后，对赵高百依百顺，言听计从，为了巩固其统治地位，他一上台便诛杀功臣、兄弟姐妹。

首先，他杀掉了蒙氏兄弟。蒙恬、蒙毅都是秦朝大将，为秦始皇统一中国、北逐匈奴立下汗马功劳。由于他们对赵高的阴险恶毒十分清楚，深为赵高所惧。所以胡亥一登上皇位，便听信赵高的谗言，以企图谋反的罪名，把蒙氏兄弟杀掉；接着，又与赵高合谋捏造种种罪名，逮捕了秦始皇的 6 个儿子和 10 个公主，押到一个叫杜的地方（今西安市东南）杀掉。

随后，胡亥怕剩下的十几个兄弟、姐妹们揭露他的阴谋，索性一起逮捕，在咸阳大街上斩首示众。秦二世有个哥哥，眼看自己的兄弟姐妹就要被斩尽杀绝了，急得坐立不安。他原打算逃跑，又怕连累家室。想来想去，觉得早晚得死，倒不如早死一步，还可以保全自己的妻子儿女。于是，他就给秦二世写了一封信，说："先帝死后，在地下一定很寂寞。当初，先帝活着的时候，对我十分宠爱，并把他喜欢的一匹好马赏给我。为了报答先帝的大恩大德，我甘愿以身殉葬，去地下服侍先帝。"秦二世见哥哥主动求死，心里非常高兴，便与赵高商议，不但马上批准，还假惺惺地称赞一番，并赏给家人很多钱，让其用来料理后事。就这样，胡亥的二十几个兄弟姐妹先后都被他暗杀、赐死或车裂了。

秦始皇去世前，阿房宫并没有修完。秦二世为大享宫廷之乐，广调民工，继续修建。当时咸阳粮草不足，他便下令咸阳城周围 300 里以内田地所产的粮食不准动用，让各地人民把粮草全部运进咸阳，并要担任运输的民工自带干粮。在他称帝以后，各种赋税的数量，已经超过农民全部收入的 2/3，进一步把农民推到重赋繁役、苛法酷刑的死亡线上。

这时的秦朝，全国如同布满了久经暴晒的干柴，只要有一个火星，就会燃起燎原大火。因此，公元前 209 年，也就是秦始皇死后的第二年秋天，爆发了中国历史上的第一次农民大起义，即陈胜、吴广起义，使强大的秦朝立即陷于土崩瓦解之中。

在起义军同秦军的多次交战中，秦军节节败退，秦朝的统治危在旦夕。也就在这个时候，秦朝出现了内讧，丞相李斯和已升为郎中令的赵高发生了权力之争。李斯上书秦二世，揭露赵高有谋反之心。但是秦二世和赵高的关系是何等的密切，他非但不接受李斯的意见，反

而听信赵高的诬告，说李斯的儿子李
由（当时任三川郡守）有谋叛行为，
于公元前208年6月，把李斯腰斩于
咸阳市上，诛其三族（即父族、母族
和妻族）。

秦二世陵

李斯死后，赵高独揽大权，被秦
二世封为丞相。从此，朝内一切事无
巨细，皆由赵高定夺。赵高居心叵测，
早有作乱之意。但是在这以前，有右
丞相冯亥疾和左丞相李斯等一批重臣
在位，他还不敢轻举妄动。自从李斯死后，看着这批重臣一个个都被
他杀得差不多了，便蠢蠢欲动；但他仍怕群臣不服。为万全之计，他
想了个绝招，预测人心。

二世三年（公元前207年）三月的一天，他乘秦二世大会群臣的
机会，当场献上一只鹿，并别有用心地对秦二世说："我为陛下献上
一匹上好的马！"二世胡亥笑着说："丞相你错了，怎么把鹿当作马
呢？"赵高又问左右大臣。由于众臣惧于赵高的淫威，结果说是马的多，
说是鹿的少。事后，赵高就把说是鹿的人假借其他罪名统统杀掉了。
从此，赵高更加横行霸道，为所欲为，朝内大臣谁也不敢说他个不字。
为了使自己的种种罪恶瞒过二世，他又劝秦二世深居简出，使文武大
臣只听其声，不见其形，于是秦二世便成了傀儡皇帝。

"指鹿为马"事件发生后，赵高认为作乱的时机已经成熟，便伺
机以待。这年八月，刘邦带起义军攻入关中，逼近咸阳，派人暗中结
识赵高，作为内应。赵高立即与女婿阎乐策划谋反，让他举兵进宫，
逼秦二世自杀。阎乐对二世说："你骄纵放肆，诛杀无辜，不行君道，

天下共叛。你自己该知道怎么办！"二世说："我可以见见丞相吗？"阎乐说："不行。"二世无奈，只得退一步说："我可以不做皇帝，降身到一郡做王可以吗？"阎乐说："不行。"二世又说："我愿意去做一个万户侯。"阎乐仍不答应。二世无法，最后只得哀求地说："我和妻室去做一个平民，待遇像诸位公子一样，总该可以了吧！"阎乐听得不耐烦了，杀气腾腾地说："我是奉丞相命令，代表天下的群众来杀你的。你虽然提出了这么多的要求，但我却没法允许，也不能去报告丞相。"说罢，指使他的兵士一拥而上，逼到了二世的跟前。二世无奈，只好自杀。赵高立子婴为秦王。

第二节 西汉著名皇帝

汉高祖刘邦

汉高祖刘邦（公元前256—前195年），字季，沛丰邑中阳里（今徐州丰县）人。汉朝开国皇帝。中国历史上杰出的政治家、卓越的战略家和军事指挥家。汉民族和汉文化的伟大开拓者之一，对汉族的发展以及中国的统一有突出贡献。

刘邦的父亲是沛县（秦时泗水郡郡治，今属江苏）丰邑中阳里的普通农民，人称刘太公。母亲生有三子，长子刘伯，次子刘喜，三子刘季，又叫刘邦。刘邦还有一个同父异母的幼弟刘交。刘家人多地少，靠父耕母织勉强度日，家境贫寒。

刘邦年轻时在家乡不像他的父兄那样老实务农。他好交游，嗜酒，

汉高祖

知人善任秦阶楚之
规模弘远固称灵长

刘邦像

没钱买酒时就赊酒喝，常常喝得醉醺醺的。刘太公不喜欢这个儿子，等他成年时让他去试官。刘邦考试合格当上了沛县泗上亭的亭长。按照秦制，十里为一亭，十亭为一乡，亭长是掌管一亭道路、治安和劳役的小吏。

刘邦官不大，但他志向高远。有一次，刘邦奉命带人到秦都咸阳服劳役。看到帝国都城的繁华壮观和秦始皇出巡时的威武仪仗，他惊叹不已，感慨地说："大丈夫就应当是这样的啊！"在亭长任上，刘邦看不起那些仗势欺民的贪官污吏，唯独与沛县主吏萧何和狱掾曹参志趣相投，来往密切。刘邦为人正直，常常嘲讽贪官污吏，萧何和曹参总是千方百计保护他。一次，刘邦奉派押送一批徒犯前往骊山，去给秦始皇修陵墓。路上，不断有人逃跑。刘邦想，这样走到骊山，人差不多跑完了，按照秦朝的法律，他也难免一死。因此，当队伍到达丰邑西部的泽中亭过夜时，刘邦果断地给所有徒犯松了绑，对他们说："你们赶快走吧！我也得跑掉，不能回去了！"徒犯们感激刘邦，有十几个人当场表示愿意跟他走，趁着夜色，刘邦带这些人来到南边的芒山和砀山一带藏身。在那里，刘邦等人一面耕田糊口，一面联络各地贫苦百姓，积蓄力量。萧何、曹参假作不知，暗中与刘邦往来。

秦二世元年（公元前209年）七月，陈胜、吴广在大泽乡发动反秦起义。义军所到之处，人民纷起响应。九月，沛县县令为保全自己，也想宣布起义。萧何、曹参趁机劝他说："你是秦朝的县令，沛县子弟不会听从你的命令，不如把逃亡在外的人召回来，取得他们的支持。"

县令觉得有理，就派卖狗肉的樊哙去找刘邦。当刘邦带领数百人赶来时，县令又突然变卦，下令紧闭城门，并派人捕杀萧何、曹参。萧、曹二人连夜出城，与刘邦相会。刘邦让人在帛书上写下动员人民起义的文字，用箭射进城去。城中百姓见了帛书，杀死县令，打开城门。萧何、曹参等人共同拥戴刘邦为沛公，率领 3000 人一同起义。

就在刘邦宣布起义的同月，楚国旧贵族项梁和他的侄儿项羽也在吴县（秦时会稽郡郡治，在今苏州）起兵反秦。项梁、刘邦和随后起义的英布、彭越、陈婴等人，初奉陈胜为领袖，陈胜被杀后，共立楚怀王的孙子心为新的楚怀王。秦二世二年（公元前 208 年）九月，秦将章邯夜袭定陶，项梁疏于防备，被秦军杀死。章邯随即北攻赵王歇，赵王歇派人向楚怀王求救。楚怀王决定，由项羽率领义军主力北上救赵，派刘邦收拾陈胜和项梁残部西进关中，并与诸将相约，先入关中者封为关中王。项羽要求带兵西进，楚怀王未准。

刘邦率军从砀县出发，一路避实击虚，于次年四月攻占颍州。韩王成和司徒张良闻讯来归。张良出身于贵族家庭，幼读诗书，精通兵法。因对秦始皇并灭韩国心怀仇恨，张良曾以重金收买两名杀手，在阳武博浪沙行刺秦始皇，但刺客投出的铁椎误中副车，谋杀未遂。归附刘邦后，张良协助刘邦过关斩将，连下十余城。秦二世三年（公元前 207 年）六月，刘邦军至南阳郡，南阳郡郡守吕龄退守宛城（今河南南阳）。刘邦急于进兵关中，想从宛城西边绕行。张良坚决反对，他对刘邦说："您虽然急于入关，但是前面秦军尚多，并且依险固守，如果不把宛城攻下，就会陷入腹背受敌、被动挨打的局面。"刘邦听后改变了主张。他连夜调集部队，偃旗息鼓，绕道回师，将宛城秦军团团围住。七月，吕齮不战而降。刘邦乘胜西进，收丹水、克胡阳、下析郦。八月，刘邦攻进武关。把持秦朝朝政的赵高见大势已去，杀了秦二世，向刘邦求和，刘邦不为所动。九月，秦王子婴杀死赵高。十月，刘邦军抵灞上（在今陕西西安东南），子婴献城投降。刘邦只用一年时间，便占领了秦都咸阳。

刘邦雕像

刘邦进入咸阳城，看到秦宫奢华、美女如云，想留在宫中享乐。樊哙虽是卖狗肉出身，在这个问题上却很有见识。他对刘邦说："您是想得到天下呢，还是想当富翁呢？这些奢丽之物，正是秦朝灭亡的原因，您要它何用？还是赶快还军灞上，不要在宫中停留。"刘邦不听。张良听说后，又劝刘邦说："正因为秦君无道，您才能来到这里。现在刚刚进关，您就贪图享受，乐而忘返，这是助纣为虐，会令天下百姓心寒。"刘邦幡然悔悟，下令封闭咸阳的宫室、府库，带兵回到灞上。十一月，刘邦召集咸阳城中百姓，宣布废除秦朝的苛刑酷法，并约法三章："杀人者死，伤人及盗抵罪。"咸阳百姓无不拍手称快。

刘邦先入咸阳，按约应封关中王。但奉命北上救赵的项羽听说后大怒，他不顾起义军内部的团结，竟然挥师进攻刘邦派重兵把守的函谷关。十二月，函谷关破，项羽率军进驻鸿门（在今陕西临潼东北）。为了避免同室操戈，刘邦亲自带张良、樊哙到鸿门，向项羽解释误会。几天后，项羽领兵杀进咸阳。他处死了已经投降的秦王子婴，将秦宫美女和珍宝洗劫一空，又放火烧了华丽壮观的阿房宫，大火持续3个月之久，连绵数十里。咸阳百姓痛恨项羽的残暴行为，骂他是衣冠禽兽。

汉王元年（公元前206年）二月，项羽自立为西楚霸王，建都彭城，独占了北方九郡。同时分封刘邦、英布等17人为诸侯王，加封楚怀王为"义帝"，将他迁往郴县，后又派人将他杀死。项羽分封诸侯，破坏了自秦始皇以来的统一局面，恢复了战国时代的诸侯割据，违背了人民希望统一的愿望和要求。同时，他分封诸侯又不完全根据功劳大小，而是出于个人好恶，致使没有受封和封地不多的人深为不满，反楚战争一触即发。

为了限制刘邦的发展，项羽名义上封刘邦为汉王，却又把关中地区一分为三，分别送给秦朝降将章邯等人，而让刘邦去统领遥远的汉中、巴蜀地区，建都南郑。当时刘邦属下的汉军虽有10多万人，军中有曹参、樊哙、灌婴等猛将，但无力与拥兵40多万的项羽分庭抗礼，只好接受分封。

四月，刘邦带兵前往南郑。项羽的侍卫韩信因屡次献计不被采纳，心怀怨恨，从楚营逃出，投奔刘邦。韩信从小丧父，家境贫寒，曾受胯下之辱，但他胆大心细，有勇有谋，是一位难得的帅才。丞相萧何多次向刘邦举荐韩信，刘邦未予重视。一天夜里，韩信离营出走。萧何得知后，来不及禀报刘邦，便亲自去追赶韩信。刘邦不以为然，问韩信有何克敌制胜之策。韩信没有从正面回答这个战术问题，却从战略全局上分析了楚汉相争的形势，提出了灭楚兴汉的基本方略，即顺应民心，适时东征，平定三秦，再决雌雄。刘邦见韩信深谋远虑，当即设台拜帅。刘邦亲自授给韩信印信，封他为大将军，

韩信像

令其带兵东征。

汉王二年（公元前205年）八月，刘邦任命东征凯旋的韩信为左丞相，讨伐投降项羽的魏王豹。韩信采取声东击西战法，巧妙地渡过黄河，生俘了魏王。九月，韩信向刘邦建议，让他带兵3万继续北上，进攻赵、代，讨伐燕国，向东平定齐地，向南切断楚军粮道，再与刘邦主力合围项羽，会师荥阳。这是一个颇有远见的战略部署，刘邦欣然应允。韩信带兵北上后，迅速平定了赵、代，迫使燕王臧荼归降。接着，韩信又向已经降汉的齐王田广进攻，生俘了田广，占领了齐地。到次年十一月，形成了韩信在齐、彭越在梁、刘邦在关中，三路会攻项羽的局面。

在战局对项羽不利的形势下，项羽以释放被俘的刘太公和刘邦的妻子吕雉为条件，与刘邦议和。汉王四年（公元前203年）八月，楚汉双方约定，以荥阳城东的鸿沟为界，沟东归楚，沟西归汉。项羽的目的是利用停战保存实力，整顿兵马，补充粮草，以便再战。刘邦的谋士陈平和张良看破了项羽的企图，向刘邦进言道："汉已控制天下大半，诸侯都来归附，楚则兵疲粮尽，现在正是灭楚良机。如果放任项羽东归，那就是养虎遗患了。"刘邦听后，立即率军追击项羽。在此关键时刻，楚将周殷投降汉军，并动员九江王英布归汉，项羽完全陷入了孤军作战困境。十二月，刘邦、韩信、彭越、英布四路大军分进合击，将项羽围在垓下。项羽带800余骑突围南逃，逃到乌江口时，身边只剩下两人。项羽自觉无脸回见江东父老，遂拔剑自杀。

汉王五年（公元前202年）二月，刘邦登基称帝，建立汉朝。五月，刘邦在洛阳南宫大宴群臣，并与群臣总结楚败汉胜的经验。有人说："陛下能跟属下同利，谁能攻城夺地，您就封他为王。项羽残害功臣，猜忌贤者，所以会失去天下。"刘邦说："你们只知其一，不知其二。

要说运筹帷幄之中，决胜千里之外，我不如张良；治理国家，安抚百姓，筹备粮饷，支援前方，我不如萧何；率领百万大军，战必胜，攻必克，我不如韩信。这三个人，都是当代豪杰，均为我所用，这才是战胜项羽、夺取天下的原因。"

由于农业在楚汉战争中遭到破坏，汉初经济十分困难，粮食严重不足，每石米价高至五千钱到一万钱。富商巨贾和大工商主趁机囤粮居奇，抬高粮价，牟取暴利。有的奸商用铅铁铸钱，冒充铜钱使用，更使货币泛滥，物价腾贵。刘邦认为，农为本，商为末，要想平抑物价、稳定人心，必须打击奸商，发展农业生产。因此，在登基之初，刘邦就采取了重农抑商政策。主要措施是：

一、让大批士兵复员，并解放部分奴隶为平民，增加农业劳动力。刘邦宣布，因饥饿而自卖为奴婢的，全部解放为平民。士卒复员后留在关中从事农业生产的，免除徭役12年；回到家乡务农的，免除徭役6年。

二、执行轻税薄赋政策，让农民休养生息。秦时政府收取的田租，相当于农产物的一半还多；汉初政府大量减租，收取的田租只相当于农产物的1/15。

三、从政治、经济和社会地位各方面，打击和压抑商贾。汉朝政府规定，不许商人及其子孙任官，不许商人佩带兵器，不许商人乘车骑马，不许商人穿绵帛等精细织物，商人和奴隶算赋加倍。由于执行了这样一些政策，农业经济得到迅速恢复。

汉朝建立后，简单的约法三章已经不能适应统治国家的需要。于是，刘邦让萧何制定刑律，让韩信整顿军法，让张苍改定历法和度量衡，让叔孙通制定礼仪规范。萧何在《秦律》六章基础上予以增删，订立《汉律》九章。叔孙通以秦朝礼仪为蓝本，制定了汉朝礼仪。《汉律》禁止诸侯王擅自增加赋税和徭役，对不依法向中央政府供应军需者规定严惩，突出了维护中央权威的内容。

威胁汉初政治稳定的主要因素，是诸侯割据的局面依然存在。刘邦是反对诸侯割据，主张国家统一的。在平定三秦过程中，他就一举废除了雍王章邯、塞王司马欣、翟王翳、河南王申阳、魏王豹、殷王司马卬的封地。但是，在楚汉相争不下时，为了孤立和打击项羽，他又不得不分封彭越、韩信、英布等兵力雄厚的将领为王。加上归汉诸王，在汉初与各郡县并存的，有 7 个异姓诸侯王。他们是：燕王臧荼、韩王信（韩国贵族，与韩信不是一人）、楚王韩信、梁王彭越、汝南王英布、赵王张敖、长沙王吴芮。诸侯王拥有封地，辖有军队，不断凭借封地发动叛乱，阴谋夺取政权。

公元前 202 年，距刘邦称帝还不到半年，燕王臧荼就领兵叛乱。刘邦迅速出兵，平定了叛乱。公元前 201 年，有人告发楚王韩信意图谋反。刘邦假称要巡游云梦，命令楚王到陈留相会。当韩信如期赶到时，刘邦下令将他逮捕，贬为淮阴侯。公元前 199 年，赵王张敖的丞相贯高谋害刘邦未遂，刘邦将张敖贬为宣平侯。公元前 196 年，诸侯王叛乱达到高潮。先是楚王韩信趁刘邦出征的机会在长安谋反，被皇后吕雉和相国萧何诱进宫中处死。接着，梁王彭越的部下告发他谋反。刘邦派使者到定陶，出其不意地将他逮捕，先废为平民，随后处死。不久，淮南王英布又在封地大举叛乱。年已老迈的刘邦不顾体弱多病，率领大军东征。英布战败后逃走，途中被当地百姓所杀。韩王信于公元前 201 年投降匈奴，并勾结匈奴贵族入寇边疆。刘邦亲自带兵征讨，于公元前 196 年击杀了韩王。这样，汉初异姓王在 7 年间发动的 9 次叛乱都被刘邦平定，刘邦在平叛之后不再分封异姓王。平定异姓王叛乱，既巩固了刘邦家族的统治，也维护了国家统一。

刘邦是一位有远见的开国皇帝，在取得平叛胜利后，他没有喜而忘忧。公元前196年，刘邦东征英布凯旋还师，路过故乡沛县时，召集家乡父老们宴饮。在酒席宴上，刘邦回顾了自起兵沛县到创立汉朝的艰辛历程，不禁慷慨高歌。他一边击打乐器，一边高唱即兴而编的《大风》歌："大风起兮云飞扬，威加海内兮归故乡，安得猛士兮守四方！"他看到，在风云激荡的岁月里，一个强大而顺应历史潮流的王朝虽已建立，但巩固政权的任务还十分重大，他希望有更多的猛将勇士起来保卫边疆、捍卫统一。刘邦在东征英布时受了箭伤，伤重不治，于次年四月二十五日在长安逝世，终年61岁。

汉惠帝刘盈

汉惠帝刘盈（公元前210—前188年），汉高祖刘邦与吕后之子，西汉第二位皇帝。

汉惠帝继位后，实施仁政，减轻赋税，提拔曹参为丞相，萧规曹随，政治清明，国泰民安。与民生息的政策，推动了经济的繁荣。在思想和文化方面，他废除秦时禁锢，使黄老哲学代替法家学说，打开了各种思想发展的大门。但是汉惠帝生性仁弱，在位期间大权实际上掌握在强势的母亲吕后手中，因此司马迁作《史记》时未单独设"惠帝本纪"，而将其并入"吕太后本纪"中。

曹参像

汉惠帝是高祖刘邦长子，年幼时刘邦还只是名小吏，家境并不丰裕。因此，他曾经常和母亲、姐姐一起到田里做活。后来高祖来到关中后，于汉王二年（公元前205年）

将其立为王太子，住在栎阳（今陕西临潼），名为留守，实则由丞相萧何照看。汉王五年（公元前202年），刘邦打败项羽称皇帝，惠帝即被改立为皇太子，时年仅9岁。

惠帝被立为太子后，其皇位继承曾几经波折。因为高祖到晚年不喜欢惠帝，认为他"为人仁弱"，不像自己，而宠姬戚夫人所生赵王如意与己颇似，一度想改立如意为太子，后来看到太子羽翼已成，才不提改立太子之事。不久高祖病逝，惠帝继位，时年16岁。

惠帝在位七年，任用过四名丞相，他们是萧何、曹参、王陵和陈平。其中除萧何外，曹参最为知名，他对惠帝时的统治政策曾产生极大影响。

惠帝统治的七年，是西汉王朝更加巩固的时期。为了恢复、发展经济，他大力推行轻徭薄赋、休养生息政策。惠帝继位伊始，就下诏减天下田租，恢复"十五税一之制"。由于平定异姓王、抗击匈奴需要大量经费，高祖曾加征田租。到惠帝时，异姓王被基本削平，匈奴也重结和亲，就重新恢复十五税一。公元前191年，惠帝又下诏"举民孝弟力田者复其身"，对努力耕田者免除徭役，鼓励农民耕田。同时，还减免刑罚，"省法令妨吏民者"，以调动农民的生产积极性。到公元前189年，惠帝为使人口迅速发展，又下诏："女子年十五以上至三十不嫁，五算。"汉代规定：15岁以上的成年人都要交人口税，每人是120钱，为一算，称为"算赋"。惠帝这时规定女子15岁以上到30岁不嫁，交人口税五算，实际就是强制女子到15岁时就要结婚生育。这对发展人口和恢复经济，在当时起了很大作用。

除了以上措施，在经济上惠帝还下令"驰商贾之律"。西汉初年，对商贾还采取一定的抑制政策，这对工商业的发展显然是不利的。到惠帝时，为繁荣经济，下令放宽对商贾的限制。除了不准做官、商人的人口税比平民重一倍外，其他都予废除。这对经济的恢复和发展同

汉惠帝像

样起了很大的作用。

惠帝时的思想、文化政策更做了较大调整。在当时，不仅黄老思想已取代秦的法家思想在政治上占据主导地位，而且对各种思想也开始解禁。公元前191年惠帝废除"挟书律"。"挟书律"原是秦始皇三十四年（公元前213年）秦始皇下令"焚书"颁布的一条法令。这条法令规定：只要不是由秦的博士官所掌管，全国有藏《诗》《书》、百家语的，都要交给郡守和郡尉一齐烧掉。如果谁胆敢私藏，就处以族刑。它极大地遏杀了当时的思想、文化的发展。惠帝明令废除了这项法令。"挟书律"的废除使得思想文化的发展摆脱了一定限制，民间藏书当时纷纷出现，特别是秦代受到压制的儒家思想又重新开始抬头，为以后汉武帝的"独尊儒术"奠定了基础。

惠帝时，西汉王朝对民族关系尤其是对匈奴的关系也处理得比较得当。汉惠帝三年（公元前192年），惠帝仿照高祖，以宗室女为公主，继续与匈奴冒顿单于和亲。这次和亲的缔结不仅使得汉匈关系有了进一步的改善，也使汉、匈两族人民特别是中原地区人民得以免于战患，对当时恢复、发展经济有着重要意义。

此外，惠帝在位期间还有一件事情值得称道：这就是长安城的修建。高祖采纳娄敬建议定都长安后，在长安开始修筑宫殿，建造了长乐宫和未央宫，但没有修筑城墙。惠帝时开始大规模地修筑长安周围的城墙。这项工程从汉惠帝元年（公元前 194 年）开始动工，到汉惠帝五年（公元前 190 年）完成，先后进行了 5 次修筑，其中有 2 次比较大的修筑，一次征发了 14.6 万人，一次征发了 14.5 万人。长安城建成后，周围有 32.5 千米（实测为 25.1 千米），是当时世界上规模最大的都城，只有欧洲的罗马城可与它媲美。长安城四面有 12 座城门，每面有 3 座，其中以宣平门最为重要，是当时出入最频繁的城门。而每个城门又都有 3 个门道：左道为出，右道为入，中间是"驰道"，专供皇帝使用。在城墙修筑完工后，第二年又在城中修建了"西市"，并对秦时最大的粮仓——"敖仓"进行了改建。可以说，汉长安城的规模在惠帝时已经基本完成。

刘盈继承皇位后，基本上继承了父亲的政策，而且有父亲的一批有经验的大臣辅佐，他在位期间没有什么大的波折。惠帝继位后，尊母亲吕后为皇太后。当时他希望母亲能和睦亲属，实际上吕后非常残暴，对高祖嫔妃极力迫害。诸子封王者除史载代王母薄姬因为很少见到刘邦允许随王就藩，其余王母皆不准随子。对戚夫人的凶残更是令人发指，让人把她用药酒毒死，然后斩断四肢，挖眼熏耳，让她吃哑药，扔在厕所里，称为"人彘"。吕后这些所作所为，使为人"仁弱"的惠帝在精神上受到强烈刺激。他看到所谓"人彘"，知道是戚夫人后，大哭了一场，生病有一年之久，从此不理朝政，每日借酒浇愁而致成宿疾，最后抑郁而终。

公元前 188 年，在位七年的汉惠帝去世，时年 22 岁，谥号孝惠皇帝，葬于安陵。

汉文帝刘恒

汉文帝刘恒（公元前 203—前 157 年），汉高祖刘邦第四子，母薄姬，汉惠帝刘盈之弟。西汉第五位皇帝。他在位 23 年，终年 47 岁，

汉文帝像

是我国封建社会中的一位少有的贤明皇帝。

刘恒是汉高祖的第四子，为薄姬所生。刘恒 8 岁的时候，代地陈豨举兵汉，自立为代王。刘邦带兵平叛，陈豨为周勃所杀。就把刘恒封为代王。刘邦死后，薄姬为了逃避吕后的暗算，主动要求随子出京；又因薄姬平时为人和善，也从不敢得罪吕后，所以吕后同意薄姬的要求，让她到代地做了太后。公元前 180 年七月，吕后去世。九月，周勃和陈平巧设计谋，灭了吕后所有亲信，迎来代王刘恒，拥立为皇帝，即汉文帝，时年 23 岁。

汉文帝继位后，以高祖刘邦的既定方针为基础，推行了一系列治国利民政策，开创了"文景之治"的局面。文帝为人谨慎，而且富有谋略。他继位后，十分注重选用有才能的人治理国家。他拜屡出奇计的重要谋士陈平为左丞相，英勇善战屡建军功的大将军周勃为右丞相，灌婴为太尉；以自己的心腹宋昌为卫将军，统率南北军；封讨伐诸吕有功的两个兄弟刘章为城阳王、刘兴为济北王；又下令各郡国察举"贤良方正"，选拔博学多谋的贾谊和晁错等人到朝中任职。文帝知人善任，为了熟悉国家大事，有一次朝会时询问右丞相周勃："全国一年审理和判决多少案件？"周勃抱歉地说："不知道。"文帝又问："全国一年收入和支出的钱粮有多少？"周勃又谢罪说不知道。文帝又问左丞相陈平。陈平说："这些事都有主管的官吏。"文帝问："主管的人是谁？"陈平说：

"陛下要了解审理和判决的案件，可以询问廷尉；要了解钱粮的收支情况，可以询问治粟内史。"文帝说："既然各有主管的人，那么你们又管什么事情呢？"陈平说："作为宰相，对上辅佐皇帝，对下哺育万物生长，对外镇服夷狄和诸侯，对内则使百姓归附，使公卿大夫各尽其职。"文帝说："你的回答很有道理。"周勃自感水平不如陈平，很是惭愧，就借口有病，请求免去右丞相职务。从此，陈平独自担任丞相。

汉文帝在平定边境叛乱方面，十分注重安抚为主，武力为辅的策略。对北方匈奴，他一方面派兵加强边防，另一方面则继续推行和亲政策，取得了明显成效；对其他少数民族，则重在安抚。公元前184年（高后四年），南越（桂林、南海一带）王赵佗称帝谋反，进攻长沙。吕后曾派兵迎挡，没有取胜就死去了。从此，赵佗更加猖狂，不断在边境上掠夺。文帝继位后，对南越的骚动，没有兴师动众，而是采用安抚的办法。文帝知道，赵佗是真定人（今河北正定），祖先坟墓都在那儿，就派人修理这些坟墓，一年四季祭祀，并设立了管理坟地的机构，文帝还把赵佗的叔伯弟兄封了官。他想起陆贾从前见过赵佗，两人关系甚好，就派他为使臣，拿着礼物，带着信件去见赵佗。文帝在信中说："得了你的土地，中国也大不了；得了你的财富，中国也富不了。因此，服岭（大庾岭）由你自己处理吧。你称皇帝，必然形成两个皇帝并立，可是又没有使者往来，这就引起争端；争而不让，仁德的人是不愿意的。为此，我愿意跟你去掉从前的不和，希望你也能同意，不要再来侵犯。"赵佗看了这封信，深受感动地说："既然现在蒙皇上这样可怜我，恢复我原来的封号，又像以前一样有使者来往，我马上就可以不称帝了。"此后，他去掉帝号，主动向汉朝称臣。吴王刘濞称病不到京城朝见，文帝没有责怪他。大臣们都主张去征伐，文帝却说他年老了，行动不便，就赐给他几、杖，准他不必上朝，暂时避免了一场战争。汉文帝的宽宏大度，使汉朝进一步增进了与边境少数民族的友好往来。

文帝继位后，十分重视恢复和发展农业生产。他曾多次讲过："农业是天下的根本，没有比它再重要的了；人民有吃有穿，天下才会太平。"为发展农业生产，他进一步减轻农民负担。文帝继位的第二年，就免去天下田租一半；13年后，完全废除了田租。每年的春天，他还亲率大臣耕作，生产供祭祀用的粮食。为了促进农业的发展，他还规定农民种地没有种子，由各县借给他们；没有口粮，由各县贷给；发生天灾，由各县赈济。后元六年（公元前158年）夏，天下大旱，蝗虫成灾。文帝施加恩惠，令诸侯不要入贡，废除禁止民众开发山林湖泊的法令，减少自用的衣服、车驾驹马，缩减郎官、官吏、官员的名额，发放仓库的粮食以救济贫民等。这些措施，深受农民欢迎，调动了生产积极性，粮食产量逐年提高，国家也逐渐富足起来。为了缓和阶级矛盾，文帝废除了一人犯罪，父母及其家属连坐的法令，废除了面上刺字、割鼻子、砍足等残害身体的肉刑。

齐国（汉代封王之国）太仓令淳于意是一个清官，但他一向散漫，不愿受什么约束。因为他会医术，后来就辞官看病。有一次，一个大商人的姨太太患了病，请淳于意医治。那女人吃了药不见好，过了几天死去了。大商人告他庸医害命，被当地官吏判刑。他的小女儿缇萦听说后，跟他到长安上殿见汉文帝，侍卫不让进，她就写信给皇帝，信中说："我父亲犯了法，受到肉刑处分，我不但为父亲伤心，也替天下所有受肉刑处罚的人伤心。因为，一个人死了不能再活，割了鼻子不能再接上，悔过也来不及了。我愿给公家做奴婢，替父亲赎罪，让他有个悔过机会，恳请皇上开恩。"文帝看了信，深受感动，非常同情小姑娘的一片孝心。他表示坚决废除肉刑，并采纳了丞相张苍拟定的代替肉刑的几条办法：废除脸上刺字，改为服苦役；废除割鼻子，改为打 300 板子；废除砍左、右足，改为打 500 板子。

汉文帝不仅亲自过问法律的制定，对不合理的条文及时修改，而且坚持法律一经成文，就要人人遵守，皇亲国戚概不例外。《资治通鉴》和《汉书》中都曾记载了一些文帝带头执法的故事。比如有一次，文帝外出路过中渭桥（长安附近渭水上的一座桥梁）时，碰巧有人也从桥下走出，使文帝的马受惊而逃。文帝一时发怒，便想加重制裁。廷尉张释之却对文帝说，法律对每个人应该都是一样的，不能以人的身体贵贱而变更。文帝称赞他做得对。结果，张释之以量刑标准，对那个人处了罚金。像汉文帝这样一个封建王朝至高无上的统治者，能做到以身守法，实在是难能可贵。文帝的一生节俭，在封建帝王中也是罕见的。他继皇帝位 23 年，宫室、园林、狗马、衣服、车驾都没有增加。有一次，他打算建一露台，召来工匠一算，需要花费 100 斤黄金，相当 10 户中等人家的财产，感到太浪费，就决定不建了。他说："我奉先帝宫室，就常常感到不安和羞愧，为何还要浪费那么多钱为自己建露台呢？"文帝平时经常穿着黑色粗布做的衣服，就连对他所宠爱的慎夫人，要求也很严格，规定衣裙下摆不准拖到地面，帷帐是素面，全不刺绣，也没有花边等。他修建陵墓时，下令随葬品只能用陶器，禁止用金、银、铜、锡等贵重物品。他在遗诏中说："给我送葬的车马，不准陈列兵杖；送葬人戴的白布孝带宽不超过三寸；治丧期要短；在治丧期间，不要禁止百姓结婚、祭祀、饮酒和吃肉。"由此可见，他还是一个能坚持与人民同甘共苦的皇帝，这也是他一直为历史所称道的重要方面。

汉景帝刘启

汉景帝刘启（公元前 188—前 141 年），汉文帝刘恒嫡长子，母孝文皇后窦氏（即窦太后）所生。西汉第六位皇帝。

刘启 10 岁的时候被立为太子。公元前 157 年，32 岁的刘启继位。他接手的是一个国泰民安的王朝，但因为文帝期间对于藩王的政策是安抚有余，施威不足，导致了同姓王的势力发展很快，他们拥有军队，自置官职，政治力量和经济力量不断增长。早在济北、淮南二王相继谋反时，贾谊就曾指出藩王势力是汉朝的一大疾病，当时晁错也提出相同的见解，主张削藩，但此建议没有被采用，还是安抚政策解决了问题。经过了多年的发展，藩王的势力已经对汉室构成了威胁。所以，景帝一上台，便采纳了晁错的建议。

晁错是历史上有名的臣子，在文帝时就做出了很大的成就，以敢于谏言、博学多才、能言善辩而著称。景帝继位以后，任命他为内史。后又拜为御史大夫，位列三公。晁错对于时事的分析向来很有见解，他认为藩王势力强大而又最危险的是吴王刘濞。刘濞是刘邦之侄，当初刘邦封他为吴王时就担心他会反叛，所以，告诫后人要注意他的动向。刘濞到封地以后，就不断地发展自己的势力，企图有朝一日夺取帝位。景帝为太子时，吴王世子入京，因一点小事，被景帝误伤而死，刘濞因此怀恨在心，更加强了势力培植。到景帝继位，刘濞已经准备了 40 年，成为对中央政府威胁最大的诸侯王。所以，晁错主张先削吴王的封地。但是这个主张遭到了外戚窦婴的反对，削吴的事没有得到有效的落实。但楚、赵、胶西三国都做了不同程度的削夺，楚王削了东海郡，赵王削了常山郡，胶西王削了 6 县，晁错又修改有关律令 30 章。一时诸侯喧哗，反响强烈。各藩王无不将晁错恨之入骨。晁错的父亲意识到了儿子的危险，特意从家乡颍川赶到京城劝说儿子。结果晁错不为所动，气得其父服毒自尽。最后景帝也决定削夺吴的两个郡。

吴王刘濞见朝廷有所行动，立即联合其他藩王叛乱。他以"诛晁错、清君侧、安社稷"为旗帜，联合各地诸侯王起兵。公元前 154 年正月，削吴诏书一到，刘濞便在广陵（今扬州）起兵，接着胶东、胶西、济南、淄川四国起兵，包围齐都临淄，赵则与吴兵会合西进，声势之浩大可谓前所未有，史称"吴楚七国之乱"。久居太平的景帝从没见过这架势，当时也慌了手脚。一些奸臣趁机也想除掉晁错。其中曾任吴相、与晁错有隙的袁盎与窦婴说动景帝杀晁错以息叛乱，说是这样就可以兵不血刃地将叛乱平息。景帝虽然知道晁错是朝廷得力的栋梁大臣，但也想不出更好的办法，于是就一面调兵遣将，一面诛杀晁错，并派袁盎等去宣谕吴王息兵。

　　景帝初时还以为叛乱可以就此平息，可是，他根本就是小看了吴王刘濞的野心，吴王刘濞嘲讽地说："我已经是东方的皇帝了，还有谁配给我下诏？"此时，景帝才知道自己错杀了晁错，这是一件令亲者痛而仇者快的蠢事。吴王根本只是给自己找了个借口，他的目的本来就不只是杀晁错。于是景帝派郦寄率领一支队伍击赵，派栾布率领一支队伍入齐。派太尉周亚夫率36位将军讨伐吴楚叛军，又拜窦婴为大将军，屯兵荥阳，统率全军。各位将领都显示出了杰出的才能，不到三个月就平了叛乱。其中赵王、楚王自杀，吴王逃奔东越，后被东越人杀死。胶东、胶西、济南、淄川四王全部伏诛。

　　七国之乱平定后，景帝把叛王封地做了一番调整，收回了藩镇的行政权和官吏任免权，使王国的独立地位被取消。从此，诸侯王只能享用王国的租税，而不能过问行政，成为只有爵位而无实权的贵族。这一平叛不仅使藩镇对于朝廷的威胁得以消除，也提升了景帝的威信，只不过晁错的死却是景帝一生的憾事。

　　文帝不仅是给景帝奠定了稳定的经济基础，其政治、经济等政策也让景帝受用匪浅。他继位后，基本保持着原来的治国方针，保持安定局面，发展生产，休养生息；采用的也是劝农、薄敛、轻刑等措施发展生产，并在一些方面做了必要的改进；对外则依然继续和亲匈奴，以保证边塞的稳定。

中国自周秦以来一直重视农业生产，强调农桑之本的重要。景帝也是一样，他认为"农，天下之本也。黄金珠玉，饥不可食，寒不可衣，以为币用，不识其终始。间岁或不登，意为末者众，农民寡也。其令郡国务劝农桑，益种树，可得衣食物……"所以各郡国务劝农桑。为了使农牧资源得到合理配置，景帝继位后就宣布允许人民迁徙到地广人稀的地区去发展生产。为了鼓励农人劳作，他还宣布减免一半田租。汉代田租常制是"十五税一"，景帝将其改为"三十税一"。为了与民休息，景帝非常注意节省民力。他在位期间，除为自己修建了一座规模不大的阳陵外，基本上没有兴建其他土木工程。

轻刑也是景帝比较重视的一项安民措施。文帝时期将肉刑改为笞刑，如当割鼻者改为笞打三百，不过就是这样，犯人也是常常被打成残废甚至被打死，景帝将其做了不同程度的修改。后来，景帝还废除了磔刑———一种分裂尸体的酷刑，将其改为弃市。为了避免枉屈无辜，景帝一再强调决狱务必先宽，即使不当，也不为过。要求法官不可"以苛为察，以刻为明"，要求判案时要依律判决，若罪犯有不服，则需要重新评议，一切都要体现宽厚仁慈。

汉朝历来尊崇黄老的无为而治的思想，景帝也是继承了这一思想，处士王生是黄老道学大师，常被召居宫内，与景帝谈黄老思想精髓。景帝还在学术上对诸子采取兼容并蓄的态度，允许百家争鸣，而且也十分注重儒家的教化作用。当时为儒家设立了不少博士官，《诗》《书》《春秋》等均立博士，景帝起用《公羊》学大师董仲舒和胡毋生为博士，推动了儒家的教化和影响。地处西南的蜀郡郡守文翁选了十几个人来到京城拜博士官求学，数年后返回郡中，在成都市内盖起全国第一所地方官办学校——成都学馆，使蜀郡教化大行，后来普及全国的郡国学校就是以蜀郡学馆为楷模建立起来的。使这片原本是蛮汉杂居，文化、风俗都很落后的地方，一时大有改观。

对于边疆的问题，景帝继续采取汉初以来与匈奴和亲的政策。但匈奴一方还是时常小规模地入侵汉境。对于匈奴的入侵掠夺，景帝也像文帝一样偃兵休息，从未进行大规模出兵反击，只是采用增调部分骑步兵屯守防御。为了维护汉匈和睦关系，景帝还在汉匈边界设置关市，互通有无，大大促进和便利了汉匈之间的经济文化交流。这种宽厚的政策，保证了汉朝社会的安定局面。

在用人方面，景帝也还知人善任、择贤而任。郅都是执法不避权贵的刚正官吏，景帝于是拜他为济南太守，惩治几任太守都束手无策的大恶。结果郅都到任后，即刻诛杀该族首恶。一年之后，济南郡成了路不拾遗的清明之境。后来景帝又任他为雁门太守，匈奴畏惮郅都，不敢靠近雁门。景帝调刚直不阿的宁成为中尉，专门惩治为非作歹的宗室权贵；景帝任敢于直谏的程不识为评议朝政的太中大夫；任守口如瓶的周仁为郎中令，作为贴身近臣。景帝用人，一向用其所长，不计此人的身份地位，只要有用能用都加以任命。

外戚是汉室从高祖时起就很敏感的问题。景帝对此颇能分清彼此，不以偏概全，既不让外戚专权，又能任用确有才能的外戚以适当的官职。比如任命窦婴为大将军，后来窦太后几次让景帝拜窦婴为丞相，景帝却没有听取，认为他只适合做武官，而不适合做丞相，最后还是拜卫绾当了丞相。

景帝于公元前141年死在未央宫中，在位16年，终年48岁。景帝死去的当天，汉武帝刘彻继位。

汉武帝刘彻

汉武帝刘彻（公元前 156—前 87 年），西汉第七位皇帝，政治家、战略家。汉武帝刘彻出生时，他父亲汉景帝刘启正好在这年登基，所以他一出生便是皇子。传说汉武帝母亲怀孕时，梦见太阳钻入怀中。汉景帝听说后很高兴，认为这是一件吉利的事情，预示着这孩子将来会有大作为。

刘彻的初名为"彘"，他生性聪明，勤学好问，7 岁的时候"诵伏羲以来群圣所录阴阳诊候，及龙图龟册数万言，无一字遗落"。汉景帝见其"圣彻过人"，于是把他的名字改为"彻"。后元三年（公元前 141 年），景帝去世，16 岁的刘彻继位，是为汉武帝。

在"文景之治"时期，汉朝经济得到了恢复和发展。但是，在老子思想的影响下，"无为而治"严重阻碍了君权的集中，造成了人心涣散、一味向入侵匈奴妥协的局面。要想管理好国民，首先要改造国民的思想，让国民自觉地遵守法制、听命君主、为保国土而仇视匈奴。为此，从小就受到儒家思想影响的汉武帝在全国范围内推行了儒术。

汉武帝像

为了顺利推行儒术，汉武帝罢免了年事已高的宰相卫绾，任魏其侯窦婴为宰相，任母舅田蚡为掌握军权的太尉。窦婴和田蚡都喜欢儒术，他们又向汉武帝推荐了儒生出身的赵绾和王臧。汉武帝任赵绾为御史大夫,王臧为郎中令。

汉武帝与儒臣合作,决心推行一场政治改革。一方面,他整顿法规,严格执法,要求臣子相互检举违法乱纪的官员,特别是皇亲国戚,罪行一旦被核实就对其贬谪;另一方面,为了削弱王侯的权力,他令住在京城的王侯迁回各自的封地。

元光元年(公元前134年),汉武帝召见大儒董仲舒,向其探询治国良策。董仲舒将自己的一整套儒家治国思想说给汉武帝听,提出了颇有见地的治国安邦之策,深得汉武帝之心,史称"贤良对策"。

为了达到独尊儒术的目的,汉武帝在全国范围内推行了儒学教育体制,用儒家思想来培养接班人。元朔五年(公元前124年),汉武帝接受董仲舒的建议,兴办了完全把儒家五经作为教学课程的太学,聘请儒学博士担任老师。由于国家的大力提倡,太学生数逐年增加,到西汉末已多达上万人,这些人成了封建专制主义中央集权的最有力的维护者。另外,汉武帝还号召在郡国兴办地方学校,使儒学成为士人进身入仕的阶梯,将国家体制与儒家思想有效地结合起来。

汉武帝之所以要推崇儒家思想,主要是为了大力加强中央集权。为了加强君主集权,他采取了一些行之有效的措施。

汉武帝继位时,丞相大多为开国功臣,位高权重,往往牵制了皇权的效力,汉武帝对这种丞相分权的局面极为不满。好在这些丞相基本上都已年老或者去世,汉武帝便趁机不拘一格地选拔人才,让众多的儒生代替元老们掌握国家政权。同时,他一面通过打击丞相来加强自己的权力,一面进行官制改革,取消军功贵族的特权。

汉高祖在位时曾封了很多刘姓的王,被称为同姓王。后来,这些同姓王的后裔横行乡里,对抗中央。为此,汉武帝采取"强干弱枝"的政策,着手削弱地方的割据势力。汉武帝从"大一统"理论中找到了加强中央

汉武帝像

集权、打击地方势力的理论依据。为了彻底削弱诸侯王的势力，他在元朔二年（公元前127年）采纳了主父偃的建议，通过颁布"推恩令"来清除分封制。推恩令规定，诸侯王的王位除了由嫡长子继承以外，还可以用"推恩"的形式让其他的儿子在本侯国内分封。新的侯国可脱离原来王国的限制，有独立的地域，且不再受原国王管辖，而直接由各地的郡县来管理。"推恩令"名义上是皇帝施以恩德，但实际上却剥夺了诸侯王的政治军事权力，削弱了他们的势力。

汉武帝在打击地方势力的同时，还着手打击地主豪强，并且加强了对地方官吏的控制。西汉初年，由于政策的宽松，刑罚被减轻，地方豪强势力得到很大发展。随着时间的推移，各地出现了一批以强凌弱、以众暴寡的豪强地主。为了实施对他们的有效控制，汉武帝除了继续推行汉初以来将豪强迁至关中、直接监管的策略外，还任用酷吏来诛杀豪强。

为了加强和完善对全国各地的监察，汉武帝改革了汉初的监察制度。他把全国分成了13个监察区，每个区叫作部，每部派出一名刺史，仅中央的刺史叫作司隶校尉。刺史不处理行政事务，专门检查各地豪强的违法行为和地方长官郡守、国相等人的营私舞弊行为，防止郡守和地方豪强们相互勾结、对抗中央，避免以前同姓王犯上作乱局面的再次出现。同时，刺史要负责向中央推荐优秀官吏或罢免政绩不好的官吏。这一措施的施行，使地方豪强势力受到遏制，社会趋于安定。

除此之外，汉武帝还设置了御史中丞、司隶校尉和丞相司直三大监察系统。这样一来，朝内外的绝大部分官员都处于被监察的范围内。

从西汉初到汉武帝时，基本上都是军人当权。为了改变政治官员的构成，汉武帝听从董仲舒的建议，通过一系列法令、措施，建立了以选拔文官为主的用人制度。

汉武帝在继续推行汉初察举制的同时，扩大了察举的范围。在汉朝初期，只有贤良和孝廉两科，汉武帝在此基础上增加了儒学、明法（即明习、通晓法令）、德行、学术等科。汉武帝命令郡守向中央推荐德才兼备的人，否则就要受罚。

汉武帝在完善察举制的同时，还建立了征召制。征召制、察举制与公车上书制互相配合，使汉武帝网罗了大批优秀人才，壮大了他的统治基础。

由于社会经济条件的局限，汉初实行了黄老的"无为"政治。这种治国思想虽然在一定程度上加强了汉族和少数民族之间经济文化上的联系，但同时也助长了西北边疆和蒙古高原匈奴贵族的嚣张气势。他们经常侵扰西汉边境，给边疆吏民带来了灾难，也对西汉政权的稳固造成了威胁。

文景时期，西汉朝廷在对待匈奴方面基本上以和亲为主，以此换取短暂的和平。到了汉武帝时期，经历了前几代的发展后，生产有了较大发展西汉的国库逐渐充实起来，士兵军事素质也提高到了一定的水平，基本上具备了大规模反击匈奴的实力。正是在这种情况下，汉武帝决定对匈奴进行彻底的打击，洗刷数年来的耻辱。建元三年（公元前138年），汉武帝派张骞出使西域，联合西方的大月氏国，夹击匈奴。随后又命令卫青、霍去病率领部队对匈奴进行了远征。经过数次打击，匈奴一蹶不振，再也无力骚扰中原，只好迁往北方很远的地方。此外，张骞出使西域，虽然没有达到联合大月氏抗击匈奴的目的，但是自此开始了大西北的开发，不仅断了匈奴右臂，更重要的是打通了通往西域的道路，形成了沟通古代欧亚交通的"丝绸之路"。

汉武帝在位期间，还完成了对东南和南方的统一和对西南地区的开发。元封三年（公元前108年），汉武帝又发兵东北，降服了那里的高丽等郡，加强了朝鲜与中原的文化交流。此后，武帝威名震慑四方。

汉武帝做了半个多世纪的皇帝，把汉朝推向鼎盛的时期，在文治武功上都有一定的建树，如果他不是在晚年犯了些错误，或者真可以称得上是个完美的皇帝。但是，现实里绝对没有如果，所幸的是，他后来对自己的过失作了反思。但是历史不会遗忘，人们所承受的苦难也不会被遗忘。

汉武帝晚年繁刑重敛，信惑神怪，巡游无度，使百姓疲敝，尤其是中外交往开始频繁后，各种珍奇宝贝更是让武帝大开了眼界，这同时也刺激了武帝的消费欲，他开始广设苑囿宫殿，陈设布置也是日渐奢华，其他贵族官吏也竞相攀比，奢靡之风日盛。或者是他想用这种方式对那些州国人显示大汉的富庶，所以经常给那些外国使者、商人等赏赐，那些人回去后，又带来了更多的人，结果使国家因此而支出无度。

另外，他还喜欢巡游，仅仅公元前110年的那一次，就行程18000里，沿途"所过赏赐用帛百余万匹，钱金以巨万计"。可见其奢华程度！在这样的情况下，农民怎能不贫困？农民不得好过，那么他们就会起来反抗。于是，全国各地相继出现农民起义，虽然这些起义最终都被镇压，未能从根本上撼动汉王朝的统治，但这足以让他听见警觉的钟声。后来，他开始转变以前的政策，将注意力转向农业生产和经济的恢复。

汉武帝受方士们的诱惑，很喜欢祀神求仙。并试图寻找可以长生不老的药，甚至封一个骗子——据说有长生不老药的人——五利将军、天士将军、地士将军、大通将军、天道将军，并黄金万两，将女儿嫁给他，这个人就是栾大，直到事情败露，才将这人拦腰斩了。但这个巨大的骗局并没有让汉武帝醒悟，他依然幻想着有一天能够找到海上的神仙，能够让自己长生不老。

武帝晚年的时候，变得疑神疑鬼，有一次因为做了个噩梦便着人下去调查，认为是有人在诅咒他，结果出现了"巫蛊之祸"。先后枉杀了几万人，其中包括丞

汉武帝陵

相、亲生女儿、皇后的侄子等，后来有人污蔑太子诅咒武帝，太子被迫假传圣旨斩了这个负责调查的人，发兵攻占长安的要害部门，结果皇太子兵败自杀。直到第二年的时候，武帝才查明太子原来是冤枉的。后来丞相刘屈氂和将军李广利也被指控诅咒皇帝，结果刘屈氂被杀，将军李广利则投降了匈奴，所率部队七万余人几乎全军覆没。这次惨败让汉武帝彻底清醒了，他亲自调查了巫蛊事件，结果证明大多数都是办案负责人江充的诬陷之罪，他后悔莫及。

这时候他才开始自我检讨，并在泰山明堂祭祀的时候对着苍天和臣子们做了自我检查，遣散了所有方士，并下了《罪己诏》，宣布"当今务在禁苛暴，止擅赋，力本农。"任命田千秋为丞相，封为"福民侯"。任命赵过为搜粟都尉，推广"代田法"和先进的农用工具，开启了"昭宣中兴"的西汉盛世。

不过此时，汉武帝已经垂垂老矣。公元前87年，武帝一病不起，于是在病床前立了太子刘弗陵，为了怕太子的亲母专权，还赐死了其母钩弋夫人。封霍光为大司马、大将军，辅佐皇太子。次日，武帝病逝。

汉昭帝刘弗陵

汉昭帝刘弗陵（公元前94—前74年），西汉第八位皇帝，汉武帝刘彻少子，赵婕妤（钩弋夫人）所生。婕妤是武帝创设的嫔妃称号，位次皇后，爵比列侯。

汉昭帝继位时年仅8岁，在霍光、金日䃅、桑弘羊等辅政下，沿袭武帝后期政策，与民休息，加强北方戍防。始元六年（公元前81年），召开"盐铁会议"，就武帝时期盐铁官营、治国理念等问题召集贤良文学讨论，会后罢除榷酒（酒类专卖）。元凤元年（公元前80年），以谋反罪诛杀桑弘羊、上官桀等，专任霍光，进一步改革武帝时制度，罢不急之官，减轻赋税。因内外措施得当，武帝后期遗留的矛盾基本得到了控制，西汉王朝衰退趋势得以扭转，"百姓充实，四夷宾服"。

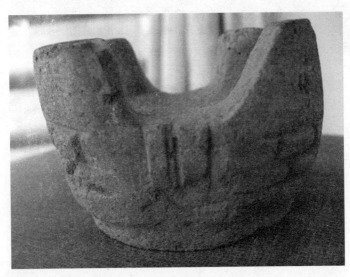

汉代器物

汉武帝晚年，皇太子刘据因与直指绣衣使者江充有隙而被逼造反，兵败自杀。武帝另外两个儿子燕王刘旦、广陵王刘胥行为不轨，多有不法，宠姬王夫人、李夫人生的儿子都年纪轻轻便病死了。刘弗陵身体发育很好，十分健壮，而且聪明伶俐，武帝很是喜爱，常对人说："此儿像朕。"武帝有意传位于刘弗陵，就命内廷画工绘制"周公辅成王"的图画，赐给奉车都尉霍光，暗示群臣自己欲立小儿子刘弗陵为太子。为了防止自己死后主少母壮、吕后之事重演，武帝又将刘弗陵的生母赐死。

后元二年（公元前87年）二月十二日，汉武帝病重，将年仅8岁的刘弗陵立为皇太子。二月十三日，武帝诏近臣托孤，任命奉车都尉霍光为大司马、大将军，接受遗诏辅政；加封金日磾为车骑将军，太仆上官桀为左将军，搜粟都尉桑弘羊为御史大夫，共同辅佐少主。次日，汉武帝病逝。二月十五日，刘弗陵登基为帝，是为汉昭帝。封其姊鄂邑公主为长公主，入住皇宫，抚养昭帝。遵照武帝遗诏，由大将军霍光领尚书事，主持国政，车骑将军金日磾、左将军上官桀为其副手。

武帝时代对外用兵，内兴土木，国库耗空，民赋加重，社会矛盾激化。武帝晚年，下了一个《罪己诏》，表示要改变内、外政策，禁苛暴，止擅赋，力本农。但一年后他就病死，昭帝君臣接受的是一个千疮百孔的破烂摊子。霍光奏准昭帝，接连下了几道诏令：遣故廷尉王平等五人，持节巡行郡国，举贤良，问民所疾苦、冤恨，查办失职官吏；遣使者赈济贫民，发给他们粮种，豁免一年租税；武帝时代的案件，皆赦免不究。这些措施对于缓解武帝以来的社会危机，起了一定作用。

霍光推行的治国方针，是武帝《罪己诏》所厘定的。他把武帝的改革方针付诸实施，推动治国方针的转变。但是，他的行动遭到了一些人的反对，为首的是御史大夫桑弘羊。

桑弘羊是武帝朝盐、铁、酒官营政策的策划者，他热衷于武帝前期那种好大喜功的政策，反对转变治国方针。于是，朝臣之间在治国方针上发生严重分歧。始元六年（公元前81年）二月，政府举行了一场"盐铁会议"，就治国方针问题进行辩论。在这次大会上，以御史大夫桑弘羊为首的保守派和以贤良、文学为代表的变革派进行了激烈的辩论。双方争论的焦点有三：一、是否继续推行还是废除盐、铁、酒官营政策；二、对匈奴是继续进攻还是转为防御；三、继续实行法治还是改行德治。丞相田千秋是会议的主持人，在双方唇枪舌剑的争论时，他默默不语。只是在双方辩论最激烈的时候，他以调解人的面目说几句不偏不倚、模棱两可的话。霍光虽然没有出场，但他实际上是贤良、文学们的后台。由于他的支持，贤良、文学们的辩论中占了上风。经过这次会议，进一步促进、坚定了治国方针的转变。但是，朝臣内部的斗争却在进一步激化，"盐铁会议"后的第二年，便发生了上官桀、桑弘羊等人密谋策划的宫廷政变。

上官桀和桑弘羊暗中收集霍光的过失，把材料交给燕王刘旦。刘旦遣人上疏弹劾霍光，上官桀和桑弘羊乘霍光休沐回家之际，劝昭帝把燕王的奏疏下发百官，罢免霍光。不料，昭帝把燕王的奏疏留下，不肯下发。翌日清晨，霍光上朝，听说燕王奏劾之事，便停在一处叫"画室"的殿中，不敢入朝。昭帝宣召霍光入朝。霍光进来后，免冠顿首。昭帝说："大将军戴上冠，朕知道燕王奏疏有诈，大将军无罪。"霍光顿首谢恩，问道："皇上怎知燕王奏疏有诈？"昭帝说："大将军去广明亭检阅御林军，广明亭近在咫尺，何须准备饮食？调动校尉一事不出 10 日，燕王怎能得知？若大将军想图谋不轨，不需要校尉。"这一年昭帝只有 14 岁。公卿百官听昭帝评析得头头是道，都很惊奇。上官桀等人的阴谋被昭帝一语揭穿，所有在朝大臣对昭帝如此聪明善断无不表示惊叹，霍光的辅政地位得到了稳固。

但上官桀等人不甘心失败，决心铤而走险。他们定下计策，鄂邑长公主出面请霍光吃酒，伏兵格杀霍光，除掉燕王，废除昭帝，拥立上官桀为帝。不料，他们的阴谋被稻田使者燕仓侦知，燕仓密报给大司农杨敞，杨敞转告谏大夫杜延年，杜延年又奏告昭帝和霍光。昭帝与霍光立即发兵杀上官桀父子、桑弘羊和丁外人，将他们诛灭三族；鄂邑长公主、燕王自杀。上官皇后年少，仅8岁，未参与谋反，再加上她是霍光的外孙女，故没有废黜，仍做她的皇后。

这场政变被粉碎后，霍光地位更加稳固，政局渐趋安定。元凤四年（公元前77年），昭帝年满18岁，举行冠礼。按传统，加冠之后。昭帝开始亲政，但军权大事仍委任霍光。霍光执掌大权，但不专权跋扈，君臣相安无事。在昭帝和霍光的治理下，汉帝国政局稳定，社会经济有较大的发展，出现了中兴局面。

元平元年（公元前74年），刘弗陵因病驾崩，年仅21岁，在位13年。谥号孝昭皇帝，葬于平陵。

汉宣帝刘询

汉宣帝刘询（公元前91—前49年），西汉第十位皇帝。原名刘病已，汉武帝刘彻曾孙，戾太子刘据之孙，史皇孙刘进之子。

刘询是中国历史上有名的贤君，在位期间，全国政治清明、社会和谐、经济繁荣、四夷宾服，史称"孝宣之治"，又称"孝宣中兴"，史家称西汉国力在其治下最为强盛。在以制定庙号、谥号严格而著称的西汉一朝，刘询是四位拥有正式庙号的皇帝之一。

征和二年（公元前91年），汉宣帝刘询出生，他的初名叫刘病已。

刘病已出生后不久，朝中便发生了巫蛊事件。在短短几个月的时间内，其祖父戾太子刘据、祖母史良娣、父亲刘进和母亲王夫人纷纷受到牵连并遇害。就这样，嗷嗷待哺的刘病已竟成了一个无人照顾的孤儿。不仅如此，刘病已也受到巫蛊事件的牵连，身陷京城狱中。后元二年（公

汉宣帝像

元前 87 年），汉武帝病逝，5 岁的刘病已被赦免出狱，送回其祖母史良娣的娘家抚养。张贺原是刘病已祖父的家吏，此时担任掖庭令。为了报答戾太子昔日对他的恩情，他通过关系将刘病已接回掖庭。从此，身为皇族的刘病已得到了生活保障。张贺不仅帮助刘病已解决了生活问题，还让他受到了良好的教育。元平元年（公元前 74 年）刘贺被废。

七月，霍光等大臣将他从尚冠里住处迎入宫中，先封为阳武侯，随后继皇帝位，时年 18 岁。第二年改年号为"本始"。刘病已继位后，改名刘询，即汉宣帝。

汉宣帝继位之初，朝政差不多全部掌握在霍光手里。当时，霍家权力极大，除霍光权倾朝野之外，他的儿子霍禹、侄孙霍云还是统率宫卫郎官的中郎将；霍云的弟弟霍山时任奉车都尉侍中，统率禁卫部队胡越骑兵；两个女婿分别担任东宫和西宫的卫尉，掌管整个皇宫的警卫；堂兄弟、亲戚也都担任了朝廷的重要职位，形成了一个盘根错节、遍布西汉朝廷的庞大势力网。霍光其实成为实际上的最高统治者。

地节二年（公元前 68 年），霍光去世。汉宣帝认为时机已到，开始亲理朝政，重用御史大夫魏相，让魏相以经事中的身份参与朝中的机密决策，后来又提拔魏相做了丞相。继而任命丙吉为御史大夫，又委以他的岳父平恩侯许广汉以重任，逐渐把权力收归自己手中。

汉宣帝深知，霍光虽然死了，但霍家的势力还很大，兵权也掌握在他们手中。他先解除了霍光两个女婿东宫、西宫卫尉的职务，剥夺了他们掌管的禁卫军权。又把霍光的两个侄女婿调离了中郎将和骑都尉的位置，让自己的亲信担任南北军和羽林郎的统帅。最终把兵权掌握在自己手中。之后，他提拔霍光的儿子霍禹为大司马，明升暗降，剥夺了他掌握右将军屯兵的实权。还对上书制度进行了改革，下令吏民上书，直接呈皇帝审阅，不必经过尚书，把霍山、霍云领尚书事的职务架空起来。通过这一系列步骤，霍家掌握的权力剥夺殆尽，权力逐渐集中在汉宣帝的手中。汉宣帝大规模地镇压了霍氏集团的叛乱，将参加叛乱的人都处以极刑，并废除了霍皇后，在西汉朝廷中盘踞了十几年的霍家势力一朝覆灭，汉宣帝最终确立了他的绝对统治。霍氏集团被铲除后，朝中大权终于掌握在汉宣帝的手中。早年生活在民间的汉宣帝非常了解百姓的疾苦，于是在各个方面都进行了调整和整顿。

由于刘询少时多到京都三辅了解民情，因此对百姓疾苦和吏治得失有所了解，这对他的施政有直接影响。他在位期间，励精图治，选贤任能，贤臣循吏辈出，著名的有麒麟阁十一功臣。宣帝注意减轻人民负担，恢复和发展农业生产；并重视吏治，认为治国之道应以"霸道""王道"杂治，反对专任儒术。在对外关系上，宣帝于本始二年（公元前 72 年）联合乌孙大破匈奴，而后匈奴呼韩邪单于率众来朝称臣。神爵二年（公元前 60 年）平定西羌，并置金城安置降羌，同年设西域都护府监护西域各国，正式将西域纳入版图。

汉宣帝一方面选任有能力的人，一方面采用汉武帝时的刺史制度对各郡进行监察。另外，汉宣帝推行了有功必赏、有罪必罚的政策。通过种种配套措施的实施，官吏中的腐败现象得到明显改善。而且，在这种正气之风的感召下，官吏们不再相互攀比财富，而是以出色的政绩、深厚的学问为荣。

在思想方面，汉宣帝改变了汉武帝时独尊儒术的局面，满足了其他学派的需求，同时为中国文化遗产的保留做出了贡献；在农业方面，汉宣帝一方面依照惯例减少赋税徭役，另一方面根据当年灾情的轻重再减免一些租税；在工商业方面，汉宣帝在依然推行汉武帝以后的官营政策的同时，针对这种政策的弊端做了一些修改，有效地抑制了由此导致的官吏腐败现象。

汉宣帝以前，由于土地的买卖不受控制，官僚、地主、豪强、富商等纷纷大量购进土地，严重导致了国内的贫富分化。为了改变这种现象，汉宣帝把巨富者迁徙，把他们的土地充公或分配给贫者。另外，汉宣帝还颁布诏令，把公田借给贫者耕种。

在整顿吏治的同时，汉宣帝根据国情开始对国内各种政策进行完善和改革。在他的努力下，西汉王朝除了有"文景之治"外，又出现了"昭宣中兴"。

黄龙元年（公元前49年）十二月，刘询因病崩于未央宫，葬于杜陵，庙号中宗。

汉元帝刘奭

汉元帝刘奭（公元前74—前33年），汉宣帝刘询与嫡妻许平君所生之子，西汉第十一位皇帝。

刘奭出生几个月后，汉宣帝继位为帝。两年后，其母许平君被霍光妻子霍显毒死。地节三年（公元前67年）四月，刘奭被立为太子。黄龙元年（公元前49年）十二月，汉宣帝驾崩，皇太子刘奭继位，是为汉元帝。

汉元帝多才艺，善史书，通音律，少好儒术，为人柔懦。在位期间，因为宠信宦官，导致皇权式微，朝政混乱不堪，西汉由此走向衰落。

宣帝临终之前，托付三名大臣辅佐朝政，一位是外戚史高，另外两位是元帝的师傅肖望之和周堪。肖望之是东海兰陵（今山东枣庄东南）人，宣帝时任太子太傅，教授太子刘奭《论语》和《礼仪》，与同时教授《尚书》的少傅周堪都是德高望重的老臣。宣帝在病中拜肖望之为前将军光禄勋，拜周堪为光禄大夫，授诏辅政，兼领尚书事。肖、周二人本为师傅，又受先帝遗诏辅政，所以元帝继位之初，接连数次宴见肖、周，研究国事，讨论朝政。

汉元帝像

当时，肖推荐了博学多才的大儒刘向和忠正耿直的金敞，元帝均付以重任，并加官给事中，即特赐随便出入禁中，参与机密之权。

元帝还大力擢用儒生。他继位不久，听说琅琊（今山东诸城）人王吉和贡禹是关东明经洁行的儒学大师，就特派使者召来京师做官。王吉病死在赴京途中，贡禹入京拜为谏大夫，随后又升为御史大夫，位列三公。为了发展儒学，重用儒生，元帝曾一度指令京师太学的博士弟子取消定员限制，凡能通一经的民间儒生均免除兵役、徭役。后因用度不足，博士弟子定员千人，即使这样也比宣帝末年的名额增长了五倍。元帝在位期间重用的大臣，多为汉代知名的经学大师，师傅肖望之以《齐诗》著称，周堪以《尚书》闻名；御史大夫贡禹精明《公羊春秋》，薛广德曾以《鲁诗》教授；丞相韦玄成秉承家学，兼通数经，匡衡则是当时众所公认的《诗》学泰斗。

尽管元帝重用儒生，能在一定程度上纳谏，并采取了一些轻刑和节俭的措施，但丝毫也不能改变西汉王朝走下坡路的局面。以轻刑来说，元帝曾减省刑罚 70 多项，并连年大赦，但今日大赦，明日犯法，相随入狱，盗贼满山，社会治安极为混乱。以节俭来说，元帝做出不少示范动作，但侈靡之风有增无减。

元帝尊师重儒的同时，也宠奸任佞，一批奸佞小人麇集于朝廷要枢，石显是其中最主要的一个，他依靠元帝宠信，以中书令官职专权十几年，一直到成帝继位。石显与中书令（朝廷秘书长）弘恭结为党友，以久典枢机、熟悉朝务为优势，常常非议、抵制甚至推翻领尚书事的萧望之、周堪的意见，引起萧、周正直派官员的反对。于是朝中形成了以弘、石为首的中书势力和以萧、周为首的正直势力的对立局面。双方明争暗斗，愈演愈烈。

元帝对两位师傅特别信任，儒臣的影响力与日俱增，致使被冷落的史高心理失衡，与萧望之产生嫌隙，权力斗争的阴影随即笼罩着朝廷。史高与宦官里外呼应，反对萧望之的改革主张。萧望之忧虑外戚放纵、宦官擅权，于是向元帝建议：中书是国家政事之本，应由贤明公正之士掌管，武帝悠游饮宴于后庭，任用宦官掌管中书，不合乎国家旧制，且违反"古不近刑人之义"，必须予以纠正。元帝初继位，由于性情柔弱缺乏主见，不敢做出调整，议论久而不决。萧望之提出此动议，却招致宦官中书令弘恭、仆射石显等人嫉恨，于是他们与史、许两姓外戚联手，共同对付萧望之，只用两个回合，就将萧望之逼死。

萧望之饮鸩自杀，元帝非常震惊，为之痛哭流涕，责怪弘恭、石显等人害死自己的贤傅。但他却没有惩治逼死师傅的幕后推手，只是口头责问弘恭、石显等人，使其"免冠谢"而已，事后对他们宠信如故。从萧望之死，能看出元帝政治上短视与低能，空怀匡正理想，而缺乏战略眼光与政治谋略。毫无疑问，元帝若要推行新政有所作为，必须将儒臣作为主要依靠力量。元帝放纵宦官逼死萧望之，放逐其他儒臣，无异于自废武功，自断臂膀。

外戚、儒臣、宦官三种势力角逐，宦官成为大赢家。萧望之死后不久，中书令弘恭当年病死，石显继任中书令。此后，中枢权力急剧失衡，向石显一方倾斜。出于对石显的信任及自身健康原因，元帝将朝政全部委托他处理，事无大小，都由他汇报决断。于是石显威权日盛，贵幸倾朝，公卿以下无不畏惧他。石显俨然一言九鼎，"重足一迹"。元帝虽为天子，权柄却握在石显手中，一切听任石显说了算。

元帝特别宠信宦官，主要基于一种天真的想法，认为宦官没有家室，不会缔结"外党"。但这是一种错觉，石显之流其实颇擅长"结党"，他不仅与宫廷太监结为"内党"，而且勾结史丹、许嘉等外戚，并拉拢那些见风使舵的匡衡、贡禹、五鹿充宗等儒臣，结为"外党"；内外呼应，兴风作浪，党同伐异。易学大师京房曾提醒元帝不要宠信佞臣，元帝却执迷不悟，依然听任石显专权；京房触怒石显，很快被逐出朝廷，随后又因"诽谤政治"而被处死。

石显凭借尚书权，先后清除政敌，有的免官归野，有的合家流放，不少人被推上断头台。上至公卿下至郎吏的满朝官员，无不畏惧以石显为首的中书势力，处处小心谨慎，甚至连走路时抬腿落足也不敢稍有疏忽大意。

元帝在位期间，匈奴已经衰落，边郡比较平安，不过偶尔也会出现一些问题。对于如何处理边郡问题，元帝总是召集群臣讨论，而往往采取在争辩中占上风的意见和主张。永光二年（公元前42年）秋，陇西郡羌人反叛汉朝，元帝征发六万援军开入陇西，当年年底平定了羌人的叛乱。

元帝晚年得病，不亲政事，贪图安逸。他不喜欢皇后和太子，而爱傅昭仪和刘康，所以逐渐滋生了易储之念。竟宁元年（公元前33年），元帝病重，傅昭仪和刘康常侍奉左右，而皇后王政君和太子刘骜难得觐见。元帝几次问尚书关于景帝废栗太子而立胶东王刘彻的旧例，打算效仿故事易储。皇后王政君、太子刘骜和刘骜的长舅卫尉王凤日夜忧愁，不知如何是好。史丹是元帝的亲密旧臣，能入禁中看望元帝。他乘元帝独寝时，径直闯入卧室，跪在元帝面前哭诉说："皇太子以嫡长子立为太子，已经有十多年了，名号印入百姓心中，天下无不归心。现在见定陶王受陛下深宠，纷传陛下打算易储，道路流言，满城风雨。若果有此事，公卿以下的满朝群臣必定以死相争，拒不奉诏。愿陛下先赐臣死，以示群臣。"元帝本性仁柔，不忍见爱臣伤心流泪，又觉得史丹言辞恳切，深受感动，怆然叹息说："寡人的身体江河日下，朝不保夕，然而太子和两王年少，欲去又留恋，怎能不挂念呢？不过，却没有易储的打算。况且，皇后是个宽厚谨慎的人，先帝又喜欢骜儿，我岂能违背他老人家的旨意。你是从哪里听到这些闲话呢？"史丹借着元帝的话茬，连连叩头说："愚臣妄闻胡说，罪该万死。"元帝说："我的病日益沉重，恐怕不能好了。尽心辅佐太子吧，不要让我失望。"从此，元帝打消了易储之念。

竟宁元年（公元前33年）五月，汉元帝在长安未央宫去世，终年42岁。死后庙号高宗，谥号孝元皇帝。太子刘骜登基，是为汉成帝。七月，成帝为父举行葬礼，葬于渭陵（今陕西咸阳东北）。谥号孝元皇帝。平帝元始四年（公元4年），尊孝元庙为高宗。

汉成帝刘骜

汉成帝刘骜（公元前51—前7年），西汉第十二位皇帝，汉元帝刘奭与孝元皇后王政君所生的嫡子。

公元前51年，刘骜出生，那时父亲刘奭为皇太子，母亲王政君为太子妃。他生下来就很得祖父宣帝的喜爱，还亲自给他命名取字。宣帝去世后。父亲继位为元帝。他则顺理成章地做了皇太子。不久，元帝去世，刘骜顺利继承皇位，时年19岁。

成帝性格温和内向，谨小慎微，谦恭有余，豪爽不足，这也是儒生的普遍性格特点。成帝自小开始读经，到青少年时代对儒经更加推崇。继位后，成帝非常重视科技、文化等的发展。《氾胜之书》为我国最早总结北方特别是关中

汉成帝像

地区农业生产技术的著名农书，就是在这期间出版的。世界公认的最早的太阳黑子的记载，我国古代最详细的有关哈雷彗星观察记载，都是在这期间出现的。汉成帝在文化上还算小有成就，他做的几件事都很有创意。比如对我国的图书进行一次大规模的收集和整理。这项工作由当时的著名学者光禄大夫刘向具体负责，刘向死后由其子刘歆继续完成，编成了一部我国最早的图书分类目录《七略》。此书的编撰，既有利于我国古代文化典籍的保存，也有利于文化知识的传播，确实是当时文化上的一大进步。

汉成帝刘骜在位期间还有几件事值得称道，那就是减轻赋税、禁奢侈和强化皇权。公元前31年，成帝下诏减天下赋钱。公元前13年，统治者已日趋腐朽，声色犬马，攀比斗富。这一风气的渐长在一定程度上败坏了朝廷的声誉，成帝于是在这一年下诏禁止奢侈。这在当时虽然没有多大的效用，但也有一定意义。

成帝的制度改革是设置尚书和三公。公元前28年，成帝初设尚书5人。1人为长官，称"尚书仆射"；4人分为四曹：常侍曹，掌管公

卿事务；二千石曹，掌管郡国二千石官员事务；民曹，掌管吏民上书事务；客曹，掌管少数民族及国外往来事务。尚书的职权范围很广，实际是皇帝的秘书机构，旨在加强皇帝对朝廷事务的控制。三公制度的实施是在公元前8年，成帝下诏以大司马骠骑将军为大司马，御史大夫为大司空，封列侯，俸如丞相，标志着三公制的开始实行。因为大司马、大司空的职权和地位都和丞相一样，所以和丞相一起合称为"三公"。三公制的设置实际上就是将丞相的权力一分为三，削弱了丞相部分的权力，加强了皇帝的集权，这种制度后来一直为后来的王室所沿用。

虽然汉成帝的这些措施在当时有一定的意义，然而在他统治后期，整日沉迷在酒色之中，奢侈浪费无度。刘骜继位后，其母亲王政君被尊为皇太后，从此外戚王氏家族登上了西汉的政治舞台，也为后来的王莽乱国埋下了伏笔。他将朝政交于外戚王氏，以致王氏权倾朝野。朝中大臣出于对汉家王朝的忠心和王氏专权的不满以及个人的出路，多次大声疾呼罢免王氏，但成帝最终也没有夺取王氏大权。

在成帝看来，士人不可靠，是因为他们会结党营私；宦官靠不住，是因为他们会结党专权，为所欲为。而最可靠的是外戚，因为外戚在他继位时帮他出过力。当然，他对外戚也不是一点顾虑没有，汉初诸吕叛乱他是深知的，朝中大臣不断上书反对王氏他也是非常清楚的，所以他也曾怀疑王氏。但在各种压力和张禹为王氏庇护的解释下，加之他生性懦弱，对母舅这种血缘关系还抱有幻想，经过反复犹豫，最终还是打消了对王氏的怀疑。所以，终成帝一朝，尽管反对王氏专权的呼声此起彼伏，但由于成帝的犹豫不决，王氏始终掌握着朝中大权。以致到了王莽，终于另立王朝，取刘氏而代之。

汉成帝结发妻子许皇后先后生下一儿一女，但不久都早夭；之后与班婕妤有一子，也早夭；后来宠幸赵飞燕、赵合德姐妹，皆无子，而赵氏姐妹迫害后宫，导致汉成帝最终绝后，皇位只能由侄子继承。

绥和元年（公元前8年），汉成帝册封异母弟定陶恭王刘康之子刘欣为皇太子。

绥和二年（公元前7年）二月，刘骜夜宿未央宫，第二天早晨起床穿衣，准备接见辞行的楚思王刘衍和梁王刘立，谁知刚刚穿上裤袜，衣服还没能披上身，就忽然身体僵直、口不能言，中风扑倒床，动弹不得。三月，酒色侵骨的汉成帝在赵合德的怀抱中中风暴死于长安未央宫，孝元王太后"治问皇帝起居发病状"，赵合德畏罪自杀。

汉成帝在位25年，终年45岁。谥号"孝成皇帝"，葬于延陵（今陕西咸阳市东）。

汉成帝死后，皇太子刘欣继位，是为汉哀帝。

新帝王莽

新朝开国皇帝王莽（公元前45—23年），字巨君，政治家、改革家，魏郡元城人（今河北邯郸大名县），新显王王曼长子、西汉孝元皇后王政君之侄。

西汉初年，有个叫王遂的，家居济南郡东平陵（今山东章丘西）。王遂生子贺。王贺在汉武帝朝做了个专门逐辅奸宄的小官——绣衣御史。后来，王贺与乡人终氏结怨，举家迁至魏郡元城（今河北大名东）委粟里。王贺生子禁。王禁妻妾众多，生有四女：君侠、政君、

王莽像

君力、君弟，八男：凤、曼、谭、崇、商、立、根、逢时。王政君是王禁嫡妻李氏所生。政君18岁入宫廷。大约过了一年，皇太子刘奭的爱妃司马良娣去世，宣帝命皇后另选宫中的宫女送去侍奉太子。政君入选。宣帝甘露三年（公元前51年），王政君生一子，名骜，字太孙。刘骜三岁那年，宣帝去世，太子刘奭继位，是为元帝，立刘骜为太子，政君为皇后，她的父母、兄弟、姊妹成了皇亲国戚，封爵授官。王禁封为阳平侯。元帝竟宁元年（公元前33年），汉元帝死，太子刘骜继位，是为成帝，尊皇后王政君为皇太后；任命帝舅王凤为大司马大将军领尚书事，总理朝政；封王崇为安成侯，王谭、王商、王立、王根、王逢时为关内侯；唯王曼已死，未得封赏。

成帝大封诸舅以后，王氏外戚一个个贵显无比，趾高气扬，过着骄奢淫逸的贵族生活，唯王莽一家过着孤贫寒酸的生活。但王莽能独守清净，生活简朴，为人谦恭，而且勤劳好学，师事沛郡陈参学习《论语》。他服侍母亲及寡嫂，抚育兄长的遗子，行为严谨检点。对外结交贤士，对内侍奉诸位叔伯，十分周到。王莽就是这个世家大族中的另类，几乎成了当时的道德楷模，很快便声名远播。

阳朔三年（公元前22年），王莽的伯父王凤生病，王莽在侧侍候，不离左右，亲自尝药，照顾备至，几个月未解衣带。这更加强了王凤对他的好感，这位权臣弥留之际属托元后和成帝授给王莽一官半职。就在这一年，王莽做了黄门郎，不久升为射声校尉，秩二千石。其时他年仅24岁。

永始元年（公元前16年），王莽的叔父成都侯王商上书成帝，愿分自己的户邑以封王莽。长乐少府戴崇、侍中金涉、胡骑校尉箕闳、上谷都尉阳并、中郎陈汤等一班名士，也都盛誉王莽。于是，成帝封王莽为新都侯，食南阳新野之都乡1500户，晋升为骑都尉光禄大夫侍中。

年方三十的王莽，成为朝中很有权力的大臣。王莽爵位越尊，节操越谦，散舆马衣服，赈施宾客，家无所余；收赡名士，交结将相卿大夫。

绥和元年（公元前8年），王莽的叔父、任大司马大将军的王根处在重病之中，他数次上疏请求离职养病，并推荐王莽代己辅政。于是，成帝擢莽为大司马，代王根辅政，这年王莽38岁。

王莽当上大司马的高位后，仍旧克己修行，延聘贤良名士幕僚，赏赐的钱财全用来款待名士，而自己更加俭约。他母亲生病，公卿大臣派其夫人前来探视，出来迎接客人的王夫人穿着短衣布裙，那些贵夫人竟把她当作王莽的奴婢了。

绥和二年（公元前7年），汉成帝去世，汉哀帝继位。他的外戚——他祖母定陶王傅太后与丁皇后的家族开始得势。王莽只得卸职隐居于封国（封地）新都，遂闭门不出，安分谨慎，其间他的二儿子王获杀死家奴，王莽严厉地责罚他，且逼王获自杀，得到世人好评。王莽隐居期新都期间，许多官吏和平民都为王莽被罢免鸣不平，要求他复出，汉哀帝只得重新征召王莽回京城侍奉王太后，但没有恢复其官职。

元寿二年（公元前1年），汉哀帝去世，并未留下子嗣。太皇太后王政君在皇帝驾崩后当天就起驾到未央宫，收回传国玉玺，下令把汉王朝的军政大权交给王莽。王莽奏免了大司马董贤，自己重登了大司马的宝座。继立的平帝年幼，元后临朝称制，委政王莽。王莽以成帝赵皇后杀害皇子、哀帝傅皇后骄奢的罪名，迫令她们自杀，又把丁、傅两家外戚赶出京师。他还不准平帝的母亲卫氏入京。这样，王莽大权独揽，玩弄平帝于股掌之上。他排斥异己，结党营私；又沽名钓誉，广施恩惠；同时，不断向太皇太后要更尊贵的名号。平帝元始元年（公元元年），王莽获得"安汉公"的称号。

当时，年迈的太皇太后仍握有相当大的权力。他指使爪牙上书，说太后至尊，不宜操劳过度，一些小事就不必亲躬了。太皇太后采纳了这个建议，规定唯有封爵一事须奏闻于她，其他事皆有安汉公和公卿大臣平决。王莽与其三大亲信升任"四辅"之位：王莽为太傅，领四辅之事；孔光为太师、王舜为太保、甄丰为少傅，位居三公上。"四辅"大权独揽，除封爵之事外，其余政事皆由"安汉公、四辅平决"。自此之后，朝政大权完全为王莽所把持。

刘衎入继大位时，王莽担心卫氏外戚分享他的权力，重演哀帝登基时的覆辙，勒令平帝母亲卫姬、帝舅卫宝、卫玄等卫氏外戚留居中山，不得进京。扶风功曹申屠刚感到这样做太绝情了，就在对策时要求太皇太后让卫氏入京。王莽以歪曲经义、违背大义的罪名罢免了申屠刚的官职。王莽的长子王宇也认为王莽如此对待卫氏外戚有点过分了，担心平帝长大后怨恨王莽，危及王氏宗族。于是，王宇派人偷偷送信给卫宝，示意让卫氏上书太皇太后，请求入京，复遭王莽拒绝。王宇见此法不通，便和他的老师吴章、妻兄吕宽密谋新法。吴章认为，王莽刚愎自用，不可劝谏。但王莽迷信鬼神，可伪造鬼怪变异来吓他，然后由己出面以推演灾异之法委婉地劝说王莽，容卫氏外戚入京。于是，王宇派吕宽在夜间把一些鲜血洒在王莽府第的大门。结果，被门吏发觉。王莽探知事情真相后大怒，将王宇送进监狱，王宇饮药自杀；其妻怀子，也被抓进监狱，待分娩后再处决。接着，王莽穷治吕宽之狱，从中央到地方，凡王莽认为异己者，一律指为吕宽党羽而逮捕治罪，连元帝的妹妹敬武公主、梁王刘立、红阳侯王立及平阿侯王仁，也都被胁迫自杀。曾与王莽争夺大司马一职的前将军何武，忠于汉室不附王莽的前司隶鲍宣，与卫氏相善的护羌校尉辛通、函谷都尉辛遵、水衡都尉辛茂及南阳太守辛伯等都下狱致死，牵连被处死者达数万人。

为进一步稳固自立的权位，王莽费尽心机，使女儿成为汉平帝的皇后。女儿立为皇后不久，王莽便获得了"宰衡"的称号，位上公。王莽十分得意，让御史给他刻了一枚"宰衡太傅大司马"的印章。受此殊礼后不久，王莽觉察出日渐长大的平帝对自己的不满，便先下手鸩杀了平帝。王莽为了避免年长的新皇帝登基，使自己不能任意操纵政局，遂立只有两岁的汉宣帝玄孙刘婴（即孺子婴）为皇太子。太皇太后据群臣之意，叫王莽代天子朝政，称假皇帝，臣民则称王莽为摄皇帝，王莽自称"予"，并改元为居摄元年。此时，王莽代汉自立之心，已是路人皆知。东郡太守翟义、长安男子赵明等起兵反莽，相继被镇压。

待王莽扫清了这些障碍，各种符命祥瑞纷至沓来，不断有人借各种名目对王莽劝进。初始元年（公元8年）十二月，王莽逼迫王政君交出传国玉玺，接受孺子婴禅让后称帝，入高祖庙拜受，御王冠即天子位，改国号为"新"，王莽即新始祖，改长安为常安，称"始建国元年"正月。王莽终于在朝野的广泛支持下，登上了最高的权位。

由于汉末以来，政治腐败，朝廷奢华无度，地方搜刮盘剥，再加

王莽时期钱币

上豪强地主大量兼并土地，使得百姓流离失所，生活困苦，经济凋敝，所以人心浮动，政治危机愈演愈烈。王莽执政以来，为了获取民心，虽然采取了一系列缓和社会矛盾的政策，但也始终未能从根本上解决问题。王莽信奉儒家思想，他认为天下要恢复到孔子所宣称的"礼崩乐坏"前的礼治时代，才可能实现政通人和。因此王莽当上皇帝后，企图通过复古西周时代的周礼制度来达到他治国安天下的理念，于是仿照周朝的制度开始推行新政，史称"王莽改制"。王莽在始建国元年宣布的政策是：将天下田改名"王田"，以王田制为名恢复井田制；奴婢改称"私属"，与王田均不得买卖。其后屡次改变币制，更改官制与官名，把盐、铁、酒、铸钱及山林川泽收归国有。但由于这些政策只求名目复古，很多都是与实际情况相违背的，而且在推行时手段和方法不正确，在遭到激烈反对后，又企图通过严刑峻法强制推行，使诸侯、公卿直到平民因违反法令而受重罪处罚者不计其数，加剧了社会的动荡。人们未蒙其利，先受其害，各项政策朝令夕改，使百姓官吏不知所从，因此导致天下各豪强和平民的不满。

王莽对边疆少数民族的境外政权也采取了一系列错误政策。他胁迫羌人"献"出青海湖一带的土地设立西海郡，以便与国内已有的北海郡（国）、南海郡、东海郡合起来凑全"四海"。为了使这块荒地像一个郡，必须强制移民，于是增加了50条法令，以便增加成千上万名罪犯，满足移民的需要。为了这个西海郡，王莽招来了最初的不满。他将原本臣服于汉朝的匈奴、高句丽、西域诸国和西南夷等属国统治者由原本的"王"降格为"侯"。又收回并损毁"匈奴单于玺"，改授予"新匈奴单于章"；甚至将匈奴单于改为"降奴服于"，高句丽改名"下句丽"；各族因此拒绝臣服新朝。王莽又主动挑起了无谓的争端，轻率地决定动用武力，不仅导致边境冲突，还使数十万军队长期陷于边疆，无法脱身，耗费了大量人力物力，造成边境战乱不绝。

在汉族的周边，居住着若干少数民族，东北有高句丽等；北方大漠上有匈奴人；西方有西域诸族；西南有诸"夷"；南面有诸越。他们当中，以匈奴人最强大。王莽称帝后，认为天无二主，土无二王，少数民族首领称王违反古典，背于一统。他派五威将出使各少数民族。这些五威将乘坐着象天的乾文车，驾着法地的坤六马，背上插着鸟毛，每将各置前、后、左、右、中五帅。将持节，号"太一之使"；帅持幢，称"五帝之使"。他们分四路出使，东出者到玄菟、乐浪、高句丽、夫余；南出者，达诸"蛮"，历益州，贬句町王为侯；西出者至西域，将那里三十多个国王一律降为侯；北出者到匈奴单于庭，收回汉朝发的印玺，更授新朝的印章。囊知牙斯单于看了很不满意，因为"玺"为帝王所用，而"章"乃臣子之物，便索要旧的印玺。五威将陈饶当场将旧玺摔碎。单于大怒，挥骑南下攻掠。周边其他各族，也相继举兵。边陲烽烟四起。陈饶回到长安后，王莽大加褒奖，封他为"威德子"。听说匈奴单于囊知牙斯不愿接他颁发的印章，留恋那枚汉朝发的旧玺，大为愤慨。始建国二年（公元10年），王莽连下三道诏令，更名匈奴单于为"降服单于"。分匈奴为十五部，立呼韩邪单于的子孙为十五单于。征发各郡国士兵，分六路进军匈奴。六路大军并出，战线东西绵延1500多千米，为了进行这场不义之战，共募天下的囚徒、丁男、男卒30万人。江淮到北部国防线上，出征的将士，运饷的役夫，络绎不绝。30万大军无法同时集结，先期到达的便屯留边境，等待后续部队的到来。这些屯居边境的将士，大肆骚扰当地百姓，抢劫财物，勒索钱粮。内地各郡催征军饷，搜尽锱铢，民不聊生。

与此同时，农民起义的烈火开始燃遍大江南北。天凤四年（公元17年），琅邪海曲（今山东日照）妇女吕母起义，临淮人瓜田仪等也揭竿而起；琅琊（今山东诸城）樊崇聚合百余人，在莒县（今山东莒县）

举起义旗。在当时遍布全国的起义军中，有两支最大的队伍，成为农民起义的主流，这就是南方的绿林军和北方的赤眉军。

对这些起义者，王莽先是试图用招安的方式，兵不血刃地平息。招抚失灵，焦头烂额的王莽便寄情于命迷信。但厌胜术也不灵，王莽便武装镇压。他在全国设置前、后、左、右、中五大司马，州牧赐号大将军，郡卒正、连率、大尹为偏将军，县宰为校尉。王莽授给中央和地方长官以统兵镇压农民起义的军事权力，把全国变成一座大军营。

地皇三年（公元 22 年），以绿林、赤眉为主体的各路农民起义军，铺天盖地向王莽统治的腹心地带——洛阳、长安杀奔而来。是年二月，王莽派到东方前线的军事统帅景尚，做了义军的刀下鬼。王莽再派太师王匡、更始将军廉丹到东方督军围剿起义军。官军烧杀抢掠，无恶不作。连年的兵火，如狼似虎的官吏的敲诈勒索，官兵的抢掠，造成空前的全国饥荒，饿殍遍地，尸骨狼藉。那些尚未起义的农军也纷纷举起了义旗。

地皇四年（公元 23 年）秋，王莽的七公干士隗嚣大将军，攻杀雍州牧陈庆等，发布檄文，痛斥王莽倒行逆施，比之历史上的著名暴君夏桀和殷纣，有过之而无不及。其他地方官员也纷纷树起反叛的旗帜。这时，南阳（今河南阳）人邓晔、于匡率领的一支起义军渡丹水西进，进攻武关，武关都尉朱萌投降，战火已烧到长安附近。

此时，王莽正在南郊举行哭天大典。绿林军攻入长安，王莽在王揖等千余人护卫下逃往渐台。守城的王邑日夜搏斗，部下死伤殆尽，也退至渐台。这时他的儿子、侍中王睦正想脱掉官服逃命，王邑将他喝住，父子一起守着王莽。最后随从王莽的千余人全部战死或者被杀。时至黄昏，长安商人杜吴冲进王莽藏身的房内，一刀结果了这个独夫民贼的性命，摘去了王莽的绶带。有个校尉叫公宾就，学过《礼经》，见杜吴拿着一副绶带，认出是皇绶，就问王莽何在。杜吴告诉了他。

公宾就进入那个房间，割下王莽的头。义军争先恐后地跑上前去，把王莽的尸身斩成肉酱。公宾就把王莽的头交给王宪。不久，又送到更始皇帝刘玄那里。刘玄下令悬挂在宛市（今河南南阳）的城门上。黎民百姓提起王莽的头，掷来掷去，还有人把王莽的舌头切下来吃了，因为王莽说了很多谎话，害苦了他们。

新朝灭亡后，王莽的头颅被后来历代皇室所收藏，直到公元295年晋惠帝时，洛阳武库遭大火，遂被焚毁。

第三节 东汉著名皇帝

汉光武帝刘秀

光武帝（公元前6—公元57年），名刘秀，字文叔，南阳郡蔡阳县（地在今湖北省枣阳县南）人。出生时传说有赤光照堂中，尽明如昼。9岁时他的父亲去世，由叔父刘良抚养长大。年轻时的刘秀，高个头，高鼻子，前额有点突出，相貌堂堂一表人才。《后汉书·光武帝纪》是这样记载的："身长七尺三寸，美须眉，大口，隆准，日角。"他从小喜欢务农，处事谨慎，讲信用，性情温和。他的哥哥刘绩与刘秀的性格迥然不同，性情刚毅，不事家业，刘氏皇族的意识特强，对新莽政权极端不满，破产散财，交结雄俊人物，颇有取天下的野心。因此刘秀常被哥哥嘲笑，笑他胸无大志。

新莽末期，连年灾荒，各地农民揭竿而起，天下大乱。地皇三年（公元22年）十月，刘绩在春陵起兵，而刘秀和李通的从弟李铁在宛城起兵。他的哥哥再也不敢小瞧他。十一月，刚起兵的刘秀等人的军队就

刘秀像

与官军相遇，由于指挥不当，结果大败。但由于起义军很得人心，不久便发展到十余万人。于是将领们都主张拥立一个刘姓的皇帝，以此统一号令，顺应人心。南阳一带的豪杰都认为刘绩最为合适。但新市、平林军的将领们大都散漫放纵，害怕立刘绩做皇帝后失去人身自由，便把懦弱的刘玄拥立为皇帝。刘玄登位后即封刘秀的哥哥为大司徒，封刘秀为太常偏将军。

南阳一带的情况引起了王莽震惊，他急忙调兵遣将，集结了43万人马，命司空王邑与司徒王寻率领兵马前往镇压。由于王邑、王寻过于轻敌，被刘秀率军击得溃不成军。这次战争也成了王莽政权的丧钟。更始元年（公元23年）九月，刘玄的军队相继拿下长安和洛阳，王莽政权灭亡，刘玄定都洛阳。

定都后，刘玄需要派一员亲近大将代表朝廷去河北一带宣示朝廷旨意。刘秀领命去了河北。在河北，刘秀考察官吏，按其能力升降去取，自由施展。他还平反冤狱，废除王莽苛政，恢复汉朝的官吏名称，通过这些措施使得他很快巩固了在河北的统治地位。刘玄发觉后，急忙让使节赶到河北封刘秀为萧王，并命令刘秀停止一切军事行动速速回京。但刘秀以"河北未平"为由拒绝回京，刘秀与刘玄从此分裂。

由于这时爆发了赤眉起义，刘秀利用机会加大收编起义军，壮大自己的力量，而刘玄这时也被起义军击败。刘秀经过几年的战争后使割据的局面得到了统一，并于建武元年（公元25年）登帝，史称汉光武帝。

光武帝即位后，在总结前朝的基础上，确立了一套新的治国方略，其核心是好儒任文、以柔治国。为了稳定和巩固封建统治，首先致力于整顿吏治，加强专制主义中央集权。他鉴于西汉末年"上威不行，下专国命"的教训，于是"退功臣而进文吏"，虽封功臣为侯，赐予优厚的爵禄，但禁止他们干预政事。对诸侯王和外戚的权势也多方限制，所以当时宗室诸王和外家亲属都比较遵奉法纪，无结党营私之名。

在行政体制上，刘秀一方面进一步抑夺三公职权，"虽置三公，事归台阁"，由尚书典守机密，出纳王命，使全国政务都经尚书台，最后总揽于皇帝；另一方面，又加强监察制度，提高刺举之吏，如御史中丞、司隶校尉和部刺史的权限和地位。建武六年（公元6年），刘秀又令司隶州牧各实所部，省减吏员，全国共并省400多个县，吏职减省至1/10。这些措施强化了皇帝的权力，达到了"总揽权纲"的目的，并在一定程度上提高了封建官僚机构的行政效率。

与此同时，刘秀还采取了不少措施来安定民生，恢复残破的社会经济。如建武六年下诏恢复三十税一的旧制，并且罢郡国都尉官，停止地方兵的都试，一度废除了更役制度。次年又令轻车、骑士、材官、楼船士及军假吏遣散还乡，发弛刑徒屯田边境以代替征调的戍卒等等。据史书记载，光武帝统治后期"兵革既息，天下少事，文书调役，务从简寡"。这多少反映了东汉初年的封建租赋徭役负担，比起西汉后期和战争期间有所减轻。

建武二年至四年(公元2—4年)，刘秀又前后九次下诏释放奴婢，或

刘秀像

提高奴婢的法律地位。规定民有被卖为奴婢而愿意归随父母的听其自便，奴婢主人如果拘留不放，就依法治罪，对于没有释放的官私奴婢，也在法律上给予一定的人身保障，规定杀奴婢的不得减罪，炙伤奴婢的要依法治罪，又废除了奴婢射伤人处死刑的法律。这些措施的实行，使大量奴婢免为庶人，对于广大流民返回农村，促进生产，无疑起了积极的作用。建武初年，全国户籍遗存的人口只有 1/5，田野荒芜，到建武五年情况已有所好转，土地逐渐得到垦辟。光武帝末年，载于户籍的人口已达到 2100 多万。

虽然光武帝统治时期，经济上达到了"中兴"，但是，他的政权是建立在世家豪族的基础上的。所以在他继位之后，就宣称要以"柔道"治天下。所谓的"柔道"，实则就是扶植和保护世家豪族的利益。

建武十五年（公元 39 年），刘秀为了稳定封建统治秩序，加强专制主义中央集权，针对当时"田宅逾制"和隐瞒土地户口的严重现象，下令全国检核土地户口。郡县守、令不敢触动贵戚官僚和世家豪族，反而在清查过程中"多为诈巧，不务实核"，"优饶豪右，侵刻羸弱"。结果，激起各地农民的反抗，郡国的豪强大姓也乘机作乱。对此，刘秀采取了不同的对策。对于农民的反抗斗争是进行分化和镇压，对于大姓兵长，则在处死度田不实的河南尹张等十几名郡守之后，即下令停止度田，向豪强地主让步。光武帝在其统治末年还"宣布图谶于天下"，企图以儒家学说与谶纬神学的混合物作为思想武器，加强对人民思想的统制。

建武中元二年（公元 57 年）二月戊戌日，光武帝在洛阳南宫前殿去世，享年 64 岁。

汉明帝刘庄

汉明帝刘庄（公元 27—75 年），幼名刘阳，是东汉光武帝刘秀的第四个儿子，东汉第二代皇帝。少年时师从经学大师桓荣学习，10岁时，就能背诵和理解古典名著《春秋》。由于较早地在刘秀身边学习和观察政务活动，增加了他的才干。

建武十五年（公元39年），刘秀下令检查天下的垦田和户口，并命令刺史、太守们逐一汇报。到汇报这一天，12岁的刘阳站在刘秀身后，观察上报官吏的神色。而刘秀仔细检查着文书，翻着翻着，在陈留县的吏牍中发现了这样一句话："颍川、弘农可问，河南、南阳不可问。"刘秀莫名其妙，问下面的官吏们，大家也说不出个所以然来。这时，站在刘秀身后的刘阳得到父亲的准允，站出来说："河南是首都所在，中央高级官吏都住在这里；南阳是陛下的故乡，陛下的亲戚多居住于此。因此对这两个地方的田亩数字，负责检查的官员们当然不敢多问。"刘秀恍然大悟，惊叹12岁的孩子有如此锐利的眼光。于是有了以刘阳为帝位继承人的打算。但由于这时刘强是太子，刘秀在刘强没有任何错误的情况下是不能废除他的。所以刘秀左右为难。

建武十七年（公元41年），刘秀以"怀势怨怼、数违教令"的罪名，废黜了郭皇后，另立阴丽华为皇后。皇太子刘强觉得母亲被废，大势已去，不得已上书刘秀，请求让位，出镇藩国。刘秀觉得时机成熟，于是在建武十九年（公元43年），下诏封刘强为东海王，立东海王刘阳为太子，改名为庄。建武中元二年（公元57年），刘秀去世，刘庄正式继帝位，史称明帝。

汉明帝刘庄崇尚儒学，他命令皇太子、诸侯王及大臣子弟、功臣子弟，都要读经。又为外戚樊氏、郭氏、阴氏、马氏诸子弟立学校于南宫，聘任高明的经师传道授业。明帝在"五经"之中，又独重孝经，倡导"以孝治天下"，甚至命令宫门、羽林的守卫士兵都要背诵孝经。对礼仪制度，明帝也非常重视，他亲自与东平王刘苍讨论，制定了祭祀天地和祖先

汉明帝像

的仪式，按等级建立了一套天子、王侯、百官的车服制度。

明帝还十分提倡尊师重道，明帝为太子时，曾跟埔士桓荣学过《尚书》，继位以后仍尊桓荣以师礼。明帝这样做当然是出于师生之谊，然而更重要的是为天下树立表率，向社会倡导一种尊师重道的风气。

在对付周边游牧民族的侵扰问题上，由于社会的安定和国力的恢复，明帝一改光武朝的守势，采取积极进攻的战略。永平八年（公元65年），北匈奴骑兵进攻河西诸郡，焚烧城邑，杀掠甚众，人民深受其害，以致河西城门昼闭。永平十五年（公元72年），北匈奴又侵犯河西，而且胁迫西域小国随同入寇。面对北匈奴势力的猖狂侵扰，明帝派遣窦固和耿秉出屯凉州（东汉治陇县，今甘肃清水县北），作为北伐的准备。永平十六年（公元73年），明帝命令诸将率同南匈奴及乌桓、鲜卑等少数民族组成的骑兵部队，出塞北征，揭开了东汉政府同北匈奴战争的序幕。这次出征，窦固西出酒泉，在天山（今新疆吐鲁番城北）击败匈奴呼衍王部，追至蒲类海（今巴里刊湖），占据了伊吾卢城（今新疆哈密）。

为了巩固军事活动的成果，窦固命令假司马班超和从事郭恂到西域诸国开展外交活动。班超和郭恂率领36人，先到鄯善，在鄯善国击杀匈奴派往该国离间汉与鄯善国关系的100多名使者，迫使鄯善王声明从今以后依附汉朝，永无二心，并且纳子为质。班超随着质子回到首都洛阳，明帝下诏提升他为军司马，命令其继续经营西域。从此以后，西域遂成中原统一帝国的一部分，得到长足的发展。

刘庄在位期间，吏治清明，境内安定。加以多次下诏招抚流民，以郡国公田赐贫人、贷种食，并兴修水利。因此，史书记载当时民安其业，户口滋殖。刘庄及其子章帝刘炟在位时期，被称为"明章之治"。

永平十八年（公元 75 年）秋天，明帝开始染病，不久病逝于洛阳东宫前殿，享年 48 岁。庙号显宗，谥号孝明皇帝，葬于显节陵。

汉章帝刘炟

汉章帝刘炟（公元 57—88 年），汉明帝刘庄第五子，母贾贵人，东汉第三位皇帝。

刘炟的生母为贾贵人，因为明帝马皇后无子，加上贾贵人为马皇后同母异父的姐姐，所以刘炟幼年为马皇后收养，就以马氏为外家。明帝永平三年（公元 60 年），刘炟才 4 岁，即被立为皇太子。永平十八年（公元 75 年）的秋天，明帝去世，刘炟继皇帝位，时年 19 岁。次年，建元建初。

章帝继位后励精图治，注重农桑，兴修水利，减轻徭役，衣食朴素，实行"与民休息"，"好儒术"，使得东汉经济、文化得到很大的发展。此时思想活跃，政治清明，经济繁荣。两度派班超出使西域，使得西域地区重新称藩于汉。其统治与汉明帝共称"明章之治"。但过于放纵外戚，种下了日后外戚专权和宦官专政的远因。

章帝继位伊始，首先对朝廷三公做了一些调整，原太尉赵熹改任为太傅，司空牟融为太尉，超迁蜀郡太守第五伦为司空。

汉章帝像

此时，边关再起纷乱，焉耆、龟兹、车师等联合北匈奴，攻打中央政府的军政驻地，形势颇为吃紧。刘炟召群臣商议对策，众人皆欲暂缓，唯有司徒鲍昱力主马上增援。刘炟采纳鲍昱的意见，派兵西进，解救了边关危机。不过对于是否继续经营西域，刘炟举棋不定，大臣们也有争论。由于确实存在人力和物力上的困难，刘炟最终还是放弃了西域，诏令滞留西域的汉朝人员回国。

这时班超住在疏勒国，也接到撤退的诏书，他收拾行装，备好马匹，准备返回久别的祖国。西域人民十分爱戴和尊敬班超，听说他要回国，疏勒国人民惊惶不安，因为班超对付匈奴有办法，班超一走，又要永无宁日了。疏勒都尉引刀自刎挽留，班超虽然难过，但王命在身，只好拨转东行。不久到了于阗国，于阗人民拦道迎接班超，听说他要东归，都失声痛哭，就近的人们伏地抱着班超坐骑的马腿，不让他离开。班超无奈，只好留下来，同时上书章帝，请求他留屯西域。最终章帝同意了班超的请求。

班超在西域团结各族人民，有效地遏止了北匈奴的侵扰。西域各国除龟兹外，都愿意臣服于汉。建初六年（公元81年），班超在疏勒上书汉章帝，请求派兵支援，降服龟兹，实现"断匈奴右臂"的战略意图。章帝支持班超的计划，征集吏士前往。适时有平陵人徐干自告奋勇地到朝中上书，愿意立功异域。章帝大喜，立即命令他为假司马，率领一千多人组成的远征军，西去驰援班超。

在西域诸国中，乌孙最为强大，班超又请求章帝遣使慰问乌孙国王。章帝同意，派遣使臣前往乌孙。乌孙国王非常高兴，于建初八年（公元83年），派遣使者回访汉朝，表示友好。在西域，汉朝得到这样一个大国的支持，章帝觉得非常称意。于是他提升班超为将兵长史，授予他代表东汉政府在西域行事的权力。由于同汉朝中央政府保持密切的联系，特别是由于乌孙的内附，使班超在西域的威望大增。西域诸国都愿意接受班超的节制，这样就为以后的东汉政府再次打通同西域的密切交往铺平道路。

建初元年（公元76年），兖、豫、徐等州发生了严重的旱灾，赤地千里，饥民遍野。章帝一方面调集国库粮食紧急救援饥饿中的人民，另一方面又把大臣们召集到一起，商量解决问题的办法。司徒鲍昱痛陈时弊，尚书陈宠也上疏建议章帝进一步宽缓刑罚。章帝听从了他们的建议，大赦天下，宽缓刑罚。使阶级矛盾得到一定程度的缓和，社会秩序也比较安定，较为顺利的渡过了自然灾害造成的困难局面。

东汉光武、明帝两朝，鉴于西汉王莽篡位的教训，不允许外戚封侯干政。马太后的兄弟马廖、马防、马光，在明帝朝虽通籍为官，然而马廖官不过做到虎贲中郎，马防、马光不过为黄门郎，一直不曾晋升。也许是出于对马太后的感激之情，章帝一继位，就越级提拔马廖为卫尉，马防为中郎将，马光为越骑校尉。马氏兄弟同时升迁，得意忘形，趾高气扬。而一些没有骨气的官僚和清客也争相趋附。马家宾客盈门，车如流水。司空第五伦看到后族势力过盛，乃上疏劝谏说："臣听说近代光烈阴皇后，虽然友爱兄弟，却命他的哥哥阴就、阴识出京就食封邑，不得结交宾客。其后明帝继位，杜绝了外戚请托之风。臣听说卫尉马廖以布三千匹，城门校尉马防以钱三百万，结交三辅。其行为不应经义，逾制干法，臣冒死自表，望陛下省察，思上忠陛下，下全后家，天下幸甚！"第五伦的上疏，被搁在一边。

章帝继位之初，就想为帝舅们封侯拜爵，马太后怕有碍成法，引起非议，坚决不许。建初二年（公元77年），天久旱不雨。一些附炎马氏的官僚士大夫，乘机上书，说由于不封外戚，才引起阴阳失调，天气干旱，请求章帝诏封马氏兄弟。章帝欲依从此议，马太后坚执不从。马太后发布晓谕道："凡上书言封外亲者，都希望献媚于我谋求好处。西京王氏五侯同日而封，结果当天黄雾漫天，未听说因此而降落雨水。凡外戚贵盛到极点，很少有不倒台的。所以先帝在世慎防舅氏，令其不在枢机之位。先帝又常言，我子不能与光武皇子等同，现在有关部门怎么拿马氏擅比阴氏呢？且阴氏三侯，或勇猛诚信，或多所方略，皆有功于国家。马氏兄弟的德才不及阴氏远矣！知臣莫若君，况三人都是我的亲兄弟呢。我怎么能上负先帝之旨，下负先人之德，重蹈西京败亡的覆辙呢？特此布告天下。"章帝看了诏书，感慨之余，仍不死心，再向太后面请道："汉兴之后，舅氏封侯，与诸子封王一样，已成定制。太后原意是谦虚退让，为何不让我奉献加恩三舅的美意呢？且舅舅们年事渐高，身体多病，如有不讳，将使我遗恨无穷。望太后省察，宜及时册封，不该拖延！"马太后和颜悦色地劝说章帝道："我怎么一定要表示谦退，不让你加恩于外戚？但反复考虑，实在不应加封。从前窦太后欲封王皇后兄，遭到丞相周亚夫的反对，说高祖有约，无军功者不侯。今马氏无功国家，怎能与佐汉中兴的阴、郭二家比同？再看富家贵族，禄位重叠者，如木再结实，根必受伤，绝难持久。我已对此深思熟虑，勿再提加封之事。况且你刚接帝位，天气异常，灾害频仍，谷价腾贵。正应为此事考虑，如何安辑百姓，渡过难关。怎么放着正事不干，先营封侯外戚呢？"

建初三年（公元78年），马太后去世。就在这一年，章帝册立故大司徒窦融的曾孙女为皇后，外戚窦氏的势力迅速发展起来。在章帝后宫里，嫔妃们之间为争取宠幸也展开了微妙的斗争。原来窦皇后虽得到章帝的宠爱，却没有生子，而后宫宋贵人，却已生下一男，起名刘庆。章帝就立刘庆为皇太子。另外，前太仆梁松的侄女梁贵人，也生有一子，起名为刘肇。于是窦皇后买通了宫中侍女，做证诬告宋贵

人造作蛊毒，诅咒皇上。另一方面，窦皇后又将刘肇据为己有。皇帝
迷恋窦氏的美貌，对她的话深信不疑。下诏废黜宋贵人及皇太子刘庆，
另立刘肇为皇太子。宋贵人不久含冤自杀，刘肇的生母梁贵人因父亲
梁竦、伯父梁松坐罪身死，忧愤成疾，不久也死去。这样，窦皇后牢
牢地稳固了自己的地位。

宫外，外戚集团之间也为实际的政治和经济利益开始了争斗。由于
马太后的去世，马氏兄弟在朝中已失去了内援，往日聚集在马氏门下的
食客也渐渐散去。三兄弟中，只有马廖还能洁身自好。其余马防、马光，
不知形势已变，仍大起宅第，购置洛阳周围美田，骄盈过制，更激起新
近得宠的窦氏兄弟的嫉妒和仇恨。不利于马氏兄弟的流言时时传到章帝
的耳中。章帝起初尚不在意，听得多了，就常常对马氏兄弟加以训诫。
马廖当然不满，于是致书友人，论时过之境迁，人情之淡泊。这封信的
内容，被窦氏探听到。窦氏乘机上书，状告马廖心怀怨悱，并告马防、
马光，奢侈逾潜，浊乱圣化。章帝看到奏本后，罢免了马氏三兄弟的官
职，令他们徙就封邑。随着马氏的沦落，外戚窦氏的地位升了起来。窦
皇后的哥哥窦宪被任命为侍中、虎贲中郎将，弟窦笃为黄门侍郎。窦氏
兄弟出入宫省，赏赐累积，交通宾客。对此形势，司空第五伦曾表示过
忧虑，他清楚地看到，西汉中后期威胁皇权终于导致倾覆的外戚政治势
力，在章帝的纵容下，又重新得志。第五伦上书直陈道："臣才学空疏，
而居辅弼之任。受陛下重托，常思进忠言大义，以报国家。臣见虎贲中
郎将窦宪，以皇后亲戚，出入宫省，典司禁兵。并交结游客，以张声势。
而出入贵戚之门的，大多为品行低下之徒，少安贫守节之士。更有毫无
志气的士大夫中的丑类，争相攀附，云集其门。臣望陛下严格约束窦宪，
令其闭门自守，不得妄自交结士大夫，以防患于未萌。这样才能使陛下
的江山永固，贵戚之福禄长存。"

但是第五伦的一片苦心，并未被章帝重视，也不能抑制窦氏外戚势力的恶性膨胀。窦宪依仗妹妹在宫中的地位，横行跋扈，杀人越货，欺凌诸王、公主及前朝皇后阴马诸家，甚至用极低的价钱强夺沁水公主的园田。这才引起章帝的重视。一日，章帝命窦宪同出巡游，路过沁水公主园田。章帝故意问："公主园田今属谁家？"窦宪知事情败露，支支吾吾，不敢正视。章帝始知传闻是实。回到宫中，召窦宪痛斥道："你私自夺取公主园田，可知犯何罪？我怕你如此骄横，与秦朝赵高指鹿为马有何两样？从前永平年间，先帝尝令贵戚阴党、阴博、邓迭三人，互相纠察，使其不敢犯法。现在贵如公主，尚遭到你的掠夺，何况普通的平民百姓？我要抛弃你，就如对待一只雏鸡、一个臭老鼠差不多，有何可惜！"窦宪慌忙伏地请罪。窦氏势力才有所收敛。

为了重建光武、明帝两朝约束外戚的政策，章帝特调铁面无私、刚正不阿的周纡进京，任洛阳令。周纡一上任，就命令属吏通报京师豪强的名单。属吏们只报了一些街坊头面人物。周纡大怒，直言训斥道："我要的是皇亲国戚如马、窦诸家的名单！照你们所报，不过是一些菜贩子，欺行霸市的小人物，何足计较？"属吏受训斥，不敢隐瞒，将马、窦之家的不轨子弟姓名，一一列上。周纡过目后，抬头嘱咐道："本洛阳令只知国法，不顾贵戚。你等如舞文弄法，包庇马、窦子弟，休来见我！"周纡又严申禁令，声明不论谁人犯法，严惩不饶。于是洛阳城中的外戚子弟，行为有所收敛，不敢轻易犯法。一天黄昏时分，黄门侍郎窦笃出宫回家，路过止奸亭，亭长霍延截住窦笃车马，定要检查一遍才许经过。窦笃的随从仆人，平常作威作福狐假虎威，根本不把一个小小的亭长放在眼里，将霍延推开。霍延拔出佩剑，高声大喝道："我奉洛阳令手谕，无论皇亲国戚，夜间经过此亭，必须查究放行。你们是些什么人，敢在此撒野！"窦氏仆从还要与他争论，这时，一直坐在车中的窦笃大声叫道："我是黄门侍郎窦笃。从宫中请假回家，可以经过北亭吗？"亭长听窦笃通报了姓名，才准许放行。第二天入宫，窦笃劾奏周纡纵吏横行，辱骂贵戚。皇后又在章帝面前哭诉。章帝早知所言不全是事实，又碍于皇后情面，下诏将周纡逮捕候审。周纡在审判时，理直气壮，据法痛斥窦氏恶行。廷尉做不了主，只好据实录向章帝汇报。章帝又命令将周纡释放，暂免去其洛阳令官职。不过，章帝对周纡的忠直也非常了解，不久又任命他为御史中丞。章帝在这件事情的处理上，游移不定，对外戚的势力发展，他有所警惕，但又下不了决心狠狠处理。东汉中期的外戚专政，在章帝朝已埋下了祸根。

从汉武帝独尊儒术以来，围绕着"五经"，产生了许多只会围绕着经文转，只会将前人解释经文的内容世代相传的章句之徒。他们或出于学术或出于政治上盈利的目的，形成了观点互异的学派。对封建统治者来讲，这种局面不利于思想上的专制和政治上的统一。章帝做太子时，十分爱好儒学，对经文、章句的歧义，就很不以为然。做了皇帝后，他下决心来一次整顿。建初八年（公元79年），章帝接受了杨终的建议，亲自在白虎观召集将、大夫、博士、郎官和诸儒开会，议定"五经"异同，最后由章帝自己拍板，决断是非。这次会议的讨论记录，后来由班固整理成书，名为《白虎通德论》，或简称为《白虎通》《白虎通义》。白虎观会议以及《白虎通》所标榜的"正经义"，包含两层意思。一层是用谶纬来正经学，其目的也就是利用政治力量，使谶纬迷信合法化，使它具有和经学同样崇高的学术地位；另一层是用官方意志来正经学，以便更好地为封建统治者服务。所以《白虎通》也是一部把儒学思想法典化的著作。在这之前，官方提倡的今文经学章句烦琐，歧义迭出，现在则有了统一的而且是被最高统治者认可的权威的解释。

建初九年（公元84年），章帝改年号为元和。就在这一年，国家财政出现了严重困难，尚书张林建议恢复盐的专卖政策和均输之法，以增加中央政府的财政收入。尚书仆射朱晖等表示坚决反对，说："均输之法，和一般商贾的行为没有两样，盐利归了政府，则人民穷困而怨结，不是英明的君主所该实行的。"章帝已经听信了张林的意见，听了朱晖的反对意见大怒。朱晖等一看苗头不对，吓得自己蹲到监狱中去待罪。三天后，章帝觉得也许有些过分，又下诏书叫他们出来。

章和二年（公元 88 年），章帝去世，时年 31 岁，在位 13 年。葬于敬陵，庙号肃宗。

汉桓帝刘志

汉桓帝刘志（132—167 年），字意，生于蠡吾（今河北省博野县）。汉章帝刘炟曾孙，河间孝王刘开之孙，蠡吾侯刘翼之子，母亲系刘翼姜匽明。东汉第十位皇帝。

因父亲去世，刘志年龄不大即袭爵为侯。以后的情况史载阙如，只知道他曾从甘陵（今山东东平南）人周福读经，受过比较好的教育。

桓帝后来所以能做上皇帝，完全是外戚梁氏一力促成。质帝本初元年（146 年），顺烈皇后梁妠以皇太后身份到刘志帝洛阳城北的夏门亭，准备把她的妹妹嫁给刘志。但婚礼尚未举行，太后的哥哥、身为大将军的梁冀，因新立才 8 岁的质帝聪明，指责他是"跋扈将军"，竟将质帝毒死了。因此，朝中又要议立新帝。当时梁冀考虑到刘志年方 15 岁，容易操纵，提出要策立刘志；而太尉李固、司徒胡广、司空赵戒为了削弱梁氏，则主张迎立比较年长的清河王刘蒜。特别是李固，为人刚直不阿，早在冲帝死后，就主张迎立刘蒜。他当时对梁冀说："我们策立皇帝，应选择年龄大的、聪明仁厚又能够亲理政务的，希望将军能细致考虑国家大计，借鉴周勃、霍光策立文帝、宣帝的长处，吸取邓氏、阎氏立殇帝、北乡侯的教训。"但梁冀不听，坚持立了质帝。现在李固等人又重议立清河王，梁冀召集三公、中二千石、列侯一起来讨论此事。结果李固、胡广、赵戒及大鸿胪杜乔都认为清河王"明德著称"，且血缘与质帝最近（为质帝兄），应立为嗣；梁冀心里愤愤不得意，却苦于找不到别的理由反对，只好宣布暂停讨论。

到了晚上，梁冀还在恨恨不平。这时，宦官中常侍曹腾等人闻讯前来为梁冀献策。他们对梁冀说："大将军几代和皇帝有婚姻之亲，虽掌握朝政，但宾客纵横，也多有过错。如果真策立清河王，此人很严明，大将军不久就要大祸临头。"梁冀非常赞成他们的意见。第二天重会公卿讨论，梁冀严厉逼迫群臣策立刘志。那些公卿在梁冀的淫威下只好顺从，只有李固坚持己见。为了消除阻力，梁冀就让梁太后下诏罢免了李固。这样，在闰月庚寅（146年），梁冀终于持节，以诸侯王青盖车，迎刘志入南宫继皇帝位。刘志就这样在外戚梁氏的一手操纵下做了皇帝。梁太后临朝听政，梁冀把持朝政。

桓帝继位后，第二年改元建和，三年又改元和平，但仅仅一年就改元元嘉，三年后改元永兴，二年后改元永寿，四年后改元延熹，十年后又改元永康。但当年即病死，在位共21年。

桓帝的爱好不多。他除了爱好音乐，善弹琴鼓笙外，晚年曾对黄、老之学和佛教产生浓厚兴趣。

桓帝的生活相当腐朽。他不仅喜欢"微行"，而且生活糜烂。桓帝后宫中有宫女多达万人，尽管他曾接受光禄勋陈蕃的建议，放出宫女500余人，但这

汉桓帝像

仍远远低于所留宫女的数量。他在位 21 年，所封贵人就有十几人之多，才女更是无数。而且除了众多的嫔妃，他还先后立了三个皇后：一个是梁皇后，一个是邓皇后，还有一个是窦皇后。

除了外戚，桓帝的宗室也有众多的亲属。首先是他的父、祖。他们虽已早故，但桓帝称帝后，仍然大加封赠。他在继位的第二年，就下诏追尊父亲刘翼为孝崇皇，葬陵曰博陵；祖父刘开为孝穆皇，祖母赵氏为孝穆皇后，葬陵曰乐成陵。接着，他因母亲匽明尚在，尊为博园贵人。到和平元年（150 年），梁太后去世，桓帝即尊母亲为孝崇皇后，遣司徒持节奉策授与玺绶，称永乐宫。置太仆、少府以下官员和虎贲、羽林卫士，分钜鹿九县为母亲汤沐邑。三年后，母亲去世，他又为母亲大办丧事，命兄弟平原王刘硕主丧，礼仪制度和恭怀梁皇后一样，起庙与刘翼合葬博陵。桓帝对于父、祖的追尊，实际主要是为了表明皇权的神圣而已。

桓帝没有儿子，生有三女。长女刘华，延熹元年（158 年）封为阳安长公主，嫁不其侯辅国将军伏完。次女刘坚，延熹七年封为颍阳长公主。小女刘修，延熹三年封为阳翟长公主。桓帝有两个弟弟、一个姐姐和一个妹妹。二弟刘硕，建和二年（148 年）梁太后立为平原王，留居博陵，奉刘翼后嗣，并尊刘翼夫人马氏为孝崇博园贵人。刘硕生活放荡，嗜酒，屡有过失，桓帝于是令马氏管理王家事务。至建安十一年（206 年），曹操罢平原国，国除。三弟刘悝，建和元年（147 年）七月从兄勃海王刘鸿去世，因无子被太后立为勃海王。延熹八年（166 年），因"谋为不道"，桓帝以亲弟不忍治罪，贬为瘿陶王，令邑仅一县。桓帝临死前，遗诏复令刘悝为勃海王。灵帝继位后，至熹平元年（172 年），因遭中常侍王甫陷害，被迫自杀，妃妾 11 人、子女 70 人都死在狱中。姐姐即长社长公主，嫁耿霸玄孙耿授为妻；妹妹即益阳长公主，嫁寇荣从侄寇尚为妻。另外桓帝还有 12 个伯父和叔父。其中 3 人封诸侯王，9 人封为亭侯。历史记载比较清楚的，有刘政、刘德、刘博和刘淑。

桓帝在位 21 年，前 13 年基本是一个傀儡皇帝。在当时，梁太后临朝听政，梁冀把持朝政，他几乎难以置喙。尽管梁太后在和平元年（150年）曾下诏归政，但梁冀专横跋扈，桓帝还不得不仰其鼻息。因此，桓帝的真正亲政，实际是他在位的后八年。而在这八年中，曾发生很多重大事件。用度辽将军皇甫规的话说，就是"三断大狱，一除内嬖，再诛外臣"。所谓"三断大狱"，一是诛灭梁冀，二是废免邓氏，三是禁锢党人；"一除内嬖"，就是抑制宦官；"再诛外臣"，则是诛杀南阳太守成瑨和平原太守刘质。

梁冀在策立桓帝后，权力达到了顶点。他先是以天上出现灾异让梁太后策免太尉杜乔，继而又罗织罪名杀了李固和杜乔。加之桓帝对他极尽尊崇，委以朝中大权，规定他可"入朝不趋，剑履上殿，谒赞不名，礼仪比萧何"；又增封其食邑为四县，比邓禹；赏赐金钱、奴婢、彩帛、车马、衣服、甲第，比霍光；还封其弟梁不疑为颖阳侯、梁蒙为西平侯，其子梁胤为襄邑侯，其妻孙寿为襄城君，并加赐赤绂，比长公主。这样一来，梁冀更加专横暴虐。朝中大小政事，无不由他决定；百官的升迁任免，都要先到他家里谢恩，才能到尚书台办理手续；地方郡县每年进献的贡品，要先把上等的送给梁冀，然后才把次等的献给桓帝，结果他"威行内外，百僚侧目，莫敢违命，天子恭己而不得有所亲与"。此外，梁冀和妻子孙寿都穷奢极欲，搜刮财富，修建豪宅，残忍贪暴，激起的民愤极大。

桓帝对于梁冀的横暴也早有怨恨，只是由于他的两个妹妹都在自己身边，还不敢发作。到延熹二年，梁冀二妹梁皇后也死了。因此，桓帝就开始策划诛灭梁氏。他去上厕所的时候，单独叫着宦官唐衡，问他宦官中有谁和梁冀不和。唐衡回答有单超、左悺、徐璜和具瑗。桓帝于是与他们五人密谋，决定诛除梁冀，并用牙齿咬单超手臂出血为盟。八月，桓帝来到前殿，即召尚书入殿，宣告要惩办梁冀。他命尚书令尹勋持节率丞郎以下守宫廷，收符节送省中；命黄门令具瑗将御林军1000余人和司隶校尉张彪共同包围梁冀住宅；命光禄勋袁盱持节收梁冀大将军印绶，徙封为比景都乡侯。梁冀、孙寿即日自杀，而梁、孙家族全部弃市。其他公卿大臣因牵连而死的数十人，故吏宾客被罢免的有300多人，一时"朝廷为空"，百姓莫不称庆。当时没收梁冀的家财，拍卖后值钱30多亿，等于当时东汉王朝半年的租税收入。

桓帝诛灭梁冀以后，宦官单超、左悺、徐璜、具瑗、唐衡五人，因谋诛梁冀有功，被同日封侯，世称"五侯"。单超任车骑将军，位同三公，大权从此又落入宦官手中。他们挟持桓帝，滥行淫威，使得"中外服从，上下屏气"，乃至顺我者昌，逆我者亡。单超早死。四侯专横，民间称他们是"左回天，具独坐，徐卧虎，唐两堕"。他们作威作福，鱼肉人民。

宦官四侯及其亲属的专横，不仅遭到朝中正直官员的反对，而且也引起了桓帝的担忧。因为他们势力的过分强大也威胁到了皇权。所以，他对四侯又慢慢开始限制。桓帝先是重用宦官侯览、段珪、苏康、管霸，分夺他们的权力；继而借他们残害人民，对他们进行打击。延熹八年（165年），司隶校尉韩演奏言左悺罪恶，及其兄太仆南乡侯左称"请托州郡，聚敛为奸，宾客放纵，侵犯吏民"，桓帝即立刻准奏。结果左悺和左称都被迫自杀。韩演又奏具瑗兄具恭有臧（贪污）罪，桓帝也下令征诣廷尉。具瑗只好上还东武侯印绶，自己来到监狱向桓帝谢罪。桓帝下诏贬他为都乡侯，后来就死在家中。接着，桓帝又下诏单超、徐璜和唐衡的袭封者，都降为乡侯；其子弟分封者，一律免爵。这就是所谓的"一除内嬖"。

桓帝对于宦官五侯的抑制，只是为了强化皇权。他并不想清除宦官，在对他们略为抑制后，大权还是交给了他们。而新被重用的宦官，在上台后，也同样是残暴专横，鱼肉人民。在这种情况下，为了维护东汉王朝，也为了自己的政治出路，一部分正直的官吏和一些太学生及郡国生徒，就联合起来发起"清议"。他们议论政治，品评人物，在舆论上对宦官集团猛烈抨击。同时，一些比较开明的官吏在自己的职权范围内，也极力打击宦官势力。南阳太守成瑨、汝南太守刘瓆，就是两个著名代表。

延熹九年，成瑨在南阳逮捕了富商张汜。此人倚仗宦官权势横行乡里，正遇上桓帝宣布大赦，而他在功曹岑晊和中贼曹吏张牧的支持下，为了打击宦官，竟置大赦不顾，杀了张汜，并收捕其宗族宾客200多人也都杀了，然后才向桓帝上奏。同样，刘瓆在汝南逮捕了与宦官相勾结的小黄门赵津，也不顾赦令，将赵津拷杀。这样引起了宦官集团的强烈愤怒。侯览立刻就指使张汜之妻上书讼冤，其他宦官也接着纷纷谮告。于是，为了保障中央对地方的控制，同时也是给家奴出气，桓帝就将成瑨、刘瓆一齐逮捕，命有关部门审理。最后两人都被弃市。这就是所谓"再诛外臣"。

在打击宦官的正直官吏中，比成瑨、刘瓆更有名的，是襄城（今河南方城）人李膺。当时，襄城（今河南方城）人李膺是反对宦官集团斗争的领袖。他任河南尹时，因打击阉党而被下狱，司隶校尉应奉上书为他求情，又被赦免，后来即任司隶校尉。宦官张让的弟弟任野王令，贪残无道，杀死一位孕妇，畏罪躲在张让家中。李膺知道后，即率吏卒到张让家搜出处死。因此，很多宦官都害怕李膺，休假时不敢走出宫门。李膺敢于打击当权的宦官，名声越来越高，士大夫能得到他的接待，被认为是极大的荣誉，称之为"登龙门"，他与太尉陈蕃、南阳太守王畅都受到士大夫阶层的敬重。以李膺为首的反宦官斗争激怒了当权的宦官集团。延熹九年（166年），宦官派人诬告李膺等交结太学生、都国生徒"共为部党，诽讪朝廷，疑乱风俗"。桓帝大怒，于是诏令全国，逮捕"党人"，收执李膺、陈实等200多人。有的党人逃走，桓帝就悬金购赏。一时间，使者四出，相望于道，反宦官的斗争遭到严重挫折。第二年，在窦武等的表请下，桓帝对"党人"略为宽恕，下诏将其赦归田里，但规定他们都终身禁锢，不得做官。这就是桓帝时著名的"党锢"。以后灵帝时又进行了一次"党锢"，对"党人"的迫害也更为残酷。

桓帝所以禁锢"党人"，目的是强化皇权，以巩固刘氏王朝。但实际上，这不但没有走到巩固统治的作用，反而加速了东汉王朝的灭亡。桓帝还有一项卖官鬻爵的弊政。当时由于统治阶级的奢侈腐朽，国家财政已基本枯竭。在这种情况下，桓帝一方面采取对农民加重剥削的办法来解决财政困难，如延熹八年令郡国有田者每亩交十钱为税；另一方面也采取一些应急措施，主要就是减借百官俸禄，借王、侯国租税和卖官鬻爵。这项弊政对当时影响极坏，不仅贪污成了合法行为，直接破坏了吏治，而且由于贪官污吏的搜刮，也加重了人民的负担，并为灵帝时更大规模的卖官鬻爵开了先河。

和以前相比，桓帝时期的阶级矛盾、民族矛盾更为尖锐。仅据不完全统计，桓帝在位的21年内，各族人民的大小起义就有40多次。这些起义后来虽然都被镇压，但是人民并没有屈服。当时有一首民谣就说："发如韭，剪复生；头如鸡，割复鸣。吏不必可畏，小民从来不可轻。"人民的反抗怒火只是被暂时压抑而已。所以，到灵帝中平元年（184年），随着东汉王朝的统治更加腐败，终于就爆发了黄巾大起义。

永康元年（167年）十二月二十八日，汉桓帝在德阳前殿去世，时年36岁。建宁元年（168年）二月十三日，葬于宣陵，上谥曰孝桓皇帝，庙号威宗。

汉献帝刘协

汉献帝刘协（181—234 年），字伯和。东汉最后一位皇帝。

天凤五年（181 年），刘协踏着东汉的亡国之音来到了人世。他的母亲王美人是赵国（今河北邯郸市西南）的平民，后汉书评价其母为"丰姿色，聪敏有才名，能书会计"，很受汉灵帝的宠爱。然而作为一个没有后台的妃子，受皇帝宠爱也会招来杀身之祸。她的被宠引起了当朝何皇后的疯狂嫉妒。当王美人刚刚生下刘协后，何皇后就用药酒毒死了她。

汉光武帝刘秀所创建的"中兴王朝"，到桓、灵二帝统治时期就已经是穷途末路，外戚干政与宦官专权所造成政治腐败，已经是东汉王朝无法医治的顽疾。汉灵帝病死后，太子刘辨继位后，何太后（即那个毒死献帝生母的狠毒女人）临朝，其兄何进掌握政权。从此，宦官和外戚便展开了一场争夺大权的拉锯战。先是何氏兄妹密谋召并州牧董卓领兵入京，用武力铲除宦官势力。然而，却被宦官先发制人，将何进杀死。

董卓接到何太后的密令后，赶赴洛阳的中途，宦官已经挫败了何进的密谋活动。司隶校尉袁绍这时并不同意远召董卓入京，认为利用现有的兵力已足以铲除宦官。袁绍带领一队人马包围皇宫，拘捕"诸阉，无少长皆斩之"，少数逃跑者最后也被迫"投河而死"，彻底消灭了宦官专权的日子。宦官已除，其时董卓已无进京的必要，少帝刘辨也派使臣传达停止前进的诏旨。可是，心怀异图的董卓还是直奔洛阳而来。在中平六年（189 年）八月，董卓率领他的凉州军团开进了洛阳城，东汉的国都从此受到了恐怖的威胁。

同年九月，董卓废少帝刘辨为弘农王，8 岁的娃娃刘协登上了皇帝的宝座，董卓先后自为太尉、相国，总揽了东汉王朝的军政大权。董卓这时也暴露出本性的贪得无厌、凶狠手辣的狰狞面目。他"身先士卒"，"奸乱公主，妻略宫人"，更是放纵手下胡作非为，烧杀抢掠，无恶不作。献帝成了他的一具政治玩偶。

凉州军团的行径遭到了朝廷内外的怨恨，于是，各地讨伐军此起彼伏，初平元年（190年）正月，以袁绍为首的关东（即函谷关以东地区）州郡纷纷起兵，组成了讨伐董卓的联军。

凉州军团善战，但无奈其兵力远不如关东联军多，且远离本土，补给艰难，作战形势极为不利。于是他们不得不主动撤退，迁都长安，强迫献帝及其嫔妃出宫。又"驱徙京师百姓悉西入关"，并放火焚烧洛阳宫庙及人家。这一天，东汉历经200年精心经营的名都顿成一片废墟。

董卓的倒行逆施激起广大臣民的愤怒。初平三年（192年）四月，司徒王允诱使吕布刺死董卓。将这个恶贯满盈的刽子手暴尸街头、破肚燃灯，遗臭万年。但天下并没有因此而太平，董卓的旧部在李傕、郭汜、张济、樊稠的统率下，打着为董卓报仇的旗号，在六月攻破长安，王允等公卿百官及士民万余人惨遭杀害。献帝刘协又成为李傕等凉州悍将手中的傀儡。

董卓的各旧部本来地位相近，现在取得了政权就开始各怀鬼胎，很快就升级为武力争斗。他们都知道谁控制刘协，谁就是胜者。这其中数李傕的势力最强，这一年，他强迫献帝从南坞迁移到北坞。兴平二年（195年），关中地区旱灾严重，饥荒让无数百姓流离失所。再加上连年兵灾战祸，人们纷纷四处逃亡。七月，郭汜、杨定、董承等领兵护送献帝一行东返洛阳。建安元年（196年）七月，这一行人终于到达了洛阳。当刘协东奔西跑之际，在中原地区，袁绍和曹操正在进行着频繁的政治斗争和军事斗争。孙策占据江东，刘表占据荆州，公孙瓒盘踞辽东……这其中，被人们评价为"治世之能臣，乱世之奸雄"的曹操已经是北方军阀中一支举足轻重的力量。这时的曹操力排众议，毅然决定派大将曹洪前去迎接汉献帝，不久又亲自来到洛阳，保卫京都和皇帝，曹操开始掌握了朝政大权。后来曹操接受董昭等人的建议，决定迁都许县（今河南许昌）。至此，这个苟延残喘的东汉朝廷总算有了个安身立命之处。

汉献帝禅陵

献帝刘协虽然处境艰难，但只要东汉王朝在名义上存在着，他的政治影响依然不容忽视，谁将献帝控制在自己的手中，谁就可以"挟天子以令诸侯"。曹操掌握了献帝，即掌握了政治上的主动权。献帝此时虽然没有行使皇帝的权力，但也总算还有个名分。

然而，这样的日子依然没过多久，随着建安二十五年（220年）正月曹操的病逝，汉朝也就开始了最后的终结，曹操的儿子曹丕继承了魏王位。十月，献帝逊位，将皇帝玺拱手奉献给曹丕。曹丕祭天登基，改称天子，封献帝为山阳（县治今河南焦作市东）公，并"邑一万户，位在诸侯王上，奏事不称臣，受诏不拜，以天子车服郊祀天地，宗庙、祖、腊皆如汉制，都山阳之浊鹿城"。

魏明帝青龙二年（234年）三月，刘协去世，时年53岁。八月，曹魏以汉天子礼仪葬于禅陵。做了一辈子傀儡的刘协终于走到了人生的终点，也让汉室就此终结。

第三章

三国两晋南北朝时期的著名皇帝

第一节 三国时期著名皇帝

魏文帝曹丕

魏文帝曹丕（187—226 年），字子桓，豫州沛国谯县（今安徽省亳州市）人。三国时期著名的政治家、文学家，曹魏开国皇帝（220—226 年在位）。魏武帝曹操次子，与正室卞夫人的嫡长子。

曹丕自幼天资聪颖，后天良好的教育成长环境，给予了他深厚的文学素养。在曹操严厉督导之下，他广学博览，少年时代就通读诗、论，长大一些就学习五经四部、史汉、诸子百家之言，为日后的文学创作打下了坚实的基础。

建安二年（197 年），曹丕随曹操南征张绣，张绣先降后反，曹操长子曹昂和侄儿曹安民遇害，年仅 10 岁的曹丕乘马逃脱。长时间的军旅生活锻炼了他强健的体魄，而且还丰富了他的见闻，为其诗篇创作积淀了大量的素材。随着他年龄与阅历的不断成长，艰苦生活环境带来的精神冲击，逐渐形成了他特有的沉郁性格气质。

建安十三年（208年），曹丕被司徒赵温举荐，曹操认为赵温举荐他的儿子，并不是因为他真实的才能，因此使侍中守光禄勋郗虑持节奉策免去赵温官职。建安十六年（211年），曹丕任五官中郎将、副丞相。

在曹操25个子嗣之中，先后出现于曹操视野里的储嗣候选人有4位：曹昂、曹冲、曹丕、曹植；最能当得太子者人选至少有2位：正室刘夫人所生长子曹昂和环夫人所生曹冲。曹丕是曹操的次子，曹昂死后，曹操还曾打算传位其庶弟曹冲。曹冲是个神童，五六岁时智力已经"有若成人"。且天性仁厚爱人，常常为不慎犯了过失的设法解免。为此，曹冲深得曹操的宠爱，但曹冲13岁患病夭折。在他死后，曹操曾对曹丕说："曹冲之死是我的不幸，但却是你的大幸。"曹丕后来也常对人说："如若曹冲仍然健在，将没有我的太子之位。"曹冲死后，有实质意义竞争储嗣候选人的只有曹丕、曹植二人了。

曹操长期在立嗣上狐疑不决，难免不影响下属。时间一长，下属间渐渐形成了拥护曹丕和拥护曹植的两个集团。拥护曹丕的有桓阶、司马懿、陈群、邢颙、吴质、贾诩等人，拥护曹植的有丁廙、丁仪、杨修、孔桂、杨俊等人。他们各自结为党羽，设计谋、造舆论，尔虞我诈，互相倾轧。拥护曹植的杨修出身东汉名门"弘农杨氏"，是个智谋过人的奇士，又身为曹操的主簿，消息特别灵通，对曹植十分有利，在他出谋划策之下，曹植在这场争夺战中渐占优势，有几次机会能当上太子。但因为曹植行为任性，

曹丕父子三人雕像

平时不注意节制自己，而且还醉酒擅闯司马门，终为曹操所不悦。

建安二十二年（217年），曹丕运用各种计谋，在司马懿、吴质等大臣帮助下，在继承权的争夺中战胜了曹植，被立为魏王世子。建安二十四年（219年），曹丕作为储君驻守邺城（今河北临漳县西），魏讽密谋攻邺，与之同谋的陈祎自首，曹丕率众平定变乱，诛杀魏讽。曹丕做魏太子时期，积极组织文学团体并参与鼓励文学创作，使得同类唱和诗赋作品由此而兴，成为建安文学发展独有之气象。

延康元年（220年）正月，曹操逝世于洛阳，曹丕从邺城至洛阳继位丞相、魏王，改建安二十五年为延康元年。曹丕从东汉末年、纲纪紊乱的历史中吸取教训，迅速将权力集中在手，稳定政权局势。他深知只有加强巩固自己的集权，才能巩固自己的权力宝座的重要性。他一开始就从内部权力制衡中着手，迅速做出反应。他笼络和扶植自己的政治势力，重新分配在权力蛋糕上的占有份额，同时打击排除异己势力。二月，任命贾诩为太尉，华歆为相国，王朗为御史大夫。己卯，任命夏侯惇为大将军。濊貊、扶馀单于、焉耆、于阗王皆各遣使奉献。五月，册封投降的山贼郑甘、王照为列侯，又命苏则督军平定武威、酒泉和张掖的叛乱。七月，命夏侯尚、徐晃与蜀将孟达里应外合，收复上庸三郡。

汉家天下的政治局面，早在董卓之乱后就已开始紊乱。曹操迁汉献帝至许昌后，"挟天子以令诸侯"政令皆出于曹氏。在皇权的拥有上来说，汉献帝已经成为一个傀儡。曹操虽然戎马战争四方，但以臣子的身份征周旋在各个割据势力之中。黄初元年（220年）十一月，魏王曹丕下诏收敛、祭奠阵亡将士。十二月十日，汉献帝正式禅让帝位，曹丕三次上书辞让。辛未，曹丕登受禅台称帝，改元黄初，改雒阳为洛阳，大赦天下。黄初元年（220年）十一月，以河内郡山阳邑（今山东菏泽巨野县）万户奉汉帝为山阳公。

　　在执政期间，曹丕很想成就一番儒家仁政君主的作为。曹丕在政治抱负上，继承乃父曹操统一山河的志向。在治理国家理念方面，追求效法上古仁君、贤臣之世。他对内施政恩威并重，巩固权力的同时集权在手，制法削藩，打击异己，诏令禁外戚宦官干政。他又与民生休养生息，政倾惠民并复兴儒学。意在教化民众，恢复社会生活秩序，促进社会经济与文化的发展。黄初三年（222年）二月，鄯善、龟兹、于阗王各遣使奉献。是后西域复通，置戊己校尉。三月，封皇长子曹叡为平原王，弟弟曹彰等11人皆为王。四月，封曹植为鄄城王。九月，立贵人郭女王为皇后。

　　曹丕对外一向主张征伐，渴望早日实现统一山河的志向。他积极折冲疆场，曾两次兴师伐吴。黄初二年（221年），吴国孙权因前袭杀关羽收荆襄之地，害怕刘备报复首尾难顾，乃假意与魏曹丕遣使修好奉章，并遣于禁等还。曹丕遂遣"太常邢贞持节拜权为大将军，封吴王，加九锡"。孙权由是称臣于魏。同年刘备愤孙权之袭关羽、联曹魏，亲率诸军伐吴，孙权遣书请和，刘备盛怒不许。是年，攻破吴军巫口和姊归两处。黄初三年（222年）正月，孙权给曹丕上书言说出兵迎敌，曹丕作《报吴王孙权书》鼓励其杀敌。闰月，孙权破刘备于夷陵（今湖北宜都北）。当初曹丕听说刘备率军东下，与孙权交战，树栅连营七百余里，认为刘备犯兵家大忌，必定速亡。过了7天，孙权击破刘备的文书送到。随后孙权因解除了蜀汉的威胁，故在遣长子孙登入魏为质一事上拖延再三，魏吴两国的联合逐渐出现貌合神离的状况。同年十月，孙权复叛。对于孙权的欺骗与背叛，曹丕十分恼怒，又下《伐吴诏》鼓励将士们曰："南征进军，以围江陵，多获舟船。斩首执俘，降者盈路。牛酒日至。"表示坚决要南征孙权之意。

　　曹丕自许昌南征，诸军兵并进，曹真、张郃、曹休等诸路大捷，

曹丕像

击败孙盛、大破吕范、火烧诸葛瑾，几乎攻下江陵，孙权临江拒守，几条战线或溃或败，仅朱桓濡须一路打败曹仁获胜，曹丕胜利在望，却不料遇到疫疾，加之朱然固守江陵，孙权乘机重新遣使纳贡，双方言和，曹丕退兵。十一月，命镇西将军曹真率诸将及州郡兵讨破叛胡治元多、封赏等，平定河西。过了 10 天，破胡告檄传到洛阳，曹丕非常高兴，大笑说："我在帷幕之内运筹帷幄，诸将在万里之外奋勇作战，其相应若合符节。前后战克获虏，没有如此之多的。

黄初四年（223 年），重臣曹仁、曹彰、贾诩先后去世。黄初五年（224 年）四月，曹丕立太学，制五经课试之法，置春秋谷梁博士。黄初六年（225 年）二月，派遣使者从许昌到沛郡询问民间疾苦，救济贫困者。十月，曹丕行幸广陵（属今江苏扬州）故城，临江观兵，戎卒十余万，旌旗数百里。当年大寒，水道结冰，舟不得入江，乃引还。

在实现统一问题上，曹丕既有希望于能有王化之举达到夙愿的诚心，也有兴国强兵而灭贼寇的强硬之志。虽然，两次伐吴却由于时机不成熟而无功而返，但由于统一志向的驱使，使得曹丕在位后期施政更需要富国强兵，以至于对于当时的社会发展具有一定的积极意义。与此同时，其执政功绩对于中国文学此一时期的发展风貌与繁荣，也多少有着重要的影响作用。

曹操雄才大略，堪称一世英杰。养民屯田，则是曹操得以统一中原北方的基本战略。魏文帝称帝后，继续奉行这一政策，促使中原经济得以恢复，使其又渐渐升回到全国重心的地位。这是魏文帝的主要功绩。

魏太祖像

曹操像

养民屯田早在曹操时就已开始。东汉末年，军阀混战，土地荒芜，粮食紧缺。针对这种状况，曹操根据东阿县令枣祗的建议，开始在许昌一带驻军队，开荒耕作，这叫军屯；后来又组织流亡的饥民百姓，按军队编制，给以土地、农具、种子，助其耕垦，称为民屯。屯田效果很大，头一年就得粮谷100万斛。这对解决粮食问题起了很大作用。

曹丕即位后，继续实行屯田政策，并扩大屯田规模。军民屯田主要分布在现在的河南及淮河流域。当时他置度支中郎将、度支校尉和度支督尉等官，各掌军屯事务。军屯使用士兵和其家属从事生产，对封建国家的隶属性更强。劳动生产时，以"营"为生产基层单位，每营60人。他们缴纳收获物的数量，与民屯相仿。凡有军队驻扎或士家居住之处，多有军屯。他们秋冬习战阵，春夏修农桑。"士家"是指士兵家属，他们另立主户籍，不隶州、郡，世代为兵。士兵逃亡则家属抵罪，士兵的寡妻由主管官为之主配给其他士兵为妻，通婚限于士家之间。他们的子弟除极少数因立功授官者外，一般不能做官，也不能免除士籍。屯田制的推行，开发了荒地，增加了生产，也减轻了人民的负担。

东汉末年，在农民起义的猛烈扫荡下，士人流散各地。乡、亭、里组织遭到破坏，致使秦汉以来的"乡举里选"的"察举征辟"制度，事实上已无法实行。"察举"，就是地方官吏考察选拔人才，向中央推荐；

"征辟"就是封建王朝直接征聘人才。

黄初元年（220年）二月，曹丕为了取得世家大族的支援，采纳颍川士族时任吏部尚书陈群的建议，实行"九品中正"制度（即"九品官人法"），在各郡、州设立"中正"官，负责察访本州、郡的士人，综其门第（家世官位高低）、德才（德行和才学），定出"品"和"状"，分为九个等级，呈报司徒，作为司徒选任官吏的依据。对于已任职的官吏，由中正官每3年向司徒汇报其任官政绩，予以升降。这种制度在初行时，还能比较重视被选者的"状"（根据被选者的品行、才学的优劣所下的简单评语），略有曹操"唯才是举"的精神。可是到了后来，由于担任中正官的大都是世族地主，他们选举人才的标准，越来越多地放在家世门第上，所以九品中正制度就逐渐变成了世族地方垄断选举的工具。这一制度的变化，到西晋时更加明显地表现出来，出现了"上品无寒门，下品无世族"的局面。从此，世族地主不必有什么才学，也不必有任何办事能力，只要凭借门阀的地位，就可以垄断做官的特权。九品中正制推行的结果，促成了门阀政治的发展。这一制度一直延续到隋代才被废除。

此外，魏文帝在其父曹操的影响下，还自幼热爱文学，著有《典论·论文》，对我国文学评论的发展颇有贡献。由于魏文帝继位后能继续推行曹操的各项治国之道，社会经济得到了迅速地恢复和发展。据史料记载，从寿阳以西至京都洛阳，一路仓庾相望，粮食相当丰富。

黄初七年（226年）一月，魏文帝驾崩。谥号文皇帝，庙号高祖。葬于首阳（河南偃师西北）陵。魏文帝死后，由他的儿子曹叡继位，这就是魏明帝。

蜀汉昭烈帝刘备

刘备（161—223年），即汉昭烈帝（221—223年在位），又称先主，字玄德。东汉末年幽州涿郡涿县（今河北省涿州市）人。西汉中山靖王刘胜之后，三国时期蜀汉开国皇帝、政治家。

刘备少时家贫，与母亲贩鞋织席为业。他自幼好结交豪侠人物，故有"桃园三结义"的传说。中元元年（184年），黄巾起义爆发后，官府与世家豪族纷纷举兵镇压农民起义。刘备在大商人张士平、苏双的资助下，组织起一支队伍，靠镇压起义军发迹，在军阀混战中初露锋芒。但他力量弱小，一直没有固

刘备像

定的地盘。开始，他依附袁绍，后投靠刘表，屯兵新野。建安十二年（207年），他"三顾茅庐"，请出诸葛亮，协助他打天下。诸葛亮先帮他去说服东吴孙权，联合抗曹。经过赤壁一战，刘备占领荆州地区，从此，有了一个比较固定的地盘。接着，他带兵进入益州，自称益州牧。建安二十四年（219年）五月，刘备占领汉中，七月自立为汉中王。建安二十五年（220年）十月，曹操的儿子篡汉称帝后，名义上的汉朝也不存在了。这时刘备的文臣、武将，以刘备是刘氏王朝后裔，应当继承汉统的名义，拥戴刘备于章武元年（221年）四月在成都称帝，国号汉，年号章武，历史上称蜀汉。

刘备称帝后，首先要解决的就是荆州问题。赤壁大战以后，刘备曾占据荆州。当时孙权军队亦进占江陵，在战争中既为刘备所得，孙权只好承认这个事实，刘备则约定在取得益州后归还。可是，当取得益州后，刘备根本无意归还。为此，双方几乎酿成战争。后来，刘备因慑于曹操的压力，便与东吴相约以湘水为界，平分荆州，把湘水以东的江夏、长沙、桂阳划归孙权。但孙权并不以此为满足，他决心伺机夺回荆州。

建安二十四年，孙权乘刘备驻荆州守将关羽北攻曹操之机，派大

将吕蒙袭击了关羽的江陵。关羽闻讯，急忙撤军回救，在途中被吕蒙擒住杀害。于是，孙权占领了全部荆州。荆州和汉中，原为刘备的两大战略要地，可以随时准备出击，从两面夹攻洛阳。荆州失守后，这个计划就破产了。

为了夺回荆州，也为了给关羽报仇，刘备于章武元年（221年）五月，即称帝后的第二个月，就作了进攻东吴的决定。当时蜀国的许多大臣都反对刘备伐吴，但刘备不听。七月，刘备亲率军队向东吴大举进攻。孙权派青年将领陆逊以5万大军抵抗。第二年，六月，两军在猇亭（在湖北枝江市）对垒。刘备于夷陵（今湖北宜昌东南）到猇亭一带，把部队移到沿山树林茂密的地方扎起互相连接的军营，计40余座，准备秋后大举进攻东吴。陆逊针对蜀兵军营连接的弱点，认为破蜀的时机已到，便下令向蜀军进攻。陆逊让每个战士各持一把茅草，在接近蜀营时便顺风点火。一时间，风助火势，火借风威，蜀军40多座营寨变成一片火海。然后，吴军乘势全线出击。蜀军因被大火包围，又受到地形的限制，兵力施展不开，便纷纷逃窜。刘备惨败后，因无脸回成都，只好退守白帝城（今四川奉节）。这就是有名的猇亭之战，也叫夷陵之战。这一仗使刘备元气大伤，也是刘备不听劝谏、刚愎自用、急于对外用兵的恶果。

猇亭惨败后，刘备忧心忡忡，加上年老力衰，便一病不起。章武三年（223年）二月，刘备自知不久将离开人世，便派人到成都将丞相诸葛亮请到白帝城，安排后事。他对诸葛亮说："你的才干，比曹丕高十倍，必定能够安定国家，成就大业。假如我的儿子刘禅可以辅佐，你就辅佐；如果他不行，你可以取而代之。"诸葛亮哭着说："我一定竭尽全力，效忠贞之节，死而后已。"刘备又告诫刘禅和另外几个儿子说："我死之后，你们要把丞相看作父亲一样，和他共同治理蜀汉。"是年四月，刘备死在白帝城永安宫，终年63岁。

刘备还给刘禅留下了遗诏，其中有这样的话："人活50岁就不算是短命，我已60多岁，死了没什么可惋惜的，只是非常挂念你们兄弟。你们一定要奋勉，不可懈怠。凡事不能以为是小恶就去做，也不能以为是小善就不去做。你们要努力学习，可阅读《汉书》《礼记》等，闲暇时要看诸子及《六韬》《商君书》，可以增长人的智慧，锻炼人的意志。听说丞相已把《申子》《韩非子》《管子》《六韬》等书抄写了一遍，你们可以向他请教。"

刘备这样的托孤，在历史上是少见的，说明他对诸葛亮的器重和信任，也表明刘备是一个知人善任的皇帝。以后的事实表明，诸葛亮没负重托。

刘备出身贫寒，白手起家，终成一代开国帝王，原因何在？主要在于他有折而不挠的雄心，败而不馁的大志；在于他善于招贤纳士，收揽天下战将、谋士；在于他用人不论亲疏，不忌富庶；在于他有识人之明，用人之长。所有这些，对于当时历史条件下的一个统治阶层的人物来说，的确是难能可贵的。同年五月，由他17岁的儿子刘禅继位，这就是蜀汉后主。

吴大帝孙权

吴大帝孙权（182—252年），字仲谋，吴郡富春人（今浙江杭州富阳区）人。三国时孙吴的建立者。

孙权14岁时随父亲孙坚、哥哥孙策征讨江东，占据江东六郡。15岁时被举为孝廉、秀才，任阳羡（今江苏宜兴）长，代行奉义校尉。

东汉建安五年（200年），孙策遇害身亡，临死之时孙策将重臣张昭以及孙权等召到了床前，嘱咐张昭等人说："现在天下大乱，如果据有吴、越之众力，保有三江之坚固，便可以坐观成败，进而兼取天下，

孙权像

请诸君好生照顾吾弟，如果仲谋不长进，公等可自取权位。"说完孙策将官印授予了孙权，并对他说："若论率江东之众冲锋陷阵，与天下英雄争高下，你不如我；若论举贤任能，使众人齐心协力保有江东，我不如你，你当善自为之！"说完孙策于当夜去世，孙权悲痛不已，随后将兄长孙策安葬。

孙策死后不久，孙权便继承其父兄的事业，这时孙权已拥有会稽、丹阳、吴郡、豫章、庐陵和庐江六郡，但这些地方都是新占不久，人心未服，统治并不巩固。为了巩固这些地区，孙权便分兵遣将，开始征伐不服从自己的人，巩固在江东的统治。

由于孙权的叔伯哥哥孙辅担心孙权不能保住江东，便借孙权出行之机，派人拿着书信去邀曹操前来，不想所派之人将书信直接交给了孙权。孙权得知此事后，火速返回。谁知孙辅早有防备，幸亏这时周瑜带兵前来，稳住大局，孙权才免遭伏击，之后孙权将孙辅的左右心腹杀了个一干二净，将他的部下全部分给各将，将孙辅迁徙东部，看管了起来。

镇压了内外叛乱之后，孙权在江东的统治便逐渐安定下来。但他心里明白，要想巩固江东，就必须向中原发展，才能把父兄开创的事业发扬光大。他开始广施仁政，延揽人才。他把内政交给张昭。张昭实行了轻徭薄赋、发展生产、流通贸易、繁荣市场的政策，到处是欣欣向荣的景象。他把军事交给周瑜，周瑜扩大军员，更新甲仗，重点习练水军，使孙权的军事实力大大增强。他自己则主要抓延揽人才。看到东吴日渐强盛，吴主孙权又礼贤下士，文武人才都纷纷投奔了来。

如鲁肃、太史慈等，都是这时来东吴的。

在中原，曹操的力量已十分强大，他绝不愿坐看东吴的崛起。所以在收拾了刘表父子后，他便沿长江东下，来征服刘备和孙权。面对曹操的大军压境，东吴上下举棋不定。他们分析了敌我双方的实力，都认为力量差距太大。所以投降派几乎占了大多数，而主战的仅有鲁肃和周瑜。但孙权采纳了周瑜的建议，联合刘备共同抗曹，取得了赤壁之战的胜利。

赤壁之战后，周瑜等率军经过一年多的战斗，夺取了江陵，控制了江陵以南大片土地。建安十五年（210年），孙权任命步骘为交州刺史率莘卒甫下，杀了不肯归顺的苍梧太守吴巨，使东吴的势力一直扩展到了交州（今广州）一带。此后，孙权与曹操数有征战，双方各有胜负。后来，因孙权和刘备争夺荆州发生尖锐矛盾，孙权为避免两面受敌，便于东汉建安二十二年（217年）春，向曹操请降讲和。曹操也知暂时难以战胜孙权，便同意双方修好。此后，孙权便把精力转向了荆州。

东汉建安十九年（214年），孙权见刘备羽翼已丰，便命诸葛瑾向刘备索要荆州诸郡。不料，被荆州守将关羽统统赶了回来。孙权气愤，遂派吕蒙、鲁肃等率兵攻取。适逢曹军进入汉中，刘备怕益州有失，派使臣向孙权求和，孙权也因力量不足，同意重结盟好。双方商定瓜分荆州，以长沙、江夏、桂阳东属孙权，南郡、零陵、武陵西归刘备。

起初，鲁肃劝孙权对关羽要加以安抚，以求其抗御曹操。孙权便为其子求关羽女儿结婚。而关羽性情骄傲，不但不同意，反而将来使痛骂一通。孙权听后极为愤怒，决心攻取荆州。于是趁关羽抽调兵力增援樊城之际，亲率大军，夺回荆州，并将关羽父子斩杀。刘备在听说关羽被杀的消息后大为生气，于是率兵前来报仇。而孙权这时早有防备，命令部队将刘备打得溃不成军。这次战役使得刘备从此一蹶不振，而东吴的势力也进一步得到巩固。

江东巩固以后，孙权也有称帝之意，因为早先曹丕和刘备相继称帝。但考虑到力量尚微，难以威命众人，所以没有急于称帝。当诸葛亮带领蜀军对魏国不断发动进攻，敌国没有精力对付东吴时，孙权建国称帝的时机终于成熟。黄武元年（222年），孙权称帝于武昌（今湖北鄂城），国号吴。不久，迁都建业（今江苏南京），改元黄龙。他就是历史上所说的吴大帝。

孙权称帝后，早期与群臣推诚相处，君臣和睦，上下同心，他还能知人善任，而且善抚将士，虚怀若谷，从善如流，对臣下的正确谏诤，勇于采纳。但孙权到了晚年，刚愎自用，猜忌群臣，信用奸佞，排斥忠良，与前期英雄作为相比，判若两人。太元元年（252年）四月，孙权因患风疾病死于建业宫中，享年71岁。

第二节　两晋时期著名皇帝

晋武帝司马炎

晋武帝司马炎（236—290年），字安世，河内温县（今河南温县）人。西晋开国皇帝。

司马炎的父亲司马昭当时是魏国的晋王，并被加九锡，掌握了魏国的大权。本来按照封建时代立嫡以长的制度，司马炎本该是合法的王位继承人，但其父司马昭把小儿子司马攸过继给自己的哥哥司马师为子，并打算立他为世子。所以每次见到司马攸，便拍着自己的宝座对他说：

"这是桃符（司马攸的小名）的座位。"其宠爱之情溢于言表。虽然司马昭有这个意思，但许多重臣以历史上废嫡长引起祸乱的事例谏诤，因此到了晚年，司马昭不得不以强大的政治理智克服个人情感上的好恶，接受了大臣们的建议，立司马炎为世子，后来顺理成章地接受禅位做了皇帝。

司马炎接受禅位后心里并不轻松。他很清楚，虽然登上了皇帝的宝座但危机仍然存在。要想巩固获得的政权，进而完成吞并东吴、统一中国的大业，首先必须要强固统治集团本身的凝聚力。而要达到这个目的，就必须采取怀柔政策。为此司马炎在即位的第一年，即下诏使已成为陈留王的魏帝在天子祭祀天地以及上书等时不称臣。同时又赐安乐公刘禅的一个儿子为驸马都尉，第二年又解除了对汉室的禁锢。这不但缓和了朝廷内患，尤其是消除了已成为司马氏家族统治对象的曹氏家族心理上的恐惧，而且还安定了蜀汉人心，进而为赢得吴人的好感，在吞并东吴上取得了主动权。

为了尽早地使国家从百业凋敝、社会动乱的环境中摆脱出来，为统一打下牢固的基础，他派大将羊祜陈兵吴境，伺机灭吴。司马炎知道吴国是个建国很久的国家，不是轻易可以灭掉的，所以，羊祜虽然准备得很充分，但直到他死，也没实现灭吴的愿望。羊祜临死，向司马炎推荐了大将杜预。他说杜预是一员儒将，运筹帷幄，有足够的能力担当灭吴的大任。司马炎立刻把攻吴的指挥

司马炎像

权给了杜预。杜预挥兵袭击了吴守将张政，张政大败，但张政知道吴帝孙皓是个多疑而残酷的家伙，就隐瞒不报。杜预看准这一点，就把一部分俘虏送回吴国。这一来，吴帝恼火了，立刻把张政调离军队。这样，杜预就把吴国最有能力的将军除掉了。杜预又联合大臣一齐给司马炎上书，请求他下决心伐吴。

公元 279 年，司马炎终于下了灭吴的命令，二十几万大军分六路深入吴地。吴军也曾想办法抵抗，如在江中水下布铁锥，水上设铁链，但都被晋军破除。六路大军在吴都建业会师，在杜预指挥下，开始攻城。孙皓在知道自己已是瓮中之鳖后，率领群臣投降了西晋，全国实现了统一。

统一全国后，司马炎出台了许多英明之策。首先，他致力于巩固政权，对三个国家的遗属很是优待。如他让魏帝曹奂仍用皇帝仪仗，上书也不用称"臣"。他令刘禅仍居安乐公的位子，还让他的一个子弟做驸马都尉。对新投降的孙皓也给以宽容，仍给他们安全、优厚的生活。这样做影响很大，使三国贵族渐渐承认已成的现实，不再想反叛了。

对广大农民，他推行"占田制"，以代替原来的"屯田制"。规定男子可占 70 亩，女子可占 30 亩。这大大地提高了农民生产的积极性，使农村安定下来。有了农业基础，商业、手工业也迅速发展，整个国家经济呈现一派繁荣。

另外，他实行无为而治，以此为中心，他下了五诏书：一诏正身，要求官吏们做个廉政爱民的好官；二诏勤百姓，勤于为民办事；三诏抚孤寡，对有困苦的人要及时抚恤；四诏敦本忽末，对关乎国计民生的农业要重视，对别的行业（如商业）要抑制；五诏去人事，精简机构汰裁冗员。

这些措施恢复了战后经济的发展，稳定了新建立的晋政权。但在随着国家逐渐安定之后，司马炎也开始奢侈荒淫起来。先是大修祖庙，弄得富丽堂皇，耗费了许多金银。接着，又把吴国的宫女全部接收下来，据说有 5000 之多，加上原来的已达上万！面对这么多的女人，一个司马炎实在忙不过来。每天他坐着羊拉的车，在宫城中慢慢行走，挑选中意的宫女侍寝。宫女们为了得到这一机会，在门口插上竹枝撒上盐巴，用来吸引给皇帝拉车的羊停下来。

另外，他的衣食住行都穷奢极欲，超过有史以来的所有皇帝。这种奢靡之风大大影响了国人，大臣豪门纷纷效法，也刻意追求起来，相互夸富、斗富。有的富人

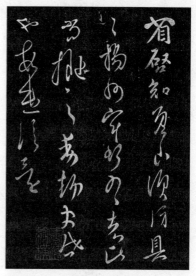

司马炎草书作品

一掷千金，一饭上万。如富豪石崇常常把金银珠宝毁给人看，以示自己的豪气。他请客时，如果客人饮酒没有尽兴，他就把侍女杀掉，有时一连杀几个人，其残酷令人发指！

本来自魏明帝之后，社会风气就趋于奢侈，现在晋武帝司马炎又推波助澜，西晋的朝野奢侈之风随处风行。由于晋武帝司马炎纵欲纵乐，很快就体虚力亏，朝不保夕。太熙元年（290 年）三月，晋武帝司马炎病笃。四月，驾崩，享年 64 岁。谥号武皇帝，庙号世祖。

晋惠帝司马衷

晋惠帝司马衷（259—307 年），字正度。晋武帝司马炎次子，母武元皇后杨艳。西晋第二位皇帝。

泰始三年（267 年），司马衷被立为皇太子，时年 9 岁。泰始八年（272 年）二月，司马衷奉晋武帝命娶贾充的女儿贾南风为太子妃。贾南风当时 15 岁，年长司马衷两岁。

太熙元年（290 年）四月二十日，晋武帝去世，皇太子司马衷继位，

是为晋惠帝，大赦天下，改年号为永熙。尊继母皇后杨芷（杨艳的堂妹）为皇太后，立妃贾南风为皇后。同年五月十三日，葬晋武帝于峻阳陵（今河南省偃师南蔡庄北）。

惠帝以太尉杨骏为太傅，辅佐朝政。同年八月二十六日，立其子广陵王司马遹为皇太子，以中书监何劭为太子太师，吏部尚书王戎为太子太傅，卫将军杨济为太子太保。同时派遣南中郎将石崇、射声校尉胡奕、长水校尉赵俊、扬烈将军赵欢将屯兵四出。太熙二年（291 年）正月，改元为永平。

司马衷当政后非常信任他的皇后贾南风，因此贾氏专权，甚至假造司马衷的诏书。永平元年（291 年），贾氏迫害皇太后，废其太后位，后将其杀害。贾氏还大肆杀戮大臣，迫害宗亲，如太宰司马亮，导致了后来的"八王之乱"。

元康四年（294 年）和元康六年（296 年）匈奴和其他民族反叛，氐人齐万年称帝，一直到元康九年（299 年）这次反叛才被消灭。

元康九年（299 年），贾南风开始迫害太子遹，首先废他的太子地位，次年杀太子。这个举动成为许多反对贾后专政的皇族开始行动的起点。赵王司马伦假造诏书废杀贾后，杀大臣如司空张华等，自领相国位，恢复原太子的地位，立故太子之子司马臧为皇太孙。

永康元年（300 年）八月，淮南王司马允举兵讨伐司马伦，兵败被杀。同年十二月，益州刺史赵廞协同从中原逃到四川的流民在成都造反。

永宁元年（301 年），司马伦篡位，自立为皇帝，司马衷被奉为太上皇，太孙司马臧被杀。三月，齐王司马冏起兵反司马伦，受到成都王司马颖、河间王司马颙、常山王司马乂等的支持。司马伦兵败。淮陵王司马漼杀司马伦的党羽，驱逐司马伦，引司马衷复位，司马伦被杀。五月，立襄阳王司马尚为皇太孙，并以羊献容为皇后。六月，东莱王司马蕤谋推翻司马冏的专权，事露被废。十二月，李特开始在四川反晋，这是成汉的起点。

太安元年（302年），初皇太孙司马尚夭折，司马覃被立为太子。五月，李特在四川击败了司马颙派去讨伐他的军队，杀广汉太守张微，自立为大将军。

十二月，司马颖、司马颙、新野王司马歆和范阳王司马虓在洛阳

晋惠帝像

聚会反司马冏的专政。司马乂乘机杀司马冏，成为朝内的权臣。

太安二年（303年）三月，李特在攻成都时被杀，但四月他的儿子李雄就占领了成都，到年末，李雄几乎占领了整个四川盆地。五月，张昌、丘沈反叛，建国汉，杀司马歆。八月，司马颖和司马颙讨伐司马乂。十月，司马颙的军队攻入长安，在此后的洗劫中上万人死亡。此后两军在长安城外对阵，连十几岁的少年都被征军，同时两军都征募匈奴等的军队。最后司马乂兵败被杀，司马颙成为晋朝举足轻重的人物。

永安元年（304年）初，晋惠帝感到受到司马颙的威胁越来越大，因此下密诏给刘沈和皇甫重攻司马颙，但没有成功，反惹得司马颙的军队在洛阳大肆抢劫。二月，晋惠帝废皇后羊氏，废皇太子司马覃，立司马颖为皇太弟，司马颖和司马颙专政。但六月京城又发生政变，司马颖被逐，羊氏复位为皇后，司马覃复位为太子。

七月，晋惠帝率军讨伐司马颖，在荡阴被司马颖的军队战败，面部中伤，身中三箭，被司马颖俘虏，羊氏和司马覃再次被废。八月，司马颖被安北将军王浚战败，他挟持晋惠帝逃亡到洛阳，一路上只有

粗米为饭。十一月，晋惠帝又被司马颙的将军张方劫持到长安，张方的军队抢劫皇宫，将皇宫内的宝藏洗劫一空。到年末司马颙再次在长安一揽大权，司马越成为太傅。同年李雄在成都称成都王，成汉建国；刘渊自称汉王，建立前赵。

永兴二年（305 年），司马颙和张方的军队、司马颖的军队、司马越的军队和范阳王司马虓的军队在中原混战，基本上中央政府已经不存在，中国边缘的地区纷纷独立。到永兴二年（305 年）末，司马越战胜，司马颙杀张方向司马越请和，但无效。

光熙元年（306 年），司马越手下的鲜卑军队攻入长安，大肆抢劫，两万多人被杀。九月，司马颖被俘，后被杀。"八王之乱"至此才算结束。

光熙元年十一月十七日（307 年 1 月 8 日）夜里，司马衷在洛阳显阳殿驾崩，终年 48 岁。相传被东海王司马越毒杀，死后被安葬于太阳陵（今河南洛阳），谥号孝惠皇帝。他的弟弟司马炽（284—313 年）继位，改元永嘉，即晋怀帝。

晋元帝司马睿

晋元帝司马睿（276—322 年），字景文。司马懿的曾孙，司马觐之子。东晋开国皇帝。

司马睿出生于动乱的战争年代，经过了战争的洗礼。他的父亲是西晋朝的琅琊王。父亲去世后，他世袭了父亲的职位。随后又被提升为安东将军，都督扬州江南诸军事，由下邳移镇建邺（后又改名建康，今江苏省南京市）。

建兴四年（316 年）八月，西晋宣告灭亡。司马睿的部下看到时局不稳，于建兴五年（317 年）三月拥奉他为晋王，改年号为"建武"。

建武二年（317年）三月称帝，定都建康，史称东晋。

司马睿即位后，因为他在皇族中声望不够，势力单薄，再加上本人才能也不高，社会交往不足，所以得不到南北士族的支持，皇位不稳。为了能够保住皇位，他重用了政治家王导。王导运用策略，使南方士族极力支持司马睿，也使北方南迁的士族也决意拥护司马睿，维持了东晋政权，稳定了动荡的局面。司马睿十分感激王导，任命他为宰相，执掌朝政，让他的堂兄王敦都督江、扬、荆、湘、交、广六州军事，握有重兵，控制军权。其他重要的官职，大多数都由王导家族担任。从实际上看，东晋王朝，已经成了王导和司马睿共同掌握的朝廷。司马睿在登基大典上，几次请王导和他一起坐上宝座，接受群臣拜贺，王导谢绝。时人曾流传说："王与马，共天下。"

司马睿在稳定了皇位后，开始不满"王马共天下"的局面，他开始起用刘隗、刁协为心腹，以此来削弱王导的势力，并暗中进行军事部署，试图将王导的势力排除出去。但这时的王敦已经察觉，他先发制人，从武昌起兵击败刘隗，进入建康，杀死刁协。在王导的劝说下，王敦这才退兵回了武昌，政权仍然由王导控制。

看到无法将王导排除出去，司马睿觉得自己贵为天子，只是有名而没有实权，跟一个傀儡一样，于是渐渐忧愤成病，卧床不起。他想到大臣中只有司徒荀组对自己比较忠顺，就任命他为太尉兼领太子太保，打算让他参与朝政，钳制王导。不料司徒荀组受任不久就病死，

司马睿像

司马睿更加忧伤，病势加重。

永昌元年（322年）闰十一月己丑日（1月3日）晚，司马睿病死于建康宫中的内殿，享年47岁。

晋明帝司马绍

司马绍（299—325年10月18日），即晋明帝（322年—325年在位），字道畿。晋元帝司马睿长子，晋简文帝司马昱异母兄，母宫人荀氏。东晋第二位皇帝。

司马绍的母亲是燕代人，这一带多是汉人与鲜卑人杂居，而司马绍从相貌上来说有点像鲜卑人，王敦就曾骂他是"黄须鲜卑奴"，可见母子二人其实都可能有鲜卑血统。

明帝小时候非常聪慧，有一次他坐在元帝腿上，恰巧有个从长安来的人汇报情况，元帝询问洛阳一带的局势。等长安使者走了后，元帝问司马绍："你认为长安和太阳哪个近？"司马绍不假思索即答道："长安近，因为没有听说过有人从太阳那边来。"元帝对他这个回答非常惊奇。第二天元帝大宴群臣，为了在大臣面前显示自己孩子聪颖，就又问了司马绍一遍。结果司马绍的回答却是日近，元帝大惊，问他怎么和昨日回答的不一样。司马绍就解释说："抬头就能看见太阳，但是却看不见长安，所以是太阳近。"元帝和大臣都啧啧称奇。

司马绍继位后，办的一件大事就是平定王敦叛乱，巩固了东晋政权。

司马昭像

明帝继位时，王敦为扬州牧，他看到王家势力逐渐受到排挤，便欲叛乱反晋。当他从武昌移镇姑孰（今安徽当涂）后，便加紧了夺取政权的准备。但是，在太宁二年（324年）5月时，王敦却患病，日益加重。

王敦觉得自己时日无多，就命中书令温峤伪造诏书，封养子王应为卫将军，封兄王含为骠骑大将军。同僚钱凤问王敦："你如果有个三长两短，将后事交给王应吗？"

王敦回答："非常之事，不是一般人所能做到的。王应还年少，怎能当起大事？我如果真的不行了，只有三计可行。"钱凤反复问："是哪三计？"王敦说："我死以后，即释兵散众，归事朝廷，保全门户，这是上计；若还退武昌，聚兵自守，贡献不废，便是中计；及我尚存，率众东下，万一侥幸，这就是下计了。"钱凤听后退出与同党说："公说的下计，实为上策，我们照此行事吧！"于是计划起兵，攻打建康。

温峤得知王敦要谋反，就到建康与国舅庾亮商议，奏知明帝。明帝得之消息后，为了探求虚实，掌握军情，乘巴滇骏马，身边只带一人，微服私出，深入王敦营垒。但是却被王敦的军士发现，王敦立刻派骑兵追捕。明帝逃走时，将所骑马匹排出的粪便用水浸湿以降温，以示早已逃离，又拿出七宝鞭交给路旁卖食物的婆婆，并要她出示给追来的骑兵。晋明帝走后不久，追兵就来到，并询问婆婆，婆婆于是取出七宝鞭，并称那人已经走得很远。骑兵们顾着传玩七宝鞭而在那里停留了很久，而且见马粪已冷，以为追不及了，于是都没有再追，晋明帝亦因此成功逃脱。

太宁二年（324年）六月，明帝颁诏历数王敦、钱凤的种种反叛罪行，并立即派司徒王导、丹阳尹温峤等率军30万人，水陆齐发，攻打王敦。明帝还亲御六军，统率诸军前往征讨。

明帝下诏出兵的消息传到姑孰后，王敦非常恼火，立即令钱凤、邓岳等率众 5 万，让他的哥哥王含为领兵元帅，共奔京师迎敌。温峤烧朱雀桥，屯退水北，以阻敦军。不久，因王敦死去，兵无斗志，明帝很快地平定了叛乱。

太宁三年（325 年）七月，明帝忽得暴疾而亡，年仅 27 岁。明帝死后，太子司马衍继位，时年 5 岁，这就是晋成帝。

简文帝司马昱

简文帝司马昱（320—372 年），字道万。东晋开国皇帝司马睿的小儿子，晋明帝司马绍的异母弟，母为简文宣太后郑阿春。

马昱历经元、明、成、康、穆、哀、废帝七朝，先后封琅珤王、会稽王，累官抚军将军。晋穆帝时，升任抚军大将军、录尚书六条事，与何充共同辅政。何充逝世后，司马昱总统朝政。他引名士殷浩等辅政，企图对抗威权日重的桓温，殷浩反为桓温所废。废帝继位后，再次徙封琅珤王，又进位丞相、录尚书事。52 岁时，才由权臣桓温出于不可告人的政治目的，将其扶上皇位。

司马昱少小时，聪明颖慧，其父元帝司马睿十分喜爱他。永昌元年（322 年），司马昱 3 岁时，被封为琅珤王。咸和元年（326 年），他刚 7 岁，生母郑夫人就病死了。晋成帝将他徙封为会稽王，拜散骑常侍。咸和九年（334），迁为右将军，加侍中。咸康六年（340 年），进位抚军将军，领秘书监。

司马昱少年时举止文雅，风度翩翩，豁然大度，不拘细节。他虽清心寡欲，简朴淡雅，却喜好史册典籍，尤好清谈玄言。一时竟博得不少人器重，连号称有鉴之明的郭璞也对人说："此人必可兴复晋朝。"

司马昱与桓温过从甚密。桓温很有政治野心，他很早就留心观察东晋宗室人物，对颇有名望的司马昱尤其注意考察。桓温十分佩服司马昱，但也有所畏惧。

建元二年（344年）八月，康帝病危。权臣、外戚庾冰、庾翼，就打算立会稽王司马昱为嗣，以继帝位。但因中书监何充反对，才立了穆帝司马聃。

至永和元年（345年），崇德太后褚氏临朝，以司马昱为抚军大将军，录尚书事。第二年（346年）二月，朝廷以左光禄大夫蔡谟领司徒，与会稽王司马昱共同辅政。兴宁三年（365年）七月，

司马昱像

废帝司马奕迁司马昱为琅玡王，司马昱的儿子司马昌明被封为会稽王，以示朝廷的恩宠。但司马昱一再谦让，仍自称会稽王。废帝太和元年（366年）十月，因司马昱为三朝元老，德高望重，遂加官为丞相、录尚书事，给予"入朝不趋、赞拜不名，剑履上殿"的特殊荣誉。

司马昱虽以三朝元老和宗室亲王的资格长期辅政，但并无经国济世谋略，朝政大权都掌握在权臣桓温手中。桓温早有代晋称帝野心，希望通过北伐，建功立业，收取时望。但事与愿违，他于永和十年（345年）、永和十二年（369年）、太和四年（369年）三次北伐，均未成功。桓温遂与郗超密谋，行废立皇帝之事，于太和六年十一月（372年1月），桓温废司马奕，改立司马昱为帝，改元咸安。

桓温为防意外，又要显示武威，亲自坐镇中堂，分兵屯卫。司马昱名为皇帝，实同傀儡。自当皇帝以后，看到国家危机四伏，江河日下，以及桓温那种咄咄逼人的样子，他几乎无时无刻不在忧惧中生活。虽然50岁刚出头，登基不过半年多，他那本来星星点点的白发，却已经迅速扩展，连成了片，身体也日见虚弱。

咸安二年（372年）七月，司马昱终于一病不起。临死之前，仍对大司马桓温心怀恐惧，一日一夜连发四道诏书，请桓温来安排后事。傲慢无礼的桓温却一再推托不至。司马昱自感将亡，不能再拖，遂立了11岁的儿子司马昌明为皇太子，但惧于桓温的淫威，又遗诏："请大司马桓温按周公之例，居摄执掌政权。"并仿照刘备白帝城托孤于诸葛亮的做法，在遗诏中战战兢兢地写上了这样几句话："我儿子可辅佐的话，就请你辅佐他；如不成器，请你自取天下。"司马昱的遗诏当即遭到大臣的反对，司马昱便让王坦之改写遗诏，说："国事家事都要尊重大司马的意见，如同诸葛亮和王导一样。"写完遗诏的当天，司马昱死去，时年52岁。谥号简文皇帝，庙号太宗，葬于高平陵。

第三节　十六国时期著名皇帝

前凉桓公张重华

张重华（327—353年），字泰临，一作字太林，凉州姑臧人，前凉文王张骏第二子，十六国时期前凉政权的君主。

晋咸和七年（332年），张重华被立为世子。建兴三十四年（346年），张骏去世，张重华继位，自称持节大都督、太尉、护羌校尉、凉州牧、西平公，假凉王，仍奉晋愍帝年号。

张重华为人宽和持重，沉默寡言。继位以后，对内减轻赋税，减少御用园林，对外派使修好于后赵，似乎很想有所作为。不过，他的命运不佳，刚刚接位不久，前凉就屡遭后赵的袭击，护军曹权、胡宣被后赵俘虏，7000多户前凉臣民被后赵迁到雍州；金城太守张冲当了叛徒；负责抵挡后赵军队的征南将军裴恒驻扎在广武，观望不战，坐失良机。凉州人心惶惶，坐镇姑臧（今甘肃武威）的张重华见状坐立不安。这时，司马张耽认为主簿谢艾文武双全，善于用兵，能够击敌寇。张重华于是召见谢艾询问抗战方案。谢艾不卑不亢，侃侃而谈。张重华当即封谢艾为中坚将军，率步骑兵3万进军临河，大败赵军，俘斩1.3万余人，后赵大将麻秋只身脱逃。不久麻秋又指挥12万人前来报复，又被谢艾以2万军士击败。张重华接到捷报，脸上的愁云一扫而光，将谢艾封为福禄伯。后赵国君石虎不服输，第二年又派出几万大兵企图报复张重华，结果又被谢艾打垮。

战场上的胜利，使张重华趾高气扬，永和三年（347年）十月，张重华想乘东晋侍御史俞归到达姑臧之机直接了当地向他提出要求，但是，快要走到俞归的住所时，张重华想到自己世世代代以效忠于晋朝而闻名，不宜亲自出面，便让亲信沈猛私下对俞归说："张重华世世代代都是晋朝的忠臣，为什么还不如鲜卑人受器重？朝廷封慕容皝为燕王，为什么才把张重华封为大将军？"俞归知道沈猛是受张重华的指使，所以直接找到了张重华，对他连哄带骗终于使他打消了称王称帝的念头。

张重华当时虽被说服了，但事后又感到很不是滋味，心里总觉得称凉州牧显示不出自己的尊严和威风，称王称帝似乎就丢掉了张家的忠君传统，对不起

张重华像

列祖列宗。抱着这种矛盾的心理过了两年，到晋咸康永乐四年（349年）九月，张重华终于抛弃了祖训，自称凉王、丞相，雍、秦、凉三州牧。

张重华陶醉在这些不伦不类的称号之中，渐渐地厌烦政务，整天与宠臣以下棋为乐，玩得高兴时就赐给宠臣钱帛。征事索振看不下去，给他提意见。张重华听完索振的话不仅没有责备他，反而对他的直言表示感谢。从此放弃了整天以下棋取乐的习惯，改变了对宠臣大手大脚赏赐的做法，处理政务也比较认真、及时，国库开始逐渐充实。但是，国库一旦充实，张重华又不甘寂寞了。晋永和九年（353）二月，张重华派张弘、宋修、王擢三位将军带兵向前秦开战。张重华做梦也不会想到，龙黎一战，前凉被打得丢盔卸甲，1.2万名官兵阵亡，张弘、宋修当了俘虏，王擢扔掉秦州跑回了姑臧，上邽（今甘肃天水）被前秦占领。这次惨败把张重华气得暴跳如雷。同年五月，张重华再次派王擢带上2万人的军队袭击上邽，由于得到了秦州一些郡县的支持，王擢一举攻克上邽。

张重华被这次胜利冲昏了头脑，认为前秦根本不是对手，便上书晋穆帝，请求伐秦。但是，东晋还没有答复，张重华就染病在身，卧床不起。同年十月，张重华把年仅10岁的张曜灵立为太子。当时，都尉常据见张重华的大哥张祚怀有夺位野心，便对张重华说："张祚有胆有识，支持他的人也有不少，恐怕让他继续留在姑臧会对太子不利。"张重华气喘吁吁地说："我把张祚比作周公，让他辅佐幼子，你怎能说出这种话呢！"这时，受大臣谗毁到酒泉当太守的谢艾也给张重华写信请求把张祚赶出姑臧，并诉说了自己的不幸，恳求张重华把他调回姑臧。病情已十分沉重的张重华看了谢艾的上疏，非常感动，下手令调谢艾为卫将军，监中外诸军事并辅政。但是，这个手令却被张祚藏匿起来，秘而不宣。几天后，张重华便死了，时年27岁，共在位11年。私谥昭公，后改谥桓公，晋穆帝赐谥号为敬烈，葬于显陵。其兄前凉威王张祚继位后，追谥张重华为桓王，庙号世宗。

成汉武帝李雄

成武帝李雄（274—334年），字仲俊，巴氐族首领李特第三子，母罗氏，十六国时期成汉开国皇帝。

李雄身高八尺，仪表堂堂。据说，道士刘化曾对人说："关陇的人以后都会南迁，李氏中只有李雄最终会成为君主。"李雄确很幸运。李特在四川起兵时，李雄被封为前将军。晋太安二年（303年），李特战死，李雄叔父李流准备向晋军投降。李雄和叔父李骧轮流劝说李流，但李流根本不听。这时，李离要求李雄袭击晋军，李雄哭丧着脸说："此计可取，但叔父不同意又怎么办呢！"李离果断地说："胁迫他干。"李雄马上和李离一起鼓动流民攻击晋军，流民个个摩拳擦掌，跃跃欲试。于是，李雄便带兵攻打晋建平、太安、孙阜，一举取胜。通过这次军事行动，李流对李雄刮目相看，把军权全部交给了李雄。同年九月，李流病死，李雄自称大都督、大将军、益州牧。不久，李雄攻克了成都。但是，成都城内早就断粮，李雄进城后无法维持官兵的生活，只好又带兵到郫县（今四川广汉）。

晋永兴元年（304年）十月，李雄自称成都王，建元建兴，废除晋朝法律，约法七章。封李骧为太傅，李始为太保，李离为太尉，李云为司徒，李璜为司空，李国为太宰，阎式为尚书令，杨褒为仆射。李离、李国有智有谋，李雄有事就向

道教首领范长生雕像

他们请教。建兴三年（306年）三月，隐居西山的道教首领范长生到达成都，李雄亲自出城迎接，封他为丞相，尊称范贤。同年六月，李雄称帝，改元晏平，国号大成，史称成汉。封范长生为天地太师、西山侯，并给了他许多优厚待遇，包括对他的部曲免征租税和兵役。

建国伊始，没有什么法规，不少大臣经常为争官位高低闹得不可开交。李雄采纳了尚书令阎式的建议，建立百官制度，这才平息了争官闹剧。虽然没有人再争官了，但是，由于财政入不敷出，李雄便默认部下可以用金银买官。买官的门一打开，马上又发现弊病太多，于是又严禁买官。为了解决财政危机，李雄开始注意发展农业生产，并适当减轻租调徭役，规定每个男丁每年缴纳三斛谷子，女丁缴纳一半，有病的只缴1/4，每户缴绢数丈，绵数两。几年以后，实力便大大增强。

成汉晏平五年（310年），李雄的两位得力助手李离、李国分别被他们的部下杀害，梓潼、巴西重新成了罗尚的地盘。李雄十分恼火，对大将张宝说："你能夺取梓潼，我就把李离的官衔授给你。"张宝以杀人犯罪为名逃到梓潼，取得信任，不久，乘梓潼守将出城迎接罗尚使者的机会，关上城门，轻易夺占了梓潼。李雄也不食言，把张宝封为太尉。不久，罗尚病死，李雄乘机派李骧攻陷涪城，俘虏梓潼太守谯登。成国玉衡四年（314年），汉中的杨虎和梁州的张咸也先后投奔了李雄。于是，汉嘉、涪陵、汉中地区也都成了成国的领地。

李雄共有10个儿子，但没有一个合他的心意，所以想立侄子李班为太子，但大臣们都极力反对。李雄费了一番口舌，才算说服大家，终于立了李班为太子。成玉衡二十四年（334年），李雄头顶生疮，脓水四流，他的儿子看后直感恶心，躲得远远的，只有李班不分昼夜地在身边侍候，经常用嘴为他吸脓水。李雄病了6天就去世了，时年61岁。谥号武皇帝，庙号太宗，葬于安都陵。

前赵光文帝刘渊

刘渊（？—310年），字元海，新兴（今山西忻州北）人，匈奴族，匈奴首领冒顿单于之后，南匈奴单于于夫罗之孙，左贤王刘豹之子，母呼延氏，十六国时期前赵政权开国皇帝。

刘渊自幼喜欢学习，幼年就拜上党崔游为师，增长了不少知识和才干，也产生了远大志向和抱负。刘渊还发奋练习武功。由于他身材魁伟，有两只很长的胳膊，手臂也很有力气，练了没有多久，就成了远近闻名的射箭高手。

曹魏咸熙年间（264—265年），刘渊以人质的身份来到洛阳，广泛结交汉族官僚。司马氏建立西晋之后，刘渊仍留居洛阳，但未受到重用。晋咸宁四年（278年），左部帅刘豹病死，晋武帝让刘渊接替左部帅之职。太康末年（280—289年），刘渊又被封为北部都尉。刘渊严肃法治，惩治奸佞，轻财好施，以诚待人，吸引了一大批有志之士，匈奴的五部、幽冀的名儒潮水般地涌向了刘渊。随着兵多马众，刘渊的官衔也不断升级，到晋惠帝时已经升任了五部大都督，后来又被调到邺城，提拔为宁朔将军，负责匈奴五部的军事。

这时，李特、张昌在荆、益起义，"八王之乱"已经拉开了序幕，北方地区成了西晋宗室互相残杀的舞台，刘渊的堂祖父、匈奴左贤王刘宣等人见恢复匈奴故业的时机已到，便秘密推举刘渊为大单于，并委托呼延攸到邺城请刘渊回到他们身边。刘渊迫切希望马上离开邺城，但司马颖不同意，刘渊只好先让呼延攸回去联络匈奴五部和杂胡，自己则等待适当机会再离开邺城。永兴元年（304年），王浚、司马腾起兵反晋，刘渊乘机离开邺城，马不停蹄地奔向了左国城（今山西离石），自称大单于，起兵反击司马腾，不到20天，兵众就发展到5万人。刘渊离开邺城不久，王浚的将军祁弘就率领鲜卑人包围了邺城。

永兴元年（304年），刘渊在南郊筑坛设祭，自称汉王，把国都从离石迁到左国城，赦免境内囚犯，建年号为元熙，追尊刘禅为孝怀皇帝，建造汉高祖以下三祖五宗的神位进行祭祀，立妻呼延氏为王后。署置百官，任命刘宣为丞相，经师崔游为御史大夫，宗室刘宏为太尉，其余的人授官各有等差，国号为汉（史称汉赵、前赵）。

同年年底，刘渊派建武将军刘曜攻陷太原、泫氏、屯留、长子、中都等地。元熙二年（305年），刘渊又派前将军刘景袭击并州刺史刘琨，不料被刘琨打败，晋阳失陷。于是，刘渊转向河东挺进，攻取了蒲阪、平阳，占据了蒲子（今山西隰县）。这时，在赵魏起兵的汲桑、在山东起兵的王弥、在河北起兵的羯族石勒遭到晋军重创后，先后投入了刘渊的怀抱，刘渊的势力更加壮大。

元熙五年（308年）七月，刘渊迁都蒲子，自称皇帝，改年号为永凤。刘渊想进攻洛阳，所以又把国都迁到了平阳（今山西临汾西北）。接着，刘渊又派王弥、刘曜两次进攻洛阳，但都没有成功。

永嘉四年（310年）七月，刘渊卧病，准备嘱托后事，任命刘欢乐为太宰，刘洋为太傅，刘延年为太保，刘聪为大司马、大单于，并且统领尚书事务，在平阳西部建造单于台，任命其子刘裕为大司徒。刘渊病重，召刘欢乐和刘洋等人到宫禁中接受遗诏，辅佐朝政。八月，刘渊在光极殿去世，共在位6年。刘渊死后，其子刘和继位。不久，刘聪自西明门攻入西室，杀刘和自立。同年九月，刘聪葬刘渊于永光陵，上谥号为光文皇帝，庙号高祖。

后赵高祖石勒

石勒（274—333年），字世龙，初名匐，小字匐勒，羯族，上党武乡（今山西榆社）人。部落小帅石周曷朱之子，十六国时期后赵建立者，史称后赵明帝，也是中国历史上的唯一一个奴隶出身的皇帝。

石勒的祖先是匈奴别部羌渠的后裔，祖父耶奕于，父亲周曷朱，也叫乞翼加，都曾当过部落小帅。后来家道中落，为生活所迫，石勒年仅14岁就跟随老乡常到洛阳做一些小买卖。一天，石勒背靠上东门不住地发愣，不时长吁短叹。晋太尉王衍见后，感到有些奇怪，过了一会儿，回头对随行的人说：“这个小胡的声音有些奇特，恐怕以后会给天下带来灾难。”当王衍让人骑马去抓石勒时，石勒已经离开了上东门。

家庭环境的熏陶和长年累月的商贩生涯，培养了石勒的惊人胆量和高超的骑马射箭水平。石勒的父亲周曷朱十分粗鲁，对部下动辄打骂，部下对他非常反感。为了缓和一下和部下的关系，周曷朱让石勒代管这个部落。由于石勒管理有方，得到了部下的信任和尊敬。

晋太安年间，并州一带发生饥荒，不少人活活饿死。石勒为了活命，便和几个人一起从雁门逃到阳曲，投奔甯驱，后来又离开甯驱家中，偷偷地投奔都尉李川，途中被晋东嬴公司马腾的手下郭阳、张隆捉住带往冀州，卖给了山东茌平人师欢。师欢感到石勒有些不寻常，便填写了一张放免书，让石勒当一个平民百姓。

离开师欢不久，石勒便召集了一支小队伍，号称“十八骑”。永兴二年（305年），公师藩起兵反晋，石勒率领“十八骑”投奔公师藩，被任命为前队督。公师藩在白马被濮阳太守荀晞杀掉后，石勒率领牧民冲击附近郡县的监狱，收编了一些犯人当兵，又到处召集逃在山林沼泽的流民，建立了一支军队。晋永嘉元年（307年）五月，石勒配合汲桑攻进了邺城（今河北临漳西南）。同年八月，石勒在与晋将荀晞等人交战时被荀晞打败，逃奔乐平。不久，又投奔了胡部大（胡人一部之长）张䓨督、冯莫突。张䓨督等人无智无谋，生怕部下背叛自己，便于永嘉元年（307年）十月暗中跟着石勒投靠了刘渊。石勒被刘渊封为辅汉将军、平晋王，张訇督被封为亲汉王，冯莫突被封为都督部大，张、冯二人均受石勒调遣。

石勒在刘渊那里无意之中听说刘渊曾多次向乌桓伏利度招降，伏利度就是不听。石勒为了博取刘渊的欢心，便假装得罪了刘渊，投奔伏利度。伏利度信以为真，和石勒结为把兄弟，让石勒率兵侵扰其他胡人。石勒在用兵过程中，十分注意收买人心，把不少人拉到了自己这一边。石勒见时机已到，便借赴宴之机抓起伏利度，然后领着伏利度的兵马向刘渊报功领赏。刘渊为了嘉奖石勒，提拔石勒为督山东征讨诸军事，并把伏利度的兵马分配给石勒管理。从此以后，石勒的兵众开始强盛起来。

晋永嘉二年（308年），一年之内，石勒先后攻陷了魏郡、汲郡、顿丘、邺城、郡、中丘。到第二年时，石勒的兵众已经发展到10多万人，石勒把其中的衣冠人物集中起来，建立君子营，对他们实行优待政策。

永嘉五年（311年），汉赵攻陷洛阳，永嘉之乱爆发。当时天下无主，西晋司空领乌丸校尉王浚在大乱后生不臣之心。他假立太子，设立行台，自置百官，更打算自立为帝，骄奢淫虐。石勒打算消灭并吞并其势力，张宾则提出让石勒假意投降王浚。石勒于是卑屈的向王浚请降归附，在王浚使者来时更加特意让弱兵示人，并且故作卑下，接受王浚的书信时朝北向使者下拜和朝夕下拜王浚送来的尘尾，更假称见尘尾如见王浚；又派人向王浚声称想亲至幽州支持王浚称帝。王浚于是完全相信石勒的忠诚。然而，石勒一直派去作为使者的王子春却为

石勒像

石勒刺探了王浚的虚实，让石勒做好充足准备。

建兴二年（314年），石勒正式进兵攻打王浚，乘夜行军至柏人县，并因张宾的建议，利用王浚和刘琨的积怨，写信并送人质给刘琨请和，并称要为他消灭王浚。故此刘琨最终都没有救援王浚，乐见王浚被石勒所灭。石勒一直进军至幽州治所蓟县，先以送王浚礼物为由驱赶数千头牛羊入城，阻塞道路，及后更纵容士兵入城抢掠，并捕捉王浚，数落王浚不忠于晋室，残害忠良的罪行。石勒于是命将领王洛生送王浚到襄国并处斩，又尽杀王浚手下精兵万人，擢用裴宪和荀绰为官属。石勒留蓟两日后就焚毁王浚宫殿，留刘翰守城而返。

石勒回到襄国后将王浚首级送给刘聪，刘聪于是任命石勒为大都督、督陕东诸军事、骠骑大将军、东单于，并增封二郡。刘聪更与建兴三年（315年）赐石勒弓矢，加崇为陕东伯，专掌征伐，他所拜受的刺史、将军、守宰、列侯每年将名字及官职上呈就可，又以石勒长子石兴为上党国世子。

晋太兴元年（318年），汉王刘聪病死，其子刘粲继位，大司空靳准发动叛乱，杀了刘粲。同年十月，刘渊侄刘曜继承帝位，石勒被封为大司空、大将军。石勒亲率5万骑兵讨伐靳准，靳准一看来势凶猛，马上派侍中卜泰向石勒请和，石勒抓起卜泰就送给了刘曜。石勒虽效忠于刘曜，但刘曜对石勒却不怎么信任。太兴二年（319年）二月，刘曜听信谗言，杀害了石勒的左长史王脩。石勒听到这一消息后，气得脸色发青，自此与前赵结了仇怨。

当年十一月，石勒称大将军、大单于、领冀州牧、赵王，于襄国即赵王位，正式建立后赵，称赵王元年。然后命令法曹令史贯志制定了法律条文——辛亥制度，在襄国四门增设了宣文、宣敖、崇儒、崇训等十多所小学，又建筑社稷坛、宗庙、东西宫；提拔理曹参军续成为律学祭酒，中垒将军支雄、游击将军王阳为门臣祭酒，专门负责管理胡人的诉讼，严禁胡人欺负汉族官僚；提拔从事中郎裴宪、参军傅畅、杜嘏为经学祭酒，任播、崔浚为史学祭酒，张宾为大执法，总管朝政。为了给自己树碑立传，石勒还命令记室佐明楷、程机编写《上党国记》，中大夫傅彪、贾蒲、江轨编写《大将军起居注》，参军石泰、石同、石谦、孔隆编写《大单于志》。从此之后，石勒接见大臣时常用天子礼乐，出门则穿起了天子的服装，俨然成了一个真龙天子。

太和元年（328 年），石虎攻蒲阪，前赵帝刘曜亲率全国精兵救援蒲阪，大败石虎，于是乘势进攻石生镇守的洛阳，以水灌城，同时又派诸将攻打汲郡和河内郡，后赵举国震惊。于是石勒与石虎及石堪、石聪分三道夹击刘曜，最终大败前赵，更生擒刘曜并押送到襄国。

次年，留守长安的前赵太子刘熙知道刘曜被擒后大惊，于是弃长安而西奔上邽，各征镇都弃守防地跟随，于是关中大乱，更有前赵将领以长安城归降后赵。石勒又派石虎进攻关中的前赵残余力量，终于

山西吕梁离石玉林山石勒墓

当年八月，前赵刘胤率大军反攻长安时被石虎击败，前赵一众王公大臣都被石虎所捕，同年石勒亦杀刘曜，前赵亡。石勒又于咸和二年（327年）派石虎击败代王拓跋纥那，令对方徙居大宁回避其军事威胁。至此后赵除前凉、段部鲜卑的辽西国及慕容鲜卑的辽东国三个政权外几乎占领整个中国北方。

太和三年（330年）二月，石勒称大赵天王，行皇帝事，并设立百官，分封一众宗室。至九月，石勒正式称帝，改元建平，将妻子刘氏立为皇后，又规定了昭仪、夫人、贵族、贵人、三英、九华、淑媛、淑仪、容华、美人的等级和数额。

后赵建平四年（333年）六月，石勒突然病倒，卧床不起。石虎有夺位野心，假称诏令不让太子石弘和大臣前去看望石勒，并把石宏、石堪从外地叫到襄国。七月戊辰日（8月17日），石勒逝世，享年60岁。当天夜里，石虎就把石勒偷偷地埋到山谷深处，过了12天才为石勒发丧。庙号高祖，谥号明帝，葬于高平陵。

后赵太祖石虎

石虎（295—349年），字季龙，羯族，上党武乡（今山西榆社）人。十六国时期后赵第三位皇帝，明帝石勒之侄。

后赵建平四年（333年），石勒驾崩，其皇位由儿子石弘继承。翌年，石虎废杀石弘，自立为王。至335年，其首都由襄国（今河北邢台）迁至邺（今河北邯郸市临漳县城西南20千米邺城遗址）。石虎在位期间，表现了其残暴的一面，因此被认为是五胡十六国中的暴君。石虎卒年54岁，其子为争帝位互相残杀，后赵逐渐衰落。

石虎是石勒的侄子，在11岁那年突然丢失。永嘉五年（311年），石虎由西晋并州刺史刘琨送还石勒，这时他已是一个17岁的青年。多年不见，石虎变得游手好闲，十分残暴，多次用弹丸打人，激起了官兵的不满情绪。石勒见状，准备把他杀掉。其妻王氏劝他再观察一下，于是石勒把石虎提拔为征虏将军。石虎身高七尺五寸，骑马射箭是把好手，治军也非常严格。每次出征，所向无敌，但抓到降兵不分男女一律杀掉。石勒虽然经常批评他，但渐渐地认为石虎是块带兵打仗的好料，慢慢对他比较器重了，并亲自到将军郭荣家说媒，把郭荣妹妹嫁给了他。

咸和五年（330年），石勒称帝，封石虎为中山王、尚书令。石虎本来想着石勒称帝后会把大单于的位子送给自己，不料却给了石宏。石虎勃然大怒，对儿子石邃说："自从石勒占据襄国（今河北邢台）以来，我南擒刘岳，北追索头，东平齐、鲁，西定秦雍，攻克了13个州，立下汗马功劳。大单于之位应当给我，却给了石宏。每想起这些，就气得我吃不下饭睡不着觉。等石勒死后，我要把石勒的子孙斩尽杀绝！"三年之后，石勒病死，石虎有了发泄私愤的机会。他先把右光禄大夫程遐、中书令徐光逮捕下狱，然后逼迫太子石弘继位。石弘害怕石虎，便以软弱无能为借口，一再要求把帝位让给石虎，石虎训斥石弘说："我也知道你不能胜任，不过你先当着，过些日子自然会有人换你，你不要再啰唆了！"石弘无奈，只好称帝，封石虎为魏王、大单于。石弘名义上是皇帝，但大小权力全操纵在石虎手中。延熙二年（334年）十一月，石虎把石弘废为海阳王，自称赵天王，改元建武，立儿子石邃为太子。不久，石虎就把石弘、石弘的母亲程氏、秦王石宏、南阳王石恢全部杀掉，总算解了心头之恨。

建武二年（336年），石虎下令在襄阳建太武殿，在邺（今河北临漳）建东、西两宫，一月之内全部完工；同年，又在显阳殿后面营建灵风台九殿。为了供自己寻欢作乐，石虎又派人在民间挑选一万多名女子，分配到各殿。

　　石虎只顾营建宫殿，寻欢作乐，把政事全部委托给太子石邃。石邃是个酒鬼、色棍、暴徒，经常在夜里闯进大臣家中，奸淫大臣妻妾。还经常把美姬杀掉，把头颅洗干净放在盘子上让大臣传看。更令人啼笑皆非的是，石邃有时把认为应该汇报的事情告诉石虎，石虎气愤地说："这点小事还值得告诉我！"有时不告诉他，石虎又暴跳如雷，说："为什么不向我汇报！"举起鞭子就打，平均每月都要把石邃打上两三次。石邃无法忍受，带着500名骑兵到了冀州准备杀掉河间公石宣，发动叛乱。走了几里路，骑兵不愿跟他去送死，纷纷逃跑。石邃无奈，只得又回到宫中。石虎见到石邃一边怒骂，一边用鞭子抽打，骂够打累之后，便把他软禁在东宫里面。过了几天，石虎消了气，又把石邃放了出来。石邃见了石虎，连声感谢的话都没说掉头就走。石虎喝令他站住，石邃当作没有听见，扬长而去。石虎气得脸色铁青，当即宣布把他废为庶人，当天夜里又把石邃及其妃子张氏、儿女26人全部杀掉，塞到一个棺材里抬出去埋掉；并诛杀石邃宫臣中的门党200多人，废黜郑皇后为东海太妃。石虎立儿子石宣为天王皇太子，石宣的母亲杜昭仪被封为天王皇后。

　　建武四年（338年）一月，石虎调动3万兵马向辽西鲜卑段辽出击。三月，石虎进据金台，大将友雄长驱入蓟。段辽渔阳太守马鲍、代相张牧、北平相阳裕等人贪生怕死，纷纷向石虎投降。段辽见状，十分震惊，扔掉令支，率领妻子儿女向密云山逃命。石虎派将军郭太、麻秋一口气追到密云山，活捉了段辽的母亲、妻子。段辽自知无路可逃，便派儿子乞特真向石虎请降，石虎便将段辽的2万多户百姓迁到司、雍、兖、豫四州。

　　回到国都邺城（今河北临漳西南）后，石虎很为消灭段辽兴奋了几天，但事过不久又感到索然无味，想向前燕用兵。然而多次向前燕用兵，均被打得丢盔弃甲，狼狈逃窜。吃了前燕的苦头，石虎恼羞成怒，把愤怒倾注在南征东晋、西征前凉和东征前燕的战争上面，但也大都以失败而告终。

石虎本来就喜欢打猎，到了晚年，因身体发胖无法跨鞍，便制作了 1000 辆辕长三丈，高一丈八尺的猎车供他使用。石虎的猎场很大，西起灵昌津东到阳都。石虎命令御史监督猎场，严禁人们伤害禽兽。御史则借机作威作福，欺压百姓。他们见谁家有美女、好牛好马，就去索取；如果得不到，就诬陷他们伤害了禽兽，就把他们置于死地，因此而死的多达 100 多家，海岱、河济一带民不聊生。石虎早已在民间搜罗了 3 万多 13 岁以上、20 岁以下的女子充实后宫，石虎嫌不够，又于建武十一年（345 年）增设女官，搜寻民女。各郡县官吏为了巴结石虎，只要见到漂亮的女人不管是否婚配，一律抢送给石虎，仅已婚妇女就有 9000 多人被夺走。地方官吏也趁火打劫，抢夺美女，不少人遭到了野兽般的蹂躏。有大臣上书劝谏，反遭残杀。石虎虽然占据了 10 个州的土地，金帛珠玉堆积如山，但他贪婪成性，永不满足，经常挖掘前代陵墓，偷取金宝。

永和四年（348 年）四月，后赵秦公石韬受到石虎宠爱，石虎想立他为太子，可是因为已立长子石宣，遂犹豫不决。石宣曾违背后赵王的指令，石虎气愤地说："真后悔当初没立石韬为太子！"石韬因此而更加傲慢无忌。他在太尉府建造了一座殿堂，命名为宣光殿，横梁长达九丈。石宣看到后认为冒犯了他的姓名，勃然大怒，便杀掉了工匠，截断了横梁，拂袖而去。石韬对此也怒不可遏，又把横梁加长到十丈。石宣听说后，对他的亲信杨杯、牟成、赵生说："这小子竟敢如此傲慢刚愎！你们如果能把他杀掉，我继位入主西宫后，一定把他如今占据的封国郡邑全都分封给你们。石韬死后，主上一定会亲临哀悼，到时我趁机把他也杀掉，没有不能成功的。"杨杯等人同意了。

八月，石宣派杨杯等人杀死了石韬。石虎怀疑石宣杀害了石韬，想召见他，又怕他不来，于是便谎称他母亲杜后因悲哀过度而病危。石宣没有察觉已怀疑到了自己头上，入朝来到中宫，便被扣留了起来。建兴人史科知道石宣策划杀害石韬的计谋，告发了他们，石虎便派人去抓杨杯、牟成，但他们都逃跑了，只抓到了赵生。经过追问，他全部招供。石虎听完后更加悲痛愤怒，于是便把石宣囚禁在贮藏坐具的仓库中，用铁环穿透他的下巴颏并上了锁，拿来杀害石韬的刀箭让他舔上面的血，石宣的哀鸣号叫声震动宫殿不久，石虎在邺城北部堆起干柴，让石宣的亲信郝稚、刘霸分别拖着石宣的头发，扯着石宣的舌头，把石宣拖到了干柴上面；石虎又让刘霸把石宣的手脚砍断，挖出眼睛和肠子，然后点燃了干柴。石虎登上中台亲眼看着大火把石宣烧成灰烬，仍不解心头之恨，于是又把石宣的妻子、儿女共9人全部杀掉。石宣的小儿子才几岁，抱着石虎的腿哇哇直哭，石虎突然产生了怜悯之心，把他抱了起来，但执行命令的刽子手硬是从石虎怀中把他夺去残杀。周围的人看后痛哭流涕，石虎也十分生气惭愧，因此染病在身。

石宣被烧死后，摆在石虎面前的首要事情是立谁为太子。当时太尉张举劝石虎在石斌、石遵中任意选择一个，但石虎对这二人都不感兴趣，偏偏看中了齐王石世，于建武十四年（348）十月立石世为太子。永和五年（349年）正月，石虎继皇帝位，实行大赦，改年号为太宁，并将儿子们的爵位全都晋升为王。

染病在身的石虎本想通过称帝、改元消灾祛病，得到安宁，但昔日的穷兵黩武，不惜民力，荒淫无度，使后赵人民饥饿不堪。就在石虎称帝不久，被石虎贬谪的士兵在梁犊领导下发动起义。起义军举起大斧，攻下郡县，兵众发展到10多万人，石虎倾尽全国兵力才把起义军镇压下去。

后赵太祖石虎显原陵内壁画

太宁元年（349年）四月，石虎病情加重，下令石遵、石斌、张豺三人辅佐太子。太子母亲刘皇后讨厌石斌辅佐朝政，怕这样对太子不利，因此和张豺一起谋划想除掉他。假传诏令，称石斌毫无忠孝之心，将他免官归家，派张豺的弟弟张雄率宫中的龙腾卫士500人看守他。

四月十九日，石遵从幽州来到邺城，不得见石虎。张豺派张雄假传诏令杀掉了石斌。四月二十二日，刘氏再次假传诏令，任命张豺为太保、都督中外诸军，总管尚书职事，就像西汉霍光辅政专权一样。

四月二十三日，石虎去世，太子石世继位。六月，石虎被安葬在显陵，上庙号为太祖，谥号武皇帝。

前秦宣昭帝苻坚

苻坚（338—385年），字永固，又字文玉，小名坚头，氐族，略阳临渭（今甘肃秦安）人。前秦奠基者惠武帝苻洪之孙、丞相苻雄之子。十六国时期前秦的君主（357—385年在位）。在位前期励精图治，重用汉人王猛，推行一系列政策与民休息，加强生产，终令国家强盛，接着以军事力量消灭北方多个独立政权，成功统一北方，并攻占了东晋领有的蜀地，与东晋南北对峙。苻坚于383年发兵南下意图消灭东晋，史称淝水之战。但最终前秦大败给东晋谢安、谢玄领导的北府兵，国家亦陷入混乱，各民族纷纷叛变独立，苻坚最终亦遭羌人姚苌杀害。

　　在后赵石虎进攻关中时，苻洪率族归服，并迁徙到现今的河北临漳一带。后又投靠东晋，被任为征北大将军，不久自称秦王。苻洪死后，其子苻健在公元351年入驻关中，次年称帝，建都长安。苻健是苻坚的伯父，苻坚的父亲苻雄因辅佐长兄创业有功，被封为东海王。

　　皇始五年（355年），苻健病死，苻生继承帝位。苻坚袭父爵东海王，另亦获封龙骧将军。苻生是个暴君，把杀人当作儿戏，宗室、功臣几乎全被杀光。在位的大臣官员都怕他恨他，要么以身体多病为由辞职回家，要么暗中巴结苻坚弟兄。苻坚乘机结交了王猛、吕婆楼、强汪、梁平老、权冀等人，把他们当作心腹，密谋杀掉苻生。

　　苻坚感到实力不足，不敢轻易动手，而在暗中谋划。或许苻生也听到了风声，在寿光三年（357年）的一个夜晚对一位侍女说："苻法和苻坚兄弟也不可信赖，明天就把他们除掉。"侍女等苻生熟睡后，秘密报告了苻坚。苻坚兄弟才不得不立即采取行动。召集亲兵，分两路冲进苻生的王宫，把睡懵懵的苻生拉到另外一个房间幽禁

苻坚雕像

起来，废为越王。

废掉苻生后，苻坚将帝位让给庶兄苻法，但苻法自以庶出不敢受，苻坚在群臣的劝进下继位，并降号天王，称"大秦天王"，改年号永兴，把母亲苟氏封为皇太后，妻子苟氏立为皇后，儿子苻宏为皇太子，实行大赦。后遣使杀了废帝苻生，谥其曰厉。

苻坚继位时，前秦社会一派混乱。关中本来是各民族杂居的地区，民族仇杀此起彼伏。前秦在战乱中建国，法律制度都不健全。苻生又实施残暴统治，已有水旱灾害发生，致使千里秦川豪强横行，老百姓苦不堪言。

苻坚在做东海王时，就痛感时弊误国害民，因而继位后决心开创清明的政治局面，整顿吏治，惩处不法豪强，平息内乱，实行与民休养生息的政策。他深知明政无大小，以得人为本的道理，所以广招贤才，并首先从调整最高领导机构入手，果断地处斩了帮助苻生作恶的佞臣董荣、赵韶等20余人。提拔重用了一批精明廉洁的汉族士人参与朝政，其中最有影响的就是寒门出身的王猛。苻坚杀掉苻生继承帝位后，把王猛提拔成中书侍郎。当时，始平是豪强的老巢。这些豪强横行霸道，无恶不作，光天化日之下肆意抢劫，拦路强奸，百姓大受其害，苻坚感到需要好好治理一下，于是任命王猛为始平令，把消灭不法豪强作为当前的首要任务。

特进樊世出身于氐族豪强之家，根本不买王猛的账，曾当着众人的面辱骂王猛。苻坚见樊世如此狂妄，当即下令把樊世拉出去杀掉。杀掉樊世的第二年（甘露元年，359年）八月，王猛又向特进强德开刀。强德是苻坚伯父苻健的小舅子。此人喜欢喝酒，每次喝酒都要大发酒疯，胡作非为，抢劫财物，夺人妻女，长安市民非常不满。一天，王猛见到强德又在大街上胡闹，便下车把他绑了起来，没等向苻坚报告，就砍掉了强德的头，把尸体仍在大街上任人践踏。王猛趁热打铁，和邓羌在几十天之内又接连不断地杀掉了20多个豪强、贵戚。这一招见效很快，豪强、贵戚，不法分子开始老老实实，循规蹈矩，社会风气也大为好转，出现了路不拾遗、夜不闭户的良好秩序。

随着吏治的整顿，恣意妄为、贪污受贿等腐败现象日趋消除，社会风气和社会治安大为好转。苻坚又开始了礼治建设，也就是设立学校办教育，提高民众的文化素质，培养治国人才。他自幼学习汉族文化，仰慕儒家经典，为扭转氐族迷信武力，轻视文化知识的落后观念，积极恢复了太学和地方各级学校，广修学宫，招聘满腹经纶的学者执教，并强制公卿以下的子孙入学读书。苻坚每月到太学一次，考问诸生经义，品评优劣，勉励他们刻苦学习。

苻坚还亲自挑选品学兼优的学生，让他们到各级权力机构任职。同时规定：俸禄百石以上的官吏，必须"学通一经，才成一艺"。如果不通一经一艺，则一律罢官为民。由于苻坚的大力倡导，并同官吏的选任结合，前秦很快就出现了劝业竞学、养廉知耻的风气。不仅培养了官僚后备队伍，提高了统治阶层的文化素质，同时也促进了民族间的文化交流。

苻坚继位后，前秦的经济形势也极其困难。由于战乱不息，天灾连年，出现了国库空竭，民生凋敝。为了迅速扭转百废待兴的萧条局面，苻坚决定偃甲休兵，大力发展生产。由于苻坚把发展农业作为基本国策，前秦的经济恢复很快，几年后便出现了安定清平、家给人足的新气象。史载，从长安到各州都，都修了通道驿亭，游人和商贩沿途取给十分方便。

建元五年（369年），前燕吴王慕容垂在击退东晋桓温的北伐军后因受到慕容评排挤，于是出奔降秦。苻坚早于两年前知道慕容恪去世的消息时就已经有吞并前燕的计划，还特地派了使者出使前燕以探虚实，然而苻坚因为慕容垂的威名而不敢出兵。现在慕容垂自来，苻坚十分高兴，并亲自出郊迎接，对其极为礼待，更以其为冠军将军。

同年十二月，苻坚以前燕违背当日请兵的诺言，不割让虎牢（今河南荥阳汜水县西北）以西土地予前秦为借口出兵前燕，以王猛、梁成和邓羌率军，进攻洛阳（今河南洛阳市），并于次年年初攻下。六月，苻坚再命王猛等出兵前燕，自己更亲自送行。王猛终在潞川击溃率领30多万大军的前燕太傅慕容评，并乘胜直取前燕首都邺城（今河北临漳县西南），苻坚更在王猛围攻邺城时亲自率军前往邺城助战。拿下邺城后，正出奔辽东的前燕皇帝慕容暐被前秦追兵生擒，前燕在辽东的残余反抗力量亦遭消灭，前秦正式吞并前燕。

随后苻坚又先后攻灭前燕、前仇池和前凉三个割据政权，北方唯一的割据政权就是拓跋氏建立的代国。建元十二年（376年），苻坚以应刘卫辰求救为由，命幽州刺史行唐公苻洛率兵10万，另派邓羌等率兵20万，一起北征代国。当时代王拓跋什翼犍先后命白部、独孤部及南部大人刘库仁抵御，但都失败，而什翼犍因病而不能率兵，被逼北走阴山，但高车部族此时却叛变，什翼犍只得回到漠南，并看准前秦军稍退，于是返回云中郡盛乐（今内蒙古和林格尔北）的都城。此时，拓跋斤挑拨什翼犍子拓跋寔君，令其起兵杀死父亲及其他弟弟；前秦军闻讯亦立刻出兵云中，代国于是崩溃，为前秦所灭。

苻坚随后杀死拓跋斤及拓跋寔君，拓跋窟咄被强迁至长安，而什翼犍诸子亦被杀，什翼犍孙拓跋珪尚幼，再无于当地有效控制代国统下诸部的人。苻坚因而听从燕凤的话，分别以刘库仁及刘卫辰分统代国诸部，借两人之间的矛盾互相制衡。至此，前秦成功统一北方，只剩下据有江南地区的东晋。

建元十九年（383年）五月，东晋荆州刺史桓冲出兵襄阳、沔北及蜀地。桓冲于七月退军后，苻坚便下令大举出兵东晋，每10丁就遣1

人为兵；20 岁以下的良家子但凡有武艺、骁勇、富有、有雄才都拜为羽林郎，最终召得 3 万多人。八月，苻坚命苻融率张蚝、梁成和慕容垂等以 25 万步骑兵作为前锋，自己则随后自长安发兵，率领 60 余万戎卒及 27 万骑兵的主力，大军旗鼓相望，前后千里。十月，苻融攻陷寿阳（今安徽寿县），并以梁成率 5 万兵驻守洛涧，阻止率领晋军主力的谢石和谢玄等人的进攻。当时正进攻晋将胡彬的苻融捕获胡彬的所派去联络谢石的使者，得知胡彬粮尽乏援的困境，于是派使者向正率大军在项城的苻坚联络："晋军兵少易擒，但就怕他们会逃走，应该快快进攻他们。"苻坚于是留下大军，秘密自率 8000 轻骑直抵寿阳。然而，晋将刘牢之及后率军进攻洛涧，击杀梁成，前秦军队溃败，谢石等于是率领大军水陆并进，与前秦军隔淝水对峙。苻坚和苻融此时从寿阳城观察晋军，见其军容整齐，连八公山上的草木都以为是晋军。苻坚及后答允晋军要他们稍微后撤，让晋军渡过淝水作战的要求，并认为能待晋军半渡淝水之时进攻晋军，获得胜利。但当前秦大军一退就出现全军溃退，苻融骑马入乱军中试图统率乱军，但坠马被杀，晋军于是追击溃败的前秦军，令前秦军伤亡惨重，连苻坚亦中流矢受伤，单骑逃到淮北。

淝水战后，前秦元气大伤，先前被统一的鲜卑、羌等部族酋豪纷纷举兵反叛，建立割据政权。先是慕容垂逃回前燕故地复国称王，慕容宗族的子弟跃马披甲，遍地狼烟；什翼犍之孙拓跋珪亦在牛川称王复国；羌族的

淝水古战场遗址

姚苌等人也重新崛起；丁零、乌丸相续起兵反叛。北方重新四分五裂。

长安城外，慕容暐之弟慕容冲率部歼灭秦军数万，占据阿房城，步步逼近。长安城内，犹有鲜卑数千人在大宅子里住着，慕容暐时刻不闲，秘密召集族人准备埋伏人马袭杀苻坚，其间消息泄露，苻坚大惊，这才诛杀慕容暐父子及其宗族，城中鲜卑不论少长及妇女全被杀光。自此之后，灭人国者如果不忍心对亡国家族下绝杀令，劝谏者往往以苻坚为"柔仁邀名"的首例，致使后代亡国之皇族少有保全者。

慕容冲在长安城外围成日久，城中乏粮，以致出现人吃人的惨剧。苻坚倾最后家底设宴款待群臣，打仗的将军也分不到几片肉吃，塞进嘴里不敢咽下，回到家"吐肉以饴妻子"。数月之间，烟尘四起，百姓死亡无数。慕容冲率众登长安城，苻坚全身甲胄，亲自督战，飞矢满身，血流遍体。最后，苻坚听信谶言"帝出五将久长得"的鬼话，从长安出奔，只留太子苻宏守城。慕容冲纵兵大掠长安，死者不计其数。

苻坚怎么也不会想到，自己和张夫人、儿子苻诜、女儿苻宝、苻锦进了五将山后，被姚苌所包围，随从士兵见势不妙，纷纷逃跑。苻坚似乎已经意识到大难将至，变得异常镇静，一动不动地坐在那里。一会儿，姚苌的部下吴忠赶来，把苻坚捆绑起来押送到新平，关进佛寺。姚苌厚颜无耻地向苻坚索要玉玺，苻坚瞪大眼睛骂道："怎么也没想到你这

苻坚墓

个小羌竟然敢逼迫天子。你也不想想你有什么资格？玉玺已送给了东晋，有能耐你自己去向他们要。"姚苌很有耐心，遭到苻坚臭骂后又派尹纬劝说苻坚，把帝位让给姚苌。苻坚怒不可遏，把姚苌再次痛骂一顿。八月辛丑日（10月16日），姚苌命人将苻坚绞死于新平佛寺（今彬县南静光寺）内，享年48岁。

姚苌为掩饰他杀死苻坚的事，故意谥苻坚为壮烈天王。而苻坚去世同年，苻丕得知其死讯，便继位为帝，谥苻坚为宣昭皇帝，上庙号世祖。征西域后回到凉州的昌光得知苻坚去世，亦谥其为文昭皇帝。

夏武烈帝赫连勃勃

赫连勃勃（381—425年），原名刘勃勃，或字敖云（北魏皇帝拓跋嗣曾给他取个侮辱性名字"屈孑"，乃卑下之意，《晋书》误作为其表字），匈奴铁弗部人。十六国时期胡夏国（又称赫连夏）建立者。

刘勃勃是匈奴右贤王去卑的后代，与前赵光文帝刘渊同族其曾祖父刘虎，在前赵昭武帝刘聪在位时，因是宗室的缘故被封为楼烦公，任安北将军、监鲜卑诸军事、丁零中郎将，雄踞肆卢川。刘虎被鲜卑拓跋部首领拓跋猗卢打败后出居塞外。刘勃勃的祖父刘务桓召集部落，其部再次强盛。后赵皇帝石虎派遣使任刘务桓为平北将军、左贤王、丁零单于。赫连勃勃的父亲刘卫辰入居塞内，前秦天王苻坚任命他为西单于，督摄河西各族，屯驻在代来城。

到前秦分裂时，刘卫辰拥有朔方之地，军队有3.8万人。北魏登国六年（391年）十一月，刘卫辰父子遭到北魏兵的突袭，刘卫辰命令他的儿子刘力俟提抵抗，被魏军打败。魏军乘胜渡过黄河，攻克代来，俘获并杀死刘卫辰。刘勃勃便投奔叱干部。叱干他斗伏打算把赫连勃勃送给北魏，被其子叱干阿利暗中派出勇猛之人在路上把赫连勃勃抢走，把他送到后秦的高平公没奕于那里。没奕于对刘勃勃印象很好，便把女儿嫁给了他。

赫连勃勃身高八尺五寸，肩宽体壮，仪表堂堂，应变能力极强，很受后秦国君姚兴的器重，被封为骁骑将军，后又封为安远将军，封阳川侯，让他带领三城、朔方以及卫辰的原来的部众到高平协助没奕于。义熙二年（406年），姚兴任命赫连勃勃为持节、安北将军、五原公，把三交五部鲜卑以及杂族共2万多部落配给他，镇守朔方。当时河西鲜卑杜崚向姚兴进献8000匹马，渡过黄河，到达大城时，赫连勃勃把马匹扣留下来，召集他的3万多人假装去高平川游猎。同年，赫连勃勃袭击并杀死他的岳父没奕于，兼并没奕于的军队，人马达到数万人。

赫连勃勃自认为是夏后氏的后裔，于弘始九年（407年）六月自称大夏天王、大单于，建元龙升，封大哥右地代为丞相，二哥力俟提为大将军，叱于阿利为御史大夫，弟阿利罗为征南将军，若门为尚书令，叱以鞬为左仆射。

勃勃感到自己不可一世，便向南凉秃发傉檀求婚，秃发傉檀没把他放在眼里，拒绝了他的求婚。赫连勃勃感到自尊心受挫，一气之下带着2万骑兵攻南凉，杀伤1万多人，抢走2.7万人，掠夺了几十万匹马牛羊凯旋而归。秃发傉檀率兵追击时，赫连勃勃在阳武命令士兵把冰块搬到路上堵截。秃发傉檀追到阳武，赫连勃勃集中兵力反击，又消灭了南凉一万多人，秃发傉檀狼狈逃回。

赫连勃勃恩将仇报，继位不久就出兵夺取了姚兴在三城以北设立的军事据点，杀了后秦杨丕姚石生等将领。

姚兴对赫连勃勃的恩将仇报和气焰嚣张十分痛恨，便于夏龙升三年（409年）亲自带兵讨伐赫连勃勃，到达贰城时，赫连勃勃见姚兴的各路大军还没有会师，便率领骑兵袭击姚兴，俘虏了姚兴大将姚榆生，姚兴十分丧气地回到了长安。姚兴一撤，赫连勃勃就攻克了后秦的敕奇堡、黄石固、我罗城，将7000多户迁到大城。次年，赫连勃勃又派左将军罗提攻克后秦的定阳，将定阳的4000多户官兵全部坑杀，把妇女作为赏品分给参战官兵。夏龙升五年（411年），赫连勃勃率领2万名骑兵先后袭击了后秦的安定、东乡，俘虏了4万多人，掠夺了2万匹战马。

夏龙升七年（413年），刘勃勃改元凤翔征发岭北十万汉人和少数民族人在朔方水以北、黑水以南建筑都城，刘勃勃十分自信地说："我正在统一天下，驾驭万邦，这都城就以统万命名。"

负责都城建筑将作大匠叱干阿利心灵手巧，但十分残忍。为了使都城建得牢固，阿利让民工用蒸过的土筑墙，凡是筑起来的墙一律要用锥子试一试是否结实，如果锥子插进去一寸深，就把民工杀掉，连同尸体一起埋入城墙。赫连勃勃知道后认为阿利很忠诚，对他更加赏识，让他兼管制造兵器的监督工作。阿利对工人要求非常刻薄，如果拿弓箭射铠甲射不进去就嫌箭不锋利，便杀造弓箭人的；如果弓箭射进铠甲就嫌甲

统万城遗址

不结实，便杀造铠甲人。统万（今陕西靖边北白城子）都城建好后，赫连勃勃为几个大门起了名字，南门叫朝宋门，北门叫平朔门，东门叫招魏门，西门叫服凉门。赫连勃勃想把整个中国境内的各个政权全部吞灭。

赫连勃勃本是匈奴的后裔，匈奴人曾因汉高祖把宗室女儿嫁给冒顿单于，便跟着姓刘，这本来是两个民族友好的血缘纽带，赫连勃勃却感到这是奇耻大辱，是祖先不懂规矩，于是在夏龙升七年（413年）冠冕堂皇地改姓赫连氏，并煞有介事地说帝王是天子，天子的显赫地位与天紧密相连；至于不是正宗的仍叫铁伐氏，希望宗族子孙们个个都像铁一样坚硬，可以折服他人。赫连勃勃立妻子梁氏为王后，儿子赫连璝为太子，封儿子赫连延为阳平公，赫连昌为太原公，赫连伦为酒泉公，赫连定为平原公，赫连满为河南公，赫连安为中山公。

赫连勃勃虽然口气很大，但其实他心里非常空虚，最高目标仅是夺取长安而已，自然不敢树敌太多。为了实现这一目标，他采取了远交近攻的策略。夏凤翔三年（415年）六月，赫连勃勃大举进攻后秦，先攻陷上邽（今甘肃天水）杀掉后秦的秦州刺史姚成都及其5000名官兵，然后毁掉上邽城攻取阴密，又杀掉阴密的1万多名官兵。赫连勃勃乘胜进军，很快攻下了安定、雍城。

夏凤翔五年（417年）九月，刘裕消灭姚泓，灭掉后秦，进入长安，派人给赫连勃勃送去一封信，要求与夏建立外交关系，赫连勃勃假意答应。不久，赫连勃勃从杏城回到统万，刘裕让儿子留守长安，自己回到了江南。

刘裕一走赫连勃勃马上命令儿子赫连璝带着2万骑兵南攻长安。为了不让东晋兵逃跑，又命令儿子赫连昌屯兵潼关，命令抚军右长史王买德截断青泥的道路，赫连勃勃随后也亲率大军奔赴长安。当赫连璝攻打长安、赫连勃勃进据咸阳时，刘裕急忙让义真东镇洛阳，让朱龄石防守长安。义真出长安城不久，长安市民就驱逐了朱龄石，把赫连勃勃迎进了城内。

义熙十四年（418年），赫连昌在潼关的曹公故垒攻打朱龄石和龙骧将军王敬，攻克并抓获朱龄石和王敬，送到长安。群臣劝赫连勃勃称帝，赫连勃勃便在灞上筑起坛场，即皇帝位，在境内实行赦免，改年号为昌武。派他的将领叱奴侯提率领2万步兵、骑兵到蒲坂进攻东晋的并州刺史毛德祖，毛德祖逃到洛阳。赫连勃勃任命叱奴侯提为并州刺史，镇守蒲坂。在长安设南台，任命赫连璝兼领大将军、雍州牧、录南台尚书事。

赫连勃勃回到统万城，因为宫殿大规模建成，于是在境内实行赦免，改年号为真兴。在都城南部刻石歌颂赫连勃勃的功德。赫连勃勃从即帝位以后，更加残暴，杀人成性。他常拿着弓箭在统万城上观察行人，对哪个感到不顺眼，就举箭射向那个人。如果哪个大臣露出不恭敬的眼神，就下令挖出那大臣的眼睛；如果大臣笑他，就让人撕裂大臣的嘴唇；如果大臣劝谏他，他就以诽谤的罪名把大臣的舌头割掉，然后残杀，结果把大臣们整得叫苦连天，人人自危。

元嘉元年（424年），赫连勃勃想废太子赫连璝为秦王，立酒泉公赫连伦为太子。赫连璝听说后，于是就率兵7万北伐赫连伦，赫连伦率骑兵3万抵抗，在平城被赫连璝所败，赫连伦被杀。太原公赫连昌率骑兵1万袭杀赫连璝，然后率兵8.5万人回到统万。赫连勃勃非常高兴，立赫连昌为

赫连勃勃墓

太子。

元嘉二年（425 年），赫连勃勃在永安殿去世，终年 45 岁，谥号武烈皇帝，庙号世祖，葬于嘉平陵，太子赫连昌继位。元嘉四年（427 年），北魏攻取统万。次年，赫连昌被擒。赫连昌之弟赫连定在平凉僭称帝号。元嘉八年（431 年），大夏被北魏所灭。大夏自赫连勃勃立国到赫连定被擒，前后一共存在 25 年。

第四节　南北朝时期著名皇帝

宋武帝刘裕

刘裕（363—422 年），字德舆，小名寄奴。祖籍彭城郡彭城县绥舆里，生于晋陵郡丹徒县京口里。西汉楚元王刘交之后。东晋至南北朝时期杰出的政治家、改革家、军事家。南朝刘宋开国皇帝。

刘裕出身寒族，小名寄奴，京口（今江苏镇江市）人。他年轻时，由于家境十分贫寒，种过地，砍过柴，捕过鱼，做过小买卖。后来，他参加北府兵，成为刘牢之的部下。他先后镇压了孙恩、卢循领导的农民起义，讨灭了攻入建康的野心家桓玄，从而逐步掌握了东晋的军事大权。

刘裕很聪明，他懂得自己出身微贱，要达到篡位称帝的政治目的，没有一定的政治资本是不行的。为建功树威，刘裕曾于义熙五年（409 年）和义熙十二年（416 年）先后讨伐南燕和后秦。经过两次北伐，他把东晋的北界，从淮、泗推进到了黄河南岸，在失陷 100 年的长安城头，重新又插上了汉家王师的旌旗。这期间，刘裕又出兵荆州和益州，也都凯旋而归。

刘裕像

刘裕功勋卓著，是东晋以来任何一个权臣、名将都不可比拟的，因而他在朝野都赢得了很高的声望。这样就为其夺取东晋的政权捞取了巨大的政治资本。公元 419 年，他被晋封为宋王后，压倒了一切政敌。公元 420 年六月，又和他的心腹傅亮密谋篡晋，当了宋朝的开国皇帝。

刘裕受禅称帝后，十分重视寒人掌政，改变了魏晋以来门阀垄断政权的局面。因为门阀的特权地位，决定了他们凭门第出身，便可世代相袭从中央到地方的官职，无须具备什么样的政治才能。因此，刘裕在日常统治事务中，不得不委任一些有才能的寒人来处理问题。这样一来，就使大族失去了统治能力，给寒人掌握实权提供了机会。于是，寒人有的因真才实学受到执政者的宠信，有的因军功卓著受到擢拔，权力逐步提高。如宋武帝封寒人戴法兴为中书舍人后，凡属用人、行政及赏罚方面的大事，都与他商量决定。后来武帝死去，由他的儿子继位，一切大政也都由戴法兴决定，连宗室辅政大臣也要听戴法兴指挥。所以，当时民间称戴法兴为"真天子"，称小皇帝为"假天子"。

鉴于东晋灭亡的教训，宋武帝很注意集权于中央。对于反对他的人，绝不心慈手软，毫不留情地予以打击。著名的高门士族王愉、谢混等人，都曾因反对他而被处死。宋武帝很注重对荆、江两郡的控制，因而，他派出镇守两郡的将领，都是他的亲属或亲信。此外，针对当时"治纲大弛，权门兼并，强弱相凌，百姓流离"的情况，宋武帝采取了一些抑制土地兼并的办法，以缓和矛盾，巩固统治。会稽余姚大族虞亮因藏匿隐户1000多人，被宋武帝发现后处死。当时许多豪强地主封占山湖沼泽，农民打柴、捕鱼都要向他们缴税，而宋武帝却下令禁止豪强向农民征税。对于从前因军事需要而被征发的奴童，他下诏一律交还原主。有的奴童已经死亡或因有功而被放免的，由政府偿还原主身份。

宋武帝在东晋、南朝统治者中间，是一个比较开明的皇帝。他有时发表言论，群臣多半是随声附和，唯有郑鲜之经常据理力争。宋武帝当时听了虽不高兴，但过后却对人说："我没什么学问，道理讲不透，诸贤臣多是宽容。只有郑鲜之不这样，我表示特别感谢！"

宋武帝生活也是比较节俭的。他宴饮不多，嫔妃也很少，左右侍从不过十余人；有时还步行到附近大臣家里看望或谈心。宁州曾经给他贡献琥珀枕，光色华丽。宋武帝听说琥珀能治疗创伤，就叫人把琥珀枕打碎，分送给手下的将领受用。他的一些公主出嫁，陪送的嫁妆也不过20万，没有锦绣和金珠宝玉等装饰之物。永初三年（422年）五月，武帝病死在西殿，享年60岁。

宋少帝刘义符

宋少帝刘义符（406—424年），小字车兵，宋武帝刘裕长子。南朝宋第二位皇帝。

永初元年（420年），刘裕称帝后，刘义符被立为太子，成为皇位当然继承人。刘义符自幼不爱读书，喜欢骑马射箭，颇有勇力。围绕在他周围的全是一班被正人君子所不齿的小人，他们在一起骑马游乐嬉戏，引起一些大臣的不满和忧虑。刘裕整日忙于建功立业，代晋称帝，无暇顾及对儿子的教育，再加上他本身就是个不大爱读书的人，所以也没把刘义符的所作所为看作很严重的事情。领军将军谢晦曾对刘裕说过："陛下春秋既高，宜思江山社稷存万世，神器至重，不可交给非才之人。"刘裕虽认真听取了谢晦的意见，却一直未下重立太子的决心，只是在临终之前任命了几位顾命大臣辅佐刘义符。

宋武帝像

永初三年（422年）五月，南朝宋开国皇帝刘裕去世，17岁的太子刘义符继承帝位。次年改年号为景平。尊皇太后萧文寿为太皇太后；封太子妃司马茂英为皇后。司马茂英是晋恭帝司马德文的女儿海盐公主。同年六月壬申日，以尚书仆射傅亮为中书监、尚书令，与司空徐羡之、领军将军谢晦共同辅政。

刘义符在位时居丧无礼，又好为游狎之事。青春少年，童心未泯，但知玩耍嬉戏，什么父丧，什么军国大事，更不放在心上。群臣谏言，一概不听。魏兵犯境，作战失利，将军自劾，国人惊惶，他也不管。随着时间的推移，几位顾命大臣对刘义符越来越失望。

顾命大臣中书令傅亮、司空徐羡之、领军将军谢晦见刘义符无德，便密谋废帝另立。他们首先将刘裕次子庐陵王刘义真废为庶人，后召手握重兵、威震殿省的先朝旧将南兖州刺史檀道济和出身世族高门的江州刺史王弘入京，将废立之谋告诉他们。二人没有异议，留在京师参与预谋。对这一切阴谋，刘义符全然不知，毫不警觉，依然变着花样玩乐，对朝政国事不管不问。

景平二年（424年）四月，徐羡之、谢晦等开始行动。谢晦事先借口领军府房屋破旧，让家人全部外出居住，而在府内暗聚将士；又令中书舍人邢安泰和潘盛为内应，时刻准备动手。起事的前一天晚上，谢晦邀请檀道济到领军府同宿，他思前想后，紧张得难以入睡，檀道济却倒头便睡，谢晦因此深服檀道济处事不乱的大将风度。

第二天一早，檀道济、谢晦引兵领先，徐羡之等继其后，自云龙门入宫。因邢安泰事先已安排妥当，所以一路上没有卫士阻挡，一行人长驱直入天渊池。玩乐了一天的刘义符这一天没有回宫，就在天渊池的龙舟上就寝，徐羡之等人进来时，他仍在酣睡，毫无知觉。兵士们持刀冲入龙舟，将刘义符身边的两个侍者杀死。刘义符被惊醒，未及反抗，手指即被刀戳伤。几个士兵上前，将惊魂未定的刘义符扶出东阁，收拾玺绶，等候在外的群臣一齐拜辞，将他卫送至故太子宫东宫。刘义符先被废为营阳王，被迁往吴郡，幽禁在金昌亭。六月，刘义符被杀，死时仅19岁。

徐羡之又派人杀刘义真于新安，后立刘裕三子刘义隆为帝，是为宋文帝。

宋文帝刘义隆

宋文帝刘义隆（407—453年），小字车儿，宋武帝刘裕第三子，宋少帝刘义符之弟，母文章太后胡道安。中国南北朝时期刘宋王朝的第三位皇帝。

义熙十一年（415年），刘义隆受封为彭城县公。刘裕北伐，令刘义隆为冠军将军留守，东晋朝廷加封其为监徐兖青冀四州诸军事、徐州刺史。刘裕收复关中、还军彭城（今江苏省徐州市）后，又加封刘义隆为监司州豫州之淮西兖州之陈留诸军事、前将军、司州刺史，并命其镇守洛阳（今河南省洛阳市），还未到任，又改封为都督荆益宁雍梁秦六州豫州之河南广平扬州之义成松滋四郡诸军事、西中郎将、荆州刺史。

刘义隆像

元熙二年（永初元年，420年），刘义隆受封为宜都王，食邑3000户，加号镇西将军。

永初三年（422年），宋武帝刘裕驾崩，太子刘义符继位（即宋少帝），因他游戏无度，被辅政的司空徐羡之、中书令傅亮、领军将军谢晦、护军将军檀道济于景平二年（424年）五月，发动政变废黜，将其幽禁并派人杀害。废杀刘义符和刘义真后，侍中程道惠曾请改立武帝五子刘义恭，然而徐羡之属意刘义隆，百官于是上表迎作为武帝第三子，宜都王、荆州刺史刘义隆为皇帝。

七月，傅亮率行台到荆州治所江陵迎刘义隆入京。当时已时是七月中，江陵已听闻少帝遇害的消息，刘义隆及一些官员都对来迎队伍有所怀疑，不敢东下，但在王华、王昙首及到彦之的劝告下决定出发。并在八月八日到达建康，次日继位为帝，改元"元嘉"。

继位不久，刘义隆正式任命谢晦为荆州刺史。接着，刘义隆又下令，以定策安社稷之功，徐羡之进位司空，傅亮加开府仪同三司，谢晦进号卫将军，檀道济进号征北将军。

元嘉二年（425年）春正月，刘义隆登皇位已5个月了，徐羡之、傅亮上表归政。对此，他心中暗暗高兴，但仍不肯马上接受，而是谦让再三，经三次上表，才勉强准许，开始亲理万机。

徐羡之归政后，辞官还第，不预朝事。其侄子徐佩之和王韶之等人怕徐羡之一朝无权便会大祸临头，皆苦劝他不要这样做。徐羡之在众人的劝说下，对自己退出朝政以自保的做法又怀疑动摇起来。刘义隆听说后，虽然心里不高兴，表面上仍宽宏大量，下诏请其临朝视事，徐羡之奉诏重新摄任。出身世族高门的王弘对政局的分析却要清醒得多，初被任为司空，他就以自己未参预定策废少帝为由，多次上表辞让，一年后，刘义隆才答应他的请求，以其为车骑大将军、开府仪同三司。

徐羡之、傅亮身居权要，专权朝政，使得迫切追求富贵的侍中王华、步兵校尉孔宁子愤恨不已，一提及此便咬牙切齿。二人日夜在刘义隆面前挑拨，望他早日行动，诛杀徐、傅等。刘义隆表面上很平静，暗地里却在加紧准备。

元嘉三年（426 年），刘义隆宣布徐羡之、傅亮及谢晦擅杀少帝及刘义真的罪行，要将徐羡之及傅亮治罪，并决定亲征谢晦，命雍州刺史刘粹、南兖州刺史檀道济、中领军到彦之先行出兵。徐羡之闻讯自杀，傅亮被捕处死，谢晦则出兵反抗，但知檀道济协助刘义隆讨伐即惶恐不已，无计可施，不久谢晦军队溃散，谢晦试图逃走，但被擒处死。

宋文帝刘义隆在消灭徐羡之等权臣后下诏派大使巡行四方，奏报地方官员的表现优劣，整顿吏治；又宣布一些年老、丧偶、年幼丧父及患重疾而生活困难者可向郡县求助获得支援，更广开言路，欢迎人民进纳有益意见和谋策。文帝亦多次去延贤堂听审刑讼。元嘉十七年（440 年）更下令开放禁止平民使用的山泽地区，又禁止征老弱当兵的这些伤治害民的措施，要求各官依从法令行事。另在历次天灾时都会赈施或减免当年赋税以抚慰人民。

宋文帝亦鼓励农桑，元嘉八年（431 年）即下诏命郡县奖励勤于耕作养蚕的农户和教导正确农作方法，并将一些特别优秀的农户上报。元嘉十七年又下令酌量减免农民欠下政府的"诸逋债"，后更于元嘉二十一年（444年）悉数免除元嘉十九年以前的欠"诸逋债"，又下令租借种子口粮给一些想参与农耕但物资缺乏的人，更赐布帛奖励营治千亩田地的官民；元嘉二十一年夏季因连续下雨而出现水灾，影响农业，刘义隆除了下令赈济外，还在秋季命官员大力励农民耕作米麦，又令开垦田地以备来年耕作，并于元嘉二十二年（445年）重新开垦湖熟的千顷废田。

宋文帝在其统治期间，采取抑制豪强的政策，努力推行繁荣经济政策，重视农业生产，并使赋役均摊，国家生产经济因此大力提升，有元嘉之治之称。

诛杀徐羡之、傅亮、谢晦后，刘义隆收回了朝政大权。为加强皇室对中央政权的统治，他于元嘉六年（429年）调四弟彭城王刘义康回京，任司徒，录尚书事，与王弘共辅朝政。王弘深知官场之艰险，加上身体欠佳，便事事推让给刘义康，所以朝政内外之务皆由刘义康决断。元嘉九年（432年），刘义康加领扬州刺史，十六年（439年），又进位大将军。由于刘义隆多年来疾病缠身，权力越发集于刘义康一身，凡方镇以下的官员，全委托他受用，生杀大事亦以"录命"而行，所以刘义康势倾天下，府门每天早晨常有数百辆车等候，朝野人士纷纷巴结靠拢。四方所献物品，也是以上品献给刘义康，而以次者供皇帝刘义隆所用。

刘义康专总朝权后，感到司空、江州刺史檀道济对自己将构成威胁。檀道济是当时硕果仅存的北府名将，曾随宋武帝刘裕灭南燕、后秦；元嘉初击败谢晦，为刘义隆收回朝政大权立下汗马功劳；元嘉八年（431年）斩北魏济州刺史悉颊库结。他身经百战，战功卓著，威名远扬。

其左右腹心也皆久经战阵，诸子又有才气，朝廷对他既疑又惧。元嘉十三年（436 年），刘义隆久病不愈，刘湛劝刘义康：皇上一旦晏驾，檀道济将不可制服，应采取措施。刘义康向刘义隆请示后，召檀道济入朝。檀道济虽知无事被召，祸事不远，但仍应召入京。月余之后，刘义隆病情稍一好转，遣檀道济还江州。檀道济的船未及出发，刘义隆病又加重，刘义康于是矫诏召檀道济入祖道，将其逮捕。三月，收付廷尉，檀道济与其子檀植等 11 人一同被杀，唯未成年尚为童稚的孙子可免一死。檀道济被抓时，极为愤怒，目光如炬，摘下头巾扔在地上说："乃坏汝万里长城！"北魏统治者听说檀道济被杀，都很高兴，庆贺说："道济死，吴子辈不值得害怕啦！"

元嘉十七年（440 年），刘义隆与刘义康之间的矛盾开始激烈起来。不过，刘义康自以皇帝是至亲，率性而行，行事都不避嫌，没有君臣之礼。其时刘义康亲信刘湛等人更力图想将刘义康推上帝位，趁文帝病重时称应以长君继位，甚至去仪曹处拿去东晋时晋康帝兄终弟及的资料，更去诬陷一些忠于国家，不合刘湛一伙的大臣。文帝病愈后知道这些事，即令兄弟之间生了嫌隙。最终文帝在元嘉十七年（440 年）诛杀了刘湛等人，并应刘义康上表求退而让他外调江州。随后文帝将司徒、录尚书事及扬州刺史分别授予江夏王刘义恭及尚书仆射殷景仁，然刘义恭鉴于刘义康被贬，虽然担当实质宰相，但行事小心谨慎，只奉行文书；殷景仁当时已病重，数月之后便病逝，实际大权重新返回至宋文帝，主相之争以权力归回宋文帝刘义隆手中结束。刘义隆杀害了弟弟彭城王刘义康，揭开了刘宋王朝骨肉相残的序幕，父子兄弟之间开始了延绵不断的相互残杀，导致了刘宋政权的覆灭。

自晋朝被迫南迁立国江南以后，北伐收复失地便成为朝野瞩目的大问题。东晋时，有祖逖、桓温、刘裕的几次著名北伐。刘义隆虽文弱多病，却雄心勃勃，想继承父亲刘裕未竟之业，金戈铁马，驰骋中原，统一全国。加上元嘉以来，社会安定，人口增加，生产发展，兵精粮足，国力强盛，刘义隆分别于元嘉七年（430年）三月、元嘉二十七年（450年）七月、元嘉二十九年（452年）七月发动了三次北伐，但基本都无功而还。

刘义隆晚年与太子刘劭的关系越来越紧张，竟至水火不相容。元嘉三十年（453年），太子刘劭与始兴王刘濬听信女巫严道育，为了不再让宋文帝知道他们做过的那些见不得人的事，就唆使严道育施以巫蛊，在含章殿前埋下代表宋文帝的玉雕人像。此事东阳公主的婢女王鹦鹉、王鹦鹉的情人陈天兴、黄门郎庆国亦有参与。后来，因刘劭提拔陈天兴为队主之事被文帝盘问，刘劭、刘濬与王鹦鹉为防文帝追查，杀陈天兴灭口。陈天兴死后，黄门郎庆国担心自己也被灭口，为自保就将巫蛊之事报告给宋文帝知道。宋文帝立即下令收捕王鹦鹉、严道育，严道育成功逃脱追捕，在其家中找到了刘劭和刘濬写的数百张写有诅咒之言的纸，又将那人像找了出来。宋文帝诘责二人，二人恐惧无言，只能一直道歉。起初文帝见二人反省悔过得很诚恳，便原谅了二人。但到二月，文帝得知刘劭和刘濬私藏嫌犯严道育，还与严道育有来往，极其痛心，便决定实行废太子和杀刘濬的计划。刘劭再从刘濬口中得知这一消息，遂决定发动政变。二月二十日夜晚，刘劭召萧斌等人入宫，计划起兵之事。刘劭与萧斌在次日凌晨以讨伐反贼为由，率领数万东宫军队杀进皇宫，并带着军队顺利从万春门杀入文帝的禁宫。那一晚，文帝正与徐湛之整夜讨论新太子的事情，至刘劭军队攻入时蜡烛还亮着。刘劭心腹张超之等人举刀入殿，值班的卫兵还在睡觉，张超之踢开殿门，亲自上前砍杀宋文帝，宋文帝手举坐凳自卫，被砍掉五指，接着张超之举刀捅向宋文帝的腹中，将宋文帝残忍杀害，一旁的徐湛之也被叛军杀害。

刘义隆死后，刘劭继皇位，为他加庙号为中宗，谥曰景皇帝。三月，被葬于长宁陵。武陵王刘骏闻听父皇被弑，马上兴兵讨伐，击败刘劭，继皇位，为刘义隆重加尊号，谥曰文皇帝，庙号太祖。

齐高帝萧道成

齐高帝萧道成（427—482年），字绍伯，小名斗将，祖籍东海郡兰陵县（今属山东省临沂市）。西汉丞相萧何二十四世孙，刘宋右军将军萧承之之子。南北朝时期南齐开国皇帝。

由于宋武帝刘裕的继母为萧氏，故萧道成的父亲得以在刘宋为官，且因军功屡迁。所以，萧道成的为官之路也很顺利。到明帝初年，萧道成已官至右将军。多年的征战和宫廷生活，培养了他丰富的作战经验和指挥才能，还有敏锐的洞察力。

景和元年（465年），南朝统治集团发生了一场大混战。其中一方是以晋安王刘子勋为首的孝武帝系诸王，另一方是以明帝为首的文帝系诸王。四方州郡大多举兵响应晋安王刘子勋，明帝势单力薄，处于斗争弱势。在宋皇室内部爆发的这场大规模混战中，萧道成审时度势，选择站在明帝一边。因为他知道虽然刘子勋人多势强，但内部纷争也不少，再者，他到那边也得不到重用，或者即使被重用了，也会遭到各藩王的猜忌。而在明帝这一边，正因为其力弱，他才能被委以重任。结果证明他这个选择没错，他随即被授以辅国将军，率军讨伐叛军。明帝平定四方之乱后，萧道成与其他忠于明帝的将领迅速崛起，成为国家

萧道成像

的重臣藩将。萧道成靠着远大的眼光，让自己走入了皇帝心腹的行列。

不过，皇帝往往是多疑的，他需要你的时候，臣子就是他的依靠，得到重用；然而当这臣子的权力越来越大后，皇帝又会猜忌。秦始三年（467年），萧道成任南兖州刺史。四年后，他接到调令，让他回京任黄门侍郎、越骑校尉。萧道成以敏锐的观察力得知，这一定是明帝的猜忌，如遵命回京，那就离被打击不远了。如果抗命的话那么就等于是在给明帝一个讨伐借口。于是，他故意挑起与北魏的争端，以边境紧张为由避开了祸端。

这时的明帝已经知道自己身体不好，难以长命。为了保住年幼的太子刘昱不在未来受到威胁，已经杀了好几个兄弟。一些有影响的重臣也被他逐出了朝廷。不久后，明帝召萧道成进京，部下都怕他有何不测纷纷劝阻。萧道成又以超人的判断力，不带一兵一卒火速回京。明帝见他如此，便打消了对他的怀疑。明帝死前，他被明帝命为托孤大臣辅佐幼主刘昱。

元徽二年（474年），江州刺史、桂阳王刘休范起兵，直逼京师。萧道成见朝中大臣无人敢应战，认为这是一个谋权并树立威信的好机会，于是自告奋勇，请命出战。当日，萧道成加平南将军，率兵前去平乱。因为刘休范有备而来，朝廷仓促应战，故而实力悬殊。战斗中，萧道成多次处于劣势。后来还是他用计杀了刘休范，叛军见首领已死，自然无心恋战，萧道成顺利平息了叛乱。萧道成由此威望大增，被任为中领军，南兖州刺史，留任建康，并与袁粲、褚渊、刘秉一起，轮流当值决事，被称为"四贵"。从此，萧道成逐渐掌握了朝政。

刘昱凶狠残暴，以杀人为乐，萧道成因功高权重而遭其嫉恨。几次险遭杀害，故深为忧虑，遂起废立之心。那些不满刘昱的人纷纷投靠萧道成。

元徽二年（477年）农历七月七日晚，刘昱被杀后，王敬则立即跑到萧道成的府上，报告刘昱已被左右杀死，并请萧道成入宫主事。萧道成听后仍不敢开门，害怕是刘昱设下的圈套。王敬则急中失智，隔墙把刘昱的人头扔进去，打消了其顾虑萧道成这才换上戎装，骑马直奔皇宫。他来到承明门，对门内称是皇上回宫，因为平时刘昱回宫时，守门卫士怕惹祸不敢看他，所以萧道成等顺利进宫。

天一亮，萧道成以太后令召袁粲、褚渊、刘秉入宫商量大事。用武力逼迫三人不再管理朝政，于是萧道成做主，让安成王刘准做了皇帝，萧道成出镇东府，任司空、录尚书事、骠骑大将军，尽掌刘宋朝政大权。

萧道成掌握了刘宋政权后，又将自己的亲信安插在朝廷大小的军政部门。其实这时候萧道成已萌生代宋自立的野心，他开始为篡位事宜进行准备。

他首先要做的，就是镇压荆州刺史沈攸之和袁粲等人的起兵反对，清除所有反对势力。沈攸之本来与萧道成关系很好，萧道成的长女还许给了沈攸之的儿子。可是萧道成迎立刘准，专权朝政后，沈攸之开始不平衡起来。因为他也曾是刘宋的重臣，自己当时可比萧道成的威望高，于是领兵来犯。萧道成得知后，马上调兵遣将。然后自己亲自去了石头城见袁粲，以与之同谋。然而袁粲却避而不见，袁粲自有他的心思，他想与刘秉等人除掉萧道成，力保刘宋江山。幸亏后来有人告之萧道成，于是他命王敬则为直阁，以监督防范袁粲等人。

袁粲与刘秉等要谋杀萧道成之日，因为刘秉恐惧，提前暴露了目标，让萧道成先发制人，结果袁粲等人皆被杀。这股反叛势力被消灭后，萧道成得以全心对付沈攸之，并移居阅武堂。以黄回为平西将军，将重兵西上作战，又派心腹随军前往。

沈攸之率大军出来，以为能争得个半边天下，却不料每战皆败。

最后实在是走投无路，与儿子沈文自缢身亡。平定沈攸之叛乱后，萧道成又将曾经参加过反叛的黄回杀死。从此以后，萧道成的主要反对派就全部被消灭了。他离皇帝的位置也越来越近。

萧道成要代宋称帝，就需大量网罗有识之士和在社会上有重大影响的时贤参赞大业。比如，只有20多岁的王俭，好学博闻，少有宰相之志，颇为当时的人看好，萧道成就命他为太尉右长史，太尉府中的大小事都由他来处理。还有其他出身名门的王僧虔、王延之等，都为萧道成所用。

萧道成还利用一切手段争取褚渊的支持。一次，他到褚府造访，说了一大套闲话后才道："我做了一梦，梦到我应得官。"褚渊答："萧公刚加太尉、都督，恐怕一二年间不容移官，况且吉梦也未必应在旦夕。"见褚渊不答应，萧道成无奈而归。后来，他派人对褚渊频频施压，褚渊才不敢反对。建元元年（479年），萧道成又晋为相国，封为齐公，加九锡。齐国的官爵礼仪等也都是完全模仿朝廷而设。可见其当时也只是在找时机而已。不久后，刘准就禅位于萧道成。他终于代宋称帝，建立南齐。

萧道成即位后，一心操持政务。为了稳固基业，萧道成广开言路，要群臣议政，大臣们有的建议废除宋时苛政细制，有的建议停止讨伐交州，有的建议减免宋时的苛捐杂税，限制贵族富民封掠山湖侵渔百姓等，百官积极提出自己的建议，萧道成皆加以重赏，并根据百官的建议一一予以解决。针对宋奢侈浪费之风，萧道成特别强调节俭。一次，他发现主衣库中有玉带，很不高兴，马上命人击碎。又命人翻检有何异物，凡认为能助长豪华奢侈风气的，全部销毁。他常说："使我治天下十年，当使黄金与土同价。"建元四年（482年），萧道成病重，临终告诫太子："宋氏若不骨肉相残，其他族岂得乘其衰敝而取代之！汝深戒之。"三月，这位叱咤风云的南齐开国皇帝逝世，时年56岁。

东昏侯萧宝卷

萧宝卷（483—501 年），字智藏，齐明帝萧鸾次子，南朝齐第六位皇帝。

萧宝卷原名明贤，其生母刘惠端（萧鸾正妻）早亡，由潘妃抚养。萧鸾在萧昭业在位时辅佐朝政，大权在握，特将他的名字改为宝卷。因其兄萧宝义自幼残废，难有作为，萧鸾称帝后，萧宝卷于建武元年（494 年）被册立为皇太子。

永泰元年七月己酉日（498 年 9 月 1 日），齐明帝萧鸾去世，太子萧宝卷继位，改元永元。萧宝卷见父亲的灵柩停在太极殿，心里很感厌恶，急着要速葬。老臣徐孝嗣据理力争，他才无可奈何同意一个月后再举行葬礼。

萧宝卷性格内向，很少说话，不喜欢跟大臣接触，常常出宫闲逛，每次出游都一定要拆毁民居、驱逐居民。后宫失火被焚，就新造仙华、神仙、玉寿三座豪华宫殿。并且大量赏赐臣下，造成国家的财政困难。

南朝皇帝多奢侈腐靡，萧宝卷尤甚。萧宝卷又极其吝啬钱财，他特别喜欢干屠夫商贩之类的事情。曾在宫苑之中设立市场，让太监杀猪宰羊，宫女沽酒卖肉。潘妃充当市令，自己担任潘妃的副手，遇有急执，即交付潘妃裁决。

萧宝卷继位时只有 16 岁，所以按照其父遗诏，由顾命大臣辅佐朝政。扬州刺史始安王萧遥光、尚书令徐孝嗣、右仆射江祏、右将军萧坦之、侍中江祀、卫尉刘暄轮流值日于内省，分日贴敕，时称"六贵"。

萧宝卷秉承父训，宰辅大臣，稍不如意，立即加以诛杀，逼得文官告退，武将造反，京城几度岌岌可危。齐宣德太后的懿旨中指斥他。萧宝卷也杀害不少的大臣，继位之后 "六贵"陆续被杀。也由于萧宝卷的昏暴，导致发生始安王萧遥光、太尉陈显达与平西将军崔慧景先后起兵叛乱，但都兵败被杀。

诛灭陈显达，萧宝卷以为从此无人约束与威胁自己了，越发骄纵不羁，京师百姓深受其害。他渐渐迷上了出外游走，一个月要出游20余次，有时白

萧宝卷像

天，有时夜晚。每次出游，左右盛气凌人，尽驱沿途人家，只留下一座座空宅。百姓一闻鼓声大作，顾不上穿衣蹬靴，立刻呼儿唤女逃离住宅，一旦行动迟缓被萧宝卷等遇上，即刻丧命。萧宝卷每次出游，事先都不说定向，东西南北，无处不至。常常三四更中，百姓正在梦乡，突然鼓声四起，火光照如白昼，士兵喧哗奔走，老幼震惊，啼号塞路，满街人一会儿涌向东，一会儿又涌向西，只见处处路断，不知该往何方。萧宝卷又令人在巷陌之中高悬布幔为鄣，派人防守，称为"屏除"，又谓之"长围"。有一次，他到定林寺，一老僧病重没有离去，藏身草中。萧宝卷发现后，命随从射箭，一时百箭齐发，老僧当即丧命。京师百姓遭其骚扰，苦不堪言。四民废业，婚冠丧葬皆不得依时而行事，甚至死了人都无法埋葬，只好弃尸路边。

"远君子，近小人"是萧宝卷的主要特点之一。他所宠信的有左右31人，黄门10人。直阁、骁骑将军徐世标是他的杀手，每有杀戮之事，皆由徐世标执行。陈显达反，虽用崔慧景为都督，而兵权却掌在徐世标手中。后来，徐世标得罪了萧宝卷，被禁卫军杀死。宦官王

宝孙只有十三四岁，号为"伥子"，最为得宠，连梅虫儿之辈也在其下。他参与朝政，控制大臣，移易诏敕，甚至敢骑马入殿，诋诃天子。公卿大臣见了他，无不恭恭敬敬，屏息静气。

萧宝卷身边的提刀左右及应敕者，皆是其亲信，在朝中专横跋扈，不可一世，被呼为"刀敕"。"刀敕"们的家，成了萧宝卷经常去游宴的地方，遇有吉凶之事，也必去庆吊。整个朝廷是小人得势，皇帝昏狂无道，大臣朝不保夕，百姓苦不堪命，社会动荡不安，一场大的危机一触即发。

萧宝卷平定叛乱之后更加昏暴，除了与爱妃潘玉奴、佞臣梅虫儿等人日夜玩乐之外，并且派人毒杀平定叛乱最有力的尚书仆射萧懿，结果导致萧懿之弟、雍州刺史萧衍发兵进攻建康，并且扶植南康王萧宝融于江陵称帝。而萧宝卷整日与侍从、宫人们在华光殿前演练军阵，用以取乐，对城外的兵马却不放在心上。永元二年（500年）十二月，萧衍的军队已攻打到城外，当他听到城外的鼓声传来时，竟穿上大红袍，登上景阳楼屋顶看热闹，流矢几乎射伤了他的腿脚。萧衍联合齐将攻入建康城的那一夜，萧宝卷在含德殿寻欢作乐才罢，还没有睡熟。听到军队闯进来的声音，连忙从北门溜出，宦官黄泰平举刀砍伤了他的膝盖，他摔倒在地，骂道："奴才要造反吗？"另一名宦官张齐不由分说一刀砍下他的头。指使行刺的是负责保卫建康的兼卫尉张稷和北徐州刺史王珍国等，他们随后派中书舍人裴长穆把萧宝卷的首级送到萧衍那里。

萧衍掌权后，处死潘玉奴及萧宝卷宠臣共41人，并授意宣德太后王宝明褫夺萧宝卷的帝号，萧宝卷被追贬为涪陵王，不久依汉海昏侯故事进一步贬为东昏侯，谥号炀，但陵墓仍按皇帝的级别修筑而成。

梁武帝萧衍

梁武帝萧衍（464—549年6月12日），字叔达，小字练儿，南兰陵郡武进县东城里（今江苏省丹阳市访仙镇）人。南北朝时期梁朝的建立者。

南朝宋孝武帝大明八年（464年），萧衍出生于建康。479年，齐高帝萧道成建齐，萧氏家族顿时成为贵族。有了这样的便利条件，再加上自身的条件，萧衍在仕途上可以说是平步青云。

永元三年（501年）三月，南康王在江陵继皇帝位，改元中兴。此后，萧衍彻底击败了萧宝卷的军队，以太后令废其为东昏侯。随后萧衍被任命为中书监、大司马、录尚书事、骠骑大将军、扬州刺史，并被封为建安郡公。此后，萧衍在朝中权势日盛。天监元年（502年）正月，萧衍进位相国，"总百揆，扬州牧，封十郡为梁公，备九锡之礼"，随后"增封十郡，晋爵为王"。四月，以太后令即皇帝位，以梁为国号，建元天监。

梁武帝萧衍即位后，大力整顿吏治，时时唯才是举。另外，梁武帝还鼓励耕种，提倡节俭。他本人身体力行，常常身穿粗布衣服，每顿都吃素菜。每次选拔长吏时，他也会以廉洁作为考核项目之一。尚书殿中郎到溉、左户侍郎刘霁以廉洁著称，分别被擢升为建安内史和晋安太守。

在法律制度上，梁武帝令人编纂《梁律》二十卷、《令》三十卷、《科》四十卷，使得官吏能依法治国，百姓能有法可依。在教育方面，梁武帝广开学舍，聘用《五经》博士，大力推行已经中断了的儒学，为儒学的继承和发展做出了很大的贡献。

除此之外，梁武帝还善于纳谏。梁武帝在位期间责罚不公，对贵族、

梁武帝萧衍像

朝士等多有偏袒，而对百姓却异常严格。百姓一旦有罪，连坐家中老幼；一人逃亡，全家都要为质。一次，梁武帝到郊外祭祀，秣陵的一位老人拦驾上谏说："陛下为法，急于庶民，缓于权贵，非长久之道。诚能反是，天下幸甚。"此后，梁武帝牢记于心，对百姓中犯罪者多有宽缓。

在梁武帝的治理下，齐朝时造成的社会弊端和遗留的矛盾得到消除或缓解，梁朝逐渐显现出了繁荣景象。然而，梁武帝虽然创造了齐朝的昌盛，但也导致了齐朝的衰落。

梁武帝为人有孝道，慈善而恭俭，且博学能文，对阴阳、卜筮、骑射、声律、草书、隶书、围棋等无不精通。他勤于政务，"冬月四更竟，即起视事，执笔触寒，手为皴裂"。到了晚年更加节俭，长期不食鱼肉，每天只吃一餐，且以贫民所吃的菜羹、粗饭为食，遇到繁忙时"日移中则嗽口以过"。他一冠戴三载，一衾盖二年，"后宫贵妃以下，衣不曳地"。梁武帝也不饮酒，不遇宗庙祭祀、大宴、法事等都不曾作乐，虽然居于暗室，但衣冠整齐，在盛暑时也不解衣。

然而，梁武帝对待小臣却以大宾之礼，且过于宠爱士人，以致牧守经常鱼肉百姓。另外，他宠信小人，且多造塔庙。由是，"江南久安，风俗奢靡"。不仅如此，梁武帝崇尚文雅，遂疏简刑法，公卿大臣都得以免罪。于是，奸吏玩权弄法，贿赂日盛；王侯子弟多骄淫不法。梁武帝年迈，开始厌烦各种政务，又一心向佛，每当审断重罪时都会整日不悦。即使发现反逆之事，他也只是哭着宽恕谋反者。王侯因此更加骄横，或于白昼在街市上杀人，或于暮夜公然剽掠。一些畏罪潜逃者匿于王侯之家，有司便不敢搜捕。梁武帝虽然深知社会弊端，但因沉溺于佛学慈爱，始终没有采取任何措施。

太清二年（548年）八月，羯族人侯景发动叛乱，率兵攻入建康城。85岁的梁武帝萧衍临危不惧，问部下："还能战吗？"部下答曰："不能。"萧衍叹道："梁之天下，自我得之，自我失之！"于是，端坐太极东堂接见侯景。他从容问话："侯将军是哪一州人，因何兴兵犯阙？妻子儿女还在北方吗？"侯景见此情形，竟不敢仰视，以致惶恐不知所对，最终诺诺而退，方敢喘口粗气："我鞍马征战，矢刃交加，并无所怕，今见萧衍，却有惧怕之意，果真天威难犯！"

此后，丞相侯景控制了梁朝朝政。但无论侯景奏请什么事，梁武帝总是反对。后侯景怀恨在心，不仅不搭理梁武帝，而且还裁节其已够节俭的膳食，使得梁武帝忧愤成疾。太清三年（549年）五月，梁武帝在净居殿休息，因口苦向左右要蜂蜜而不得，很快离开人世。

陈武帝陈霸先

陈霸先（503—559年），字兴国，小字法生。吴兴（今浙江长兴）长城下若里人，祖籍颍川（今河南禹州），汉太丘长陈寔之后，南北朝时期陈朝开国皇帝。

陈霸先少年时就意气雄杰，风流倜傥，胸怀大志，长于谋略，不喜欢从事任何生产劳动。读过大量的史书和兵书，至于纬候、孤虚、遁甲之术也多有涉猎。他身材高大魁梧，练就一身好武艺，再加处事明达果断，故深为当时人所推服。

陈霸先初登仕途，不过是乡中里司小官，后来到了梁都建康做油

陈霸先像

库吏。陈霸先忠于职守，深受新喻侯萧暎赏识。大约在大同六年（540年），萧暎任广州刺史，陈霸先随任直兵参军，镇守宋隆郡，降服所辖安化二县的头领。不久又出任西江督护、高要郡太守。梁大同年间，萧暎被朝廷任命为吴兴太守，即指名带陈霸先赴任。后来萧暎转任广州刺史，又举荐陈霸先为中直兵参军，监理宋隆郡，并令招兵买马，所部达千人。不久陈霸先又因讨平安化二县之功升任西江督护、高要太守。

大同八年（524年），交州刺史萧谘因待部属与百姓暴虐刻剥，颇失众心。当地豪族李贲趁机联结几州豪杰起兵造反。朝廷命高州刺史孙冏、新州刺史卢子雄领兵平叛，孙冏与卢子雄率部行至合浦，士兵因染瘟疫而死者十有六七，所余部众全部溃散逃回。孙冏、卢子雄二人被朝廷赐死。孙冏的儿子、侄子和卢子雄的弟弟卢子略怂恿主帅杜天合与杜僧明共同起兵，逼迫南江督护沈颙，大举进攻广州。广州刺史萧暎急忙召陈霸先平乱。陈霸先率3000精兵迅速赶到广州城下，经过几次激战，杀死杜天合，生俘杜僧明。陈霸先见僧明骁勇过人，义而释之。僧明感其德，由此成为陈霸先手下一员骁将。捷报传至朝廷，梁武帝萧衍非常高兴，下诏授陈霸先为直阁将军，封新安子，邑300户，并遣画工描绘陈霸先容貌以随时观看。

太清二年（548年）冬天，东魏降将侯景举兵反梁，侯景之乱发生。

次年三月，侯景攻破宫城，梁武帝病饿而亡，太子萧纲被侯景扶为皇帝。由于镇守广州的梁宗室曲江侯萧勃无意讨伐，陈霸先只好遣使往江陵，投到梁武帝第七子、湘东王萧绎帐下，受其节制。

大宝元年（550年）正月，陈霸先大军从始兴出发，抵达大庾岭，击败奉萧勃之命在南野（今江西南康以南约十五千米处）拦截的蔡路养，乘胜进驻南康。陈霸先被萧绎授为明威将军、交州刺史。此后近一年半时间，陈霸先与响应侯景的高州刺史李迁仕在南康一带展开了拉锯战，终于擒斩李迁仕，于大宝二年（551年）六月发兵南康，沿赣江北下。八月，陈霸先准备与萧绎部下都督王僧辩会师。由于陈霸先名声在王僧辩之上，故王僧辩心存畏忌。当时，王僧辩等西路各军正好缺粮，情势不妙，而陈霸先已贮有军粮50万石，陈霸先以大局为重，迅速馈送30万石给西军，这打消了王僧辩的顾忌，也在西路各军中赢得了威信。

陈霸先发兵南康时，战局发生了转变，萧绎部下大将王僧辩、胡僧祐、陆法和等在巴陵（今湖南岳阳）、郢州（今湖北武汉）一带击败侯景主力，叛军大将任约、宋子仙被擒，侯景从攻势转为守势。

大宝二年（551年）七月，侯景废梁简文帝萧纲，立梁豫章王萧栋为帝。十月杀萧纲，十一月又废萧栋，自立为帝。

大宝三年（552年）正月，陈霸先南路征讨大军从豫章（今江西南昌）出发，这时已有甲士3万人，强弩5000张，舟舰2000艘，水陆俱下，另有前军5000由骁将杜僧明统领，已抵达湓口（鄱阳湖入长江口）。二月，王僧辩等西路大军又从寻阳起行，在白茅湾（今安徽怀宁以东）与陈霸先会师。王僧辩与陈霸先登坛设誓，缔结盟约。征讨大军沿路攻克芜湖、姑熟（今安徽当涂），三月在建康与侯景展开了大决战，终于彻底摧毁了侯景暴乱势力，侯景被杀。经王僧辩、陈霸先等各路将士劝进，萧绎在江陵称帝，即梁元帝。陈霸先奉命镇守在京口（今江苏镇江）。

承圣三年（554）十二月，梁元帝萧绎死于西魏之手。陈霸先与王僧辩等商议，决定迎立晋安王萧方智。次年二月，年仅13岁的萧方智由寻阳来到建康，登上帝位，给陈霸先加了个征西大将军的头衔。

陈霸先因在平定侯景之乱时与王僧辩配合默契，故与王僧辩关系密切。这时北齐把贞阳侯萧渊明送了回来，王僧辩又决定立萧渊明为帝，陈霸先派使者往返数次苦争保留萧方智帝位，王僧辩坚决不同意。陈霸先由此开始与王僧辩发生矛盾，于是密作战备器械。同年九月，陈霸先袭杀王僧辩，废黜萧渊明，拥立萧方智为帝，改元绍泰，是为梁敬帝。陈霸先任尚书令、都督中外诸军事、车骑将军，领扬、南徐二州刺史，掌握实权。

这时，由王僧辩一手提拔起来的吴兴刺史杜龛见王僧辩被杀，立即起兵反抗，义兴太守韦载和王僧辩之弟、吴郡太守王僧智也以本郡响应，据城抗拒陈霸先。陈霸先派部中将周文育进攻义兴，出师受挫，心中焦躁，自己亲率大军前往接应。绍泰元年（555年），谯（今安徽和县）、秦（今江苏六合）二州刺史徐嗣徽举州投降北齐，乘陈霸先东讨义兴之机，暗中与豫州刺史任约密谋以精兵5000袭建康（今江苏南京），占据石头城。建康告急，陈霸先只得卷甲返回京师。绍泰二年（556年）正月，陈霸先遣陈蒨、周文育攻克吴兴（今属浙江），杜龛败死。王僧智等逃奔北齐。二月，攻克会稽（今浙江绍兴），斩扬州刺史张彪。至此，除江州刺史侯瑱占据江州、豫章外，王僧辩余部都被平定。

太平二年（557年）八月，陈霸先进位太傅，加黄钺，剑履上殿，入朝不趋，赞拜不名，并给羽葆鼓吹一部；九月，进位相国，总百揆，封十郡为陈公，备九锡之礼，位在诸侯之上；十月，晋爵为王，以会稽、晋陵、豫章等 10 个郡，益封陈国，并前为 20 郡。

就在这个月，梁敬帝萧方智被迫"禅让"，陈霸先继位称帝，改元永定，宣布了又一个新王朝——陈朝的诞生。

曾经当过梁湘州刺史的王琳一向不大听话。陈霸先曾以司空征辟，王琳却不仅不受征调，反而大造船舰，准备进攻陈霸先。霸先命周文育、侯安都率舟师至武昌，进击王琳。征讨王琳大军开拔不久，陈霸先便在建康受禅称帝。安

陈霸先雕像

都弃郢州，移兵趋沌口，与文育兵会合，据守西岸，王琳据守东岸。两下相持数日，王琳获胜，竟将安都、文育等将领悉数擒获。

王琳把安都、文育等人用一条长链锁住，置于后舱，令亲信宦官王子晋看守，自己领兵驻于溢城白水浦。安都、文育甜言蜜语，许以重赂收买王子晋。子晋为利所诱假装用小船垂钓，靠近后舵，将安都等三人移入小船，连夜载渡上岸，从荒野草丛中偷偷逃回陈军驻地。陈霸先得知安都军败，非常惊慌，后见安都等逃回建康请罪，不禁转忧为喜，当即下诏赦免败军之罪，各还其官如故。

永定二年（558 年）正月，王琳兵据溢城，拥众 10 万，奉萧庄继位称帝，改元天启，拜王琳为梁丞相、都督中外诸军、录尚书事。

不断的忧患和战争，已经搞得陈霸先精疲力尽。永定三年（559 年）六月十二日，陈霸先病重。六月二十一日，陈霸先在璿玑殿病逝，享年 57 岁。遗诏追命临川王陈蒨继位。八月，群臣上谥号曰武皇帝，庙号高祖。同月，葬于万安陵（今江苏南京郊区）。

据史书记载，陈亡后，陈霸先政敌王僧辩之子王颁，纠集其父旧部，夜掘陈武帝陵，破棺焚尸，并将骨灰倒于池塘中，命上千人喝掉，极尽污辱，万安陵被彻底掘毁，成为轰动一时的大事。

陈后主陈叔宝

陈后主陈叔宝（553—604 年），字元秀，小字黄奴，陈宣帝陈顼长子，母皇后柳敬言。南北朝时期陈朝最后一位皇帝。

陈叔宝出生时陈霸先已掌握南朝实权，成为一方霸主。陈霸先由于平定侯景叛乱，居功至伟，势力日益壮大，梁元帝萧绎为了牵制掌控陈霸先，使其子侄宗亲俱居江陵，陈顼及妻妾亦在其中。承圣三年（553 年）江陵失陷，其父陈顼被囚于关右，留叔宝于穰城。至天嘉

陈叔宝像

三年（562），陈周和好，叔宝与生母柳氏由中记室毛喜接回建康，被立为安成王世子，时年仅 9 岁。

自北朝南归后，陈顼逐渐掌握了南朝大权，陈叔宝从此成为南陈皇族的重要成员。文帝天康元年（566 年），陈叔宝 14 岁，官授宁远将军，置左史，由此正式开始了他的仕途生涯。光大元年（567 年），担任太子中庶子，不久升任侍中。太建元年（569 年）正月，陈顼登基称帝，即陈高宗，叔宝被立为皇太子。

陈宣帝太建九年（577 年）十二月，东宫落成，陈叔宝正式入主东宫。在此期间，他师从周弘正学习《论语》《孝经》等儒家经典，并多次

亲自释奠太学。此外，陈叔宝尤为喜爱文艺，大量文士成为其东宫僚属，并开始举办文学宴会。这个时期聚集在陈叔宝身边的文人群体为陈后主东宫文人群体。陈叔宝的文学集团的主要成员有江总、姚察、顾野王、褚玠、陆瑜、谢伸及义阳王陈叔达等 30 余人。

太建十四年（582 年）春正月，陈高宗病逝，陈叔宝身为皇太子，本应立即继承皇位，不想兄弟之间却又发生一大变故。原来，陈高宗共有 40 几个儿子，其中次子陈叔陵"少机辩，徇声名，强漂无所推屈"，很与常人不同。太建六年（569），受封始兴郡王，授使持节，都督江、郢、晋三州诸军事。其时叔陵年仅 16 岁，就已经"政由己出，僚佐莫预焉"。陈叔陵虽有奇才，但却恃才自骄。他在地方任职期间，性情严苛，征求役使，没有限度，至令诸州镇闻其将至，皆惶恐万分。至陈高宗病重时，太子陈叔宝与始兴王叔陵、长沙王叔坚一起入内侍疾。叔陵见高宗病已不治，即生出杀太子夺皇位的念头。过了两天，陈高宗病逝。宫中准备丧事，人来人往，忙碌不堪。叔陵于仓促之中令左右去宫外取剑，左右不知其情，拿来朝服木剑，交与叔陵。叔陵大怒，随手一掌，将拿剑的人打倒。这时叔坚正在旁边，见此情景怀疑有变，便时时注意叔陵的举动。

第二天，陈高宗小殓，陈叔宝伏在地上号啕痛哭，陈叔陵即找出锉药刀，从陈叔宝背后砍将下去，正中脖颈，叔宝猛叫一声闷绝于地。陈叔宝在柳皇后及乳母吴氏的帮助下逃出，派大将萧摩诃讨伐陈叔陵，最后陈叔陵被杀，诸子赐死。

陈叔陵伏诛之后，陈叔宝继皇帝位，是为陈后主。之后，以长沙王陈叔坚为骠骑将军、开府仪同三司、扬州刺史；萧摩诃为车骑将军、南徐州刺史，封绥远公。始兴王陈叔陵家中财资数万悉数赏赐给陈叔坚与萧摩诃。以司马申为中书通事舍人。当初陈叔陵刺杀后主时，后主脖颈被砍受伤，在承香殿中养病，朝政之事，全都委托给太后处理。并且摒去诸姬，独留贵妃张丽华随侍。后主病愈，对张贵妃更加爱幸。立妃沈氏为皇后，大封诸弟为王，封皇弟陈叔俨为寻阳王，陈叔慎为岳阳王，陈叔达为义阳王，陈叔能为巴山王，陈叔虞为武昌王。不久正式册立皇子陈胤为太子。

自陈叔坚、毛喜等大臣相继被贬谪杀戮，陈朝谏官皆若虚设，无人进言。陈叔宝乃得以恣意妄为，无所顾忌，每日里饮酒赋诗，做些风流韵事。当年叔宝在承香阁养病，几乎全靠张贵妃一人服侍。叔宝病愈后又借皇帝之威于民间广采美女，得王、李二美人，张、薛二淑媛及袁昭仪、何婕妤、江修容等七人。陈叔宝因此更加荒耽酒色，无暇过问政事。所有百官奏事，皆由宦官蔡脱儿、李善度进请，陈叔宝倚在"隐囊"之上，将张贵妃抱坐怀中，共决可否。李、蔡二人有不能记述的，即由张贵妃逐条裁答，无所遗漏。因此张贵妃得以干预外政，宠幸冠于后庭。宦官近侍无不与她内外联结，援引宗戚，纵横不法，卖官鬻爵，贿赂公行。陈叔宝反觉张贵妃精明能干，一应赏罚诏命，皆决于贵妃。贵妃因而更加骄纵，凡大臣有不从己者，必于叔宝面前毁谮。群臣害怕，无不从风谄附，张贵妃之权势因此熏灼四方，使天下人只知有张贵妃，不知有陈叔宝了。

至德二年（584年），陈叔宝令于光昭殿前筑起临春、结绮、望仙三阁，各高数十丈，连延数十间。其窗户壁木，横楣栏槛，均用沉檀香木制成，又饰以金玉，间以珠翠，外悬珍珠帘，内设宝床宝帐，一切服玩，皆瑰奇珍丽，光怪陆离，人间少有。陈叔宝每次宴饮，必使妃嫔群集，女学士与诸狎客列坐赋诗，互相赠答，凡有文采特别艳丽的，即谱以词曲，选宫女千余人学习演唱，按歌配曲，分部迭进。君主臣子，乐此不疲，酒酣歌舞，通宵达旦，把国家大事，尽皆抛诸一边。

妃嫔宫女之外，还有几个佞臣，竞相谄媚，阿谀迎合。其中都官尚书孔范，与孔贵嫔结为兄妹，深知陈叔宝恶闻过失，所以每遇有谏之叔宝者，必以种种罪名斥退，然后曲为文饰，称颂赞美，把过失全说成美德。叔宝因此转怒为喜，对孔范宠遇优渥，言听计从。又有中

南朝器物

书舍人施文庆，聪敏强记，心算口占，非常条理，所以也得叔宝宠幸。文庆又引荐沈客卿、阳惠朗、徐哲、暨惠景等人，叔宝一概录用。陈叔宝对孔范信而不疑，去部卒，交给孔范等人分管，将任忠迁为吴兴内史。于是文武解体，士庶离心，距覆灭不远了。

陈叔宝继位之时，正值隋文帝开国之初。文帝有削平四海之志，于是隋之群臣，争劝文帝伐陈。祯明二年（隋开皇八年，588 年）底，文帝下诏数后主 20 款大罪，散写诏书 20 万纸，遍谕江外。然后命晋王杨广、秦王杨俊、清河公杨素为行军元帅，总管韩擒虎、贺若弼等率 51 万大军分道直取江南。

陈叔宝却深居高阁，整日里花天酒地，不闻外事。他下令建大皇寺，内造七级浮屠，工尚未竣，为火所焚。沿边州郡将隋兵入侵的消息飞报入朝。朝廷上下却不以为意，只有仆射袁宪，请出兵抵御，后主却不听。及隋军深入，州郡相继告急，后主叔宝依旧奏乐侑酒，赋诗不辍，而且还笑着对侍从说："齐兵三来，周师再至，无不摧败而去，彼何为者耶？"孔范说："长江天堑，古以为限，隔断南北，今日隋军，

岂能飞渡？边将欲作功劳，妄言事急。臣每患官卑，虏若渡江，臣定做太尉公矣。"有人妄传北军的马在路上死去很多。孔范说："可惜，此是我马，何为而死？"后主听后大笑，深以为然，君臣上下歌妓纵酒，赋诗如故，似乎亡国的威胁并不存在。

祯明三年（589年）正月，陈叔宝朝会群臣时大雾迷漫，吸入鼻中，致叔宝昏睡到日中才醒。这一天，隋将贺若弼已引兵过江，韩擒虎亦渡过采石。不久，隋将韩擒虎攻破南豫州，掳去豫州刺史樊猛妻子儿女。又过了几天，隋军已进据钟山，陈人大惊，降者相继。这时建康尚有10余万甲士，兵多将广，犹可决一雌雄。然而陈叔宝素来怯懦，不懂军事，见此危急情势只知日夜啼哭，朝中庶务，尽委施文庆。文庆忌诸将有功，诸将凡有启请，皆搁置不行。

其时形势已十分危急，陈叔宝却又因见萧摩诃妻室年轻美貌，与之通奸。事为萧摩诃所知，遂无战意。唯鲁广达率军力战，打败隋贺若弼军，杀死200多人。陈军争抢人头，献于建康请功。隋军趁机复出，直冲孔范大营，范部溃走，陈军大乱，萧摩诃也被隋军俘虏。任忠见大势已去，竟自赴石子岗，投降韩擒虎，引隋军入朱雀门。守城将士闻言一哄而走，城内文武百官也皆逃匿。此时隋军已排闼而入，从宫中的一口枯井中捉住后主张贵妃、孔贵嫔等人，押到韩擒虎帐前来。隋军一面扫荡残敌，令后主手书招降陈朝未降将帅，一面收图籍，封府库，又将张丽华及施文庆、沈客卿、阳慧朗、暨慧景等奸佞枭首于市。陈朝宣告覆亡，隋文帝终于统一了全国。

陈叔宝于阳广门观拜见隋主杨坚，杨坚先宣诏抚慰，又传敕责其君昏臣佞。叔宝惶恐伏地，不敢答置一词。后来听到杨坚发下敕书，竟高兴得舞蹈谢恩，叩拜再三。过了几日，陈叔宝见隋朝优待有加，便屡次向监守官求一官号。杨坚闻此，脱口说道："叔宝全无心肝！"

又问监守叔宝平日做什么。监守回答："日夜饮酒，少有醒时。"杨坚又问："一天能饮多少呢？"监守答说："与其子弟，一天约饮一石。"杨坚大惊，说："一石怎么能行，应让他节饮才好。"过了片刻，杨坚又说："任他去吧，不然叫他如何度日！"

仁寿四年（604年）十一月，即陈叔宝投降隋朝的16年后，在洛阳城病死，终年52岁，葬于洛阳的北邙山。隋朝皇帝杨广因宠爱其妹宣华夫人，追赠陈叔宝为长城县公；又据叔宝生前行为，追谥曰"炀"。因"炀"字后为杨广本人占用，故历史上称陈叔宝为陈后主或长城公。

北魏道武帝拓跋珪

北魏道武帝拓跋珪（371—409年），又名拓跋开、拓跋什翼圭、拓跋翼圭，字涉珪，鲜卑族，北魏开国皇帝。

拓跋珪是代国国王拓跋什翼犍之孙、拓跋寔之子。代国建国三十九年（前秦建元十二年、376年），前秦灭代国，拓跋珪被其母亲贺兰氏携带流亡，在独孤部的刘库仁麾下长大。这时的拓跋珪，虽年龄尚小，又寄人篱下，但已显露出卓然不群的风姿。刘库仁常对他的几个儿子讲："这个孩子志趣不凡，将来必能恢复兴隆祖业，你们一定要对他善加礼待。"可惜好景不长，拓跋珪母子在库仁部安居几年后，刘库仁就被燕将慕容文等杀害了。刘库仁的儿子刘显自立为主，并密谋杀害拓跋珪。幸而事前拓跋珪已得密报，便与母亲贺氏商定计谋，夜备筵宴，请刘显入饮，将刘显灌得酩酊大醉。拓跋珪趁机与几个旧臣轻骑逃至贺兰部，投奔舅舅贺纳。贺纳见拓跋珪少年老成，智识不凡，又惊又喜，对他大力扶持。

拓跋珪在贺兰部励精图治，深得众心，使得远近趋附。诸部大人共同请求贺纳，愿意推举拓跋珪为主。贺纳自然赞成，便于太元十一

拓跋珪雕像

年（386年）正月在牛川（今内蒙古锡拉木林河）大会诸部，召开部落大会，继位为代王，年号登国。

拓跋珪登位之后，任长孙嵩为南部大人，叔孙普洛为北部大人，分统部众。又命汉人张衮为左长史，许谦为右司马，长孙嵩的弟弟长孙道生等侍从左右，作为智囊参谋。于是，灭亡10余年的代国，在拓跋珪的领导下又得以重兴。

拓跋珪嫌牛川地处偏远，难以有大作为，继位不久，就将都城迁到盛乐（今内蒙古和林格尔县西北），占有了河套以东的广大草原地区。同年四月，改代为魏，自称为魏王。此时的拓跋珪年仅16岁。

新兴的北魏政权，四周强邻虎伺，南边有独孤部，北边有贺兰部，东边有库莫奚部，西边河套一带有铁弗部，阴山以北有柔然部和高车部，太行山以东和以西还有慕容垂的后燕和慕容永的西燕。拓跋珪利用后燕和西燕的矛盾，与后燕结好，牵制西燕的侵犯；其后又与西燕联盟，遏制了后燕的扩张，从而保持了南部的安全。与此同时，他专心致力于内部的经营。拓跋部落联盟得到巩固和发展，王权也得到强化。第二年，拓跋珪乘胜出击，打败了占据马邑（今山西朔县西北）的独孤部刘库仁之子刘显和刘卫辰两个部落。太元十五年（390年），征服了占据阴山北麓的贺兰部。太元十六年（391年），又征服了占据河套以西的匈奴铁弗部。这样，在五年之间，拓跋珪消灭了蒙古南部和山西北部草原上几支最强的对手，势力日盛。随后，拓跋珪又兼并库莫奚、高车、纥突邻等弱小部落，不仅得到了大量的土地，而且俘虏了大批人口和数以十万、百万计的马、牛、羊等牲畜，大大充实了自己的实力，成为北方草原上最强大的力量。

拓跋珪在塞上的节节胜利，是与后燕的军事支持分不开的，而换取后燕支持的代价便是不断地向后燕进贡良马。但随着北魏力量的逐渐加强和后燕对马匹贪得无厌的索取，魏、燕之间也出现了矛盾。年轻的拓跋珪雄才大略，野心勃勃，本来就不甘心永远附于后燕。到太元十五年（390年），其势力渐渐强盛后，就密谋图燕，特遣太原公拓跋仪，假借聘问之名，到燕都中窥探虚实。但因为当时时机尚未成熟，便仍旧与后燕虚于敷衍。到太元十六年（391年）七月，拓跋珪派他的弟弟拓跋觚出使后燕，竟被慕容垂扣留，作为人质，要挟拓跋珪进贡更多的良马。这时，拓跋珪已羽翼丰满，决心摆脱后燕的控制，便断然拒绝了后燕的无理要求。燕、魏自此交恶。

又过了三年，到太元十九年（394年）六月，慕容垂出兵灭了西燕，占有了今山西中部与南部的大部分地区。这样，华北地区能与后燕争强斗胜的就只剩下了北魏了。太元二十年（395年）七月，太子慕容宝统帅精骑八万，直趋河套，进攻北魏。这时拓跋部还过着游牧生活，听到慕容宝来攻，拓跋珪就徙部落畜产远避到河南（今内蒙古伊克昭盟）。慕容宝军至五原，却找不到拓跋珪军队的主力。

这时传来慕容垂病死的谣言，后燕军心动荡。慕容宝急于回去继承帝位，于是下令撤兵。拓跋珪率精骑渡河急追，至参合陂，连夜包围了燕军的营寨。燕军事前毫无准备，又急于东归，士无斗志，在拓跋珪大军的突然袭击下，全军覆没，除慕容宝单骑逃脱外，燕军的四五万人，几乎全部束手就擒，粮货兵械也全部落入拓跋珪的手中。拓跋珪下令将被俘的几万燕军全部就地坑杀。这一仗的结果，改变了北魏和后燕的力量对比。太元二十一年（396），慕容垂又亲率大军前来报仇，直扑云中，拓跋珪依然下令避其锋头，率众北退阴山，保存实力。慕容垂虽然一度攻下平城（今山西省大同市），但却始终未能找到与拓跋珪决战的机会，最后因病重不得不引兵而还，后死于途中。从此，后燕在军事方面的颓势，再也未能挽回。

太元二十一年（396年）七月，拓跋珪在盛乐称帝，改元"皇始"。八月，又乘慕容垂新死，后燕内部混乱的机会，亲率大军40余万进攻后燕。九月，魏军攻下后燕并州（今山西太原西南），十月，拓跋珪率军出井陉关（今河北井陉县附近），北魏军队一路势如破竹，后燕守宰或弃城逃跑，或望风而降。只有邺城与信都及燕都中山三城闭城固守。拓跋珪亲自督兵围攻中山，数日不下。拓跋珪自思急攻则伤士卒，缓攻则费粮糒，于是便派兵先平信都、邺城，然后还取中山。慕容宝仍凭城固守，双方在中山城僵持了近一年，到晋安帝隆安元年（397年）九月，中山城中粮已将尽，拓跋珪又令抚军大将军拓跋遵袭取中山周围，割取禾稻，中山饥荒更甚。这时，后燕王室又发生了内乱，拓跋珪乘机全力攻城。很快，中山城破陷落，后燕灭亡。

拓跋珪平中山之后，又分兵各地，将黄河中下游的后燕故地全部占领。慕容族的残余势力远避其锋，一支由慕容宝率领，退到龙城（今辽宁朝阳市），建立了北燕政权，另一支以慕容德为首在滑台（今河南滑县附近），建立了南燕政权。这样，拓跋珪自公元386年继代王位，到公元397年平中山灭后燕，在短短的10年中，将北魏发展成为北方一个最强大的政权，为北方最后的统一奠定了基础。

皇始三年（398年）六月，拓跋珪正式裁定国号为"魏"，七月拓跋珪迁都平城（今山西大同市），营建宫殿、宗庙、社稷。同年十二月二日，改元天兴，即皇帝位。

　　天兴七年（402年）六月，后秦派军进攻北魏，攻陷了乾壁。拓跋珪则派毗陵王拓跋顺及豫州刺史长孙肥为前锋迎击，自率大军在后。八月，拓跋珪至永安（今山西霍县东北），秦将姚平派200精骑视察魏军但尽数被擒，于是撤走，但在柴壁遭拓跋珪追上，于是据守柴壁。拓跋珪围困柴壁，而姚兴则率军来救援姚平，并要据天渡运粮给姚平。

北魏器物

　　拓跋珪接着增厚包围圈，防止姚平突围或姚兴强攻，另又听从安同所言，筑浮桥渡汾河，并在西岸筑围拒秦军，引秦军走汾东的蒙坑。姚兴到后果走蒙坑，遭拓跋珪击败。拓跋珪又派兵各据险要，阻止秦军接近柴壁。至十月，姚平粮尽突围但失败，于是率部投水自杀，拓跋珪便派擅长游泳的人下水打捞自杀者，又生擒狄伯支等40多名后秦官员，二万多名士兵亦束手就擒。姚兴虽然能够与姚平遥相呼应，但无力救援，柴壁败后多次派人请和，但拓跋珪不准，反而要进攻蒲阪，只是当时姚绪坚守不战，且早于登国九年（394年）背魏再兴的柔然汗国要攻魏，逼使拓跋珪撤兵。

　　拓跋珪虽凭金戈铁马的武力基本统一了北方，但却面临着如何统治两个不同地区和不同文化层次的民族的新问题。他采纳汉族士人崔宏的建议，说黄帝最小的儿子昌意受封于北土，是拓跋部的祖先，因而他自称为黄帝的后裔。拓跋珪十分向往汉族的文明，因而他在建设平城时，仿照长安、洛阳、邺城等中原各大名城设计蓝图。他多次召见负责监造的大臣，亲自询问营建的各个具体项目。最后建成的平城，动用了数百万根木料，有12座城门，在城内及近郊，有宽敞的宫殿、幽静的鱼池和美丽的亭台，都被冠以富丽堂皇的名称，如紫极殿、云母堂、金华室等。新平城外城四周10千米，城内有广阔的苑囿和池塘。拓跋珪大规模建设平城的主要目的虽是显示皇尊和享乐，但客观上也促进了平城地区的经济和技术的发展，扩大了汉族文明的影响。

拓跋珪一登上历史舞台，就和他的前辈一样，为了统治汉族民众，从汉族士大夫那里寻找支持，大量吸收汉族士大夫加入到北魏中央及各级地方行政机构中。就这样，拓跋珪在用武力统一北方的同时，又依靠汉族士大夫的帮助，仿照汉族制度，初步建立了一套既与中原地区相适应，又与拓跋族自身社会发展方向相一致的统治体制。在他统治的十几年中，拓跋珪倾其文韬武略，为北魏在北方的统治奠定了牢固的基础。

拓跋珪虽然无论文治武功都可以称得上是一位很有作为的开国之主，但到了后半生，由于事业的成功和年龄的老化，开始盲目自信，刚愎自用。再加上长期处身于尔虞我诈的政治斗争中，使他的性格变得十分猜忌和多疑。他不断猜疑臣下对他不忠，担心他们谋图不轨。那些功高名重的大臣、将帅和拓跋王族更成了他的猜忌对象。一旦被怀疑，轻则流放，重则便有杀头之祸。天赐四年（407年）至天赐六年（409年），拓跋珪先后诛杀了司空庾岳、北部大人贺狄干兄弟及高邑公莫题父子。往日曾与穆崇共谋刺杀拓跋珪的拓跋仪虽然因拓跋珪念其功勋而没被追究，但眼见拓跋珪杀害大臣，于是自疑逃亡，但还是被追兵抓住，并被赐死。

拓跋珪到了晚年，时常服用寒食散，期望能长寿成仙。而实际上这种寒食散是用朱砂、石英等矿物质制成的一种有毒方药。在药性发作时，他的性情更加狂躁，喜怒无常，往往几日不吃饭，几夜不睡觉，独自对着墙壁自言自语，甚至达到精神分裂的程度。这时候，他便成为了怀疑狂和杀人狂。常常亲自动手，将人毒打致死。他好乘人力辇车，乘车时手执宝剑，从后敲击拉车人的头部，死一个换一个，有时每天死者有几十人。他越是杀人，就越提心别人谋害他，因此经常变换他的寝室，连他的大臣亲信都不知他住在什么地方，只有他的宠姬万人知道他的住处。谁知万人偏偏又和他的二儿子拓跋绍私通。拓跋绍生性凶狠残暴，是贺太后的妹妹贺夫人的儿子。天赐六年（409年）十月，贺夫人失宠被囚禁时托人密告拓跋绍，让他设法营救她。当天夜晚，拓跋绍以万人为内应，寻到拓跋珪的住处，将拓跋珪刺死。这时拓跋珪才39岁。其长子拓跋嗣诛杀拓跋绍一伙并继位后，于永兴二年（410年）九月，谥拓跋珪为宣武帝，葬于盛乐金陵，庙号烈祖。泰常五年（420年），改谥为道武皇帝。至太和十五年（491年），又改庙号为太祖。

北魏太武帝拓跋焘

拓跋焘（408—452年），字佛狸伐，代郡平城（今山西大同市）人。鲜卑族，北魏第三位皇帝。太宗明元帝拓跋嗣长子，母为明元密皇后杜氏。南北朝杰出的军事家、政治家、改革家、战略家。

拓跋焘少年时就表现出聪明能干、豁达大度的气质。泰常七年（422年），15岁的拓跋焘被封为太平王，立为皇太子，又被授予相国加大将军官衔，管理政事。不久，拓跋嗣患病，便让他统摄朝政，总理政务。泰常八年（423年），拓跋嗣病亡，拓跋焘继皇帝位，第二年改元始光。

拓跋焘继位后重用汉族大臣崔浩、高允等人，整顿吏治，励精图治。拓跋焘善于使用骑兵，亲率大军先后攻灭胡夏、北燕、北凉，伐柔然，征山胡，降鄯善，逐吐谷浑，取刘宋的虎牢、滑台等重镇要地，最终统一中国北方。

拓跋焘继位当年，柔然首领大檀便统率骑兵六万，侵入云中（今内蒙古托克托县），杀人掠地。拓跋焘闻讯后亲自带兵，日夜兼程，只三天两夜即赶至云中。但还没等队伍休整一下，大檀的大股骑兵就扑过来，将拓跋焘的兵马团团困住，里里外外围了50多重。情势十分危急，北魏士卒已恐慌起来。拓跋焘在马背上镇定自若，分划布置。士兵见自己的年轻统帅临危不惧，情绪也很快安定下来。在拓跋焘的指挥下，首先射杀了柔然的前锋部帅。大檀见形势不利，只得率军撤退。第二年，拓跋焘又亲自发兵五路，征讨柔然。为了取得速战速决、出其不意的效果，他果断下令，将军中辎重全部留下，只带15天的干粮，轻骑前进，穿过沙漠出击柔然，大檀闻讯后惊慌失措，率众向北逃窜。这两次北伐虽然并没有使柔然受到致命打击，但使得柔然对北魏的侵扰有所缓和。

　　拓跋焘主动出击柔然，规模最大的一次是在神麚二年（429年）。当时朝廷内外重臣都不同意这次军事行动。张渊、徐辩等以天象不利为理由，预言出征柔然必败。支持他北伐的汉族大臣崔浩，也用天文占卜，逐条反驳张、徐。这时正巧刘宋也准备进犯北魏，拓跋焘当机立断，对大臣们说："刘宋自顾不暇，北犯构不成大的威胁。即便能来，我们若不先将柔然消灭，也会腹背受敌。"下令发兵征伐柔然。这次出击，使柔然大檀措手不及，仓促烧毁帐舍，带着部众向西狂奔。拓跋焘指挥部队，东西5000里，南北3000里，纵横分兵搜讨大檀残部。被北魏前后降服的柔然有30多万家，掳获的马、牛、羊达几百万头。敕勒部（高车部）也有几十万人向北魏投降。这些降附的部落，都被拓跋焘迁到漠南几千里的边境上，在北魏的军事监督下，从事农耕和畜牧。他们每年向北魏缴纳大量贡税，致使北魏毡毛皮货堆积如山，马、牛、羊的价格也大大跌落。北魏统一黄河流域的战争，也在打退柔然之后，达到了高潮。

从光始元年（424年）至太平真君十年（449年）的25年，拓跋焘13次率军进攻柔然，击溃高句丽等柔然附属部落，扩地千余里，后设六镇抵御柔然入侵。终于使柔然"怖成北窜，不敢复南"，"边疆息警矣"。从此之后，柔然一蹶不振。这是继汉武帝重创匈奴之后，中原王朝对北方游牧民族的又一次重大胜利。

北魏的另一大敌夏，是匈奴族铁弗部建立的政权。夏的皇帝赫连勃勃占据关中地区，定都统万（今陕西榆林），是当时势力比较强大的一个政权。始光二年（425年），赫连勃勃死去，夏发生内乱。拓跋焘认为时机已到，于次年（426年）分兵两路攻夏：一路攻长安；一路攻统万。始光四年（427年），魏军攻胡夏首都——统万城（陕西省靖边县白城子）时，拓跋焘将主力埋伏在山谷中，以少量骑兵直抵城下，故意示弱，诱固守之夏军脱离坚城，当夏军出城追逐时，又采纳崔浩分兵潜出袭其后之计，大获全胜，俘虏赫连昌，赫连定继位于平凉。神䴥三年（430年）拓跋焘再攻胡夏，夺取安定、平凉、长安、临晋、武功等地，尽得关中之地。胡夏名存实亡（赫连定在灭西秦之后，被吐谷浑所杀，胡夏灭亡）。

延和元年（432年）后魏攻打北燕，燕主冯弘送小女儿（即左昭仪冯氏）进宫和亲。延和二年（433年）魏朝又攻占了宋、魏之间氐人杨氏建立的仇池国。胡夏灭亡后，北凉向魏国称藩，后魏封北凉国君沮渠蒙逊为凉王。太延二年（436年），魏军攻克北燕国都和龙（今辽宁朝阳），北燕灭亡。

太延五年（439年），拓跋焘亲征北凉，以南凉的最后一代君主秃发傉檀之子秃发破羌为向导，兵不血刃降服北凉诸镇，国君沮渠牧犍在内外交困之下，带文武百官面缚出降，北凉灭亡。

从神䴥四年（431年）到太延五年（439年）的九年中，拓跋焘先后将胡夏、北燕、北凉这三个小国消灭，结束了十六国纷争的混乱局面，将柔然、吐谷浑以外的北方诸胡统一于魏朝大旗之下。

拓跋焘少年嗣位，东征西战，凭着他卓越的军事胆识和政治才能，终于完成了北中国的统一，结束了北方长期分裂割据的局面。

拓跋焘完成了北中国的统一事业后，便着手发展社会经济，建立健全北魏有效的社会制度。在这一方面，他也同样表现出了卓越的政治才能。

拓跋焘首先借重汉族士大夫，帮助他建立有效的政治制度和提倡汉族先进文化。最早为拓跋焘信用的是著名汉人士族清河（今山东临清）人崔浩。在拓跋珪时他随父亲崔宏入魏，经历道武、明元两代，颇得重用，参与北魏朝廷礼仪的制定、策诏的颁发和军国大计的谋划。拓跋焘继位后，对他十分尊重，在东征西伐，统一北方的过程中，一直让他跟随左右，帮助出谋划策。为了求贤纳才，拓跋焘多次下诏各州郡官员，礼贤下士，延请汉族有识之士为北魏政权服务。神䴥四年（431年），拓跋焘下诏说："现在天下基本安定，应该偃武修文，整顿纲纪，我朝思暮想的是如何将埋没在民间的俊才逸士荐举上来。"他在诏书中列出了范阳卢率、博陵崔绰、赵郡李灵、勃海高允、太原张伟等一连串声望卓著的州郡名士，下令让州郡官以礼相待，延请他们到京师，拜为中书博士。第二年正月，拓跋焘又再次下诏，表明自己求贤若渴的迫切心情。到年底时，他得知州郡官员在奉命通知贤良名士进京时，往往有胁迫威逼行为，又特为下诏，告诫州郡官吏在征召士人时要待之以礼，不可强行遣送。这样，在拓跋焘的大力倡导和寻求下，一大批通晓经义、文章冠世的名儒学者，有感于他的诚意，纷纷来到平城。高允曾写了一篇《征士颂》，对拓跋焘统一北国后，偃兵息武，提倡文治，礼贤下士，延请俊秀的做法大加称颂。其中有名有姓有籍的士人，就列举了 34 人，反映了拓跋焘政权人才经济的兴盛景象。

随着北魏入主中原，统一北方，拓跋焘明确意识到：只有通过兴办学校、开馆授经，提高鲜卑族官员的汉化水平，才是接受中原汉族封建统治思想和理论的最有效手段。因而在他继位不久，在南征北讨的同时，于始光三年（426 年），便在京师城东办起了太学，并在学内祭祀儒学祖师孔子和他的弟子颜渊。表明他对以儒学为中心的汉族文化的尊崇。太平真君五年（444 年），拓跋焘又下诏说：北魏长期以来，多因忙于武事而未及文教，不利于整顿乡风民俗和制定行动的规范准则。从现在起，自王公大臣到卿大夫，王公贵族的子孙都要进太学接受教育，学习经史。对于皇位继承人的汉化教育，拓跋焘更为重视。他亲自选派精通经史的儒学大师高允，作为太子拓跋晃的师父。在高允的教授下，太子晃对儒学经史有了很深的造诣，并对汉文化产生了浓厚的兴趣。拓跋晃死后，拓跋焘又聘请名儒李灵教授皇孙拓跋浚。

元嘉二十七年（450 年），北魏南下攻宋，兵马直达长江北岸的瓜步（今江苏六合县东南）。拓跋焘亲临江边，在瓜步山设了行宫，派人向刘义隆奉献骆驼、名马，并再次请求修好通婚。刘义隆也派使臣田奇过江送来奇珍异物。

北魏统一北方后，出任地方官吏的，大多是拓跋贵族。他们没有什么法律观念，平时任意贪污勒索。拓跋焘把修订律法、整顿史治，看作汉化的标志和确立统治秩序的关键。神䴥四年（431 年），他就下诏让司徒崔浩改定律令，20 年后，又命令太子少傅游雅、中书侍郎胡方回等制定律制。拓跋焘平时赏赐的，也全都是真正为国尽忠尽力，舍生忘死之人，至于亲戚宠臣，都不曾赐给多余的物品。

拓跋焘虽然为北魏的武功文治做出了卓越的贡献，但长期的军旅征伐生活及残酷的政治斗争，也养成了他残忍的性格，果于杀戮。拓跋焘晚年脾气暴躁，诛戮过多，常常在杀完人之后后悔莫及。由于刑罚严酷，国内曾经几度政治混乱。

拓跋焘晚年，用太子拓跋晃为副手，总摄国政。拓跋晃聪明干练、为政精察，将国家大事处理得井井有条。但拓跋晃与拓跋焘宠信的一个宦官宗爱以前就有不和，宗爱见拓跋晃日得拓跋焘的信任，害怕以后拓跋晃登上帝位后对自己不利，就常常在拓跋焘面前说太子为了早日登基，密谋杀父。拓跋焘虽然信任太子，但这种性命攸关之事，岂肯马虎，一怒之下，便将拓跋晃手下的十几个帮助处理政务的大臣全部处斩。害得拓跋晃一惊之下，日夕恐慌，卧病不起，正平元年（451年）六月竟然病殁了。拓跋晃死后不久，拓跋焘查知并无反叛之事，知道太子无罪，很为他的早逝悲伤，追谥拓跋晃为景穆太子，又封拓跋晃的儿子为高阳王，对他格外钟爱。正平二年二月初五（452年3月11日），宗爱怕被太武帝诛杀，便暗自设计，趁拓跋焘酒醉独卧永安宫之时，将其勒杀。拓跋焘享年45岁，在位29年，葬于云中金陵，庙号世祖，谥曰太武皇帝。

北魏孝文帝拓跋宏

魏孝文帝拓跋宏（467—499年），又名元宏。献文帝拓跋弘的长子，生母李夫人。北魏第七位皇帝。中国历史上杰出的少数民族政治家、改革家。

孝文帝生于一个动荡的年代。淝水之战后前秦瓦解，鲜卑拓跋氏的代国乘机复国，改国号为魏，史称北魏。439年，北魏终于统一了黄河流域。北魏统一黄河流域后，那里出现了民族大融合的趋势，进入中原的少数民族逐渐放弃了游牧生活，成为农业居民。但是，北魏统治还不稳定，各族人民不断发动武装起义，反抗北魏的残暴统治。北魏统治阶级内部矛盾斗争也十分激烈。

孝文帝是由祖母冯太后培养长大的。冯太后对孝文帝要求十分严格，督促他认真学习儒家经典著作，认真总结汉族封建帝王丰富的统治经验。从486年起，在冯太后指导下，孝文帝开始处理国家大事。

北魏建立以来，对文武百官，不给俸禄，任凭他们去贪污掠夺。因为鲜卑拓跋部本是一个野蛮的好战集团，一走上历史舞台，便以战争掳掠为业。当鲜卑拓跋部统治了广大经济文化较先进的地区后，战时的掳掠方式便以平时贪污的形式继续下去。史书记载："魏百官不给禄，少能以廉自立者"，"唯取于民"。有一次拓跋焘要出征，让公孙轨负责向老百姓征调驴子，用来驮运军粮。公孙轨竟然下令，每头驴另加绢一匹。验收时，只要驴身上束着一匹绢就算合格，所以当时人说："驴无强弱，辅脊（背着绢）自壮（就算壮的）。"这个公孙轨，贪污成性，刚做官时，"单马执鞭"而来，卸任回家时，竟然是"从车百辆，载物而南"。官吏的贪赃枉法加重了人民负担，激起了人民反抗，威胁着北魏的统治。于是孝文帝改革首先是以"班禄"作为突破点的。

太和八年（484年），孝文帝开始"班百官之禄，以品第为差"，对官吏实行俸禄制。同时规定："户增帛三匹，粟二石九斗，为官司之禄。"为禁止贪污，制定了严惩的法律，"赃满一匹者死"。

拓跋宏像

俸禄制的实行，增加了人民赋税负担，但比以前任凭官吏恣意贪污、掠夺来说，对人民是有利的，因而遭到一批鲜卑贵族顽固派的抵制和贪官污吏的反抗。但孝文帝毫不手软，3个月内先后因贪污被治罪处死的就有40多人。有一个叫李洪之的官员，因贪污被押到平城，孝文帝亲自审问后赐死。这人自称是孝文帝的舅公，是显室贵戚。虽然事后孝文帝向一些大臣透露，说这个舅公是冒牌的，但在当时震动确实不小。此后，北魏的吏治出现了一个较为清明的时期。

十六国时期，中原的生产受到极大的破坏。北魏统一之后，生产有了恢复，但速度很慢。"良畴（田）委（被抛弃）而不开（耕种），柔桑枯而不采"，就是这一情况的真实写照。

北魏统一黄河流域后，坞壁主继续扩大对荫户的占有，使朝廷收入受到影响，中原地区自耕农的破产、流散，也使阶级斗争激化，加深了北魏的政治危机。

强大的政权力量和中原大量存在的荒地，劳动力与土地分离，有权和占有权混乱。为北魏提供了推行均田制的主观力量与客观条件。于是，太和九年（485年），孝文帝颁布了均田令。均田令规定：男夫15岁以上授露田40亩，桑田20亩；妇人授露田20亩；奴婢与平民一样授田。4岁以上的耕牛，一头授田30亩，限4牛。所授露田，基本上是无主荒地，如是休耕一年的，多授40亩；休耕2年的再多授40亩。露田不准买卖，身死或年逾70岁者，必须归还政府。桑田为世业田，不再还给政府，但要在三年之内种上规定的桑、榆、枣树。田地不足的地区，居民可以向空荒处迁移，迁往他郡。

孝文帝实行的均田制，是北魏早先实行的"计口授田"的推广和发展。它只限于在政府控制的无主荒地上实行，并不侵犯地主已占有的土地，而且还通过奴婢和耕牛授田，使地主比贫苦农民拥有更多的田地。均田制的推行有利于北魏中央政府力量的加强，促进了荒地开垦，对恢复和发展农业生产起到了积极的作用。

太和十年（486年），孝文帝又颁布了三长制。三长制规定：五家立一邻长，五邻立一里长，五里立一党长。"三长"的职责是检查户口、征收租税和征发徭役，它是北魏的基层政权组织。三长制与均田制相辅而行，加强了政府对人民的控制，同时也通过清查户籍，与豪强地主争夺劳动力、争夺人口，使向政府纳税的户口大大增加，相对地减轻了每户农民的负担。三长制实行后，北魏政府颁行了新的赋税标准，一夫一妇每年出帛一匹、粟二石。农民比过去的赋税负担确实减轻了不少。

太和十四年（490年），冯太后病逝，孝文帝亲政。为了加强对中原地区的统治，接受汉文化，消除鲜卑族和汉族间的隔阂，以便进一步拉拢汉族地主士大夫，巩固北魏的统治，孝文帝决心把都城从位置偏北的平城（今山西大同）迁到中原的洛阳。

孝文帝知道迁都一事必然会遭到贵族大臣们的反对，于是他便把文武大臣召集起来，声称要亲自率军进攻南齐。这时，以任城王拓跋澄为首的文武大臣信以为真，纷纷表示反对。孝文帝假装生气说："国家是我的国家，你想阻挠我用兵吗？"任城王拓跋澄也毫不示弱，反驳说："国家是陛下的国家，但我们是国家大臣，明知用兵危险，哪能不讲？"退朝后，孝文帝单独把拓跋澄传到宫中，给他讲了他明为南伐，实是迁都的打算，拓跋澄恍然大悟。于是，在以后的议论时，便积极支持孝文帝"南伐"。

太和十七年（493年），北魏孝文帝亲自率领步骑30万，大举南伐，走到洛阳，正好碰上秋雨连绵，道路泥泞，行军遇到极大困难。多数大臣主张回师平城，孝文帝执意不肯，坚持南进。九月的一天，孝文帝全副戎装，骑在马上，下令三军往南进发。大臣们跪在马前，叩头谏止进军。孝文帝满面怒容，对这些人说："我要统一天下，你们这帮人却屡次阻挠大计。谁再说，就治谁的罪。"说完就整一整马鞭，仿佛要出发了。一个叫拓跋休的鲜卑贵族，仍然跪在那儿，一动也不动，一把鼻涕一把泪地劝阻皇帝不要南进。这时，孝文帝表情缓和，用商量的口气对群臣说："这次出兵，劳民伤财，不可无功而返，不南进，便迁都。你们赞成吗？赞成的站在左边，不赞成的站在右边。"大臣们知道当时南伐危险，于是尽管有的内心不赞成迁都，也站在了迁都这一面。迁都一事就这样定下来。孝文帝又派任城王拓跋澄回到平城，说服贵族们同意迁都。第二年，孝文帝又亲自回平城，给那些不愿意迁都的王公贵族做了大量说服工作。不久，就正式迁都洛阳。洛阳是当时中原地区政治、经济、文化中心，迁都洛阳对北魏和拓跋族的发展，都具有很大的意义。

迁都之后，从平城迁到洛阳的人，叫作"代迁户"，总数约100万人。一部分拓跋族人民便在中原定居下来。迁都后，摆脱了贵族传统保守势力的影响，北魏的汉化改革更广泛，更迅速了。太和十八年（494年），孝文帝下令禁止鲜卑服装，要求鲜卑人改穿汉服。有一次，孝文帝在洛阳街上看到一个鲜卑妇女坐在车上，仍穿着鲜卑服装。于是在群臣朝见时，孝文帝责备任城王拓跋澄督察不严，奉行命令不力。

鲜卑服装

公元495年，孝文帝又下令禁止鲜卑族讲鲜卑语，一律改说汉话。规定朝臣不准讲鲜卑语，30岁以上一时难改，讲鲜卑语可以不予处罚；30岁以下，必须讲汉语，否则要降职。后来，又进一步规定，谁在朝中讲鲜卑语，就要撤职。鲜卑姓氏多为复姓（音译），为了消除姓氏上的胡汉差异，北魏孝文帝在公元496年下令改拓跋氏为元氏，北魏所统部落的复姓，也同时改为单姓，如穆陵氏改为穆氏，步六孤改为陆氏，独孤氏改为刘氏等。孝文帝还规定"代迁户"都在洛阳落籍，死后要葬在北邙山（今洛阳的北面）。孝文帝还鼓励鲜卑族与汉族通婚，他自己身体力行，娶崔、卢、郑、王汉族四大姓的女子入宫，又为他的5个弟弟娶汉族大姓女子做正妻。他的女儿也嫁给汉族大地主，如范阳卢氏，一家就娶了三位公主。政治利益进一步把鲜卑统治者和汉族高门地主联结在一起了。

历史上任何一次改革都不会是一帆风顺的，都要经过激烈的斗争。孝文帝改革也是如此。孝文帝的太子拓跋恂，不喜读书，喜欢马背上的生活，认为放弃马背上生活，南迁中原，就会使鲜卑人失去剽悍善战的性格和习惯。他年纪轻轻，但受保守派影响极深，对孝文帝改革极为不满，经常偷偷穿胡服，又埋怨洛阳太热，老想回平城去。太和二十年（496年）八月，孝文帝到嵩山巡视，太子恂乘机跟他的亲信密谋，准备带一批人马返回平城。孝文帝知道这个消息后，立即返回洛阳，把太子恂囚禁起来，后来又废掉他，并派人用药酒毒死他。同年冬天，鲜卑贵族穆泰等人秘密联合一些将领，发动叛乱，在平城起兵，计划立阳平王拓跋颐为皇帝。孝文帝火速派任城王拓跋澄平息了这场叛乱，保证了改革的顺利进行。太和二十三年（499年），孝文帝在南征返回归途中染病，英年早逝，年33岁。

孝文帝是我国历史上一位

魏孝文帝陵

杰出的皇帝，他对我国多民族国家的形成和发展做出了卓越的贡献。

北齐文宣帝高洋

齐文宣帝高洋（526—559年），字子进，鲜卑名侯尼干，原籍渤海蓨县（今河北景县），因生于晋阳，一名晋阳乐。北齐神武帝高欢次子，文襄帝高澄同母弟，孝昭帝高演、武成帝高湛同母兄，母亲为娄昭君。南北朝时期北齐开国皇帝。

高洋幼时其貌不扬，沉默寡言，其实"神采英畅，言辞敏洽，公明刚断，雄才大略"，虽常被兄弟嘲笑或玩弄，但其才能甚得父亲高欢的欣赏。高洋的韬光养晦，不仅成功化解了高澄对他的猜忌，保护了自己，也几乎瞒过所有的臣僚。

东魏孝静帝天平二年（535年），高洋被授为散骑常侍、骠骑大将军、仪同三司、左光禄大夫、太原郡开国公。孝静帝武定元年（543年），又加侍中，次年，迁移为尚书左仆射、领军将军。之后高洋一直被其兄高澄把持下的东魏朝廷重用。武定五年（547年）正月，其父高欢去世，高澄接手朝政，高洋被授为尚书令、中书监、京畿大都督，高澄、高洋兄弟牢牢把握住了东魏的政权。

武定七年（549年），年仅29岁的大丞相高澄被他的厨奴刺死，事出仓促，朝中一片混乱。

这时，19岁的高洋挺身而出，雷厉风行，一方面亲自指挥卫队，搜捕刺客；另一方面亲理朝政，大小军事之事，井然有序。混乱的政局又得到控制。魏孝静帝元善见此只好封他为丞相、齐王。高洋继承父兄职位后，一心想将东魏取而代之。当时，他的心腹高德政、徐之才、宋景业等人都敦促高洋尽早登基，但反对高洋"禅让"的人也很多。

为了尽量争取到一些当朝大臣的支持，高洋特派高德政去都城探探大臣们的意向，结果是大臣们一个个王顾左右而言他。高洋心急如焚，也等不及高德政回话，径自率领大军向首都挺进。既然文取不行，只好以武力相逼了。

武定八年（550年）五月，高洋一到邺城，就派司空潘乐，侍中张亮、黄门侍郎赵彦深等人去见孝静帝，要他遵循天意，仿效尧舜，禅位给齐王。孝静帝无奈，只得含泪在禅位制书上签了名，又与嫔妃告别之后，即被赶出皇宫。高洋遂登基称帝，年号天保，国号齐。

高洋统治时期，东西方之间基本趋于平安无事，南北之间却时常烽火遍野。

天保六年（555年），南梁大将王僧辩在内讧中被陈霸先谋杀，王僧辩外甥徐嗣先闻讯后愤愤不平，秘密串通谯州（今安徽蒙城）、秦州（今江苏六合）刺史徐嗣徽和南豫州（今安徽当涂）刺史任约，将所辖各州献给北齐。他们乘陈霸先离开首都建康（今江苏南京市）去义兴（今浙江宜义）的机会，率领5000精兵偷袭建康，血战一天，攻下了建康城郊的石头城。高洋知道后大为高兴，立即派出5000精兵渡过长江，声援徐嗣徽等人，南梁局势一时十分危急。

陈霸先匆忙赶回建康，和群臣商议后便对北齐发起了反攻。陈霸先命令大将侯安都进攻秦州，徐嗣徽大败，秦州城重新被南梁收回。陈霸先率领大军将石头城包围得水泄不通，石头城顿时成为一座孤城。城内北齐兵坚持不到几天，粮食和淡水都严重缺乏，水上涨到一升水换一匹绢。北齐大将达摩见势不妙，便请求与南梁讲和，并且主张互换人质。陈霸先一开始不答应，但南梁的多数大臣都主张尽快讲和，并要求陈霸先把自己的侄子陈昙朗当作人质。陈霸先迫于压力，便戎装率兵和北齐大将达摩订立了城下之盟，双方交换人质，疲惫不堪的北齐兵日夜兼程，逃回中原。高洋见达摩灰溜溜回来，不由分说，把达摩斩首。北齐兵休养一段时间后，天保七年（556年）三月，高洋委派肖轨、库狄伏连、尧难宗、东方老等大将率领10万大军向南梁扑去。北齐兵一路势如破竹，一直南下攻入南梁首都建康郊外的倪塘。南梁大将陈霸先、周文育、侯安都等人匆忙应战，结果北齐大败，北齐将领乞伏天劳被俘。北齐军被迫往后退到玄武湖一带，两军一时又处于对峙状态。

北齐军本想好好休养几天再战，不料连日大雨，平地涨水10多丈，军营全被大水浸湿，士兵无奈，只好日夜蹲在泥泞之中，很多士兵手脚开始溃烂。南梁由于北齐在长江以北布满防线，以致粮食无法运送到建康城内，城内士兵饥寒交加，大多甚至连拿起武器的力量都没有了。陈霸先急中生智，派人从郊外农户中搜刮出几千只鸭子，下令将士每天都以鸭子为食。三天以后，陈霸先主动发起进攻，数千北齐士兵被杀，其余仓皇败逃，人马相践，不计其数。北齐大将肖轨、东方老、王敬宝等将帅46人被俘。往北败逃到长江南岸的北齐士兵相互争抢竹筏，由于所载超重，竹筏一到江中就解体沉没，士兵数以万计淹死。一时之时，长江南北布满尸体，船只无法航行。高洋一时怒起，将南梁人质陈昙朗杀死，以解心头之怒。平静后又认识到自己实力确实难以制服南梁，因而在高洋在位期间，再也没有发生过类似的战争。

河北北齐帝陵墓壁画

高洋继位六七年后，随着四邻安定，大权统摄，意志开始松弛，由勤勉走向荒淫、暴虐。高洋常常涂脂抹粉，穿着妇女的衣服在大街上招摇过市；或者招纳一大批妇女进宫，供自己和亲信日夜放纵。高洋到晚年十分暴虐，最喜欢杀人取乐。高洋想起自己虽然代魏建立了北齐，但北魏的皇族元氏还大量存在，他觉得这是一个隐患，便下诏将姓元的全部杀死。前后杀害721人，甚至连婴儿也不放过，放纵士兵用长矛将婴儿挑起，扔向空中作乐。元氏尸体全都扔进漳河，结果漳河两岸捕鱼的人剖鱼的时候常常发现鱼腹中残留人的脚趾甲，恶心得漳河两岸的居民很久都不敢再吃鱼。

高洋晚年由于过于荒淫、暴虐，身体虚亏，结果在天保十年（559年）十月暴病而亡，时年31岁。葬于武宁陵，谥号文宣帝，谥曰文宣皇帝，庙号威宗。武平初年，又改谥号为文宣，庙号显祖。

北周武帝宇文邕

北周武帝宇文邕（543—578年），小字祢罗突，汉化的鲜卑族，祖籍代郡武川（今内蒙古武川西），生于同州武乡（今陕西大荔）。北周文帝宇文泰第四子，周孝闵帝宇文觉和周明帝宇文毓异母弟，母文宣皇后叱奴氏（叱奴太后）。南北朝时期北周第三位皇帝。

宇文邕自幼聪明机智，文静恬雅。12岁那年，宇文邕就被封为辅城郡公。在他的同父异母兄长宇文觉、宇文毓当北周皇帝时，他历任大将军、柱国、大司空、治御正等职，并被封为鲁国公，晋位柱国。武成二年（560年）四月，明帝被大冢宰宇文护毒死，遗诏让宇文邕继承帝位。这样，宇文邕就当了皇帝，他就是历史上有名的北周武帝。

宇文邕是深谋远虑的聪明人，他没有忘记两位兄长当皇帝的悲惨下场，知道自己刚刚登基，没有力量与宇文护较量，只有以屈求伸，从长计议。因此，他决定尽最大努力与宇文护合作，取得信任。于是，他以大冢宰宇文护都督中外诸军事，下令中央各部门都归宇文护统辖，事无巨细，一律由宇文护先处理后报告；又下令诏书及一切文书都不得直呼宇文护之名，以示尊崇。

宇文邕决定集中精力搞好内政，增强国力，消灭北齐，统一北方。当时北齐的政治十分昏暗，皇帝大臣们只顾淫乐，不理朝政，国家形势江河日下，渐渐失去了经济上和军事上的优势；老百姓更是苦不堪言，渴望统一，过上安稳的生活。武帝见是消灭北齐的好机会，便派人用重金买通北齐境内的一些官民作为奸细，刺探北齐的军事情报。为了争取与突厥联兵伐齐，又派杨荐、王庆去向突厥首领木杆可汗俟斤联络，要求娶木杆的女儿阿史那氏为皇后。北齐得知这一消息后非常恐惧，急忙派出使者携带重金也去向突厥求婚。木杆可汗贪图北齐的钱财，准备把杨荐和王庆扣押起来交给北齐处置。幸亏杨荐临危不惧，陈述利弊，说得木杆可汗理屈词穷，才改变了主张，答应与北周联合攻打北齐。保定三年（563年）十月，北周派杨忠率领一万骑兵与突厥联军从北路伐齐，大将军达奚武带领三万步骑从南路包抄，两军定于晋阳（今山西太原）会师。杨忠率领的北军英勇善战，所向披靡，接连攻克北齐20多城。可惜在攻打晋阳时，突厥军见齐军势盛，不肯交战，率先撤退，以致周军失利。南路周军闻讯后也只好退兵，第一次大规模的伐齐战争失败了。

这次败仗使武帝宇文邕感到非常惋惜，他想立即组织兵力再伐北齐，可是，掌握国家实权的宇文护却不那么积极了。原来，宇文护母子和姑姑都生活在晋阳地区。永定元年（530年），宇文护被叔父宇文泰召进关中从军，他母亲和姑姑仍居住在晋阳。北魏分裂以后，晋阳就在北齐的控制之下。宇文护掌权以后，多次派人打听老人家的消息，可一直杳无音信。这次战争结束以后，北齐听说北周还要进攻他们，就以放还宇文护的母亲和姑姑为条件，要求北周停战议和。宇文护同意了他们的请求，于是，北齐放还了宇文护的姑姑和母亲。可是事不凑巧，正在这时突厥主动找上门来，约北周联合伐齐。宇文护本来不愿背信弃义再出兵攻打北齐，可是又不敢得罪突厥，只好硬着头皮征集府兵及地方兵共20万人，于保定四年（564年）十月，浩浩荡荡地开赴前线。

北周军出师以后，立即拉开了百里战线，全面进击，主攻洛阳。但洛阳城戒备森严，无法攻破。北周军便堆土山，挖地道，寻找突破口。这样，洛阳城被围困了一个多月，双方都没有什么进展。北齐派大将军斛律光等领兵前来救援，可是他们惧怕北周军，不敢靠近。北齐又派并州刺史段韶率领1000精锐骑兵从晋阳出发营救洛阳，他们行军到太和谷一带与北周兵相遇，双方交火后周军死伤惨重，围攻洛阳的北周军也被迫退还。第二次大规模的伐齐战争又以失败而告终。

武帝开始解决宇文护的问题。宇文护自宇文泰死后，一直大权在握。他自恃是皇兄、开国元勋，越来越飞扬跋扈。武帝知道时机已经成熟，便秘密与卫公直及右宫伯大夫宇文神举、内史下大夫王轨、右侍上士宇文孝伯等谋划干掉宇文护。建德元年（5722）三月的一天，宇文护从同州返回长安。武帝在文安殿见过之后，又带宇文护去拜见太后，趁其不备，在他身后抢起玉珽，对准其头部猛然一击，宇文护应声倒地。武帝又令长孙览等火速行动，把宇文护的儿子、兄弟及亲信斩尽杀绝，于是，武帝开始亲揽朝政。

亲政以后，武帝把注意力集中于国内调整，发展生产，吸收均田农民充当府兵，扩充军备，加强实力。

魏晋南北朝以来，宗教的势力在中原地区不断扩大，尤其是佛教更为突出，全国有寺院1万多所，僧尼100多万，占全国人口的1/10，占用大量的劳动人手和土地资源，给社会生产和国家兵源造成了严重危害。佛教信徒充斥着社会各个阶层，武帝的父亲宇文泰和哥哥宇文觉、宇文毓都是佛教信佛，武帝小时候受到家庭环境的熏陶也是信徒。天和二年（567年），大臣卫元嵩以齐、梁为例说明佛教给国家造成的灾难，建议武帝灭佛。武帝对佛教的看法开始有了转变。

建德二年（573年），关中发生严重天灾，粮食极端紧张。武帝下令不论公私道俗，凡积存粟麦者，只准留下口粮，其余一律出卖。可是，本应行善的僧徒们非但不去赈济灾民，反而大放高利贷，牟取大利。使武帝痛感灭佛已是当务之急。同年十二月，武帝再次召集群臣、僧徒和道士辩论三教优劣，确定儒教为先，道教为次，佛教为后，为灭佛弹出了前奏曲。经过几个月的准备之后，武帝决定采取行动，"求兵于僧众之间，取地于塔庙之下"，大举灭佛。建德三年（574年）五月，下令禁断佛、道二教，没收寺院财产充作军费，摧毁佛教、经卷，近百万僧尼还俗从事农业生产，增加了国家的财政收入，又将其中适龄壮丁编入军队，扩大府兵，强化了北周的经济和军事实力。接着，武帝又把目标转向了统一大业。

宇文邕像

建德四年（575年）七月，武帝正式下诏讨伐北齐。他动用了18万大军开赴齐境，以王纯、司马消难、达奚震为前三军总管，宇文盛、侯莫陈崇、宇文招为后三军总管，宇文宪、杨坚等领兵重点出击，向北齐全面推进。武帝亲自率领六万军队直趋河阴（今河南孟津县）。北周军纪严整，禁止官兵在北齐境内践踏庄稼、砍伐树木、抢掠民财，违令者一律斩首。不久，北周攻下河阴、洛口（今河南巩县）

和河阳（今河南孟泽县）等地，在攻打潬城（今河南孟津县）时受阻。武帝心急如焚，忽然生起病来，不得不退兵回长安疗养。于翼、宇文宪等将领虽然接连攻克了北齐30多城，最后也都弃守回师。

这次出征虽然没有达到灭齐目的，但却大大挫伤了北齐的元气，也使武帝清楚地看到北齐已经没有力量与北周抗衡了。第二年（576年）十月，武帝再次亲自出征北齐，命宇文盛、宇文亮、杨坚等为右三军，宇文俭、窦泰、丘崇等为左三军，宇文宪、宇文纯为前军，共14.5万人攻打平阳（山西临汾），很快攻下平阳城，建德六年（577年）正月，北周攻下邺城，齐主逃往青州，被周师追及，当了俘虏，北齐正式灭亡。武帝终于实现了多年的夙愿，统一了北方，为隋朝统一全国奠定了基础。

灭掉北齐以后，武帝并没有居功自傲。他仍然致力于北周朝政。他在北齐地区继续推行灭佛政策，使整个中原地区4万余所寺庙全部成为王公宅第，300余万僧徒统统成了政府编户百姓，当兵的当兵，务农的务农。他下令放免奴婢和杂户，提高了他们的生产积极性。他还提倡节俭，经常穿布制的皇袍，盖布被，取消了皇宫中那些华丽的装饰品。并削减宫女，后宫只留皇妃等10人。

宣政元年（578年）五月，因突厥骚扰北周边境，武帝亲自率军讨伐。多年的战争使武帝积劳成疾，在行军途中不幸病倒在云阳宫。他预感到自己难以康复，便下令火速召见宗师宇文孝伯，叮嘱后事。当夜，他授宇文孝伯为司卫上大夫，统帅宿卫军，负责镇守京城，以备不测。后来，武帝的病情不断恶化，六月去世，终年36岁。传位长子宇文赟。葬于孝陵，庙号高祖，谥号武帝。

第四章

隋唐五代时期的著名皇帝

第一节　隋代著名皇帝

隋文帝杨坚

隋文帝杨坚（541—604 年），弘农郡华阴（今陕西省华阴市）人，汉太尉杨震十四世孙。隋朝开国皇帝，中国古代著名的政治家、战略家。

在南北朝期间，弘农华阴（今陕西省华阴东）有一个世代为官的杨家。公元 541 年的一天，杨府上下喜气洋洋，一派热闹非凡的景象，车水马龙，贵客盈门，贺声不断，原来杨府正在设宴庆贺主人杨忠喜得贵子。这孩子相貌不凡，杨忠越看越喜欢，给他取名叫杨坚。

家境的优越和门第的显赫，使杨坚从小就在文武两方面受到良好教育。加上他好学上进，聪明伶俐，很快就成为武艺高强、文思超群的人物。

杨坚 14 岁步入仕途，被授官散骑常侍、车骑大将军、仪同三司，封成纪县公，16 岁时，被提升为骠骑大将军，备受周太祖宇文泰的器重。

他逢人便夸杨坚："这个年轻人相貌非凡，不能等闲视之。"周武帝时，杨坚晋位大将军，袭爵隋国公。周宣帝时，因为杨坚的女儿是宣帝的皇后，他被拜为上柱国、大司马。

隋文帝杨坚手迹

杨坚不仅是关陇集团中掌握实权的大将军，同时，他也是备受尊敬的皇亲国戚。他的妻子是鲜卑贵族独孤信的女儿，自己的女儿是当朝的皇后。不久，皇后的孩子宇文阐落世。周宣帝病死后，由宇文阐继位，史称周静帝。其时，周静帝年方8岁，自然不能理朝事，杨坚以皇帝外祖父的身份，入宫辅佐小皇帝。他自封为左大丞相，总揽军政大权，实际上这时的杨坚已经是权势上无人能及的显赫人物。

隋朝建立伊始，举国上下，百废待兴，隋文帝一方面大胆改革前制，采取经济措施刺激经济发展，发展生产力；另一方面积极准备，着手统一南方。

开皇元年（581年），杨坚首先废止了北周官制，建立了三省六部制。三省即是尚书省（管理全国政务）、内史省（起草诏令）、门下省（审查政令及封驳）。在尚书省下，分设吏、礼、兵、都官、度支、工部。六部尚书分管全国各种政务，由此加强了中央的集权。值得一提的是，这种制度基本上为后来的唐、宋、元、明、清各朝所承袭，影响极其深远，也足见隋文帝的政治水平之高。此后，又改地方官制为州、县两级制，取消了不少州县，裁减了许多冗官，节省了朝廷开支，提高了办事效率，同时还改革了府兵制。府兵可以按均田令保存自己的土地或领受一份田地，故而扩大了兵源，巩固了王权。

隋文帝在采取一系列政体改革的同时，尤其注重了法律的建设。

称帝之初，隋文帝便令人参考魏晋旧律，制定新律，便产生了影响深远的《开皇律》。此律较之以前律法，刑罚有所减少，取消了各种酷刑，且有利于百姓上告、诉讼。删除苛酷条文，除死罪 81 条，流罪 154 条，徒杖等上千条。隋文帝规定，百姓上告冤情，县官不处理，可以越级上告，直至中央。还规定，各地死罪犯人必须送大理寺复审，地方不得处决。由于隋律在制定上多少注意了"以轻代重，化死为生"的精神，较之以前还是有进步意义的。这些对百姓有一定的好处。

此外，隋文帝为了限制士族门阀的权势，于开皇元年实行科举，用分科考试的办法选择官员，大大加强了中央集权。为了尽快恢复经济实力，隋文帝实行了分官井给贫人以助生产的办法，并颁布了均田和租调的新令等。这在一定程度上减轻了百姓负担。经过这一系列的改革，整个北方的局面基本上安定了下来，生产力得到一定发展。

为了保证国家的长治久安，隋文帝不得不对来自北方突厥骑兵的扰掠和南方陈朝的势力动用兵戈。约用了 5 年的时间，才基本消除了来自北方的威胁。下一步便是统一中国！

统一中国，最大的障碍是南方的陈朝。当时，陈朝统治着中国南方的大部分领土。自从西晋以来，北方人大量南迁，他们和当地人民共同努力，使南部地区迅速发展起来，具备了相当的经济实力。可是，陈朝的末代皇帝陈后主，是一个不折不扣的昏君。他骄奢淫逸，不理朝政，一心想做一个"无忧天子"，整日沉湎于酒色之中。对陈后主及其统治集团的昏庸无道，广大的百姓早已深恶痛绝。因此，隋军伐陈可以说是顺应了民意。

开元八年（588 年）二月，隋文帝下诏伐陈，晋王广、秦王俊、杨素任元帅分路进兵。年末隋军 50 万人马分八路攻陈。在隋军的步步紧逼下，陈后主依然我行我素。对于边关将士的告急，他说："王气在此，齐兵三来，周师再来，无不摧败。今隋军前来，彼何为者？"他非但不加强防备，而且照样整日歌舞升平，饮酒作乐。

开皇九年（589年）正月，正当陈朝皇宫中灯火辉煌，饮酒狂欢时，隋军已兵临城下。不久，陈后主主动降隋。隋朝得州30个、县400个、户50万。至此，西晋以来持续300年的南北分裂局面宣告结束。

隋文帝杨坚自落世以来，便被荣华富贵所包围。特别是后来一统天下，成为新朝帝王，倘若要想奢侈、挥霍，是大有条件的。可是，他却是勤奋从政，倡导节俭，且身体力行的少有的帝王。

隋文帝在即位之前，对治国之难和民心的重要性体会颇深。建国之初百废待兴，民众之贫困，使他像历史上许多初创基业的君主一样，体察民情，勤俭治国。

隋朝建立后的一年，关中地区发生天灾，民不聊生，粮食不够吃，人民生活异常艰辛。当隋文帝从探报那里听说，当地百姓因为没有粮食，只得以豆皮、杂糠充饥后，他马上命侍从将自己的饭菜撤下，并声明自此以后，给他上饭不得有酒、肉。对于一个封建帝王而言，尽管这种做法的目的不外乎争取民心，可是，就做法本身而言，隋文帝堪称明君。

隋文帝不爱豪华，被当今史家称为中国历史上以节俭著称的帝王。据说，隋文帝的衣服，大都是用布帛做成的。他不仅很少穿绫罗绸缎，而且也反对别人给他送这类东西。有一次，扬州刺史将当地出产的名贵绫文布上贡，便着实激恼了隋文帝。在众朝臣面前，他命令侍人将这些布在殿堂上烧掉，以表决心。

隋文帝特别制定了奖罚官吏的办法。

隋文帝像

他经常派人巡察内外官吏，发现贪赃枉法者便严加制裁；对于表现较好的官吏，则给予奖赏。对于自己的孩子，他的要求也很严格。隋文帝的儿子杨俊，就是因为生活奢侈，私造宫室，被他发现，而下令禁闭的。

开皇二十年（600年），隋文帝发现太子杨勇奢侈好色，便将其废黜，立杨广为太子。有一次，他看到杨勇有一副相当精致的铠甲，上面镂花镌纹，备受杨勇喜爱。他不以为然地对杨勇说："自古以来，没听说奢侈腐化能够长治久安的，你身为太子，要注意节俭。"同时，他还把自己的旧衣服送给杨勇。可惜，杨勇根本听不进去父皇的教诲，最终被赶出了太子府。

隋文帝对六宫嫔妃也有一条极特别的规定，即是要穿洗过的衣服，衣服破了，补好后接着穿。同时，他自己带头节俭，平时吃饭，他最多只允许上一个好菜。由于隋文帝自己节俭清正，隋朝早期的政治风气也颇为廉正。一时间朝野上下崇尚节俭的风气甚浓，老百姓也受益不小。

在隋文帝的后期，整个国家民富国强，人口大增，粮仓丰足。可惜隋文帝后来逐渐变得独断专行，主观武断，这些都为隋朝的过早灭亡埋下了祸根。

仁寿四年（604年），杨坚患病住在仁寿宫，尚书左仆射杨素、兵部尚书柳述、黄门侍郎元岩都进入仁寿宫侍病。杨坚召杨广入内居昆住在大宝殿。杨广考虑到如果杨坚去世，必须预先做好防备措施，他亲手写了一封信封好，派人送出来询问杨素。杨素把情况一条条写下来回复杨广。宫人误把回信送到了杨坚的寝宫，杨坚看后极为愤怒。天刚亮，宣华夫人出去更衣，被杨广所逼迫。宣华夫人拒绝了他才得以脱身。她回到文帝的寝宫，杨坚奇怪她神色不对，问什么原因，宣华夫人流着泪说："太子无礼！"杨坚愤怒，捶着床说："这个畜生！

怎么可以将国家大事交付给他！独孤误了我！"于是他叫来柳述、元岩说："召见我的儿子！"柳述等人要叫杨广来。杨坚说："是杨勇。"柳述、元岩出了杨坚的寝宫，起草敕书。杨素闻知此事，告诉了杨广。杨广假传杨坚的旨意将柳述、元岩逮捕，关进大理狱。他们迅速调来东宫的禆将兵士来宿卫仁寿宫，宫门禁止出入，并派宇文述、郭衍进入调度指挥；命令右庶子张衡进入仁寿宫侍候杨坚。后宫的人员全被赶到别的房间去。随后，杨坚在大宝殿驾崩，在位 23 年，终年 64 岁，庙号高祖，谥号文皇帝，葬于泰陵（今天陕西省杨陵区城西 5 千米处）。

隋炀帝杨广

隋炀帝（569—618 年），名广，又名英，小字阿摩，13 岁时被封为晋王，在南下灭陈和抵御北方突厥的过程中，他立有大功，并笼络了一批人才，一心要取代兄长杨勇的太子地位。由于杨勇生活奢侈，渐渐失去了隋文帝的欢心。杨广就迎合文帝的心意提倡节俭，伪装出生活俭朴、不好声色的样子。每当文帝到他府中，他就把浓妆艳抹的姬妾锁进里屋，而在王府中安排几个又老又丑的妇人，还故意将乐器的弦弄断，在乐器上布满灰尘，放置在引人注目的位置上，让文帝相信自己是一个很俭朴的人。

他还假装有仁爱之心，骗得文帝的信任。其中有一次，在与文帝外出狩猎时，正逢大雨。侍卫给他送上油衣（雨衣），他拒绝着说道："兵士们都在大雨中淋着，我一人岂能穿上独自避雨呢？"文帝听到后以为杨广具备仁爱之心，日后能成大事，更加喜爱，与此同时，杨广又勾结和杨勇不和的越国公杨素，在文帝和独孤皇后面前极力中伤杨勇，诬陷杨勇在文帝生病期间，说他盼望父皇快死。文帝听后逮捕了杨勇，于开皇二十年（600 年）废为庶人，改立杨广为太子。

仁寿四年（604年）七月，文帝病重卧床，杨广认为登上皇位的时机已到，迫不及待地写信给杨素，请教怎样处理将要到来的文帝后事。不料送信人误将杨素的回信送给了文帝。文帝读后大怒，马上宣召杨广入宫，要当面责问他。此时，宣华夫人衣衫不整地跑进来，哭诉杨广乘她换衣时无耻地调戏她，使文帝更醒悟到受了杨广的蒙骗，拍着床大骂："这个畜生如此无礼，怎能担当治国的大任，皇后误了我的大事。"急忙命在旁的大臣柳述、元岩草拟诏书，废黜杨广，重立杨勇为太子。杨广得到安插在文帝周围的爪牙的密报，忙与大臣杨素商量后，带兵包围了皇宫，赶散宫人，逮捕了柳述、元岩，谋杀了文帝。杨广又派人假传文帝遗嘱，要杨勇自尽，杨勇还没有作出回答，派去的人就将杨勇拖出杀死。就这样，杨广以弑父杀兄的手段夺取了皇位，史称炀帝，第二年改年号为"大业"。

隋炀帝像

杨广一夺到帝位，就显露出荒淫奢侈、残虐人民的本性，成为中国历史上最有名的暴君。他继位第一年，就决定迁都洛阳。他命杨素营建东京宫室，又命宇文恺与封德彝等造显仁宫。每月役使200万人营建洛阳。又征集各地的奇材异石，运送洛阳。农民运输劳役繁重，绵延千里络绎不绝，使许多人活活累死在路上。他又下令在洛阳西郊建筑一座西苑，占地200多亩，苑内有海，海中修造三个仙岛，高100多尺，岛上建筑亭台楼阁，十分壮观。海的北面有龙鳞渠，渠水曲折流入海中，沿渠修建了 16 个别院，每院由一个妃子主管。整个西苑被点缀得四季如春：秋天，用彩绫剪成花叶，挂满树枝；冬天，杨广所到的宫院，池沼中的冰得赶快凿掉，用彩绸剪成莲叶荷花布置在上。苑内还饲养着各种珍禽异兽，供杨广游猎、观赏。晚上，杨广经常带着几千骑马的宫女，吹奏着乐曲，到西苑游览、夜宴。

同一年起，杨广为了游玩和加强对南方的统治，征调 100 多万民工，历时 6 年，修建了一条东北起自涿郡（今河北省涿州），东南到苏杭，全长 4000 多里的大运河。河的两旁开辟大道，道旁种上榆树和柳树，岸边每隔两个驿站设置一座行宫。自洛阳到江都（今江苏省扬州市），共设置了 40 多座行宫。开凿大运河，共用了约 1.5 亿名人工，平均当时每户百姓要出近 20 名人工，不少开挖运河的民工累死在河中。有一段河道挖得浅了些，杨广竟下令将挖掘这一段的官吏和民工 5 万多人全部捆住手脚，活埋在岸边。但在客观上，这条用无数劳动人民血汗修建成的大运河，起着便利南北交通，促进南北经济文化交流，有利于国家统一的重要作用。

从大业元年（605 年）八月起，杨广三次通过大运河到江都巡游，他乘着长 200 尺，高 45 尺，上下 4 层的大龙舟。随行的嫔妃、王公大臣、僧尼道士分别乘几千艘华丽的大船，首尾相望，绵延 200 多里，拉船的纤夫就有 8 万多人，两岸还有骑兵护送，旌旗蔽日，热闹非凡。一到晚上，灯火通明，鼓乐喧天。杨广在船上纵情饮酒作乐，观赏两岸风景。沿途 500 里以内的百姓，被迫奉献食品。珍贵美味的食品吃不完，开船时就挖一个坑埋掉了事。许多百姓被弄得倾家荡产。

杨广先后三次发动了对高丽的战争。大业八年（612 年），进行了第一次征讨。出兵以前，他征调大批工匠在山东东莱（今山东省掖县）海口大规模造船。工匠被迫在水中不分昼夜地劳作，腰部以下都生了蛆，死亡的有十分之三四。他还征调江淮以南的民工和船只，把黎阳仓、洛口仓的粮食运到涿郡，船只前后相继，长达1000多里。奔走在路上的民工和兵士，经常有几十万人。很多人倒毙路旁，尸臭不绝。准备就绪后，隋军100多万人分海、陆两路进攻高丽，大败，只有2700人逃回。大业九年（613年）正月，他又第二次征讨高丽，四月炀帝渡过辽水，然而在六月时，国内杨玄感起兵攻打洛阳，炀帝因后顾之忧，只好退兵。大业十年（614年），国内农民起义席卷大江南北。炀帝妄想以对外胜利来扭转危亡的命运，对高丽进行了第三次征讨。但当时农民起义军遍地皆是，征集的士兵或因道路阻隔不能到达，或沿途逃散，以致兵员不足，无法进军，只好与高丽议和，乘势收兵。

同时，杨广为了表示隋朝的富足强盛，他利诱西域使者和商人入朝，沿途郡县奉命耗费巨资迎送。公元610年，西域各国使者和商人齐集洛阳。从正月十五夜间开始，杨广命令在皇城端门外大街上置设盛大的百戏场，为西域人演奏百戏，戏场大至周围5000步，奏乐人多至18000人，几十里外都能听到乐声，灯光通明如同白昼，直演奏到正月底结束。西域人到洛阳东市做交易，杨广命令本市商人盛饰市容，广积珍货，商人都服装华美，连地摊上的卖菜人也得用龙须席铺地。西域人经过酒食店门前时，店主都得邀请他们入座吃饱喝足，不收分文，还说隋朝富饶，酒食照例不要花钱。市内树木也都用帛缠饰，以示富足。西域人问道："你们隋朝也有赤身露体的穷人，为什么不用这些帛给他们做衣服穿，却白白用来缠树？"市人无言以对。就这样，隋文帝时期积累起来的巨量财富和民力被杨广无限止地挥霍和消耗着。而无止境的徭役和兵役，又迫使千千万万的农民离开家园，大量田地荒芜，广大农民无法生活，只得吃树皮、树叶，甚至发生了人吃人的惨剧。

公元615年，他再次去北部边境巡游，突厥几十万骑兵突然来袭，把他围困在雁门（今山西小代县），他只能抱着幼子杨杲日夜啼哭，束手无策。最后接受了大臣苏威等建议，下诏书保证不再出兵攻打高丽，并悬重赏募兵，各地县令纷纷应募，领兵前来求援，才使得他解围。但是，他回到洛阳后就推翻诺言，不给赏赐，并下令再次攻打高丽。

杨广如此暴虐的统治，终于在公元611年激起了农民大起义。但杨广却仍不加收敛，依然奢侈残暴，而且拒绝臣下的劝谏。公元616年，他不顾隋朝的安危，再次巡游江都，临出发时，小官崔民象上表谏阻，他把崔民象杀了。走到汜水（今河南省荥阳县），小官王爱仁上表劝谏，他又杀死王爱仁，继续前行。到了梁都（今河南开封），有人拦路上书，说你如果定要去江都，天下就不是你的了，他又杀死了上书人，最后，他还是来到了江都。

就在杨广大肆挥霍时，农民大起义的烽火越燃越烈，杨广也预感到末日临头，一直胆战心惊，以致他晚上难以安睡，睡梦中又常惊呼有贼。要几个宫女像哄孩子那样哄着，摇抚着才能入睡。有一次，他拿起一面镜子呆呆地照了良久，对萧皇后说："我这颗头颅不知道谁来砍它呢？"萧皇后惊恐地问他为什么说这话，他强作笑容说："贵贱苦乐没有一定，砍头也不算什么。"为了防止意外，他将毒药随时带在身上，好在危急时吞下。

大业十四年（618年）三月三日，将领宇文化及引兵北还，于傍晚时杀入宫中。杨广闻变，仓皇改换服装，逃入西阁，叛将裴虔通、元礼、马文举等从宫女口中得知炀帝所在，引兵赶到西阁，和士兵们一起将他拥入内室勒死，终年50岁。立国38年的隋朝灭亡了。

第二节　唐代著名皇帝

唐高祖李渊

李渊（566—635年），字叔德，祖籍陇西成纪（今甘肃秦安西北）人。他出身于大贵族家庭。其祖父李虎帮助宇文泰在关中建立政权，是西魏北周的府兵八柱国之一，死后追封为唐国公，由子李哺袭封。李渊8岁时继袭封爵，先后担任州刺史、郡太守和中央卫尉少卿等官职。大业十三年（617年），隋炀帝任命他为军事重镇太原的留守。李渊在隋末农民起义爆发的时候，利用自己的权力镇压农民起义军，扩大了地主武装，巩固了在太原的地位。当他看到隋朝势力快要崩溃了，就谨慎地开始了起兵反隋，并着手取而代之的准备工作。建大将军府，编训三支军队。他任命长子李建成为左领军，次子李世民为右领军，幼子李元吉为太原留守。

同年七月，李渊为了不引起隋朝统治者注意，便以尊隋讨叛的名义，在晋阳(今太原市)誓师出发，进军长安。当大军走到霍邑（今山西霍县）的时候，被隋朝大将宋老生所阻。当时，正值天降大雨，军队又没粮食吃，又得悉突厥和刘武周要联合袭取太原，李渊便想退兵守城。后经建成、世民两人苦劝，才决定继续进攻霍邑。用激将法引出宋老生，将其杀死。李渊父子占领霍邑之后，便长驱直入关中。途中，招降了孙华领导的农民起义军。这时，李渊的从弟李神通、女儿平阳公主（柴绍的妻子）和李渊的另一个女婿段纶，都带兵前来与之会合，所以，当李渊逼近长安时，已有 20 多万军队了。十一月攻克长安，李渊占领长安后，为了争取和拉拢隋朝的一些地方势力，减少敌对力量，仍没有直接打出反隋的旗号，相反，他还立隋炀帝长子杨昭之子、代王杨侑为帝，就是隋恭帝。恭帝继位，改年号为义宁，并且遥尊逃到江都的隋炀帝为太上皇。这充分表明李渊具有老谋深算的政治经验。因为立恭帝，尊隋炀帝为太上皇，既承认了隋朝仍然存在，又等于取消了隋炀帝作为皇帝的合法地位。为篡夺隋室江山，建立唐朝打下了基础。

唐高祖李渊像

武德元年（618 年）三月，隋炀帝被杀的消息传到长安后，李渊感到没有再打尊隋旗号的必要，便决定称帝。但是为了避免篡权夺位的嫌疑，他便暗示部下逼杨侑自己提出让位的建议，而李渊则假意再三推托辞让，又经他的亲信不断上表劝进，这样他们反复演了几次"双簧"之后，李渊才在这一年的 5 月，登上了大唐皇帝的宝座。唐高祖称帝后，便打出唐朝的旗号，决心和各个敌对的集团争夺天下，实现统一全国的宏伟目标。于是，唐高祖采取东联李密，北和突厥，集中力量解决西北问题的策略。从武德元年到三年，先后打败了薛仁杲、刘武周两个劲敌，占领了山西，消除了后顾之忧，使关中成为巩固的根据地。关中和太原稳定之后，李渊便决定集中力量争夺中原。

武德三年（620 年）七月，李渊命其子李世民带兵出关，攻打洛阳。这时河南郡县大半归唐，洛阳已成了一座孤城。王世充派人向窦建德求援，窦建德企图先跟王世充合作击败唐兵，然后再找机会，消灭王世充，进一步夺取天下。武德四年（621年）三月，窦建德领兵10万，号称30万，进到成皋（今河南荥阳汜水镇）。李世民亲自带兵3500人占据武牢，阻击窦建德军。由于窦建德不听部下的正确意见，想一举拿下武牢这个关口，结果欲速则不达。李世民沉着应战，只是防守，并不出战，双方相持了1个月，窦建德也没拿下武牢。后来，窦建德兵士气低落，李世民乘机攻击，窦建德军败退，他身受重伤被俘。王世充感到大势已去，被迫向唐朝投降。于是，李世民占领了洛阳，河南战事随之结束。武牢战役，使唐朝取得了对中原、河北的统治权。与此同时，窦建德旧部在刘黑闼的领导下，从漳南发动起义，建号东汉王。由于刘黑闼多次击败唐军，唐高祖只好再次派李世民东征。武德六年（623年）一月，刘黑闼战败，英勇就义。刘黑闼起义失败后，杜伏威部将辅公祏率领淮江起义军在丹阳反唐，后军战败牺牲，江南、淮南从此为唐朝管辖。到624年（武德七年），唐朝把各地的农民军和地主武装割据基本消灭。所剩北边依附于突厥的梁师都的势力，到贞观二年（628年）也被唐军消灭。至此，李渊父子终于完成了统一全国的大业。

武德九年六月初四庚申日（626年7月2日），李世民在帝都长安城宫城玄武门附近射杀皇太子李建成、齐王李元吉，史称“玄武门之变”。事后，李世民杀李建成、李元吉诸子，并将他们从宗籍中除名。李渊让出军政大权给予秦王李世民，三天后（六月初七癸亥日，626年7月5日），李世民被立为皇太子，李渊下诏说：“自今以后军国事务，无论大小悉数委任太子处决，然后奏闻皇帝。”

武德九年八月初九甲子日（626年9月4日），李渊退位称太上皇，禅位于李世民。李世民登基，是为唐太宗，次年改元贞观。

李渊做太上皇以后，开始的几年是在太极宫生活的。一直到贞观三年（629）农历四月，他才从太极宫迁出，搬到了大安宫。

在大安宫生活期间，李渊除了参加李世民举行的一些宴会外，几乎不曾离开过大安宫。李世民经常到九成宫（即隋朝的仁寿宫，位于今陕西麟游）避暑，李渊也不愿意出行。

贞观八年（634）农历十月，李世民决定在宫城的东北方向营建大明宫，作为太上皇的"清暑之所"。由于第二年李渊病死，大明宫没有建成，一直到高宗之世，大明宫才渐成规模。

贞观九年（635年）农历五月，李渊因病驾崩于垂拱前殿，享年71岁。庙号高祖，初谥太武皇帝（后改谥、加谥为神尧皇帝、神尧大圣大光孝皇帝）。同年农历十月，安葬于献陵（今陕西三原县内），其妻窦氏也加号太穆皇后祔葬。

唐太宗李世民

李世民是初唐杰出的政治家、军事家，有经天纬地之才，气吞山河之志。早年南征北战时，他就是大唐一统天下不可或缺的战将。"玄武门之变"后，他励精图治、锐意中兴，开启了唐王朝四海归服、九洲升平的盛世局面。

李世民是唐高祖李渊的次子，隋十八年十二月（599年1月）出生于武功（今属陕西）。据说，有一次，李渊在陕西凤翔见到一位会相面的书生，这位书生见到李世民后，大加赞赏："这个孩子有龙凤之姿，天日之表，到20岁的时候，一定可以济世安民的。"于是，李渊便给儿子取名为"世民"。

李世民生长在贵族家庭，母亲是神武公窦毅的女儿，她是一位出色的才女；父亲李渊是隋王朝的要员，是隋文帝独孤皇后的姨侄儿。

李世民像

作为将门皇亲之后，他从小就受到了家庭的熏陶，武艺娴熟，擅长骑马射箭；他所接受的教育也是剑战攻伐和文韬武略。

他喜爱读书，少时就能用孙子之言与父亲讲述用兵布阵的方法，深得父亲喜欢。而且李世民为人豪爽很有见识，人们称赞他"临机果断，不拘小节"。

隋朝末年，李世民随父亲李渊起兵太原，反抗隋朝的残暴统治。在由晋阳进军关中的过程中，李世民作为统帅，一直发挥着重要作用。后来，李渊建立了左、中、右三军，李世民被任命为敦煌公、右领军大都督，统率右三军。李渊起兵遭遇了隋将的顽强抵抗，渐渐失去了信心，这时李世民劝住了父亲，身先士卒，击败隋将。此后李渊东进的时候又遇到了屈突通的抵抗，这时又是李世民力排众议，绕过屈突通向长安进军。攻下长安后，李渊立了一位傀儡皇帝，以便号令天下，然后在关中积极发展势力。

武德元年（618年），唐高祖李渊即位，李世民晋封为秦王。这时，刘武周侵占并州，李世民统军出击，大破刘军，收复并州。旋即率军东征，一举消灭了河北窦建德和洛阳王世充两大劲敌，奠定了统一全国的基础。武德五年，他率军打败窦建德余党刘黑闼于河北。天下逐步平定后，李世民"开文学馆"，以杜如晦等18人为学士，向他们认真学习。

以武功见称的李世民，从此也开始重视政治。

由于李世民战功卓著，威胁着太子李建成的地位。武德晚期，双方为争夺皇位继承权进行了激烈的斗争。公元626年，李世民发动"玄武门之变"，杀死了太子李建成和齐王李元吉，结束了这场斗争。唐高祖被迫立李世民为皇太子，两个月后，李渊被迫退位，李世民改元贞观，是为唐太宗。

李世民从18岁开始到27岁登基做皇帝，一直在戎马倥偬东征西战中度过，在统一战争中，他不仅是主要的决策者，还是大唐帝业的实际创建者。他继位后，吸取了隋朝统治和隋末农民起义的经验教训，积极推行均田制等一系列有效的改革措施，虚怀纳谏、励精图治。从他继位到去世时止，唐朝的政治清明、社会安定、经济发展、文化繁荣，国势极为强盛，出现了历史上称颂不绝的"贞观之治"（627—649年）。据说贞观四年（630年），全年仅"断死刑二十九人"，"东至于海，南至于岭，皆外户不闭，行旅不赍粮焉"。贞观八九年间，"米斗四、五钱，马牛布野，外户动则数月不闭。至十五年，米每斗值两钱。"

在政治方面，英明的李世民沿用了隋朝的官吏制度并进行了一定的改革。增加了宰相的数量，提高了办事效率，也避免了宰相专权。合并了部分州县，精简了机构，并且很注意对地方官的选拔，大大提高了地方官的素质。因而使唐初吏治出现了"法平政成"的局面。法制方面，他健全了完备的法律制度，改变了隋末苛法滥刑。他本着"意在宽平"的精神，制定了《贞观律》，对后世封建法律有着重要影响。

在经济方面，他继续推行武德末期颁行的均田制，使贫困的农民获得了土地，促进了农业生产的发展。

唐太宗还很重视水利建设，在朝廷设置专官，"掌天下川渎陂池之政令"，发动各地兴修水利，颇有成效。

在文化方面，唐太宗具有尊师崇儒的远见卓识，大力兴办学校。

在朝廷设立国子监，收教各级官僚子弟，另建弘文、崇文两馆，专为皇亲国戚和大官僚子弟而设，他还在地方设州、县两级学校。这些学校就其规模、种类、数量和课目来说，都比前代更为进步，特别是专科性质学校的出现，在中国教育史上占有重要的地位。唐太宗还很重视历史对政治的借鉴作用，他说："以古为镜，可以知兴替。"因而贞观时期，在史书编纂上取得了重要的成绩。从两晋以来的各朝历史都开始重修。在修纂前代史的同时，也开始修纂国史，除纪传体的国史外，又创立了编年体的实录。

作为政治家的唐太宗，一个重要的长处就是善于求贤和纳谏。他认为"为政之要，唯在得人"。房玄龄"善谋"，杜如晦"能断"，唐太宗以他二人为相，辅佐自己，"二人深相得，同心殉国"，辅助唐太宗，造就了贞观之治。唐太宗要求臣下推荐人才，自己也留心观察、发现和提拔有用之才，推行"任人唯贤"的用人之道。他所任用的，大多为德才兼备之士，这些人，有的是旧部下，有的是旧日敌人，也有新出现的才智之士。尉迟敬德原是刘武周手下的一员大将，后来，他与另一将领寻相一起率众投降了李世民。但不久，寻相就叛变了，为此，李世民的手下诸将便怀疑尉迟敬德，把他囚禁起来，劝李世民把他杀掉以绝后患。李世民却说："尉迟敬德有心叛变的话，难道还会落到寻相之后吗？"他命人放了尉迟敬德，还抚慰他说："大丈夫以义气相许，请不要把这次误会放在心里，我是不会因为旁人的几句闲话而加害良士的。"尉迟敬德对此深为感动，在以后的历次战斗中出生入死，屡建奇功。

唐太宗不但明于知人，而且善于纳谏。他鼓励臣僚"事有不利于人必须极言规谏"。因此，贞观时期出现了不少有名的谏臣，而魏征尤为突出。魏征原是太子李建成的心腹，曾极力劝说李建成除掉李世民。玄武门事变后，魏征成为阶下囚，但他并不贪生怕死，铁骨铮铮。李世民十分看重他的正直和才干，对他不计前嫌，以礼相待，加以重用，后来官至宰相。魏征是历史上有名的"谏臣"，在贞观年间，无论是国家政事，还是唐太宗的个人行为，只要他认为不妥的，便直言进谏，即使冒犯唐太宗，也不退却。据说他进谏200余事，大多为李世民采纳。魏征进谏，唐太宗纳谏，成为封建社会君明臣贤的美谈。唐太宗被誉为"从谏如流"的明君，是与魏征不断直谏密切相关的。贞观十七年魏征病逝，太宗哭道："人以铜为镜，可以正衣冠；以古为镜，可以知兴替；以人为镜，可以知得失。朕常保此三镜，以防己过。今魏征病逝，遂亡一镜矣。"又如马周，本不知名，唐太宗见到他为将军常何写的奏事，认为很有才能，立即召见。马周确实能干有才，后来官至中书令。唐太宗就是这样，随时留心、发现和任用贤才。

此外，唐太宗在处理周边民族关系上也建树颇多。他任用李靖、李勣等为将，对不断侵扰边境的突厥予以沉重打击，将其彻底打垮，生擒颉利可汗。对西域原来受到突厥压迫的各族人民加以抚慰，受到了衷心拥戴，被尊为"天可汗"。

随后他又击败了阻碍西域交通的吐谷浑，与吐蕃和亲，把文成公主嫁给吐蕃松赞干布，使边境得以安定。对于迁入内地的少数民族，他做到了一视同仁，甚至大量吸收了各民族的代表人物参加政权，密切了民族关系，促进了各族人民的交往和经济文化的发展。这种开明的民族政策为中华民族的大团结奠定了基础。

作为封建君主，唐太宗在政治思想上确有其难能可贵之处。他常引用前人的话说："舟，所以比人君；水，所以比黎庶。水能载舟，亦能覆舟。"他以此自警，也用来教导自己的臣子。

似乎人年龄大了就都爱听好话，这好像成了一个规律。贞观后期，

唐太宗昭陵

可能也是太平盛世过久了，他也开始自满了起来，对于自身的要求也没有以前严格了，别人的话也有些听不进去。贞观十年，魏征发现他"渐恶直言"，这也拉开了唐太宗走向错误的序幕。

他的渐恶直言主要表现在这几件事情上，一是征伐高丽，前后两次，他不听大臣们的劝告，虽然取得了一些胜利，但得不偿失。因为战争的地点遥远，花费巨大，结果引起农民起义，激化了国内矛盾。

二是，隋朝晚年的浪费似乎已经离盛世已远，国内奢侈现象又逐渐增多。在贞观十六年的时候，唐太宗甚至下诏说，太子所用之物其他机关不得限制，结果造成太子的严重浪费现象。不只太子如此，唐太宗自己也开始注意自己的衣食住行起来，他几次修造宫殿，比如贞观十一年（637年）在东都洛阳修飞山宫，二十一年（647年）又修翠微宫。

唐太宗这个被人所称道的圣君，还开了一个历史的先河，破坏了由来已久的惯例，那就是看史官所写的起居注。起居注是专门记录皇帝日常生活和言论的，皇帝无权干涉，这是历来的传统。所有的皇帝都要尊重史官的职权和地位，而且史官也会秉笔直书。而这个"真命天子"却认为自己没什么不能做的，破坏了制度。

但是，唐太宗并不是不知道自己在做什么，他还不至于糊涂到犯了错误也不知道反省的地步。在晚年时，他在对太子李治教诲时反省了自己的一生："你应该从历史中找古代的贤明帝王为学习的典范，像我这样的不足以效法。我做了许多错事，比如锦绣珠玉不绝于前，宫室台榭常有兴造，犬马鹰隼没有不去的地方，行游四方又劳民伤财，这都是大错，你不要以为这都是好事，总想学着去做。"

贞观十年（636年），辽东战役回来时，唐太宗生病，此后开始服用金石丹药。贞观二十二年（647年），唐太宗又得了"风疾"，烦躁怕热，便让人在骊山顶峰修翠微宫。第二年，吃了某种"延年之药"，结果使病情恶化。贞观二十三年（649年）五月，因中"灵丹"之毒，不治身亡。六月，太子治继位，是为高宗。

唐高宗李治

唐高宗李治（628—683年），字为善，祖籍陇西成纪。唐朝第三位皇帝，唐太宗李世民第九子、嫡三子，其母为文德顺圣皇后长孙氏，与唐太宗嫡长子太子李承乾、嫡次子魏王李泰为同母兄弟。

贞观二年（628年），唐太宗第九子李治出生；贞观五年（631年），被封为晋王；贞观十一年（637年），被任命为并州都督。李治为长孙皇后所生，是唐太宗的第三个嫡子。按理说，如果他的两位胞兄健在的话，他是很难登上皇位的。李治本无意做皇帝，但在经过京城的一场波动之后，竟被推上了皇太子的位置，并最终登上了皇位。可以说，李治继承皇位，是唐太宗嫡长子李承乾和次子李泰争夺皇位折中的结果。

李治做了太子后，唐太宗将心血注入到他的身上。贞观二十二年（648年）正月，唐太宗作了《帝范》十二篇（《君体》《建亲》《求贤》《审官》《纳谏》《去谗》《戒盈》《崇俭》《赏罚》《务农》《阅武》《崇文》）赐给李治，并嘱咐他说："修身治国，备在其中。一旦不讳，更无所言矣。"

后来，唐太宗病笃，李治昼夜陪在他身旁，有时"累日不食，发

唐高宗像

有变白者"。唐太宗哭着说："汝能孝爱如此，吾死何恨！"临死前，他对长孙无忌、褚遂良说："朕今悉以后事付公辈。太子仁孝，公辈所知，善辅导之！"又对李治说："无忌、遂良在，汝勿忧天下！"唐太宗死后，李治继位，是为唐高宗。

贞观二十三年（649 年）八月，也就是唐高宗继位后两个月的一天晚上，国内发生了大地震，晋州最为剧烈，有 5000 多人被压死。此后，晋州又多次发生地震。面对上天对他的这次考验，唐高宗没有惊慌，而是按部就班地应对，避免了动荡局面的产生。

永徽元年（650 年）正月，唐高宗对群臣说："朕初继位，事有不便于百姓者悉宜陈，不尽者更封奏。"此后每日引 10 位刺史入阁，向他们询问百姓疾苦和政治。当时有人诬告长孙无忌谋反，唐高宗并不理会，继续礼尊长孙无忌、褚遂良二人。他们二人同心辅政，使得永徽年间"百姓阜安，有贞观之遗风"。

唐太宗之女衡山公主要出嫁，有司认为丧服已除，打算在这年秋天为其圆婚。于志宁上言道："汉文立制，本为天下百姓。公主服本斩衰，纵使服随例除，岂可情随例改，请俟三年丧毕成婚。"唐高宗同意于志宁的建议，衡山公主不得嫁。

唐太宗在晚年时曾因突厥的车鼻可汗不入朝而派右骁卫郎将高侃攻打突厥，以失败而告终。唐高宗为了完成唐太宗遗志，令高侃再次攻打突厥。高侃擒获突厥车鼻可汗，并将其押入京师。唐高宗封车鼻可汗为左武卫将军，都督军山，并分置单于、瀚海二都护府，令单于领狼山、云中、桑干三都督，都督十四州，令瀚海领瀚海、金徽、新黎等七都督，都督八州。永徽三年（652年）正月，吐谷浑、新罗、高丽、百济同时遣使向唐朝入贡；四月，西南蛮被唐军平定。

唐高宗虽然处处为民着想，但也有出猎的喜好。一次，他在出猎时遇雨，向谏议大夫昌乐谷那律问道："油衣若为则不漏？"对曰："以瓦为之，必不漏。"唐高宗欣然接受其劝谏，不再外出游猎。

永徽三年（652年）二月，唐高宗登楼看戏。后来他对侍臣说："昨登楼，欲以观人情及风俗奢俭，非为声乐。朕闻胡人善为击鞠（踢皮球）之戏，尝一观之。昨初升楼，即有群胡击鞠，意谓朕笃好之也。帝王所为，岂宜容易。朕已焚此鞠，冀杜胡人窥望之情，亦因以自诚。"

当初，房玄龄之子散骑常侍房遗爱娶了唐太宗之女高阳公主。高阳公主为人骄恣，在房玄龄死后挑唆房遗爱与其兄房遗直分家财，随后诬陷房遗直。唐太宗听了房遗直的直言后深深责备了高阳公主。此后，高阳公主不再受宠，遂感到不悦。后来，御史在劾查案件时发现高阳公主与有罪的辩机私通。唐太宗大怒，腰斩辩机。高阳公主更加怨恨唐太宗，以致在唐太宗死后毫无戚容。唐高宗继位后，高阳公主再次在房遗爱、房遗直间挑拨离间。结果，房遗爱被贬为房州刺史，房遗直被贬为隰州刺史。

驸马都尉薛万彻与房遗爱交好，被迁徙为宁州刺史后曾与其商议："若国家有变，当奉司徒荆王元景为主。"当时，李元景的女儿嫁给了房遗爱的弟弟房遗则，遂与房遗爱开始往来。柴绍之子驸马都尉柴令武娶了唐太宗之女巴陵公主，被贬为卫州刺史后以看病求医为由留在京师，暗与房遗爱勾结。高阳公主想罢黜房遗直以夺其封爵，于是派人诬告房遗直对她无礼。房遗直不甘示弱，也向唐高宗揭发房遗爱和高阳公主的罪行。唐高宗令长孙无忌核查此案，发现了房遗爱、高阳公主等人的谋反阴谋。随后，唐高宗果断斩杀了房遗爱、薛万彻、柴令武等人，并赐死了李元景、高阳公主和巴陵公主。

从上面的种种表现来看，唐高宗算得上是一个合格的皇帝。但是，要想治理好国家，需要从多个方面出发。除了能够安抚民众、以身作则、平定内乱、收复边疆外，还要善于处理好与臣子、妃妾的关系。唐高宗虽然做到了前者，但却忽略了后者。自显庆五年（660年）始，唐高宗"风眩头重，目不能视"，随后时有发作。在这种情况下，颇有治国才能的皇后武则天逐渐掌握了皇权。自上元元年（674年）始，47岁的唐高宗很少参与国事。

弘道元年（683年）十二月，56岁的唐高宗病逝。葬于乾陵，谥号天皇大帝。

唐中宗李显

唐中宗李显（656—710年），原名李哲，陇西成纪人。唐高宗李治第七子，武则天第三子。唐朝第四位皇帝，683—684年、705—710年两度在位。

显庆元年（656年）十一月五日，李显生于长安，初封周王，后改封英王。他的两位皇兄李弘与李贤一死一废之后，李显被立为皇太子。

开耀二年（682年）正月，李显的长子李重润出生，高宗为了表达自己的喜悦，在重润满月时改年号为永淳，并且还破天荒地将这位襁褓中的孙子立为皇太孙。弘道元年（683年）十二月，唐高宗李治病死，李显于同月甲子日继承皇帝位。次年改元为嗣圣元年。

由于李显庸弱无能，继皇帝位后，尊武则天为皇太后。裴炎受遗诏辅政，政事皆取决于武则天。李显重用韦后亲戚，试图组成自己的集团。李显把韦后的父亲韦玄贞由普州参军提拔为豫州刺史，并想要擢升为侍中（宰相职），裴炎立马表示不可。李显大怒说："我以天下给韦玄贞，也无不可，难道还吝惜一侍中吗？"裴炎听后报告了武则天，武则天对中宗的举动大为恼火。嗣圣元年（684年）二月，继皇帝位才55天的李显被武则天废为庐陵王，被贬出长安。事后，中宗的弟弟李旦做了傀儡皇帝，也就是睿宗。

李显被废后，徙往均州（湖北十堰市），不久又迁至房州（湖北房县）。经过这次打击，李显朦胧中似乎有所醒悟。这才联想到长兄被杀、仲兄被废的缘由，原来自己的亲生母亲对权力的追逐远胜于骨肉之情。一旦醒悟过来，明白了母后的残忍，李显惶惶不可终日。每当听到朝廷宣敕使到来，由于过度恐惧，竟失魂落魄地滥言要自杀，懦弱丑态暴露无遗。幸而有位韦后鼓励扶持，中宗才不至于忧惧早死。就这样，李显在房州度过了14年的幽禁生涯。在患难与共的苦境中，中宗与韦后这对夫妻结合得更加牢固。中宗十分感激妻子的坚强和富于忍耐性。他常常对妻子发誓："有朝一日，如果能得见天日，我将满足你的一切愿望和要求。"

武则天称帝后，李、武两姓储位之争在激烈进行着。以武承嗣、武三思为首的武家子侄们跃跃欲试，甚至联合酷吏迫害李氏宗室。洛阳人王庆之等数百人上表请立武承嗣为皇太子，废皇嗣李旦。当时，宰相李昭德极为愤恨，便假借圣命将其杖杀，宣言："此贼欲废我皇嗣，立武承嗣。"双方争夺已白炽化到喋血宫门的程度。万岁通天元年（696年）以后，狄仁杰、姚崇、王及善等陆续拜相，保皇嗣派的力量大增。张易之、张昌宗兄弟成为武则天新的男宠，这股新的政治势力的兴起，首先使诸武在政治舞台上黯然失色，武承嗣、武三思等不得不候其门庭，为二张兄弟争执鞭辔。这时嗜杀成性的酷吏来俊臣又罗告诸武和太平公主、皇嗣及庐陵王罪状，迫使李、武联合起来共同对付来俊臣，结果来俊臣和得罪了诸武的李昭德一同弃市。宰相狄仁杰、王方庆、王及善等苦口婆心劝说武则天当立李姓储位，以享万年香火，主张召还庐陵王。宰相吉顼给二张出主意，要他们介入立储的大政，说："天下思唐德久矣，武氏诸王非民心所愿。公何不劝武皇复立相王庐陵，以慰天下之望？"在此情况下，武皇不得不及早解决储位问题，并决定立李氏为皇储。圣历元年（698年）三月，庐陵王李显被秘密接回神都洛阳。八月，武承嗣恨不得为太子，羞愤死去。九月，皇嗣李旦聪明地要求逊位，封为相王，李显重被立为太子。

长安四年（704年），武则天病居迎仙宫，张易之、张昌宗侍奉左右，外人不得入内。朝中大臣以张柬之、崔玄暐、敬晖、桓彦范、袁恕己等为首，也见机秘密谋划，准备除掉二张，拥立中宗。

神龙元年（705年），82岁的武则天病重。正月，宰相张柬之、右羽林大将军李多祚、左威卫将军薛思行等人发动神龙政变，突率羽林军500余人，冲入玄武门，在迎仙宫杀张易之、张昌宗。这一天，相王李旦也率南衙禁兵加强警备，配合行动。武则天无奈，先令太子监国，次日传位，隔了一天，中宗复位称帝，大赦天下。他先把弟弟相王李旦加为安国相王，拜太尉、同中书门下三品；又给妹妹太平公主加了镇国太平公主的称号，以表彰二人的拥立之功。张柬之、崔玄暐等人也加官晋爵。二月，复国号为唐，一应典制，悉复唐永淳前旧，唐朝规复。

李显复位后，马上立韦氏为皇后，又不顾大臣的劝阻，破格追封韦后之父为王，并让韦后参与朝政，对张柬之等功臣却不加信用，还将韦后的女儿安乐公主嫁给武三思之子武崇训。又封上官婉儿为昭容，教她专掌制命，负责起草皇帝的诏令，掌握生杀大权。韦后同武三思关系暧昧，并以此结成了一股强大的政治势力左右着朝政，李显对此也无能为力。

　　唐中宗虽然是一个昏昧懦弱的君主，但由于有以张柬之为首的一批贤臣的辅佐，新朝廷很快走上轨道。

　　但韦后本来就是个争强好胜的女人，只是由于武则天的存在，抑制了她的野心。在长期的幽禁生涯中，代替李显成为一家的精神支柱；在忍耐中磨炼出了坚强阴狠的性格。充满野心的韦后，首先要获得权力欲望的满足，她要中宗和她共同处理国家大事，中宗也巴不得坚强的妻子扶持自己。于是中宗端坐御座之上，听群臣奏事，韦后坐在帘后听取朝政进行的情形，恰似武后垂帘听政的重现。中宗对韦后的话总是坚信不疑，外戚韦氏一族的势力开始膨胀起来。

　　以诛杀二张集团为目的的神龙革命，对以武三思为首的诸武竟没有丝毫的损伤。从此，志忑不定中的武三思等人的胆子迅速大起来，重整阵容，在没有武则天的现在，武氏一族的势力比以前更加壮大。神龙元年（705 年）二月，武三思以太子宾客荣升为三公之一的司空，正一品，兼同中书门下三品，成为名副其实的首席宰相。武攸暨也由右散骑常侍升为司徒，受封定王。武三思因与韦后的关系，进而成为操纵中宗的"真天子"。

　　神龙二年（706）六月，武三思先贬敬晖为崖州司马，桓彦范为泷州司马，袁恕己为窦州司马，崔玄暐为白州司马，张柬之为新州司马。七月，又以谋反罪，流敬晖于嘉州（今海南岛），桓彦范于瀼州（今广西），张柬之于泷州（今广西），袁恕己于环州（在越南），崔玄暐于古州（今贵州）；子孙年满 16 岁以上的都流放到岭南。接着，武三思又遣使诈称圣旨，在流放途中将五王杀害。

　　消灭五王之后，武三思显然成了朝廷真正的主人。当时的兵部尚书宗楚客、将作大匠宗晋卿、武三思的连襟太府卿纪处讷、鸿胪卿甘元柬等四人成为武三思的心腹，御史中丞周利用、侍御史冉祖雍、太仆丞李悛、光禄丞宋之逊、监察御史姚绍等五人，成为武三思的亲信耳目，武三思专权的格局已经形成。

武三思虽幸免于灭族之祸，但仍心有余悸，他认识到必须取得中宗和韦后的彻底信任。但是后宫的宫禁很严，男性出入受到限制。怎么能经常地接近中宗和韦后呢？武三思马上想到了婉儿。他们频繁幽会于后宫。他们的私通已经成为后宫中公开的秘密。后宫淫乱之风由此兴起。

中宗对武三思的信赖不亚于对韦后的信赖。常常有这种情况，韦后和中宗并排听政后，回到后宫，韦后便和武三思在皇帝的龙床上下棋，中宗在一旁观战，与他们一起嬉戏调笑。中宗统治之下，韦后、武三思把持朝政，韦后、武三思、安乐公主、上官婉儿以及宰相宗楚客等相互勾结，沆瀣一气，形成了中宗朝极度腐败的政治。

面对这种情况，一度颓废的太子重俊猛然醒悟过来。

神龙二年（706年）七月，中宗迁都长安之前，册立卫王李重俊为太子。但是，韦后、武三思、安乐公主等对新太子既轻蔑又愤恨，安乐公主依仗韦后的势力，一直想取代皇太子而成为皇太女。重俊感到形势的发展对自己极为不利，必须采取先下手为强的策略。

神龙三年（707年）七月，重俊请求右羽林大将军李多祚帮助，率千余骑兵发动了政变，武三思、武崇训及部分同党当场毙命。接着攻入后宫，追杀韦后、安乐公主。韦后与婉儿挟持中宗躲到玄武门楼上。婉儿向中宗献计，悬赏诛杀太子和李多祚。太子、李多祚被反戈的乱军斩杀。中宗立10岁的小儿子重茂为太子。

重俊政变清除了实际掌握朝政的武三思，这对武氏集团无疑是沉重的打击。但韦后集团的势力和气焰却丝毫未减，反而更加肆无忌惮起来。

神龙二年（706年）十二月，突厥默啜可汗对唐属地鸣沙（今宁夏灵武）发动了大规模的入侵，突破唐朝灵武军大总管沙吒忠义的防线，直入唐境。与此同时，吐蕃又在青海和西域对唐展开了猛烈的军事行动，骚扰唐朝西境。神龙三年（707年），中宗被迫将养女金城公主下嫁给吐蕃赞普，通过和亲暂时获得西部边境的安宁。

景龙二年（708年），西部战事再度兴起。已归顺唐朝的突厥突骑施部的酋长娑葛因与部将阿史那忠节不和，互相攻击，唐经略使周以悌不但不进行调解，反而唆使忠节到朝廷贿赂宰相宗楚客和纪处纳。宗楚客接受贿赂，按照忠节的要求，准备派兵消灭娑葛。娑葛得悉这一密谋，大为震怒，遂自立为可汗，发兵攻破安西，唐将或被擒，或被杀。接着，娑葛上表唐朝廷，索要宗楚客的首级，诛奸以谢百姓。中宗只得出来和事调解，宣告娑葛无罪，加封他为十四姓可汗。

经过这些波折，自太宗以来在西域苦心树起的大唐国威一落千丈，唐朝对边境各族的统治和精神上的威信，自此以后徒有虚名。

国势的衰微，并没能让中宗清醒，因而整日和韦后等沉湎于享乐侈靡之中。景龙二年（708年）十一月，中宗敕准安乐公主改嫁武延秀，以皇后大典的规格举行盛大的婚礼，耗资巨万，国家所藏几于殆尽。中宗与韦后、安乐公主等一起登上玄武门，观看宫女们拔河。中宗在宫内设置模拟市场，让扭捏的宫女与百官公卿们演出市场交易的情景。中宗与韦后等微服出行其中，寻求乐趣。

从神龙到景龙年间，兴起了大规模建造佛寺的活动。唐中宗兴建的佛寺有永泰寺（后改名万寿寺）、圣善寺；太平公主建罔极寺，安乐公主花费百万巨资兴建了安乐寺等。佛寺的大量修建，造成了社会财富的巨大浪费，唐朝国库告罄。这些负担无疑又被强加到广大劳动人民身上。

景龙四年（710年）六月，唐中宗李显被韦皇后和李裹儿合谋下毒

定陵遗址

暴毙身亡，终年 55 岁。葬于定陵（今陕西省富平县西北凤凰山），谥号为孝和皇帝。天宝十三年（754 年），又加谥为大和大圣大昭孝皇帝。同月，中宗幼子温王重茂被立为帝（史称唐殇帝），改元"唐隆"，由韦后临朝称制，欲重演武后故事。同年六月，相王李旦三子临淄王李隆基联合其姑太平公主，交结禁军诸将葛福顺、陈玄礼等，以兵诛韦后、安乐公主并诸韦、武等，史称唐隆政变。废少帝，奉其父相王李旦复位，是为唐睿宗。自此唐朝帝位转往李旦一系，直至唐亡。

女皇武则天

武则天（624—705 年），本名珝，后改名曌，并州文水（今山西文水县东）人。中国历史上唯一的正统的女皇帝（690—705 年在位），也是继位年龄最大（67 岁继位）、寿命最长的皇帝之一（终年 82 岁），与汉朝的吕后并称为"吕武"。

唐武德七年（624 年），她出生在新贵显宦之家，有着显赫的权势和豪奢的生活，正因为有这种环境，所以滋生了她无限的权力欲。再加上她自幼聪慧敏俐，极善表达，胆识超人。父亲深感她是可造之才，遂教她读书识字，使她通晓事理。据史料记载，武则天十三四岁时，已是博览群书，博闻强记，诗词歌赋也都奠定了一定基础，而且长于书法，字态卓尔不群。

贞观十一年（637 年），14 岁的武则天以长相俊美入选宫中，受封"才人"。入宫之后，武则天行事干练，善解人意，再加上姿色娇艳，颇得太宗欢心，遂赐号"媚娘"。时日久后，太宗又发现武则天学识特别好，并且懂得礼仪，便把她从侍穿衣着的行列中，调入御书房侍候文墨。这一变故使武则天开始接触到了皇家公文，了解了一些宫廷大事，并能读到许多平日不可能见得到的书籍典章，眼界顿时开阔起来，慢慢地通晓了官场的政治和权术。

贞观二十三年（649年），唐太宗去世，武则天与所有嫔妃，被发送长安感业寺削发为尼。太宗的第九个儿子李治继位后，因早先与武则天暗通，因此经常往来于感业寺，并在继位后两三年后重召武则天入宫，晋封为"昭仪"。

武则天能再次入宫，从根本上得力于王皇后。开始时武则天对王皇后卑躬屈节，极力奉承。但武则天心里明白，如果想得到高宗更多的宠爱就必须想方设法除掉其他嫔妃。于是，在当她得知王皇后与萧淑妃有矛盾时，便联合王皇后，对萧妃进行了陷害，使萧氏失宠。之后，武则天又开始了对付王皇后的计划。公元654年，武昭仪产下一女，深得高宗喜爱。有一天，王皇后闲得无聊，到昭仪宫中逗小公主玩，然后就离去。武则天在王皇后来时，故意避开，当王皇后离去后，她将小公主弄死，嫁祸于王皇后。公元655年，王皇后被诬以杀死小公主的罪名，废去后位，武则天因此被立为皇后。此后她又生下三子一女：李贤（章怀太子）、李显（中宗）、李旦（睿宗）和太平公主。

登上皇后宝座的武则天，因机智精明，"通文史，多权谋"，使得高宗对

武则天像

她宠爱有加，并另眼相看。她也开始利用皇后的身份，积极参与朝政，使得许多事情在得到她的同意后才能决定。从永徽六年（655年）到显庆四年（659年）的五年时间里，她设法清除政敌，贬尚书右仆射诸遂良，使其郁闷而死；黜同中书门下长孙无忌，逼其自缢；罢免朝中诸遂良、长孙元忌的支持者，巩固和扩大了自己的影响力和权力，扫除了她参政道路上的障碍。

显庆五年（660年），高宗李治因患风眩，目不能视，遂下诏委托武后协理政事。自此，武则天正式步入垂帘听政阶段。弘道元年（683年），高宗病逝，中宗李显刚刚继位，武后则以皇太后名义临朝听政。一年后便废掉中宗，改封庐陵王，立四子李旦为帝，史称睿宗。690年，又废李旦自立为则天皇帝，改国号为周，改元天授，史称"武周"。

武则天称帝后，重视人才的选拔和使用。她认为"九域之广，岂一人之强化，必亡才能，共成羽翼"。凡能"安邦国""定边疆"的人才，她不计门第，不拘资格，一律量才使用。为了广揽人才，她发展和完善了隋以来的科举制度，扩大招贤面，还允许自举为官、试官，并设立员外官。此外，她还首创了殿试和武举制度，为更多更广地发现人才、搜罗人才创造了有利的条件。其中像中唐名将郭子仪，就是通过武举选拔的。这样，在她施政的年代里，始终有一批"文似仁杰""武类休武"的能臣干将为其效命，有力地维护着武周的政权。

武则天雕像

对于农业生产,武则天也非常重视。她说:"建国之本,必在务农","务农则田垦,田垦则粟多,粟多则人富"。她规定,能使"田畴垦辟,家有余粮"的地方官升任;"为政苛滥,户口流移"的"轻者贬官,甚至非时解替"。所以在她统治的年代里,农业和手工业都得到较大的发展,人口不断增加。

在抗击外来入侵,保护边境安宁,改善相邻各国的关系方面,武则天也做了很多努力。对吐蕃贵族的入侵和骚扰,武则天给予坚决的抵御和反击。长寿二年(693年)她派大将王孝杰击败吐蕃,收复安西四镇,复置安西都护府于龟兹。之后,又在庭州设置北庭都护府,巩固西北边防,打通了一度中断的通向中亚地区的"丝绸之路"。在她施政的年代里,坚持边军屯田的政策。天授年间,娄师德检校丰州都督"屯田积谷数百万,兵以饶给"。大足元年(701年),郭元振任凉州都督,坚持屯田五年,"军粮可支数十年"。武氏的这种大范围的长期屯田,对边区开发、减轻人民转输之劳以及巩固边防都有着积极的作用。

但武则天也有不少消极的行为。她崇佛教、建寺院、筑明堂、造天枢、铸九鼎,浪费了大量的人力物力。在打击政敌的过程中也不免滥杀无辜。官吏大增也必然加重了农民的负担,在她统治时期尽管社会经济有所上升,但逃户问题已经日益严重,府兵制开始走向破坏。武则天重用武氏宗室武承嗣、武三思、武攸绪及武攸宁等人,并大封武氏宗人为王。大臣吉顼等人深以嗣君之选为虑,

武则天墓前的无字碑

武则天也感到作为女子，死后只能入李家宗庙享子孙祭祀，所以接受臣下建议，于圣历元年（698年）迎还庐陵王李显，复立为太子。武氏晚年宠爱男妾张昌宗、张易之兄弟，二人狐假虎威，作威作福。神龙元年（705年）正月，张柬之、桓彦范、崔玄、敬晖等人联合右羽林大将军李多祚发动政变，诛杀二张，逼则天退位，迎中宗复位。中宗上尊号为则天大圣帝，后人因此称她为"武则天"，同年十一月去世，享年82岁。

唐玄宗李隆基

唐玄宗李隆基（685—762年），唐高宗李治和武则天的嫡孙，唐睿宗的第三子。唐朝在位时间最长的皇帝。

李隆基自幼生活在宫闱风云激荡的多事之秋。他是李唐皇帝的后代，而一睁眼看到的却是武周的天下。他从小就有大志，在宫中常以"阿瞒"（曹操的小名）自诩。他有皇室子弟的优越感，又对武氏子侄专横跋扈愤愤不平。7岁那一年，他例行至朝堂朝朔望。金吾大将军武懿宗对其随从高声喝叫，隆基毫不示弱，厉声斥责他："吾家朝堂，干汝何事，敢迫我骑从！"据说祖母武则天听到这件事，对这个孙子更加宠爱。青少年时代的李隆基天资聪颖，学习刻苦，通文史，精骑射，知音律，多才多艺。

唐玄宗像

神龙六年（705年），唐中宗在张柬之等李唐旧臣的拥护下，恢复唐朝。但是，他并不信任这些李唐旧臣，他唯一信任的是韦皇后。韦皇后和武三思勾结，形成武、韦两家外戚合作的腐朽集团。这个集团驱逐张柬之等出朝廷，独揽了全部政权。

神龙三年（707年），皇太子李重俊约集左羽林大将军李多祚等，发羽林兵300余人，杀武三思等人。唐中宗杀李重俊，韦皇后借口追究李重俊的同谋者，阴谋迫害相王李旦和太平公主。唐中宗不愿牵连到他们，二人才免了祸。这时，李旦的第三子李隆基则在暗中准备消灭韦武集团。

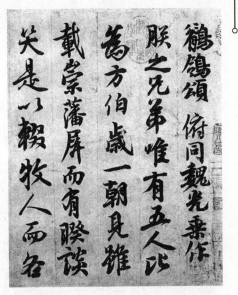

李隆基手书《鹡鸰颂》孤本（局部）

景龙四年（710年），韦皇后和女儿安乐公主合谋，毒杀唐中宗，准备临朝听政。李隆基抓住时机，当机立断，和太平公主合谋，发动羽林军，攻入宫中杀韦皇后、安乐公主、武延秀等。接着大举杀韦武集团中的人，韦家派全部被消灭，武家派基本被消灭，太平公主出面，恢复了唐睿宗的帝位。

唐睿宗也是一个昏懦的人，他依靠李隆基和太平公主的力量得到帝位，因此，立李隆基为皇太子，使太平公主干预朝政。宰相奏事，他总要询问是否和太平公主、太子商量过。这种昏懦表现，势必助长太平公主的专横，也必然加剧太平公主和李隆基的冲突。太平公主集中精力来对付李隆基，引用大量党徒把持朝政，7个宰相中，5个是她的私人，其余文武官员依附她的有一大半。政事昏暗，与中宗时无异。712年，唐睿宗让位给太子，唐玄宗继位，唐睿宗改称太上皇。713年，太平公主准备用羽林兵入宫杀唐玄宗。机密泄露，唐玄宗抢先一步动手，杀太平公主及重要党徒数十人，其余党徒一概黜逐出朝。至此，唐政权才切实为唐玄宗掌握。

继位的那一年，唐玄宗28岁，年富力强。他的皇位来之不易，面临的却是政局复杂、吏治腐败、官员冗滥、边疆上战争频繁、国内土地兼并激烈、农民流亡、国家财政拮据的局面，形势十分严峻。这时的唐玄宗，严于律己，勇于纳谏，任人唯贤，关心民间疾苦，是一个锐意改革，开拓进取，励精图治，有所作为的好皇帝。

唐玄宗在开元年间，任用了一批贤相，如姚崇、宋璟、韩休、张九龄等。

姚崇是有名的贤相。当时富户往往用出家做和尚的办法，逃避赋役。他一次就查出12000多人，勒令还俗。他禁止百官和僧尼、道士往来，抑制武、韦时发展起来的寺院地主势力。御弟薛王李业的舅父王仙童侵暴百姓，他不讲情面，请玄宗批准，依法惩办。山东发生蝗灾，他下令捕杀。有人说杀虫太多，要伤"和气"。他表示杀虫如有祸殃，由他一身担当。他入相之前，向玄宗敷陈十事，大意是勿贪边功、广开言路、奖擢净臣、禁止皇亲国戚擅权，玄宗桩桩同意，从而奠定了开元施政的基本方针。宋璟刚直不阿，守法持重。有一次吏部选官，他的远房叔父宋之超也在应选之列。宋之超说明他和宋璟的关系，想谋取高官厚禄。宋璟知道后，特意关照吏部，宋之超不得入选。韩休十分正直，看到唐玄宗的过失，马上上书指陈得失。有一次唐玄宗照镜子闷闷不乐。左右人说韩休做宰相，陛下比前些时候瘦了，为什么还要用他。唐玄宗说："我用韩休是为了国家，我虽瘦了，天下人一定肥了。"

唐玄宗特别注意地方官的任命和选择。他确立了京官和地方高级官员定期交流的制度，让京官有才识者担任都督、刺史，都督、刺史有政绩者担任京官。

他对县令的选择也很注意。他组织县令进行考试，亲自命题，了解考生是否了解治国之道，凡考试成绩优秀者即被任用，拙劣者即被罢免。在开元四年的考试中，一次就斥退 45 人。为了革新吏治，他还多次颁布"诫牧宰敕""整饬吏治诏""劝奖县令诏"，并定期派按察使到各地巡视，观察得失。他还针对武后之后官员冗滥的弊端，一举裁汰官员数千人，精减了机构，节省了费用。

唐玄宗把励行法制、赏罚严明作为改善吏治的根本措施。他认为："有善必赏，所以劝能；有罪必罚，所以惩恶。"开元二十四年（736年）以前，基本上贯彻了这一精神，例如，同州刺史姜师度，组织民众修通灵陂，扩展水田 20 万亩，唐玄宗通令嘉奖，赐帛 300 匹，特加封金紫光禄大夫。对那些贪赃枉法之徒，不论职位高低，都依法制裁。如刺史裴景先，私自聚敛 5000 匹绢，玄宗亲自下诏，将其处死。所以，开元时期吏治还是清明的。

均田制至玄宗时，已开始动摇，土地兼并之风日甚。唐玄宗颁布了详尽的均田令，重申永业田也不得典卖，限制官僚、贵族、豪强侵占民田，对侵暴百姓、强占民田者绳之以法，这多少刹住了兼并之风。唐玄宗又实行括户，清查出贵族官僚地主隐瞒的人口和劳动力，使之成为均田农民。

唐玄宗还十分重视兴修水利，他在位期间，全国共兴建了 50 多项较大的水利工程。在灾歉之年，他还注意赈给救济，减免税粮。尽管这些是治标不治本的权宜之策，但也缓和了阶级矛盾，有利于社会生产的发展。

宫廷生活中，在开元年间，唐玄宗也能节俭自励。此外，唐玄宗在文化教育上也有建树。他成立了我国古代戏曲学校和皇家戏班"梨园"，命天文学家僧一行测量子午线和编制历法，组织学者整理古代图书等。

《张果见明皇图》（局部）
元·任仁发绘

开元时期，唐玄宗在文治上成绩斐然，武功上也赫赫可铭。面对武后末年以来边疆的紧张局势，他积极训兵整武、屯田积谷，大大提高了军队战斗力。开元三年（715年）重建安北都护府、漠北诸部，如拔也古、同罗、回纥等都通使称臣。开元五年（717年）唐军收复了沦陷已久的营州等12州，重建营州都督府，奚、契丹一时归服。开元二十七年（739年），收复了武后末年沦陷的西域重镇碎叶，丝绸之路畅通。对周边少数民族首领，他用册封的手段加以笼络。如册封回纥首领骨力裴罗为怀仁可汗，册封粟末靺鞨首领大祚荣为渤海都督府都督、加封渤海郡王，封南诏首领皮罗阁为云南王，加强了民族融合，促进了我国多民族封建国家的发展。

开元年间君臣的文治武功，促成了比较稳定的政治局面，劳动人民得以安心从事生产，封建经济高度繁荣。史籍记载："开元天宝之中，耕者益力，四海之内，高山绝壑，耒耜皆满。""诗圣"杜甫也热情讴歌这时社会经济的繁荣："忆昔开元全盛日，小邑犹藏万家室，稻米流脂粟米白，公私仓廪俱丰实。"据记载，当时天下一斗谷物之价，多则一二十文，少则数文；绢一匹200余文；全国各地驿道四通八达，商旅往来络绎不绝。在太宗、武后治理的基础上，经过开元年间玄宗君臣的治理和劳动人民的辛勤劳动，封建经济呈现出高度繁荣。这就是旧史学家们津津乐道的"开元盛世"。

唐玄宗在位时间很长，到天宝元年（742年），已做了30年皇帝。

他年龄大了，志得意满，只想纵情声色，政治上开始走下坡路。

以前，他对大臣的直谏，"虽不合意，亦曲从之"。现在，他再听不进逆耳忠言了。宰相张九龄遇事力争，玄宗蛮横地说："事情都得照你说的去办才行吗？"开元二十四年（736 年），张九龄被罢相，李林甫做中书令。李林甫被重用，靠的是迎合玄宗的心意。他收买宦官、嫔妃，打听玄宗动静，所以能了解他的心意。一个罢相，一个上台，从此，"容身保位，无复直言"的风气统治了朝廷。

李林甫警告谏官不要议论朝政。有名谏官没听，仍然上书论事，第二天，便被降级外调。朝廷官员中不依附他的，有点才能的，多遭阴谋陷害。因此，人们说他"口有蜜，腹有剑"。天宝六年（747 年）玄宗命各地举荐人才，李林甫主持考试，一个不取。事后上表玄宗，说："天子圣明，野无遗贤。"就是这样一个奸佞小人，唐玄宗让他为相十几年，直到他死去。

唐玄宗原先宠爱武惠妃。武惠妃逝去，他很伤心。后宫数千人，无一人中意。有人告诉他，他的儿媳寿王妃杨玉环异常美丽。他看后十分满意，便指使杨玉环以修道为名，从寿王身边离去，进入道宫，做了女道士，道号"太真"，然后唐玄宗再把这位"道姑"悄悄接到宫中。天宝四年（745 年）册立杨玉环为贵妃。

唐玄宗是一个多才多艺，"尤知音律"的君主，而杨玉环又"资质丰艳""善容止"，善歌舞、通音律，并善解人意，所以玄宗"三千宠爱集一身"。贵妃要洗温泉澡，玄宗给修了华清池；贵妃喜欢吃鲜荔枝，玄宗就命岭南驰驿传递。贵妃得宠，杨氏兄妹均飞黄腾达。她的三个姐妹均被封为国夫人，其堂弟杨国忠是个无赖，目不识丁，却继李林甫为宰相。他兼领 40 余职，因善于搜刮，得到玄宗宠爱。他家中存的高级丝织品竟有 3000 万匹，生活极为腐化。杨国忠讲："想来我也不会有什么好名声，还不如快快活活过几天。"

唐朝从高宗以来，边疆一直有重兵屯戍。到玄宗统治前期，为了加强边境防御，又在边境重要地区增设军镇。军镇管辖几个州，主将叫节度使。节度使起初只管军事，后来兼管行政和财政，权力很大。天宝初年，边境的 10 个节度使共拥兵 49 万，而唐中央禁军不过 12 万，而且缺乏训练，形成内轻外重的局面。

那时候，一身兼任平卢、范阳、河东三镇节度使的安禄山，拥兵 15 万，势力雄厚。安禄山的父亲是西域人，母亲是突厥人。他几次入长安，朝见唐玄宗，用贡献财物和献媚等取得唐玄宗的信任。他身材肥胖，肚子滚圆，玄宗开玩笑说："此儿腹中有何东西，大到这个地步？"安禄山回答："只有忠于陛下的一颗赤心。"玄宗听了十分高兴。安禄山又拜杨玉环为干娘，玄宗更把他当成自己人。

安禄山看到唐朝政治腐败，内地兵力空虚，认为有机可乘，阴谋叛乱，夺取唐朝天下。他在暗中招兵买马，囤积粮草，准备反叛。他用胡将代替汉将，并用汉族一些失意文人为他策划。

天宝十四年（755 年）冬，安禄山带领 15 万军队，以讨杨国忠为名，从范阳起兵，很快攻陷了河北，占领东都。安禄山自称大燕皇帝，又过了几个月，叛军击溃了唐朝的潼关守军 20 万人，继续西进。

潼关失守，长安顿时乱作一团。唐玄宗带领皇族亲贵、官僚，仓皇向四川逃窜。行至马嵬驿，将士鼓噪不前，杀死祸国殃民的杨国忠，并要求惩办杨贵妃。玄宗无可奈何，派人缢杀杨贵妃，继续向四川逃奔。

天宝十五年（756 年），其子李亨继位，唐玄宗被尊为太上皇。宝应元年（762 年），玄宗病逝。

第三节 五代十国著名皇帝

后梁太祖朱全忠

后梁太祖朱温（852—912年），五代时期梁朝第一位皇帝，宋州砀山（今安徽砀山县）人。唐僖宗赐名"朱全忠"，即位后改名朱晃。

朱全忠出生于一个破落的小地主家庭。他的父亲朱诚早死，家产荡尽，朱温便随母到萧县地主刘崇家为牧猪佣工。他听说黄巢聚众起义，就前往投军。朱温平日狡猾凶悍，但却善于巴结迎合人意。他随军转战南北，立过战功，逐步由士兵提为大将。黄巢攻下长安，任朱温为同州（今陕西大荔）防御史，令其进取河中。朱温出兵，多次被河中节度史打败。他见农民起义军处境困难，又与黄巢的心腹大将孟楷不和，就叛变归唐，成为农民起义军的死敌。

唐朝廷对朱温的叛降十分重视，立即授以右金吾卫大将军官衔，又任命他为河中行营招讨副使。僖宗因恶其"温"字，遂赐名为全忠。中和三年（883年）四月，僖宗招集诸路大兵围攻长安，朱全忠立了战功，被提升为宣武节度使。僖宗诏令他攻下长安后，立即率部队赶赴汴州（今河南开封），堵截黄巢东退的去路。第二年，黄巢久攻陈州不下，撤围向东，转攻汴州。朱全忠自知抵挡不住，就乞求河东节度使李克用援助。

李克用早有扩张地盘的野心，便亲率大军赴汴州援助。在李克用的援助下，朱全忠击败黄巢。但朱全忠并不感谢李克用，相反还妒忌李克用强盛。他表面卑躬屈节，背地里却暗藏杀机。中和四年（884年）

朱全忠像

五月，李克用追击黄巢还汴州时，心怀歹意的朱全忠马上请他进城赴宴。李克用盛气凌人，乘酒醉出言不逊。朱全忠气愤难忍，乘机提前下手。当天晚上，朱全忠用车辆堵塞道路，围攻上源驿，企图杀害李克用。李克用在大醉中被左右亲信唤醒，在侍卫们的拼命保护下，仓皇出逃。其属下河东监军、宦官陈景思和亲兵300多人，全部被朱全忠杀害。从此，晋、汴两方形成水火之势，李、朱两家结下了不解之仇。

朱全忠控制河北以后，河东李克用伺机反扑。唐天祐三年（906年），当朱全忠准备拔除刘仁恭（幽州节度使）之子刘守文盘踞的沧州时，李克用决定来一个出其不意，强攻潞州（今山西长治）。这一招果然奏效，晋军包围潞州，唐军守将丁会投降，潞州随之陷落。朱全忠闻报，急忙从沧州撤军，去夺潞州，并在潞州城下筑重城，称为夹寨。

天祐四年（907年）四月，朱全忠废唐昭宣帝，建国后梁，自称帝，这就是梁太祖。李克用占领潞州后，乘其不备，用周德威的轻骑兵包抄梁军粮道，攻打夹寨，后梁军统帅李思安束手无策。第二年三月，晋王李克用去世。他的儿子李存勖继位。李存勖认为潞州是河东的屏障，没有潞州对河东是不利的。他巧施妙计，指挥晋军包围了潞州的梁军。李存勖的战术使朱全忠大为震惊，他深有感慨地说："生子当如李亚子（存勖小名），我的儿子只如豚犬而已。"潞州解围，河东威振，镇州（今河北正定）王镕、定州王处直叛梁附晋。后梁太祖朱全忠为了力争保护河北,竟悍然下令:"镇州就是以铁为城,也要给我拿下来!"于是在开平三年(910年)十二月,朱全忠以王景仁为帅,进军柏乡(今河北柏乡),与晋军会战。王景仁原名茂章,先从杨行密,后归朱全忠。他早年曾率淮南兵和汴军作战,指挥部队,气定神闲。朱全忠大为佩服,曾说过:"假使我得此人为将,天下不难平也!"但是柏乡一战从岁末到新正,王景仁竟大败而归。这一仗使后梁损失严重,仅被晋军所斩获的首级就有两万之多。柏乡之战,使后梁丧失了对河北的控制权。朱全忠一怒之下,剥夺了他的兵权。李存勖乘胜攻燕,朱全忠不甘心柏乡之败,亲率大军攻镇州的枣强,把全城人杀光,以报柏乡之仇。但两次战争的失利,也使朱全忠和各级将士对晋军产生了恐惧心理。据传,朱全忠一听说"晋王大军到了"就望风而逃。朱全忠逃到冀州,因当地人民痛恨梁军,见了他们,都拿锄头追杀。梁军当是追兵,心里越怕,跑得越快。最后,等朱全忠明白过来的时候,队伍已经完全瓦解,再也无法收拾。

朱全忠在政治上极其残暴。他在攻打沧州时,为防止军士逃亡,把境内能够拿兵器打仗的人全部赶上战场,脸上刺"定霸都"三字;对士人稍留面子,也要在手腕上刺"一心事主"四字。为此逃兵不敢回乡,便在山岭湖泊中集结起来,组成许多支小股的起义军。朱全忠对李存勖作战屡次失败,脾气更加暴戾,动辄杀人。他检阅军队时,发现哪个队的马瘦,就把将校拉出来腰斩。到了晚年,由于他猜忌部属,疑虑万端,造成众叛亲离,心情十分苦闷颓丧。为了发泄胸中的积郁,他恣意虐杀,纵情淫乱,其荒暴程度,即便在封建帝王中,也是罕见的。河南尹魏王张全义,努力恢复洛阳地区的农业生产,使朱全忠有了经济资助,得以稳定河南。后来朱全忠巡视河南时,住在张的家里,放肆行淫,把张全义的几个儿媳妇和女儿全部奸污。张全义的儿子们不忍受辱，准备动手杀掉朱全忠，后被其父苦苦劝住。更为严重的是，朱全忠对自己的儿媳们也不肯放过，分别"召侍"，逐个通奸，公开淫乱，与禽兽无异。他的这些亲儿、养子也都毫无廉耻，竟然抢着利用自己的妻子争宠，以博得欢心，探听机密，争夺储位，可谓旷古丑闻。如他的养子朱友文之妻王氏，生得貌似梨花，妖媚动人，为朱全忠所垂涎。他在洛阳生病期间，借口陪护为名，把其召至身边。王氏不仅没有推辞，反而曲意奉承，任他玩弄。当时，王氏只要一个交换条件，这就是要朱全忠将来把皇位传给其养子。乾化二年（912 年）六月，朱全忠病势垂危，准备把皇位传给朱友文，并想把亲生儿子朱友珪贬为莱州刺史。朱友珪从妻子张氏口中得到消息后，恼恨万分，于是，便买通禁军将校，在夜静更深时，带兵入宫，杀死朱全忠。

后唐庄宗李存勖

后唐庄宗李存勖（885—926 年），小字亚子，代北沙陀人，生于晋阳（今山西太原）。唐末五代军事家、后唐开国皇帝、晋王李克用之子。

唐僖宗光启元年（885 年），晋王李克用终于有了后嗣，这个后嗣就是李存勖。为了磨炼李存勖，李克用在他 11 岁的时候就带他奔赴沙场，让他多见见刀光剑影。在父亲的精心培养下，李存勖越来越优秀。他既精通骑射，又谙熟《春秋》，称得上文武双全。

后梁开平二年（908 年），年过半百的李克用与仇人朱温已经相持了好几个年头，始终不能打败朱温，遂积劳成疾，再加上听到朱温称帝的消息，受到了沉重打击，不久便离开人世。李克用死后，李存勖承袭了晋王的封号。

后梁开平四年（910 年），王熔和王处直在李存勖的拉拢下背叛后梁。面对随之而来的朱温大军的讨伐，他们向李存勖求援。李存勖一声令下，晋军立即前去增援。晋军诸将领率领将士奋勇拼杀，于911年春在柏乡大败朱温大军，保住了镇州和定州。

收服王熔和王处直后，李存勖的下一个目标是刘守光。刘守光与他的父亲刘仁恭一样，同样是个卑鄙小人。他将父亲刘仁恭囚禁后自任卢龙节度使，并一心想吞掉镇、定二州。见李存勖得到这两个州后，刘守光大为愤怒，遂与李存勖展开了争夺战。朱温得到刘守光的求援信息后卷土重来，意欲灭掉李存勖。后梁军将士还没有从年初的大败中恢复

李存勖像

过来又投入了战斗，再加上朱温在行军途中滥杀文官武将，遂军心涣散。面对士气旺盛的晋军，后梁军节节败退。朱温无心恋战，慌忙逃命。残暴嗜杀的朱温早已经成为河北百姓的眼中钉、肉中刺，这些百姓见后梁兵败，纷纷拿起农具袭击溃散的后梁军。朱温逃回都城后，于天祐九年（912年）便被争夺皇位的亲生儿子朱友珪杀掉。

李存勖两战皆取得大胜，威望和实力立即得到了很大的提高。不过，李存勖并没有志得意满，而是乘后梁军衰弱之际灭掉了刘守光，随后占领了幽州、沧州。

朱友珪做了不到一年的皇帝，就被朱友贞篡权。朱友贞做了皇帝后，在赵岩的建议下将魏博镇（今河北大名县）拆分，引起当地将士的不满。李存勖见有机可乘，立即率兵平定了魏博镇。

此后，李存勖的实力可以与后梁抗衡了。不过，后梁国主朱友贞虽然昏庸无能，但后梁军中却有几个善战的将领，再加上要抗击南下

的契丹人，以致李存勖与后梁打起了持久战。

天祐二十年（923年），李存勖在与后梁的数年征战中终于占据了绝对优势，于是建国称帝，设国号为"大唐"（史称后唐），建元同光，国都为魏州（今河北大名县东），后改名为邺都。

称帝后，李存勖举大兵攻打后梁。此时的后梁气数已尽，几个月后被李存勖灭掉。随后，后梁各地的残余势力纷纷来降。李存勖安抚好各地后，将国都迁至洛阳。称帝后的李存勖与领兵作战时的他判若两人，日益变得昏庸无度。李存勖放着忠臣良将不用，偏偏要用祸国殃民的小人。小人当道，社会风气日益败坏，百姓本以为灭掉了腐败的后梁后可以安居乐业，可谁知一波未平，一波又起。

后梁太祖朱温在位时，已经看到了宦官的危害，索性把朝中宦官统统除掉。不过，宦官中也有正直之人，如当初不让他放弃晋王位的张承业。也许是因为张承业的出色改变了他对宦官的看法，遂大量任用宦官。为了加强中央集权，李存勖将宦官视为心腹，派他们前往各地驻军担任监军。殊不知，物极必反，凡事都要适可而止，否则只会犯下以偏概全的错误，导致最后空有遗憾。

另外，由于对音律的喜爱，伶人自然成为了李存勖宠信的对象。他不仅爱看伶人演戏，而且还与伶人同台演出，与伶人相处得非常融洽。伶人们有了皇帝做后台，在朝中显得极为尊贵。他们春风得意，在皇宫内外进出自如，根本不把朝中大臣放在眼里。李存勖做了皇帝后，经常外出狩猎，随便践踏百姓的庄稼，百姓们敢怒不敢言。

尽管伶人、宦官中还有些许有良知的人，但毕竟是少数。不过，此时的李存勖已经被谗言迷惑，只顾吃喝玩乐，将治理国家视同儿戏。不仅皇帝昏庸，而且皇后也没有母仪天下的风范。在他们的治理下，百姓被各种苛捐杂税压得喘不过气，随李存勖打江山的一些功臣也纷纷纷落得个"狡兔死，走狗烹"的下场。

在百姓生灵涂炭、将士辛劳作战的情境下，皇帝、皇后、宦官、伶人等却在作威作福，滥杀无辜。在黑暗中待久了的人，迫不及待地要重见天日，于是有人举起了反旗。当时，攻打四川的将领见郭崇韬、朱友谦先后被杀，按捺不住愤怒，遂起兵造反，为后唐敲响了丧钟。

同光四年（926年）二月，李存勖见四川出现混乱，立即派兵镇压。不料，戍守期已满的魏博镇士兵在回乡途中接到驻守命令后大为不满，遂发生哗变，攻陷邺都。李存勖见远处的四川未平，近处的邺都又生乱，只有继续派兵前去镇压，结果不敌魏博军。李存勖见朝中已无可用之人，此时才想起战功赫赫、忠心耿耿但被他弃置一旁的李嗣源。他将侍卫军交由李嗣源，不料他的做法如同放狗去寻找丢失的羊，结果既丢了羊，又丢了狗。

侍卫军指挥使郭从谦此时与李存勖并不同心，因为他的养父睦王李存乂和被他视为叔父的郭崇韬两人皆被李存勖杀害，他发誓要为他们复仇。后来，他在与李存勖交谈时感觉到李存勖知道他的心思，顿时惶恐不安，于是在侍卫军内散布谣言，鼓动他们造反。就在这时，李存勖令侍卫军出征，使得郭从谦有了更有利的反击机会。李嗣源到了邺都后，被部众拥立为皇帝，遂顺应民心，召集军队攻打李存勖。

李存勖见危机四起，顿时手忙脚乱。为了压制李嗣源，他亲率军队出征。为了鼓舞士气，他被迫"取之于民，用之于民"，将盘剥百姓得到的钱财分发给将士。将士们看着这些赏赐，愤慨道："吾妻子已殍矣，用此奚为！"军心如此动荡，如何能高唱凯歌？作战中，将士要么投降，要么逃跑，李存勖只得退回洛阳。四月，郭从谦见时机已到，立即发动兵变，李存勖在混战中被流矢射伤，不久死去，终年42岁。

后晋高祖石敬瑭

石敬瑭（892—942 年），太原沙陀族人。他寡言少语，性格稳重，做事认真细致。年轻时就喜欢读兵书，对战事颇有见解。早年就在李克用义子李嗣源手下做事，在这期间，他数次解救李嗣源于危急之中，从而得到器重，逐渐成为李嗣源之心腹。李嗣源遂把女儿永宁公主嫁给他，并让他统率左射军的亲兵。

身处战乱时代，唯武功可以成就功名，石敬瑭很早就认识到了这一点。当时正值后梁朱温与李克用、李存勖父子争雄，石敬瑭冲锋陷阵，勇敢作战，在兵将里很有些名气。

尤其是在后梁贞明元年（915 年）他舍身救主。那时李存勖刚得魏州，梁将刘寻也将攻打清平（今山东清县），作为反击，李存勖急往驰援，却被刘寻所困。这时石敬瑭大显身手，仅仅带了十几个人就击败了刘寻，救李存勖于危难之中。由此声威大振，在军中名噪一时。不过这李存勖还真够小气的，当了皇帝也没说提携一下对他舍身相救的人，还有那些与他出生入死的将领，所以将士们多不满意他的作为。

后唐同光四年（926 年），效节指挥使赵在礼于魏州领兵叛乱。李存勖命李嗣源率军平叛，石敬瑭则一同出征。在魏州城下，李嗣源的部队也发生兵变，与魏州的叛军合兵一处，拥李嗣源为主。李嗣源本想回朝请罪，不想当这个皇帝，士兵们很是失望。

为了表示自己并没有谋反之意，

石敬瑭像

李嗣源还几次上表申诉，不过都被权臣所压下。正在进退两难的时候，石敬瑭则劝他说："如今你和叛军共处一城而相安无事，即便你没有想过要谋反，但朝廷会相信你吗？如果你要不答应的话，这儿的叛军还能让你回去吗？成大事就不能犹豫，不如我们夺取开封，以成就大事。"

李嗣源想来想去，最后接受了这个意见。石敬瑭当然知道，这个行动成功后，对自己意味着什么。于是他自告奋勇，亲自带领前锋抢占开封，又回兵渡汜水，直取洛阳。这一战他们大获全胜，后唐庄宗李存勖也被乱兵所杀。

李嗣源顺利在洛阳称帝，即后唐明宗。由于女婿石敬瑭在这次军事政变中立功颇大，后唐明宗任他为保义军节度使，赐号"竭忠建策兴复功臣"兼六军诸卫副使。石敬瑭虽然也算是皇亲国戚，并且还是凭借自己的能力得到了认同，按理说，他应该有些骄傲的资本。但石敬瑭还真的很本分，既不以权为威，又很平易近人。

而且当时许多官将都视律法为无物，而石敬瑭则以廉政闻名，颇受明宗李嗣源褒奖。此后，石敬瑭逐年升迁，历任侍卫亲军马步都指挥使，河东节度使，大同、彰国、振武、威塞等军藩汉马步军总管等职，负责抵御契丹南下，后又赐封为"耀忠匡定保节功臣"。随着职务和势力的增长，石敬瑭的野心也开始日渐膨胀，他也开始暗中拥兵自重，大有取后唐而自立之势。

后唐长兴四年（933 年），明宗李嗣源死，优柔寡断的李从厚继位为后唐闵帝。李从厚很想做出点业绩来，但无奈性格使然，就连朝政也被拥立他的权臣所控制，军权更是由当时凤翔节度使李从珂（李嗣源的养子）和河东节度使石敬瑭控制。

后唐闵帝为了削弱他们的势力，想让他们将职位对调。李从珂当下在凤翔起兵反叛，闵帝当然不是对手，仅率不多的人马逃跑。路遇石敬瑭，本来闵帝还以为遇到了救星，却不料石敬瑭杀其随从并将闵帝扔在那儿，扬长而去。

李从珂杀唐闵帝后，自立为皇帝，即后唐末帝。这时的石敬瑭谋反之心则越来越明显。二人矛盾呈一触即发之势。为试探后唐末帝，早有预谋的石敬瑭于后唐清泰三年（936年）四月，以身体羸弱为由乞解兵权，调往他镇。

唐末帝不知是计，当下首肯，徙其为天平节度使。石敬瑭认为这末帝实在是将他疑为心腹之患，如果放了兵权，自己的杀身之祸就在眼前，于是决意谋反。石敬瑭上表指责后唐末帝是明宗养子，不应承祀，要求让位予许王（明宗四子）。后唐末帝当下气愤已极，撕裂其表，削其官爵，并以建雄节度使张敬达为太原四面招讨使，将兵3万筑长围以攻太原。

石敬瑭也在太原做着准备工作，他一面在朝廷内部组织策反活动；一面由掌书记桑维翰起草奏章，向契丹求援：请称臣，以父事契丹，约事捷之后，割卢龙一道及雁门关以北诸州予契丹。从这一点上，可以看出其着急称帝之决心。就连其亲信刘知远也表示反对说，称臣可矣，以父事之太过，厚以金帛赂之，自足致兵，不必许其土田，恐异日大为中国之患，悔之无及。可是石敬瑭这时候哪儿顾得了那些。契丹主耶律德光当然同意这么优厚的条件，派兵支援。后唐在联合攻击下迅速灭亡，末帝也登楼放火自杀身亡。

后晋天福元年（936年）农历十一月，契丹主作册书封石敬瑭为大晋皇帝，即后晋。石敬瑭称帝后，很守"信用"，割燕云十六州给契丹，承诺每年给契丹布帛30万匹。他这一许诺不要紧，却把中原完全暴露在契丹铁蹄之下。

以后燕云十六州成为辽南下掠夺中原的基地，使北方社会经济遭到严重破坏，贻害长达 400 年。这就是一个想做皇帝的人之危害，为了那一点权力，却将国家社稷拿出来做了筹码！

后晋天福二年（937 年），后晋迁都汴梁，第二年，升汴梁为东京开封府。后晋那时虽得了天下，但藩镇多未服从，战事不断。府库空虚，民间贫穷，但契丹仍贪得无厌。

为解决财政危机、巩固政权，石敬瑭不得不采纳了桑维翰的建议，先是安抚藩镇；再是务农桑，缓解多年战乱造成的贫困；还恢复了商业往来，以增强国力。但是这些并没有起到根本的作用，因为他每年还要送大量的贡奉给契丹。

石敬瑭对于契丹百依百顺，每次书信皆用表，以此表示君臣有别，称比他小 11 岁的契丹国主为"父皇帝"，自称"臣"，为"儿皇帝"。见了契丹皇帝居然还泪眼婆娑，可见此人脸皮之厚，可能无出其右者。每当契丹使臣至，便拜受诏敕，除岁输 30 万匹布帛外，每逢吉凶庆吊之事便不时赠送好奇之物，使通往契丹路上常年穿梭着运送给契丹的钱财物。可能是他在契丹那儿承受了太多的委屈，于是将这种怨恨转嫁到了百姓身上。他凶恶狠毒，用刑十分残酷，并好猜忌，不喜士人，专任宦官，由是宦官大盛。由于吏治腐败，朝纲紊乱，以致民怨四起。游牧在雁门以北的吐谷浑部，因不愿降服契丹，酋长白承福带人逃到了河东，归刘知远。后晋天福六年（942 年），契丹遣使来问吐谷浑之事，石敬瑭无以为答。他是既不敢得罪手握重兵的刘知远，也不敢得罪"父皇帝"。这样的日子恐不好过，于是他忧郁成疾，当年六月在屈辱中死去，时年 51 岁。

后汉高祖刘知远

后汉高祖，名刘知远，生于唐昭宗乾宁二年（895 年），从小为人沉稳庄重，不好嬉戏。到了青少年时期，正值李克用、李存勖父子割据太原，刘知远就在李克用的养子李嗣源（即后来的后唐明宗）部下当了一名军卒。当时，石敬瑭为李嗣源爱将，在战斗中，刘知远两次不顾自己的生死安危，救护石敬瑭于危难中。石敬瑭对他感激之至，以其护驾有功，将他调到自己的帐下，做了一名牙门都校，不久升任马步军都指挥使。

后唐清泰三年（936年），石敬瑭在刘知远等人谋划下，在开封称帝，建立了后晋，史称后晋高祖。作为谋划石敬瑭称帝的功臣，刘知远得到应有的报酬，除了很多的赏赐外，石敬瑭还先后任命他检校司空、侍卫马步都指挥使、点检随驾六军诸卫事、许州节度使、朱州节度使、检校太傅、北京（今太原）留守、河东节度使等职，享尽了荣华富贵。

后晋天福七年（942年）当了七年"儿皇帝"的石敬瑭得病死去。养子石重贵继位，由于是石敬瑭手下的红人，石重贵随即加封刘知远检校太师，晋位中书令。后晋开运元年（公元944年），契丹主耶律德光率军南下，石重贵任命刘知远为幽州道行营招讨使，迎战契丹军。

后高祖刘知远

刘知远机智勇敢，指挥得当，很快在忻口大破契丹军，契丹军败回。

石重贵为此加封刘知远为太原王、北平王，但不久，契丹军又来侵犯，刘知远在朔州阳武谷再次打败契丹军。随着官职的不断提升，以及对契丹军战斗的胜利，刘知远已不满足于当一个北平王，他意图称霸河东，成就王业。然而石敬瑭对他有知遇之恩，他不好意思立刻与石重贵反目，所以在朝廷的诏命他时半推半就，一方面不服调遣，作战中逗留不进；另一方面也偶尔主动出击一下，好让朝廷与契丹不致小看自己。

刘知远深知，契丹只不过是游牧部族，不会久居中原不退，只是掠夺些财物后就会主动离开，再加上中原人民的坚决抵抗，他们不会长久待下去。而石重贵就不同，他作为国家的皇帝，是不会轻易离开中原，因此也会成为他称帝的最大阻碍，所以刘知远一边在与契丹战斗的过程中了解地形，一边又与契丹勾结，奉表称臣，同时加大力度募集士卒，养精蓄锐，加紧称帝的准备。

后晋开运三年（946年），耶律德光率契丹军大举进兵，攻入开封，石重贵投降，后晋灭亡。刘知远认为时机成熟，于后晋开运四年（947年）在太原称帝，建立了后汉政权。为了掩饰其政治企图，他不改国号，而是延用石敬瑭的年号，为了能够笼络人心，争取后晋旧臣的投诚，他下诏禁止为契丹搜刮钱帛；并慰劳保卫地方和武装抗辽的民众；将诸道的契丹人一律处死，等等。当契丹在中原人民抗击下退出后，刘知远乘机进入开封并建都，改名字为暠，改天福二年（948年）为乾祐元年，史称高祖。

他即位后，减免赋税，大赦天下，果断采纳了皇后李氏的建议，拿出宫中所有财物赏赐将士，还任用贤能，再加上治军严明，很快使经济恢复了过来。但由于操劳过度，再加上不断战争，刘知远在位不满一年，便于乾祐元年（948年）去世了，享年54岁。

后周太祖郭威

后周太祖郭威（904—954年），字文仲，别名郭雀儿。邢州尧山（今河北省邢台市隆尧县）人。父郭简，官至顺州刺史。五代时期后周建立者（951—954 年在位）。

郭威家道贫穷，早年丧父，母亲携他改嫁郭氏，于是乃改姓郭。

郭威 3 岁时，随母亲和继父迁居太原。但没有住多久，继父就被沙陀突厥军虏杀，母亲不久也谢世。郭威小小年纪就成了孤儿，由姨母韩氏收养。姨母也是一个破落户，家道并不宽裕，因此，郭威少年时过着十分贫困艰苦的生活。

长大以后，郭威生得虎背熊腰，形体魁梧，力大如牛，胆大气壮。郭威特别爱好武艺，不愿种田，渴望从军。18 岁时，割据地方的军阀潞州（今山西长治）节度使李继韬为了扩充势力，招募豪勇，郭威遂跟随其生父的亲属常氏去应募。李继韬见郭威年轻气盛，好斗多力，十分喜欢。当即留于帐下为牙兵。牙兵乃藩帅亲兵，待遇很高，纪律较严。由于郭威生性好动，经常犯禁。李继韬爱其勇，常给予庇护，这就使郭威更加任性了。

龙德三年（923 年），后唐庄宗李存勖灭后梁，杀与梁结盟的潞州军阀李继韬，并将李继韬的牙兵统统配为观夫，郭威当然也在其中。当时郭威才 21 岁，转在后唐充当"马铺卒使"。郭威并不是一个莽汉子，他自小聪敏，颇喜欢读书，从军后，仍然经常读书。有一次他去拜访义兄幽州人李琼，李琼正在读《阃外春秋》，郭威一看是一部兵书，好不欢喜，遂拜李琼为师，要求李琼悉心教导，对历史上的存亡治乱之事、治国用兵之道都悉心研讨。当时郭威公务很忙，他就把书藏在袖中，出公差时亦随身带着，有空闲便看，于是见识大增，政治上逐渐成熟老练起来了。

同光四年（926 年），郭威 24 岁。这一年他交了桃花运，娶得一位绝代佳人柴氏做他的妻子。有了柴氏做贤内助，郭威的事业和生活有了新的起色。可惜，小两口生活虽美满，美中不足的是多年未生一男半女。柴氏就把哥哥柴守礼的儿子柴荣领来收养。柴荣幼时聪明，深得姑母姑父的欢喜，于是郭威就认作自己的儿子。

郭威一直在军中任职，十分能干，有勇有谋。他曾跟随石敬瑭攻战，替石敬瑭掌管军籍，得到倚爱。石敬瑭称帝，建立后晋，郭威也小有升迁。后来郭威改隶于石敬瑭的部将侍卫马步都虞侯刘知远麾下，又成为刘知远的心腹。

开运三年（946年）十二月，契丹军在杜威导引下攻入开封，虏走后晋少帝石重贵，灭掉后晋。契丹军因遭到中原人民的反抗，未敢久留，掠得大量财物后即退走了。郭威与苏逢吉、史弘肇等在太原劝刘知远称帝，建立后汉。由于郭威为刘知远的建国立下了汗马功劳，一下子由牙将超升为枢密副使、检校司徒，成为统率大军的将领，其养子柴荣也被封为左监门卫将军。刘知远统兵南下，进占汴梁（即开封），将其定为都城。不久，刘知远恢复了后晋的版图，坐稳了皇帝，对郭威也更加信任起来。

这时柴夫人已死，未能享受这富贵生活。郭威既位至宰相，也就续弦娶了几房姬妾，不久生下两个儿子，取名青哥、意哥。养子柴荣也娶妻生了三子。

乾祐元年（948年），后汉高祖刘知远病死。郭威与苏逢吉同受顾命，立刘知远子刘承祐为帝，是为隐帝。隐帝拜郭威为枢密使，掌全国兵权。郭威于是成为后汉最重要的大臣。

不久，河中节度使李守贞据城反叛，朝廷震骇。接着，又有赵思绾、王景崇举兵反叛。隐帝任命郭威为同平章事西征，各路兵马并由郭威节度。郭威以沉毅坚韧最后获得了全面胜利。隐帝厚加赏赐，加郭威官检校太师兼侍中。

这年十月，契丹入寇，北边诸州告急，隐帝认为只有郭威才能阻挡敌军，于是又命郭威率军迎战，以宣徽南院使王峻为监军。郭威率大军星夜兼程，到邢州时，契丹闻郭威来了，知道难以对付，即自行退兵，郭威想穷追猛打，刘承祐不准。到乾祐三年（950），郭威只得率大军班师回朝。

十一月十四日，郭威正与宣徽使王峻坐于衙堂商议边事，突然澶州（今河南濮阳县）节度使李洪义、侍卫步军都指挥王殷遣澶州副使陈光穗来报，说京城发生了政变。两人一听不觉大惊失色。原来，十三日晨，他们把宰相史弘肇等大臣多人杀死灭族。又遣心腹密诏李洪义杀王殷，还密令左厢都指挥使郭崇等杀郭威。李洪义得密诏十分惶惑，就给王殷看，二人深感事情严重，即遣陈光穗驰告郭威，共商对策。郭威召集柴荣及诸将商议，大家听说宰相史弘肇等惨死，个个义愤填膺，这时部将郭崇也拿出隐帝给他让他杀郭威的密诏给大家看，诸将更加冒火。郭威把情况公布于众，对将士们说："我起自微贱，佐先帝创立国家，有大勋于国，今上有诏来取我首级，诸位若图功业，可以取我首级去报功。"大家齐声呼喊，说皇上左右小人诬罔，愿随郭威起兵以清君侧。郭崇等也哭着表示愿听郭威调遣，万死不辞。于是郭威调集大军，浩浩荡荡地向首都开封进发。

郭威像

十九日，隐帝刘承祐遣刘重进率禁军迎战，企图阻止郭威大军前进。但士兵厌战，未及接战便退。二十日，刘承祐只好亲率禁军于刘子陂列阵。二十一日进行了一场阵地战，除慕容彦超率部进行了一些抵抗外，隐帝手下的兵将纷纷投降，慕容彦超见状亦率兵逃到兖州去了。刘承祐稳不住阵势，只好后退。二十二日，刘承祐被其部下郭允明杀死于开封北郊。于是，郭威率大军蜂拥而入开封城。

郭威和王峻一起来到刘知远的遗孀太后李氏宫中问安、申述自己被迫起兵的理由，并请求立刘氏后代继承皇位。李太后提议立徐州节度使刘赟，他乃刘知远的弟弟刘崇的儿子，于是派老宰相冯道往徐州迎立。在刘赟未入都以前，凡军国大事，皆以李太后名义发教令而行。郭威又请李太后临朝听政，政事则由自己决断。这时，河北诸州又奏契丹大军入寇，边境告急，太后于是又命郭威统军北征。

乾祐三年（950年）十二月一日，郭威离开京师出发，十六日到达澶州（今河南濮阳县），这时士兵都不愿走了。十九日，郭威令大军继续进发，到二十日，军士大叫大嚷坚决不走了。郭威假装躲进屋内，不少人就爬墙登屋进入郭威居处，向郭威面请要他当皇帝。郭威身不由己，披上黄旗登上城楼。数万大军齐集城下，也不打契丹去了，稍微休整了一下，便回师开封，逼太后任他为"监国"，夺得国政。广顺元年（951年）正月，郭威正式称帝，国号大周，定都汴京，史称后周。

广顺元年（951年），郭威杀刘赟于宋州。刘赟的父亲刘崇见状，即于晋阳（即太原）自立为帝，仍用汉乾祐年号。他占有河东十二州之地，史称"北汉"，与郭威的后周政权长期对峙。同年二月，刘崇发兵五道攻晋州（今山西临汾市），遭到后周节度使王晏的痛击，北汉军死伤甚众，只得退兵。

十月，契丹又兴兵五万会同北汉入寇，刘崇率兵二万进攻晋州。至十二月，天气渐冷，下起了大雪，刘崇和契丹军不敢久留，烧营夜遁。周军乘机追击，北汉兵跌入崖谷中伤亡很多，契丹兵马亦损失了十之三四。后周军大获全胜，北汉自此元气大伤，自后虽仍年年入寇，

郭威像

但规模不大。契丹自此次大败后，也没有再组织大的进攻。北部边境基本上安定下来，郭威便开始集中精力处理内政。

郭威调整了权力中枢，以自己的心腹王峻和老臣范质、冯道为宰相，养子柴荣居外领重兵，任澶州节度使。又追封夫人柴氏为皇后，并礼葬后汉隐帝刘承祐，迁太后李氏于西宫，不时问起居，竭力安定政治局势。于是通使各国，接受各地朝贡。

广顺三年（953 年）十二月，只当了三年皇帝的郭威突然得病。他预感到自己或许要一病不起，就把治国重担交给了养子柴荣，因为他的亲生儿子早在邺都起兵时就被后汉隐帝刘承祐杀光了。柴荣自幼跟随他长大，知道民间疾苦，经过数年军旅锻炼，拥有丰富的政治经验和超人的毅力。郭威病重在床，柴荣不离左右，日夜侍疾。柴荣实际上是郭威最亲也是最信得过的人，是最可靠的政治接班人。

新年，郭威强忍病痛，咬着牙登殿举行了朝庆大典，将这一年改为显德元年（954 年），并大赦天下。他知道自己在世上的时间不多了，就写好了遗诏，将皇位传给柴荣。郭威拉着柴荣的手，面对众大臣，他硬撑着身子，用微弱的声音说道："我以前西征，看到唐朝 18 个皇帝的陵园没有不被人掘开的，这都是因为里边金玉珠宝藏得太多了。汉文帝死后薄葬，他的墓至今保存完好。人既然死了，就不要让活人受累。我不求什么，只求年年有人到我的墓地洒扫一次。

若太忙不去也不要紧，只需遥祭，记住我就行了。另外，把我心爱的盔甲、弓、剑分别葬于我作战过的战场，作为纪念。这就是我最后的心愿，千万不要忘记我的话。"接着，他大封群臣，命柴荣继位说："我看当世的文才，莫过于范质、王溥，如今他俩并列为宰相，你有了好辅弼，我死也瞑目了。"当晚（壬辰日），郭威病死于汴京宫中的滋德殿，享年51岁。谥号圣神恭肃文武孝皇帝，庙号太祖。四月，葬于嵩陵。

后周世宗柴荣

后周世宗柴荣（921—959年），邢州尧山（今河北省邢台市隆尧县）人，祖父柴翁、父柴守礼是当地望族。五代时期后周皇帝。在位6年，未改元，仍用显德年号。

周世宗柴荣是五代时期一个很有作为的皇帝。

周世宗姓柴，字荣，邢州人。柴荣的父亲柴守礼是个破落地主，其姑母早年嫁给了同乡郭威。因郭威没有儿子，便收养了柴荣。当时郭威尚未发迹，家道沦落，柴荣便和姑母一起操持家务，共度清贫。劳动之余，柴荣刻苦练习骑马射箭，阅读各种史书典籍。郭威看他聪明伶俐，为人敦厚，就认他为干儿子，不久，柴荣随郭威入伍，开始了戎马生涯。天福十二年（947年）四月，26岁的柴荣被提升为左监门大将军；广顺元年（951年）正月，郭威称帝后，柴荣被任命为澶州节度使、校检太保，并封为太原郡侯；不久，柴荣被调到京师，加封检校太傅、同平章事（相当于中书令、宰相之职），参与朝政；第二年三月，柴荣任开封府尹，晋封为晋王。后来，郭威病死，柴荣登基，是为后周世宗。

周世宗精明强干，志气宏大。他在继位后，为了解决政府的赋税

柴荣像

收入和进行统一战争，继承郭威的遗愿，继续进行了一系列改革，在政治上、军事上和经济上都取得了重要成绩。

由于后梁君臣在战争时期用决黄河之堤作为阻敌手段后，黄河决堤成灾的次数越来越多。后晋周世宗柴荣继位的第一年，便派大臣李穀到澶、郓、齐一带，征发6万民工堵塞决口，仅一个月的时间，就全部完工。事隔6年，黄河又在原武（今河南原阳）决口，周世宗又派大臣吴千祚，征发2万民工前往修堤塞口。这些工程虽不能彻底解决问题，但毕竟减少了灾害。柴荣在五代时期，是唯一能够认真修治黄河的皇帝。

显德四年（957年）四月，世宗下诏疏浚汴水，向北流入五丈河（今开封北）；两年后，又下令进一步疏通。黄河和淮河之间的交通线，本是唐朝廷取得南北财富的生命线。南北分裂以后，这条航线完全淤塞。周世宗柴荣从显德二年起，便命宁武节度使武行德，初步加以疏通；显德五年，又疏浚汴沟通黄淮之间的全部航线；两年后，又在汴梁城外，引汴水通蔡水，沟通了京城与陈（今河南淮阳）、颍（今安徽阜阳）之间的水道交通。这是在汴水以西，大体上与汴水平行的一条道。后来，北宋每年从东南运进大批粮食，靠的就是世宗时期开辟的这条水上通道。

世宗继位后，为了治理天下，很重视整顿朝中政纪。他除了任用李穀、王溥、范质等人做宰相，魏仁浦为枢密使外，汲取太祖纵容王峻、王殷专权的教训，决定大权独揽，亲裁政事，执掌赏罚。他对大臣们说："我决不能因发怒就刑人，也不能因高兴就赏人。"实践中，他也是这样做的。群臣有了功劳，他不吝啬重赏；有了过失，按规定处罚，即使很有才干、很有声誉的官吏，只要犯了罪，他都要依法办事。

世宗期间，对法律也进行了重新修治。五代律令文字难懂，条目繁杂，多达156卷，贪官污吏借以舞文弄墨，愚弄民众。公元957年（显德四年）五月，周世宗下令，由御史张湜等注释删节，由王溥、范质等把关审定，重治法律。经过删繁就简，制定出《刑统》21卷，第二年，颁布《大周刑统》，使全国有了统一遵守的法令。以后宋代一直沿用后周的《刑统》，这是继唐律之后的又一部重要律书。

周世宗在大权独揽的同时，也很注意纳谏，要求群臣极言得失。他说："一个人不可能没有过失。古代的圣主，还总想听逆耳之言，求苦口良药，何况我呢？我继位已有一年，处理政事，我觉得有些不一定恰当，你们怎么能看不出来呢？可是竟没有一个人出来指出我的过失，这是为什么呢？对我的过错，你们说了，我不听取是我的不对，你们不说，就是你们的不对。今后，能秉公直言的提升，临事畏缩的贬职。"接着，他又命近臣写出《为君难为臣不易论》及《开边策》各一篇。多谋善断的北部郎中王朴在上书中慷慨陈词，详尽分析了当时的形势，提出了必须任用贤才、奖功罚罪、去奢节约、实施薄敛，才能达到政事清明、粮财充盈、士民归顺，然后方能统一天下的方针。周世宗听了高兴地接受了，马上升王朴为左议谏大夫、知开封府事，但对那些不法赃官则严惩不贷。五代战争频繁、流民遍地。周世宗注意安置难民，分发口粮，分配荒地，这对于农业生产的恢复和发展起了积极的作用。他继位的第二年，就颁布了处理逃亡户土地的法令，允许农民申请耕种无主的土地，缴纳田租；根据逃亡户主返回时间的长短发还不同数量的土地。他还规定，逃亡户主凡3年以内回来的，可以收回土地的1/2；5年以内回来的，可以收回1/3；5年以上回来的，除坟地外，一律不能收回。规定中，还对因被契丹掳去而离开土地的农民，放宽了收回土地的年限：5年内回来的，可以收回2/3；10年内回来的，可以收回1/2；15年内回来的，可以收回1/3。

此外，在税制方面，周世宗也有改进。为实现耕地和租税的统一，公元958年，他根据唐代元稹的《均田表》，令人制"均田图"，颁发各州县，均定田租。这些，不但增加了国家财政收入，而且也打击了豪强，使百姓得到休养生息。

针对当时佛教盛行，占用劳动力和耕地，花费大量铜钱制造佛像，以致影响农业生产发展的情况，周世宗于公元955年五月，下令在全国禁佛。他规定：凡出家的人必须经家长同意，不能私自出家当僧尼；除在官府注册寺院的僧尼外，其他一律还俗。这一年，先后共废除寺院30336所，还俗僧尼无以数计。周世宗还下令寺院，除钟磬铙铎之类留用外，所有铜佛像，一律送官府收买，用作铸钱原料。公元954年（显德元年）二月，北汉主刘崇乘世宗新立，勾结辽国，大举入侵。当时辽国出骑兵1万多人，北汉出兵3万多人，联合向潞州进攻。这是决定后周生死存亡的战争，周世宗决心率兵亲征。皇帝这一举动受到许多朝臣的反对，其中反对最突出的是宰相冯道。冯道原是五代时期一个不倒翁式的大官僚，世宗当时对他说："北汉主刘崇看我年轻新立，想吞并天下，我一定要亲自出征，不可不去迎敌。"他又说："从前唐太宗创业，多次亲征，我怎敢偷安呢？"冯道带有轻蔑的口吻说："不知道陛下能比唐太宗吗？"世宗怀有必胜的信心说："此汉兵尽乌合之众，我兵力强大，破刘崇好比泰山压卵，怎么不会胜利？"冯道又冷冰冰地说："陛下应平心自问：'你能做泰山吗？'"周世宗颇鄙视冯道的为人，未听其言，立即率兵出征。

同年三月，两军在高平（今山西高平）交战，这就是历史上的高平战役。

北汉军屯兵高平南，周军屯兵泽州（今山西晋城）东北。北汉主刘崇率领中军坐镇，派大将张元徽领左军在东，辽将杨衮为右翼在西，阵容严整。周军虽然人少将寡，但世宗柴荣却勇气百倍，态度坚定，大有一举灭敌之势。他命白重赞、李重进军在西，命樊爱能、何徽率右军屯东，命向训、史彦超率精骑在中央，周世宗本人则骑马上阵督战，派张永德率亲军护卫。刘崇见周军人少，很有轻敌之心。辽将杨衮提醒他说周军确是劲敌，不可忽视。刘崇却不高兴地说："机会不可错过，请将军不可多言，看我破敌！"杨衮见他不识时务，很不满意，就此按兵不动，袖手旁观。

两军交战不久，周将樊爱能、何徽就溃败了，带着几千骑兵向南逃跑。世宗见形势危急，就亲自率军督战，亲军将领赵匡胤（就是未来的北宋太祖）见樊、何二将不战而逃，十分气恼，便和张永德各领2000人上阵冲杀。由于后周将士上下一条心，拼死决战，北汉军支持不住，大败而去，辽军也随之退回代州。

高平一战，不仅阻止了辽国再次蹂躏中原，并为以后进行统一大业的战争奠定了基础。

高平大捷，充分表现了周世宗临危不惧、力压强敌的卓越指挥才能，但这次战役险遭失败的教训，迫使周世宗下决心进行军队改革。

樊爱能、何徽等听到高平大捷的消息，厚着脸皮回到高平宿营。如何处理这两个望风而逃的败将军呢？开始周世宗感到樊、何二人对于先帝创业，都是有功之人，有点踌躇不决。张永德则建议说："陛下要削平四海，如果军法不立，虽有熊罴之士，百万之众，又有什么用处呢？"周世宗接受了这个建议，立即把樊、何二人以及其他部将70余人全部斩首；同时，大赏有功将士。赵匡胤就是因这次战役有功，被提升为殿前都虞侯（地位次于副都指挥使）的。接着，周世宗就着手对军队进行改革。五代时的禁军，历代相承，不加淘汰，老弱众多，纪律松弛，不堪一击。周世宗曾对群臣说："凡兵务精不务多，今以农夫百未能甲士一，奈何朘（榨取）民之膏泽，养此无用之物乎！"于是，他大规模地裁去老弱，留用精兵；又招募天下壮士到京城，不问出身、来历，由赵匡胤考试武艺，择优录用，成立特种精兵，编入殿前诸班；其余骑兵、步兵，令各将帅自行精选。后周军士卒精强，征伐四方，所向皆捷，唐中期以来养冗兵的积弊为之一扫。

整编军队，进一步增强了周世宗统一天下的雄心大志。他希望自己能做皇帝30年，其中10年开拓天下，10年休养百姓，10年过太平日子。

显德二年（955年）四月，周世宗下令群臣讨论统一天下的大计。北部郎中王朴在《平边策》中，提出了"先易后难"的原则。根据王朴的建议，周世宗从这一年的十一月起，下诏攻取南唐。这是一场旷日持久的战争，前后共达两年零五个月之久。期间周世宗总结经验教训，采取了三项措施：其一是严明纪律，违者按军法处斩；其二是建立水军，利用降兵的水手，教练水战；其三是赦免淮南各州的囚犯和各种不合理的赋役。显德四年（957年）二月，世宗再次发动攻势，至三月中旬，周世宗在寿州城下大破南唐援军。同年十月，周世宗第三次亲自南下，用了近一年的时间，占领了淮南的东部。南唐主李煜怕周军渡江，派使臣带金1000两，银10万两，罗绮2000匹去见世宗，愿献淮南寿、濠、泗、楚、光、海六州和江北四州土地，并表示向周称臣。周世宗本就无意长期占领江南，见唐投降，随即同意罢兵。在这场战争中，后周得淮南江北14州、60县，与南唐划长江为界。

在攻南唐的战争中，赵匡胤立有战功，晋升为殿前都指挥使。

显德六年（959年）四月，周世宗又亲自率兵北伐契丹。他令义武节度使孙行友守定州西山路，防止北汉救辽；令韩通为陆路都部署，令赵匡胤为水路都部署，世宗自乘龙舟，沿流北进。不久，宁州（今河北青县境）刺史王洪投降，益津关（今河北霸县）守将终廷辉、瓦桥关（今河北雄县南）辽莫州刺史刘楚信、瀛州刺史高彦晖等皆先后投降。在短短的42天中，周世宗兵不血刃便取得了燕南之地。这年五月，正当周世宗准备挥兵直取幽州的时候，却患了重病，只好停止前进，在瓦桥关设雄州（今北雄县）令陈思让把守；在益津关设霸州（今河北霸县），令韩令坤把守。周世宗自率大军南归大梁。同年六月，周世宗自知不起，布置后事，命魏仁浦以枢密使兼任宰相，命宰相王溥、范质兼枢密院事，又任侍卫亲军副都指挥使韩通兼任宰相，以赵匡胤为殿前都点检。六月十八日，周世宗去世。世宗死后，由他7岁的儿子、梁王宗训继位，这就是周恭帝。

南唐烈祖李昪

李昪（889—943年），字正伦，小字彭奴，徐州彭城（今江苏徐州）人。原名徐知诰，是五代十国时期吴国大将徐温养子。五代十国时期南唐的建立者。

李昪出身微贱，自幼便在濠州（今安徽凤阳）、泗州（今安徽泗县）

一带流浪，6岁时，父亲李荣即在战乱中不知所踪，由伯父李球带到濠州。不久母亲刘氏卒，浪迹濠州开元寺。

乾宁二年（895年），吴太祖杨行密攻打濠州，得到了彭奴，将其收为养子。但是，杨行密的儿子们却不能容纳彭奴。杨行密只得将彭奴交给部将徐温抚养，取名徐知诰。徐温的妻子也姓李，她更是把徐知诰看作有如自己所亲生，悉心抚养。

徐知诰长大后，身长七尺，方额隆准，修上短下，声如洪钟，喜好读书，善于骑射，杨行密常称赞道："徐知诰是个俊杰，众将的儿子中没人比得上他。"徐知诰20岁那年，徐温为他聘王氏为妻，王氏很贤惠。养父有病，小两口总是自晨至夜侍候在旁，衣不解带，悉心照料。

徐知诰荫养父之恩而逐渐发迹，年稍长即任职杨氏幕府，成为统兵的牙将。随着徐温权势的扩展，徐知诰也步步高升，22岁时已任元从指挥使。由于养父执吴大政，徐知诰也官运亨通，升迁得很快。天祐六年（909年），徐温将他迁为升州防御史，兼楼船军使，命其在升州编练水军。第二年，徐知诰又任升州副使州事。至天祐九年（912年），徐知诰参加了讨平宣州的战斗，又以功迁任升州刺史，掌握了一州的军事和行政。任内五年，他进行了一系列的改革。徐知诰在州安揖流民，组织农业生产，减轻农户的赋税负担；又澄清吏治，罢免贪污受贿的地方官吏，使地方政治大为好转。他还广举文事，搜求遗书，招延宾客，倾身下士，在自己周围会集了一批人才，如马仁裕、周宗、曹悰等，都成为忠心于他的亲信，协助他做好各种军政事务。

徐温听说养子徐知诰在升州政绩斐然，十分高兴，就在宣帝杨隆演面前大讲好话。天祐十一年（914年），加徐知诰官为检校司徒，成为吴国的重臣。这一年，徐知浩才26岁。

徐温在江淮执政的时间很长，他拥杨隆演为吴王，自己任大丞相，都督内外诸军事，封东海郡王，拥重兵居于金陵（今南京市）。又命长子徐知训驻广陵（今扬州市），监督杨隆演，养子徐知诰为润州（今镇江市）团练使，加检校太保，以控扼江南。

天祐十五年（918年），广陵作乱，徐知诰在润州得到来自扬州的马仁裕的报告，急忙率兵赶到广陵平乱，安

李昪像

定秩序。于是，遂代徐知训执吴之大政。这时，徐温尚在金陵，他对自己亲生子徐知训的作为深为痛惜，对养子徐知诰的举动深为赞许，于是就承认了知诰为自己的继承人。

徐知诰在广陵执政也的确比徐知训搞得好得多。他常派人下去察视民间疾苦，有穷得揭不开锅的，往往周济粮米。于是上自吴主杨隆演，下至巷里百姓，都对徐知诰十分满意。虽然徐温在金陵遥控大权，但吴人早已归心于徐知诰了。

次年（919年），徐温、徐知诰父子拥杨隆演为大吴国王，改元武义，置百官、宗庙、社稷、宫殿、文武，皆用天子礼。杨隆演拜知诰为左仆射，参知政事，当时人称为政事仆射，即宰相。

徐知诰在处理与徐温的关系上也更加注意，虽然徐温承认了自己的宰相地位，但他并不因此掉以轻心，而是对徐温更加极尽孝道。在当时形势下，徐温要废掉杨隆演自己来当皇帝是用不着费吹灰之力的。徐知诰给养父戴上一顶忠臣的高帽子，拖延了徐温夺取皇位

的时间，而他自己却可以广揽人才，积蓄力量，在权力的台阶上步步高升。

武义三年（921年），吴主杨隆演死，徐知诰又拥立杨隆演的弟弟杨溥为吴王。927年（顺义七年），徐温在行军司马徐玠的劝说下，派次子徐知询到广陵，准备让他代替徐知诰执掌朝政。徐知诰听到消息，十分害怕，上表乞求出镇江西。不久，徐温病死，徐知询接任金陵节度使、诸道副都统，数次与徐知诰争权。徐知诰诱骗徐知询入朝，留任左统军，褫夺了他的兵权。同年十一月，吴王杨溥僭号称帝，改元乾贞，任命徐知诰为太尉、中书令、都督中外诸军事，封浔阳公，又改封豫章公。

932年（大和三年），徐知诰担任镇海、宁国节度使，出镇金陵，并沿用当年徐温的做法，任命儿子李景通为司徒、同平章事、知中外左右诸军事，将他留在广陵辅理朝政。933年（大和四年），徐知诰被封为东海郡王。

935年（天祚元年），南吴加封徐知诰为尚父、太师、大丞相、大元帅、齐王，并将升州、润州等十州之地划为齐国。徐知诰推掉尚父、丞相之职，并在次年开设大元帅府，设置官员。这时，闽国、南汉等国都遣使者前来，劝徐知诰称帝。

天祚三年（937）十月，徐知诰自感年事渐高，觉得唾手可得的皇位不能让给他人，于是急

李昇像

于禅代。他迫令吴主杨溥禅位于己，改吴天祚三年为升元元年，称帝，建国号为大齐。追尊养父徐温为"太祖武皇帝"，养母李氏尊为"明德皇后"。又尊禅位的吴主杨溥为"高尚思玄弘古让皇帝"，上册则称"受禅老臣"。降吴太子杨琏为弘农郡公，立自己的正妻宋氏为皇后。于是，一个新王朝在江淮大地建立了。升元二年（938）九月，大臣太府卿赵可封上奏请求徐知诰恢复李姓，立唐宗庙。为求得内部稳定，徐知诰没有答应，于是徐姓大齐王朝才先后存在了三年。

升元三年（939年）正月，徐温之子江王知证、饶王知谔带头上表请求知诰恢复李姓，宰相宋齐丘、枢密使周宗等也上表请复李姓。二月，改国号为大唐，史称"南唐"。他自称唐室后裔，为了与唐朝宗室联挂上，命群臣考证他的祖先出处。最后"确定"为唐太宗的儿子吴王恪的十世孙。于是续修谱，俨然大唐皇统的继承者。又改徐温庙号曰"义祖"，以示与自己的皇统有别。太庙配享乃以唐高祖、唐太宗、吴王恪、义祖顺次排列，既祭李氏，又祭徐氏。他又让大臣给他改名字，最后，好不容易找到了一个"昪"字，于是改名李昪。这年他51岁。

南唐烈祖李昪当了三年齐皇帝，加上四年南唐皇帝，共当了七年皇帝，再加上在吴执政的时间，任江淮小王国最高统治者达十数年。李昪在位执政期间，一贯采取保境息民的政策。由于不轻启战争，境内安定，李昪把精力用于整顿内部，进行了一些政治和经济改革。当时南唐地大物阜，兵力较强。李昪在整军修甲的同时，特别注意奖励农桑。为了增加劳动人手。减少冗食，他不准境内滥度僧尼，虽然他自己雅信佛教，却不准寺院势力过度发展。他还大量吸收四方流民。于是，在李昪主政的十数年间，境内户口增多，财用充足。李昪死时，光宫库就存有值700万缗的军器、金帛等物资。

由于李昇以身作则，在他治内，南唐的政治十分清明，国势也日益强盛，文化事业也逐渐发展起来了，南唐逐渐发展成为当时中国经济文化最为先进的地区。

李昇晚年崇尚道术，因服用丹药中毒，个性变得暴躁易怒。升元七年（943年）二月，李昇背上生疮，不久病情恶化，于当月二十二日在升元殿去世，终年56岁，遗命齐王李璟监国。同年三月，李璟继位，是为南唐元宗。十一月，李昇被安葬于永陵，上谥号为光文肃武孝高皇帝，庙号烈祖。

历史人物传奇系列

你方唱罢
我登场
中国历代

皇帝
观览

■ 李 楠
■ 张 蕊 ——编著

中国文史出版社
CHINA CULTURAL AND HISTORICAL PRESS

南唐后主李煜

李煜（937—978年），南唐元宗（即南唐中主）李璟第六子。初名从嘉，字重光，号钟隐、莲峰居士。生于金陵（今江苏南京），祖籍彭城（今江苏徐州铜山区）。南唐最后一位国君。

李煜的5个哥哥除大哥弘冀年19而亡外，其他4个都未成年就早夭。所以李煜一跃而成为次子。初封安定郡公，累迁诸卫大将军、副元帅，封郑王。李煜从小就对父母十分孝顺，父母对他性格的养成更有重大影响，使李煜自小就成了生性懦弱仁厚的人。他还有四个弟弟，名从善、从益、从谦、从信。大哥弘冀颇有文武才干，立为皇太子后，生怕别人觊觎，派人毒死了叔父李景遂。对弟弟从嘉即李煜也不怀善意，生怕这位弟弟有朝一日威胁到他的皇太子地位，这就使少年李煜处于一种相当危险的境地。李煜为了避祸，不问政治，专心于文学，唯覃思经籍而已。他总是让着哥哥，对弟弟们更是友善，仁厚惠和，与世无争。他自小就很聪明，除爱好文学外，书法绘画也很好，这就使李煜有了精神寄托。太子弘冀皇帝没有做成，却在毒死叔父之后不几个月便暴毙了，皇太子位自然就轮到次子从嘉，因此李煜被封为吴王，并以尚书令知政事，居于东宫，成了皇位继承人。

建隆二年（961年）二月，中主李璟迁都南昌，称南都。于是正式立李煜为皇太子，留在金陵监国。这时，李煜已经25岁了。李璟为他置了两个大臣辅佐，一个是严续；一个是殷崇义，并以张洎主笺奏。这年六月，李璟在南都驾崩，李煜遂于七月二十九日袭位于金陵，并把自己原名从嘉改为李煜。尊母亲钟氏为圣尊后，立妃周氏为皇后（大周后），封诸弟为王；并派中书侍郎冯延鲁入宋进贡，上表（《即位上宋太祖表》）陈述南唐变故。宋太祖回赐诏书，派人前往南唐吊祭、恭贺李煜继位。九月，宋昭宪太后病逝，李煜遣户部侍郎韩熙载、太府卿田霖入朝纳贡。十二月，李煜设置龙翔军，教练水军。

乾德二年（964年），任韩熙载为中书侍郎、勤政殿学士，主持贡举；又命徐铉主持复试。三月，颁布铁钱。九月，封长子李仲寓为清源公，次子李仲宣为宣城公。十月，仲宣卒，皇后（大周后）感伤而逝。乾德三年（965年）十一月，立周氏为皇后（小周后）。

开宝四年（971年），宋已灭南汉，屯兵于汉阳，居长江上游，威胁着南唐的独立。李煜和南唐朝臣大为恐惧，遣太尉中书令韩王从善到汴梁朝贡称"江南国主"，并请罢诏书不名的礼遇，自我除提一等。第二年，李煜下令，贬损仪制，改诏称散，中书门下省为左右内史府，或左右内侍府，尚书省称司会府，御史台为司宪府，翰林院为艺文院，或文馆，枢密院为光政院，大理寺为详刑院，客省为延宾院，官号也随之改易，以避中原宋廷，从形式上看，好像是北宋中央政府的下属机构。李煜大搞表面文章，想用这种做法换取南唐小朝廷的苟延残喘，

李煜画像

以保住南唐国的独立。开宝六年（973年），内史舍人潘祐见南唐国势日削，用事者多尸位素餐，无所作为，国家眼看就要灭亡却不图振作，乃愤而上书，极论时政，而终不见用。潘祐于是再上书，语言更为激烈，称希望李煜不要成为夏桀、商纣和孙皓之类的国主，不要眼见亡国而苟求侥幸，并语气激昂地说："三军可夺帅，匹夫不可夺志，陛下必以臣为罪，则请赐诛戮以谢中外！"李煜本来就听得不耐烦，这下听到把自己比作夏桀商纣，不禁大怒，下令判罪。因潘祐素与户

部侍郎李平交厚，潘祐的狂直极谏，多半是由李平激起，而李平当时又以建白告民籍为众所排，于是罪加一等，先收李平治罪，接着又收潘祐，加上朋比为"奸"的罪名。潘祐早就准备一死以尸谏昏君，慷慨自杀。李平后来也被缢死于狱中。

尽管李煜对外屈膝投降、对内压制不同意见，但南唐的江山仍然坐不稳。开宝四年（971年）李煜遣弟弟韩王从善往北宋朝贡之后，被宋太祖扣留作为人质，多年不回，李煜手疏求从善还国，宋太祖始终未予答应。为此李煜心里十分难过，虽怏怏以国蹙为忧，却只是日与臣下酣宴，愁思悲歌而已。大臣韩熙载很有武才，有北伐中原的抱负，李煜也曾考虑用为宰相，但韩熙载见国势危艰，李煜君臣不图进取，自己也偕诸姬妾数十人，纵情娱乐，李煜只好打消起用他为宰相的念头，不久韩熙载死，李煜便再也不提整军北伐之事。开宝七年（974年），宋太祖先后派梁迥、李穆出使南唐，以祭天为由，诏李煜入京，李煜托病不从，回复"臣侍奉大朝，希望得以保全宗庙，想不到竟会这样，事既至此，唯死而已"。太祖闻信，即遣颍州团练使曹翰兵出江陵，又命宣徽南院使曹彬等随后出师，水陆并进；李煜亦筑城聚粮，大举备战。闰十月，宋军攻下池州，李煜下令全城戒严，并停止沿用北宋年号，改为干支纪年。时吴越乘机进犯常州、润州，李煜遣使质问，说以唇亡齿寒之理，吴越王不答，转送李煜书信至宋廷。北宋攻陷芜湖和雄远军，沿采石矶搭建浮桥，渡江南进。李煜招募兵卒，委任皇甫继勋统领兵马，全力御敌，因强弱悬殊，兵败如山，内殿传诏徐元瑀、刁衎阻隔战败消息，宋屯兵金陵城南十里，李煜尚不知情。

开宝八年（975年）二月，宋师攻克金陵关城。三月，吴越进逼常州，诛杀皇甫继勋，权知州事禹万诚献城投降。六月，宋与吴越会师，进发润州，留后刘澄投降。洪州节度使朱令赟率兵15万前往救援，行至皖口，遭遇宋军。朱令赟下令焚烧宋船，不料北风大作，反而烧至自身，朱令赟与战櫂都虞候王晖皆被擒。外援既灭，北宋尽围金陵，昼夜攻城，金陵米粮匮乏，死者不可胜数。李煜两次派遣徐铉出使北宋，进奉大批钱物，求宋缓兵，太祖答以"卧榻之侧，岂容他人鼾睡"。十二月，金陵失守，守将呙彦、马承信，马承俊等力战而死，右内史侍郎陈乔自缢，李煜奉表投降，南唐灭亡。

开宝九年（976 年）正月，李煜被俘送到京师，宋太祖封为违命侯，拜左千牛卫将军。同年，宋太宗继位，改封李煜为陇西公。

太平兴国三年（978 年）七夕，李煜死于北宋京师，时年 42 岁。北宋赠为太师，追封吴王，葬洛阳北邙山。

前蜀高祖王建

前蜀高祖王建（847—918 年），字光图，许州舞阳（今河南舞阳）人。五代十国时期前蜀开国皇帝。

王建先世卖饼为业，号称"饼师"。不过，他没有继承祖业，而是四处游荡，偷窃抢掠，后被关入狱中。逃出后，先藏到了武当山，在僧人处洪的劝说下，投往忠武节度使杜审权，当了一名军卒。因临阵勇敢，又有计谋，被擢为列校。

唐僖宗二度逃出长安时，王建为清道斩斫使。因他护驾有功，被僖宗委以壁州刺史。但在将领相互倾轧中，王建感到依赖皇帝是靠不住的，因此他决心要自己开创基业。

王建到利州后，召集勇士，兴武练兵，又接受部将的建议，注意安抚境内的百姓，养士爱民，因此势力大增，士卒达到数千人。唐文德元年（888 年）三月，唐僖宗死，昭宗继位，委韦昭度为招讨使，王建为行营诸军都指挥使，并特地割西川邛、蜀、黎、稚四州置永平军，以王建为节度使，进取两川。此时，北方已形成了朱全忠与李克用两大对抗势力，关陇则有割据凤翔的李茂贞，南方各地也是藩镇割据，形成了若干势力中心，唐王朝实际上已名存实亡，昭宗皇帝成为藩镇的掌上玩物。

　　王建取得两川后，在蜀地务农训兵，发展经济，有效地巩固了统治。唐天祐四年（907年）三月，朱全忠灭唐称帝。王建率众大哭三日后，即皇帝位，国号大蜀。任唐末著名文人韦庄为宰相，又任命张格、王锴为翰林学士。翌年正月，王建在成都南郊祭天，然后大赦境内，改元武成。同年六月，王建加尊号为英武睿圣皇帝，并立次子王宗懿为皇太子。武成二年（909年），王建颁行《永昌历》。

永陵出土的王建像

　　王建在位期间，能兼容并蓄，招贤纳士，除文人韦庄、毛文锡、牛峤、牛希济等人外，道士杜光庭、诗僧贯休等人也被他罗致门下，使得前蜀成为当时中国少有的几个文化中心之一。但同时，王建对握有兵权的武将一直格外提防，因此在立太子的问题上，又酿成了一次惊心动魄的斗争。

　　永平三年（913年）七月初七，宠臣唐道袭因与太子王元膺（即王宗懿）不和，对王建诬称太子谋反。次日，王元膺属下惊惧之下，发动兵变，杀死唐道袭。王建派兵镇压，王元膺逃到民间，藏匿起来。后王元膺被人认出，被卫兵杀害。王建乃废王元膺为庶人，立郑王王宗衍为太子。然而宗衍十分不争气，王建便有悔意，想改立信王宗杰。不料宗杰竟暴病身亡，王建怀疑是有人暗算了他。永平五年（915年），王建兴建扶天阁，并将功臣画像挂在阁中。通正元年（916年）十二月，王建改国号为"大汉"，改明年为天汉元年。天汉元年（917年）十一月，王建祭天发生"大风拔木"的凶兆，翌年正月初一恢复"大蜀"国号。

前蜀光天元年（918）入夏以后，王建病重不起。五月二十日，王建召大臣至寝殿，嘱托道："太子懦弱，若不堪大业，可置于别宫，幸勿杀之，只要是王氏兄弟，诸公可择而辅立。徐妃兄弟，只可显爵厚禄，不可使掌兵预政。"六月一日，王建病逝，时年72岁。庙号高祖，谥号神武圣文孝德明惠皇帝，葬于永陵。皇太子王宗衍继位，改名王衍。

后蜀高祖孟知祥

孟知祥（874—934年），字保胤，邢州龙冈（今河北邢台西南）人。五代十国时期后蜀开国皇帝。

孟知祥最初跟随父亲为晋服务，逐渐被晋王李克用赏识，被任命为左教练使，并娶李克让之女（一说是李克用之女）为妻，成为李克用的侄女婿（一说女婿）。后唐同光元年（923年），李存勖称帝，建立后唐，是为后唐庄宗。他定都于洛阳，同时将太原府升格为北京，任命孟知祥为北京留守、太原尹。

同光三年（925年），唐庄宗任命郭崇韬为招讨使，让他和魏王李继岌一同征讨前蜀。郭崇韬临行前，向唐庄宗推荐孟知祥，称其为平蜀后镇守西川的最佳人选。不久，前蜀灭亡，唐庄宗便任命孟知祥为成都尹、剑南西川节度使。

后唐同光三年（925年）十二月，孟知祥由洛阳西行，中使马彦珪赶了上来，向他宣示庄宗诏及皇后敕，令继岌杀郭崇韬。孟知祥叹道"乱将作矣"，也兼程赶赴西川。17天后，孟知祥入成都，但郭崇韬已在四天前被杀。蜀中人情汹汹，局势不稳。孟知祥选择廉吏，安慰民心，减免前蜀的苛税杂赋。

同光四年（926年）初，李继岌班师东归洛阳。先锋康延孝在中途反叛，攻破汉州（今四川广汉）。
孟知祥当即派大将李仁罕会合
任圜、董璋的部队前去镇压，
俘杀康延孝，收降其部将李肇、
侯弘实等人。

同年四月，唐庄宗在兴教
门之变中被杀，李继岌也在渭
南遇害。李克用养子李嗣源被
拥立为帝，是为后唐明宗。孟
知祥逐渐萌生了据蜀称王的念

孟知祥墓

头。他训练兵甲，扩大兵力，增设义胜、定远、骁锐、义宁、飞棹等军，
由李仁罕、赵廷隐、张业等亲信统率。

自后唐天成元年（926年）起，孟知祥苦心孤诣经营六年，终于占
有了东、西两川。后唐长兴四年（933年）二月，孟知祥又被封为蜀王。
应顺元年（934年）正月，孟知祥在成都即皇帝位，国号蜀，史称后蜀，
并以赵季良为宰相。不久，潞王李从珂与皇帝李从厚争位，后唐内乱，
山南西道节度使张虔钊、武定军节度使孙汉韶皆归附后蜀。是年四月，
孟知祥改元明德。此时的孟知祥已是老病缠身，在六月的一次宴会上，
竟无力举觞。七月七日，又在丹霞楼大宴群臣，入夜病情加剧。二十六日，
立皇子仁赞为太子，当晚去世，时年61岁。谥号"文武圣德英烈明孝
皇帝"，庙号"高祖"，葬于和陵。

吴越武肃王钱镠

钱镠（852—932年），字具美（一作巨美），小字婆留，杭州临安人。
五代十国时期吴越国创建者。

钱镠自幼无赖泼皮，不安心农作，却好舞枪弄槊，贩卖私盐。24

钱镠像

岁那年，被石镜（今浙江临安东南）镇将董昌招为乡兵，后任偏将，参与镇压周围的农民起义。黄巢军攻入长安后，天下大乱。董昌被淮南节度使高骈荐为杭州刺史，钱镠也被擢升为杭州都知兵马使，统率杭州所属八都兵，掌握了杭州兵权。

唐景福二年（893年）二月，董昌见唐朝廷已无力控制局势，便妄自称尊，成为众矢之的。钱镠斩其首，据其地，从而奠定了吴越国的基本范围。钱镠因吴越国地域狭小，三面强敌环绕，只得始终依靠中原王朝，尊其为正朔，不断遣使进贡以求庇护，先后被中原王朝（唐朝、后梁、后唐）封为越王、吴王、吴越王、吴越国王。龙德三年（923年），钱镠被册封为吴越国王，正式建立吴越国。他改府署为朝廷，设置丞相、侍郎等百官，一切礼制皆按照皇帝的规格。不久，晋王李存勖灭亡后梁，建立后唐，改元同光。钱镠又遣使进贡，并求取玉册。郭崇韬等大臣都极力反对，认为只有皇帝才可以用玉册。但李存勖最终还是赐予钱镠玉册、金印。新罗、渤海等海外诸国皆接受钱镠册封，尊其为君长。

同光四年（926年），李存勖在兵变中遇害，李嗣源继位。中原局势混乱，朝廷诏命难以到达吴越，钱镠遂改元宝正。

钱镠在位期间，采取保境安民的政策，经济繁荣，渔盐桑蚕之利甲于江南；文士荟萃，人才济济，文艺也著称于世。他曾征用民工，修建钱塘江捍海石塘，由是"钱塘富庶盛于东南"。在太湖流域，普造堰闸，以时蓄洪，不畏旱涝，并建立水网圩区的维修制度，由是田塘众多，土地膏腴，有"近泽知田美"之语。还鼓励扩大垦田，由是"境内无弃田"，岁熟丰稔。两浙百姓都称其为"海龙王"。

　　钱镠对两浙的统治达 38 年，后唐长兴三年（932 年）病逝，终年 81 岁。临终嘱托道："子孙善事中国（中原王朝），勿以易姓废事大之礼。"就是要求子孙们不要因中原改朝换代而放弃固有关系。这一遗训被其子孙恪守。钱镠被葬于安国县（今浙江临安一带）衣锦乡茅山钱王陵，后又建庙于越州，谥武肃王，庙号太祖。

闽太祖王审知

　　王审知（862—925 年），字信通，一字详卿，唐朝淮南道光州固始（今河南固始）人。威武军节度使王潮之弟，五代十国时期闽国建立者。

　　王审知共有兄弟三人，以务农为业。最初他们投奔刚刚起兵的王绪，但王绪嫉贤妒能，不久就被王审知兄弟杀死，众军推王审知兄王潮为军主。唐光启二年（886 年）八月，他们攻下泉州城，福建观察使李严上表奏请王潮为泉州刺史。王氏兄弟既得泉州，便以此为根据地，招怀离散，发展农业，减轻赋税，操练兵士，深得人心。唐大顺二年（891 年），李严死，王潮发兵攻打福州，逐渐占领福建全境。唐昭宗任命王潮为福州节度使，王审知为副使。唐乾宁四年（897 年）冬，王潮一病不起，不久去世。王审知代兄即位。后梁开平元年（907 年），被梁封为闽王。

　　自打下福建后，王审知对外便停息战争，与邻国友好相处，基本没动干戈。对于称帝的中原梁唐王朝，他一直称臣纳贡。其部下有人劝他称帝，都被他拒绝，一直以闽王自称，没有称帝，从而确保了闽国 30 年的平静。

　　在内部政治上，王审知注意改革唐末以来的苛政，要求官吏清廉奉公，省刑惜费，而且定期派遣官吏到各州县巡视监察，遇有违犯者严惩不贷。他本人也节俭自处。他的府舍简陋一般，并且也不常维修。本人常足登麻履，身着普通衣裤。衣服破烂了，就用酒库里的废袋子自行缝补。并且能理

王审知题跋像

智地制约、克制自己。

在经济上，王审知实行了劝农耕桑、轻徭薄赋等政策。同时又利用福建沿海地区优势，开辟海港，招徕外国商贾，奖励通商。另外，他还广泛收罗人才，使许多唐末流亡士人及公卿子弟多聚集在身边，作为他的辅佐。又建立学校，教育本地士人、秀才。文化经济一向落后的福建地区，在这期间都有所发展。

闽同光三年（925 年）十二月十二日，王审知去世，终年 64 岁。谥号忠懿王，葬于福州城北凤池山的宣陵。其子王延钧称帝后，追谥为昭武孝皇帝，庙号太祖。因王审知三兄弟对福建发展贡献很大，福建人尊称王审知为"开闽尊王""开闽圣王"或"忠惠尊王"。

荆南武兴王高季兴

高季兴（858—928 年），字贻孙，本名季昌，陕州硖石（今河南三门峡南）人。十国荆南国的建立者。

高季兴早年流落汴州，做富商李让的家童。朱全忠据有汴州后，李让靠奉献资财，被朱全忠收为养子，高季昌也受朱全忠赏识，被任命为毅勇指挥使。唐天祐三年（906 年）十月，朱全忠攻下荆南不久，就把高季昌派往此地，为荆南节度留后。次年，朱全忠称帝，正式委任高季昌为荆南节度使。荆南节度使管辖十州，经唐末战乱，城乡凋零，满目疮痍，民不聊生。高季兴到任后，招徕流民，安抚士吏，发展农商，稳定社会，使荆南面貌迅速改观。

后梁乾化二年（912年），梁帝朱全忠被害，梁朝国政衰颓，内乱不断，高季昌遂拥兵自立，成为独立的割据势力，在十国中被称为荆南或南平。高季昌虽然在荆南自成一统，但他的辖地只有江陵以及后来取得的峡州与归州（今湖北宜昌与秭归），是十国中国势最弱的一国。荆南不仅国势屡弱，而且地当要冲，北有中原王朝，西有蜀，东有吴（南唐），南有楚。处在诸国夹缝中的高季昌采取了一条极其现实的国策，就是所向称臣。这样，一方面可以得到对方大批赏赐；另一方面又可以暂时免却大兵压境之祸。

高季兴有一个嗜好，就是劫掠各国途经南平的使者。诸国国君都十分鄙视这位南平王，送了个绰号"高无赖"，也有人称他"高赖子"，不十分与他计较。后唐天成二年（927年）五月，楚国派往后唐的使者史光宪自洛阳返回，带回骏马10匹、美女2名。路经江陵时，高季兴忍不住又夺了过来，并扣留了史光宪。楚王马殷似乎度量不大，派六军副使王环等人率军大举进攻，南平军大败。楚军进逼江陵，高季兴赶紧送出史光宪及马匹、美女求和，以荆州、归州、峡州三州之地向南吴称臣，被册封为秦王。

天成三年农历十二月（929年1月），高季兴因脚气病病故，终年71岁。葬于江陵城西。长子高从诲继位后，上表向后唐请罪。长兴元年（930年），后唐任命高从诲为荆南节度使，并追封高季兴为楚王，赐谥号武信。

北汉世祖刘旻

刘旻（895—954年），初名崇，后汉高祖刘知远同母弟。沙陀部人。十国北汉建立者。

刘崇年少无赖，嗜酒如命，喜好赌博，曾因犯罪被黥刺为士卒，后随兄长刘知远四处征战。刘崇与郭威等人素来不合，隐帝朝，郭威数人秉政，刘崇停止了财赋上贡，又多方招纳士卒，图谋自立。后汉乾祐三年（950年），隐帝被杀，郭威与众大臣秉太后旨意，立刘崇长子刘赟为帝。但没几天，刘赟在宋州（今河南商丘南）被杀，郭威自己登基称帝，建后周王朝。

刘崇恼羞成怒，次年（951年）春正月，自己在晋阳即帝位，国号仍称汉，使用乾祐年号，表明他是后汉王朝的继承者。不过，河东地狭民少，刘崇决定仿照石敬瑭的做法，借助契丹力量与后周抗衡，而契丹也想利用汉与周的矛盾，从中渔利。他与辽国约为父子之国，称辽帝为叔，自称侄皇帝；这年七月，辽国则册封他为大汉神武皇帝。刘崇也改名为刘旻，北汉与辽的依附关系正式建立。他是继石敬瑭之后又一个被契丹册立为皇帝的人。

争取了辽国这一靠山，刘旻马上准备对后周用兵。北汉乾祐七年（954年）初，郭威病故，养子柴荣继位。刘旻认为机会又来了，马上遣使赴辽，请求派兵一道伐周。谁知刘旻初次对后周用兵就遭大败，没奈何只得化装打扮，乘上契丹赠送的黄骝马，从小路逃回北方。逃回太原后，他封黄骝马为自在将军，并为它建造了一个用金银装饰的马舍，还让这匹马享有三品官员的俸禄。

不久，周军抵晋阳城下，刘旻终日忧心忡忡，不能安心。后来围城的周军因粮草不继退去，刘旻总算松了一口气。但前不久的仓皇逃奔加上此次围城之辱，对他的打击实在太大。周兵刚刚退去，刘旻就疾病缠身，只得把国事交由儿子刘承钧处置。后周显德元年（954年）刘旻病逝，终年60岁。葬交城（今山西交城）北山，庙号世祖。

第五章

宋辽夏金元时期的著名皇帝

第一节　北宋著名皇帝

宋太祖赵匡胤

赵匡胤于后唐天成二年（927年）春降生在洛阳城吴马营。他自小聪颖好强，因受战乱环境影响，常常与孩子们比武、操演打仗游戏，孩子们都喜欢推其为头目。赵匡胤的父亲赵弘殷是涿郡（今河北涿州市）人，是后周的一名高级武官。父亲望子成龙，很早就请先生，给赵匡胤讲授王经。随着年龄的增长和战乱的侵扰，赵匡胤逐渐弃文习武。因为勇敢、勤奋和刻苦，他的武艺提高很快。后汉时候，赵匡胤投靠了养父郭威，备受器重。

郭威兴兵灭了后汉以后，建立后周，并做了开国皇帝，任用赵匡胤为禁军军官。他率军南征北战，战功卓绝，很快成为后周的大将。周世宗柴荣继位后，对赵匡胤更是喜爱有加，任他为节度使。显德七年（959年），周世宗病故。临终前周世宗托孤给赵匡胤，任命他为殿前都点检，负责指挥"殿前诸班"这支禁军中最精锐的部队。这时，

宋太祖黄袍加身处

赵匡胤实际上已掌握了后周的主要军权，而且禁军中的许多将领也都是他的亲信，这为他成就帝王之业创造了条件。

同年六月，柴荣年仅 5 岁的儿子柴宗训继位，由宰相范质扶助。同年十一月，河北镇州、定州的急报传到开封，说契丹、北汉联合进犯。执政大臣范质等人不辨真假，第二年正月初一便派赵匡胤率军前去迎敌，次日，赵匡胤率队出城，傍晚在开封东北 40 公里的陈桥驿驻扎下来。

军队出城后，开封城内有许多人传言将"册点检为天子"。在队伍中也有不少人散布言论，说："主上幼小，我们拼死破敌，又有谁知道呢？不如先立点检为天子，然后再去北征。"其实，这都是赵匡胤和他手下的智囊赵普和他的弟弟赵匡义一手策划的。当时，举国上下都被笼罩在"主少国疑"的气氛中，再加上赵匡胤的有意质疑和煽动，将士们按捺不住了。

这时，赵匡胤假装喝醉了酒，睡觉去了。第二天清晨，赵普和赵匡义率众将领和士卒来拜见赵匡胤。众人齐喊："诸将无主，愿策点检为天子。"赵匡胤假装尚未醒酒，动作迟缓。未等开口，诸将士即将一件早已准备好的皇帝登基时穿的黄袍披在了赵匡胤的身上，并下拜高呼万岁。这就是广为世人传诵的"黄袍加身"。

陈桥兵变异常顺利，为了保证秩序，收买人心，赵匡胤在回开封前告诉将士："你们因为贪图富贵，立我为天子，必须听从我的命令，否则，我不当这个皇帝。"众将士齐声回答："唯命是从！"随即，赵匡胤命令，回开封后，要秋毫无犯，对后周的太后和小皇帝"不得惊犯"，不得凌辱朝臣，对"朝市府库，不得侵掠。"听命者赏，违命者罚。

于是，兵变的队伍浩浩荡荡地返回开封。范质、王涛闻听变故，已经无可奈何，只得向赵匡胤跪拜，并帮助赵匡胤举行禅代的仪式。赵匡胤在后周曾任归德军节度使，镇守宋州，故建国号宋，定都开封，改元建隆。赵匡胤在死后被尊为宋太祖。

宋太祖即位后不久，深感军权重要。怎样使军队为自己所用，而不致成为反叛的力量呢？

宋朝建立的第一年，赵匡胤对在陈桥兵变中做出贡献的禁军将领都以拥立之名而加官晋级，从而确立了自己对后周全境的统治。建隆二年（961年）七月初九晚朝，宋太祖请石守信等禁军宿将留下来饮酒。酒兴正浓之际，赵匡胤令侍从们退下，对众将叹了一口长气，说："我如果不是依靠诸位出力，到不了这个地位。但是，做皇帝也有自己的艰难之处，实在还不如做节度使快乐。我整夜都不敢安枕而卧！"众将领不解其意，惊骇地询问缘故。宋太祖接着说："这不难知道，我这个皇帝谁不想要呢？"石守信等人听出来这些话是对自己讲的，赶忙表态唯皇帝之命是从，宋太祖也宽慰他们，表示对他们的忠心是毫无怀疑的。"一旦以黄袍加你之身，你虽然不想当皇帝，但能够办得到吗？"宋太祖接着问道。

众将领惊慌哭泣，知道已失去宋太祖的信任，恐遭杀戮，只求太祖指明一条生路。宋太祖稍稍停顿了一下，说道："人生在世，如白驹过隙。对企求富贵的人来说，不过是想多积攒些金钱，多多娱乐，使子孙们免受贫穷。你们不如释去

宋太祖像

兵权，多置良田美宅，多买些歌伎舞女，与自己日夜饮酒相欢，又为子孙建立不动产业。朕与你们结为婚姻，这样，君臣之间，两无相猜，不是很好吗？"众将只好听命谢恩。次日，石守信等人都上表称病，要求释解兵权。宋太祖随即允诺，罢去他们的禁军职务。此后，宋太祖提拔了一些资历较浅，容易驾驭的人充当禁军将领，接着取消了禁军最高统帅殿前都点检、副都点检的职务，由殿前都指挥使司、侍卫马军都指挥使司分别统领禁军，各不相属，互相牵制，从而巩固了宋太祖的统治。

开宝二年（969年），宋太祖为了用文官代替武将任地方长官，解决藩镇难治的问题，干脆剥夺了一些节度使的职位，又一次拿出"杯酒释兵权"的办法。一次，王彦超等藩镇入朝，宋太祖又设酒宴招待。等到酒过三巡，宋太祖心平气和地对他们说："卿等都是国家宿旧，长久在藩镇，事务繁多，真不是朕所以优贤之意啊。"王彦超自知其中之意，就主动说："臣本无勋劳，久冒荣宠，今已衰朽。辞职，乞骸骨，归丘园，正是自己的心愿。"其他人不识相，不愿辞职。可是，宋太祖主意已定，岂能更改。第二天，就把他们的藩镇职权罢免了。自此以后，节度使之职已成虚衔，地方长官多为文臣担任，宋朝便消除了内乱的根源。

北宋创建之初，五代十国的分裂局面依然如故，在北宋的南边和西边，南唐、吴越、南汉、后蜀、南平等各霸一方，在北边，有契丹和北汉窥视中原。此外，还有不少地方割据势力拥兵自立。如何削平这些反对势力，成为宋太祖心头的一块症结。

最初，他打算先取北方。一天，他向谋士张永德询问攻打北方的方案。张永德说："北方兵虽少，但很强悍，加上他们与契丹关系密切，不可急取，只有慢慢地派间谍去做离间工作，使北汉得不到契丹的援助，而且也不能正常进行农业生产，待其困弊，方可以下手。"赵匡胤还不放心，在一个风雪交加的深夜，他又走访了赵普，"吾睡不能着，一榻之外，皆他人之家也，故来见卿。"一进门，宋太祖就大加叹息。

赵普分析了当时的局势，最后指出，先打太原，有害无利。"何不姑略以俟削平诸国，彼弹丸黑子之地，将何所逃？"看到两位谋士的思路如出一辙，宋太祖下定了决心，采取"先南后北"的方略，即先消灭西、南方各个割据势力，后消灭北汉，最后实现一统。

建隆三年（962年）九月，割据湖南的武平节度使周行逢病死，由其子周保权继位。当时驻扎衡阳的张文表起了取而代之之心，遂攻打潭州。周保权无力阻挡，只好向北宋请求援助。

宋太祖像

这恰好给北宋出兵提供了借口，于是，北宋制定了以救援周保权、讨伐张文表为名，借道荆南，一举削平荆南和湖南两股地方势力的方案。次年，北宋依计出兵，仅用了3个多月的时间，荆南、湖南两个割据势力就被削平。

乾德二年（964年），后蜀派人与北汉勾结，企图夹击北宋，没想到信使却秘将此信献给了宋太祖。这样，北宋西讨便师出有名。

在第二年正月，灭了后蜀。据统计，从出师到占领成都，仅用了65天的时间。

开宝三年（970年）十一月，宋太祖挥师进攻南汉。当时的南汉政治极其黑暗，人民生活水平低劣，北宋便以"救此一方民"的名义伐南汉。北宋军队势如破竹，很快，南汉被灭。此后，北宋使用离间计，使南唐主毒死了大将林仁肇。开宝八年十一月底，宋军攻进金陵，南唐主被迫投降，南唐灭。

开宝九年（977年）十月二十日，宋太祖突然在夜间去世，终年50岁。关于他的死传说甚多，有传被弟光义所杀，莫衷一是，竟成千古之谜。

宋太祖虽然没能看见国家统一的那天，但他制定的"先南后北"的战略方针以及在南方取得的巨大成功实为大宋一统天下奠定了坚实的基础。

宋太宗赵光义

宋太宗（939—997年），名匡义，后改名为光义，继位后又改名炅。宋太祖之弟，宋朝第二代皇帝。

开宝九年（976年）十月十九日夜，太祖命人召时任开封府尹的晋王赵光义入宫。光义入宫后，太祖屏退左右，与光义酌酒对饮，商议国家大事。室外的宫女和宦官在烛影摇曳中，远远地看到光义时而离席，摆手后退，似在躲避和谢绝什么，又见太祖手持玉斧戳地，"嚓嚓"斧声清晰可闻。与此同时，这些宫女和宦官还听到太祖大声喊："好为之，好为之。"两人饮酒至深夜，光义便告辞出来，太祖解衣就寝。到了凌晨，太祖驾崩。二十一日，他的弟弟晋王赵光义继位，史称"宋太宗"，改年号为"太平兴国"。

太宗继位后，为了巩固帝位，任命其弟赵廷美任开封尹兼中书令，晋封齐王，任德昭为节度使和郡王，任德芳为节度使。将太祖和廷美之子女称为皇子皇女，并将太祖的三个女儿封为国公主。太祖的旧部

薛居正、沈伦、卢多逊、曹彬和楚昭辅
等人都加官晋爵，他们的儿孙也因此获
得官位。而一些太祖在世时曾加以处罚
或想要处罚的人，太宗都予以赦免。除
此之外，太宗更注重培养和提拔自己的
亲信。与此同时，太宗还有意结交不少
文官武将，即便是太祖的旧部，诸如楚
昭辅和卢多逊等掌握实权的朝中要员，
太宗都着意加以结纳。此外，罢黜了一
批元老宿将如赵普、向拱、高怀德、冯
继业和张美等，将他们调到京师附近做
官，便于控制。经过这些措施，太宗笼
络了人心，巩固了政权。

赵光义

　　太宗还扩大取士人数，他大大扩充科举取士名额，每科录取人数
由太祖时的数十人猛增至数百人，甚至上千人。使得不少有才华之人
都有机会入仕，让他们担任各种职务。

　　赵匡义在位期间，继续推行统一全国的政策，迫使吴越王钱椒纳
土归宋，出兵攻灭北汉，又数次大举北攻辽国，试图收复燕云十六州，
但因准备不周，均遭大败，并使与辽国的关系转为被动。他又继续加
强中央集权，用文人执政，使儒学渐渐抬头。他注重农田水利，继续
鼓励垦荒，使社会生产有所发展，社会秩序比较安定，但对百姓的盘
剥颇重。晚年，他血腥镇压了四川地区的王小波、李顺起义。

　　赵匡义也很喜欢读书，并最爱读《太平御览》，常常从上午读到
下午。他也重视文人，当时随南唐李煜、吴越钱椒等国君来汴京的臣
子，在这些旧主亡故以后，因处境恶化而口出怨言。赵匡义知道了，
并没有加罪于他们，反将他们全部录用，建造书馆，让他们编修《册

府元龟》《文苑艺华》《太平广记》等文集，并给他们提供了很优厚的生活条件和良好的工作环境，使这些人心满意足，大都潜心撰书，直至老死。

太平兴国四年（979年），赵匡义在高梁河（今北京市大兴县东）被辽军战败，全军溃逃。辽兵紧追，御用器物和妃嫔都被夺去，他脱身逃走，大腿上中了两箭，此后箭伤每年都要复发。至道二年（996年）秋，赵匡义箭伤又复发。同年八月，立三子赵元侃为太子，命李沆、李至为太子宾客，负教育之责。至道三年（997年）三月癸巳日，赵匡义病死于汴京万寿殿西阶，享年58岁。

宋真宗赵恒

开宝元年（968年）十二月二日，太宗第三子赵恒出生。赵恒幼时聪睿，与诸王嬉戏时喜欢摆阵并自称元帅。太祖赵匡胤非常疼爱他，曾抚摸着他的头问他："天子好做否？"答道："由天命耳。"

至道三年（997年），太宗病逝，28岁的赵恒继皇帝位，是为宋真宗。

真宗继位后，采取了一系列获取民心的措施：罢黜奸臣李昌龄、王继恩、胡旦、潘阆等人；放归长期被幽闭于宫中的嫔御；诏令天下不准再献珍禽异兽及各种祥瑞等。

为了方便询问各地政务，真宗还将全国分为京东路、京西路、河北路、河东路、陕西路、淮南路、江南路、荆湖南路、荆湖北路、两浙路、福建路、西川路、峡路、广南东路、广南西路等十五路。

在朝中大臣的辅佐下，真宗减免租税、严格选拔官吏、肃清朝中奸党。在治国的过程中，真宗令人修纂《太宗实录》，并常常阅读《太祖实录》和《太宗实录》，向伯父和父亲学习治国经验。

在处理政务上，真宗做得不错；但在处理军务上，真宗却没有多大能耐。真宗继位后，辽国仿佛摸到了宋朝的软肋，于是开始侵扰宋朝边境，而且规模越来越大。

景德元年（1004 年）九月，萧太后以大将萧挞凛、萧观音奴为先锋，率大军 20 万，倾全国兵力南征。辽军避重就轻，直抵黄河北岸的澶州（今河南濮阳）。澶州的对岸，就是北宋的都城——开封汴梁。战报传到宋廷，朝野上下一片惊慌，宰相寇准建议真宗御驾亲征。

赵恒

鉴于宋太宗高梁河惨败的教训，宋真宗一直有畏辽如虎的心理，听到寇准的话后立即要回内宫。翌日，朝中争执不下。不少大臣不但不主张真宗亲征，甚至还力劝真宗做迁都之议。参知政事王钦若是江南人，主张迁都金陵，金枢密院事陈尧叟是四川人，主张迁都成都。堂堂副宰相级别的中枢重臣竟公然主张不战而逃，宋人对辽国的畏惧程度可见一斑。寇准大怒，声色俱厉地要求将主张迁都的人斩首，逃跑派的气焰才一时被遏制。此时，寇准再一次提出要宋真宗领兵亲征："皇上亲征，人心振奋。文武大臣通力合作、同仇敌忾，辽军自可退去。若辽军来攻，我们可出奇计骚扰，打乱其进攻计划；也可以坚守不出，使辽军疲惫不堪，再乘机打击。若退至江南或是四川，则人心动摇，辽军乘势深入，大宋江山还能保得住吗？"寇准的意见得到了宰相毕士安、武将高琼等人的支持。宋真宗虽不情愿，但受形势所逼，遂同意亲征。真宗在寇准陪伴下出现在两军阵前，宋朝士兵高呼"万岁"，声传数十里。

萧太后见宋军斗志昂扬，再加上先锋官萧挞凛在察看地形时被宋军伏弩射死，感觉到此战不利，遂要与宋军议和。宋真宗本来就对亲征三心二意，终日提心吊胆，见萧太后同意议和，便急忙派曹利用前去磋商。萧太后见宋使前来，故意吊宋廷的胃口，提出要宋朝退出后周柴荣时收复的关南之地，曹利用当即回绝，并回去复命。这期间，宋、辽之间的摩擦不断，互有胜负。萧太后见天气逐渐转冷，担心旷日持久会生变异，于是开始了第二次谈判。宋真宗告诉曹利用只要不割地，就是多献100万金帛也无所谓。

宋辽经过谈判，终于达成协议——"澶渊之盟"。澶渊之盟规定：辽宋为兄弟之国，辽圣宗年幼，称宋真宗为兄，宋真宗尊萧太后为叔母；以白沟河为国界，此后凡有越界盗贼逃犯，彼此不得收匿；两朝沿边城池，一切如常，不得创筑城隍；宋每年向辽提供"助军旅之费"银10万两，绢20万匹；双方于边境设置榷场，进行互市贸易。

澶渊之盟后，宋、辽各自罢兵。从此，宋辽双方进入了百余年相对稳定的和平时期。萧太后在第二年下令在双方边境开设榷场进行贸易，加强了两国的经济文化交流，对宋、辽双方社会经济的稳定发展和人民生活的改善乃至民族融合都有积极意义。

随着战事的平息，真宗开始渐渐腐败，最突出的是听信奸臣之言，采用自欺欺人的方法来粉饰太平。

王钦若与寇准一向不和，见其因平息战乱有功受宠而心生恨意。景德三年（1006年）的一天，寇准在真宗会朝时先行告退。真宗目送寇准离开，王钦若乘机进言："陛下敬畏寇准，为其有功社稷邪？"真宗："然。"王钦若说："澶渊之役，陛下不以为耻，而谓准有社稷功，何也？"真宗愕然，王钦若解释道："城下之盟，《春秋》耻之。今以万乘之贵而为澶渊之举，是盟于城下也，何耻如之！"见真宗有不悦之色，王钦若继续说道："陛下闻博乎？博者输钱欲尽，乃罄所有出之，谓之孤注。陛下，寇准之孤注也，斯亦危矣！"此后，真宗渐渐疏远寇准，更加亲近王钦若。不久，寇准被罢为刑部尚书、知陕州，参知政事王旦被擢升为工部尚书、同平章事。

自从听了王钦若的那番话后，真宗常常怏怏不乐。一日，他问尚书左丞王钦若该如何为国雪耻。王钦若知道真宗没有心思举兵，于是故意说只要夺回燕云十六州就可以洗刷耻辱。真宗立即找借口："河朔生灵，始得休息，吾不忍复驱之死地，卿盍思其次？"王钦若遂建议真宗封禅，以此来镇服四海、夸示戎狄。然而，要想封禅，必须要等到天降祥瑞。王钦若知道真宗会考虑到这一点，于是建议采用人为的方式得到天瑞，说得真宗有些心动。

很快，真宗决定采用王钦若之意。不过，要想保证封禅的顺利进行，必须要征得宰相王旦的同意。为此，真宗召其入宫赴宴。宴毕，真宗赐给他一壶酒并说道："此酒极佳，归与妻孥共之。"王旦回到家中打开一看，发现酒壶中装满了珍珠。此后，王旦对封禅一事不再持有异议。

此后，真宗不断地耗费大量人力、物力和财力大行封禅之事。真宗沉浸在自己编织的太平梦中"只愿长睡不愿醒"，结果将战后本可以用来增强国力的大好时光白白浪费掉，为宋朝的繁荣富强增添了更多阻力。

乾祐元年（1022 年）二月二十日，55 岁的真宗去世。

宋仁宗赵祯

赵祯（1010—1063 年），初名受益。宋真宗赵恒第六子，母为李宸妃。宋朝第四位皇帝。

宋真宗 30 岁继皇帝位，多年来，东封西祀，屈己睦邻，期致天下太平。直到晚年，虽未达到天下大治，却还算政通民安。只是苍天不祐，他先后出生的 5 个儿子，相继夭折。他为此曾忧心似焚，寝食不安。真宗宠爱的后宫刘修仪，在皇后郭氏死后，恃宠专横，势动后宫。她觊觎皇后之位，倾身待上，满心期望能为真宗生一儿子，心安理得地做皇后。怎奈秀而不实，诞育无期，便心生一计，选择了一直跟在自己身边的侍儿李氏，作为真宗的"司寝"御侍，让李氏替自己生儿固位。不久，李氏果生一子。真宗心花怒放，亲自为儿子取名受益。受益出生后，刘修仪即将他抱入自己宫中，作为己子，亲选乳母加以抚养。受益的生母李氏以刘修仪当时正为真宗宠爱，慑于刘氏的威势，也不敢多说什么。不久，刘修仪进位德妃，随即立为皇后。而李氏并没有因为真宗生了儿子而得显贵，直到大中祥符九年（1016年）受益7岁时，才被定为才人晚年病重临死前，由刘皇后加恩，进位宸妃，死时年仅46岁。

大中祥符九年（1016年）三月，真宗命在皇城内元符观以南，专为受益建造了读书学习的学宫"资善堂"。受益开始接受正规而严格的儒学教育。天禧二年（1018年）二月，真宗又采纳宰辅向敏中、王钦若等人的建言，以升州（今南京市）为江宁府，设建康军，作为受益的封地。同时授受益为建康军节度使，加官太保，封升王。命直昭文馆张士逊、直史馆崔遵度为升王府咨议参军，直史馆晏殊为记室参军。八月十五日，真宗下诏，立升王受益为皇太子，赐名祯，增月俸为两千贯。同时任命了张士逊、崔遵度等东宫官吏。九月，又举行了隆重的皇太子册封礼，赵祯被正式确立为帝位继承人，这年他才9岁。

天禧四年（1020）六月，真宗病重，不能御殿视事。复任宰相寇准力请皇太子监国，以系人望。引起真宗的猜忌，罢寇准相，并欲罢黜皇太子赵祯。最后在宰相李迪的劝谏下，真宗始有所感悟，赵祯的皇太子地位才获保全。到这年冬天，真宗大概自知快不久于人世了，于是诏命赵祯监国，两府大臣就资善堂议政处事。不过赵祯当时年仅11岁，自然处理不了国家大事，真宗遂又召见宰臣，谕令皇后刘氏与太子同莅国政。形式上赵祯位居于外，实际上则由刘皇后居中决断，开了宋代太后垂帘听政的先例。

乾兴元年（1022 年）二月，真宗在延庆殿病逝，赵祯奉遗诏继皇帝位，年仅 13 岁。赵祯继位后，奉遗诏尊刘皇后为皇太后，杨淑妃为皇太妃，军国大事则与皇太后一起听奏处理，实际上，军政大权已完全掌握在刘太后手中。宰相丁谓等人对刘太后也极尽奉承之能事。第二年正月改元，丁谓为取悦刘太后，议改"天圣"，得太后赞同。丁谓既得刘太后欢心，在朝中也更飞扬跋扈。为了达到固位专权的目的，他进一步排斥异己，把先已被排挤出朝的前相寇准再贬为雷州（今广东湛江）司户参军，前相、知郓州李迪再谪为衡州（今湖南衡阳）团练副使，必欲置其死地，以防他们重被起用。知青州周起责、知杭州王随、知海州（今江苏连云港）王曙等地方官因激愤而直斥丁谓的专擅，也被视为"寇党"，先后被贬黜、流放到边远州郡。甚至连镇州都部署曹玮因被怀疑不听丁谓调遣，也被解除兵权，谪为容州（今广西容县）观察使。内侍雷允恭更与丁谓内外勾结，日益骄恣，无所惮惧。丁谓的所作所为很快激起朝野的愤慨，也引起了刘太后的不满。不久，王曾借雷允恭擅移真宗陵穴一事，奏明刘太后，说是丁谓与雷允恭相互勾结，包藏祸心，欲为不轨。太后听后大怒，杖杀雷允恭，贬丁谓河南府（今河南洛阳），又贬崖州（今海南崖县）。丁谓所亲信的参知政事任中正、刑部尚书林特等人，也先后被贬。王曾被擢与冯拯为相，权知开封府吕夷简、龙图阁直学士鲁宗道被擢为参知政事，任副相。赵祯也改为每逢三、五与太后一起御承明殿听政。刘太后虽然专权，但在宰相王曾等人的尽心匡助下，政局倒也安稳。

明道二年（1033 年）三月，刘太后病卒，赵祯结束了他的儿皇帝生活，独立主政。

赵祯性情宽厚，不事奢华，还能够约束自己，对下属宽厚以待，让百姓休养生息，因此受到后世的称赞。他知人善用，因而在位时期名臣辈出，国家安定太平，经济繁荣，科学技术和文化得到了很大的发展。赵祯在位期间，宋朝"四海雍熙、八荒平静，士农乐业、文武忠良"。史上有"庆历、嘉祐之治"之称，尤以"嘉祐之治"为多。

赵祯不安于守成的现状，针对庆历年间农民起义和兵变在各地相继爆发以及日益严重的土地兼并、"三冗"（冗官、冗兵、冗费）现象，也有志开展革新。他多次以"天下事责大臣"，意图有所作为。

庆历三年（1043 年），赵祯授范仲淹为参知政事，又擢拔欧阳修、余靖、王素和蔡襄为谏官（俗称"四谏"），锐意进取。九月，在赵祯的责令下，范仲淹、富弼提出了"明黜陟、抑侥幸、精贡举、择官长、均公田、厚农桑、修武备、减徭役、覃恩信、重命令"的十项改革主张，欧阳修等人也纷纷上疏言事，赵祯大都予以采纳，并渐次颁布实施，颁发全国。史称"庆历新政"。

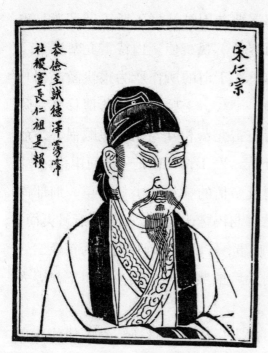

赵祯画像

由于新政触犯了贵族官僚的利益，因而遭到他们的阻挠。庆历五年（1045 年）初，范仲淹、韩琦、富弼、欧阳修等人相继被排斥出朝廷，各项改革也被废止，新政彻底失败。这次改革虽然失败，却为后来的王安石变法起到了投石问路的先导作用。

赵祯在位期间最主要的军事冲突在于西夏。夏景宗李元昊继位后，改变其父定难军节度使李德明（夏太宗）"依辽和宋"的国策，于宝元元年（1038年）称帝，国号夏，史称西夏。宋夏间维持30年的和平政局再次破裂。从康定元年（1040年）到庆历二年（1042年）的三年中，宋、夏在三川口（今陕西延安西北）、好水川（今宁夏隆德西北）及定川寨（今固原西北）展开三次大战，宋军皆先胜后败。到定川之战，西夏分兵欲直捣关中的西夏军遭宋朝原州（今甘肃镇原）知州景泰的顽强阻击，全军覆灭，西夏攻占关中的战略目标就此破灭。西夏虽在宋夏战争中接连取得胜利，但自身亦伤亡近半，国力难支。在受到重大损失的情况下，宋、夏终于谋求妥协，于庆历四年（1044年）十月订立和约：夏向宋称臣，宋每年赐西夏绢13万匹、银5万两、茶2万斤，并开放边境贸易。史称"庆历和议"。自此后，宋、夏关系趋于缓和，维持了近半世纪的和平。

庆历元年（1041年）十二月，乘宋、夏战事紧张之际，辽兴宗在以南院宣徽使萧惠为首的群臣支持下，决定以宋修边防与攻夏为借口，一面派耶律重元及萧惠聚兵南京，做出攻宋的态势；另一面于次年（1042年）初派萧特末（汉名萧英）、刘六符赴宋廷，索取被后周世宗攻占的关南十县。赵祯派富弼与辽国进行谈判，其言辞强硬，旁征博引，打破辽国索要后周时期柴荣夺取的三关之地的企图。同时，为避免两面作战，赵祯最终决定以每年增加岁币（银、绢各10万匹、两）为代价，维持澶渊之盟的和平协议，史称重熙增币。

庆历七年（1047年）十一月二十八日，贝州（今河北清河）宣毅军发生了王则领导的起义。王则本是涿州（今河北涿州市）人，逃荒到了贝州，自卖给地主家放羊，后应募参军，隶宣毅军为小校。贝州一带历来有弥勒教秘密流行，民间盛传"释迦佛衰谢，弥勒佛当持世"。王则入教，利用弥勒佛的传说，宣传变革世道，组织起义。他离家来贝州时，他的母亲曾在其背刺有一个"福"字为记，众信徒便推他为教首，成为起义的领导人。王则以州吏张峦、卜吉为谋士，先后联络了德州、齐州等地的驻军和群众。起义发动以后，王则率领起义士兵打开兵库，夺得了武器，攻下监狱，释放囚犯，占领了贝州城。王则自称东平郡王，建国号安阳，改元得圣，以张峦为宰相，卜吉为枢密使。起义士兵和群众都在脸上刺上了"义军破赵得胜"的字样，表示他们推翻宋朝统治的决心。赵祯闻变以后，遂急令两府大臣选择将领，调集各道禁军兵马连夜赶赴贝州。诏河北各州县皆作守备，预防起义的扩大。又委派权知开封府明镐为河北体量安抚使，主持镇压起义。宋军在贝州城下遭到起义军的顽强抵抗，损兵折将。赵祯又派宦官携带敕榜招安义军，也为王则拒绝。庆历八年（1048年）正月初，赵祯命文彦博为河北宣抚使，明镐为副，抓紧攻打贝州城。文彦博采纳军校刘遵的建议，以大军急攻北城，乘义军不备，在南城墙下，挖凿地道，选精锐士卒潜入城内，打开了城门，宋大军纷涌入城。王则先用火牛冲击宋军，欲乘机突围，怎奈寡不敌众，突围中大部义军战死，王则、张峦、吉卜被俘，押解京城被杀，坚持了两个多月的起义失败。赵祯下令州郡大索"妖党"，被逮者不可胜数。

继贝州兵变之后，庆历八年（1048年）闰正月十八日夜，又发生了宫廷卫士之变，更使赵祯惊心丧胆。这天夜里，赵祯正宿于曹皇后宫中。至半夜，崇政殿侍卫官颜秀、郭逵、王胜和孙利等人，趁夜深人静之时，杀死守宫的军校，夺得了兵器，越过延和殿，直奔赵祯的寝宫。颜秀等人的行动，惊动了守宫的一位宫女，宫女惊叫起来。颜秀一刀劈去，砍伤了宫女的胳膊。宫女凄惨的叫喊声，惊醒了赵祯。他惶恐不安，披衣下床，出门逃避，被曹皇后从后抱住。曹皇后插紧门闩，急呼宫人召侍兵入内，内侍宦官们也被紧急动员起来。颜秀见势，与郭逵等纵火而撤。逃遁中，被蜂拥而来的宫卫、宦官等围困。颜秀、郭逵等挥刀与之展开激烈的搏战，最后全部战死。惊恐之余，赵祯大兴狱事。皇城司和入内内侍省的官员人等，以失职罪多遭贬谪。后宫侍女和宦官中被怀疑与颜秀之变有联系的，也一一被处死。他仍不放心，每到夜晚就心悸的赵祯又命人把宫中临近屋檐的大树统统伐倒，重新缮治墙垣，整修门关。前宫后殿也令养起了狗。

皇祐四年（1052年），侬智高反宋，军队席卷广西、广东各地。赵祯任用狄青、余靖率兵南征。皇祐五年（1053年），狄青夜袭昆仑关，于归仁铺之战大败侬智高。侬智高遁走，后不知去向。

政荒民敝，使赵祯已感困扰不堪，而更令他心焦的则是他的皇位继承人。从15岁，刘太后就为赵祯立皇后郭氏，又选美女充盈后宫，可是此后十几年中，无一嫔妃为他生出皇子。为此赵祯曾设赤帝像于宫中，日祈夜祷，以求皇嗣，直到景祐四年（1037年），后宫俞美人始生子，却不育。宝元二年（1039年），苗美人又为他生子，满朝喜悦，赵祯亲为儿子起名昕，封爵加官，不料赵昕只活了一年半便夭折。庆历元年（1041年），朱才人再为赵祯生子，赐名曦，封鄂王，但是也不到3岁即夭亡。皇嗣成为当时朝廷内外最关注的大事之一，因而此后就发生了有人冒充皇子的事件。后冒充者虽然被处死，但更加重了仁宗的心事。

与此同时，朝臣百官中，请赵祯早立皇嗣的呼声也越来越高。皇祐末年，太常博士张述即先后七次上书，请早立继嗣。嘉祐初年，宰相文彦博、刘沆、富弼等人亦以此为劝，赵祯含糊答应，寻因其患病而中辍。待赵祯病情好转以后，翰林学士欧阳修又以立皇储为言，疏

赵祯坐像

凡几上，皆留中不出。然而几年来群臣百官密请建储的奏疏接连不断地送进宫来，赵祯不能不慎重对待。

嘉祐七年（1062年）八月，赵祯诏立濮王赵允让第十三子宗实为皇子，赐名曙。十二月，赵祯以皇子既立，困扰多年的又一心头之事总算放下，心情稍得宽慰。十二月二十三日，召辅臣近侍、台谏百官、皇子宗室等，游幸龙图阁、天章阁、宝文阁等，并即兴挥毫为书，分赐从臣。赵祯自幼习书，精通书学，凡宫殿门观，多飞白题榜。当朝大臣卒后碑额赐篆，即始于赵祯。二十七日，赵祯又再召群臣于天章阁，然后大宴群臣。转过年头，赵祯旧病复发。御医宋安道等人尽心诊治，终未见效，嘉祐八年（1063年）三月二十九日晚，赵祯病患加剧，忽急起索药，并召皇后。等曹皇后等人赶到，赵祯已不能说话，仅用手指了指心窝。随之医官入宫，诊脉、投药、灼艾，已无济于事。至夜，赵祯崩于福宁殿，终年54岁。在位42年，为宋朝在位时间最长的皇帝。十月，葬永昭陵（在今河南巩县境），谥号体天法道极功全德神文圣武睿哲明孝皇帝，庙号仁宗。

赵祯在位期间，经济繁荣，科学技术和文化也得到了很大的发展。《宋史》赞曰："《传》曰：'为人君，止于仁。'帝诚无愧焉。"史家将其在位及亲政治理国家的时期概括为"仁宗盛治"。他善书法，尤擅飞白书。有《御制集》一百卷。《全宋诗》录有其诗。

宋英宗赵曙

宋英宗赵曙（1032—1067年），原名赵宗实，乳名十三，字益之，宋太宗赵光义曾孙，商王赵元份之孙，濮王赵允让第十三子，宋仁宗赵祯养子。宋朝第五位皇帝。

赵曙幼年时被无子的仁宗接入皇宫抚养，赐名为赵宗实。担任左监门卫率府副率，后历任右羽林军大将军、宜州刺史、岳州团练使、秦州防御使。嘉祐七年（1062 年），被立为皇子，改名赵曙，封巨鹿郡公。嘉祐八年（1063 年），仁宗驾崩，赵曙继帝位。

四月初一，赵曙登基接受百官朝贺后，便要循行古制，治平三年，决定由韩琦摄政。诸大臣和曹皇后都认为，古今异宜，不应死守古制，极力反对。赵曙虽心中不乐，也只好作罢。群臣又表请赵曙御前殿听政，赵曙又执意不肯。四月初四傍晚，赵曙即因过度的紧张和心中的忧郁，遽得疾病。初则昏迷不醒，继则语言错乱，行动乖张。韩琦急召已谪降编管的御医宋安道等人，复入宫侍疾。第二天，又由韩琦力请，尊曹皇后为皇太后，权同处分军政大事。曹太后见赵曙病重不能决政，遂同意暂权垂帘听政。

仁宗大敛之日，赵曙病情恶化，号呼狂走，不能成礼。幸有韩琦等人拥抱扶持，才草草毕礼。自此以后，赵曙久病不愈，便权居柔仪殿东阁西室，服药治病。曹太后独居内东门小殿，垂帘决政。曹太后出身贵勋之家，在朝廷中威望颇高。自听政以后，日阅内外臣僚奏章，能一一记其纲要。大臣奏事，多援经史故事以决断。有疑而未决者，则令诸臣复议再定。因此，尽管赵曙久病不朝，赖太后辅佐，中外安然。

但赵曙患病以后，喜怒不定，举措失常，对身边左右之人，稍不如意，则加斥责，甚至杖挞相加，人人自危。一些宦官不断向曹太后说赵曙的坏话，致使两宫嫌隙萌生，关系颇为紧张。宰相韩琦与参知政事欧阳修等面见太后，好言相劝，并以利害谏言，太后怨恨之意才稍解。治平元年（1064 年）五月，赵曙病体恢复，曹太后撤帘还政。为照顾太后的心情，仍下诏："今后皇太后的命令称圣旨"，出入仪卫按真宗刘皇后时的规格，太后所需物品，有司见太后的圣旨后，即时供应。曹太后所居的宫殿也命名为慈寿宫。

正当赵曙力谋宏图，致力于天下治平的时候，西夏却加紧了对宋朝的入侵，使赵曙不得不再谋国防，抵抗入侵。嘉祐八年（1063 年）仁宗死后，夏毅宗谅祚遣使来宋吊慰，始改赵姓为李，显然是在对宋示威。赵曙回书诘责谅祚，令守旧约。继之，谅祚复派使臣吴宗入贺赵曙继位，在礼仪上，吴宗与宋方引伴使高宜发生争吵。赵曙再回书责谅祚妄启事端。不料谅祚却以此为借口，发兵 7 万，侵掠泾原、秦风两路诸州（今甘肃、宁夏、陕西交界地区），驱掳熟户，劫杀宋边寨弓箭手，掠去牲畜数以万计。面对西夏的入侵，赵曙先是仅遣使诘问，以后才采纳韩琦的建议，招募陕西之民为义勇军 15 万人，以为守边。又任命欧阳修举荐的前任环庆路将领高沔为河中府知府，担负御夏之责。司马光上书请朝廷深谋远虑，广采御敌之策，精选将领以御侵侮的建议也未被引起重视。此后西夏不断发动小规模入侵，西界边臣请求朝廷增兵，部署反击。赵曙则认为边兵已为数不少，仍不以边患为忧。

治平三年（1066 年）九月，夏再次发动对宋朝的大规模入侵。谅祚亲自率大军东下，围攻大顺城（今甘肃华池东北），入侵柔远寨（今甘肃华池），烧毁沿边村寨。赵曙闻报，急召两府大臣，询问退敌之策。宰相韩琦提出，停其"岁赐"，遣使责问。赵曙采纳了这一建议。谅祚这时率军攻大顺城不下，身中流矢，恐久战损耗过大，又担心宋朝果真停止"岁赐"，自己得不偿失，于是在宋朝边地大肆掳掠，抢得大批粮食、牲畜而退。然后派人向赵曙上表说："受赐累朝，不敢渝盟"，

赵曙坐像

此次兵争,不过是边吏擅启事端。赵曙也顺水推舟,回书谕令谅祚"今后严戒边上酋长,各守封疆,不得点集人马,辄相侵犯"云云。赵曙软弱的对外政策,为他的子孙留下了更大的隐患。

外侮未除,内忧踵至。从仁宗朝以来,内外因循、惰职贪官习以为常,渐形成冗官局面。赵曙虽欲力革积弊,但没有采取切实可行的有力措施。相反,达官贵戚奏荐恩泽,日无所止,更出现一官之缺、三人竞逐的情形。加之抵御西夏,增置军额,岁费益多,仁宗以来的冗兵冗费局面不仅没有改观,反而日渐加重。特别是从治平初年,为修治黄河,所役河夫数众,耽误农时农种,已引起沿河诸路人民的强烈不满。又大兴土木,重修京城内宫殿阁门厩,建造皇子宫,规模侈大,务极壮丽,致使徭役频仍,搜刮愈重,人民嗟怨,变乱丛生。赵曙对当时皇亲国戚的奢侈糜烂也感气愤,曾欲惩治,但在贵族豪强势力的反对下,却毫无措置之举。

赵曙继位以后,韩琦等人曾提出尊礼赵曙的生身父母,只是因为赵曙生病、两宫不和,此事才被搁置不提。治平元年五月,赵曙病体恢复,韩琦重提旧事。治平二年(1065 年)四月,赵曙即令礼官及诸大臣合议崇奉典礼以闻,由此引发了一场持续 18 个月的论战,这就是北宋史上的"濮议"事件。

治平三年(1066 年),中书大臣共同议事于垂拱殿,当时韩琦正在家中祭祀,赵曙特意将其召来商议,当时即议定(赵曙生父)濮王称皇考,由欧阳修亲笔写了两份诏书,交给了赵曙一份。到中午时分,太后派了一名宦官,将一份封好的文书送至中书省,韩琦、欧阳修等人打开文书,相视而笑。这份文书正是欧阳修起草的诏书,多了太后的签押。赵曙便立刻下诏停止讨论,同时又将宰相与执政们召来,商量如何平息百官的情绪,以稳定时局。赵曙最后同意了欧阳修等人的意见,将吕诲等三名御史贬出京师。在尊崇濮王的争论中,赵曙不惜牺牲台谏官，来保全韩琦、欧阳修等大臣，表现了赵曙对韩、欧阳诸人的极大信任与重用。韩、欧阳等人因此更感恩图报，尽职尽责，辅佐赵曙。

外困内忧，使赵曙不堪应付，治平三年（1066 年）十一月初八，赵曙旧病复发，卧床不起，日渐沉重。同年十二月，在宰相韩琦的建议下，立长子赵顼为太子。

治平四年正月八日丁巳（1067 年 1 月 25 日），赵曙因病驾崩于福宁殿，享年 36 岁。当年八月，葬于永厚陵（今河南巩义孝义堡），谥曰宪文肃武宣孝皇帝，庙号英宗。

宋神宗赵顼

宋神宗赵顼（1048—1085 年），初名赵仲鍼，宋英宗赵曙长子，生母宣仁圣烈高皇后。北宋第六位皇帝。

英宗继位后，授予他安州观察使，封安国公。同年九月，加忠武军节度使、同中书门下平章事，封淮阳郡王，改名为赵顼。治平元年（1064 年），进封颍王。治平四年（1067 年），英宗病死，立为太子不久的赵顼仓促继位，时年 20 岁。

神宗继位之时，社会矛盾已经比较尖锐。英宗虽然也想振作兴革，但他做皇帝只有四年，还来不及实施其愿望就去世了。神宗继位，正风华少年，血气方刚，有一股锐意求治的胆略。他继位之初就下求言诏，广泛听取建议，决心干一番事业。他急于寻找一个有才识有气魄能够全力襄助他改革的大臣作为臂膀。在这种情况下，怀才多年的王安石就脱颖而出了。

王安石为地方官多年，亲眼看到当时社会问题的严重性。他到京城开封任三司度支判官的第二年春，给当时的皇帝仁宗写了洋洋万言的《上仁宗皇帝言事书》。由于人微言轻，王安石的上书没有引起宋仁宗的重视，也没有被执政大臣所注意。不久，王安石被任命为知制诰，为皇帝起草诏命。由于地位日渐显要，他的改革主张逐步受到士大夫们的重视，在社会上也引起了较广泛的注意。英宗继位后，鉴于前朝诸多弊政，有意进行改革，但王安石却因母亲病故，回籍金陵守丧。

王安石素与韩绛、韩维及吕公著等人相友善。神宗未继位以前，常与侍臣议论天下大事，很赞赏王安石的《上仁宗皇帝言事书》。韩维是颍王府的

宋神宗像

记室，每有言谈议论受到神宗称赞时就说："这是我的朋友王安石的观点。"后来韩维任右庶子，又推荐王安石代其为官，神宗于是想见识王安石。神宗登基之初，就打算立即起用王安石。

王安石时任工部郎中、知制诰，丧期已满，诏令进京，但王安石称病不赴。神宗又颁诏任命王安石为江宁知府。王安石这次接到诏命，即日赴任。数月后，又召王安石入京，命为翰林学士，兼侍讲。

当时的王安石才高学富，久负天下盛名，不仅皇帝信任，一般士民也都对他寄予厚望，希望王安石出来执政以改变现状。在这种情况下，神宗于熙宁二年（1069 年）初起用王安石为参知政事（即副相），并设置了"制置三司条例司"，作为变法的指导机构，让陈升之、王安石负责。王安石素与吕惠卿友善，便对神宗说："惠卿之贤，虽前世儒者也比不上他。学先王之道而能运用的，独有惠卿一人。"于是神宗命吕惠卿任条例司检详文字。事无大小，王安石必与吕惠卿共同谋划，凡有关建议的章奏，皆是惠卿执笔。当时

人称王安石为孔子，吕惠卿为颜子。在神宗的亲自督促下，王安石提出并推行了一整套新法。这些新法主要分为"富国""强兵"和改革科举制度三个部分。

"富国"方面，采取了均输法、青苗法、农田水利法、免役法、方田均税法等几项措施。

宋仁宗时，军队总人数已超过100万，军费开支占政府赋税收入的百分之七十以上。如此庞大的军队，战斗力却不强。以往推行的"更戍法"，使将不知兵、兵不知将，军队缺乏训练，素质很差。为扭转这种局面，神宗和王安石制定了几种"强兵"方法，即将兵法、保甲法、保马法。

新的科举制度主张以经义取士，应试者不再考试诗赋、帖经、墨义之类，而以《诗》《书》《易》《周礼》《礼记》为本经，以《论语》《孟子》为兼经，企图改变那种"闭门学作诗赋，及其入官，世事皆所不习"的状况。同时，对太学进行了改革，实行"三舍法"。初入学的为外舍生，不限名额。以后经过考试升为内舍生，名额200人。内舍生经过考试升为上舍生，名额100人。上舍生中学习品行优异者可不经科举考试直接授以官职。

这次变法，史称"熙宁变法"。在变法的过程中，神宗以君权的力量，保证了一系列新法的推行。变法虽然在前一阶段取得胜利，但守旧势力的攻击并没有停止。于是，神宗开始左右摇摆，勉力维持新政。在内外交困的境况下，王安石已感到难以再继续

王安石像

执政，只得上章恳请辞职。熙宁七年（1074年）四月中旬，王安石罢相，出知江宁府。王安石临行前，向神宗推荐韩绛为相，吕惠卿为参知政事。神宗任用二人，新法仍继续推行。当时反对变法的人称韩绛为"传法沙门"，称吕惠卿是"护法善神"。但吕惠卿为迎合神宗的旨意，推行"以田募役"。这种方法王安石执政时就拒绝推行，后来又从江宁写信说明甚为不便，但吕惠卿置之不理。吕惠卿从私人权位出发，害怕王安石重回朝廷，一心想标新立异，不顾实际情况，强行给散青苗钱，"民不胜其困"。与以前相比，"天下之人，复思荆公（王安石）"。吕惠卿又不把韩绛放在眼里，于是韩绛也对吕惠卿不满，向神宗建议，恢复王安石的宰相职务。熙宁八年（1075年）二月间，神宗派使臣持诏书前往江宁府，召王安石回东京，王安石接到任命，立即赶回朝中，恢复了相位。王安石复相后仍想得到吕惠卿的协助，但吕惠卿这时追求的是权位，极力想取王安石而代之。神宗也看到吕惠卿的嫉妒之心，他从保护王安石的角度出发，把吕惠卿赶出朝廷。而这时的神宗也不像前几年那样对王安石言听计从，有时甚至不重视他的意见。熙宁九年（1076年）春天，王安石因身体有病，屡次要求辞职。到六月间，王安石的儿子王雱年纪轻轻却病死，王安石悲痛欲绝，精神受到极大刺激，已无法集中精力过问政事。神宗只好让王安石辞去相位，出判江宁府。第二年王安石连江宁府的官衔也辞去了，此后直到元祐元年（1086年）去世，王安石再也没有回朝。

王安石虽然离开了朝廷，但神宗仍继续主持新法，不过作了一些改变。从王安石再次罢相直到神宗去世，整整十年间，新法由神宗一人力行。这一时期已从前期的理财为主转为主要是改革官制与强化军兵保甲，后人称为"神宗改制"。王安石在位时的新法以抑制兼并为中心，神宗的改制则着力于加强宋王朝的国家机器。他很想通过官制改革，达到富国强兵的目的，以改变长期形成的积贫积弱的政局。旧官制机构重叠，头绪纷繁，许多本属各级行政长官决断的事，经常要由皇帝亲自决策。这在北宋建国初期有利于加强中央集权。然而神宗想把主要精力放在已经开始实行的新法方面，而不想用大量时间去应付本属各级机构职权内的事，所以需要改变现行的官制。经过一系列的改革，这套官制更有利于君主专制的中央集权，其基本制度一直实行到宋朝末年未再进行大的变动。官制改革后，神宗继续推行新法，以增加政府的财政收入。神宗在推行新法的过程中，其富国强兵的总目的与王安石是一致的。但在抑制兼并这一点上，他没有王安石坚决，遇到强烈反对，往往中途动摇。神宗既想增加财政收入，又不愿损害上层既得利益者，结果负担只有转嫁到下层人民身上。财税收入的增加，终于扭转了英宗时入不敷出的局面。

神宗在位时亲自主持了两次大的军事行动，一是对交趾的反击战；一是对西夏的进攻。

交趾位于现今越南北方地区，从宋仁宗末年以来，不断向宋朝边境进行劫掠。熙宁九年（1075 年）九月，交趾进攻宋广西路的古万寨（今广西扶绥）。十一月，出动 6 万军队（号称 8 万），分水、陆两路大举进攻宋广西路。水军渡过北部湾，攻占廉州、钦州。陆路直迫邕州，知州苏缄立即调集城里的地方部队共 2800 人，部署防守。交趾军所到之处，张贴榜文，说中国行青苗、助役之法，穷困生民，我出兵是为了拯救百姓。当时宋朝君臣极为愤慨，宰相王安石亲自起草《讨交趾榜》，并调兵前往桂州、潭州以策应。熙宁十年（1076 年）二月，宋朝任命郭逵为安南道行营都总管、招讨使，率军到达广西前线。但当时邕州已被交趾军队攻占，知州苏缄自焚殉国，军民被杀害者达 5 万余人。当年夏天，宋军收复邕州、廉州。秋，收复全部失地。十二月，郭逵率宋军进入交趾境内。交趾屯聚重兵于决里隘进行阻击，派有大象组成的军队向宋军进攻。宋军以强弩射象，用刀砍象鼻，打败交趾军，攻占决里隘。交趾军又在夹口隘设伏兵，宋军绕过口隘，间道由兜顶岭向南进军，直抵富良江（今红河）北岸，距交趾首都交州（今越南河内）仅45千米，然而没有船只，无法渡江作战。宋军将精锐部队隐蔽起来，只留少数兵将挑战，引诱敌军出战。交趾以为宋军势孤力单，便以几万人马渡过富良江，摆开阵势。这时埋伏的宋军主力突然出击，交趾军大惊，纷纷逃跑，其指挥官洪真太子被宋军杀死，并活捉交趾大将阮合。宋军大获全胜，并缴获了许多船只，交趾王李乾德眼看宋军就要兵临城下，赶忙奉表乞降。从此，交趾再不敢侵扰宋境。

然而神宗对西夏的用兵，形势却大不相同。当时，由党项族建立的西夏已经发展为拥有强大武力的军事联合体，不断进犯宋朝西北部地区。神宗变法的目的之一就是要"强兵"，随着"将兵法""保甲法"的推行，宋朝军队作战能力有了一定提高，所以神宗开始考虑改变对西夏的政策。熙宁四年（1071年），任命王韶为洮河安抚司长官，开始经营河湟地区，准备对西夏的战争。第二年又以古渭寨为通远军，以王韶兼任知军事。不久，王韶领兵进击那里的吐蕃贵族军队，拓地500多千米，招抚人口30余万。宋朝在此地设熙河路，任命王韶为经略安抚使。熙宁六年（1073年），王韶率领宋军进军900千米，占领了宕、岷、叠、洮等州，招抚大小番族30余万帐。这是自北宋开国以来对辽、夏战争中的空前大胜。

元丰四年（1081年），西夏皇室内乱，神宗以为有机可乘，遂出兵五路伐夏，深入夏，地各军因粮草不济，无功而返。元丰五年（1082年）又听徐禧之计，筑永乐城，西夏发30万大军围攻永乐城，城被攻陷，徐禧也阵亡。宋军此役共死亡将校200多人，损失士民及民夫20多万人。宋军两次战败，神宗希望攻夏雪耻、节省"岁赐"的计划彻底破产。西北前线的败报传到宋都朝廷，神宗悲痛难忍，竟临朝大哭。

从此，神宗彻底丧失了先前的雄心，只好仍旧维持原来对西夏的和议，每年向西夏交纳财物。

元丰八年（1085年）三月，赵顼在福宁殿去世，享年38岁。庙号神宗，谥号为英文烈武圣孝皇帝，葬于永裕陵。太子赵煦嗣位，是为宋哲宗。

宋哲宗赵煦

赵煦（1077—1100年），原名赵佣，宋神宗赵顼第六子，母为钦成皇后朱氏。宋朝第七位皇帝。

赵煦出生后，由于他的五个哥哥出生不久就相继夭亡，大概是出于希望这第六子能够像平民孩子一样好养的缘故，赵顼亲自给他取名曰"佣"，同时授检校太尉、天平军节度使，封均国公。元丰五年（1082年）又迁开府仪同三司、彰武军节度使，进封延安郡王。赵佣没有辜负父亲的期望，不但健康地成长起来，而且天资颖悟，清俊好学。

元丰七年（1084年）冬天，赵顼生起病来，翌年正月过后，越发加重，后来连话都说不出来了。还在疾病初起之时，赵顼就有了立太子的打算，准备在来年春天，让赵佣出阁立为太子，并想延请司马光、吕公著来做他的师傅。眼看皇帝之病日趋恶化，立太子更是刻不容缓的头等大事了。元丰八年（1085年）三月，立赵佣为皇太子，改名煦。三月初五，赵顼在福宁殿中与世长辞。当天，赵煦就在丧父的悲痛中登上了皇帝的宝座，这时他才刚刚10岁。赵煦在位的头一个年号称作"元祐"，军国政事的一切最高决策权全掌握在了高太后手上。

高太后（1032—1093年）乳名滔滔，祖籍亳州蒙城。她的曾祖是宋太宗赵光义时就以武功起家的高琼，她的母亲乃北宋开国元勋大将曹彬的孙女，而她的小姨就是仁宗的慈圣光献曹皇后。她和英宗皇帝从小就青梅竹马，长育宫中，曹皇后待她就像自己的亲生女儿一样，后来由仁宗和曹皇后亲自主婚，嫁给了英宗。当时宫中谓曰"天子娶儿媳，皇后嫁闺女"，传为一时盛事。英宗继位后，她被策为皇后，英宗病死，她的儿子赵顼继位，她又成了太后。

这个习惯于在高贵的地位上养尊处优的老太太，对一切变法革新的事都觉得扎眼。当上太后之后，经常和她来往的除了那些内侍，就是那些在变法过程中受到抑制的皇亲国戚。赵顼任用王安石变法，皇亲贵族群起反对，高太后就成了他们的首领。位居太皇太后，一朝权在手，便立即起用了大批守旧派人物，对于反对变法最卖力的司马光、吕公著、文彦博等人更加重用。而对于变法派的重要分子和奉行新法的官员如吕惠卿、章惇、蔡确、吕嘉问等则坚决予以排挤和打击，对于赵顼在位时推行的一系列新法全盘否定，逐个废黜。一时间，朝野上下掀起了一阵清算新法之风，史称"元祐更化"。

司马光等人废新法打的旗号叫作"以母改子"，即由高太后来纠正赵顼的过失，一切大政方针都是高太后出面主张的。赵煦继位之初，虽然年龄幼小，然而10岁的孩子毕竟懂事了，他头脑里已很有了一些分辨是非的能力。

赵煦继位时，高太后一再表示她性本好静，垂帘听政是出于无奈，但她却丝毫不放松手中的

赵煦画像

权力。在高太后垂帘时期，军国大事都由她与几位大臣处理，年少的赵煦对朝政几乎没有发言权。大臣们也以为赵煦年幼，凡事都取决于高太后。朝堂上，赵煦的御座与高太后座位相对，大臣们向来是向太后奏事，背朝赵煦，也不转身向赵煦禀报。以致赵煦亲政后在谈及垂帘时说，他只能看朝中官员的臀部和背部。到了赵煦17岁时，高太后本应该还政，但她却仍然积极地听政。而此时，众大臣依然有事先奏太后，有宣谕必听太后之言，也不劝太后撤帘。高太后和大臣们的这种态度惹恼了赵煦，赵煦心中很是怨恨他们，这也是他亲政后大力贬斥元祐大臣的一个原因。

赵煦一朝，无论是元祐时期，还是赵煦亲政后，最活跃的似乎都是朝中的大臣们。由于变法与反变法矛盾的延续以及赵煦与高太后的冲突，使得当时支持变法的大臣（新党）与反对变法的大臣（旧党）都无可避免地卷入激烈的党争，成为其中的主角，也就上演了一幕幕令人叹息的悲剧。在高太后垂帘的8年中，旧党不仅控制了整个朝廷，对新党的打击和倾轧也始终如一，从未放松过。旧党刘挚、王岩叟、朱光庭等人甚至竭力搜寻新党章惇、蔡确的传闻逸事，任意加以穿凿附会，对其进行诋毁，其中最典型的便是车盖亭诗案。新党蔡确被贬出朝廷，并遭吴处厚报复而被贬到新州。

车盖亭诗案是北宋开国以来朋党之争中以文字打击政敌面最广、力度也最大的一起文字狱，旧党利用高太后对蔡确等人的不满，捕风捉影，对整个新党集团进行一次次斩草除根式的清算。在蔡确被贬新州时，旧党将司马光、范纯仁和韩维誉为"三贤"，而将蔡确、章惇和韩缜斥为"三奸"。他们将王安石和蔡确亲党名单张榜公布，以示警告，同时对元祐元年被司马光斥逐的新党人员章惇、韩缜、李清臣和张商英等人再加以重贬，又铲除在朝的新党，如李德刍、吴安诗和蒲宗孟等人，都被降官贬斥。司马光的同僚及追随者们在高太后的支持下，欲给新党以毁灭性的打击，来巩固自己的势力。

但是，随着高太后的衰老和赵煦的成长，不仅旧党成员，连高太后也感到山雨欲来、新党复起的政治气氛。元祐八年（1093年）八月，高太后垂危时，她告诫范纯仁和吕大防等人："老身殁后，必多有调戏官家者，宜勿听之，公等宜早求退，令官家别用一番人。" 实际上是已经预感到赵煦准备起用一批新人，要他们提前准备，尽早退出朝廷，以保全身家性命。后来事实证明，赵煦亲政后，凡是高太后垂帘时弹劾新党和罢免新法的官员几乎无一人幸免于报复。

元祐八年（1093年）九月，62岁的高太后去世。十月，18岁的赵煦亲政，开始正式行使起他的皇权。他大力打击元祐大臣，追贬司马光，并贬谪苏轼、苏辙等旧党党人于岭南（今广西、广东、海南一带），甚至在章惇等人挑拨下，直指高太后"老奸擅国"，欲追废其太后称号及待遇。但他接着重用革新派如章惇、曾布等，恢复王安石变法中的保甲法、免役法、青苗法等，减轻农民负担，使国势有所起色。

不久，赵煦改元祐九年为绍圣元年，正式打出了继承神宗事业的旗号，从此"绍述"之论大兴。十数日间，变法派分子接连回到了朝廷，章惇被任命为宰相，曾布、蔡卞等也分任要职。褒崇王安石、追复蔡确官职，恢复元丰新法，重修《神宗实录》等诏令相继颁行。元祐大臣无论活着的还是死去的，其官职都被剥夺或追夺干净，以文彦博为首的30余人被列为司马光的党羽贬罢出朝，吕大防、刘挚、刘安世等人被安置到了最荒僻的地区加以编管，范纯仁、苏轼、程颐等也受到严厉的责罚，高太后的亲信宦官梁惟简、张士良、陈衍等人也被编配到了远恶州军。胸中郁积了九年之久的怨气终于得以伸张，赵煦志得意满。

元符三年正月十二（1100年2月23日），赵煦病逝于开封府，年仅24岁，在位15年。四月，谥号宪元显德钦文睿武齐圣昭孝皇帝，庙号哲宗。八月，葬于永泰陵。崇宁三年（1104年）七月，加谥为宪元继道世德扬功钦文睿武齐圣昭孝皇帝。政和三年（1113年），改谥宪元继道显德定功钦文睿武齐圣昭孝皇帝。

宋徽宗赵佶

元符三年（1100年）正月，年仅25岁的宋哲宗病死。因哲宗无嗣，向太后要立端王赵佶为帝，而宰相章惇则认为"端王轻佻，不可以君天下。"但是，向太后还是争取到了知枢密院事曾布、尚书左丞蔡卞及中书门下侍郎许将等人的支持。未满18岁的赵佶就这样在哲宗灵柩前继承了皇位。

宋徽宗继位之初，虽然与向太后共理国事，但他既无政治经验，也无治事能力，所有的事都是由向太后来处理。直到次年（1101年）向太后去世，宋徽宗才真正开始行使皇权。在执政初期，徽宗也曾励精图治，试图改变北宋的内忧外患。摆在他面前的首先就是朝廷内的朋党之争（王安石变法后一直有新、旧两党的矛盾）。元符三年十一月，宋徽宗下令明年改元建中靖国，以示消释朋党之争。但两派终究水火不容。调和不成，他又转而依靠一派而企图彻底压倒另一派。正是在这种情况下，建中靖国元年（1101年）十一月，徽宗下诏改明年为"崇宁"元年，表示他要全面恢复熙宁时期神宗推行的各项新政。

韩忠彦则在新政的干预下被罢相。而曾经被逐出朝的蔡京、蔡卞兄弟分别出任尚书右仆射兼中书侍郎和知枢密院事。宋徽宗与蔡氏兄弟狼狈为奸，滥施淫威，打着新法的旗号，胡作非为20多年，把北宋的政治搞得空前黑暗，社会经济也几近崩溃。蔡京虽然是以标榜新法入相的，但他的所作所为没有一件是符合"熙丰新法"精神的。新法在蔡京手中只是迫害异己的棍子，搜刮人民的借口。他为相20多年，党羽满朝，虽因灾异之象三次罢相，但时间都很短，谁也对他奈何不得。即使有人敢奏劾其罪，也难免遭到流放岭南的命运。从政和到宣和，宋徽宗曾七次登门访问蔡府，并将女儿嫁给蔡京之子。君臣共同危害社稷百姓，国怎能有不亡之理？

宋徽宗爱好书画，被贬的蔡京就是因为搜集了大量字画而受徽宗赏识，于是崇宁元年，蔡京代替了曾布为右相。此外，蔡京还怂恿徽宗制礼作乐，大兴土木，建明堂，修筑皇家园林等。其中修建的新延福宫是当时最著名的建筑，而且徽宗还下

宋徽宗像

令收集各种珍奇之物加以装点。徽宗本就爱好奇花异石，继位后更是大肆搜集，凡谁家有了好东西，都要派人去查封，全部指定为御前之物，并令主人小心护视。如有损坏，就要被加上"大不恭"的罪名。待到发运这些珍奇之时，更要拆屋、毁墙以出。以致人们有了"宝贝"，都认为是不祥之物。

徽宗的人生哲学就是"太平无事多欢乐"，尽管宫中嫔妃不计其数，生有子女60多人，但仍微服私访，与汴京色艺双绝的名妓李师师打得火热。师师长于歌唱，传说，徽宗去会李师师，恰好词人周邦彦来不及退出，便隐匿在屋内。这样，徽宗与李师师调笑，周邦彦便作了首《少年游》。后来徽宗知道后，便以"周邦彦职事废弛"的罪名，将其逐出京城。

再好的东西习惯了也就没什么乐趣了，徽宗厌倦了这些后，又幻想得道成仙。小吏出身的王老志，因自称会道术，而被徽宗召其入京，并将其安置在蔡京家中，封老志为"洞微先生"。还有一人被徽宗封

为"通妙先生"。这位"通妙先生"更是神通广大，由于皇帝对他恩宠有加，所以许多元老重臣、皇亲国戚有事都要经他打通关节。那道士比其他人高明的是，他居然说徽宗是上帝元子，为神霄帝君。于是宋徽宗和他的臣子们更是疯狂迷恋道教，甚至把自己也封为"教主道君皇帝"。这样的国君管理国家，真是百姓的灾难，因为只懂得挥霍，他们已经将历朝的积蓄耗费殆尽。于是他们又铸造当十大钱，滥印交子。卖官售爵，巧取豪夺的手段更是花样翻新。哪里有不公，哪里就有反抗，宣和元年（1119年），北方爆发了宋江起义，宣和二年东南爆发了方腊起义。尽管宋江被招安，方腊被镇压，但北宋王朝的丧钟却已经在隐隐作响。

在北宋的河山日趋衰败的时候，女真人在东北地区悄然繁盛。当时，辽国也是危亡在即。在这种情况下，宋徽宗看不到日益临近的女真南下的危险，却不由得想起了他的列祖列宗几次尝试"复燕"（即攻取辽统治下的幽蓟地区，后来，宋曾在今北京市设燕山府）而没有机会的历史。"复燕"成功，既可摆脱北宋百余年国势不振的命运，还可以缓和北宋社会内部的矛盾。于是，他全然不顾与辽国的百年盟好，决意与新兴的金国结盟。

重和元年（1118年），宋、金相约夹攻辽国。自此，宋、金使节往来不断。对此，有识之士皆以为无异于玩火自焚。"臣恐唇亡齿寒，辽亡宋危"。"宋辽讲和，已逾百年。近年，契丹遭女真侵逼，对宋更是恭顺有加。今舍恭顺之契丹，而远逾海外引强悍之女真以为邻域，臣恐亡国之祸未有宁息之期也。"但是，宋徽宗并没有听取这些意见，而是一意孤行。宣和二年（1120年），宋、金双方约定同时出兵攻辽，金取中京大定府，宋取燕京析津府（今北京市）。开战不久，北宋攻燕的两路大军即告失败。最后，燕京为金军攻取，并俘掠子女玉帛而去，而后把空城给了宋，换取"代税钱"百万缗。

宋朝把这也算作完成了"复燕"大业。然而，正当以宋徽宗为首的北宋统治集团沉醉在"复燕告成"的梦境之中时，金朝的新皇帝太宗吴乞买却正在准备南下。

宣和七年（1125 年）冬十月，金国以两路大军攻宋。在叛贼郭药师的带领下，金军很快就打到了京师附近。徽宗吓得忙把皇位传给了儿子赵桓，但由于钦宗赵桓畏敌如虎，不思抵抗，而是以巨额金币换得金人退兵。靖康元年（1126 年）二月，金军北返，主战派立即失势。四月，太上皇徽宗回到了汴京，正当北宋统治集团认为可以重新安享太平之时，金军于同年冬再度南下，攻占了汴京，徽、钦二帝当了女真人的俘虏。这就是岳飞《满江红》里所谓的"靖康耻"。

靖康二年（1127 年）四月初一，金人押解着徽、钦二帝及太妃、太子、宗戚共 3000 余人北去。同行的还有大量徽宗苦心搜集的古籍珍玩等。这时的徽、钦二帝完全失去了昔日的威严，他们头上的皇冠已经被一顶青毡帽取代了，自己骑在马背上，由金军监护着来到北国，素服拜见金太祖阿骨打庙，然后又拜见金太宗吴乞买。金太宗封太上皇宋徽宗为"昏德公"，钦宗为"重昏侯"。把他们安置在韩州（辽宁昌图境内），给田 15 顷，令其耕种自给。后又被迁移到五国城（黑龙江依兰）。1135 年春，徽宗客死他乡，直到 8 年后，他的灵柩才被运到临安安葬。

宋钦宗赵桓

宋钦宗赵桓（1100—1156 年），宋徽宗赵佶长子，宋高宗赵构异母兄长，母显恭皇后王氏。宋朝第九位皇帝，也是北宋末代皇帝。

赵桓，原名赵亶，又名赵煊，生于元符三年（1100 年），初封韩国公，次年六月晋爵京兆郡王，大观二年（1108 年）晋爵定王。

政和五年（1115 年），赵佶立赵桓为太子。赵桓为了保住这个地位，变得更加谨小慎微。为了表明自己的恭俭谦退，在拜谒太庙之时奏请不乘金辂，不用卤薄，只常服骑马以往，还请求官吏不要对他称臣。入主东宫之后，他又奏请减少东宫的诸司局务，节约廪食。为表示自己的好学精神，他请求每天除了问安寝食之外，不拘早晚只要稍有闲暇就请学官赴厅讲读。凡此种种，煞费苦心。尽管如此，赵桓的太子之位坐得还不十分稳当，时常有些明涛暗波在追逐冲击着他。

政和六年（1116年）六月，赵桓大婚，娶武康军节度使朱伯材之女为妃。次年十月，生子名谌，为嫡皇孙。赵佶大喜，蔡京奏除赵谌为检校少保、常德军节度使，封崇国公。

宣和七年（1125年），随着金兵的大举南侵，赵佶对赵桓的态度也变得亲热起来。十二月二十日，降御笔拜赵桓为开封牧。翌日，赵桓入朝问安时，赵佶又特意将只有皇帝才能佩戴的排方玉带赐给了他。但赵桓深知无力挽救时局，故抗命不从。次日，赵桓在经过又一次固辞不允之后，终于御垂拱殿接受了百官的朝贺，然后大赦天下当上了皇帝。就这样，北宋王朝开始了它的第九任皇帝的历史，也迈出了它走向灭亡的最后一步。

赵桓治理国事也像他幼时读书一样，算得上是个勤勉用功的皇帝。继位之后，他每天都临御便殿，廷见群臣，批阅四方奏报，和士民所上章疏，常常要忙到半夜还不休息，个人生活上也依然是俭约朴素，无所嗜好。但他最多是个中等才干的人，他柔弱寡谋，多疑多变，莫衷一是，缺乏主见。赵桓继位之后，便改年号曰靖康。这个新年号所寓的靖难安乱、天下太平的愿望，然而靖四方、康兆民的主旨据说是"和戎"，即与金人讲和，可见赵桓及其朝廷一开始是将讲和放在首位的。但议和并没坚持到底，不几天，赵桓又变成了主战，后来又从主战变成主和，有时在一天之内变几变，有时又在同一件事情上朝三暮四，变来变去，终于变出了一幕亡国的悲剧。

靖康元年（1126年）正月初二这天，赵桓还下诏令有司依真宗幸澶渊的故事预备亲征，命吴敏为亲征行营副使，兵部侍郎李纲、知开封府聂山为参谋官，在殿前司集结兵马。然而第二天，浚州（今河南滑县东北）失守、金兵渡河的消息传来之后，汴京城里一下子炸了窝。当天夜里，赵佶就出通津门逃往东南，一些王公大臣也纷纷收拾私财、携妻带子随之出逃。赵桓见自己被撇在危城之中，心里既气又怕，打算一走了之，却又怕像唐明皇一样神龙失势，大权被别人夺去，一时拿不定主意，急得像热锅上的蚂蚁一样，六神无主，坐卧不安。几经变化之后，初六日，赵桓登上宣德门，宣谕六军，表示要固守到底，任命李纲为亲征行营使，全面负责守城事宜。将士皆感泣流涕，拜伏门下，山呼"万岁"。

这时，黄河北岸的金兵已将近渡完，而京城的防御工作一切得从头做起。李纲在每一面城墙上部署守兵1.2万人，准备下石炮、弓弩、砖石、檑木、火油等防御器械，另外设立前后左右中军4万人，前军居于东门外，守卫囤积40余万石粮食的延丰仓，后军守住樊家冈，其余三军留在城中策应四方。布置得刚刚有个头绪，敌人就兵临城下了。

初七日，金兵开始攻城，西水门（宣泽门）最先告急，被宋军挫败。次日又转攻北封丘、酸枣诸门，李纲亲临指挥，将士无不奋勇作战，再次重创金兵，歼敌千人，粉碎了金人想一举攻下汴京的企图。金兵虽攻势凌厉，优势却在宋朝一方，金兵只有6万余人，数量远不及宋的守城兵，西北边防军和各地驻军也纷纷来援，金悬兵深入，又屯兵于坚城之下，实犯了兵家之大忌。在这种情况下，只要宋朝君臣勠力同心，同仇敌忾，是完全可以歼灭敌军的，然而，天不亡人人自亡，赵桓虽在几度摇摆于去留之后，被迫决定留守，内心里却依旧畏敌如虎。赵桓不相信宋朝人民会挫败金兵挽救危亡，他甚至害怕自己的内部会有人乘金人入寇而图谋不轨，他想不管采取什么手法只要把金人打发走，保住自己的皇位就算了事。因此，东京保卫战一开始，他就派出郑望之、高世则到金营求和。金人提出割黄河为界，还要犒军金帛，另派一大臣前去议和。赵桓看看宰执大臣，没一个作声的，李纲挺身而出，要去谈判，赵桓不许，最后以枢密副使李梲奉使。原来他是怕李纲会在金人面前据理力争，妨碍他的议和活动。李纲退下后，赵桓就授权李梲可增加岁币三五万两，犒军金银三五百万两，另送金一万两及酒果等物以贿赂斡离不。哪知宋使到金营，斡离不以攻破都城相诳诈提出了更为苛刻的条件：给金军500万两金子，5000万两银子，牛马1万头，绸缎100万匹，尊称金帝为伯父，割太原、中山、河间三镇，派宰相、亲王到金营为人质，把金军送过黄河。最后宋朝只凑得定为金20万两，银400万两，康王赵构和少宰张邦昌也作为人质被送到了金营。

康王赵构出发之后，各地援军陆续到来，共有20多万人，而金军只有6万多人。李纲等指挥宋军同金军交战，互有胜负。金兵已经得到三镇和不少赔款，看到勤王的宋军陆续来到京城，只好在这年二月趁势退军，东京得以保全。

早在金兵南渡黄河时，太上皇赵佶就仓促出城逃避，先逃到亳州（今安徽亳州），再逃到镇江（在今江苏）。金军退走以后，赵桓派李纲去接赵佶回京。四月间，太上皇赵佶回到京师。

可是金军北退后不久，他罢免了李纲。同时，他迫于朝野内外的压力，也杀掉或贬黜了蔡京、童贯等六贼臣子。

金军虽然退出了京师，但并未停止攻宋战争。到了北宋靖康元年（1126年）八月，金太宗再次发动大军进攻宋朝。金军以宗翰为左副元帅，宗望为右副元帅，分东、西两路进兵中原。九月初，宗翰率领的金军攻破太原。金军左副元帅宗翰听到自己所害怕的李纲被罢免，便与右副元帅宗望商定合兵南下，在十月初攻下真定府（今河北正定）。不久，金军左副帅宗翰率领的西路金兵再次大举顺利南侵，直至开封。

十一月二十五日，金军先头部队到达开封外城。金国宗翰率领的西路与东路军合围开封，并于十一月攻占开封外城。宋钦宗赵桓派弟弟、康王赵构到金军统帅宗望处去谈判求和。闰十一月初，金军开始攻城。当时雨雪交加，形势危急。为了鼓舞士气，赵桓穿甲戴盔，亲自登城巡视，还把御膳房为皇上做的饭食赏给士卒们吃。赵桓又乘马踏着雨水、烂泥，到宣化门慰劳军队。可惜大势已去，这些做法也没起到多大作用。由于连着下雨飘雪，天气严寒，加上士兵伙食很不好，衣服单薄，两手冻僵，拿不住兵器，宋军军心涣散，3万禁卫军逃亡了一大半，赵桓束手无策。

而金军在攻下开封外城后，精明的宗翰和宗望并未急于要立即攻下内城，只是占领外城四壁，不断进行佯攻恫吓，并假惺惺地宣布议和退兵。宋钦宗赵桓居然信以为真，急忙派宰相何栗和齐王赵栩到金营求和。金营的宗翰、宗望对何栗说："自古以来，有南就有北，两者不可缺。只要答应割地，就可以议和，不过必须请太上皇亲自前来商议。"何栗以为自己议和有功，高高兴兴回去奏报宋钦宗赵桓。太上皇赵佶没有这份胆量，赵桓不得已，无奈痛哭一场，只好以太上皇受惊过度、痼疾缠身为由，由自己代为前往。

闰十一月三十日黎明，钦宗率大臣多人前往金营，这恰恰中了金人的圈套。钦宗到金营后，金军统帅却不与他相见，只是派人索要降表。钦宗不敢违背，慌忙令人写降表献上。呈上降表后，金人又提出要太上皇前来，钦宗苦苦恳求，金人方才不再坚持。接着，金人在斋宫里向北设香案，令宋朝君臣面北而拜，以尽臣礼，宣读降表。当时风雪交加，钦宗君臣受此凌辱，皆暗自垂泪。投降仪式进行完毕，金人心满意足，才放钦宗返回。

钦宗刚回朝廷，金人便遣使来索要金 1000 万锭（一锭 50 两），银 2000 万锭，帛 1000 万匹，赵桓就下令大搜金银；金人遣使索要骡马，赵桓赶紧凑得 7000 余匹派人送去；金人索要少女 1500 人，说要充后宫使唤，赵桓也只好照办，连自己的嫔妃也拿来充数，妃嫔民女不甘受辱，赴水投河而死者甚众；到河北、河东割地的使臣也派出了 20 多个。

尽管以赵桓为首的北宋政府如此丧心病狂地奉承金人，金人仍嫌所要金银数量不足而大不满意，声称要纵兵入城洗劫，要求赵桓再去金营议事，赵桓又吓出一身冷汗。但赵桓终究不敢违抗金人的命令，只好命孙傅辅助皇太子监国，自己硬着头皮再去青城。

赵桓刚到青城就被金人当人质扣住，促令城中官吏加紧搜刮金银，百官各分坊巷，互相监督，即使妇女的钗钏之物也在搜刮之列。市井寺观，妓院旅居，根刷殆遍，弄得汴京城里天翻地覆，民不聊生。

钦宗到达金营后，受到无比的冷遇，宗望、宗翰根本不与他见面，还把他安置到军营斋宫西厢房的三间小屋内。屋内陈设极其简陋，除桌椅外，只有可供睡觉的一个土炕，毛毡两席。屋外有金兵严密把守，黄昏时屋门也被金兵用铁链锁住，钦宗君臣完全失去了活动自由。囚禁中的钦宗度日如年，思归之情溢于言表。宋朝官员多次请求金人放回钦宗，金人却不予理睬。金人扣留钦宗后，声言金银布帛数一日不齐，便一日不放还钦宗。宋廷闻讯，加紧搜刮。开封府派官吏直接闯入居民家中搜括，横行无忌，如捕叛逆。百姓 5 家为保，互相监督，如有隐匿，即可告发。就连福

书法馆
赵佶 五色鹦鹉图

五色鹦鹉来自岭表养之禁篱驯服可爱飞鸣自适往来繁本遍开翔薈其上雅诧容与自有一种态度纵目观之宛胜

宋徽宗书法

田院的贫民、僧道、工技、娼优等各种人,也在搜刮之列。到正月下旬,开封府才搜集到金16万两、银200万两、衣缎100万匹,但距离金人索要的数目还相差甚远。宋朝官吏到金营交割金银时,金人傲慢无礼,百般羞辱。自钦宗赴金营后,风雪不止,汴京百姓无以为食,将城中树叶、猫犬吃尽后,就割饿殍为食,再加上疫病流行,饿死、病死者不计其数。境况之惨,非笔墨所能形容。

灭宋是金人的既定方针,所以尽管宋朝君臣对金人如此俯首帖耳,但金人还是决意废黜钦宗。靖康二年(1127年)二月六日,钦宗被废为庶人。七日,徽宗等人被迫前往金营。当金人逼迫徽、钦二帝脱去龙袍时,随行的李若水抱着钦宗,不让他脱去帝服,还骂不绝口地斥责金人为狗辈。金人恼羞成怒,用刀割裂他的咽喉,割断他的舌头,至死方才绝声,可歌可泣!北宋灭亡后,金人册封一向主和的张邦昌为帝,国号"大楚",建立了傀儡政权。

四月一日,金兵在大肆掳掠之后开始撤退。斡离不押着赵佶、郑皇后及亲王、皇孙、驸马、公主、嫔妃等从滑州北去。粘罕押着赵桓、朱皇后、太子赵谌、宗室及何栗、孙傅、张叔夜等官员由郑州道北行。金兵退走时,带走了大量的金银财宝、仪仗法物、图书典籍、古董文物、百工技艺、娼优杂伎人等,北宋王朝"二百年府库蓄积"为之一空。

赵桓从离开青城起,就头戴毡笠,骑着马,后有监军随押,一副失魂落魄的样子。自郑州往北,每过一城他就掩面哭泣。南宋建炎二年(1128年)八月,赵桓、赵佶二帝抵达上京,金人命他们身穿孝服,拜祭金太祖阿骨打庙,这被称为献俘仪,实际上是以此羞辱北宋君臣。然后,又逼着他们父子到乾元殿拜见金太宗完颜晟。接着,金太宗封赵佶为昏德公,赵桓为昏德侯。赵桓后又被封为"重昏侯",意思是他和被金人封为"昏德公"的父亲赵佶加在一块是一昏再昏。此外,韦贤妃以下 300 余人入洗衣院，赵桓的皇后朱氏不堪受辱，投水而死，男子则被编入兵籍。

不久，金人又将赵桓、赵佶二帝赶至荒凉偏僻的边陲小镇——五国城（今黑龙江依兰），他们从此就居住于此，直至去世。南宋绍兴三十一年（1161 年），赵桓死在金朝，终年 62 岁。

靖康二年五月一日，康王赵构继位于南京（今河南商丘），建立南宋，遥尊赵桓曰"孝慈渊圣皇帝"。绍兴三十一年，赵桓的死讯传到南宋，七月，上尊谥曰"恭文顺德仁孝皇帝"，庙号钦宗。

第二节　南宋著名皇帝

宋高宗赵构

宋高宗赵构（1107—1187 年），字德基。宋朝第十位皇帝，南宋首任皇帝。宋徽宗赵佶第九子、宋钦宗赵桓之弟。

大观二年（1108 年）五月，徽宗第九子赵构出生。同年八月，赵构担任建武军节度使、检校太尉，被封为蜀国公，后又先后被封为广平郡王、康王。金兵抵达汴京后，在议和时曾要求以他为质，后又因其不是亲王而将其放归。靖康元年（1126 年）八月，钦宗又令其在军前议和。赵构宁死不赴，遂留在相州。同年闰十二月，钦宗以他为兵马大元帅。靖康二年（1127 年）四月，钦宗被金人北迁。不久，赵构前往临安（今浙江临安），百官上表劝进。五月，赵构继皇帝位，是为宋高宗。

高宗和其父兄一样，害怕和金兵打仗。他所重用的大臣汪伯颜、黄潜善二人也是主张屈膝议和之人。南宋朝廷刚刚建立，宋高宗就急不可耐地向金朝求和，以割让河东、河北州郡为条件，送与金朝。

老将宗泽在滑州保卫战中采取了"联合抗金"的策略，与各地义军联合击退了金兵的南犯。为了再次迎战金军，宗泽在开封修建了许多防御工事，并且招募了大批兵马。高宗考虑到宗泽的兵力日趋强盛，身为前朝重臣的他一旦迎回徽、钦两位皇帝，自己的皇位很难保住，于是任命郭仲苟为东京副留守，用他来监视宗泽。怀有满腔报国热忱的宗泽对高宗的做法感到不满，但敢怒而不敢言，不久便一病不起，后因背上毒疮发作身亡。

宗泽死后，高宗任命杜充为东京留守。杜充上任不久便将宗泽采取的抗敌措施一一废除，而且还刻意打击义军将领。就这样，宗泽费尽心血组织的百万武装力量在一月之内被销毁得无影无踪。

不久，金国再次南犯。金统军大将粘罕率金兵连克开封、大名、相州、沧州等地后，直逼扬州。高宗仓皇而逃，在御营司将领苗傅、刘正彦等人的护送下落足杭州。

昏庸的高宗不但没有吸取这次落败的教训，反而变本加厉地宠信腐败无能的王渊、康履等人。苗傅、刘正彦等人见高宗无意收复河北，一气之下举行了武装暴动。在暴动中，他们趁机杀死了无能的王渊，后又带兵直闯宫中，杀了百余名宦官。他们对高宗说："陛下赏

宋高宗像

罚不明，将士们为国流血流汗，不见奖赏，而宦官逆臣不见为国做事，却得以厚赏。宦官王渊遇敌不战，抢先逃走，其同党内侍康履，更是贪生怕死之徒，这样的人居然得到重用，如何服众将士？现我二人已将王渊斩首，唯有康履仍在陛下身边，为谢三军，请陛下将其立斩。"高宗见形势不妙，只得斩康履而求自保。随后，苗、刘二人逼迫高宗退位。高宗无奈，借隆太后手诏禅位皇太子，并由隆太后垂帘听政。后来，在宰相朱胜非的策划下，高宗才得以复位。

高宗刚刚复位，就遇到了从金国返还的北宋御史中丞秦桧。靖康之变中，奸臣秦桧也被金兵迁徙，在金世宗弟弟挞懒处为奴。秦桧之所以能够回到宋朝，是因为金人想用他做内应。

秦桧声称自己是从金国逃出来的，尽管受到了种种猜疑，但还是在朝中大臣的拥护下取得了高宗的信任。秦桧向高宗介绍了徽、钦二帝在金国的情况，并献上了早已准备好的《与挞懒求和书》。高宗仿佛见到了救星一般，大喜道："秦桧南归，使朕闻之二帝、母后消息，且桧忠实，与其一谈，朕高兴得夜不能寐，真乃天赐朕一良臣也。"不久，高宗令宰相范宗尹封其为礼部尚书。

绍兴元年（1131年）二月，秦桧被升为参政知事（副宰相）。此后，他伺机除掉范宗尹。不久，宰相范宗尹建议废除徽宗崇宁年间兴起的滥赏恶习。秦桧先是附和，见朝中大臣不满后立即以"宰相之意恐动摇民心"为由，向高宗进谏。高宗思虑再三，罢免了范宗尹。范宗尹被罢免后，秦桧被提升为右相兼知枢密院事。后来，秦桧"河北之人归金，中原之人归刘豫"的建议遭到了大臣士民的公开反抗。高宗以专主和议、植党专权的罪名罢免了秦桧的宰相职务。

绍兴五年（1135年），金主粘罕死，其弟挞懒得势。挞懒恃兵威胁南宋，宋高宗无奈，只好重新起用秦桧为相，让他主持议和。秦桧见高宗议和态度明朗，不顾群臣反对，与高宗二人强行推行了议和政策。

次年，金国突然发生政变。议和国书墨迹未干，挞懒死于政敌金兀术之手。金兀术以"与宋交通、倡议割地"为理由，处死了挞懒。随后，金兀术率大军南下。

抗金名将岳飞与刘锜相互配合，击败金军数次。金兵精锐死伤过半，金兀术的女婿也在混战中被杀。高宗并没有因岳飞抗金的胜利而打消向金人妥协的念头，反倒担心岳飞会不会给他失而复得的皇位造成威胁。因为每当他想到苗傅、刘正彦两位将军的叛乱时就心有余悸，深恐武将难以控制。

岳飞塑像

正当岳飞准备大举进攻之际，秦桧以高宗的名义命令其"择日班师，不可轻进"。岳飞以"将在外，君命有所不受"为由，执意进攻，在朱仙镇大败金兀术后准备乘胜追击。秦桧顿时慌了手脚，竟在一天之内连下十二道金牌。岳飞无奈，只得仰天长叹，痛惜十年之功，毁于一旦。

绍兴十一年（1141年）四月，高宗在秦桧的唆使下，任命韩世忠、张俊为枢密使，岳飞为枢密副使，以论功行赏之名行明升暗降、削夺兵权之实。

金兀术闻讯大喜，立即卷土重来，威胁南宋割让淮河以北的土地，并处死抗金将领。得此消息后，秦桧开始精心组织谋划，准备杀掉岳飞等人。秦桧一面通过诬陷将岳飞打入大牢，一面代表南宋同金兀术签订了"和约"：两国以淮水为界，割让唐、邓二州与陕西诸地；每年进贡银两、绢匹各25万；北方人流寓江南者，任其归回旧地。这就是宋、金对峙史上的第二个"和约"，史称《绍兴和约》。随后，秦桧在没有任何证据的情况下处死了岳飞、张宪、岳云等人，并将岳飞的亲朋故旧杀戮流放。因被罢职而赋闲在家的韩世忠当面质问秦桧岳飞有何罪时，秦桧竟以"莫须有"作答。

此后，秦桧权倾朝野，高宗对其非常倚重。绍兴二十五年（1155年），秦桧病逝。百姓本以为高宗摆脱了秦桧的蛊惑，能够在贤臣的劝导下为大宋洗刷耻辱，不料高宗转而倚重同样主张议和的大臣，以便能够继续稳坐皇位。

绍兴三十一年（1161年），金朝国主完颜亮举兵南下。幸好朝中还有骁勇善战的武将，遏制了金兵的攻势。高宗见想做个安稳皇帝如此困难，索性于绍兴三十二年（1162年）禅位，自己退为太上皇。过了20多年的舒服日子后，高宗于淳熙十四年（1187年）病逝，终年80岁。

宋理宗赵昀

宋理宗赵昀（1205—1264年），原名赵与莒，绍兴府山阴（今浙江绍兴）人。宋太祖赵匡胤之子赵德昭九世孙。南宋第五位皇帝。

赵与莒7岁时，父赵希瓐逝世，生母全氏带着他及弟赵与芮返回娘家，全氏母子在绍兴当保长的兄长（全保长）家寄居，一直到赵与莒16岁。嘉定十五年（1222年），赵昀被立为宋宁宗弟沂王嗣子，赐名贵诚。嘉定十七年（1224年）闰八月，57岁的宁宗溘然长逝。在他弥留之际，史弥远假诏命，废太子赵竑为济王，将贵诚召入宫中，宣布立贵诚为皇子，并改名为昀，封为成国公，随后继帝位，是为宋理宗。

史弥远擅行废立，理宗稳稳当当做了皇帝，当时就有湖州人潘壬、潘甫、潘丙等人意气难平，派人与潍州（今山东潍坊）农民起义领袖李全联络，想共同反对理宗，重新拥立赵竑。但事情准备不充分，旋即失败。史弥远借机逼死了赵竑。理宗也觉得赵竑死有余辜，不再理睬部分大臣的鸣冤，心安理得地做起皇帝来。

赵昀继位的前 10 年都是在权相史弥远挟制之下，自己对政务完全不过问，自己则尊崇理学，纵情声色，直到绍定六年（1233 年），史弥远死后，赵昀才开始亲政。史弥远死后不到半月，赵昀就下诏宣布改明年为端平元年，以示改元更化。理宗亲自料理各种政务，独断专行，他的老师右丞相兼枢密使郑清之也慨然以天下为己任，君臣似乎要有一番作为。赵昀亲政之初立志中兴，采取罢黜史党、亲擢台谏、澄清吏治、整顿财政等改革措施，史称"端平更化"。端平元年（1234 年），派兵联蒙灭金。执政后期，赵昀又沉湎于醉生梦死的荒淫生活中，朝政相继落入丁大全、贾似道等奸相之手，国势急衰。鄂州之战，宰相贾似道以赵昀名义向蒙古称臣，并将长江以北的土地完全割让。

端平元年（1234 年）冬十月，理宗重新起用真德秀、魏了翁。真德秀声望很高，朝野的人们对他寄予厚望，真德秀参政以后所做的唯一大事就是向理宗进呈《大学衍义》，同时劝理宗祈天永命。对内忧外患的政局，没有丝毫革新和建树，表现出无从措置的窘状。他名望虽高，但才能不大，不久病死在参知政事任上。理学救国的梦想从一开始就碰了壁，可是理宗并不醒悟，对他来说，理学仍是治国的灵丹圣药。

淳祐元年（1241 年）正月，理宗驾临太学，听学官讲授《大学篇》，并将他自己写的《道统十三赞》宣示给太学生，同时下诏将周敦颐、张载、程颢、程颐和朱熹从祀于孔子庙廷。敌视儒学的王安石被他看成万世罪人，赶出孔庙。上行下效，全国士子埋头"四书"，理学名家们列据要津，朝政日乱。理宗的救国理学，成了亡国之学。

在南宋小朝廷江河日下的时候，北方的蒙古族却蒸蒸日上，原先统治它的金朝，正处在它的猛烈冲击之下。

绍定四年（123 年），蒙古军在大汗窝阔台的亲自指挥下，分三路攻入河南，在钧州（今河南禹县）三峰山歼灭了金军主力。次年，包围了金朝的都城汴京。金哀宗先逃到归德（今河南商丘），后又逃到蔡州（今河南汝南）。金朝守卫汴京的西面元帅崔立杀掉其他大臣，向蒙古军队投降。

蒙军包围汴京时，派使臣同南宋商议夹攻金朝，许诺灭金后，将金朝占领的河南之地归还南宋。百年耻辱，一朝可雪，宋理宗和多数朝臣觉得这是天赐良机，答应夹攻金朝。就这样，宋理宗无视蒙古帝国的潜在威胁，重演宋金结盟的悲剧。金哀宗得知宋蒙达成了联合协议，也派使者前来争取南宋的支持，竭力陈述唇齿相依的道理，说："大元灭国四十，以及西夏，夏亡及于我，我亡必及于宋。唇亡齿寒，自然之理。若与我联合，所以为我者，亦为彼也。" 意思是支援金朝实际上也是帮助宋朝自己保家卫国。但赵昀拒绝了金哀宗的请求。

赵昀任命史嵩之为京湖制置使兼知襄阳府，主持灭金事宜。绍定六年（1233 年），宋军出兵攻占邓州等地，于马蹬山大破金军武仙所部，又攻克唐州，切断了金哀宗逃跑的退路。十月，史嵩之命京湖兵马钤辖孟珙统兵 2 万，与蒙军联合围攻蔡州。

端平元年（1234 年）正月，蔡州城被攻破，金哀宗自缢而死，末帝完颜承麟为乱兵所杀，金国灭亡。

金朝灭亡后，蒙古的诺言并没有全部兑现。只将原先许诺的河南地一分为二，只归还了宋朝陈州、蔡州以南的一半。双方军队各自撤回境内。端平元年（1234 年）五月，赵昀任命赵葵为主帅，全子才为先锋，赵范节制江淮军马以为策应，正式下诏出兵河南。不久，全子才收复南京归德府。随后向开封进发，七月五日，宋军进驻开封。全子才占领开封后，后方没有及时运来粮草，以致全子才无法继续进军，贻误了战机。半个月后，赵葵又兵分两路，在粮饷不济的情况下继续向洛阳进军。宋军到达洛阳，遭到蒙军伏击，损失惨重，狼狈撤回。留守东京的赵葵、全子才看到战机已失，加上粮饷不济，率军南归。其他地区的宋军也全线败退，赵昀君臣恢复故土的希望又一次落空了。

"端平入洛"的失败，使南宋损失惨重，数万精兵死于战火，投入的大量物资付诸流水，南宋国力受到严重的削弱。更重要的是，"端平入洛"使蒙古找到了进攻南宋的借口，宋、蒙战争自此全面爆发。

蒙古得悉南宋出兵，立即出兵南下。"端平入洛"本来就是理宗君臣的军事投机，事先并无认真准备。前锋到达洛阳的第二天，士兵的粮袋就空了，只好采摘野菜和面做饼吃，十分狼狈。后续部队在去洛阳途中，中了蒙军的埋伏，仓促应战，遭到惨败。八月间，蒙古兵进驻洛阳城下，与守城的宋军打得难分胜负。几天以后，宋军粮食告罄，不得不杀战马充饥，士气低落，主将只好下令撤兵。在汴京，全子才与赵葵占领的州县早已被蒙古兵洗劫一空，军队无粮可食。蒙军又决黄河水灌宋军，宋军淹死无数，迫不得已，只好班师。"端平入洛"以宋军的溃败而告终，理宗收复三京的幻梦成了泡影。直到此时，他还没有认识到问题的严重。十二月，蒙古大汗窝阔台怒气冲冲地派来使者，指责理宗不守信义，率先败盟。面对盛气凌人的蒙古使者，理宗非常狼狈，只好宣称用兵非出己意，随后派出大臣邹伸之前往道歉。为了表示诚意，他还下诏罢免了赵葵、全子才。这些举动，并未挽回已经造成的后果。端平二年（1235年）六月，蒙古大汗窝阔台分道进兵，大举侵宋，延续40年之久的蒙宋战争就这样揭开了序幕。

端平三年（1236年）四月，由于前方屡败，襄汉、两淮、四川形势危急，理宗对当初联蒙灭金之举感到后悔，于是命令学士吴泳草拟《罪

宋理宗坐像

己诏》，承认了自己在对蒙战争问题上的失策，但事态的发展已追悔莫及。蒙古军狂飙突进，先后攻陷随州、郢州、荆门军。八月，又攻陷枣阳军、德安府，并向江陵府进攻。九月，理宗不得已罢免了左丞相郑清之、右丞相乔行简。

战事紧急，理宗任命史嵩之为淮西制置使，统一指挥淮西一带的军事。史嵩之命令孟珙火速救援江陵，击败了长驱直入的蒙军，襄汉一线的战局才开始出现转机。嘉熙三年（1239年），孟珙被任命为京湖制置大使，连续出兵，三战三捷，收复了信阳、樊城、光化和襄阳等州郡，宋、蒙在襄汉一线一时呈现胶着状态。

在川蜀地区，宋军几乎自始至终处于劣势。蒙军阔端部曾三次攻入四川，阔海二次进入四川，随意掳掠。四川已无边防可言，蒙古军随心所欲地侵入四川各地，每次都饱掠一顿才退去。两淮一带的形势有所不同，蒙古兵虽然步步南侵，遇着杜杲、孟珙却连战皆输。蒙军遇到劲敌，被迫后撤，两淮也暂时转危为安。

淳祐元年（1241年），蒙古大汗窝阔台病死，蒙、宋双方的议和停顿，战争也暂时告一段落。

蒙古自窝阔台可汗死后，国内多次发生政变，内部互相争斗，无暇外顾。淳祐十一年（1251年），蒙古诸王大臣召开库里尔泰大会，拥戴拖雷之子蒙哥为大汗。蒙哥大汗是蒙古的英主，他沉默寡言，不喜饮宴，他自己不好奢侈浮华，也不许后妃违犯他规定的标准。前任定宗朝时，群臣擅权，政出多门。蒙哥继位后，所有诏旨，一律亲自起草，反复修改，方才颁发，于是大权归一，各种政令雷厉风行，境内大治。内部稳固，没有了后顾之忧，便积极准备灭亡宋朝。

蒙哥的弟弟忽必烈早就奉命在金莲川开建府署，统一经略大漠以南的地区。忽必烈志大谋深，辅佐兄长夺得汗位，特别受到蒙哥的重视，开府以后招贤纳士，积极实施灭亡南宋的战略。他先派遣手下将领察罕等人屯兵襄、邓一带及蜀口地区，窥伺淮、蜀，一面又在汴京分兵屯田，俟机南下。宝祐元年（1253 年），忽必烈又派兀良哈台率军远征云南，对南宋实施侧翼包围。

蒙军虎视眈眈，理宗照旧醉生梦死。理宗继位已近 30 年，年将花甲，朝臣大都不称自己心意，身边缺乏栋梁之材，无人替自己分忧代劳，一些奸佞小人察言观色，投其所好，渐渐开始窃据政权。

后宫里面，阎贵妃受到极大的宠幸。阎贵妃是赵昀晚年最宠爱的妃子，姿色妖媚，初封婉容。淳祐九年（1240 年）九月，赵昀封阎氏为妃。赵昀对阎贵妃赏赐无数，阎贵妃想修建一座功德寺，赵昀不惜动用国库，派遣吏卒到各州县搜集木材，为其修功德寺，闹得百姓不得安宁。这座功德寺前后花了三年才建成，耗费极大，修得比自家祖宗的功德寺还要富丽堂皇，当时人称为"赛灵隐寺"。后来阎贵妃在理宗的宠爱下，骄横放肆，揽权心切，干预朝政，一些投机钻营的小人，走她的门路，于是便骄横专恣，干权乱政起来。

之后，阎贵妃又与马天骥、丁大全、董宋臣等奸臣勾结，狼狈为奸，沆瀣一气，史称"阎马丁董"，恃宠乱政，结党营私，排除异己，陷害忠良，与贾似道明争暗斗，打击诬陷，把朝政搞得乱七八糟。就在此时，蒙古已准备就绪，再次发动了对宋战争。

宝祐六年（1258 年）二月，蒙哥大汗派王子阿里不哥留守和林，自己亲率大军攻蜀，派皇弟忽必烈进攻鄂州，在云南的兀良哈台也奉命赶赴鄂州与忽必烈会师。

　　蒙军大举进攻，理宗身边的丁大全却在积极谋夺相位。四月，丁大全如愿以偿，理宗任命他为右丞相兼枢密使。边防危急，理宗也有时耳闻，但问起军情，丁大全却哄骗说三边有备，不必担心，不让理宗知道真情。战事不断恶化，南线兀良哈台一路，所向克捷，开庆元年（1259年）正月，进抵湖南谭州（今长沙）。在四川，由于朝廷督战不力，蒙军也步步推进，川西、川北和川东部分地区相继沦陷。二月，蒙古军队抵达合州，蒙哥亲自率领大军进攻钓鱼城。二三月间，蒙军连续进攻钓鱼城周围的城堡，都被宋军击退。四月，蒙军曾一度攻至外城，但王坚率军死守，又派兵出击蒙军营寨，再次粉碎了蒙军的进攻。进入夏季以后，四川一带气候炎热，疾病流行，蒙古军屯兵坚城之下，久战无功，士气消沉。蒙古军前锋汪德臣动用云梯攻城，被王坚击退，汪德臣也被王坚用炮击成重伤，不久死去。蒙哥闻讯大怒，亲自督战，在七月向钓鱼城发动猛攻，但钓鱼城依旧岿然不动，蒙哥大汗反而被炮石击中，回营后死在军中。蒙军丧失了主帅，无法再战，军中诸王大臣用毛驴驮着蒙哥的尸体离开了四川。历时半年的合州保卫战取得了大捷。

　　蒙哥大汗死后，蒙古内部忙于争夺汗位，对宋战争无法进行。进攻鄂州的忽必烈军，本来负有直趋杭州的使命，蒙哥大汗的死讯传来时，忽必烈还没有攻下鄂州。开庆元年（1259年）九月，他渡过长江，包围了鄂州。当时临安人人皆知蒙军逼近，理宗却被蒙在鼓中。鄂州被围以后，丁大全看到无法遮掩，只得向理宗申明军情，并请求退休。理宗得知真情，也不多加怪罪，只将他罢相，改任为观文殿大学士兼知镇江府。言官们相继上书弹劾丁大全，揭露他堵塞言路，迫害人才，穷竭民力，贻误边防等四条罪状，请求追夺他的官爵，远远流放。理宗再也无法袒护他，只好将他再次罢官。景定三年（1262年）十一月，理宗又将他流放到新州。押送途中，当权的大奸臣贾似道为了笼络人心，派人把他杀死。

阎贵妃去世后，宦官无人撑腰，无法再干预朝政，群宵干政的局面结束了。但是理宗并不觉醒，景定年间，他宠任的贾似道当权，为祸更烈，朝政更腐烂不堪。

贾似道，字师宪，台州（今浙江临海）人。他的父亲贾涉当过淮东制置使，他从小不务正业，浪荡不羁。他的姐姐被选为理宗的贵妃后，他攀龙附凤，以"国舅"的身份跻身政治舞台，但公子哥的脾性却始终未改。淳祐六年（1246 年），负责京湖地区边防事务的名将孟珙去世，继任乏人，由于贾贵妃的推荐，理宗把如此重担托付给了贾似道。以后几年，不断加官晋爵，在他 30 岁的时候就成了权势显赫的镇守两淮的军政大员了。宋蒙战争再度爆发前又升为负责全国军事的同知枢密院事，丁大全隐瞒战报的事发生后，理宗把仍在前线的贾似道任命为右丞相兼枢密使，指挥前线抗战。

贾似道身为宰相，又是江淮一带宋军最高统帅，全面指挥前线军务，但却胆小如鼠，畏敌如虎。开庆元年（1259 年）十一月，蒙军围攻鄂州已持续两个月，战斗十分激烈，守城的宋军已有 1.3 万多人壮烈殉国，其余的宋军还在英勇战斗。蒙军急切之间攻不下鄂州，从云南北上的兀良哈台部蒙军又在潭州受阻。与此同时，蒙古内部争夺汗位的斗争越来越激烈，忽必烈的妃子弘吉剌只得派人乘快马赶到鄂州两军阵前，要他火速赶回。忽必烈为了争夺汗位，马上北撤，临走时却扬言要奔袭临安，贾似道惊慌失措。这时蜀将王坚已经派人送来了蒙哥大汗死于钓鱼山下的消息，按照常理，宋军应当坚守，谁也不会料到他会瞒着理宗和宰相吴潜等一班大臣，派遣使臣前往求和。贾似道的使者到达的时候，忽必烈正要启程，也跟着派出使臣前往鄂州，并嘱咐使者，看见蒙军营中旗动就迅速返回，随军北撤。忽必烈的使者登上鄂州城墙与宋方谈判，初步达成了下列条件：蒙古军撤走，宋方愿意割长江以北地区给蒙古，南宋向蒙古称臣，每年交纳银、绢20万两、匹。双方谈判还未结束，蒙军营中大旗摇动，使者见到暗号，匆匆返回。在潭州的兀良哈台也接到忽必烈的命令，随即班师，潭州之围也解除了。

蒙军撤退以后，贾似道隐瞒了他私自求降的事实，谎报宋军诸路大捷。理宗兴奋异常，亲自下诏，晋封他为少师、卫国公，褒扬贾似道抵御外敌，奋不顾身，甚至有"吾民赖之而更生，王室有同于再造"的话。贾似道执政以后，即大力揽权。宦官董宋臣干政多年，势力盘根错节。虽然被逐，但外朝还有许多同党，贾似道入相以后，立即将他们全部赶走。他还勒令外戚不得担任监司长官和郡守。号令一出，任凭是皇亲贵戚，也无人敢于不从，子弟门客都循规蹈矩，不敢再有非分之举。宦官、外戚无力与他争权，于是内外权柄，悉归贾似道之手。

贾似道派人奏报大捷的时候，理宗便想乘着喜庆册立忠王禥为太子。忠王禥不是理宗的亲子，而是皇弟与芮的儿子。理宗原有一子名缉，幼年夭亡，以后多年，虽然妃嫔众多，却再也不曾生子。到宝祐元年（1253年），年过半百的理宗仍然没有后嗣，他只好把弟弟的儿子过继为皇子，赐名禥，不久把他封为忠王。左相吴潜秘密上书反对册立忠王，触动了理宗的痛处，他很不高兴。贾似道揣摩理宗心意，屡次上书请立太子，暗地里又指使言官上书弹劾吴潜。理宗借机罢免吴潜，在景定元年（1260年）正式册立忠王禥为太子。罢免吴潜以后，理宗不再任命左相，把大权全部交付贾似道，让他专政。南宋朝廷在贾似道专权之下，已经朝中无相边防无将，岌岌乎可危了。

对蒙战争使得理宗的日子越来越不好过。由于战争的失利，四川大部地区已经沦陷，政府三分之一的财政税收和军粮没有着落，尚在南宋手中的东川，军粮还要靠京湖一带供应。东南地区的土地集中在皇室、贵族、外戚、大官僚和统兵大员手中，这些人有权有势，素与赋税无缘。敛财新招，理宗也拿不出多少，只能沿用祖宗妙计，把"和籴法"推行得一浪高过一浪，身受其害的地主富户叫苦连天。大量印刷纸币解决危机。纸币滥发，物价昂贵，军队寅吃卯粮，理宗治下的南宋政府陷入了重重危机之中。

当权的贾似道也被这种"国计困于造楮（纸币），富民困于和籴"的状况困扰，萌生了设法聚敛钱财的念头。景定四年（1263年）二月，临安知府刘良贵、浙西转运使吴势卿趁机献媚，劝贾似道实行"买公田之法"。贾似道大为高兴，理宗也心花怒放，当即下诏设立官田所，由刘良贵负责买田。"公田法"最初规定占田在200亩以下者免买，以后百亩之家也不能幸免。田价的规定也很粗暴，浙西的良田每亩可达1000贯，贾似道却不论好坏，每亩一律40贯，田价都用纸币支付。到后来纸币也不给了，只折价发给一些可以出家为僧的度牒和官吏的空头委任状。当时纸币已贱如粪土，度牒和空头委任状更是分文不值，这样买田，实际上是强取豪夺。景定五年（1264年），贾似道奏请理宗设立专门机关管理公田。此后，各乡设立了"官庄"，委派富裕的地主担任庄官，每年直接向租种公田的佃客收租，输纳官仓，以充军饷。当初买田的时候，有些地主以次充优，凡是年收入六七斗的都说成一石。官府据此规定地租，强迫佃客补足，使他们深受其害。理宗实行公田法，把土地从地主手中抢到官府手里，原先佃客交给地主的田租直接交到官府，大大损害了地主的利益，江浙大小地主对此怨入骨髓。许多大臣都向理宗指出买公田的错误，理宗执迷不悟，自认为买公田解决了军饷供应，鼓励贾似道再接再厉。这一来使得理宗大失人心，南宋的统治根基因此动摇。

罢和籴，买公田，解决军饷供应，实际也是解决钱贱物贵的老大难问题。由于财政不足，理宗不断发行纸币，搜罗钱财。理宗继位初期，纸币发行3亿多贯，到淳祐六年（1246年），猛增到6.5亿贯。贾似道当权，变本加厉，景定四年（1263 年）每天印 15 万贯。纸币大量发行，没有铜钱作储备，币值越来越低，物价飞涨。

"公田法"已使官民百姓因扰不堪。景定五年（1264 年）九月，贾似道奏请实行"经界推排法"，大力敛财。理宗早已成为"诺诺皇上"，贾似道听请，无不允准。各地重新清丈土地，结果江南地区尺寸土地都有税，民力更加衰竭。

理宗君臣埋头丈量江山的时候，蒙古新汗忽必烈已经平定内乱。他把都城迁到燕京，秣马厉兵，准备挺进江南，宋朝的灭亡已经指日可待了。

景定五年（1264 年）十月，理宗因嗜欲过度，得了重病，太医们束手无策，只好以高官厚禄悬赏，在全国范围内征集名医。几天后，理宗的病情恶化，还是无人应召。当月，理宗就去世了。在位 40 年，享年 60 岁。遗诏太子赵禥继皇帝位。咸淳元年（1265 年）三月，葬于会稽府永穆陵。咸淳二年（1266 年），上谥号为建道备德大功复兴烈文仁武圣明安孝皇帝，庙号理宗。

第三节　辽朝著名皇帝

辽太祖耶律阿保机

唐末五代初期，中原封建割据，战乱不休，千里赤战，遍野哀鸿。与此同时，耶律阿保机（872—926 年）却领导契丹族崛起于北方草原。他于开平元年（907 年）正月继可汗位，力平"诸弟之乱"；贞明二年（916 年）统一契丹各部，建立独立的契丹民族国家。耶律阿保机在建国前后，一方面发展政治、经济、文化，加速契丹封建化进程，提高本民族的文明水平；另一方面领导北方各族人民，共同开拓祖国北方边疆，为民族融合做出了卓越的贡献。

契丹族是我国历史上一个古老的民族，大约起于汉朝末年，到北魏时期中原汉人的文献中才开始出现关于契丹的具体记载。

耶律阿保机（872—926年9月6日），名亿，乳名啜里只。契丹迭剌部霞濑益石烈乡耶律弥里人，辽德祖耶律撒剌的长子，生母为宣简皇后萧氏。辽朝开国君主。

契丹族的发祥地在今西拉木伦河、老哈河流域及其稍北一带，范围不大。阿保机继可汗位后，一边致力于统一契丹各部，一边对周围的奚、室韦、女真、乌古、鞑靼等部族数度用兵，并多次南攻中原，势力范围不断扩大。到开平五年（911年）他的统治区域是"东际海，南暨白檀，西逾松漠，北抵潢水"。天赞三年（924年）进兵吐谷浑、党项、阻卜等部，926年初平定渤海国，尽有辽东之地。这样，辽朝疆域除南边外，东、北、西部边界在阿保机时期就大致确定了。辽帝国幅员万里，首先应归功于阿保机。

阿保机所占领的广大区域，民族情况十分复杂，其社会经济发展的水平也不一致，有的还相差很大。对此，阿保机采用"因俗而治"的办法进行统治。这主要可区分为三种情况。

1. 设置"头下军州"以处汉人。迭剌部地近汉族聚居区，晚唐时就有许多汉人进入，后来阿保机在征战中又掳来更多的汉人。对于这些

耶律阿保机铜像

汉人，阿保机设置"头下城"让他们居住，并在周围草原上从事农业生产。他们的身份大部分属于奴隶性质，自动流入草原的则近于农奴。

2. 以"国俗"治奚人。奚、室韦的风俗习惯、社会发展阶段大致与契丹相近，阿保机将他们征服之后，就把他们与契丹部落同等对待，用"国俗"（契丹俗）治理。他把奚族分成五部，仍立奚人为奚王，其原有的统治方式基本维持不变，只是命契丹人监督奚人兵马。

3. 征服渤海以后，统治方法又不同于奚区。阿保机将国号改为"东丹"（似乎与"契丹"相并提），以长子耶律倍为国王（称"人皇王"），并赐给倍天子冠服，建元甘露，称制，置左、右、大、次四相及百官，基本上维持了原来渤海国的状态，只不过是名称做了些改变而已。东丹国可以看作契丹帝国之下的一个自治国家。

这种"因俗而治"的统治方法，实根基于各民族间社会、经济、文化水平的巨大差异。后来，情况发生了许多变化，东丹国取消了，对奚的统治也有变化，在新占领的汉地和原渤海国地区设置了许多州县，但是，"以国制待契丹，以汉制治汉人"却成为辽朝的基本国策，一直相沿奉行下来。

贞明二年（916 年）二月，阿保机采用汉法称帝建元，正式建立起世袭皇权的国家，并以族名为国号，称为"大契丹"。947 年改称"大辽"，983 年又改号为"契丹"，1066 年复改号为"辽"，尽管有这些改动，后世仍统称为"辽朝"，阿保机即为辽太祖。

原来部落联盟中的军事统领，成为可汗之下职位最高的大臣，总理军国事务；又设南府、北府宰相辅助可汗治理契丹八部；迭剌部酋长不仅统管迭剌部，而且执掌全部兵马大权；惕稳掌管皇族内部事务；决狱官是早就有了的官职；文班林牙掌管文书。以上这些官员，到后来发展成为一整套北面朝官，负责处理全国一切重大事务，并偏重于治理契丹、奚等族的军民事宜。另外，阿保机又创设了政事令、左尚书、右尚书、汉儿司等官职，任命汉人知识分子充当，是管理汉族人民事务的朝官，后来发展成为南面官制。辽朝因俗而治的南北面朝官制度是在阿保机时期开始建立的。

恩格斯说："每一次由比较野蛮的民族所进行的征服，不言而喻地都阻碍了经济的发展，摧毁了大批的生产力。但是在长时期的征服中，比较野蛮的征服者，在绝大多数情况下，都不得不适应征服后存在的比较高的'经济情况'。"阿保机在领导契丹族社会前进的过程中，虽然对中原封建经济有一定的破坏，对北方各民族人民有过压迫，但它换来的是整个契丹社会的进步，是整个中华民族的发展。

辽太宗耶律德光

耶律德光（902—947 年），字德谨，小字尧骨，契丹族。辽太祖耶律阿保机次子，母淳钦皇后述律平。辽国第二位皇帝。

辽天显元年（926 年）七月，太祖耶律阿保机在征服了渤海、返还皇都（今内蒙古巴林左旗林东镇南）的途中，突染急病卒于扶余（今吉林四平市）。太祖殁后的第二天，皇后述律平称制决事，一手包揽了契丹的军政大权。述律氏为人简重果断，多谋略善权变。太祖死后，帝位继承人立废与夺的大权，被她完全操纵。

阿保机和述律氏有三个儿子。长子耶律倍，为人聪敏好学，性情外宽内挚，尤好读书，不喜射猎。特别崇尚和喜爱汉族文化，能作文章诗赋；又知音律，善绘画；还精通医术。太祖神册元年（916 年）被立为皇太子。太祖灭渤海后建东丹国（即东契丹之意），耶律倍被封为东丹王号称"人皇子"。次子耶律德光，相貌雄勇威武，志向远阔，精于骑射，曾长期随父祖外出征战，累立功绩，多参与军国之务。三子耶律李胡，生于太祖六年（912 年），至时年仅 15 岁。

耶律阿保机与他的两个儿子耶律倍和耶律德光，对中原文化有比较广泛的兴趣，都很熟悉汉文、汉字。比起阿保机父子来，述律后的契丹族传统思想则较为浓厚。由于耶律倍对契丹人传统的骑射等不感兴趣，而热衷于舞文弄墨、吟诗作赋，汉族知识分子的气息太重，为母后所不满。耶律倍被立为皇太子后，参与军国大政，尤表现出崇尚中原文化倾心汉法，更与述律后的意愿相违拗而不被喜。耶律德光虽也和父兄一样，熟悉汉族文化，写得一手好汉字，但却更娴于骑射，在屡次的征战中，多以智勇获胜。从太祖天赞元年（922年）起，耶律德光就被任命为天下兵马大元帅，担负着对南方中原地区用兵的重任。天赞二年（923年），率军攻克平州（今河北卢龙），俘获平州守将赵思温、张希崇。同年四月，攻幽州，大败晋朝新任卢龙节度使李存审，俘获其将裴信等数十人。继之，南下镇州，攻下曲阳、北平（今河北满城）等城。次年（924）从太祖西征，东西万里，所向有功。功著勋卓，赢得了契丹众将的钦佩，也博得了母后的另眼看待。

阿保机死后，述律氏及诸将领奉阿保机的梓官还皇都之时，耶律德光暗受母后之命，匆匆镇压了渤海叛州，马不停蹄地奔赴京城。耶律倍被封为东丹王仅几个月，这时让其子监国，也急忙赶往皇都。兄弟俩由此开始了争夺帝位的明争暗斗。耶律德光因一向为母后所偏爱，在朝中又有一批将领们的支持，他对能承继帝位充满了信心。耶律倍虽不为母后所喜欢，但也得到朝中大臣们，尤其是朝中汉族大臣们的拥戴，他对继承帝位也满怀希望。阿保机去世前，虽没有留下遗制，让皇太子继位，但大臣们却都清楚地知道阿保机生前的意愿。在耶律倍被封为东丹王后，阿保机就特赐他天子冠服，授命建元甘露，称制。当述律氏回到皇都，还未将阿保机殡葬之前，即匆忙召集朝中大臣们商议国嗣之事，借以打探一下朝廷诸大臣的心思。贵族大臣、南院夷离董耶律迭里首先明确表示道："帝位宜立嫡长！今东丹王已经赴朝，当立为帝。"此言一出，马上得到众人附和。见此情形，述律后知道若强行立耶律德光为帝，势必引起诸臣的抵制和反对，所以她决意先清除反对势力，为德光继帝位扫平道路。

天显元年（926年）十一月，述律后以图谋不轨的罪名，首先把耶律迭里等抓了起来投入牢狱，然后对他们严加刑讯，要他们承认"谋叛"之罪。迭里等这时才明白是因举立耶律倍而"忤旨"得罪，终不服罪被杀，家被籍没。接着，述律后又把一些持反对意见的将臣们全部杀死。甚至述律后的弟弟萧敌鲁的妻子等人也被杀，前后被杀者数百人。创制契丹文字的耶律突吕不等人，也被怀疑党附耶律倍，要予以惩办，突吕不只得赶快逃离京城。朝中诸臣，人人自危，无人敢议立嗣之事。

耶律倍没能料到事情竟会发展到如此地步，他知道自己继位无望，徒争无益，甚或有杀身之祸，只好表示让位。天显二年（927年）十一月十五日，耶律德光继帝位，祭谒太祖庙，行柴册礼，御宣政殿受群臣朝贺，接受尊号曰嗣圣皇帝，尊述律后为应天皇太后，册封萧氏为皇后，祭告天地，遣使谕告诸国。至此，耶律德光在母后述律氏的支持下，取代了耶律倍，确立了自己的统治。

太祖阿保机死后，述律后曾断右手腕置于阿保机陵中以代身殉。耶律德光继位后，为

耶律倍像

报答母后举立之恩，特为述律后建"断腕楼"，刻石树碑，定太后的生日为永宁节，在太后出生的仪坤州（今蒙古沙拉木伦河南岸）树立"太后诞圣碑"。

而耶律倍被夺取了继承帝位的权力，心中愤恨不平，携带心腹侍从，欲南出契丹，被述律太后派人追回，没有加罪，遣送东丹。但耶律德光对兄长却不放心，在耶律倍回东丹后的次年（928年），两次"临幸"东丹，以示"关怀"。仍不放心，便又升东平郡为南京（今辽宁辽阳市），派大将耶律羽之强行把东丹部分居民迁徙南京，让耶律倍迁居辽阳，同时派置心腹将领率军做耶律倍的"仪卫"。耶律倍既已见疑，受到监视，无法在契丹待下去，便只身携带侍臣40余人，泛海经登州（今山东蓬莱）投奔后唐，改姓名为东丹慕华，又改为李赞华，最后死在异邦。

耶律德光继位之时，契丹的主要劲敌是中原地区的后唐政权。还在太祖去世之前，在接见后唐所派使臣姚坤时，阿保机就向姚提出以黄河为界，河北归契丹，河南归后唐，南北两朝修好的要求，被姚坤婉言拒绝。阿保机又提出了河北不行就割让镇、定、幽诸州的建议，仍被拒绝。耶律德光继位后，沿着阿保机所走的道路，继续推行对外扩张政策，不仅决心要实现太祖的遗愿，而且雄心勃勃地要做全中国的皇帝。

天显三年（928年），唐义武节度使（治今河北定县）王都图谋割据自立，唐明宗发兵征讨，王都遂派人以重赂求救于契丹。耶律德光派奚族将领秃里铁剌率军万骑入关，会王都军在曲阳境嘉山之下，与唐将、北面诏讨使王晏球大战。铁剌初战失利，退保定州，遣人回报耶律德光，要求增援。耶律德光即派惕隐涅里衮、都统查剌统军赶赴定州，复与唐军决战于城南。王晏球以骑兵居前，步卒手持短刀继后，猛冲契丹大阵，涅里军大乱。混乱中，铁剌战死，涅里衮、查剌等被俘，余众北撤，复遭唐卢龙节度使（治今北京市）赵德钧邀击。耶律德光所派南侵军全军覆没。

耶律德光闻败大为恼怒，即欲倾国亲自出征。这时，后唐却遣使至契丹，提出罢兵修好。耶律德光遂停止发兵，遣使回谢唐明宗，索还涅里衮查剌等人。次年十月，即检阅六军，声张军威，积极备战，在榆林（今内蒙古托克托）一带命制造攻城战具，随时准备大举南侵。

耶律德光像

天显八年（933年），后唐政权发生内讧。唐明宗李嗣源死后，子李从厚继位，是为唐闵帝。唐闵帝猜忌凤翔节度使李从珂和河东节度使石敬瑭怀有异心，欲削夺他们的力量，令李从珂为河东节度使，石敬瑭为成德节度使。李从珂怕离镇赴新任在路上被杀，遂起兵叛唐。唐闵帝派军队攻凤翔，诸军却在凤翔城下投降了李从珂。李从珂引兵东下，直奔首都洛阳。唐闵帝仓皇北走魏州（今河北大名东北）在卫州（今河南汲县）遇见石敬瑭求助，石敬瑭不仅没有助他，反而派人将他的侍卫全部杀死。最后唐闵帝孤身一人，在卫州被李从珂派人杀死。李从珂入洛阳，继皇帝位（唐废帝）。这时在后唐的耶律倍派人给耶律德光送信，说李从珂弑主自立，不忠不孝，要德光发兵讨伐。耶律德光亲自率军南侵，先攻云州（今山西大同市）、应州（今山西应县），克河阴（今山西山阴县东山阴城），然后东向攻略灵丘，又围攻武州（今山西神池）阳城，阳城守将献城投降。正当耶律德光顺利进军之时，他的妻子萧氏产后得病，不久死去，接着发生了北府宰相涅里衮谋叛南奔的事件，迫使耶律德光不得不中断对后唐的用兵，除留下部分军队继续攻打新州（今河北涿鹿）、应州等城外，大军班师北退。

天显十一年（936年），后唐河东节度使石敬瑭以称子、割让燕云十六州为条件，乞求耶律德光出兵助其反对后唐。耶律德光遂亲率5万骑兵，在晋阳城下击败后唐军，册立石敬瑭为后晋皇帝。唐将高行周、符彦卿率兵前来叫战，耶律德光假装退却。唐将张敬达、杨光远又在西边列阵，未及成列，耶律德光以兵逼近之。而高行周、符彦卿为伏兵截断，首尾不能相顾。张敬达、杨光远大败，丢弃的兵仗堆积如山，斩首数万级。

其后，更率军南下上党，助石敬瑭灭后唐。割取燕云十六州后，耶律德光采取"因俗而治"的统治方式，实行南北两面朝官制度，分治汉人和契丹。又改幽州为南京、云州为西京，将燕云十六州建设成为进一步南下的基地。

灭唐立晋以后，耶律德光回到皇都临潢。石敬瑭则在耶律德光的扶植下，稳稳当当地做起了中原皇帝，并由此对契丹毕恭毕敬，每次与耶律德光书信往来都用"表"，以示君臣有别。虽然石敬瑭比耶律德光年长十余岁，却称耶律德光为"父皇帝"，自称"卑臣""儿皇帝"。每当耶律德光派人去东京有所谕告，他都是跪拜接诏。尽管如此，耶律德光对石敬瑭还是不放心，仍结好淮南南唐、江南吴越政权，以牵制石敬瑭，同时休养士卒、整顿内政，为更大的南侵、逐鹿中原、实现他做中原皇帝的雄心大志做准备。

为适应新的统治的需要，耶律德光又改定官制，逐步建立起"以国制治契丹，以汉制待汉人"的北面官、南面官两套政治制度，北面官杂用汉官职名，南面官参用汉族士人，职名升擢基本上沿袭唐制，主要治理汉人州县、租赋、军马等事务。各汉地州县一般也沿用旧制。另改主簿为令，令为刺史，刺史为节度使等。

同时，耶律德光注意礼贤下士，重用汉族士人辅佐自己，为太祖朝所倚重的汉族士人加官晋爵。封韩延徽为鲁国公，拜枢密使同平章事，迁韩知古为中书令。封新降契丹的赵延寿为燕王，任为幽州节度使，寻迁枢密使兼政事令。与赵延寿同时被俘的翰林学士张砺，耶律德光见他为人刚直，颇有文采，仍任用为翰林学士。后张砺私自南逃被捉回，耶律德光更任命为翰林承旨兼吏部尚书。另外，他还任命了降将赵思温等一批地方官。当后唐宰相、册礼使冯道来使时，耶律德光也以殊礼相待，有意留之重用，只是冯道坚持南还才作罢。

耶律德光还听纳侍臣的建议，采取措施发展生产。另外，改革旧俗，废除姊亡妹续等旧制。诏契丹人授汉官者从汉仪，听与汉人通婚。对一些少数民族部落中鳏寡不能自存者，由官府资助婚配，又以猎习武，训练士卒，增强军备。采取诸类措施，使耶律德光更加稳固了自己的统治，契丹的国力也日渐强大。

与此相反，后晋政权却矛盾重重，日渐衰败。石敬瑭臣事、父事耶律德光，不得人心，后晋政权内诸臣僚"咸以为耻"。为缓和公愤，耶律德光命石敬瑭免称臣，只称儿皇帝，仍竭力扶植他为契丹藩属。石敬瑭死后，会同四年（942年），后晋出帝石重贵继位，拒不称臣。耶律德光于是率军南下，杜重威、李守贞、张彦泽等率领所部20万人前来投降。会同九年十二月十六日（946年1月10日），耶律德光率军攻入后晋首都东京汴梁（今河南开封），俘虏后晋出帝石重贵，灭后晋。会同十年正月初一（947年1月25日），耶律德光以中原皇帝的仪仗进入东京汴梁，在崇元殿接受百官朝贺。大同元年二月初一（947年2月24日），耶律德光在东京皇宫下诏将国号"大契丹国"改为"大辽"，改会同十年为大同元年，升镇州为中京。

耶律德光在东京登基以后，认为夺取河北、挺进中原，做全中国皇帝的愿望已经实现，江山已定，不仅没有继续采取积极措施安抚民众，相反地，却干了一些激化民族矛盾、不利于稳固自己统治的事。他令契丹以牧马为名，四处掳掠，自筹给养，称为"打草谷"，使开封府附近数百里，成为白地。他还以犒军为名，下令在开封和各州"括借"钱帛，准备北运。他先后许诺赵延寿、杜重威灭晋以后做中原皇帝，最后食言。赵延寿又托人要求做皇太子，他也不答应，说："我听说皇太子要天子的儿子才能做，赵延寿怎么能做得。"这引起赵延寿等人的不满。各地民众不甘心契丹的掳掠，与原来聚集在山林的后晋起义军一起，纷纷起兵反抗辽朝的统治，攻打州县，杀死辽朝官吏。耶律德光命降将赵晖为陕州（今河南陕县）留后，赵晖杀掉来使，复举行起义。耶律德光派往各地的契丹地方官，或被杀，或被驱逐。徐州、相州、宋州（今河南商丘）、亳州（今安徽亳县）、密州（今山东诸城）等南北州城都被起义军围攻。面对此起彼伏的农民起义，耶律德光难以镇压。这时，晋河东节度使刘知远在晋阳称帝，建立汉（后汉）政权。各地一些后晋官吏也先后起兵降汉，攻打辽军。耶律德光见难在中原立足，决定北还。

当年四月初一，尽载晋室府库珍宝，以冯道、张砺、李崧、和凝、赵延寿等从行，率军离开封北上，途中看到城邑丘墟，极目荒凉，又闻知各地叛乱丛生，不禁对侍臣们说："我此次南行有三个过失，使天下叛我。一是放纵兵士掠刍粟，二是刮民钱财，三是没有及早派遣诸节度（指晋降臣）回本镇。"他回想起南下前耶律太后对他的劝告，悔恨之情溢于言表。四月十三日，行至高邑，耶律德光突然得病，胸腹烦热，勉强北行。四月二十二日至栾城，病重去世，卒年46岁，前后在位20年。他死后，被"剖腹实盐"运至上京。当年九月，葬于凤山怀陵（位于今内蒙古巴林左旗西北），庙号太宗。统和二十六年（1008年）谥曰孝武皇帝，增谥孝武惠文皇帝。

第四节　金朝著名皇帝

金太祖完颜阿骨打

完颜阿骨打是女真族人，1068年出生于女真完颜部的一个贵族家庭，是女真部落联盟首领劾里钵的次子。天庆三年（1113年），他继任女真部落联盟首领。天庆四年（1114年）起兵反辽。收国元年（1115年）称帝建国。

女真族是我国东北古老的少数民族之一。他们长期生活在黑龙江、松花江流域和长白山麓的"白山黑水"地区，系唐朝黑水靺鞨的后裔，契丹建国后从属于辽朝的统治。从这时起，黑水靺鞨便以女真的名称见称于世。

女真族在长期的发展过程中，深受契丹贵族的种种奴役和残酷压迫。阿骨打继任部落首领后，积极做好抗辽的准备。他发动女真人"力农积谷，练兵牧马"，并积极统一内部。在统一诸部的过程中，"好则结为亲，以和取之，怒则加以兵，以强夺之"。各部的统一，加强了完颜部的武装力量。经过一年多的准备，对辽朝内部虚弱情况也更加了解，反辽的时机成熟了。

完颜阿骨打像

天庆四年（1114年）九月，阿骨打会集各路人马在拉林水举行反辽誓师。阿骨打历数辽朝罪状，说："我们世事辽国，恪守职责，有功于辽，但辽国对我们有功不赏，反而侵夺侮辱我们。对罪人阿疏，无视我们的要求，不肯放他回来。今天问罪于辽，请天地保佑。"阿骨打还告诫诸将士："你们要同心协力，凡有功者，奴隶、部曲释放为平民，庶人加官；原有官职者，可根据功劳大小升迁。如违背誓言，要处死刑，对于家属也不宽容。"一时间，群情激昂，士气高涨。

阿骨打率精兵2500人，奔袭混同江边的辽朝东北边防重镇宁江州（今吉林扶余东南石头城）。在进军宁江州的战斗中，阿骨打身先士卒，指挥若定。女真将士同仇敌忾，奋勇争先。契丹军一触即溃，纷纷逃命，相践踏而死者十有七八。十月，攻克宁江州，士气倍增。十一月，辽朝数万大军与女真军会战于出河店（今黑龙江肇源县西北）。当时大风四起，沙尘遮天，英勇的女真军乘风暗渡混同江进击，大破辽军，俘获车马兵甲无数。辽军"士无斗志，望风奔溃"。女真军又乘胜攻克咸（今辽宁开原）、宾（今吉林安东北）、祥（今吉林农安）三州，在辽朝东北边境建立了据点。这时，女真军迅速扩大，兵力增加到10000余人，军势更盛。同时，铁骊、兀惹二部也接受了阿骨打的领导，加入了反辽战线。

战争开始时，辽朝兵力远远超过女真人。由于阿骨打领导的抗辽战争是正义的，是为民族解放而战，所以得到了女真各部人民的大力支持，故能以少胜多，百战百胜。

收国元年（1115年），阿骨打在初期反辽的胜利声中，采纳汉族地主阶级知识分子的建议，在诸将拥戴下，称帝建国，改名旻。他说："辽以镔铁为号，取其坚也，镔铁虽坚，终亦变坏，唯金不坏不变。"于是称国号为大金，以会宁（今黑龙江阿城县南）为都城，年号收国。

阿骨打就是金太祖。

金政权建立的当年，辽朝内部矛盾重重，各族人民反辽起义不断发展，阿骨打趁此机会，不失时机地向辽朝发动了一系列的军事进攻。

同年，金太祖率军在达鲁古城击败辽行军都统耶律斡里朵，接着又大败辽将张琳于淶流河（今拉林河）。九月，阿骨打的骑兵便攻占了辽朝的北方军事重镇黄龙府（今吉林农安）。收国二年（1116年）正月，渤海高永昌据东京起兵反辽，天祚帝派张琳镇压。张琳募辽东两万饥民进攻东京城。高永昌向金求援，金太祖阿骨打乘机进兵，击败张琳，攻下东京城。高永昌也为金军所擒，东京等54州皆为金朝所占有。

张琳失败后，天祚帝命耶律淳为都元帅募军抗金。耶律淳招募辽东饥民28000人，组成"怨军"，另外又选燕、云、平几路禁军和募兵数千人，也编入怨军，共30000余人。天辅四年（1117年）十月，在徽州（今辽宁阜新市）东，耶律淳与金军相遇，怨军"皆无斗志"，"未阵而溃"。十二月，耶律淳的"怨军"与金兵大战于蒺藜山，"怨军"又大溃。

天辅二年（1118年），北宋遣赵良嗣从山东登州过海到东北使金，金也派人使宋，商议攻辽问题。天辅二年（1120年），最后商定，宋、金夹攻辽国，长城以北的中京，由金军负责攻取；长城以南的燕京，由宋军负责攻取。夹攻辽朝胜利后，燕云地区归宋，宋将原来输辽的岁币如数转送给金国。这就是历史上宋、金"海上

完颜阿骨打像

之盟"。

同年四月，金兵向辽上京进发，金太祖亲自督战。早晨发动进攻，不到中午，即攻下上京城，辽上京留守投降。天祚帝逃往西京，金兵胜利班师，辽朝疆土已被金兵占领过半。天辅五年（1121年），辽都统耶律余睹来降，金太祖从而进一步得知辽国内部空虚，决定再度发兵。金太祖以完颜杲为内外诸军都统，以完颜昱、宗翰、宗干、宗望为副，统领大兵进攻。金太祖下诏说："辽政不纲，人神共弃，今欲中外一统，故命汝率大军以行讨伐。"明确把夺取辽朝领土，作为这次作战的目的。

天辅六年（1122年），金完颜杲攻下辽中京（大定府），进据泽州，辽天祚帝逃往鸳鸯泊（今河北张北县西北）。完颜杲和宗望分道向鸳鸯泊进击。天祚帝又逃往西京。金兵攻占西京（今山西大同），进而招降天德、云内、宁边、东胜等州。天祚帝逃入夹山（今内蒙古萨拉齐西北）。

六月间，金太祖亲自领兵自上京出发，追击天祚帝，直到大鱼泊。完颜昱和宗望部追及天祚帝，大败辽军，天祚帝又逃走。归化、奉圣二州相继投降。金太祖统率大军到奉圣州，蔚州辽臣也来归附。十二月，金太祖率军向辽的燕京（今北京）进发，宋军自燕京南路配合攻辽。左企弓、虞仲文开城降金，金太祖入燕京城，接受官员们朝贺，金兵获得大胜。

天辅七年（1123年），金兵将燕京的工匠和财宝等掳掠一空，然后按约将燕京六州之地交给宋朝，宗望、斡鲁等继续追击天祚帝。金太祖领兵回师。同年8月，金太祖在返回上京的路上病死。

金朝的国家是在对辽战争的过程中建立的，它还不可能立即形成完整的国家制度。但在阿骨打在位的几年间，作为阶级压迫机关的军事政治制度，已经初步建立起来。

金国建立后，废除原来的部落联盟长制度，阿骨打自称皇帝，确立了皇权的统治。阿骨打没有像阿保机建立辽国那样，模仿汉制立太子，皇权的继承仍然暂时保留着推选的制度，但实际上已完全掌握在阿骨打家族手中。

在金国中央，废除部落联盟时的"国相"制，设立勃烈极四人，组成皇帝以下的最高统治机构。勃烈极的设置，保留了古老议事制的一些痕迹，但它实际上已是辅佐皇帝的统治机构，是全国最高的行政管理中枢。

全国军队仍由猛安谋克统领，但已打破了古老的部落、氏族组织，而成为由女真大小奴隶主统帅的军事编制。金太祖是金军最高统帅，遇有战争，皇帝直接任命大将为诸部统帅，指挥作战。

金太祖没有制定完整的法律，但在建国前后，陆续颁发了几项法令，旨在保护平民利益，以减少反抗，巩固奴隶主的利益。

随着国家的建立，文字成为必需，金太祖命完颜希尹创制女真文字，在天辅三年1119年八月正式颁行。女真字的创制，是汉族、契丹和女真族文化交流的一个明显的事例。女真字颁行后，成为全国通用的文字。

作为女真奴隶主的总首领，阿骨打完成了建国、破辽两件大事，女真族的历史从此开始了一个新的时期。

金海陵王完颜亮

海陵王完颜亮（1122—1161年），字元功，女真名迪古乃。金太祖完颜阿骨打庶长孙，太师完颜宗干次子，母为完颜宗干姜大氏。金朝第四位皇帝。

完颜亮自幼聪睿好学，曾拜汉儒张用直为师，学习汉族儒家的经典著作。对于自中原汉地传入的琴棋书画，他也无所不好。和他交往的大都是汉人儒生，他们常常聚在一起吟诗作画，纵情歌舞。其言谈举止俨然是一位汉家少年，而同族之人都与他格格不入。

天眷三年（1140年），完颜亮年方18岁，熙宗以他是宗室，授之为奉国上将军，赴梁王宗弼军前效命。完颜亮少年得志，意气风发，作战勇猛，身先士卒，再加上他足智多谋，很快就受到宗弼侧目，被授予行军万户，不久又升为骠骑上将军。

皇统四年（1144年），完颜亮又被熙宗封为龙虎卫上将军，受命留守中京，并升为光禄大夫。完颜亮为人城府极深，表面上对人宽厚仁慈，实际上却心怀猜忌。起初，熙宗以太宗嫡孙身份继立帝位，完颜亮就心怀不满，认为自己的父亲宗干是太祖庶长子，自己也是太祖的孙子，也应当有继位的均等机会。在中京留守期间，完颜亮便开始建立自己的势力，四处搜罗、培植党徒，萧裕是其中最得力的心腹。萧裕本名遥折，是奚族人，当时以奚人猛安的身份驻中京，完颜亮到中京后便与他结为知己。在频繁的交往中，萧裕见完颜亮对帝位心怀觊觎，便劝说海陵王谋取帝位，并且表示自己将竭力协助，誓死不辞。

皇统七年（1147年），完颜亮被召至京城，受命同判大宗正事并加特进。不久，又被提升为尚书左丞。完颜亮开始致力于招揽权柄，把自己的心腹势力安插到各省台的重要位置上。萧裕先被提拔为兵部侍郎，不久又做了同知北京留守事。次年，完颜亮被拜为右相，并兼都之帅，掌握了金朝的政治和军事大权，开始从各个方面进行夺权活动。

熙宗在位初期积极进行社会改革，虽然性格暴虐，生活荒淫，但未失民心。完颜亮为达到最后夺取帝位的目的，不得不暂时隐蔽夺位的野心，在熙宗面前尽心侍奉，以取得信任。熙宗皇统末年，宗干、宗弼相继去世，熙宗失去了两位重要辅佐之人；同时又失去了两位皇子。帝位失嗣，熙宗郁闷不乐，整天酗酒玩乐，不理朝政，政事全部落到擅政的悼平皇后裴满氏手里。悼平皇后独断专行、肆无忌惮，文武百官对她奉迎巴结。身为右相的完颜亮见此状况也拜倒在悼后的脚下，与她勾结在一起。对此熙宗略有所闻，只是佯装不知。皇统九年（1149年），完颜亮生日，熙宗下诏赏赐完颜亮北宋名臣司马光画像及大批的金银珠宝，并委派近侍大兴国前往祝贺。悼平皇后也附带赐给海陵王生日礼物，熙宗得知后很不高兴，将大兴国杖打一百，并勒令他追回赐给完颜亮的礼物。完颜亮害怕自己会大祸临头，开始惶恐不安。过了不久，学士张钧在为熙宗起草诏书时违背了皇上的旨意，被赐死。左丞相宗贤乘机弹劾完颜亮参与其事，熙宗便借此机会将完颜亮贬职，让他出领行台尚书省事。路过北京时，完颜亮会见了正任北京留守的萧裕，两人密谋迅速夺取帝位，约定：先由完颜亮在河南兴兵称帝，占领河南、河北后再举兵北上，萧裕在北方联络各地的猛安谋克起兵响应。到了良乡，完颜亮意外地接到熙宗的诏令，要他返回京城。完颜亮一时弄不清熙宗葫芦里装的是什么药，忐忑不安地回到京城，结果仍被授予平章政事。完颜亮大难不死，不仅没有感恩，反而更加快了夺权的步伐。

在朝臣中，秉德、唐括辩、乌带等人也有废除熙宗之意。秉德本名乙辛，宗翰的儿子，少年得志，年纪很轻就被熙宗拜为丞相。皇统八年（1148年），秉德因勤于政事被授命为平章政事。朝廷议定将居住在辽阳府周围的渤海人迁移到燕山以南居住，秉德与左司朗中三合奉命办理此事。熙宗近侍高寿星是渤海人，家住辽阳，按规定也要举族南迁。高寿星不愿意南迁，就到悼平皇后面前哭诉，悼平皇后便向熙宗求情，并且诬陷秉德徇私枉法，目无圣上。熙宗大怒，下令将三合斩首示众，并杖打了秉德。秉德无端受辱，内心愤愤不平，便联络驸马都尉唐括辩、大理寺卿乌带等图谋废掉熙宗。乌带与完颜亮素有交往，见完颜亮对帝位怀有异心，便将与秉德等人的谋划告诉了完颜亮，海陵王又与他们联合了起来。

大兴国是熙宗寝殿侍臣，并充任近侍局值长，是熙宗的亲信，执掌宫殿符钥。完颜亮要发动政变，必须先得到他的内应方可伺机入宫行事。于是，完颜亮就利用大兴国无端被杖的冤屈心理，通过李老僧与他结交劝说他推翻熙宗。大兴国遂表示赞同，二人便约定十二月九日夜起事。

为了寻找政变的支持者，完颜亮想方设法联络与父亲宗干有亲近关系的人。徒单阿里出虎，任熙宗护卫十人长，与宗干家也为姻亲，完颜亮就许诺以自己的女儿嫁给他的儿子为妻而取得了他的支持。仆散师恭，出身微贱，因受完颜亮提拔也作了护卫十人长，很自然就成了完颜亮政变的得力助手。另外，完颜亮还联络了自己的妹夫特厮。

皇统九年（1149 年）十二月九日，唐括辩妻代国公主为其母悼平皇后作佛事，住在寺中。当晚，完颜亮、秉德等都聚会到唐括辩家里。入夜，他们一行人身藏刀剑，直奔皇宫。这天晚上恰好是阿里出虎、仆散师恭内值皇城，他们很容易的混了进去。二更时分，大兴国打开了熙宗寝殿的大门，海陵王、秉德、唐括辩、乌带、徒单贞和李老僧等蜂拥而入。熙宗睡觉时常把佩刀放在御榻上，大兴国事先取下扔到了榻下。匆忙中熙宗没有摸到佩刀，死在乱刀之下。完颜亮被拥立为帝。

完颜亮铜像

第二天，完颜亮诈称熙宗要议论册立皇后的事宜，召来文武大臣，宣布熙宗无道被诛，由自己继承皇位，改皇统九年为天德元年。海陵王下令杀死曹国王宗敏，左丞相宗贤。授予政变同谋者秉德为左丞相兼侍中、左副元帅等职，唐括辩为右丞相兼中书令，乌带为平章政事，仆散师恭为左副点检，阿里出虎为右副点检，徒单贞为左卫将军，大兴国为广宁尹。

完颜亮政变的成功是在各方面的联合之下取得的，因此，继位之后如何保住帝位就成为摆在他面前的一个新问题。在统治集团中威胁帝位的仍是女真贵族的守旧势力，尤其是同他一起合作诛杀熙宗而又与守旧势力紧密联系的秉德和唐括辩等人。秉德是宗翰的孙子，唐括辩是熙宗的驸马，他们都是朝廷勋贵，拥立完颜亮并非出自他们本意。秉德本意欲立太祖孙葛王，唐括辩欲立太宗子宗懿，后欲立宗本。对于秉德、唐括辩与自己同床异梦，完颜亮早就有所察觉。乌带的妻子唐括氏年轻风骚，完颜亮曾与她私通。秉德在熙宗面前斥责过乌带，乌带怀恨在心。天德二年（1150 年）乌带上书海陵王密告秉德与宗本谋反，完颜亮听后大怒，利用这个机会派人前往秉德供职的行台尚书省将他杀死。

完颜亮弑君篡位引起了众多女真贵族的反对，其中势力最大者首推太宗诸子。金熙宗时，对宗室实行比较优厚的政策，金太宗的儿子们都有自己较大的势力。等到完颜亮上台时，金太宗的儿子在河朔、山东、真定等地任职，占据着要冲之地，如果一旦有变，后果不堪设想。于是完颜亮在上台后的第二年就向太宗一系子孙开刀，完颜卞、完颜宗哲、完颜京、完颜宗雅、完颜宗义等太宗子孙被杀的有 70 余人，太宗后代全部死绝。出于同一目的，久握重兵在外的宿将老臣完颜撒离喝也被杀。此后，他又借故把宗室完颜宗本、完颜宗美、完颜宗懿、完颜秉德等人尽行诛杀，遂使宗翰子孙 30 余人、斜也子孙百余人、谋里也子孙 20 余人等众多宗室大臣满门除绝。

完颜亮不但杀宗室大臣，而且还把他的嫡母徒单氏也杀了。他派遣大怀忠、习失、高福等人将太后杀戮于宁德宫，并将太后侍婢十余人一并灭口。杀死了太后还觉得不过瘾，又投其骨于水，到了几近疯狂的地步。

完颜亮自幼接受儒家教育，追慕汉民族先进文化及朝廷礼仪；同时还有着强烈的正统思想，他鄙视女真的野蛮无知，又反对夷狄诸夏之分、南北贵贱之别，认为只要实现了南北统一便可以成为正统。因此他执政之后，就把武力统一天下、入主中原、成为正统之君作为自己的奋斗目标和政策的核心。

金灭北宋后，与南宋划淮为界，占有中原和中国北部的疆土。大金国威服高丽、西夏等国，所辖地域广袤，而首都却偏于东北一隅，物资运输与公文传递多有违误，使节往来也艰于行旅，致使政令无法及时畅达内外。更重要的原因是金上京会宁府的宫殿楼阁、佛寺道观、市井街巷，无不留有金熙宗风行君主制的痕迹，金上京皇族的怀旧和睹物思人，极容易形成一呼百应的政治气候，给完颜亮这个以杀兄夺位的帝王带来灭顶之灾。因而完颜亮想通过迁都，通过分化、分治、溶化的过程达到完全解除女真皇族的组合力与反抗力，来确保自己的皇位。

虽然完颜亮的迁都意向一表露，立即遭到女真贵族的强烈反对，但他还是取得了多数朝臣的支持，便积极地做迁都的准备，他命卢彦伦等人，在燕京原有的基础上进行扩建和改建，历时 3 年燕京皇城建完。又以都城"僻在一隅，官艰于转输，民艰于赴诉"为由借以摆脱反对派的牵制，于天德五年（1153 年）让女真贵族们离开白山黑水间的上京来到燕京，改燕京为中都，析津府改为大兴府，同时改汴京为南京，辽中京大定府为北京，辽阳府为东京，大同府为西京，保留五京之制。还下诏改天德五年为贞元元年。此举加速了女真的封建化及与汉族的融合。

正隆二年（1157 年）八月，完颜亮下令撤销上京留守司衙门，罢上京称号，只称会宁府，派吏部郎中萧彦良来会宁府督办，毁掉了旧宫殿、宗庙、诸大族宅第及皇家寺院储庆寺，接着把它夷为平地，听任耕种，不留任何痕迹。

完颜亮迁都促进了女真贵族同汉族地主官僚的进一步结合，实现了对中原人民的直接统治，也为他进行政治、经济改革奠定了基础。

天德二年（1150年）正月，完颜亮颁布诏书以励官守、务农时、慎刑罚、扬侧陋、恤穷民、节财用、审才实七事告示朝野，明确宣布了定国之策，揭开了政治改革的第一页。

完颜亮在打击守旧势力的历史进程中，逐渐剥夺了女真贵族享有的传统特权。首先采取各种措施加强了皇权。天德二年（1150年），为消除女真贵族执掌的权柄，完颜亮下诏废除中京、东京、临潢、咸平、泰州等路节镇及猛安谋克。取消猛安谋克的上中下三等之分，只称"诸猛安谋克"。第二年（天德三年）完颜亮又废除了守土一方的"百户之官"，移权于千户长。贞元二年（1154年）完颜亮下令重定荫叙法，规定皇族自一品至七品荫各有限，削除八品用荫制度。正隆二年（1157年）完颜亮彻底改订亲王以下封爵等第制度，规定朝廷不再封两字王，过去封为两字王者改为一字王，一字王者除掉王号，高品位的大官也要参酌消降。以后无论公私文书，凡是带有王爵字样的一定要立即除掉，即使是坟墓碑文也不例外。

金朝内部统治机构臃肿不堪，官吏人浮于事。完颜亮继位后，运用强硬的政治手腕，迅速精简统治机构，加强了中央集权。完颜亮把金熙宗期间的"三省六部制"改为"一省六部制"。第一，弱化三师、三公兼领三省事，将其变为最高荣职，只给俸禄，不给权力。在正隆初年，最终废掉了三师、三公兼领三省事。第二，实行一省制，在正隆元年（1156年）废除中书省、门下省，只保留尚书省。尚书省直接由皇帝控制，作为中央政权最高执行机构。第三，取消行台尚书省。第四，废除元帅府，改为枢密院，以此来改变都元帅掌重兵，中央难以指挥的局面。

海陵王通过对官制的改革，确立了"一省六部制"的中央官制，机构精简、效率倍增、协同共事、互为制约，更加有利于君主集权制。为了加强中央对地方的控制，海陵王还划定了一整套的地方行政区划系统，将全国分为五大京路和十四个总管府。

除此之外，完颜亮还恢复了辽制登闻检院，以供民众得以就尚书省行事之不当进行检举。登闻检院自唐朝开创，五代后唐庄宗时再度启用，延续至宋辽之际，直至女真入主中原方才废弃。完颜亮这次恢复登闻检院，一方面保障尚书省的权力不会因此过度庞大；另一方面给与百姓与政府上层就政事进行交流的通道，并帮助了海陵王及金章宗的汉化改革，保证了廉政。

完颜亮是金朝历史上颇有远见卓识的一代明君，他在位期间勤于政事、察纳雅言、严以律己。执政后不久，他便诏示文武百官直言朝政阙失与居民利害。如果有正确的一定采纳，如果不当也不加罪。在这一政策之下，各级官员纷纷上书言事，一时间朝野上下涌现出一批直言上书、面折廷论的好谏官。高桢、阿勒根彦忠、高德基等都因直言得到海陵王的重用。为了更好地听取臣下的谏诤，海陵王还特别挑选廷臣十人组成一个智囊团以备咨询。

完颜亮当政期间，精于吏治，用法律约束臣下，严禁官吏耽于民事、苟图自安，并以勤惰与否作为对官吏奖罚的标准。当时有许多朝官经常假托有病不理职事，完颜亮便下令监察御史与太医同去诊视，如有不符者严加惩办。官吏不得无故旷职，只有父母去世才能停假三日。完颜亮还禁止各级官员妄信神鬼、崇尚佛事。完颜亮提倡为官清廉、生活节俭，他自己也身体力行，平日常穿补过的衣服，吃饮只进鱼肉，不进鹅鸭，还除掉宫廷御苑中所养禽兽。正隆五年（1160 年）十二月，海陵王颁布禁酒令，规定朝官不得随便饮酒，只有宋、高丽、夏三国有使来朝方可饮酒。

完颜亮坚决贯彻文治思想，为此他致力于人才的培养和选用。完颜亮不看背景家室，大批起用渤海、契丹、汉人人才，无论贵寒，以扩大政权的基础，巩固统治。天德三年（1151年），罢世袭万户职，以改变贵族"子孙相继"，专揽威权状况。同年，完颜亮效仿古中原王朝制度，设国子监以教育生员，并恢复乃至重新改革科举考试，创立监考院，用于监督科举。完颜亮还屡次亲自监督殿试，并自身上台出题乃至解题，其思颇妙，每言及国家大事常自感慨而言语恳切，一时也传作佳闻。

完颜亮统治初年，勤于政事，改革吏治，大大提高了行政办事效率，牢固地建立起了金朝一代强有力的封建中央集权，为后代盛世的出现打下了基础。

完颜亮即位之后，注意把握国家的财源，重视发展经济。完颜亮继续执行女真人南迁的政策，并对众多的猛安谋克进行整顿合并。他在中原实行扩地，派人到各地拘收原侵官地和荒闲的牧地，授予南迁的女真猛安谋克户耕作，积极扶植女真贵族向封建地主转化。多余的土地允许汉人租佃。这一措施促进了女真族猛安谋克内部封建制生产关系的形成，同时也扩大了国家的封建领户，增加了税收。

完颜亮的另一重大经济措施是印钞铸钱，改革币制。金朝建国以来，一直沿用辽、宋的旧钱，没有铸造货币。贞元二年，他命户部尚书蔡松年主持印制交钞（纸币），与铜钱并行。交钞分为大钞、小钞两类，共十种。朝廷设交钞库，管理印造、兑换事务。正隆二年，他又下令铸造铜钱"正隆通宝"，与旧钱通用。先后在中都和京兆府（今陕西西安）设置了三处铸钱监，专司其事。朝廷制造交钞和铜钱，从而掌握和控制了货币流通，进一步从经济上加强了中央集权的统治。

完颜亮荒淫好色，曾对大臣高怀贞说他的志向："吾有三志，国家大事，皆我所出，一也；帅师伐远，执其君长而问罪于前，二也；无论亲疏，尽得天下绝色而妻之，三也。"称帝初期，完颜亮勤于政事、生活俭朴，颇似一位圣明的君主。但是随着时间的推移，完颜亮逐渐开始放纵自己的各种私欲，纵情声色成为他生活的主要组成部分。他继位之后，充斥后宫的嫔妃，与隋炀帝相比，有过之而无不及。他荒淫无度、无视伦理，连自己的亲外甥女也不放过。完颜亮的堂姐妹共有数人，并且大都早已出嫁，海陵王便以各种借口把她们的丈夫调往上京留守，而将她们召入后宫，与她们赤身裸体，欢歌狂舞，纵情淫乱，有时对文武百官也毫不避嫌，淫秽无耻到了极点。完颜亮还经常召见百官家眷，见有年轻貌美者，一定要想方设法搞到手。平章政事乌带与完颜亮同谋篡位，为开国元勋，其妻唐括氏风骚妖冶，海陵王早在当皇帝以前便通过唐括氏的侍女定哥的撮合，与她私通。乌带做为臣下，万般无奈，只好睁一只眼闭一只眼。完颜亮篡位后，随着其占有欲的增强，已不满足于与唐括氏的频频幽会，他要将唐括氏据为己有。于是，就借口乌带越职擅权，将他贬为崇义军节度使，过了不久，又支使唐括氏毒死了乌带，遂将唐括氏纳入宫中。唐括氏入宫后，海陵王封之为贵妃，但是过了不长的时间，海陵王又另觅新欢。唐括氏无法忍受孤寂与冷落，便与过去的家奴阎乞儿通奸，海陵王闻听，大为恼怒，下令处死了唐括氏。

海陵王学出汉儒，有着强烈的权力欲，他把统一全国做中国的正统皇帝作为自己一生追求的目标，迁都燕京是他统一全国的第一步。在燕京他排斥宗室勋贵，重建中央统治机构，重用汉族、渤海、契丹等族的有识之士，建立了强有力的皇权，实现了个人独裁，为他南侵赵宋打下了基础。

正隆六年（1161 年）六月，完颜亮率文武百官迁都汴京。九月，完颜亮在汴京誓师南下侵宋。兵分四路，完颜亮亲自率领 32 名总管兵，进军寿春。以太保枢密使昂为左领军大都督，尚书右丞李通为副；尚书左丞纥石烈良弼为右领军大都督，判大宗正乌延蒲卢浑为副；御史大夫徒单贞为左监军、同判大宗正事徒单永年为右监军；左宣徽使许霖为左都督、河南尹蒲察翰沦为右都督，都随同海陵王进军。第二路由工部尚书苏保衡受命为浙东道水军都统制、益都尹郑家为副，率领水军经由海道进驱临安。第三路由太原尹刘萼为汉南道行营兵马都统制、济南尹仆散乌者为副，自蔡州出发攻荆襄。第四路以河南尹徒单合喜为西蜀道行营兵马都统制、平阳尹张中彦为副，由凤翔攻取大散关，驻军后待命入川。进军中以武胜、武平、武捷三军为开路先锋。另外，命徒单贞将兵两万进军淮阴，在出兵的同时，完颜亮下诏由皇后徒单氏与太子光英留守汴京，由尚书令张浩、左丞相萧玉、参知政事敬嗣晖在汴京处理政务。

战争一开始，金军出师不利。从海上进攻临安的一路在密州胶西县陈家岛被南宋李宝的水军打得大败。副统制郑家战死。向川陕进攻的金军也受到南宋四川巡抚的痛击。由唐、邓南侵的金军也因宋军有所准备，再加上所积粮草又被焚烧，改去淮东。只有完颜亮率领的金军主力在宋军毫不设防的情况下，占领庐州、扬州、和州等地，形成与宋军沿江对峙的局面，取得了暂时的胜利。

正在这时，完颜亮之从弟完颜雍，乘他南征和中原空虚而在东京（辽阳）称帝。南征将士也有从前线逃回去拥立完颜雍的。十一月二日，完颜雍登位的消息传到前线，军心动摇，加之有三路水军被宋军击败，至此金军无斗志。

就完颜亮的性格而言，绝不肯在败时无功而返，因此他决定先取南宋或至少胜利渡过长江，捞回个"面子"后，再北上与完颜雍抗衡。于是金军自和州渡江攻宋，宋将虞允文大败金朝水师于采石矶，战船全被宋军烧毁。金军伤亡惨重，海陵王被迫移驻瓜州渡。完颜雍称帝和采石之战的溃败，使完颜亮觉得更没面子了，但他仍无退意。

为了继续南侵，完颜亮在和州赶造战船，筑台江上，准备渡江攻采石镇。海陵王身披金甲登台，亲自指挥渡江。他在长江两岸设置红旗、黄旗。红旗立则进，黄旗立则退。由于金军不习水战，再加宋军的英勇抗战，金军大溃，移军瓜州。完颜亮又准备从瓜州渡口渡过长江夺取镇江。海陵王急欲渡江，军令惨急，下令军中士卒逃亡者杀其猛安；猛安逃亡者杀其总管。军中上下甚为畏惧，士气涣散，完颜亮越来越陷入孤立。

十一月二十七日，兵部尚书兼领浙西道兵马都统制完颜元宣趁此与其子王祥、武胜军、总管徒单守、猛安唐括乌野、谋克斡卢保、委薛、温都长寿等率领将士袭击完颜亮营帐，完颜亮被乱箭射死，享年40岁。尚书右丞李通、监军徒单永年、副使大庆山等也都被杀。完颜元宣代行左领军副大都督事，引军北还，杀太子光英于南京。完颜亮被以庶人之礼安葬。

完颜亮穷兵黩武、南侵赵宋，不但没有达到统一天下的如期目的，反而导致了自身的毁灭。

大定二年（1162年），金世宗下诏将完颜亮降封为海陵郡王，所以后世只以海陵王称之。谥曰炀，尸体埋葬在大房山鹿门谷诸王的墓地中。大定二十年（1180年），世宗又下诏降封他为海陵庶人，改葬于山陵西南四十里。今北京市房山区有海陵王陵。

第五节　西夏著名皇帝

西夏景宗李元昊

李元昊（1003—1048年），党项拓跋氏，原名拓跋元昊，后改称嵬名曩霄，小字嵬理，党项族，西夏开国皇帝。祖籍银州（今陕西榆林米脂县）。

李元昊是北魏皇室鲜卑拓跋氏之后，远祖拓跋思恭，在唐朝时因功再次被赐李姓。李元昊继西平王之位后，弃李姓，自称嵬名氏。

李元昊半身像

小时候，李元昊便很有见识，他的父亲有意地让他参与一些军机大事。长大后的他通晓汉、藩佛典与法律、占卜等，并精于军事谋略。他性格刚烈，早在他还是太子的时候，就对父亲李德明降宋称臣表示反感。但李德明自有他的想法，连续多年的征战，已经让党项人疲惫不堪，在这停止战争的 30 年来，党项人的生活有了很大的提高，他们不再身着皮毛，而是穿着宋朝的锦衣，他是对宋朝有着感恩的心情。

但是李元昊不同，"衣皮毛，事畜牧，蕃性所使，英雄之生，当王霸耳，何锦衣为？"他对父亲的劝慰始终不能理解，虽然表面上他按部就班地听着父亲的话，但他自己也在暗地里做着准备。宋仁宗明道元年（1032 年）李德明病逝，李元昊继任夏州主，他终于可以自作主张了。继位伊始，他便开始为建国称帝做准备。他首先去掉唐、宋所赐的李、赵姓氏，将党项皇室改为党项姓氏嵬，而且他还建立了新的官制体系。另外，他还开始用"兀卒"这一衔号。兀卒这个词，在党项语中相当于皇帝或可汗，汉语中将其解释为"青天子"，也就是青天之子的意思。他仿照宋朝官制设立中央政府机构，其分配的职责大多与宋朝相同。此外，他还下令区别文武官及百姓的服饰式样，彻底改革其所统治区内的传统风俗习惯。比如他颁布剃发令，使西夏地区百姓发式区别于汉族。据说，李元昊先自己剃发，然后下令全国人皆剃掉头发，如有三日之内没做到的，杀无赦。这期间，李元昊做了很多改革，他指令党项族学者创制了西夏文字。还组织人力将大量汉文和藏文文献翻译成新创的党项文字。后来，又设立蕃字、汉字二院，分别掌管与北宋及吐蕃、回鹘、张掖、交河等地来往的文书，真正以法律的形式确立了西夏文字在夏国文化中的地位。

进行完这一系列的改革之后，他开始不断攻城掳地，扩大党项版图。明道二年（1033年），他战胜吐蕃，把兴州升为兴庆府，扩建宫城殿宇，做立国的最后准备。广运二年（1036年）再攻回鹘，同年七月还攻占了宋朝的沙州（今甘肃敦煌）、瓜州（今甘肃安西东南）、肃州（今甘肃酒泉）。这时西夏已经控制了东到黄河、西界玉门、南接萧关、北控大漠；包括夏（今内蒙古乌审旗南）、银（今陕西横山东）、绥（今陕西绥德）、静（今宁夏银川南）、灵（今宁夏青铜峡东）、盐（今陕西定边）、会（今甘肃靖远）、甘（今甘肃张掖）、凉（今甘肃武威）、沙等州。宋景祐元年（1038年）十月十六，李元昊称帝，建国号为大夏，历史上称其为西夏。

建国后，李元昊积极吸收汉族文化，网罗汉族失意知识分子，进一步完善了自己的统治机构。在行政组织上，分别有了汉制官职和党项官职。此外，他还筹建了一个庞大的军事系统，夏国实行全民兵役制，达到规定年龄的男子都要承担兵役。他设立了擒生军，用以在作战中掳掠人口做奴隶，装备特别精良，属于西夏的精锐部队。它的建立，使其皇室贵族拥有最强大的兵力，也使夏国拥有众多的国家奴隶，各部落首领无法与之抗衡。

宋景祐二年（1039年），李元昊态度强硬地要求宋朝承认西夏，遭到仁宗的拒绝，并下诏撤了李元昊的官职，在边境地区张榜捉拿他。西夏于是发兵攻打宋朝的延州。宋朝守将范雍不敢出战，李元昊派人诈降，使范雍放松戒备，乘机攻下了延州，打死宋军10000多人。宋仁宗撤了范雍的官职，命令范仲淹去延州加强防务。

范仲淹把延州的 18000 名士卒配给 6 名将领固定训练，又召集流亡人员，大兴屯田，修筑山寨，使历经战乱的边境人民得到了暂时的安定。宋庆历元年（1041 年）二月，李元昊又带领大军南侵。他看到延州力量较强，转攻韩琦管理的渭州。结果宋军死伤 1 万多人，好几名大将阵亡。韩琦和范仲淹也因此被贬。西夏军俘掠大批居民而回。宋朝在连续遭到失败之后，只好向西夏妥协，要求议和。宋庆历四年（1044 年）十月，双方达成协议。宋朝封李元昊为夏国王，宋朝以每年 25500 万的代价，换得西夏名义上对宋朝称臣。

李元昊率夏兵与宋作战的同时，与辽国的"甥舅之亲"也发生了问题，嫁给李元昊的辽国兴平公主突然病死，导致两国关系破裂。1044 年 10 月，辽兴宗亲率骑兵 10 万向西夏进攻，双方战于贺兰山北。辽兵大败，俘虏了辽将萧胡睹等数十人。辽兴宗败回，与夏谈和。

李元昊在分别与宋、辽议和后，形成了夏、宋、辽相互对峙的三足鼎立局面。

李元昊是个出色的政治家、军事家，他有治事的方略，也有铁腕和残暴的一面。人无完人，在那个皇帝可以任意而为的年代，他想娶多少个妻妾就有多少个。可李元昊这次要的人可不是别人，而是本来要给他做儿媳妇的没藏氏，称为"新皇后"，极尽宠爱。后来她为他生了个儿子，也就是后来的夏毅宗李谅祚。李元昊于是更加宠爱这个妃子，并将其兄封为国相。这没藏氏兄妹依仗自己得宠，便想废了太子宁令哥，立自己的儿子。

宁令哥更是因为父亲抢了自己的妻子而气愤难当，正好为没藏氏利用，因为杀了皇上的太子也就不可能再做太子，再加上被废去的皇后野利氏，一个是宁令哥羞愤在心，一个是野利氏悲愤填膺，母子俩一心伺机雪恨。宋庆历八年（1048 年）正月的一天，李元昊外出游猎。宁令哥以护卫侍候为名，身佩长剑，他看准了一个时机，突然拔出长剑朝李元昊的脑后劈去。李元昊躲避不及，被削掉了鼻子。他捂鼻呼救，随从闻声赶来，宁令哥只得逃遁。李元昊挣扎着骑马回宫，又惊又气，当天晚上就不治身亡。那一年，他42岁。

西夏毅宗李谅祚

西夏毅宗李谅祚（1047年—1067年），又名拓跋谅祚、嵬名谅祚，党项族。夏景宗李元昊之子，生母宣穆惠文皇后没藏氏。西夏第二位皇帝，天授礼法延祚十一年（1048年）至拱化五年（1067年）在位。

李谅祚生母没藏黑云本是李元昊重臣野利遇乞之妻，之后野利遇乞被李元昊赐死，没藏氏出家为尼，后被李元昊迎入宫中私通。被野利皇后发现，又令没藏氏到戒坛寺出家为尼，赐号没藏大师，李元昊经常到寺中幽会。天授礼法延祚十年（1047年）二月六日，没藏氏在跟从李元昊打猎时生下李谅祚，养于其兄没藏讹庞家。李元昊将国事委以没藏讹庞，自己与诸妃到贺兰山离宫享乐。没藏氏兄妹开始策划危害太子宁令哥、改立李谅祚为皇太子的阴谋。其时因野利皇后失宠被废，太子宁令哥爱妻被夺，天授礼法延祚十一年（1048年）正月，夏景宗李元昊为太子宁令哥刺伤身亡。没藏讹庞杀死宁令哥，拥立出生仅11个月的李谅祚。李元昊临终时本有遗命立其从弟委哥宁令继承帝位，大臣诺移赏都等都主张遵从李元昊遗命，没藏讹庞反对说："委哥宁令非子，且无功，安得有国？"诺移赏都反问道："国今无主，然则何所立？不然，尔欲之乎？尔能保守夏土，则亦众所愿也。"讹庞回答说："予何敢哉！夏自祖考以来，父死子及，国人乃服。今没藏后有子，乃先王嫡嗣，立以为主，谁敢不服！"众大臣唯唯称是，遂奉李谅祚为帝，尊没藏氏为宣穆惠文皇太后。

李谅祚年幼，没藏太后摄政。太后之兄没藏讹庞以诺移赏都等三大将久掌兵权，令分掌国事，自任国相，总揽朝政。没藏讹庞因在没藏大族中为长，朝中贵为国相，权倾朝野。四月，宋朝派遣尚书刑部员外郎任颛出任册封使臣，供备库副使宋守约出任副使，册封李谅祚为西夏国主。十二月，西夏亦遣使到宋朝谢封册，并献马、驼各50匹。其时辽朝不肯对李谅祚行封册，又借口西夏所遣贺正使迟期，遂羁留夏使，欲集兵讨伐。没藏氏闻讯后，又遣使赴辽朝以观动静，使臣再次被扣留。

李谅祚像

延嗣宁国元年（1049年）七月，辽兴宗乘西夏新主李谅祚初立，下诏亲征。夏军匆忙迎战，一路败退。到次年五月，辽军进至兴庆府（今宁夏银川）周围，纵兵大掠。又攻破贺兰山西北之摊粮城，抢劫夏仓粮储积而去。十月至十二月，没藏氏又两次派遣使臣赴辽，为李谅祚上表请和，并请求向辽称藩、称臣，辽兴宗都置之不理，反于边境布置重兵。这一举动对夏的威慑很大，不时遣使赴辽进呈表章、纳贡、献马驼。

另一方面，没藏讹宠连年侵扰宋朝边境。福圣承道三年（1055年），派兵侵占了宋朝麟州西北屈野河（今陕西境内窟野河）以西的肥沃耕地，令民种植，收入归己。宋方一再交涉，没藏讹宠采取"迫之则格斗，缓之则就耕"的对策。没藏氏信奉佛教，建寺咏经，大办佛事。曾征调数万军民修建承天寺，费时五载，耗资巨大。

福圣承道四年（1056年）十月间，没藏氏与她的侍从宝保吃多已又到贺兰山出猎，夜归途中，突然有蕃兵数十骑跃出，击杀没藏氏与其侍卫吃多已等。没藏讹庞侦知此事为没藏氏幸臣李守贵所为，遂下令诛灭李守贵全家。

福圣承道四年（1056年），没藏氏一死，没藏讹庞恐失去朝政大权，便把自己的女儿嫁给李谅祚做皇后，把持政权。奲都三年（1059年），李谅祚开始参与国事。他眼见没藏讹庞在朝飞扬跋扈，胡作非为，对其专权日益不满。没藏讹庞借故诛杀了李谅祚的亲信六宅使高怀昌、毛惟正，李谅祚深知这是杀给他看的，就对讹宠的政敌大将漫咩屈尊礼敬，结为心腹。李谅祚与没藏讹庞的儿媳梁氏私通，后来讹庞父子密谋欲杀李谅祚，梁氏告变，李谅祚在大将漫咩等的支持下执杀讹庞及其家族，结束了没藏氏专权的局面。

奲都五年（1061年），李谅祚亲理国政之后，开始实行亲宋的政策。同年五月，李谅祚终于解决了夏宋双方多年来存在的屈野河地界争端问题。七月，李谅祚得悉辽朝将约唃厮啰兵共取河西，遂遣使臣嵬名聿正赴宋朝纳贡，并"请尚公主"，意在结宋朝为援，宋仁宗未允纳。九月，李谅祚杀皇后没藏氏，立梁氏为皇后，任用梁皇后弟梁乙埋为宰相。十月，李谅祚上书宋仁宗说羡慕中原地区的衣冠，明年应当身穿中原衣冠迎接宋朝使者，宋仁宗允许。

拱化元年（1063年），李谅祚上书请求恢复宋夏边境的榷场，宋朝方面不许。这年秋天，西夏出兵秦凤、泾原，抢掠这里的居民，杀掠人畜以万计。拱化二年（1064年），夏使吴宗赴宋贺。正月，与宋朝引伴使发生争执，宋使声称"当用一百万兵逐入贺兰巢穴"。听了夏使的回报，李谅祚认定宋朝侮辱西夏，决定以武力维护自尊。这年七月，毅宗率兵数万攻掠宋朝秦凤、泾原诸州。其后二三年间，西夏的进攻持续不断，但这些似乎只是警告宋朝必须尊重西夏，交战期间，西夏派赴宋朝的使节依旧不绝。李谅祚力图在三国关系间为西夏寻找一个支撑点；既不与宋朝闹翻，以免宋朝彻底断绝岁赐和贸易，让辽朝有机可乘；又必须向宋朝显示西夏的实力和尊严。

拱化三年（1065年）正月，李谅祚又进攻宋庆州。宋朝遣文思副使王无忌持诏诘问，李谅祚不予理会，反遣贺正使荔茂先献表，归罪于宋朝边吏。同时招诱宋朝陕西熟户投向西夏。三月，遣右枢密党移赏粮出兵攻保安军，进围顺宁砦。八月，复扰泾原。十一月，又同宋军争夺德顺军威戎堡外之同家堡。

拱化四年（1066 年）八月，李谅祚又率步骑围攻庆州大顺城（今甘肃华池东北），身披银甲，头戴毡帽，亲临阵前督战，宋军箭下如雨，他被流矢射穿铠甲，死里逃生。时隔一月，他就遣使向宋请求时服和岁赐。在宋朝颁诏谴责时，他不失时机地保证履行前朝合约，于是两国关系恢复正常。

拱化五年（1067 年），李谅祚诱杀保安军（今陕西志丹）的宋将，又企图征服河湟吐蕃。他乘唃厮罗与辽失和，率兵直攻青唐城（今青海西宁），先后收降了吐蕃首领禹臧花麻及木征等，巩固了西夏的南疆。他亲附辽朝，向辽进贡回鹘僧、金佛和《梵觉经》。

正当李谅祚周旋于宋、辽、吐蕃部族之间，在内政外交上颇有作为时，拱化五年十二月，李谅祚去世，时年 21 岁。谥号昭英皇帝，庙号毅宗，葬于安陵。死后由其子李秉常继位。

第六节　元代著名皇帝

元太祖成吉思汗铁木真

成吉思汗（1162—1227 年），名铁木真，蒙古族，出身于蒙古尼伦部孛儿只斤氏族一个贵族家庭。其曾祖父合不勒汗（汗，是古代北

成吉思汗像

方民族最高统治者的称号）是蒙古尼伦部落的酋长。父亲也速该把阿秃儿（把阿秃儿，蒙古语是"勇士"的意思），因英勇善战，被拥戴为尼伦部首领。金大定二年（1162年），也速该征讨塔塔儿部，俘获其首领。在凯旋归来时，适逢妻子诃额仑生下一男孩。为了纪念这次作战的胜利，也速该就给这个男孩取名叫铁木真。

铁木真9岁时，父亲也速该被仇人毒死，他开始跟母亲艰难度日。后来在其父的"安答"克烈部首领脱里罕庇护下，收集了父亲离散旧部，实力逐渐强大起来。

金明昌七年（1196年），铁木真和克烈部脱里汗出兵助金，于斡里札河（今蒙古东方省乌勒吉河）打败塔塔儿人。金国封授铁木真为察兀忽鲁（部长）官职，封脱里汗为王（脱里从此称王汗，语讹为汪罕）。

铁木真在部落征战中善于利用矛盾，纵横捭阖。一次，铁木真与王汗联兵攻打古出古·乃蛮部，回师途中又与乃蛮本部相遇。王汗见敌势盛，就不告而退，把铁木真留在乃蛮兵锋之下。铁木真发觉后，迅速撤兵，回到自己牧地撒里川（在今蒙古克鲁伦河上游之西），反而把王汗暴露在敌前，王汗大败。由于当时有许多蒙古部众在王汗处，铁木真怕他们被乃蛮吞并，对自己不利，便派称为四杰的博尔术、木华黎、博尔忽、赤老温领兵援救王汗，击退乃蛮。

为了能够逐渐脱离王汗，铁木真四处征战，先后和王汗消灭扎木和部、四部塔塔儿，并占领了呼伦贝尔高原。随着铁木真的实力不断增强，王汗产生了担心，于是在宋嘉泰三年（1203年）首先对铁木真发起突然袭击，铁木真被打败而退居到哈勒哈河以北。但不久，铁木真乘王汗不备，奇袭王汗牙帐，取得大胜。同年，汪古部也归附铁木真。宋嘉泰四年（1204年），铁木真在消灭了乃蛮太阳汗的斡鲁朵后，成为蒙古高原最大的统治者。宋开禧二年（1206年，铁木真在斡难河，今蒙古鄂嫩河）源召开忽里勒台大会，即蒙古国大汗位，号成吉思汗。

铁木真称汗后，制定了军事、政治、法律等一系列制度，建立了军政合一的千户制，扩大直辖的护卫军（怯薛），设置必要的国家机构，由传统的草原贵族斡耳朵发展成为游牧军事封建国家，开始用畏兀儿字母记述蒙古语。

蒙古汗国统一各部落后，大批原来的部落人口被分编在不同千户中，许多部落的界限逐渐泯灭，开始形成共同的蒙古民族。邻近的吉利吉思、畏兀儿、哈剌鲁等部，先后归附成吉思汗。使其实力更加强大。成吉思汗凭借其强大的武装力量和优越的军事组织，对外开始大规模的军事扩张，进行南下和西征。从1205年至1209年曾三次进军西夏，逼其纳女请和。1211年，率领大军攻金，野狐岭之役，消灭金军40万。1213年，缙山一战，金军精锐消耗殆尽。接着蒙古军又南出紫荆关，兵分三路横扫华北平原。至此，金朝已无力抵抗，1214

成吉思汗雕像

年向成吉思汗献歧国公主，并给蒙古国大批金银珠宝。随后金宣宗从中都（今北京）逃迁南京（今河南开封）。1215年，蒙古军占领中都。1217年，成吉思汗封木华黎为太师、国王，专事攻金，自己则准备西征。

1218年，成吉思汗派大将哲别灭西辽。1219年，成吉思汗率20万大军西进。1220年攻克讹答剌城、不花剌、撒麻耳干（今乌兹别克撒马尔）、玉龙杰赤（今土库曼乌尔根奇），进入呼罗珊地区。1221年拖雷占领呼罗珊全境。1222年，在占领区置达鲁花赤监治。1223年，还撒野麻耳干驻冬，次年起程还国。

西征胜利后的蒙古国版图已扩展到中亚和斡罗思（后称俄罗斯）南部。成吉思汗将这一大片土地分封给长子术赤、次子察哈台、三子窝阔台，后发展成为钦察、察哈台、窝阔台三大汗国。1226年，成吉思汗出征西夏，于次年将西夏消灭。成吉思汗二十二年（1227年）夏历七月十二日，成吉思汗病逝，享年66岁。

元太宗窝阔台

元太宗孛儿只斤·窝阔台（1186—1241年），蒙古帝国大汗，史称"窝阔台汗"。元太祖成吉思汗的第三子。

南宋淳熙十三年（1186年），光献皇后弘吉剌氏孛儿帖为成吉思汗生下了第三个儿子，这个男婴就是后来承继了生父遗业的大蒙古帝国第二任可汗——元太宗孛儿只斤·窝阔台。

成吉思汗的长妻孛儿帖共生了四个儿子：长子术赤、次子察合台、三子窝阔台、四子拖雷。他们随从成吉思汗东征西伐，为蒙古帝国的奠基立下了汗马功劳，犹如帝国的四根台柱。成吉思汗根据四个儿子的才能和特长，给他们安排了不同的职掌：术赤管狩猎；察合台掌法令；窝阔台主朝政；拖雷统军队。成吉思汗在晚年已有意选择忠厚宽仁、举事稳健的窝阔台为继承人。

窝阔台自幼生长在兵戈相见、战乱不休的环境里，很小就开始骑马射箭，在马背上度过了他的少年时光。他跟随父亲四处征伐，经过血与火的多次洗礼，成长为一位骁勇善战的虎将。

窝阔台像

嘉泰三年（1203 年），铁木真率军同克烈部王罕大战于合兰真沙陀之地（今东乌珠穆沁旗北境）。年仅 18 岁的窝阔台随军征战，奋力搏杀。当时王罕的军队人多势众，混战之中，窝阔台的颈项被敌人用箭射伤，鲜血直流，部将博尔忽为他咂去颈血。窝阔台带伤杀敌，最后与博尔术和博尔忽一起杀出一条血路，突出重围，与铁木真会合。

嘉泰四年（1204 年）冬，铁木真消灭乃蛮部之后，北攻篾儿乞部，尽服麦古丹、脱脱里、察浑三姓部众。铁木真发现被虏的一位妇女颇有姿色，问明底细，才知道那女子乃是脱脱之子忽都的妻子乃蛮人乃马真氏脱列哥那。铁木真叫来窝阔台，把那妇人送给了他。窝阔台将脱列哥那纳为妻室，后来脱列哥那为他生下了定宗贵由。

在蒙古帝国初具规模之后，成吉思汗认识到自己需要一位政治家以巩固和发展他所创立的帝国，完成他的未竟之业，而不光是需要一位攻城略地的军事家。窝阔台足智多谋，治国才能较拖雷更全面。从帝国的前途出发，成吉思汗克制了自己对幼子的宠爱之情，量才用人，打破蒙古的旧传统，擢升窝阔台为继承人。

嘉定十二年（1219 年），成吉思汗准备挥师西征。他召见诸子及胞弟，议定窝阔台为汗位继承人。窝阔台被确立为继承人之后，随同父亲踏上了讨伐花剌子模国的征程。

蒙古军队共分四路：一路由窝阔台、察合台指挥进攻讹答剌；一路由术赤指挥沿忽章河而下取毡的；另一路由阿剌黑那颜率领南下取别纳客忒（乌兹别克共和国塔什干南，锡尔河北岸）、忽毡（前苏联列宁纳巴德）等地；成吉思汗和拖雷统主力越过沙漠，直驱不花剌。

窝阔台、察合台奉命统兵攻打讹答剌。城内的防御工事极为坚固，粮食储存充足，攻防战进行的极为激烈。数月之后，城中粮尽援绝，部分敌军想乘夜色突围出走，结果被全部围歼。窝阔台、察合台督军猛攻，前仆后继，终于攻破城堞，鱼贯而入。守将亦难出自知有杀害蒙古商队之仇难以脱免，率残部拼死抵抗，巷战不胜，退守内堡，相持一个月后，其部众食尽力乏，一半饿死，一半战死。仅剩的两个兵卒还登屋揭瓦飞掷蒙古军。窝阔台、察合台并马突入，将亦难出团团围住。凶悍的亦难出垂死挣扎，终被蒙古兵射倒，擒入囚笼，押送到成吉思汗在撒麻耳干的大营，用银液灌注口耳，将贪恋财物的亦难出处死。蒙古军攻下讹答剌后，大肆杀掠，将其城堡夷为平地。

嘉定十三年（1220年）夏，成吉思汗率军在撒麻耳干、那里沙不（乌兹别克共和国哈尔希）附近草原休士养马，准备下一步的进攻。俟秋高马肥后，他就派遣窝阔台、察合台率领右翼军去取花剌子模首都玉龙杰赤（土库曼共和国库尼亚乌尔根奇），命术赤率本部兵从其驻营地南下会合。攻下之后，蒙古军将居民全部赶出城外，10万工匠被遣送东方，其余人分配各军，除年轻妇女和儿童掳为奴婢外，尽数屠杀。杀掠之后，又决阿母河堤，放水灌城，藏在城中的人全部被淹死，死尸累累，白骨成堆。往昔繁华富庶的花剌子模首都，竟成了一片水乡泽国。

玉龙杰赤之战后，窝阔台和察合台各率所部与已攻取塔里寒诸塞的成吉思汗会合，一起进军哥疾宁。花剌子模沙（国王）札兰丁慌忙弃城撤退到申河（印度河），准备渡河进入印度。蒙古军没有遇到什么抵抗就占领了哥疾宁，随即尾追到申河岸边。札兰丁因渡船缺乏，还没来得及渡河。成吉思汗率窝阔台等猛攻，札兰丁全军溃败，只率四千余众逃入印度。1225 年春，窝阔台随父亲回到蒙古故土，结束了持续 7 年的历史性远征。

宝庆元年（1226 年），成吉思汗指责西夏国主违约，再次亲征西夏。第二年六月，西夏国主李睍支撑不住，遣使求降。成吉思汗在击溃西夏军主力之后，随即将兵锋转向了金国。他率军渡过黄河，经积石州（今青海循化），攻入临洮路（治所临洮，今属甘肃）。七月，攻下京兆（西安）后，年迈多病的成吉思汗终因积劳过度，在六盘山的营帐里去世。

成吉思汗在临死前，再次把诸子召到身边，要他们精诚团结，服从窝阔台的领导，他重申："如果你们希望舒服自在地了此一生，享有君权和财富的果实，那么，有如我在不久以前已经让你们知悉的那样，我的告诫是，窝阔台将继承我的汗位，因为他比你们高出一格。他的意志坚定卓绝，他的见识颖敏优越。凭借他的灵验的劝告和良好的见解，军队和人民的管辖以及帝国边界的保卫将得以实现。因此，我指定他为我的继承人，把帝国的钥匙放在他的英勇才智的手中。"

按照蒙古制度，可汗死后立即由他指定的继承人登基。但是，由于蒙古的库里勒台制（部落议事会制度）仍起作用，窝阔台不能因其父的遗命继位，而要等库里勒台的最后决定。王位空缺的两年内，拖雷监摄国政。

1229 年秋，蒙古宗王和重要大臣举行大会，推选新大汗。大会争议了 40 天，宫廷内有人恪守旧制，主张立幼子拖雷，反对成吉思汗的遗命。此时术赤已死，察合台全力支持窝阔台，拖雷势孤，只得拥立窝阔台。经过与会贵族的再三敦促、劝进，窝阔台终于服从其父的遗旨，采纳众弟兄的劝告，答应继承汗位。

窝阔台执政以后，命人严守成吉思汗所制定的法令，对于成吉思汗死后的犯罪者一律降恩赦免，以后的犯罪仍依法惩处。当时礼仪典章都很简率，窝阔台重用耶律楚材等人进一步健全了蒙古的法律制度和政治制度。

耶律楚材是辽国宗室子弟，在西征期间，他凭借高明的星相占卜之术博得了成吉思汗的信任和重视。成吉思汗死后，耶律楚材参与了窝阔台继承汗位的"宗社大计"，并依照中原王朝的传统制定册立仪礼，要求皇族尊长都就班列拜。窝阔台继位后即任命耶律楚材主持黄河以北汉民的赋调。当时近臣别迭等认为："得了汉人也没有什么用处，不如全部驱杀，使中原草木茂盛，成为牧地，也好放牧牛羊。"耶律楚材劝告窝阔台说："在这样广大富饶的地方，什么东西求不到？怎么能说没有用呢？"他建议在中原地区维持原来的农业、手工业生产，征收地税、商税以及酒醋盐铁等税。窝阔台同意他试行。1230年耶律楚材奏立十路课税所，正副使都委派儒生担任。他并奏准军、民、财分职，长吏专理民事，万户府总军政，课税所掌钱谷，各不相统摄。这些都遭到蒙古权贵和汉人王侯的强烈反对，但课税所还是坚持了赋税的征收。第二年秋天，窝阔台到西京（今大同），耶律楚材已将征收到的银、币和米谷簿籍陈放在大汗面前，一共是银五十万两，绢八万匹，粟四十万石。窝阔台大喜，赞叹道："你的本事真大，不知道南国是否还有你这样的人才！"当天将中书省印授给耶律楚材，让他负责黄河以北的政事。

为便利使臣的往来和物资调运，窝阔台实行了"站赤"制度，也就是驿传制度。成吉思汗时代，一切赋役都是任意索取、征调。窝阔台确定了固定的牧区赋税制度。窝阔台还在汉人地主中设置了万户、千户。加上由耶律楚材主持黄河以北汉民的赋调，这就使得蒙古在灭金战事中有了黄河以北地区的兵力和财力的支持。

成吉思汗的去世使攻灭金国的计划推迟了两年。绍定二年（1229年），窝阔台继位之后，立即按照成吉思汗规划好的灭金战略发动了对金朝的进攻。

绍定三年（1230年）秋，窝阔台与拖雷率军渡过大漠南进，兵入山西，渡过黄河，与陕西蒙古军会合，直取凤翔（今陕西凤翔县）。次年春，蒙古军攻破凤翔，金放弃京兆大片领土，扼守潼关，退保河南。

绍定四年（1231年夏，窝阔台回居庸关北的官山，今内蒙古单资北灰腾梁）大会诸侯王，商议攻金之策。窝阔台采纳拖雷的意见，决定分兵三道进征：窝阔台自统中军，渡河向洛阳进发；斡赤斤以左军由济南进；拖雷总右军，由宝鸡南下，通过宋境，沿汉水达唐、邓，以成包抄之势。约定于次年正月三军会师汴京。同年秋窝阔台亲统兵马围攻河中府城（今山西永济西），金兵拼命抵抗，打了两个月，才将城攻破。接着蒙古军由白坡渡河，进屯郑州。金卫州节度使弃城逃到汴京，黄河防线被冲毁。拖雷率军攻破大散关，攻入汉中，从金州（今陕西安康）东下，取房州、均州，渡过汉水，进入邓州。

绍定五年（1232年）春，拖雷精骑与完颜合达军在钧州（今河南禹县）西北的三峰山大会战。金军35万精锐部队几乎全军覆没。蒙古军攻下钧州，俘杀完颜合达。潼关守将也献关投降，河南十余州均被蒙古攻陷。窝阔台与拖雷在钧州会师。三月，窝阔台命大将速不台围汴京，自己与拖雷北返。速不台围攻汴京，金哀宗遣使议和，而汴京军民奋力抗战，用震天雷、飞火枪等火药武器打击蒙古军。聚众达250万人口的汴京城内一片混乱，入夏后瘟疫流行，死者达90万人以上。城中乏粮，居民至人相食，满城萧然，死者相枕。

绍定六年（1233年）初，金哀宗带部分臣僚和军队出奔，辗转逃至归德（今河南商丘）。这时，金汴京西面元帅崔立杀留守完颜奴申等献城投降。四月，速不台在青城接受崔立送出的金后妃、宗室和宝器。速不台杀金荆王、益王等全部宗室近属，遣人送后妃和宝器给窝阔台，而后进入汴京。六月，金哀宗从归德逃奔蔡州（今河南汝南），蒙古将领塔察儿率部围攻，因军中缺粮，将士困惫，蒙古要求南宋联合攻蔡，宋廷感到向金复仇的机会来了，派出2万军队，送粮30万石，帮助蒙古攻蔡。1234年春，宋军攻破南城，蒙古军攻破西城，金哀宗在幽兰轩自缢而死，金国灭亡。

早在嘉定八年（1215年），金将蒲鲜万奴叛金自立，盘踞辽东。绍定二年（1229年），窝阔台继位后，即遣撒礼塔、吾也而等领兵进辽东，取盖州、宣城等十余城，金朝辽东行省控制的辽东南部地区尽为蒙古占领。绍定四年（1231年），蒙古军侵入高丽，包围王京，高丽王降。至此，辽东只剩下万奴的割据势力。绍定六年（1233年）二月，窝阔台遣皇子贵由、宗王按赤带（合赤温子）、国王塔恩（木华黎孙）统左冀军讨伐万奴。九月，蒙古军攻占都城南京（今吉林延吉市东城子山），蒙古军占领辽东。后二年，置南京、开元两万户府镇戍和管辖这个地区。

窝阔台像

灭金之后，蒙古军队北还休整。南宋当权者没有坚持要求蒙古兑现以河南地归宋的诺言，却同意以陈、蔡西北地属蒙古。他们抱有幻想，没有足够的警惕防范蒙古入侵，反而企图乘机出兵收复三京（西京洛阳、东京开封、南京归德）与河南其他地方。端平元年（1234年）六月，庐州知州全子才奉诏率军万人至汴，汴京人杀蒙古所置长官崔立降宋。宋兵西进，洛阳人民也开城迎纳宋师。恰在这时，窝阔台在蒙古诸王大会上已决定大举南侵。塔察儿率军将不堪一击的宋军击溃，迅速收复了洛阳、汴京。窝阔台派使者指责宋朝发兵入洛，宋朝只得委曲求全，寄望于议和。

端平二年（1235 年），蒙古军分两路攻宋。东路军由皇子阔出、诸王口温不花（别里古台子）、国王塔思等统率，汉军万户史天泽等从征。八月，蒙古军入唐州，宋将全子才弃军逃遁。十月，阔出统大军攻陷枣阳，引兵西掠襄阳、邓州等地。端平三年（1236 年），襄阳宋将叛降蒙古，城中储积的大量粮食、军器、金银尽为蒙古所得。嘉熙元年（1237 年），蒙古军又攻克光州（今河南潢川），抄掠随州、复州（今湖北天门）等地。嘉熙二年（1238 年），塔思率军攻下安天府（今安徽潜山），劫掠而还。由于宋军拼死抵抗，蒙古军被迫后退。

蒙古侵宋的西路军由皇子阔端、都元帅达海绀卜等统率，汉军万户刘黑马等从征，进取四川。端平三年（1236 年），阔端率主力由大散关南下，取凤州，攻破武休关，入兴元（今陕西汉中），进取大安（今陕西宁强）阳平关，宋将曹友闻率部坚守，终因救援不至，寡不敌众，全军覆没。另一路蒙古军由宗王穆直、大将按竺迩等率领，取宕昌、阶、文诸州，复陷龙州（今四川江油），遂与阔端军会合，一起攻破成都。不久，阔端引兵退出，宋朝渐将失地收复。嘉熙二年（1238 年），达海绀卜等又率军攻入四川，陷隆庆（今四川剑阁）。次年，攻打重庆，继而东下万州（今四川万县）、夔州（今四川奉节），受挫而还。淳祐元年（1241 年），蒙古军复入蜀，破 20 余城，兵民惨遭屠掠。窝阔台时期的侵宋战争，使荆襄、四川、两淮的许多地方遭到蹂躏。但其主要目的在于掠夺财物，同时在南宋各地军民的抗击下，蒙古军也受到了不少损失，未能在所攻占的地区建立统治。

端平二年（1235年），窝阔台召诸王大会，决定征讨钦察、斡罗思等未服诸国，命各支宗室均以长子统率出征军，万户以下各级那颜亦遣长子从征。出征诸王以拔都（术赤长子）为首，实际统兵作战的主将是速不台，出征军的人数约有15万人。

端平三年（1236年）春，蒙古诸王和速不台等率师出发，秋天抵达不里阿耳，与先已在那里的拔都兄弟会合。速不台统先锋军取不里阿耳。诸王会商后，各率本部兵征进。蒙古军攻破不里阿耳都城，杀掠之后将此城焚毁。同年冬，蒙哥率军逼临亦的勒河下游的钦察部。钦察部首领忽鲁速蛮先已遣使纳款，刚好蒙古军来到，其子班都察率部归降。另一钦察首领八赤蛮有胆有勇，不肯投降，率部出没于亦的勒河下游密林中，不时袭击蒙古军。嘉熙元年（1237年）春，蒙哥得到速不台增援，击败八赤蛮，尽歼钦察军，八赤蛮被擒杀。

同年秋，拔都等诸王召开了一次忽里台大会，决定共同进兵斡罗思。蒙古军先征服了莫尔多瓦，又围攻也烈赞城，战至第六日城破，城里王公及兵士、居民尽遭屠杀，城市被焚毁。

嘉熙二年（1238年）初，蒙古军分兵四路，一个月内连破科罗木纳、莫斯科、罗思托夫等十余城。二月，进围公国首府弗拉基米尔城，蒙古军胁迫被俘的斡罗思人参加攻城，猛攻五日，城破，纵兵抢掠烧杀，避入教堂的大公家属和城中显贵尽被烧死。蒙古军又进攻昔迪河畔的大公军营，将敌军歼灭。斡罗思大公战死。

蒙古军兵锋南指，抄掠了斯摩棱斯克、契尔尼果夫等地，并继续掠取钦察草原西部地。钦察部长忽滩战败，率余部迁入马札儿（今匈牙利）。嘉熙三年（1239年），蒙哥、贵由统兵进入阿速国，用时三个月才攻破其都城蔑怯思，阿速国主杭忽思投降，蒙哥命签其丁壮从军。嘉熙四年（1240年）春，蒙哥、贵由继续在太和岭（高加索山）北用兵，秋天，窝阔台遣派使者召贵由、蒙哥东归。

拔都率军经掠亦的勒河以东诸地，并在钦察草原休兵养马。嘉熙三年（1239 年），遣兵再次进入斡罗思抄掠。第二年秋，拔都亲统大军围攻斡罗思国都乞瓦。蒙古军攻入城内，纵兵杀掠。随即又攻入伽里赤国，破其都城弗拉基米尔沃沦和境内其他城市。

淳祐元年（1241）春，蒙古军分兵二路，一路由拜答儿、兀良合台等率领侵入孛烈儿（波兰），一路由拔都兄弟、速不台等率领侵入马札儿（今匈牙利）。蒙古军击败孛烈儿军队，攻入克剌可夫，将其烧毁，然后乘筏渡过奥得河。昔烈西亚侯亨利集结孛烈儿军、日耳曼十字军与条顿骑士团 3 万人准备迎敌。蒙古军避其锋芒，侧面袭击，将其战败，杀死了亨利，继而南下攻下莫刺维亚，前往马札儿与拔都会合。拔都率军分三路侵入马札儿。同年三月，进至其都城佩斯（今布达佩斯）城附近，马札儿兵战败，蒙古军拔克佩斯城，尽杀其居民，烧毁城市。直到第二年窝阔台死讯传来，拔都率军东还。

为消灭札兰丁及其余部，窝阔台继位后立即派绰儿马罕率领 3 万军队去征讨重兴的花剌子模国。蒙古军急速进兵，于绍定三年（1230 年）冬抵达阿哲儿拜占，札兰丁闻讯，惊慌失措地逃入木干草原。其后一直东躲西窜，最后在迪牙别乞儿（今土耳其东部）的山中，被当地的农夫杀死。绰儿马罕遂又攻掠了波斯西北部许多地方。

在驱动铁骑震撼欧亚的同时，窝阔台还非常重视对中原地区的治理。

在耶律楚材的劝谏下，窝阔台已开始注意保存人口。绍定五年（1232 年），窝阔台征河南时，他同意制旗数百面，发给降民，让他们持旗为凭，归回乡里。绍定六年（1233 年）初，速不台进占汴京，因汴京曾抵抗，主张按惯例屠城。经耶律楚材再三劝说，窝阔台决定只向金皇族问罪。

端平二年（1235 年），窝阔台下诏扩编中原户口，由失吉忽秃忽主持。朝臣们主张依蒙古和西域成法，以丁为户，按丁定赋。窝阔台却接受耶律楚材的建议，按中原传统，以户为户，按户定赋。他还保留了中原的郡县制度。在扩户的基础上，窝阔台让耶律楚材主持制定了中原赋役制度。此外还有杂泛差役。这种较轻的赋税定额，对已遭严重破坏的中原地区的休养生息是有利的。窝阔台常请耶律楚材进说周孔之教，懂得了"天下可马上得之，不可以马上治之"的道理。他曾请名儒向皇太子和诸王大臣子孙讲解儒家经义。1232 年攻汴京时，耶律楚材遣人入城求得孔子五十一代孙孔元措，由窝阔台封为衍圣公。

嘉熙元年（1237 年），窝阔台采纳耶律楚材的主张，兴办国学，考试儒生，得 4030 人，其中 1/4 的人原已沦为奴隶，中试后才摆脱了被奴役的地位。中试的儒生免去赋税，其中优秀的任以官职。耶律楚材还在燕京设编修所，在平阳设经籍所，编辑出版经史，这对保存中原传统文化有着积极作用。

窝阔台除在燕京等处要地继续设置断事官外，还向路府州县普遍派遣了达鲁花赤（镇守官），并命探马赤五部将分镇真定（今河北正定）、大名（今河北大名）、东平、益都、济南、平阳（今山西临汾）、太原。通过上述措施，大大加强了蒙古对中原地区的统治。

从端平二年（1235 年）起，窝阔台开始营建哈剌和林宫阙。第二年，建于哈剌和林（今额尔德尼召南）的万安宫落成。它是一座中国传统式的宫殿，大汗的宝座在大殿的北部面南。嘉熙元年（1237 年），窝阔台又命伊斯兰教工匠在哈剌和林城北 35 千米的春季游猎地建造伽坚茶寒殿。嘉熙二年（1238 年），又在城南营建了图苏胡迎驾殿。位处斡儿罕河上游哈剌和林河东岸（今额尔德尼召南）的哈剌和林城成为大蒙古国的都城，也是当时的一个国际性城市。

窝阔台是个性情复杂的人物。他仁爱好施，喜好广播恩惠，他的宫廷几乎成了普天下的庇护和避难地。在赏赐财物方面，他胜过了他的前辈。因为天性慷慨大方，他把来自帝国远近各地的东西，常常不经司账和稽查登录就散发一空。几乎没有人得不到他的赐物就离开他的御前的，也没有乞赏者从他嘴里听见"不"或"否"字。从四方来求他的穷人，都意外地满足了期望。有一次窝阔台在猎场上时，有人献给他两三个西瓜。他的扈从中没有人有可供施舍的钱或衣物，他就将皇后耳边戴着的两颗珍珠摘下赏给了那个人，皇后说："此人不知珍珠的昂贵，不如让他明天到宫里去领些钱物。"窝阔台却说："他是个穷人，生活艰难，等不到明天。"

窝阔台有宽仁的一面。三个罪犯被带到他面前，他下令将他们处死。当他离开大殿时，遇到一位扬尘号哭的妇人。他问："你这是为什么？"她回答："因为你下令处死的这些人，其中一个是我的丈夫，一个是我的儿子，另一个是我的兄弟。"窝阔台说："三人中你任择一个活命吧，为你的缘故饶他不死。"妇人答道："丈夫能够再找，孩子也可以再生，但兄弟不能再得。"听到这话，窝阔台全部赦免了这三人的死罪。

窝阔台性格中也有残忍、苛暴、非人性的一面。他有使人舒服的时候，更多的则是让人遭殃的艰辛日子。嘉熙元年（1237年）六月，斡亦剌部落中谣传说有诏令要将该部的少女去配人。人们忙把他们的闺女在族内婚配，有些直接送到男家。窝阔台闻讯后大怒，下诏把七岁以上的少女都集中起来，已配人的从夫家追回。将四千少女聚集到了一处，命令兵士当众糟蹋她们。其中有两个少女当场毙命，剩下的则让她们列队，有的送往后宫，有的赏给奴仆，有的被送至妓院和使臣馆舍侍候旅客，有的则让在场的人领去。而她们的父兄亲属则必须在旁边立着观看，不能埋怨和哭泣。

在蒙古宫廷斗争中，窝阔台更是严酷、刻毒。四弟拖雷一直是窝阔台稳固汗位的隐患，他掌有蒙古军队的80%，具有坚实的军事实力，在攻金的战役中，拖雷更表现出他卓越的军事才能，这不能不引起窝阔台的忌恨。在从金国班师北还的途中，窝阔台装神弄鬼，假装病得奄奄一息，拖雷在他身边侍奉。珊蛮巫师念着咒文，将窝阔台的疾病涤除在一只木杯中。对兄长非常爱戴的拖雷拿起杯子祈祷。他喝下珊蛮涤除疾病的水。于是窝阔台病愈，拖雷告辞启行。由于他所饮的咒水中被其兄长投放了毒药，几天后他就死去了。窝阔台借助于迷信除去了他最大的政敌。窝阔台认为："这人世一半是为了享乐；一半是为了英名。当你放松时，你自己的束缚就放松，而当你约束时，你自己就受到束缚。"灭金之后，他指派朝中的大将率师征伐，自己则不愿再受亲征之苦。他不断酗酒，亲近妖娆美姬踏上了纵欲的道路。

他本人嗜酒如命，到晚年更是溺情酒色，每饮必彻夜不休。耶律楚材见多次劝谏无用，便拿着铁酒槽对窝阔台说："这铁为酒所侵蚀，所以裂有口子，人身五脏远不如铁，哪有不损伤的道理呢？"但窝阔台秉性难改，依旧是射猎欢乐，荒怠朝政。

淳祐二年（1242年）二月，窝阔台游猎归来，多饮了几杯，遂致疾笃。召太医诊治，报称脉绝。后又复苏醒来。耶律楚材奏言此后不宜田猎，窝阔台休整了几十天，渐渐好转。十一月，隆冬降至，窝阔台再次出猎，骑射五日之后还至谔特古呼兰山，在行帐中观看歌舞，亲近歌姬，畅饮美酒。窝阔台兴致很高，纵情豪饮至深夜才散。左右在第二天入内探视发现窝阔台已中风不能言语，不久便死于行殿之中。时年56岁，共在位13年。

窝阔台的遗体被埋葬在起辇谷。1266年太庙建成，元世祖忽必烈追谥为英文皇帝，庙号太宗。

元宪宗蒙哥

元宪宗孛儿只斤·蒙哥（1209—1259 年），元太祖成吉思汗之孙、拖雷长子，其四弟即元世祖忽必烈。母唆鲁禾帖尼。蒙古帝国大汗，史称"蒙哥汗"。

成吉思汗的长妻弘吉剌氏孛儿贴，生有四个儿子——术赤、察合台、窝阔台、拖雷。成吉思汗晚年，通过对四个儿子特长和才能的分析，选择他的继承人。在临死前，成吉思汗运用自己的绝对权威对四个儿子重申三儿窝阔台将继承汗位。但在蒙古本土，自古幼子有优先继承权的习惯。长妻所生的幼子，蒙古语叫斡惕赤斤，义为"守炉灶之主"，是留守家业者，而他的兄长们则要到外而另立炉灶。成吉思汗确立窝阔台为自己的继承人后，总感到对自己宠爱的幼子拖雷有一种愧疚之情，于是另外做了安排，将军队全部交给拖雷管理。按蒙古旧例和成吉思汗的安排，拖雷不仅获得了父亲的领地，而且又继承了成吉思汗 12.5 万军队中的 11.1 万人，使拖雷一举成了蒙古贵族中实力雄厚的力量。绍定五年（1232 年）九月，即窝阔台继位后的第四年，拖雷莫名其妙地死在征金的大军中，成了历史上一个不解之谜。但是，拖雷的死并未能把兄弟间的矛盾带到坟墓之中，相反却留给了他的后人。拖雷的妻子唆鲁火帖尼和儿子蒙哥无时无刻不在为光复汗位绞尽脑汁。

幼年时期的蒙哥曾被还是藩王的窝阔台所抚养，受到昂灰皇后无微不至的照顾。长大之后，又是窝阔台为他聘娶了火鲁剌部的女子火里差为妻，并分给他一部分部民。但是，蒙哥始终没有忘记要报杀父之仇。然而，蒙哥并未一味蛮干，因为他所面临的是一个手段毒辣的蒙古大汗，自己不过是一个年轻的宗王而已。这正是蒙哥的过人之处，蒙哥把复仇的欲念深深埋在心中，表面上却愈加谦恭。蒙哥在继承了父亲的遗产之后，十分卖力地追随其伯父窝阔台四处征战，屡立奇功。嘉熙元年（1237年）春，蒙哥率领大军进攻钦察部，把对手打得狼狈不堪，钦察部首领八赤蛮仓皇逃往里海海岛上。蒙哥闻讯后，率众穷追而至，适逢水浅，蒙哥遂涉水登岛，生擒八赤蛮。同年秋，蒙哥又与术赤的儿子拔都联兵征伐斡罗思部，在围攻也烈赞城的战役中，身先士卒，一举攻克也烈赞城。嘉熙三年（1239年），蒙哥同贵由统兵征服了阿速国。蒙哥在屡次战役中，奋不顾身，功勋卓著，不仅消除了窝阔台系对自己的猜疑，而且在蒙古诸王中赢得了崇高的声望。史书上还称颂蒙哥刚明雄毅，沉断而寡言，不喜欢侈靡、饮酒。这些就为其日后争夺汗位打下了良好的基础。

在蒙哥积极活动时，其母唆鲁火帖尼亦在活动。当初拖雷死时，她请客送礼，犒劳军士百姓，赢得了各方面的爱戴，使人心归向于她。波斯史家志费尼在《世界征服者》一书中赞美道："在教育子女，整饬朝政，维护尊严，处理事务等方面，这个别吉（后妃，指唆鲁火帖尼）

蒙哥像

明断英决，连戴头巾的男子尚且不及。"窝阔台为了使这个可怕的女人就范，想把她嫁给自己的大儿子贵由，结果被她婉言相拒。唆鲁火帖尼与别的宫廷后妃不同，险恶的政治环境使她必须处事谨慎。在蒙古汗位空缺期间，诸王滥发牌符，横征暴敛，唆鲁火帖尼并未为小利所动，她严禁自己的儿子们违反法令。唆鲁火帖尼还庇护手下的臣民，税吏、官员和士兵怕她的严刑，不敢苛虐百姓。一次，几名地方官征收她属下的臣民，因所征税额太重，被她处以死刑。

蒙哥刚明雄毅、洁身淡泊的品质，雄才大略的军事才能，加之唆鲁火帖尼戒子惜民的声望，就使蒙哥的威望一天天地增长起来，以至贵由汗死后，朝廷无君，蒙古上下都把目光盯在了蒙哥的身上。

1248 年农历三月贵由去世后，由皇后斡兀立海迷失临朝称制。贵由死后，窝阔台系就失去了最后一个有能力治理国家的人选，剩下的尽是孤儿寡母。贵由妻斡兀立海迷失既无能又好巫术，除了跟商人做点买卖外，于朝政一无所为。她的两个儿子忽察和脑忽，年轻任性，各据一宫，互不相服。这样一个家族已根本不是实力雄厚的蒙哥及其母亲的对手了。由于贵由与拔都早年不和，贵由死后拔都拒绝奔丧。为了对抗窝阔台家族，拔都以长支宗王的身份遣使邀请宗王、大臣到他在中亚草原的驻地召开忽里台，商议推举新大汗。窝阔台系和察合台系的宗王们多数拒绝前往，贵由皇后斡兀立海迷失只派大臣八剌为代表到会。唆鲁禾帖尼则命长子蒙哥率诸弟及家臣应召前往。双方的最后争夺在 1250 年召开的推选新汗的库里勒台上便见分晓了。在库里勒台上，拔都依仗其长兄的身份和雄厚的军事力量，率先推举蒙哥为汗位的继承人，参加会议的人几乎成了一边倒。但窝阔台、察合台两家拒不承认，唆鲁禾帖尼和蒙哥又遣使邀集各支宗王到斡难河畔召开库里勒台，拔都派其弟别儿哥率大军随同蒙哥前往斡难河畔，但窝阔台、察合台两家很多宗王仍不肯应召，大会拖延了很长时间。

由于蒙哥的母亲唆鲁禾帖尼的威望甚高，并且善于笼络宗王贵族，多数宗王大臣最终应召前来，1251 年农历六月在蒙古草原斡难河畔举行忽里台大会，1251 年七月一日，宗王大臣们共同拥戴蒙哥登基，蒙哥成为大蒙古国皇帝（蒙古帝国大汗）。蒙哥继位的当日，尊唆鲁禾帖尼为皇太后。此后，为了巩固汗位，唆鲁禾帖尼镇压反对者毫不留情，并亲自下令处死元定宗贵由的皇后斡兀立海迷失。

自此汗位继承，便由窝阔台家族转移到了拖雷家族，皇族内部的分裂，为后来大蒙古国的彻底分裂，埋下伏笔。

13 世纪初期，蒙古族仍旧处于奴隶制社会的发展阶段，蒙古贵族所从事的征伐实则是对被征服地区赤裸裸的土地与财富的掠夺及无限制的不时需索。他们主张把先进的中原农业区变成牧场。中原地区在蒙古铁骑的践踏下，蒙受了巨大的灾难。窝阔台继位之后，为了安定中原局势，曾信用耶律楚材于 1230 年进行了一系列剥削方式的改革，主要用中原地区行之已久的赋税办法来改变蒙古贵族的杀掠政策与不时需索。中原人民生活稍有好转。端平元年（1234 年），窝阔台以失吉忽都忽任中州大断事官，总领中原汉地诸道以后，中原人民重又回到水深火热之中。到蒙哥继位前夕，"汉地不治"的局面已十分严重，人民困敝已极，只有武装反抗才是生存的唯一出路。面对这一局势，登基伊始的蒙哥大有革除积弊、更新庶政的势头。1251 年，蒙哥下令：凡是贵由汗死后，诸王滥发的扰民令旨牌符，一律全部收缴；今后有关各省的财政事务，未经与宫廷官员磋商，任何人不得发布文书；除成吉思汗特免的木速蛮、也里可温、和尚、道士外，斡税、官员人等均应按其财产交纳贡赋；诸官属不得以朝觐为名赋敛民财；人民交纳税粮时，可以向最近的仓库交纳；汉地人民按贫富交纳不同的税额。显然，蒙哥上述一系列旨令不过是一般的应急措施而已，并不能从根本上解决。相反，在任官用人上，蒙哥以牙剌瓦赤、不只儿、斡鲁不、睹答儿等管理燕京行省，这些人中好些是窝阔台晚期主管财赋的旧班子，多为残民蠹国之徒。蒙哥重用这些人的结果是旧弊未去，新弊又来。在剥削方式上，蒙哥确立了包银制度。金亡之前，蒙古贵族向中原人民随时勒索，真定史天泽就汇总一年所需的大概数目，订出定额，向人民摊收，这就是"包银"的滥觞。蒙哥继位前，汉地人民所负担的包银已十分沉重。继位之后，牙剌瓦赤等人倡言把包银改为正式税收，每户征银六两。由于汉地官员的力争，才改为四两，其中二两可以用实物折纳。非唯如此，蒙哥还将丝科由过去的每户十一两二钱增加到二十二两四钱。由于缴纳不起，人民逃亡者日趋增多。

蒙哥为了把全国权力确保在拖雷系家族的手里，将漠南汉地军国庶事委托弟弟忽必烈管理。忽必烈自幼深受汉族儒家文化的影响，他在汉族谋士的策动下，于自己的封地刑州（今河北邢台）、河南、陕西三地进行了实行汉法的试点：任用一批汉族地主阶级的知识分子，注重农业生产，招抚流亡人民，平均、减轻赋税，屯田积粮，整饬吏治。不几年，三地大治，经济得到了很快的恢复。但是，忽必烈的行汉法限制了蒙古、色目贵族的随意勒索，并威胁到了蒙哥的汗权。同年，蒙哥借口忽必烈患有脚病，解除了他的兵权，随即派遣亲信大臣阿兰答儿、刘太平等到陕西和河南钩考钱谷。阿兰答儿等到陕西、河南后，搜罗酷吏组成了钩考局，大开告汗，罗织罪名，对于支持忽必烈汉法措施的官员肆意迫害，陕西司死于酷刑的就达20多人。阿兰答儿设钩考局的目的显然是为了夺回忽必烈控制地区的民政、财赋大权，迫害藩府人员，打击忽必烈的政治力量与改革计划。

蒙哥在政治统治方式上也基本上保持了其祖父、伯父的统治模式。

成吉思汗用来鼓励其兄弟、子侄们进行侵略战争的一句口头禅就是："取天下啊，各分地土，共享富贵！"成吉思汗建国后不久，就把蒙古百姓及土地、牧场分封给了他的诸弟、诸子。成吉思汗自己的大营在斡难河、怯绿连河上游和斡耳罕河流一带，大约在1214年以前，成吉思汗就把大营以东的地方分封给了弟辈，他们的后裔就是元史上的左翼（东道）诸王。西征之后，成吉思汗又把自己大营以西的疆土分给了子辈——术赤、察合台、窝阔台，他们的后裔就是元史上的右冀（西道）诸王。大蒙古国的这种分封制度具有极大的独立性：诸王的领地是分享的，大汗不能把它撤除；诸王有权参加大汗召集的忽里勒台，商议国家大事；有权在自己的领地内设置怯薛（军队）和政务机构，任命官吏，审判案件；自置课税官，征收领民差发。随着蒙古贵族军事征服的不断进行，各藩国之间经济、文化的联系越来越薄弱。大蒙古国的领土东起今日中国的东北，西迄俄罗斯，境内民族众多，语言、宗教、生活方式和风俗习惯各不相同，社会发展水平也极不一致。这样一个缺乏统一经济基础的庞大帝国要想维系统一是极为困难的。成吉思汗时代，术赤所建立的钦察汗国就已显示出了独立的倾向。窝阔台死后，汗位空悬五六年之久，宗王们各自为政，中央权力日渐削弱。汗国的统一尽管表面上仍然维持着，但正如著名的波斯史家剌失德在《成吉思汗的继承者们》一书中所指出的，"从此，不和始产生于蒙古人之中。"

蒙哥继位之后，为了挽回大蒙古国的逐渐分裂，采取了一些措施：首先，蒙哥利用曲出之子失烈门与贵由之子脑忽、察合台之孙也孙脱企图推翻蒙哥汗权的事件，将三王遣发到汉地军前从征，并将窝阔台领地瓜分数块，分别授予窝阔台的后人，用这种分而治之的办法使他们任何人也无力对抗中央。此外，蒙哥对诸王领地权做了一些限制：诸王驰驿允许乘三匹马，远行也不准超过四匹；诸王不得擅自征招民户。但是，蒙哥上述措施不过仅仅削弱了窝阔台系诸王的势力，根本谈不上动摇其他宗王在领地上的统治。相反，蒙哥又继续封赐了一些宗亲。

在贵由和海迷失后执政时期，由于赋税差役过分沉重，人民纷纷逃亡。蒙哥继位之初，为了保证蒙古统治者和贵族的剥削收入，支持巨大的行政、军事开支，补充兵员，于淳祐十二年（1252）重新编集户口，搜括各地漏籍与寄居的逃户，增加户口二十余万人。在重新编集户口之后，蒙哥仍重蹈窝阔台的覆辙，按照蒙古传统的"共享"习惯，在宗室、贵族中进行一次权益的分配和赏赐。宝祐元年（1253 年），为了把全国的权力控制在拖雷系宗族的手中，蒙哥又进行了更大规模的分封：命令旭烈兀率兵远征西亚并执掌该地政务，忽必烈主管漠南汉地的军国庶事。但是，旭烈兀在取得对西亚用兵的胜利之后，建立了伊利汗国，"自帝一方"去了；忽必烈自掌管漠南汉地军国庶事后，则怀揣个人野心，广泛联络汉族士大夫，积极营建漠南根据地，屯田积粮。大蒙古国的分裂更是日趋严重。

蒙哥同其先人一样，仍然以漠北的和林作为大蒙古国的中心。漠北地处沙漠地带，阴寒少水，草薄土瘠，从经济上说，它不具备庞大帝国统治中心的条件。而当时已为蒙古占据的中原地区，历经数代封建王朝的治理，农业文明已十分发达，蒙哥汗要想加强中央权力，进而控制诸王领地，就必须改变祖训，把统治中心转移到中原来。可惜，蒙哥墨守成规，在这个问题上也失策了。大蒙古国继续朝着分裂的方向发展。

蒙古贵族十分热衷于对外战争，因为通过战争可以给他们带来巨额的财富。蒙哥继承汗位后大蒙古国的周围顿时又战火四起。

自成吉思汗西征以来，蒙古大军已相继征服了波斯的大部分地区，在东部伊斯兰世界中，仅有亦思马因派统治的木剌夷（在今伊朗）和哈里发统治的报达（今巴格达）尚未征服。蒙哥继位之后，决定派遣其弟旭烈兀征讨木剌夷和报达，命诸王各从所属军队中十人抽出二人从征，还从汉地征发炮手、火箭手千人，由著名攻城能手郭侃率领，随军出征。镇戍波斯的拜住军、怯失迷儿（今克什米尔）的塔亦儿拔都军亦听旭烈兀调遣，阿母河行省供应军需。1252 年 7 月，先锋怯的不花率 1.2 万人先行；1253 年十月，旭烈兀统率主力大军浩浩荡荡向西进发。宝祐四年（1256年）六月，旭烈兀遂率诸军四路并进，围攻鲁克奴丁所在之麦门、底司堡，架炮轰击。十一月，鲁克奴丁被迫出降。旭烈兀下令尽毁当地城堡，并将俘获及归降的亦思马因人屠杀殆尽。报达的城池似乎也并不比麦门底司堡坚固，在哈里发拒绝接受旭烈兀宝祐五年（1257年）九月的诏降谕令后，十一月，蒙古大军三路并进，开庆元年（1258年）一月，抵达报达城郊，三十日完成了对报达的包围。二月五日，哈里发被迫遣派儿子及官员人等奉重币至旭烈兀大营求降，但已为时太晚，旭烈兀拒绝接见，下令继续攻城。十日，哈里发率众出城投降。旭烈兀极其残忍地下令屠城，无辜居民死者达80万。二十日，旭烈兀下令处死了哈里发及其长子。至此，统治报达五百余年的黑衣大食终遭灭顶之灾。

在旭烈兀远征西亚地区的同时，蒙哥又命塔塔儿带撒里、土鲁花等率众进攻忻都（今印度）和怯失迷儿。前此，由也古、札剌儿带率领的蒙古军队也先后对高丽等地区进行了一系列的侵略战争。

然而，在蒙哥时期的侵略战争中，无论是对西亚地区，还是对南亚地区的战争，在规模与持续时间上都远远不及对于南宋的战争。

蒙古、宋对抗始于端平元年（1234年）的洛阳之争，此后双方展开了旷日持久的拉锯战。从1235—1250年，蒙古军分路进攻南宋，先后占领了襄阳、樊城、郢州（今湖北钟祥）、成都等战略要地，但先后又被宋军收复。蒙哥继位之后，命令皇帝忽必烈镇戍漠南汉地，并负责征服南宋。忽必烈的谋臣姚枢认为，自窝阔台以来的伐宋战争之所以毫无进展，是因为蒙古军将们只知道烧杀抢掠，致使南方汉人闻之胆寒，宁死不降。他建议忽必烈应改变策略，将此前秋去春来、专事掳掠的蒙古军分屯要害，以守为主，边作战边耕地，在粮草充足后再进行攻宋战争。忽必烈完全采纳了他的建议，在漠南汉地先后奏置了河南经略司、陕西宣抚司，革除弊政，广泛屯田，以为经久之计。

在积极备战的同时，忽必烈又分析了蒙宋双方的战略部署，认为南宋有长江为屏障，襄、樊等城市易守难攻，蒙军极难得手。于是，忽必烈向蒙哥提出了先取大理以包抄南宋的战略计划。淳祐十二年（1252年）六月，蒙哥命忽必烈率军远征大理。大理国的统治区域，包括今天的云南全省、贵州、广西西部和四川南部以及缅甸、泰国、老挝的一些地方。忽必烈在对大理的军事行动中，煞费苦心，一改自古在西线用兵必经四川中部和南部的汉源一线的惯例，率军绕过这条古道，由甘肃临洮出发，经今甘、川、藏边界人烟稀少的高山峡谷之地，绕道两千余里抵达金沙江畔，完成了中国古代军事上的一次创举。居住在金沙江彼岸的摩娑蛮（今纳西族）主，做梦也想不到会突然从对岸乘革囊和木筏过来那么多的勇士，只得低首迎降。忽必烈降服摩娑蛮主之后，离大理不过四百多里路，大理国对如同从天而降的蒙古军毫无备战准备，不久，蒙古大军便长驱直入大理国都。忽必烈对大理军事行动的顺利完成，就形成了对南宋王朝的合围之势。同年十二月，忽必烈留大将兀良合台戍守大理，自己班师北返。

对南宋的战略包围既已完成，蒙哥毅然决定发动全面进攻，企图一举荡平苟延残喘的南宋王朝。宝祐五年（1257年）春，诏令诸王、诸将出师征宋，在正面战场上布置了左、右两冀大军。右冀军由蒙哥亲自统领，右手诸王及弟末哥、子阿速歹等随从，进攻目标是四川。诸王移相哥、察忽剌（合赤温孙）及札剌亦儿、弘吉剌、亦乞列思、兀鲁、忙兀五投下贵族各率军统属，进攻目标是荆襄、两淮。汉地诸侯军队则分属左、右冀从征。九月，蒙哥命幼弟阿里不哥留守漠北和林，亲统大军南下入蜀。同时，又命令已由大理进入交趾的兀良合台引兵北上，与正面的蒙古左、右冀军形成对南宋的南北夹攻之势。蒙哥此次军事行动的计划是在攻下四川后，顺江东下，三路大军会师鄂州（今湖北武昌），然后南下直捣南宋国都临安（今浙江杭州）。

同年秋，蒙哥率 4 万右冀军突入四川，塔察儿亦率左冀军包围了樊城。塔察儿只热衷于掳掠财物，恣情享乐，军纪十分涣散，不但樊城连月不克，在此后的一年多战争中，竟一城未取，寸功未立。蒙哥不得不再请忽必烈重统左冀军马。而蒙哥亲率的右冀军于宝祐六年（1258 年）四月兵驻六盘山，七月入大散关，至汉中，开庆元年（1259 年）初进逼四川重镇合州。蒙哥派使到合州钓鱼山招降，宋守将王坚不从，并杀蒙使于阅武场，激励士卒誓死坚守合州城。二月，蒙哥亲统大军围攻钓鱼山，并切断了南宋援助部队与合州的一切联系。王坚毫不畏惧，率领合州军民依靠钓鱼山险要地形奋勇拒守，致使蒙军连攻五个月不克。六月初，蒙哥看到合州久攻不下，暴躁不安，亲临钓鱼山前沿阵地督战，结果为炮石所伤。七月十一日，蒙哥死于攻宋前线的大军之中。

蒙哥汗在位共 9 年，终年 53 岁，死后同其祖父、伯父一样被埋葬在起辇谷中。1266 年 10 月，太庙建成，制尊谥庙号，元世祖忽必烈追尊蒙哥庙号为宪宗，谥号桓肃皇帝。

蒙哥去世前虽未能灭南宋统一天下，但是他的去世，对当时的世界格局，有极大的影响，蒙哥去世导致了旭烈兀统率的第三次蒙古西征被迫中止，而且，蒙哥去世以后即爆发了其弟忽必烈与阿里不哥继位之争，最终导致大蒙古国（蒙古帝国）的分裂。

元世祖忽必烈

孛儿只斤·忽必烈（1215—1294 年），即元世祖，蒙古族，政治家、军事家。监国托雷第四子，元宪宗蒙哥弟。大蒙古国的末代可汗，同时也是元朝的开国皇帝。蒙古尊号"薛禅汗"。

元世祖忽必烈在中国古代史上，是一个占有重要地位的皇帝。他在建立元朝、统一中国、改革体制等方面，表现了锐意进取的精神，为元朝的昌盛和发展做出了重要贡献。

忽必烈雕像

忽必烈是拖雷的第四个儿子，是元宪宗蒙哥的弟弟。忽必烈的母亲庄圣太后，是个汉化较深的皇族妇女。她经常让汉族地主阶级知识分子到宫中去讲习故事。通过和这些人物的接触，对幼年的忽必烈产生了较大的影响。后来，随着年龄的增长，忽必烈便以唐太宗为楷模，密切地注视着政治势力的变化，积极创造条件，准备参与政治活动。当元宪宗蒙哥病死时（一说是其攻合州时死于乱军），忽必烈也没攻下鄂州（今湖北武昌）。这年的十二月，在汉阳声援鄂州的南宋右丞相兼枢密使贾似道向忽必烈求和。恰在这时，忽必烈的妻子弘吉剌氏从开平派密使向忽必烈报告，说他的弟弟阿里不哥正策划继承汗位。忽必烈便采纳谋臣郝经"班师议"的计策，遂与贾似道秘密媾和，尔后急速罢兵北归，经燕京回开平，以谋取大汗位。

忽必烈在北归之前，曾先派廉希宪北上，以观时局变化，并命他代表忽必烈贿赂亲信，让他们伺机提出拥立忽必烈为大汗的建议。塔察儿接受了这个建议。中统元年（1260年）三月，忽必烈返回开平后，立即召集支持他的末哥、塔察儿、爪都等，举行忽里勒台（诸王大会），宣布继汗位。忽必烈继位后，以开平为上都、燕京为中都（后改为大都）。1271年（宋度宗咸淳七年，至元八年）十一月，在进攻南宋取得了巨大胜利后，忽必烈又采取了一个重要措施，公开废弃"蒙古"国的称号，取《易经》"大哉乾元"之义，改国号为"大元"。这话的意思是物之所本，事之所始，"元"与"原"字义通。从此，蒙古王朝被称作元朝。

要治理国家，就要有治国的人才。元世祖就是一个重才治国的皇帝，早在1244年，忽必烈就派遣赵璧、许国桢首先去保州（今河北清苑县）聘请金朝状元王鹗来元。王鹗来后，忽必烈同他"朝夕接见，问对非一"。王鹗将"修身、齐家、治国、平天下之道"，统统讲给忽必烈听。忽必烈深有感触地说："我今虽未能继汗，安知他日不能行之耶？"表明忽必烈早有统天下之志，十分注意积累治理国家的经验。蒙哥继位后，把漠南汉地委托给他管理。从此，忽必烈与各族地主阶级的有才之士进一步密切地联系起来。由于他积极网罗人才，像杨惟中、姚枢、郝经、王文统等汉族知识分子，都纷纷前来投靠。这些谋士对忽必烈建立元朝、统一中国和进行体制改革，都发挥了重大作用。如他继位后制定的"治国安民"的基本方略，就是由汉族地主阶级知识分子的谋士为他确立的，主要内容为：一为立法度，正纲纪；二是开言路，不以人废言；三是行仁政，改变屠城政策；四是精简机构，裁汰冗员；五是整顿和改革吏制；六是劝农桑、宽赋税、省徭役等。推行结果，"不及三年，号称大治"。

元世祖忽必烈继位后，更加注重用人才，且重真才实学，不搞论资排辈。中统四年，忽必烈破获了阿里不哥反叛集团，拘捕其党徒1000多人。他发现身边有一个叫安童的长宿卫很是聪明，又有才能，便想使用，但又没把握。于是，趁此机会，他想检验一下安童的见识如何，就有意对安童说："我想把这些人统统处死，你以为如何？"安童说："人各为其主。您刚得了天下，就因私仇大量杀人，将用什么去征服其他未归附的人呢？"忽必烈听了大喜，赞赏他说："你年纪这么轻，就能说出这种深谋远虑的话，实在叫人高兴！你的主张正与我不谋而合。"1265年8月，安童刚满18岁，就被任命为光禄大夫、中书右丞相。后来，安童守边10年，为元朝立下了赫赫战功，被加封为金紫光禄大夫。

忽必烈对中原封建王朝的治国经验很是欣赏，也很注意学习。1260年，他继位后，便决心附会汉法，进行体制改革。首先，他采纳大臣刘秉忠（汉人）的建议，建元纪岁，完成了从大蒙古国到元朝的嬗变。接着，他又根据刘秉忠的建议，按汉族王朝的组织形式，设中书省以总政务，设枢密院以掌兵权，设御史台以掌管司法。在军事上，他效仿汉、唐、宋的内重外轻之法，改革军事制度，抽调精锐，组成五卫亲军，以加强中央集权的力量，把镇戍军分为五类，分别负责镇戍全国各地，隶属于枢密院，而枢密院则直接对忽必烈负责。这样，就集中了全国军权于皇帝一人手中，有力地保证了中央集权的统治。此外，在进行政治、军事体制改革的同时，忽必烈还对生产关系进行了调整，如重农桑。他继位之初，就首诏天下，"国以民为本，民以食为本"，要国人"崇本抑末"。此后，又多次下诏颁布法令，鼓励和指导农业生产。尔后，他又通过建立整顿户籍和赋役制度，改变了元初取民未有定制的局面。这些，都在一定程度上减轻了人民负担，促进了社会经济的恢复和发展，使元朝成为当时世界上最昌盛的国家。

忽必烈继位后，遇到的较大叛乱，就是李璮之叛和海都、乃颜之乱。

李璮是金末红袄军领袖李全的儿子。李全以投降蒙古，换取了"山东淮南行省"的官职。1230年10月，李全发兵袭击南宋的扬州，第二年战败而死。他的儿子李璮承袭益都行省的官职。从那以后，李璮在山东擅权达30年之久。他和他的父亲一样，或假名攻宋，向蒙古要粮

忽必烈像

要官，或联宋反蒙，以安边境；但是，他真正的目的就是要把山东变成他割据一方的独立王国。忽必烈称帝不久，加封李璮为江淮大都督。李璮乘机谎报敌情，大修益都城堑，骗取赐银、军饷、军械。这时，他的岳父王文统已当上了中书平章政事。于是，他们内外勾结，互为表里，选择时机，准备叛乱。中统三年（1262年）二月，李璮乘阿里不哥的叛乱尚未平定，以为时机已到，就攻占益都、济南，发动武装叛乱。他将涟（今江苏涟水）、海（今江苏连云港）等州献给南宋，南宋封他为保信宁武军节度使。其实，这是李璮害怕蒙、宋联合夹攻所要的花招。为了壮大叛乱力量，李璮四出联络汉族地主武装，但几乎无人响应，叛乱势力十分孤立。

当忽必烈得知李璮叛乱的消息，立即派人杀了王文统，并命诸王合必赤总督河南、河北、山东各地的蒙古军、汉军，围攻济南。困守在济南的李璮无计可施，被迫投大明湖自杀，由于水浅未死，后被俘杀死。

继李璮叛乱之后，另一个叛乱者，就是窝阔台的孙子海都。海都因父亲合失未能继承汗位，自己要求袭汗位未成，一直心怀不满。但苦于兵力不足，只好等待时机。当阿里不哥争夺汗位失败后，他便勾结术赤的后裔诸王，占有窝阔台汗国封地，组织叛军，企图南下。忽必烈为了阻止海都势力的扩张，封八剌为察合台汗国之汗，以争取察合台汗国服从中央，夹击海都。海都被察合台汗国军队在锡尔河击败后，又联合术赤后王忙哥帖木儿击败八剌。八剌死后，至元九年（1272

年），海都立八剌儿子笃哇为汗。从此，海都又与笃哇勾结在一起，在西北地区不断骚扰。恰在这时，早与海都勾结的东北藩王帖木格斡赤斤的后裔乃颜，立即纠集合撒儿后王势都儿、合赤温后裔哈丹等也发动叛乱，海都闻讯后，答允率领 10 万军队与其会合。忽必烈一面让伯颜驻军和林，防止海都东来；一面派军镇压乃颜。第二年，乃颜被俘，忽必烈将他处死，至元二十五年（1288 年），忽必烈命皇孙铁穆耳率军镇压哈丹，哈丹逃往高丽。后来，在高丽军民的配合下，哈丹兵败自杀。

当忽必烈镇压东北叛乱的诸王时，海都、笃哇等又气焰嚣张起来。至元二十六年（1289 年），74 岁高龄的忽必烈决定亲征叛乱。海都听说忽必烈亲征，吓得急忙逃遁，忽必烈随命伯颜负责西北军事。

忽必烈在位 30 多年中，与分裂割据势力和叛乱势力进行了十分激烈的斗争。通过在军事上对叛乱势力的坚决镇压，对巩固元代多民族国家的统一起了很大作用。

北方政局稳定后，忽必烈决心消灭南宋，统一全国。他采用南宋降将刘整的建议，把攻击目标直指襄阳。这是南宋防御蒙古最主要的据点。1268 年，忽必烈命阿术、刘整督师，围困隔汉水相望的襄、樊重镇。襄、樊军民坚守 6 年，到至元十年（1273 年）初，蒙军攻下两城。襄、樊失守后，等于打开了南宋的北大门。第二年六月，忽必烈命伯颜督诸军，分两路大举南进。一路以合答为主帅，刘整为先锋，进攻淮西、淮东，直下扬州；一路由伯颜、阿术率领，吕文焕为先锋，沿汉水入长江，沿江而下，直趋南宋都城临安。长江两岸的宋军毫无斗志，纷纷不战而降。1275 年秋，伯颜从建康、镇江一线分兵 3 路包围南宋都城临安。元军进逼临安，谢太后（理宗后）下诏勤王，可是各地官员响应的很少，只有赣州（今江西赣州）知州文天祥和鄂州守将张世杰率兵入卫临安。由于投降派陈宜中的主和、逃跑，临安难以维持。在 1276 年（元至十三年，南宋恭帝赵㬎德祐二年）正月，元军进入临安。谢太后抱着 4 岁的赵㬎投降，南宋宣告灭亡。

1279 年（元至元十六年、南宋祥兴二年）二月，元朝水军在厓山海中发起总攻，南宋水军大败。陆秀夫抱赵昺投海，张世杰突围遇大风，船覆没水淹死，南宋残余的力量，至此全部被消灭。忽必烈实现了全国大统一。

忽必烈建元统一，改革国制，这是他的主要功绩。但在后期，他思想日趋保守，特别是到了晚年，更加嗜利敛财，迭任贪婪，屡兴师徒，淫乱宫闱，造成了内部矛盾的加剧，使改革停顿，人才离散。

元至三十一年（1294 年）正月，80 岁的元世祖忽必烈去世了。因皇太子真金先死，由皇孙铁穆耳于上都继位，这就是元成宗。

元成宗铁穆耳

元成宗（1265—1307 年），名孛儿只斤·铁穆耳，元世祖忽必烈的孙子，他的父亲为忽必烈次子真金，母亲伯蓝也怯赤（阔阔真）。

铁穆耳自小受到父亲真金的熏陶，爱好儒学。真金对忽必烈起用"理财"重臣阿合马、卢世荣等人深感不满，所以就与父亲忽必烈矛盾加深，至元二十二年（1285 年），有一御史奏请忽必烈内禅于太子真金，而正在此时又有人乘机陷害太子阴谋夺位，忽必烈听后大怒，他也没有调查是否真实，就责骂了真金，并想废除他。真金被人冤枉后，感到实在委屈，忧郁而死。忽必烈在得知冤枉太子致使其死亡后，悲痛至极，但为时已晚。

失去儿子的痛苦，使老年的忽必烈对选择继承人更加谨慎。直到至元三十年（1293 年）才正式册封孙子铁穆耳为"皇太孙"。为了培养铁穆耳的各方面才能，忽必烈让他统兵讨伐叛王哈丹，接着又派他镇守蒙古汗国故都哈刺和林（今蒙古国后杭爱省额尔德尼召北），掌管北方防务。同时派开国四杰之一博尔术之孙、御史大夫玉昔帖木儿做他的助手。在玉昔帖木儿请求之下，忽必烈将原来属于真金的印玺皇太子宝授给铁穆耳，间接表明了传位给他的意图。铁穆耳在东北与和林的经历，使他与精锐的北方驻军结下了特殊关系。这一关系成为他和他的后裔登上帝位的重要保证。

铁穆耳

至元三十一年（1294 年）正月，忽必烈病逝，伯颜遵照忽必烈遗命派使者接回了铁穆耳。当时各宗室诸王准备议立新君。然而铁穆耳有两个哥哥，除了二哥答剌麻八剌去世外，大哥甘麻剌常年在漠北领兵，镇守要塞，而立谁为大汗成为各位大臣争论的焦点。有人支持立甘麻剌为汗，因为甘麻剌拥有较强的兵权。而许多大臣支持立铁穆耳为汗。正当兄弟二人相持不下时，他们的母亲伯蓝也怯赤倾向着幼子铁穆耳，她找到权臣玉昔帖木儿和伯颜商量后，决定拥立铁穆耳。同年四月，由伯蓝也怯赤主持忽里勒台大会，甘麻剌不得不支持其弟为新皇，自己仍然领兵镇守漠北。

铁穆耳继位后，遵循忽必烈所定的法度，坚持"守成"之政。同时，他起用元世祖晚年重用的中书右丞相完泽和平章政事不忽木，对辅佐他登基的伯颜和玉昔帖木儿分别授予太傅、太师之职。此外，又任用蒙、汉儒臣。还下诏崇拜孔子，建孔子庙学。还于至元三十一年（1294 年）六月，他下诏减免所在年的包银、俸钞，以及内郡地税和江淮以南州县当年的一半夏税。后来又多次减免税收，其中规模较大的是元贞元年（1295年）免除本年五月以前积欠的钱粮。他还在水旱成灾时，下诏减免受灾郡县当年田租的3/10，受灾严重的地区全部减免，老弱残疾及人丁稀少的民户免除三年差税。同时，停止了当年的一切土木工程。这些措施减轻了民众的负担，同时鼓励农桑，发展生产。

为了使社会经济有一个安定正常的发展空间，成宗一继位就下诏停止远征安南（越南中北部古国），并宽宥了其抗命之罪，释放被扣押的安南使节，还于大德元年（1297年）册封普哇拿阿迪提牙为缅甸国王，并在缅甸、云南开辟驿路；又遣补陀寺和尚宁一山出使日本，以此来缓和与周边各国的关系。他还对待贵族官僚采取了恩威并施的政策，一方面多次赏赐诸王、公主、驸马，增加官员俸禄；一方面力行整顿吏治，约束权贵。

对于诸王叛乱，铁穆耳也是积极进行平实，他先后派出叔父阔阔出、驸马阔里吉思、侄子海山等人驻防西北，以抵御叛军。他于大德五年（1301年），命令海山率军与海都、笃哇联军大战于金山之东的铁坚古山，致使海都大败后忧郁而死，他的儿子察八儿最后投降朝廷。40年之久的皇室内争从此结束。

五月，铁穆耳派荆湖占城的行省左丞刘深用兵西南，刘深所到之处，残杀百姓，烧杀抢掠，无恶不作，很快激起了以土官宋隆济和彝族女首领蛇节为首的西南少数民族起义，他们围困住了贵州城，并杀死元朝的官吏。铁穆耳得知后急忙派军镇压，最后终于平定了叛乱，但却损耗了元朝的大量人力和物力。

铁穆耳到了晚年，还大肆对诸王、驸马赏赐，致使国家财政空虚，危机重重。加上政府机构膨胀，仅京城靠吃俸禄为生者即超过1万人，地方上则更多，官员营私舞弊，无恶不作，贪污受贿之风弥漫朝中。再加上他晚年生病，不理朝政，致使皇后与中书右丞相分别掌权，使得朝政混乱。铁穆耳母亲还曾驱使大量民工修筑五台山佛寺（今山西五台县东北），使得人民生活处于水深火热之中，朝政日益衰败。大德十一年（1307年），铁穆耳病重，不久便病死，享年43岁。

第六章

明清时期的著名皇帝

第一节　明代著名皇帝

明太祖朱元璋

朱元璋（1328—1398 年），原名朱重八，又名兴宗，字国瑞，濠州钟离太平乡（今安徽凤阳东）人。他是我国古代史上继刘邦之后，又一个布衣出身的开国君主，也是我国封建社会后期一位有作为的皇帝。

朱元璋的祖籍是江苏沛县，到他父亲这一辈才定居在濠州钟离太平乡。朱元璋祖祖辈辈都是农民。他父亲朱五四，勤劳厚道，终生为地主开垦荒地，到头来自己却地无一垄。朱元璋童年时，也读过几天私塾，不久就辍学放牧，开始养家糊口。

至正四年（1344 年），淮北地区遭受百年不遇的旱灾和蝗灾，庄稼颗粒无收。接着又遇瘟疫，死人无数。朱元璋的父母兄长不到半个月都一一病亡，阖家只剩下 17 岁的朱元璋。朱元璋草草掩埋了亲人，为了活命，投到皇觉寺当了一个小行童。可是不到两个月，寺院也没了粮食，住持又把朱元璋和他的师兄们打发出去云游四方，化缘为生。朱元璋在这 4 年中，走遍了安徽和河南交界的许多地方，风餐露宿，吃尽了人间的苦，但也增长了阅历，积累了丰富的地理知识。至正八年（1348 年），朱元璋又回到皇觉寺。

至正十一年（1351 年），刘福通在颍州发动起义，元末农民战争爆发了。蕲州的徐寿辉、濠州的郭子兴都起兵响应。朱元璋投奔了郭子兴的起义军。这一年，朱元璋 24 岁，不久被郭子兴收为亲兵，并提拔他为亲兵的小头目（九夫长）。朱元璋精明能干，在士兵中威信很高，在战斗中屡立战功。于是，得到郭子兴的赏识和重用，郭子兴将自己的干女儿马氏嫁给了朱元璋。

不久，朱元璋率军攻下定远，冯国用、冯国胜率军前来投奔朱元璋。朱元璋见他们兄弟二人谈吐不俗，就向他们请教安天下的大计。当朱元璋率军向滁州进军时，军中又来了一个知识分子，他就是定远人李善长。朱元璋向他请教，李善长建议朱元璋以刘邦为榜样。李善长说，刘邦为人豁达大度，知人善用，不乱杀人，五年而成帝业。朱元璋认为他讲得很对，也把他留在身边，参与机务。

为了"得民心"，朱元璋开始整顿队伍，加强军纪，以使自己的队伍成为一支"仁义之师"。当他的部队攻下和县后，将士们还像往常一样掠人妻女，抢劫财货。朱元璋很生气，召集诸将，申明军纪，下令将掠来的妇女全部释放。从此以后，每攻下一城，朱元璋都要张贴安民告示，重申军纪；并派执法队沿街巡逻，遇有违反军纪、掠夺扰民者，格杀勿论。这样，朱元璋的队伍军纪严明、爱护百姓远近闻名，

朱元璋像

不少人慕名前来投奔。不少城池等朱元璋大军一到，举城归顺。

为了加强纪律性、提高战斗力，朱元璋治军极严，有功必赏、有过必罚。

至正十五年（1355年），郭子兴病故，小明王韩林儿任命郭子兴的儿子郭天叙为都元帅，朱元璋为左副元帅。不久，郭天叙和另一名副元帅双双战死，小明王就封朱元璋为大元帅。郭子兴的旧部全归朱元璋指挥。

从至正十八年（1358年）开始，朱元璋集中兵力向浙西、浙东进军，消灭该地孤立无援的元军，巩固和扩大了自己的根据地。特别是浙东的攻取，不仅使朱元璋得到了一块土地肥沃、人口稠密的地方，而且也解除了朱元璋和其他割据势力决战时的后顾之忧。1359年，小明王任命朱元璋为江南等处行中书省左丞相。

随着势力的增强，朱元璋和陈友谅、张士诚这两股割据势力的矛盾越来越尖锐。他们之间的兼并势在必行。

陈友谅原系徐寿辉的部将，逐渐挟持了徐寿辉，成为割据两湖、江西和皖南的强大军事力量。从至正二十年（1360年），陈友谅攻下太平和采石后，踌躇满志，杀死徐寿辉，自己称帝，国号汉。他联络张士诚，进攻应天。

朱元璋料定张士诚不会出兵，就集中力量应付顺流而下的陈友谅。消灭了实力最强、野心最大的陈友谅，朱元璋就全力攻打张士诚。张士诚原是一个私盐贩子，乘元末大乱聚众起兵，占有淮水下游、江苏东部和浙江北部，至正二十三年（1363年）称王，以平江（今江苏苏州）为都。张士诚起兵后，对元朝降了又叛，反复无常。他本人既无大志，又乏远见，只图保住一块地盘，好好享乐。

朱元璋在至正二十五年（1365年）十月，派大将徐达、常遇春率师讨伐张士诚。1366年底，朱元璋借口从滁州迎小明王到应天，在瓜洲凿船沉小明王于江中。同年底，徐达、常遇春已分别攻下湖州、杭州诸地。至正二十七年（1367年），进围苏州，城陷，张士诚被俘，在应天被乱棒打死。

接着，朱元璋又派兵消灭割据浙江沿海的方国珍，第二年又分兵三路直取福建，消灭了元朝平章陈友定，并乘胜克服两广，从而平定了南方广大地域。十月，在出击浙东的同时，派徐达、常遇春率师北伐中原。洪武元年（1368年）正月，在北伐胜利进军的凯歌声中，朱元璋在应天正式登上皇帝的宝座，国号大明，建元洪武，改应天为南京。同年，北伐军按原定计划夺取河南、山东，然后沿运河由山东北上，直逼通州，进围大都。八月二日，元顺帝弃城逃往上都，元朝灭亡。到洪武三年（1370年），北方各省也基本平定。洪武四年（1371年），朱元璋派遣水陆两路大军，进攻盘踞四川的夏政权。夏主明升（明玉珍之子）投降，全川迅速被平定。洪武十四年（1381年），朱元璋又派兵进攻云南，第二年云南平定。洪武二十年（1387年），明军进军辽东，辽河流域全部平定。至此，统一大业基本完成。

朱元璋经过十几年的艰苦奋战，取得了君临天下的最高权力。但是，如何保住皇帝的宝座，让朱家王朝世代相传，这却使朱元璋煞费了一番苦心。朱元璋采取了一系列措施，强化专制主义的中央集权制度。

1. 三司分治，权归中央。洪武初年，地方政权机构的设置仍沿袭元朝的制度，即设行中书省。行中书省位重权大，容易形成枝强干弱、地方专横跋扈的局面。洪武九年（1376年），朱元璋把行中书省改为承宣布政使司，简称布政司，设左、右布政使各一人。布政使是中央派驻地方的使臣，负责宣传和执行朝廷的政令，其权力范围只限于民政和财政，并且事事都得秉承朝廷的意旨。和布政司平行的有提刑按察使司、都指挥使司。提刑按察使司，简称按察司，长官为按

朱元璋像

察使，掌管地方的司法。都指挥使司，简称为都司，长官为都指挥使，掌管一地的军政。三个机构合称为三司，彼此互不统辖，都直接听命于朝廷。这一改革把行中书省的权力一分为三，并且使三司互相牵制，达到了朝廷收回大权的目的。

2. 废中书，罢丞相。洪武初年，中央政府机构也是沿袭元制，设中书省。中书省总管天下政事，丞相统率百官，对政务有决策的权力，只对皇帝负责。本来，丞相是辅助皇帝处理政事的，但如果权力过大，便容易造成皇帝大权旁落，酿成君权与相权的矛盾对立。洪武六年（1373年），胡惟庸任丞相。胡惟庸结党营私、独断专行，和朱元璋的矛盾越来越尖锐。洪武十三年（1380年），朱元璋下令废中书省，不设丞相，提高中书省属下的吏、户、礼、兵、刑、工六部的地位，使六部分理朝政。各部尚书直接对皇帝负责，奉行皇帝的命令，六部分任而无总揽之权，政务由皇帝亲裁。朱元璋实际上是皇帝兼行宰相的职权，封建中央集权制发展到了高峰，他也成为历史上权力最大的君主之一。

3. 将不专军，军不私将。洪武初年，中央军事机关为大都督府。朱元璋任命自己的侄儿朱文正为大都督，是全国最高的军事长官。大都督府统领全国都司和卫所的军队。后来，朱元璋觉得大都督府权力太大了，就在废中书省时把大都督府一分为五，设立左、右、中、前、后五军都督府，各都督府分别管领各所属的都司、卫所。各府的长官为左右都督，掌管府事。

4. 都督府和兵部既互相配合，又互相牵制。都督府只管军籍、军政，没有指挥和统率军队的权力。兵部虽有颁发军令、铨选军官之权，却也不能直接指挥和统率军队。遇有战事，由皇帝作出决定，兵部颁发调兵命令，军事统帅由皇帝亲自任命，然后统帅从各卫所调来的军队进行作战。战事结束，军归卫所，主帅还印。这一制度使总指挥权和统帅任命权操在皇帝手中，而军籍、军政的管理和军队的调拨指挥权限又分离开，将不专军，军不私将。这样，就避免了悍将跋扈、骄兵叛变的弊端。更重要的是皇帝牢牢控制住军权，增强了封建王朝对全国人民的统治力量。

5. 设锦衣卫特务机构。锦衣卫原为皇帝的亲军侍卫，初名仪鸾司，不过是替皇帝掌理仪仗的机构。洪武十五年（1382 年），才改称"锦衣卫亲军指挥司"，成为奉皇帝命令查办各种案件的特务机构，用以监视臣民、镇压臣民的反抗。

6. 大兴文字狱和八股取士。朱元璋因为自己出身"微贱"，怕文人傲慢不服，便不断制造罪名，大兴文字狱，把他们杀害。

明王朝建立后，朱元璋袭用唐宋科举考试的办法选拔官吏。后来曾一度"罢科举不用"。洪武十五年（1382 年）又恢复科举。洪武十七年（1384 年），重新颁布科举条例，对科举的意义、要求以及时间、次序、内容、生员、答卷的文体都作了明确而严格的规定，从而使科举制度臻于完备。

参加科举考试的生员的答卷，其行文格式有严格的规定，这就是通常所说的"八股文"。"八股文"形式死板，内容空洞，陈陈相因，千篇一律。八股取士使读书人只知埋头攻读经书，不讲求实际学问。考中做官的，大多成为皇帝的忠顺奴仆。

7. 禁蓄奴婢、限制僧尼。目的是使封建政府控制更多的纳税和服役人口。它在客观上也使社会生产增加了一支庞大的劳动力量，有利于社会经济的恢复和发展。

建国第一年，朱元璋就颁布诏书明令天下，田主在战争中遗下的荒芜土地经他人开垦为熟地的，归垦荒者所有；如果田主回到乡里，由政府在附近拨给同样面积的荒地。对于其他荒地鼓励农民尽力开垦，开垦出的土地承认为垦荒者的产业，而且免征 3 年田赋，个别地区甚至对额外开垦土地的永不收税。总之，尽量使抛荒的土地都得到垦殖。

8. 鼓励种植经济作物。洪武元年（1368 年），朱元璋下令：农民凡有田五亩到十亩的，必须种桑、麻、棉各半亩；有地十亩以上的，种植面积按比例递增。政府对此进行收税，每亩麻收八两，棉花征四两，桑树四年后才起征。不种桑必须交绢一匹，不种麻和棉的交麻布或棉布一匹。这是用行政命令强制推广植桑、麻、棉。经朱元璋这一推广，植棉从此成为全国性的事业，棉布成为人民的主要衣着原料。此外，朱元璋还提高了手工业者的社会地位，为明代手工业的发展创造了条件。

9. 提倡节俭，严惩贪贿。朱元璋出身贫苦，深知物力的艰难，因此，在称王称帝后提倡节俭，自己生活也比较朴素。他自己用的车舆器具、服用等物，按惯例该用金饰的，他都下令以铜代替。

为了使老百姓有休养生息的机会，朱元璋对贪官污吏严刑惩治。1369 年，他制定律令：官吏受贿枉法者，赃一贯以下杖刑七十，每五贯加一等，至八十贯绞；监守自盗仓库钱粮等物者，赃一贯以下杖刑八十，至四十贯斩。官吏凡是贪污至六十两银子以上的枭首示众，并处以剥皮之刑。

朱元璋的这些政策措施，究其真正目的，是为了养鸡下卵，追求长治久安。但毕竟是比较有政治远见的政策，而且它在客观上也多少限制了封建官僚对百姓的敲诈勒索，减轻了一点人民的负担，有利于经济的恢复和发展。

洪武三十一年（1398 年），朱元璋病逝，享年 71 岁。庙号太祖，谥号高皇帝，葬明孝陵。

明建文帝朱允炆

朱允炆（1377—? 年），又作朱允文、朱允汶，明太祖朱元璋之孙、懿文太子朱标次子，明朝第二位皇帝。年号建文，故后世称建文帝。

洪武元年（1368 年），朱元璋立长子为太子，这是就懿文太子朱标。洪武二十五年（1392 年），懿文太子不幸早逝，这时朱元璋已经 65 岁。照理，下一个继承人应该是懿文太子朱标的长子。朱标共生有五子，长子雄英早夭，第二子朱允炆便居长了。朱允炆生于洪武十年（1377 年）十一月，这时才 10 岁。为了避免引起人们觊觎皇位，求得天下稳定，朱元璋立朱允炆为皇太孙。

朱元璋一共有 26 个儿子。明朝建立后，除皇太子以外，都封为王，安排在全国各要害之地，目的是屏藩皇室。这些亲王除了享有很优裕的待遇外，还可以带兵，特别是在北方边境地区的亲王，在与北元的军队作战时还可以节制诸军。这些手握兵权的亲王都是朱允炆的叔父，谁不想当皇帝？他们全然不把朱允炆放在眼里。洪武末年，追随朱元璋的功臣宿将或病死、老死，或被杀，这些亲王的地位就更加突出了。

一天，朱允炆在皇宫的东角门与侍读太常寺卿黄子澄谈到这件事。他说："各位叔父都拥有重兵，他们不驯服，应该怎样对付？"黄子澄举了汉朝平定七国（即七个亲王）叛乱的例子，说道："诸王拥有的护卫兵仅仅够保卫自己。如果他们发动叛乱，朝廷派大臣加以镇

朱允炆像

压，他们是无法抗拒的。汉朝的七国并非不强，最后都失败了，不仅由于大小强弱的力量对比，也由于他们的行为违背礼法，朝廷镇压名正言顺。"

朱允炆从小聪明好学，极其孝顺。朱标生病时，朱允炆小心侍候，昼夜不离开一步。这样持续了两年，直到朱标病死。朱允炆守孝时因过度哀伤而消瘦，朱元璋安慰说："而诚纯孝，顾不念我乎！"

朱允炆由于自幼熟读儒家经书，所近之人多怀理想主义，性情因此与父同样温文尔雅，皆以宽大著称。洪武二十九年（1397 年），朱允炆曾向太祖请求修改《大明律》，他参考《礼经》及历朝刑法，修改《大明律》中 73 条过分严苛的条文，深得人心。

洪武三十一年（1398 年），朱元璋辞世。根据遗诏，朱允炆做了皇帝，改年号建文，尊封他的母亲二皇妃吕氏（1402 年去世）为皇太后。这一年朱允炆 21 岁。

朱允炆生于安乐，未经创业之苦。他天天与诗书为伴，身边多是文墨之士，所接受的是儒家以仁义治国的一套学说。对于政事，他改变了朱元璋每日两次临朝、诸事皆亲自决断的做法，而是把大政委派给几位大臣，听任他们去处理。这就无形中扩大了臣属的权力，改变了独揽大权的专制局面，朱元璋严密的高压政策从而得到缓解。建文帝一心想恢复理想中的古代二帝三王的仁德之治，同他的属下推行了一系列新政。

朱允炆首先改定律例，他对司法官员说："《大明律》是皇祖亲自制定的。大意虽然依照《唐律》，但也曾遍考历朝《刑法志》，参酌而定。我曾受命仔细阅读，发现与前代相比，处分往往加重。当时天下新定，不得不行重典，但它并非可以百世通行。从前我所改定的，皇祖已命令实行了。但是，量刑定罪尚可商榷的还不止这些。律设大法，礼顺人情，用刑罚统治百姓，不如以礼实行教化，请你们晓谕天下，务崇礼教，赦免那些罪证不足或可以原谅的囚犯，要与我说的'嘉与万方'相一致。"建文年间，不仅刑宽法疏，而且对洪武年间的许多冤案、错案都做了纠正。许多被流放的官员被赦还，许多被杀害的功臣的子弟被录用。所以史书上说建文帝"继体守文，专欲以仁义化民"。建文年间，刑部统计囚犯，较洪武年间减少 2/3。

建文帝还下令"蠲逋租（即免除拖欠的租税），赈灾荒"；下诏优养老人，命令官府为民间卖子为奴者赎身，限制僧道占田数量，余田均给平民。洪武以来，江浙一带田赋繁重，在全国十分突出，朱元璋还规定江浙人不得做户部官。建文帝一反其道，下令减免江浙田赋，江浙人可以做户部官。

建文年间，还对官制进行了一些改革，在一定程度上提高了文官的地位。洪武年间，朱元璋害怕大权旁落，借胡惟庸案件废除了宰相制度，六部由皇帝直接控制，以保证纲纪政令一出于天子。他还立下祖训，规定子孙做皇帝时不许立丞相。臣下敢有奏请设立者，文武群臣即时劾奏，将犯人凌迟，全家处死。虽说是提高了六部的地位，但各部尚书不过正二品，而洪武年间摧辱大臣，甚至廷杖至死者屡见不鲜。另外，朱元璋以武力得天下，明朝建国后，文官的地位仍然低于武官，这对于治理国家是不利的。建文帝说："六卿（指六部尚书）果可低于五府（指五军都督府长官）耶？"他批评了那些以"安静法祖"为借口而反对改制的言论，采取断然措施，提高了文官的地位。他不仅尊重身边的大臣，还要求亲王要尊重自己的老师。这些老师与亲王谈话，不必称臣，只称名字。亲王要以对待老师的礼节来接待。这与朱元璋规定任何人不得与亲王分庭抗礼相比，变化实在太大了。建文帝的政治反对派攻击他说："今虽不立丞相，反有六丞相也。天下之人但知有尚书齐泰等人，不知有朝廷。"可见，在改制中斗争是十分尖锐的。

建文帝虚心克己，屡次下诏要求臣下直言。一次他因偶感风寒，视朝稍晚，监察御史尹昌隆上言规谏。他身边的人对建文帝说："你应该对他说是因为有病。"建文帝说："不可，这样的直言很难听到。我如辩别，人家就不好讲话了。"于是下诏说："昌隆言中朕过，礼部可颁示天下，朕用自警。"又有一次，尹昌隆对当政大臣提出尖锐批评，为当政大臣贬谪。建文帝说："我们要求人家直言，人家反而因为直言遭到贬斥，以后谁也不会信任我们了。"于是，尹昌隆被恢复原官。建文帝的这些做法，在洪武时期连绵不断的霜锋雪剑之后，无疑如同阳春煦日。所以明朝人在提到建文帝的四年统治时说："四载宽政解严霜。"

朱允炆把三位儒家师傅引为心腹，他们是黄子澄、齐泰和方孝孺。这几位老者对朱允炆关于君之为君的概念起了强有力的作用。黄子澄（？—1402年）是一个很受人尊敬的儒家学者，他在1385年举进士第一名。他在明太祖时代担任过很多官职，现在被朱允炆任命为翰林学士，并参与国家政事。齐泰（？—1402年）也是1385年的进士，是一位对经书学有大成的学者，特别精于礼法和兵法。他在洪武帝弥留之际受顾命，以护卫皇太孙和嗣君，被新皇帝任命为兵部尚书，参与国政。方孝孺（1357—1404年）早在40来岁的时候就已经是声名卓著的学者，以文章和政治思想闻名，未中过举，晚年才开始进入仕宦生涯。朱允炆即位以后被召为翰林侍讲。

这三位儒家学者以各种不同方式影响皇帝。黄子澄和齐泰变成了皇帝的心腹，用儒家的修齐治平理论教育他。他们负责研究一些新政策并付诸实施，目的在改组帝国的行政和加强皇帝的权威。方孝孺是《周礼》——一部关于乌托邦式政府的经典著作——专家，他发觉他所见到的是个人专制统治的缺点，因此他建议皇帝应该根据古代经典所提出的理想和形式来实行仁政。所有这三个人都勇敢、正直和满怀着理想。但是，他们都是书呆子，缺乏实践意识和从事公共事务的经验，也没有领导才能；他们对于问题的分析往往限于纸上谈兵，不切实际。年轻的建文皇帝书生气十足而又温文尔雅，且不说和太祖相比，甚至比起他的雄才大略的叔父们，他也没有那种自信心和坚强的性格，甚至也没有那种能力。这位年轻皇帝衷心向往的是实行理想的仁政，他在政府的言论和行事上努力实行一些较大的变革，但这些变革却招致了灾难性的后果。

建文皇帝继位后，朝廷与诸王之间剑拔弩张，各王府不断出现谋反的迹象。

当时，朱元璋的第二子秦王、第三子晋王都已死去，最年长的是第四子燕王朱棣，实力最雄厚。朱允炆的叔叔们虽然都梦想做皇帝，但对朝廷威胁最大的还是燕王朱棣。一天罢朝，建文帝诏见黄子澄，对他说："先生还记得东角门说的一席话吗？"黄子澄说："哪里敢忘！"黄子澄回去后与齐泰商量。齐泰说："燕王掌握重兵，而且素有大志，应该先消除他。"黄子澄说："不然，燕王早有准备，难以一下子削除。应该先除掉周王，他与燕王是同母所生，剪除了燕王的手足，燕王就好对付了。"于是，他们派曹国公李景隆调兵到河南，突然包围了周王府，把周王和他的世子、嫔妃都抓到京城。朝廷宣布将周王废为庶人，并把他迁往云南。进而又下令不准亲王节制文武吏士；削除岷王的护卫军，废岷王为庶人；降旨严厉批评湘王，致使湘王阖宫自焚；废齐王为庶人；将代王幽禁在大同，废为庶人。不到一年，以迅雷不及掩耳之势，削除了五王。

但是，亲王们并不都是甘心就范的，特别是燕王朱棣。朱元璋一死，他看到机会已经来临，便带领兵马，打算以祭奠朱元璋为名进入南京，乘机举事。但是建文帝命令只准燕王朱棣单骑入城。朱棣一怒之下，返回北平（今北京）。到建文帝次第削除诸藩的时候，朱棣起兵造反的意图就更加坚定了。

燕王的谋反日益暴露，但朝廷惮于燕王的实力，不敢轻易动手。建文帝召见黄子澄商量大计。黄子澄说："燕王长期假称生病，实际每天练兵，而且网罗了许多术士异人，不可不早做处置。"建文帝又问齐泰："如今要控制燕王，但燕王历来善于用兵，而北方的士兵又骁勇善战，我们应该怎么办？"齐泰说："北方边境时有敌人入犯，我们可以用防边的名义，派兵戍守，把燕王的护卫全部征调出塞。他的羽翼被除掉，就好对付了。"于是，建文帝派都督宋忠率兵3万，屯戍开平（今内蒙正蓝旗东），燕王府护卫的精锐也归其指挥。又令都督耿瓛练兵山海关，徐凯练兵临清，北平布政使张昺、都指挥使谢贵监视燕王的动静，准备随时铲除燕王。

但是，建文帝的仁柔性格使他在与燕王的斗争中缺乏果断。建文元年（1399年）二月，燕王到京师朝拜时傲慢无礼，从皇帝专用的路进入皇宫，登上丹陛，不对皇上行礼。监察御史曾凤韶劾奏燕王"不敬"，但建文帝说："燕王是我的至亲，不必追究。"户部侍郎卓敬密奏说："燕王智虑绝人。他所在的北平，曾经是金元的首都，地位重要，应该把他迁往南昌，以根除后患。"建文帝把奏章装入袖中。第二天，他说："燕王是我的骨肉至亲，怎么会到这个地步？"卓敬说："隋文帝、杨广不是父子吗？"建文帝听后才久久默默不语。同年二月，燕王派他的世子朱高炽及其弟朱高煦、朱高燧到京师祭奠朱元璋。齐泰请求扣留他们，黄子澄说："不行。扣留了他们，会引起怀疑，他们有了准备就不好办了，不如遣返。"朱高炽等人的舅舅徐辉祖向建文帝密奏说："三个外甥中只有朱高煦勇悍无赖，不但不忠于朝廷，而且会背叛他的父亲，将来一定会成为大患。"但是徐辉祖的弟弟等人庇护朱高煦，建文帝便把他们送回了。本来燕王让世子他们进京就十分后悔，生怕发生意外。世子等人归来，燕王大为高兴。他说："我们父子能够再度相聚，是上天对我们的眷顾！"后来，在燕军与朝廷作战中，朱高煦发挥了很大作用。建文帝才后悔未听徐辉祖的话。

八月，燕王与朝廷的战争终于爆发了，历史上称这场战争为"靖难之役"。燕王为了使自己的造反名正言顺，把它称作"靖难"。意思是说，朝廷里坏人当权，皇帝有难，燕王起兵是为了解除皇帝的危难。燕王还打出另一个旗号，即"恢复祖宗旧制"。他说建文帝等人改乱旧制，不遵祖宗成法，而朱元璋留下的法制是尽善尽美的，必须世代遵守，改变它就是大逆不道。他联合了宁王，搜罗了一些叛离朝廷的军官，开始了一场四年之久的战争。

战争打得很艰苦。燕王虽然善战，但毕竟势单力孤，难以骤胜。在朝廷方面，虽然拥有较强大的势力，但经过洪武年间的杀戮，元勋宿将中能征惯战者已经寥若晨星。前线将帅寡于武略，朝中大臣拙于计谋。这就使官军与燕军作战时不免顾忌重重而常常失利。战争的前三年，燕王仅得北平、大宁（今河北平泉县，辽宁朝阳县及内蒙赤峰市之间地区）、保定三府之地。济南之役、东昌（今山东聊城县）之役，燕军连连受挫，朱棣也几次遇险。但燕王的领导能力、高素质的军队却非朱允炆可比。随着战争时间的延长，朝廷指挥不当、兵力孱弱、内部松懈的缺点严重影响了战局。直至节节败退，许多将领投降了燕王。

建文四年（1402年）六月，燕军渡过长江，当时守卫金川门的谷王朱橞和大将李景隆在最后关头私自开门降燕，让燕军杀入城内，使建文朝廷走向了死亡。建文帝看到大势已去，又见警报迭传，便下令纵火焚毁皇宫。当朱棣杀入宫中，经过三天的搜寻，始终找不到朱允炆。追问内侍，他们也不知朱允炆是死是活，只知他下令纵火后就不见了踪影，皇后和大多数妃子、内侍都被烧死。内侍们怕朱棣不信，找了一具残骸说成是建文帝的尸骨。朱棣命人从灰烬中拔出残骸，已是满身焦烂，四肢不全，分不清男女，只得下令以天子礼殓葬。

几天之后，朱棣登上了皇位，这就是永乐皇帝。朱棣最关心的是要找到建文帝，但建文帝究竟到哪里去了，谁也说不清楚。有的说建文帝在大火中已被烧死。有的说烧死的不是建文帝而是皇后，一些宫人、内官把灰烬中的皇后的尸体故意说成是建文帝的尸体，也有说建文帝已逃之夭夭的。如果建文帝真的逃出，对朱棣的威胁就非同小可，因为建文帝是合法的皇帝，还会有相当的号召力。于是，朱棣先后派出很多人出去查访，追寻建文帝，但也都没有结果。

有关建文年间的史实，在明朝的官修史书中，一直没有确切的记载，在明帝世系中，建文帝也一直没有正式的地位。朱允炆于靖难之役后下落不明，时驸马都尉梅殷在军中，从黄彦清之议，为之发丧，追谥孝愍皇帝，庙号神宗。至南明弘光元年（1645年）七月，以与显皇帝庙号冲突，改庙号惠宗。正德、万历、崇祯年间，不断有人提出要续封建文帝的后代，给建文帝加庙谥，虽经反复商量，也未能够实行。到了清朝乾隆元年（1736年），乾隆皇帝召集大臣廷议，才给建文帝上了谥号，称作恭闵惠皇帝，简称惠帝。

明成祖朱棣

朱棣（1360—1424年），明太祖朱元璋的第四个儿子。洪武三年（1370年）封为燕王。洪武十三年（1380年）受命到封地北平（今北京）。燕地与蒙古接壤，朱棣经常奉命出塞巡察边防，筑城屯田，多有建树。后来，又屡次率诸将击败元蒙残余势力，威名大振。

洪武三十一年（1398年），朱元璋去世，朱允炆继皇位。朱允炆听从臣僚们的建议，准备采取果断措施，实施"削藩"计划。兵部尚书齐泰主张应以迅雷不及掩耳之势，先除掉威胁最大的燕王。太常寺卿黄子澄则认为朱棣统有重兵，居于北平，轻易废黜，恐有风险，主张先消除周王等人，剪除朱棣的羽翼，一举两得。朱允炆采纳了黄子澄的建议，削藩从内地诸王开始。第二年，朱允炆改元建文，准备开始对燕王等边镇藩王下手。

朱棣面对诸弟被废，自己也难逃厄运的严峻形势，便借朝贺改元之机，带领世子朱高炽等三子，亲往南京，密察虚实，以谋对策。建文元年（1399 年）六月，燕山护卫百户倪谅告发燕王府官校于谅、周铎等人谋反。建文帝将二人逮至京师杀害，并下诏谴责燕王。朱棣公开宣布起事。他接受谋臣们的建议，以诛齐泰、黄子澄等"奸臣"为名，打出"清君侧"大旗，誓师进京"靖难"。后干脆去建文年号，仍称洪武三十二年，署官属。

建文四年（1402 年）四月，燕军攻打灵璧，遭到徐辉祖部的强有力抵抗，不得前进。而在此关键时刻，建文帝误信讹言，撤回徐辉祖，致使士气顿时瓦解，降者数万人，燕军大胜。这是一场关键战役，燕军从此乘胜南下，势如破竹，一举攻克扬州、高邮、通州、泰州，陈兵江北。该年六月，朱棣拒绝建文帝的割地和议，挡回庆成郡主、诸王等贵戚的游说，一举攻破南京城。建文王朝覆灭，建文帝在宫中自焚而死（一说化装成僧人逃走）。一场持续 4 年的皇位争夺战，至此结束。

朱棣进入南京后，大肆杀戮，进行报复。齐泰、黄子澄等 50 多位建

明成祖朱棣

文帝近臣惨遭杀害，灭族、株连处死者达数万人，称之为"瓜蔓抄"。名儒方孝孺因拒绝草诏，大骂朝堂，被凌迟处死。朱棣在血腥的屠杀中登上了皇帝宝座。诏令第二年（1403 年）改元永乐，并改北平为北京。从此，大明王朝又有了一位于战火中成长起来的铁血雄主。

朱棣以马上得天下，于血与火中建立起永乐政权。他崇尚的是强权与武力，将明太祖奠定的封建专制主义中央集权政治又推进了一步。而后世侈言大明国威，亦不得不归功于永乐王朝。

还得削藩。朱棣是"过来人"，最知藩王对朝廷的危害。他并未因建文帝削藩失败而放弃此举。朱棣先后把受封在北方的诸王迁徙到南方，有的被废为庶人，如徙谷王于长沙，徙宁王于南昌，削去代王、辽王的护卫等等。朱棣不同于建文帝的文弱与寡断，有威有谋，削藩有方。从此，诸王的帝国之梦难以轻圆，原先拥有的部分军政大权再度集中到皇帝之手。

确立内阁体制，加强皇权。朱棣亲自从官僚中选拔干才充作自己的顾问，协助办理政事。任命解缙、胡广、黄淮、杨度、杨士奇、杨荣等入值文渊阁，参与机务。同时，朱棣又重用司礼监宦官，授予其"出使、专征、监军、分镇、刺官民隐事"等大权，使其与内阁的权势相抗衡，而最后的决断属于圣裁。

永乐四年（1406 年），朱棣即下令筹建北京宫殿，并重新改造整个北京城。工程历时 13 年，耗费难以数计的人力、财力，终于在永乐十八年（1420 年）十二月竣工。朱棣又加紧疏浚南北大运河，使每年漕运量达到 300 余万石，保证南粮北运，供给国用。在这一系列配套措施准备就绪后，永乐十九年（1421 年）正月，朱棣下诏正式迁都北京，改称京师。以南京为"留都"，同样设立一套政府机构，但诸司印信全部移至北京。北京从此成为明朝的首都，全国政治、军事、经济和文化的中心。

郑和下西洋乃永乐朝的一桩盛事。永乐三年（1405年），朱棣即派亲信太监郑和率领水手、官兵等27800多人，分乘宝船62艘，满载商品、礼品及日常用品，远航西洋（当时泛指我国南海以西的海洋）。朱棣之所以派遣郑和下西洋，众说纷纭，莫衷一是。有的说是朱棣怀疑建文帝并未自焚，逃亡海外，故而觅其行迹，同时也想"耀兵异域，示中国富强"；有的说是朱棣想打通中西大陆的海上通道；有的说朱棣是想搜寻海外的奇珍异宝，所以有"西洋取宝船"之称。看来，朱棣派郑和下西洋，有其政治上的考虑：扩大政治影响与镇抚亡命海外的臣民。不论是何目的，此举在客观上扩大了中国与亚非诸国的经济、文化交流，增进了友谊。它也是世界航海史上的一次创举。

郑和七下西洋，即以宣德八年（1433年）最后一次航行时间计，也要比世界著名航海家哥伦布、华斯哥·达伽马发现新航路，还要早半个世纪。

永乐元年（1403年）七月，登基不久的朱棣就下旨让翰林院侍读学士解缙组织一批儒士，编纂一部百科全书式的大类书供检阅之用。还交待主编者"勿厌浩繁"，尽量网罗"凡书契以来经史百家书，至于天文、地志、阴阳、医卜、僧道、技艺之言"。中间又增派太子少师姚广孝、刑部侍郎刘季篪加盟主持，参加工作的儒士前后多达3000余人。到永乐五年（1407年）十一月，全书编成，共22937卷，110095册，收存历代重要典籍多达8000余种，约3.7亿字，这即是举世闻名的《永乐大典》。

永乐元年（1403年），朱棣诏令在今东北地区设置了建州卫和兀者卫，二年（1404年）设置奴儿干卫，七年（1409年）又设置奴儿干都司，并建有通往内地的驿站及小城镇。这对东北地区的开发起了很大作用。

当时蒙古地区分为鞑靼、瓦剌和兀良哈三大部。朱棣采取拉拢与打击的两手政策，秉着"分则易治，合则难图"的原则，各个击破，使其相互制衡，于动态中保持边境的安宁。

朱棣先是结好兀良哈部，封赏瓦剌的首领，许其入贡互市，削弱和牵制东蒙古势力。当鞑靼与明朝为敌时，朱棣于永乐八年（1410 年）亲率 50 万大军北征，大败鞑靼。后来瓦剌又强盛起来，攻打已投降明朝的鞑靼余部阿鲁台。朱棣又转而支持阿鲁台，封其为和林王，并于永乐十二年（1414 年）又再次亲征，在忽兰忽失温（今蒙古国乌兰巴托）大败瓦剌部主力军。其后阿鲁台又强盛起来，反叛明朝。朱棣转而扶持瓦剌，使其与之抗衡，并于永乐二十年（1422 年）、二十二年（1424 年）连续三次亲征，将阿鲁台赶到漠北深处。自永乐八年至二十二年之间，朱棣先后五次亲征出塞，有效地防御和打击了蒙古贵族的侵扰破坏，保障了边境的安全，促进了社会经济的恢复和发展。

在永乐二十二年的第五次远征蒙古的归途中，朱棣染上重病，于该年七月，不治而死于榆木川（今内蒙古多伦西北）。谥孝文皇帝，后改谥成祖。朱棣毕生戎马倥偬，修文兴邦，堪称有为之君。

明仁宗朱高炽

明仁宗朱高炽（1378—1425 年），明成祖朱棣长子，母为仁孝文皇后徐氏。明朝第四位皇帝，在位年号洪熙。

朱高炽生性端重沉静，言行识度，喜好读书。由于他的儒雅与仁爱深得皇祖父朱元璋的喜爱，洪武二十八年（1395 年）由太祖朱元璋册封为燕世子。不过由于朱高炽喜静厌动，体态肥胖，行动不便，总要两个内侍搀扶才能行动，而且也总是跌跌撞撞，因此对于一生嗜武的明成祖朱棣来讲，他并不喜欢这个儿子。永乐二年（1404 年），被朱棣立为太子，永乐二十二年（1424 年）登基，从当太子到做皇帝的

20年间，朱高炽屡濒危境，地位几遭动摇。

"靖难"之初，朱棣率兵北征。身为世子的朱高炽奉命留守北平。他出色地指挥将士奋勇抗击，顶住了李景隆50万大军的围攻，为燕师保住了根据地，使朱棣得以乘机偷袭了大宁，胁持了宁王，收编了大量部队，为夺得政权积聚了足够的兵力。

朱高炽虽然在保卫北平的战役中立了功，但他身肥体硕，不能骑射，并有足疾，行动时需要宦官扶持，即使这样还常常失足，因而在以后的战役中很少有战功。而朱高炽的胞弟朱高煦、朱高燧跟随朱棣南征北战，战功显赫。特别是朱高煦能征惯战，深得朱棣宠爱。

朱高煦自恃功高，开始觊觎世子的位置。朱高煦的这种愿望传到了建文帝谋臣方孝孺那里，他当即向惠帝献计，请建文帝亲自写信给朱高炽，让其归依朝廷，并封他为燕王。建文帝依计而行，派遣锦衣卫千户张安前往北平送信。朱高炽接到信心里一惊，他并没有马上拆封，他深知自己的处境，也猜得出建文帝致书的目的。他当机立断，立即派人将没有启封的信连同张安一道星夜送往正在前线作战的朱棣。然而，朱高炽没有料到，中官黄俨的动作更快。黄俨是朱高煦的心腹，素常谄媚于朱高煦、朱高燧。他得知建文帝送信的事后，先于朱高炽派人驰报朱棣，声称世子与朝廷私通要谋反。朱棣听到报告后将信将疑，便问朱高煦。朱高煦乘机进谗，说朱高炽早就想篡位当燕王。朱棣勃然大怒，决定下令处置朱高炽。正在这时，朱高炽派的人匆匆赶到。朱棣看了书信心中释然，庆幸刚才的命令没有发出，否则就要错杀了自己的儿子。

建文四年（1402年），朱棣终于登上了皇帝宝座。按常规，在稳固了政权后，应尽快确立太子。但朱棣却犹豫再三，一拖再拖。照理立嫡长朱高炽为太子名正言顺，但朱高煦在"靖难"中冲锋陷阵，英勇善战，多次在乱军中救朱棣于危难，加之他的长相特别像朱棣，使得朱棣对他有所偏爱。而且在靖难时，朱棣就曾有过"世子多病，你多努力"的暗示。所以，欲舍朱高炽不忍，欲立朱高煦又恐违背祖制，臣民难服。朱棣陷入了左右两难的境地，大臣们几次建议立储，他均未置可否。

大臣之中也是完全对立的两种意见，淇国公邱福、驸马都尉王宁等武将，都主张朱高煦功高，应当立为太子。唯独兵部尚书金忠认为这样做不妥，他向朱棣历数古代帝王易长另立而引出的祸乱，以图说服朱棣。见效果不大，他又将自己的意见秘密告诉了支持立朱高炽的翰林学士解缙、黄淮、尹昌隆等。一天，朱棣就立太子的事征询解缙的意见，解缙讲了一通"世子仁孝，天下归心"，朱棣没有应声。解缙见状，撇开朱高炽不说，夸赞起了朱高炽的儿子。原来，朱高炽的长子朱瞻基长得十分英俊，聪明过人，深得朱棣钟爱，从小就让他跟在自己身边，并经常称赞他将来一定是个盛世天子。果然解缙一提到他的"好圣孙"，便打动了他，不由默默地点了点头。接着，他又分别询问了黄淮、尹昌隆等，他们的意见与解缙完全一致。他的心便逐渐倾向于世子朱高炽。

又过了些日子，朱棣命众臣题《虎彪图》。画中有一虎领众彪呈父子相亲的样子。解缙借题写诗一首："虎为百兽尊，谁敢触其怒？唯有父子情，一步一回顾。"读完诗句，朱棣深为所动，终于做出抉择。永乐二年（1404年）五月，立即宣布立朱高炽为太子。同时封朱高煦为汉王，封国云南；封朱高燧为赵王，封国彰德。

从此，朱高炽不管是住在南京，或是住在北京，在皇帝离开时就担任监国。他在此职务上的表现赢得了他的老师们——大部分为翰林学士——的尊敬，并得到了宝贵的实际行政经验。朱高炽被立为太子，表面看来似乎确立了地位，但更大的风浪也随之而来。

次子朱高煦并没有这样屈服，他迟迟不肯就藩，留在京城伺机行动，他先是进谗言使得立储的第一功臣解缙遭到贬黜，几年之后惨遭杀害，然后私养了许多武士图谋不轨，好在杨士奇、徐皇后说服了朱棣削夺了朱高煦的部分护卫，强令他就藩乐安，朱高煦与朱高炽之争才算暂时告一段落。谁知半路又杀出个程咬金，皇三子朱高燧在成祖得病期间曾密谋杀死朱棣，然后矫诏继位，幸得有人告密，一场灾难才没有降临。事后，由于朱高炽为朱高燧求情，朱棣总算没有再追究。

永乐二十二年（1424 年）七月，朱棣在北征还京途中对杨荣说："东宫（太子朱高炽）涉历年久，政务已熟，军国重事，悉以付之。朕得悠游暮年，享安和之福矣。"然而，没过几天，七月十八日，65 岁的朱棣在北征返京的途中病逝于榆木川。英国公张辅、阁臣杨荣为了避免朱高煦、朱高燧趁机作乱，因此秘不发丧，将军中的漆器融成一口大棺材，将朱棣的遗体装入棺材中，每日还是照例进餐、请安，只是皇帝的车帘再也没有掀开，皇帝也再没有说话，军中一切如常。同时，派杨荣与太监海寿进京密报，朱高炽得知后立即派儿子朱瞻基出京迎丧。由于大臣们的精心安排，总算没有爆发什么叛乱，政权得以平稳过渡。九月七日，朱高炽正式登基，颁布了大赦令，并定次年为洪熙元年。同一天，他采纳夏元吉的建议，取消了郑和预定的海上远航，取消了边境的茶、马贸易，并停派去云南和交趾（安南）的采办黄金和珍珠的使团。他重新命夏元吉和另一名被贬的官员吴中

明仁宗衮龙袍坐像

分别任户部尚书和工部尚书。朱高炽以这些行动开始取消或调整他父亲的行政政策。

一天朝罢，朱高炽对蹇义、杨士奇说："朕监国二十年，为谗慝所构，心之艰危，吾三人共之。幸赖皇考仁明，才有今日。"说完泣不成声，蹇义、杨士奇也痛哭流涕。当天，朱高炽赐蹇义"蹇忠贞"印，赐杨士奇"杨贞一"印。

朱高炽能得到众多大臣竭力拥戴，而在两个兄弟咄咄逼人的攻击之下立于不败之地。靠的不仅是政治手腕，还靠爱护臣下，关心百姓疾苦，为人仁厚，树立了自己的形象，巩固了地位。体察人民的疾苦，行恤民之政，这是朱高炽从做太子监国到继皇帝位始终不渝所坚持的。做太子时，他曾不止一次地奏免灾区的税粮。永乐十八年（1420年），北京的宫殿建设很快就要完工，第二年将迁都北京。朱高炽应朱棣之召前往北京。多少年来，他很少有机会离开南京。这一次，他趁机询访沿途军民，查看百姓生活，寻访政事的得失。

永乐一朝，战争频频，徭役繁累，支出浩大。在20多年的时间里，朱高炽作为太子，深知百姓的负担，也深知国家耗费的物力实在太多了。因此，他在继位后，注意减轻百姓的负担，实行与民休养生息的政策。朱高炽选用贤臣，削汰冗官，任命杨荣、杨士奇、杨溥三人（史称"三杨"）辅政。废除了古代的宫刑，停止宝船下西洋，停止了皇家的采办珠宝；处处以唐太宗为楷模，修明纲纪，爱民如子，他下令减免赋税，对于受灾的地区无偿给以赈济，开放一些山泽，供农民渔猎，对于流民一改往常的刑罚，采取妥善安置的做法，这一切都使得洪熙朝人民得到了充分的休养生息，生产力得到了空前的发展，明朝进入了一个稳定、强盛的时期，也是史称"仁宣之治"的开端。

在治国用人上，仁宗朱高炽也十分注意用有才识、忠诚正直的贤臣。他特别信任和器重的是做太子监国时尽心辅佐他，与他一道历遭磨难的"蹇夏"和"三杨"。"蹇夏"是指蹇义和夏原吉。蹇义字宜之，四川巴县人。夏原吉字维哲，祖籍江西德兴。他们两人都是从洪武朝时就开始任事的老臣。成祖朱棣继位后，蹇义被提拔为吏部尚书，夏原吉则被任命为户部尚书，两人掌管了六部中两个最重要的部。蹇义为人厚重，作风谨慎，尤其熟悉朝廷的典章制度。夏原吉则精明能干，善于理财。"三杨"则是指杨士奇、杨荣、杨溥。杨士奇名寓，士奇是他的表字，江西泰合人。杨荣字勉仁，福建建安（今建瓯）人。杨溥字弘济，湖广石首（今属湖北）人。他们三人都是建文朝的旧臣。杨士奇刚直敢言；杨荣多谋善断，有军事才能；杨溥是仁宗当太子时的教师，为人恭谨，被誉为有"雅操"。仁宗继位后，首先释放了被成祖朱棣关了十年的杨溥、黄淮，恢复了被朱棣关押了三年的夏原吉的职务。接着，他又确立了内阁制。

明朝自朱元璋开国后，就废除了丞相制，由六部直接向皇帝负责。到永乐年间，朱棣命侍读解缙、胡广，编修杨士奇，修撰杨荣等人"并直文渊阁，预机务"。从此，阁臣的设置成为常制，内阁成为一个较为稳定的官僚机构，并且明确规定其职责是"参与机务"。但这时的阁臣阶序不高，一般只是五品，属中级官员，入阁的，都是些编、检、讲、读之官。虽然他们与皇帝朝夕相处，知道并参与许多重大的机密事务，但只是参与而已，权位远远不及尚书。朱高炽继位后，打破了这一限制，不断提升阁臣的官阶。他一继位，就晋升杨荣为太常侍卿，金幼孜为户部侍郎兼大学士，杨士奇为礼部左侍郎兼华盖殿大学士，黄淮为通政使兼武英殿大学士。这样，就把阁臣的官阶从正五品提高到正三品。九月，他晋升杨士奇为少保，杨荣为太子少侍兼谨身殿大学士，金幼孜为太子少保兼武英殿大学士。从此，内阁大学士已跻身于公侯伯尚书的行列。十二月，他又晋升杨士奇为兵部尚书，黄淮为少保兼户部尚书，金幼孜为礼部尚书。朝权已牢牢掌握在他所器重的人手里。

仁宗认为，为君以受直言为明，为臣以能直言为忠。当太子时，他曾因为赞赏徐善述给他改诗改得好而亲书一幅表示感谢，并说，如今谀顺颜者，比比有之，而像卿这样朴直苦口的百无一二，希望善述药石之言日甚一日，不要有犯颜触讳的顾虑。为了广开言路，他在继位后的第三个月，再次专门颁布诏书，征诏直言。诏书说："朕承大统，君临亿兆，亦唯赖文武贤臣共图康济。嗣位初首诏直言，而涉月累旬，言者无几。夫京师首善地，民困于下而不得闻，弊胶于习而不知革。卿等宜极言时政之得失，辅以至诚，毋虑后遣。"

由于仁宗的极力倡导，当时廷臣上奏章时，阿谀奉承的比较少，直言政事得失的比较多。仁宗也的确能够倾听、接受大臣们的意见。御史舒仲成在朱高炽当太子时触犯过他，仁宗继位后曾想惩办已经出任湖广按察副使的舒仲成。杨士奇知道后，认为仁宗继位时曾下诏书赦免以前忤旨的人，现在如果再追究舒的罪，就失去了信用，会让做臣下的感到寒心。因而建议仁宗像汉景帝对待冒犯过他的卫绾那样宽厚地对待舒仲成。仁宗愉快地接受了杨士奇的劝谏，不再把舒仲成的冒犯放在心上。

要真正做到从谏如流并不那么容易。洪熙元年（1425年），大理寺卿弋谦直陈时政，多为仁宗采纳。后来，在又一次奏陈时，言辞过于激烈，引起了

清人绘明仁宗像

仁宗的不悦。一些阿谀之臣乘机弹劾弋谦。尚书吕震、吴中说他诬下罔上，有失大体，刘观令等御史则说他是卖弄正直，沽名钓誉。这些人的火上浇油，更增加了他对弋谦的厌恶。杨士奇对仁宗说："弋谦虽然不谙大体，但内心十分感激皇上的超擢之恩，总想尽力报答。再说也是由于主上圣明，他才敢于这样直言，请陛下能宽容他。"仁宗听了他的话虽没有加罪于弋谦，但每次见了他，总不给他好脸色，说话也十分严厉。见此情景，士奇又一次进谏，劝仁宗说，弋谦是响应号召直言陈事的，如果治了他的罪，将会使四方朝觐之臣认为皇上容不下直言之人，这样下去，等于让群臣结舌。仁宗承认是他不够大度宽容，也认识到是吕震之辈阿谀迎合增加了他的过错，表示要妥善处置，最后决定让弋谦专管大理之事，不再参朝。仁宗虽然没有追究弋谦，但大臣们言事的越来越少了。仁宗也知道是由于弋谦的事引起的，他把杨士奇找来，告诉他说："我不满的是弋谦的矫激过实，并不是要堵塞言路。现在朝臣逐月无言，你把我对这件事的态度告诉所有大臣。"杨士奇赶忙说："这样的大事，我空说不足为凭，请陛下亲降玺书。"于是，仁宗命杨士奇在榻前草敕引过。敕书说："朕从继位以来，臣民上章，数以百计，未尝不欣然听纳。前者弋谦所奏许多事违背了事实，群臣遂交章奏其卖直，请依法治他的罪。我没有这样办，只免他朝参。但从那时起，言事的人日益减少。身为大臣而怀自全之计，退而默默，怎样尽忠？对于弋谦，我一时不能含容，未尝不感到愧疚。群臣不要消极地接受这件事的教训，对于国家利弊，政令不当，等等，尽管直事陈言，不必有什么顾忌。弋谦照常朝参。"从此，仁宗待弋谦如初，不久又提拔他为副都御史。

仁宗在注意纳谏的同时，还十分注意戒除阿谀之风。有一次，一个喜欢恭维的官员上书歌颂太平，仁宗未置可否，让群臣传阅这份奏疏，满朝文武立即随之唱起了赞歌。唯独杨士奇不以为然，他认为："虽然皇帝的恩泽普及天下，但如今流徙之人尚无所归，疮痍尚未平复，百姓还很贫苦，还需要休息数年，才可能达到太平。"仁宗非常同意这种看法，他责备众朝臣说："朕以至诚以待，希望你们能尽力匡扶。但只有杨士奇多次上章指出时弊，而你们许多人却无一言。难道朝廷果真就没有弊政，天下真的太平了吗？"众朝臣深为所动。直言朝事蔚成风气。

永乐二十二年（1424 年）五月，仁宗命杨士奇起草敕书，遣中官海寿奔赴南京立召太子朱瞻基进京。五月二十九日，皇太子尚未到北京，仁宗已觉支持不住，便留下遗诏传位于皇太子，崩逝于钦安殿，终年48 岁。葬于献陵，被谥为孝昭皇帝，庙号仁宗。

明宣宗朱瞻基

朱瞻基从小聪颖过人，嗜书好学，深得成祖朱棣的喜爱。永乐二年（1404 年），朱棣为立长子朱高炽还是次子朱高煦为太子的事犹豫不决，恰恰是这个 6 岁的幼童在为父亲赢得太子的地位中起了十分重要的作用。

朱棣常对人说："这个孩子以后必然会成为太平天子。"因而他十分重视对朱瞻基的培养，不仅像其他的皇子皇孙们那样从小就配有专人负责各方面的教育，而且特别嘱咐他所器重的丘福、蹇义、金忠、杨士奇等一班大臣要对朱瞻基用心指导。永乐六年（1408 年）朱瞻基 10 岁时，朱棣当着众多大臣的面自豪地说："朕长孙天章日表，玉质龙姿，孝友英明，宽仁大度。年未一纪，夙夜孜孜不倦，日诵万言，必领要义，朕用事试他，都能恰当地表述、判断，这实在是宗社之福。"为了使孙子能成为自己所希望的明君，朱棣自己对朱瞻基的成长也倾注了大量心血。他看到孙子长期生长在深宫，未接触外界。便想法让他知道稼穑之艰难，了解民情民风。永乐八年（1410 年），朱棣要从南京到北京巡视，便带上朱瞻基同行，他让孙子体察民情风俗和农桑劳苦之事，告诉他太祖朱元璋开国创业的艰难，向他讲解古代兴亡得失的故事，要他引以为戒。并以此为主题，专门为朱瞻基编撰成《务本训》一书，要他不断学习，时刻牢记。永乐九年（1411 年），13 岁的朱瞻基被立为皇太孙。从此，朱棣不论是巡幸北京还是巡边

明宣宗像

讨伐，都把朱瞻基带在身边，随时教诲，或讲经论史，或授知兵法，或体察百姓疾苦，或告知将士劳苦征伐不易。为朱瞻基成为较为英明的封建帝王打下了基础。

　　六月二十七日，朱瞻基正式登基，开始了宣德王朝。尊母亲张氏为太皇后，册立胡氏为皇后。名号已定，地位既立，朱瞻基便开始施展自己的政治抱负。他放弃了他父亲把朝廷迁回南京的计划，仍留北京为帝都，这多半是因为他成长在此地，因而与朱棣一样深切地关心北方的边境。

　　像一般的皇帝一样，宣宗继位之初也宣布大赦天下，但他对获释的官员的去留把关甚严。因贪赃枉法而下狱的浙江布政使参议王和、袁昱、陕西按察司佥事韩善也属在赦之列，吏部为他们奏请官复原职。宣宗在奏折上批道："士大夫首要的是要重廉耻，这些贪污之吏，岂可再复任！"于是，王和等人虽遇赦出狱，但一律被罢官为民，这是宣宗当政后处理的第一件具体政事，这也为他的政治奠定了基调。

在用人为政方面，宣宗既重用信任杨溥、杨荣、杨士奇、蹇义、夏原吉、黄淮等一班富有经验的老臣，又十分注意发现任用新的人才。继位的第三个月，他通知吏部让在京的五品以上及御史、给事中，在外的布政、按察二司正佐官及府、州、县，举荐公正廉洁的人才。为了保证人才的质量，防止徇私，还规定，凡被举人犯法，举荐人连坐。号召荐才的同时，他大胆变革了科举法，采纳了杨士奇的建议，颁布全国实行。规定取仕分南、北、中，北卷包括北直隶、山东、河南、山西，中卷包括四川、广西、云南、贵州等，其余则为南卷，并规定了三者取仕的比例。

朱棣对宣宗的精心培养的心血没有白费。宣宗一登台，即像一个成熟的指挥，熟练地操起了指挥棒。他清军伍、安流民、免灾税、罢徭役。编撰了《外戚事鉴》《历代臣鉴》，并自作序言，分赐给外戚及群臣。序中有这样一段话："朕唯治天下之道，必自亲亲始；至文武诸臣，亦欲同归于善。前事之不忘，后事之师也。故于暇日采辑其善恶吉凶之迹，汇为是书，以示法戒。其择善而从，以保福禄。"正当宣宗施展着自己治国的抱负时，一件他最担心最不愿发生的事发生了。

汉王朱高煦是宣宗的叔父。永乐时，为争夺太子地位，曾屡次谗陷朱高炽，后被朱棣贬至乐安（今山东广饶）。仁宗崩逝时，朱瞻基从南京前往北京奔丧，朱高煦曾准备在路上截击，因事情仓促，未能得逞。宣宗继位的第二个月，朱高煦派人送来奏书，提出了利国安民的四条建议。宣宗看到奏书，十分高兴地对大臣们说："永乐时，皇祖常对皇考和我说此叔有异心，要防备他，然而皇考对他却极为仁厚。今天他所提的四件事，果然也是出于至诚，可见叔父旧心已改。"于是，宣宗命有司按朱高煦所提建议施行。并复信表示感谢。宣德元年（1426年），朱高煦派人进京贡献元宵花灯。这时，有人向宣宗报告说汉府所派之人，是以献灯为名窥探朝中虚实。宣宗宽厚地表示要至诚款待，不要猜疑。对于朱高煦提出的要求，宣宗也是有求必应。要骆驼，宣宗一次就给了他40峰；要马，又给了他120匹；索要袍服，也都如数满足。

然而，所有这一切并没有感化朱高煦。这年八月，他终于扯起了反叛朝廷的大旗。朱高煦先是秘密派枚青潜入北京，企图约英国公张辅为内应，被张辅擒获送交朝廷。之后，朱高煦又约山东都指挥靳荣为反济南的内应，决定设立都督府，授王斌、朱煊等为大帅、都督，准备先取济南后取北京。御史李浚得知这些情况后，弃家舍口，更名换姓，星夜赶往北京报警。直到这时，宣宗仍不愿与叔叔兵戎相见。他企望叔叔能回心转意，便亲书一封，派中官侯太火速送往乐安。信中说："前些天，枚青来京，说二叔对朝廷不满，我不肯相信。皇考至亲唯有二叔，我可以依赖的也只有二叔。现在小人离间我们的关系，我不得不说说我的心里话，各种传言很多，我又不得不严加防备。望二叔务必三思而后行。"侯太拿着这封信到乐安后，朱高煦陈兵相见。按当时的规矩，接皇帝诏书必须跪拜，然而朱高煦却命侯太跪下，自己面南而坐，大声吼叫道："我哪一点有负朝廷？靖难之战，不是我出生入死，能有今天？太宗听信谗言，削我护卫，徙我乐安。仁宗徒然用金帛讨好我。现在又动不动用祖宗压我，我岂能甘心？你可以沿着我的营盘，看看我汉王的兵马，要扫平天下不费什么力气。你速速返京告诉皇上，速缚奸臣来，答应我的一切要求。"听了这些话，侯太早已魂飞魄散。回到北京后，宣宗再三追问朱高煦的态度，他却不敢以实相告，还是随从的锦衣官将真情告诉了宣宗。紧接着朱高煦致书宣宗，指责仁宗违犯洪武、永乐旧制，宣宗也犯有诸多过错，斥责夏原吉等为奸佞之臣。同时，他还分别致书公侯大臣，挑拨君臣关系，造谣诋毁宣宗。

事已至此，宣宗别无选择，只有发兵平叛了。早已准备就绪的朱瞻基在大臣杨荣的建议下御驾亲征，在声势上一下就压倒了叛军，以前同意与朱高煦共同起兵的几路兵马也都按兵不动，明军很快包围了乐安城，见大势已去，朱高煦只得弃城投降，这次战役以明军的大获全胜，生擒朱高煦而告终。群臣都劝朱瞻基将朱高煦正法，朱瞻基念其是藩王网开一面，没有杀他，而是将他废为庶人，软禁在西安门内逍遥城。宣德四年（1429 年）的一天，宣宗好意前去看望朱高煦，朱高煦却出其不意，用脚将宣宗勾倒在地。宣宗恼羞成怒，当即命大力士找来一个 300 多斤重的大铜缸，将朱高煦扣入缸中。朱高煦自恃勇力，竟将缸顶起。宣宗又命人用木炭将铜缸埋起来，然后用火将朱高煦活活烧死了。

得胜之师回到北京后，朱瞻基马上传召给另外一个皇叔赵王朱高燧，暗示他交出兵权。朱高燧并没有反抗，乖乖地交出了三卫兵马。自此，宣宗待赵王益加亲厚。就这样，明初近半个世纪的藩王问题在宣德朝终于得到了解决。

就在平叛之前，宣宗便开始考虑处理缠绕了明朝几十年、牵扯了很大兵力、国力的交趾（安南）问题。永乐四年（1406 年），朱棣派兵攻打安南，平定了安南。之后，又改安南为内属，设交趾三司，即指挥司、布政司、按察司。交趾又成为一个省。但交趾没有真正平静过，交趾人不断起兵，朱棣几乎每年都得兴师动兵，不得不在交趾派驻大量的部队。由于贪官污吏的压迫，交趾反叛日烈。到永乐十六年（1418 年），交趾出现了一位智勇双全的领袖人物黎利。从此，明朝政府在交趾的军事、政治便逐渐趋于劣势。到仁宗时，朱高炽不想再兴兵打仗，便令总兵陈智安抚黎利，又派自认为与黎利有旧交的宦官山寿带着他的亲笔信到交䏁，委任黎利为清化府知府（黎利是清化人）。但是，黎利表面接受了委任，同时却进兵包围了茶笼州。这时仁宗去世了，宣宗刚继位，就有使来报黎利攻陷了茶笼。宣宗发旨痛责交趾总兵陈智失职败阵，并决定第二年春天发兵征伐。他招授成山侯王通为征吏将军、充总兵官，命尚书陈洽参赞军务，率兵征伐黎利。同时革除陈智的总兵职务充为事官，随王通立功赎罪。王通九月到达交趾，同陈智会合。他先派指挥使袁亮袭击黎利的弟弟黎善，不想中了埋伏，袁亮被俘。不久，参将马瑛在清威打了一次胜仗，他们乘胜追击到应平的宁桥。这里地势十分险峻，许多将领劝王通先扎下营寨，待察清敌情再追。然而王通却不予理睬，固执地挥兵渡河。结果部队一下子陷入了泥水沼泽之中，人不成列，马不成列，伏兵四起。明军四散奔逃，王通也只顾自己逃命。这一仗，明军死亡两三万人。

消息很快传到北京。宣宗为王通的失败而惊骇。宣宗本不愿兴兵，但又不能在兵败之时议和，那样做对于堂堂大明王朝来说是不能接受的。于是，宣宗又派安远侯柳升、黔国公沐晟率兵由广西、云南分两路征讨黎利。

宣德二年（1427年）二月，黎利攻打交趾城，王通出其不意进行还击，大获全胜，斩敌首级万余。这时本应乘胜追击，王通却犹豫不决，错失良机，使黎利得以喘息，势力很快扩张起来，不久便攻陷了昌江城。黎利取得了这次胜利，又得知柳升等率更多的兵马前来征讨，便致书王通，谋求议和。王通顺水推舟，派人偕同黎利所遣之人带着黎利的求和信奔赴北京。九月，柳升的部队才到交趾的隘留关。黎利因已与王通有定言，便致书柳升乞请罢兵息民，并谎称陈氏后人已经找到。柳升接到信后连封也不拆就派人往送北京。他根本不把黎利放在眼里，接着便开始与黎利作战。最初的几次战斗他都取得了胜利，这使得柳升气色益骄。许多将领劝他要谨慎用兵，不要再蹈宁桥兵败的覆辙，但他却置若罔闻。一天，部队来到百马坡，柳升独自率百余骑兵刚刚过桥，桥便突然被破坏了。霎时伏兵四起，柳升和他的百余人被团团围住，而他的大队人马全被阻隔在河对岸，只能眼睁睁地看着他们的主帅被镖射中而死。与此同时，王通也被紧紧围困在东都（今河内）。柳升的死，使他更为恐惧，自觉取胜无望，便决意与黎利讲和。他率领宦官马骐、山寿等人，擅自向黎利递交了求和书。十月的一天，王通与黎利在东都城外下哨河设坛盟约，息兵讲和。并约定王通十二月班师撤兵，届时黎利让出一条归路。宣宗接到黎利的求和奏书，书中称已从老挝找到了陈氏后裔陈皓。不几天，宣宗又接到了陈皓的谢表。宣宗心里明白所有这些都是黎利伪造的，根本没有什么陈皓。但是宣宗觉着这是息兵罢战的好机会，当即做出决定同意黎利求和的奏请，派礼部侍郎李琦出使交趾，诏谕安南人民，不再追究黎利，令他报告找到陈氏后人的经过。同时宣布撤销设在交趾的三司，召王通、马瑛以及内外镇守、三司、卫所、府、州、县等文武官吏全部撤回北京。

其实，宣宗下这个命令时，王通已经撤到了广西。又过了几个月，王通等回到了北京，一些大臣上书弹劾他丧师弃地，应依法处置。宣宗将王通关入狱中，但对其他人概不问罪。后又几经周折，到了宣德六年（1431年），宣宗正式颁布诏书，册封黎利为安南国王，命令黎利"权署安南国事"。安南国自此以后朝贡不绝。

朱瞻基天资英畅，敬礼大臣，勤恤民隐，慎于用人，严惩贪官污吏，或说臣下有过失，密加详察，实则加罪，诬陷则重惩诬告之人。宣德一朝，是明代君臣关系最为融洽、政治相对清明、社会较为和谐、经济稳步发展、边防比较稳固的时期，基于此，所以史家把这段时期称为"仁宣之治"。

宣德九年（1434年）十二月，朱瞻基突然一病不起。宣德十年（1435年）正月，这位常被后世称道的守成明君病逝于北京乾德宫，时年38岁。

在临终时，朱瞻基指定已在宣德三年（1428 年）二月二十日被定为皇太子的 8 岁的朱祁镇为他的继承人，就是后来的明英宗。六月，朱瞻基被葬于景陵，被谥为孝章皇帝，庙号宣宗。

明英宗朱祁镇

明英宗（1427—1464 年），名祁镇，宣宗的长子。宣德十年（1435 年）正月，宣宗皇帝朱瞻基去世，9 岁的太子登基，史称"明英宗"，年号正统。

明英宗继位初期，国家相对比较安定，社会经济也有所发展。但因为后宫宦官势力急剧上升，著名的大太监王振成为正统朝宦官专政的代表，英宗对他言听计从，他也开始利用皇帝对他的宠信，排除异己，树立朋党，使得好多忠臣良将相继被害，国家顿时陷入了政治腐败、土地兼并的严重状态。

由于朝廷的腐败，国内起义不断，而这时的蒙古（即北元）在漠北的势力已经一分为二，成为瓦剌与鞑靼两个部落。为了争夺地盘，两个部落互相征伐，到了明英宗时期，瓦剌强大了起来，并不断骚扰明朝的北边，瓦剌部当时的实权掌握在太师也先的手里，他经常派人以向朝廷进贡为名，骗取赏赐，因为当时明朝对进贡国家的使者，无论贡品如何，总要有非常丰厚的赏赐，而且是按人头派发。也先也是看中了这一点，派出的使臣不断增加，最后竟加到 3000 多人。王振对此忍无可忍，下令减少赏赐，也先以此为名对明朝发动了战争。

明英宗像

英宗当时年少气盛，在听到也先发动战争后很想御驾亲征，王振也想耀武扬威，名留青史，于是极力撺掇英宗皇帝亲征。但是由于当时明廷的主力都在外地作战，一时难以调回，因此朝中大臣都劝阻英宗不要亲征。英宗态度坚决，不听劝阻，从京师附近临时拼凑了50万大军，亲自率领去出征。不巧的是，正好赶上了连天大雨，加之粮饷接济不上，军队的士气非常低下。当行到大同附近时，又看见了被也先杀的尸横遍野明军的尸体，士兵们的士气更加低沉，英宗和王振决定撤军。当大军来到怀来城外的土木堡（今河北省怀来县以东20里处）时，被也先军赶上。他们先切断了明军的水源，将明军困死原地。也先假意议和，趁明军不备，发动总攻。明军全军覆没，英宗被俘，王振被明将樊忠杀死。这就是历史上著名的土木之变。

英宗被俘后，明王朝已处于群龙无首的状态。为了使国家安定，皇后与朝廷重臣经过商议立成王朱祁钰为帝，年号景泰，朝廷上下因此都安定了下来。也先率领瓦剌精锐骑兵杀奔北京，明朝方面早已做好了准备，北京军民在兵部尚书于谦的带领下给也先军以沉重的打击，也先率队败回蒙古。

本来也先想通过战争获得利益，但在与北京军民的战斗中，他不但损失了好多兵将，而且失去了明朝的赏赐和与明朝交易的机会，因此，为了能与明朝讲和，他宣称可以让明朝迎回英宗，但这时的景泰帝已经坐热了皇位，哪能轻易让把英宗迎回去呢。虽然有此想法，但朝中大臣都建议把英宗迎回来，景泰帝无奈，只得派遣使者先去探听情报，第二次派往瓦剌的使者名叫杨善，他变卖家产买了许多奇珍异宝，并靠着他的巧舌如簧，硬是在没有圣旨的情况下迎回了英宗，英宗皇帝终于结束了他一年的北狩，回到了北京。

英宗回到北京，并没有受到应有的礼遇，而是在短暂的仪式之后被软禁在南宫，开始了他七年的软禁生活。景泰帝害怕英宗复辟帝位，将南宫的大门上锁并灌铅，加派锦衣卫看守，为了避免有人与英宗联系，景泰帝还派人将南宫的树木全部伐光。英宗就在惊恐与饥饿中度过了七年的软禁生活。

景泰八年（1457年）正月，五清侯石亨、宦官曹吉祥利用景泰帝得重病的机会，发动了震惊历史的"夺门之变"，将软禁于南宫的英宗迎了出来。英宗重新登上了皇位。景泰帝也于一个月后病死，之后被以亲王的身份礼葬在了北京西山。

英宗复辟后，在石亨和曹吉祥的极力劝说下，以谋逆罪冤杀了北京保卫战的功臣于谦、大学士王文等，这成为他人生的一大污点。他虽然有这一点错误，但还是比较英名的君主，他后来任用了李贤、王翱等贤臣，先后平定了石、曹之乱，并将永乐朝就开始被囚禁的"建庶人"（建文帝的儿子）释放，恢复宣德朝胡皇后的称号，下旨停止帝王死后嫔妃的殉葬，使得明朝帝王以活人殉葬的习俗得以结束。

天顺八年（1464年）正月，英宗皇帝朱祁镇病逝于文华殿，享年38岁。

明武宗朱厚照

明武宗朱厚照（1491—1521年），明孝宗朱祐樘和张皇后的长子。明朝第十位皇帝。在位期间年号正德，所以又称正德帝。

朱厚照从小机智聪颖，喜欢骑射。即继位后史书上出现两极评价：一方说他处事刚毅果断，批答奏章，决定国家重大事件。弹指之间诛刘瑾，平安化王之乱、宁王之乱，大败蒙古小王子，且多次赈灾免赋。而且，他在位时臣下仍有不少贤才，也从侧面反映出这位帝王治下总体上仍有可称道之处。应州大捷大败鞑靼军，立下了一战功。在应州一战中与普通士兵同吃同住，甚至还亲手杀敌一人，极大地鼓舞了明军士气。所以说他又是一个好的将领。另一方面说他为政期间荒淫无道，国力衰微，一生贪杯、尚武、无赖，喜好玩乐。很多人认为他荒淫暴戾，怪诞无耻，是少见的无道昏君。但武宗虽嬉游玩乐，却也有抵御边寇之功，大事上从不怠慢。

朱厚照生母为张皇后，两岁时即被立为皇太子。由于明孝宗一生只宠爱张皇后，而张皇后只为其生了两个儿子，次子朱厚炜早夭，因此武宗自小就被视为掌上明珠，而且少年的武宗非常聪明，老师教他的东西总是能很快学会，按理说他应该成为一个很好的皇帝，但是周围的太监，毁了这个聪明的孩子。

东宫随侍太监中以刘瑾为首的八个太监马永成、高凤、罗祥、魏彬、丘聚、谷大用、张永称为"八党"，后又号作"八虎"。他们横行无忌，利用皇帝的宠爱，肆行排击反对他们的大臣，朝中内阁只有李东阳与焦芳二人。为讨武宗欢乐，每天都进献鹰犬、歌舞、角抵等戏，当时的东宫被人们戏称为"百戏场"。年幼的武宗不能抵御这些东西的诱惑，于是沉溺其中。继位后又让人修建豹房，整日沉溺于女色，而且武宗在豹房的宠嬖中有为数不少的娈童，学业和政事当然也就荒废了。

朱厚照像

弘治十八年（1505年）五月，明孝宗去世，15岁的皇太子朱厚照继位，以第二年为正德元年（1506年）。

正德元年，朱厚照行大婚礼，中军都督府都督夏儒的长女被册立为皇后。皇室内外，歌舞升平，一派太平盛世景象。然而，几乎与此同时，统治者上层也开始了一场激烈的角逐。一个15岁的孩子，陡然做了皇帝，自然会产生许多厌烦。刘健、李东阳、谢迁与六部尚书等群臣的奏疏，每日要看很多，爱挑剔的御史、给事中等言官，总是在劝谏，自在惯了的朱厚照难以忍受。早朝成了他一天最难挨过的时光。他向往太子时期的欢乐，想念在东宫里陪他玩乐的太监们，心性变得浮躁起来。在刘瑾等人的引导下，朱厚照继位没多长时间，对朝事就由厌烦发展到不管不问。大臣们尽心写好的疏奏，他只是划上"闻知"两字，往下便没了结果。他常由持刀拖棍的太监簇拥着，拍马驰驱宫禁，整日泛舟南海。对夏皇后，以及后来册封的贤妃、德妃，在最初的新鲜感消失后，便开始冷淡起来，转而追逐宫女。为了满足欲望，他还三天两头与张永溜出皇宫，在秦楼楚馆中厮混，往往于醉眼蒙眬中误认良家妇女为娼妓，任意闯入民宅，纵情笑乐，丑态百出。为了掩饰淫荡行为，他先是吩咐文书房中专记皇上寝所、幸临宫妃的太监免于记注，后来干脆去掉了尚寝诸所司事这一官职。由于朱厚照精神困倦，早朝的时间一拖再拖，往往要等到日高数丈。侍卫执役人等不能久立，纵横坐卧、弃仗满地的景象屡屡可见，四方朝见官员、外国使臣疲于久候，皆苦不堪言。

面对这种情形，内阁大学士们非常焦虑。本来刘健、李东阳、谢迁对新君继位抱有很大幻想，希望他能发愤图治，光大祖业，因此不惜日夜操劳，尽力辅佐，并将孝宗生前的社会兴荣计划一一整理出来，用遗诏形式发布、推行。朱厚照的表现使他们的心血全都白费了。不仅如此，连孝宗时期的善政也难以得到贯彻。在朱厚照继位之初，本来宫廷之中在前朝就存在着冗员冗费现象，按照孝宗遗诏应大力裁减，可他不但未减，反而增置数倍，给各监局宦官及画史、工匠滥授官职，"费巨数万"。宫中费用，弘治朝一般年用银100万两，朱厚照继位没有一年时间，就用至500余万两。刘健愤然申请退休。朱厚照羽翼未丰，不肯同意他们的退休要求，但却与"八党"一道，开始了排挤其他地位较低的官员、任用其亲信的活动。正德元年（1506年）四月，吏部尚书马文升上疏要求退休。朱厚照听从了太监们的主意，非常客气地将马文升打发回家。被朱厚照打发回家的重臣，还有兵部尚书刘大夏。在排斥正直臣僚的同时，朱厚照稀里糊涂地任用一些投其所好的小人。如代替马文升职务的焦芳。

正德元年十月，户部尚书韩文愤然联合其他大臣上疏，他们历数"八党"的罪行，规劝朱厚照以国事为重，勤政讲学，远离小人，以肃纲纪，要求将"八党"明正典刑。朱厚照接到疏奏，精神恍惚，食不知味，思前想后，把奏疏交给内阁讨论，提出从轻发落刘瑾，让他到南京去服苦役。内阁大臣表示不同意这样做，坚持要杀掉刘瑾。到内阁中传达、商讨意见的司礼监太监王岳、范亨平时也非常憎恨刘瑾，回来向朱厚照报信说："刘健、谢迁的态度非常坚决，没有商量余地了，他们的意见是正确的。"在咄咄逼人的形势面前，朱厚照无奈只得同意对刘瑾等人处以死刑。刘瑾死党焦芳得知这一消息后，连夜告诉了尚蒙在鼓里的刘瑾。刘瑾大惊失色，困急之中带上另外7个人，急赴朱厚照寝宫，围着他放声大哭，乞求皇上饶命。朱厚照脸上现出悔意。刘瑾看中机会，为"八党"百般解脱，朱厚照听后不仅改变了杀刘瑾的计划，反而当即任命刘瑾为司礼监太监，执掌司礼监；马永成为东厂提督，谷大用为西厂提督。刘瑾有了权力，连夜派人把王岳、范亨逮捕，押往南京。刘健、李东阳、谢迁万没想到，一夜工夫，乾坤颠倒，刘瑾等人不仅活着，而且升了官，控制了朱厚照身边的要害部门。他们对朱厚照失望到极点，提出辞职回乡。朱厚照没有客气，挥笔在辞呈上写了"钦准"。贬斥顾命大臣的决定遭到了言官、大臣们的激烈反对，许多人冒着生命危险向朱厚照进言，请留刘健、谢迁。朱厚照认为这是对皇威的冒犯和轻蔑，下令对谏争的官员们施以杖刑，削职降级。那几日宫廷内哭号震天，血肉飞溅，京城外落叶翻卷的土路上，不时有载着遭贬官员及家眷的马车匆匆驶过。兵部主事王阳明，为保护言官当面怒斥刘瑾，结果也被处以杖刑，贬为贵州龙场驿丞。他在赴任途中，发现有刘瑾派来的杀手追踪，只好夜中将鞋、帽投入钱塘江中，造成投水自尽的假象，才得脱身，幸免一死。

自内阁大学士刘健、谢迁去职后，朱厚照越发信任刘瑾，对他言听计从。刘瑾控制了皇上，则开始报复政敌，扩充个人势力范围。先是杀掉了押往南京途中的王岳、范亨，借故罢了户部尚书韩文的官，命令厂卫的侦缉监视官员的行动。然后派出自己的亲信太监，分镇各边镇，将对自己摇尾乞怜的人一律升官，一时擢升官校达1560人；又假借朱厚照的旨意，授锦衣卫官数百名；其死党焦芳，还被他保举进了内阁。朝内朝外，遍布刘瑾党羽。

初时，每当朱厚照玩乐兴致正浓的时候，总要扫兴，因为刘瑾每每将各司送来的疏奏递过来让他御批。朱厚照对此大为光火，横眉立眼地呵斥刘瑾："无论什么事情都要我来管，我来问，要你们这些人干什么？！"岂不知这正中了刘瑾的奸计。这以后，刘瑾就将朱厚照的御笔抓了去，所有文武官员的奏章必须先用红帖呈送刘瑾处过目，再用白贴送通政司。刘瑾没有文化，不学无术，许多奏疏左看右看，不能批答。不过他也有办法，就是将奏疏带回私宅，与妹婿礼部司务孙聪相商处理，然后交给焦芳润色。刘瑾的宅前，天天都有一大批各府衙门的官员等候汇报公事。官员在奏疏里和平常的谈话中，都必须称他刘太监，不可直呼其名。都察院有一次忽略了，公文中写了"刘瑾"二字，被他臭骂一顿，都御史只好率领僚属跪着请罪，才得无事。大小吏奉命出京办事或归来，要先拜见刘瑾之后才能上朝，这成了不成文的规定，人们莫敢钧礼。出自刘瑾手中的"御批""圣旨"源源不断，文武百官真假莫辨，只好一一遵从。内阁首辅李东阳对此也只能点头称是，不敢提出疑问。

朱厚照这时的玩乐之心已如脱缰之马，不断地寻找新的刺激。他令宦官们依照京城市肆，开设了店铺，自己换上平民服装在里边做买卖交易，煞有介事地讨价还价，让人从中调节成交。又让宦官开设酒店，挑一些有姿色的宫女在店中弹琴承舞，还召京城里那些斗鸡逐狗之徒，表演各路"绝活"。正德二年（1507 年）八月，朱厚照依从刘瑾主意，下令在西华门外筑起了两厢有密室的高大官殿，命名这片鳞次栉比的建筑为"豹房"。豹房建好之后，朱厚照整天沉湎其中，在赏玩珍禽异兽的同时，纵情声色。朱厚照对音乐歌舞，有一种几近天生的喜好，他天天召教坊司的乐工到跟前演奏，还不得满足，就下令礼部移文各布政司，精选全国各地通艺者入京待召，结果优伶进京的每天数以百计。舞女、乐工们鲜衣美服，演技高超，莺声呖呖，朱厚照目不暇接，赞叹之余不免跃跃欲试，遂昼夜学习，达到了废寝忘食的程度。时间不久，朱厚照也能引吭高歌一曲，其声虽不能响彻行云，倒也通贯七窍，发挥得淋漓尽致。

豹房中的醉生梦死，并不妨碍朱厚照另一癖好：大兴土木营造。继豹房之后，他又下令陆续修了太素殿、凝翠殿、昭和殿、光霁殿、崇智殿等，御马监、钟鼓司、火药库也都修葺一新，还扩建了南海子船坞。这些工程都尽力修得豪华、气派，费用浩繁。承建工程的经手人发了财，一些官吏和太监也趁机发财。无视国力的大举挥霍浪费，使内库太仓中的银两急剧减少，朱厚照几次指使向全国加税，也还入不抵出。工部大臣不敢停下这些工程，向朱厚照奏请卖官，当即就得到了批准。由正德二年始，至第二年，共计卖了两次，只要愿意纳银，可从承差、知印役吏一直买到指挥、金事。于是，出现了文官有目不识丁者，武官有不发一矢者的荒唐情景。朱厚照开了这个先例，各部官员纷纷紧随其后，不择手段地为皇室增加收入，以作为自己晋升的敲门砖，同时也一饱私囊。仅在京畿一带，短短的几年当中，他们就替朱厚照兼并百姓的良田美地3.75万余顷，设了300多个皇庄。管庄的官校们打着朱厚照的旗号，向老百姓敲诈勒索，无恶不作。

朱厚照对刘瑾的横行跋扈，闻之不怒，见而不怪。在刘瑾的肆虐下，朱厚照听到的反对意见自然少了，但从大臣们的脸上，他仍能觉出潜在的不满，另外，

朱厚照像

敢于谏诤的御史和给事中，也还不乏人在。刘大夏被刘瑾寻找借口判了死判，御史们就极力反对，结果只好改判没收财产和流放。

由于朱厚照的支持，正德三年（1508年）八月，成立了内行厂。东、西两厂和内行厂连成一气，争相侦缉罗织，屡起冤狱。特务们滥捕滥杀无辜，连江西一个偏僻地方的老百姓过端午节搞龙舟竞渡也不放过，被抄没了好几家，罪名是私造龙船。内行厂中设置了各式特殊的刑具，其中一种叫反枷具，重达150斤，一旦套在身上就会被活活压死。几年内，被处死的官民竟达几千人之多。京城中的官员，无论大小，见到太监登门，第一个感觉莫不是祸事临头；而京城外的官吏、百姓，神经更为紧张，遇着衣着华丽、操京语、打马狂奔的人，无不纷纷传告躲避，犹如惊弓之鸟。刘瑾把朱家王朝的官职攥在手里，谁给他的贿赂多，就封给谁。他曾经向亲信们夸口说，其聚敛的财富可与皇上一比高下。事实确实如此，有个叫刘宇的下级官员一下子赠金万金，刘瑾就把他封为兵部尚书，后来又提拔为太子太傅。地方上的布政使

上京朝觐，至少要向他献金2万两，如拿不出这笔钱，不仅会丢掉官职，还要引来更大的祸事。他们只好去向京师富豪之家举借，复任之日，再取官库所贮加倍偿还，称为"京债"。朝廷中无人不恨，无人不怕，却又只好顺从，人称"立地皇帝"。

正德四年（1509年）八月的一天，朱厚照匆匆浏览了堆积许多时日的疏奏，从中拣出几分做了批答。被钦准的疏奏当中，有一份出自刘瑾之手，内容大意是奏请御史到边防各地清理屯田。疏中开列了一个拟派名单，大理寺少卿周东是其中之一。刘瑾曾于正德三年（1508年）十月罢了各边年例银两。年例银两是边军的生活费，边卒的生活费没了着落，怨声四起，朝廷就将历代开发而又因战事搁置荒芜了的田地，交给了边军耕种，并收取一部分地租。周东出使的地点是宁夏，他以钦命自居，派头很大。为了揩士兵的油，周东以50亩为一顷向朝廷做伪报，还收敛了许多银子，准备返京交差时送给刘瑾。这为安化王朱寘鐇发动叛乱提供了借口和机会。朱寘鐇对天朝素有野心，于是就利用边军对周东的仇恨心理，拉拢一些人于正德五年（1510年）四月起事。造反的士兵把周东、镇守太监李增、总兵姜汉杀死，焚烧了官府，向邻近的州府发去檄文，声称"特举义兵，清除君侧"。反叛的消息很快传到京城，朱厚照下诏请因得罪刘瑾闲居在家的前右都督御史杨一清复出，委以平叛重任。杨一清受命统兵北上，杀奔宁夏。大军发至中途，朱寘鐇之乱已被地方上的边军镇压掉。杨一清与监军太监张永继续向宁夏进发，处理善后事宜。杨一清对刘瑾有着夺职之恨，他也知道张永与刘瑾的关系比较紧张，虽同为"八党"，也有不可调和的嫌隙。处理完事务回京的路上，杨一清出主意让张永奏告刘瑾是叛祸之源。张永撰写的奏捷报告送入了北京，并请以八月十五日献俘。这个报告朱厚照没能看到，落在刘瑾手里。刘瑾出于一种本能，渐渐地发现朱厚照对自己有些厌恶了，失宠的危险信号频频出现。为了苟活，刘瑾遂谋不轨，正巧他的哥哥病死，就计划利用请百官参加葬礼的机会，发动宫廷事变，起事的日子定在八月十五日，正好与张永奏请的献俘仪式冲突。刘瑾担心夜长梦多，出于先下手为强的心理，急令献俘日缓期，让张永、杨一清停在良乡待命。张永对刘瑾的阴谋自然无从得知，但这道莫名其妙的命令，却使他体察出了某种危险，于是发令火速入京。进京后，张永径直找到朱厚照，请他参加献俘仪式。张永趁机拿出写好的疏奏，告发刘瑾是导致叛乱的根源。朱厚照这时才醒悟过来，下令连夜把刘瑾抓起来，准备谪居凤阳。刘瑾的家是朱厚照亲自率领锦衣卫抄没的。从刘瑾家中，搜出了伪玺、穿宫牌以及衣甲、弓弩、衮衣、玉带等违禁品。此外，还有黄金 24 万锭又 5.78 万两，元宝 500 万锭又 158.36 万两，宝石 2 斗。细心的士兵从刘瑾常常使用的扇子中，还发现了两把锋利无比的匕首。朱厚照见状，勃然大怒，照着刘瑾连挥数拳，接着下令将刘瑾处以磔刑。刘瑾就刑之日，许多人争相向刽子手买他的肉吃，跟随着刘瑾的一批内外官，被弹劾成为奸党，包括内阁大学士焦芳、刘宇、曹元，尚书张彩这些早已声名狼藉的大臣在内，总数超过了 60 多个。他们中罪大恶极的，与刘瑾的族人一样，被押上了刑场，其余的不是被罚往边塞，就是被革职。

由正德元年始，从北方广袤的平原到南方纵横的水网地带，农民起义连绵不断，官军疲于奔命。正德五年（1510 年）十月，河北霸县的农民造反，这些农民多是替明军饲养战马的养马户，沉重的役负和饥贫生活，把他们逼上了反抗暴政的道路。在刘六、刘七的号召下，造反者由分散的"响马盗"聚成数十万大军，攻城略地，杀富济贫，铁骑纵横驰骋数省，屡败官军。朱厚照为情势所迫，不得不亲自参与对其镇压的军机谋划，并数易前线作战不力的主将。为了使官军甘心为朝廷卖命，他批准了兵部内阁奉送的"以首级论功"令，规定官军每擒杀三人，官升一级；擒杀首领，授予世袭千户，赏银千两，其领兵将领亦升三级；如擒杀刘六、刘七，封以爵位。官兵们为捞到好处，在作战当中，往往不择手段地滥杀百姓冒功，一时间报功者数以万计，提升者千余人。奉诏抵前线监军的谷大用，先后得到励敕十余次。朱厚照还从辽宁、大同、宣府等地调来了边军。边军战斗力很强，统兵将领在立功封爵、升迁京堂的心理驱使下，异常凶猛、残酷。刘六、刘七不敌重兵镇压，终于正德七年（1512年）七月失败。朱厚照重赏作战有功人员，不仅加官封爵到内阁，还将127名军官收为义子，赐姓朱。他把捕入京师的造反头领一概处以剥皮之刑，令人将剥下的皮制成鞍，装在自己的马上，以发泄心头之恨。

在朱厚照赐给国姓的义子当中，江彬是他最为赏识的。江彬于正德六年（1511年）以大同游击的身份，随总兵官张俊带兵到内地作战。曾在蓟州闯入百姓家，诬指为贼，一口气挥刀杀了33人，后来又在一次攻城作战时，身中数箭，其中一箭射在脸上，被他拔出来，继续扑向城头，是个极其凶恶的家伙。边军还镇经过北京时，江彬被人引见给朱厚照，朱厚照将他留在身边，提拔为都指挥佥事，带他骑射谈兵，出入豹房，形影不离。江彬为了使朱厚照更加离不开自己，就借自己原来在大同的边兵来发展势力。他极力向朱厚照夸耀他统领的边兵如何骁勇，正德八年（1513年）正月，终于将辽东、宣府、大同、延绥四镇兵士调入京城组成团营，由江彬统领，号称"外四家"。朱厚照又另外选宦官中的善射者组成一营，号为中军，由自己统领，要显示一下演兵布阵的武略，体尝这种大型游戏的乐趣。边军们在边境战中多有建树，入京后骄横不可一世，时时纵横列队街头，大摇大摆地开赴操练场地。操练之时，朱厚照身披铠甲，驰马舞剑，尘土蒙面地紧张指挥，场面极为热闹，百姓争相围观，而那呐喊声、火炮声则三天两日波及全京城，闹得鸡犬不宁。

朱厚照在挥霍浪费上，开始达到朝野皆惊的地步。他在短短的几年中，陆陆续续地整理和扩建豹房，费去了白金24万两，并且仍然不断地扩充其中的人员，增添虎豹等动物。正德九年（1514年），为修复年初焚毁的乾清宫，向全国加赋100万两，起用军校力士10万余众。对于女人，朱厚照的兴趣有增无减，凡向他进献美女的人，都得到了极厚的赏赐。延绥总兵官马昂本来犯罪罢官，他妹妹生得漂亮且能歌舞，精通骑射，已经嫁人怀孕，马昂把她从夫家夺出献给朱厚照。朱厚照惊其美丽，极为宠爱。马昂不久就复职，得到了朱厚照赐给他的住宅、蟒衣。

新的玩乐方式、玩乐场所、新的美女，使朱厚照更加厌烦那些烦琐无味的视朝听政。群臣苦心婆口地劝说很久，他才偶尔虚应其事，有时虽然宣布视朝，官员从早等至黄昏，却又传旨免朝，诸臣只得怏怏而归。正德十一年（1516年）元旦，按祖制进行庆贺大典，朱厚照理应去接受百官的朝贺。这天百官以及国外使臣四更时就齐集宫门等待，足足等到下午，朱厚照才起床，懒洋洋地蹒跚而来。下午酉时典礼开始，拖到深夜才结束。百官饥渴一天，好容易盼到一声散朝，个个如大赦的囚犯夺路狂奔，许多人被绊倒，互相践踏，将军赵郎竟被踩死在禁门之中。

为了获取新的乐趣，朱厚照经常换穿便衣，与江彬悄悄地溜出宫去，有时到教坊欢乐，有时下落不明。在江彬的鼓动下，几次大规模的长时间的远游开始了。

正德十二年（1517年）八月，在没有仪卫扈从、伴驾大臣、护辇将军陪同的情况下离开京城，大学士梁储等闻知后直起急追。朱厚照与江彬一行过昌平，直抵居庸关，命人传命打开关门。巡关御史张钦拒不执行这道命令，将朱厚照派来叫关的使臣召到面前，加以训斥。朱厚照听了大臣的回报，第二天又命其去宣谕。张钦将"敕印"绑在背上，手持宝剑，坐于关门之下，严厉地宣称自己受天子的命令把守边关，"敢言开关者斩"！朱厚照闻报大怒，命人逮捕张钦治罪。正好梁储赶到，苦苦劝其回京，朱厚照不得已，悻悻而回。几天后，朱厚照又乘夜深秘密出京，至居庸关，派人刺探张钦，得知其正巡察白羊口，于是不失时机抢出关去，并命令谷大用代张钦守关，以阻止追劝的朝臣。在江彬的引导下，朱厚照日行夜宿，饱览塞上风光，九月到达宣府。江彬在这里早已提前为朱厚照修建了镇国府，将豹房中的珍宝以及巡游中掠来的美女安排在里面。朱厚照见府中女乐歌童无一不备，房屋建筑雕梁画栋、朱檐黄瓦，禁不住心花怒放。宣府地处塞外，因是交通要道，街市富丽繁华，城外青舍点点，牧歌悠悠，天高云淡，别具一番情调。朱厚照乐而忘归，常常在晚上出去，闯入民宅，或索要酒食，或抢劫妇女。被调来保护朱厚照的军士们炊柴接济不上，动辄拆毁民房，搅得市肆萧然，白昼闭户。

正德十二年（1517 年）十月，朱厚照又去了阳和（今山西阳高）。蒙古王子伯颜叩关来袭。朱厚照大为兴奋，火速回京布置亲征。其时距土木堡之变不到 70 年，朝臣听到"亲征"二字不禁神经过敏。于是又是一轮的规劝、教训，甚至威胁，但朱厚照绝不愿意放过这次实战机会，终以"大将军朱寿"的名义统兵出战。作为惩罚，他不给任何一个文官随驾的荣幸。

双方大战几天，朱厚照亲临前线同敌人战斗，据说还亲手斩敌一人，不过也险象丛生，"乘舆几陷"。朱厚照亲自指挥的这场战斗，取得了杀敌 16 名，己方伤 563 人、亡 25 人的战绩，这当然也算得上一次胜利，因为鞑靼军终于被打退了。

正德十三年（1518 年）春，朱厚照决定返京，传令群臣盛服郊迎"威武大将军朱寿"凯旋。正月十六日，朱厚照回到京城，文武群臣皆迎驾于德胜门外，彩幛数十，彩联数千，在称颂其辉煌战果的彩幛上只称"威武大将军"，不敢写上尊号；众官列名其下，亦不敢称臣。朱厚照神采飞扬，踌躇满志，飞身上马，不顾群臣，驰回皇宫，当晚又宿于豹房。

　　正德十三年（1518年）三月，朱厚照借太皇太后将下葬的机会，开始了第三次出巡。他先去了昌平，又到密云。江彬等沿途掠夺良家女数十车，经过之处，民多逃亡，远近骚动。五月，自喜峰口还京，一路上春风满面，全无半点悲戚之色。时隔仅一月，朱厚照因怀念塞外，准备再次出巡，遂以边关经常受北寇入侵为借口，令阁臣起草敕令："特命总督军务威武大将军总兵官朱寿，率六军征讨。"阁臣拒不从命。朱厚照将梁储等人召至宫内，当面催促快点拟写，并拔剑威胁。梁储伏地哭谏，朱厚照无奈，不再令人草拟诏令，但不肯放弃行动。七月九日，天还不亮，朱厚照就带领江彬及兵士走出东安门，沿着已经走熟的路线，经过居庸关，到达宣府。接着，他又来到大同，在大同降敕，封自己为镇国公，岁支禄米5000担。十月，巡游的大队西渡黄河至陕西榆林。十一月，南至绥德。十二月，东渡黄河，到达太原。这次巡游，江彬与随行士兵到处为朱厚照物色美女，无论官家民家，已婚未婚。太原晋王府乐工杨腾的妻子刘氏，很有几分姿色，精通音乐，朱厚照占为己有，临行载之而归。此后，这女人便随侍朱厚照，宠幸超过诸女，称作"美人"，江彬则称其为"娘娘"。正德十四年（1519年）二月，朱厚照的"远征"结束，满载金玉玩器、鹰犬虎豹、美姬丽女自宣府而归。这次出巡时间达半年之多，跟从他的人不堪劳累，多半生过病，而他一路上乘马驰行，涉险阻，冒风雪，兴致勃勃，毫无疲惫之感，甚至连一次小小的感冒也没患过。

　　第四次出巡归来之后，杨廷和向朱厚照上疏，请他"明诏天下，不复巡游"，并要他缴还所奉"敕令"，朱厚照不听。他在阅尽塞上奇丽风光后，双眼又移向了细雨轻烟笼罩的南方。不到一个月，又下南巡诏令。南巡的诏令刚下，就遭到朝臣的群起反对，对此朱厚照不加理睬。兵部郎中黄巩等人见毫无结果，先后上疏，批评朱厚照因宠信坏人，使朝政先坏于刘瑾，再坏于江彬，指出朱厚照南巡不过是"佻心为乐"。朱厚照对此十分震怒，将黄巩等人捕入锦衣卫狱中，前后多达30多人。为杀鸡吓猴，朱厚照下令在阙下对146名大臣施以杖刑，江彬恨其指斥罪行，暗中令掌管刑狱的加重责打，有几人当即死于杖下；工部主事何遵肢体俱裂，死于狱中。朝臣们没有被朱厚照的气势汹汹吓倒，一些人表现得不屈不挠，金吾卫指挥佥事张英以死相谏，在跸道跪哭后，袒胸持剑自刃，血流满地，士兵们将他的剑夺下，投入狱中，仍不放弃自己的意见，结果又遭杖击而死。群臣空前未有的激烈反对，遭害者不惜生命的浩然之气，使朱厚照终于感到南巡不太可能成为事实，下令取消了南巡行动。

朱厚照热衷出巡，大大妨碍了他对政务的处理。他嗜酒如命，随身带着酒盏，那些包围在他身边的幸臣就将罂粟放入酒中，使他染上酒瘾，终日醺酣，趁他颠倒迷乱之际作祟。过量的酒精加之毒品，对朱厚照的身体极为有害。没过多久，他那本来令人惊慕的强壮身体，就有了病态反应。对此他浑然不觉，仍旧在豹房中鬼混，醉生梦死。

正当朱厚照为南巡的事情与朝臣闹得不可开交的时候，江西南昌也在悄悄孕育着一场叛乱。正德十四年（1519）六月十四日，久怀异志、阴谋作乱的江西宁王朱宸濠杀死朝廷命官，率众起兵作乱。朱厚照找到借口，再次御驾亲征。为图个耳根清净，下旨"再言之，极刑"。群臣已经领教了皇帝的执拗，自己也精疲力竭，只好随他去了。

同年八月二十二日，朱厚照率领大军从北京出发。按惯例出师是不能带内眷的，朱厚照和他宠爱的刘娘娘相约在潞河会面。刘娘娘相赠一簪，以为信物——如此看来，这皇帝老爷确实有点儿浪漫。孰料朱厚照纵马过卢沟桥时把簪子颠掉了，遂按兵不行，大索三日不得。如此领兵，简直是儿戏。

八月二十六日后，大军走到涿州，却传来了再坏不过的消息——南赣巡抚王阳明丝毫不懂得体察圣意，居然不等朝廷降旨就率军征讨，三下五去二就把不争气的宁王活捉。朱厚照闻报顿足不已。叛贼已平，还亲什么征呀？但朱厚照自有他的鬼聪明，他隐匿捷报，继续南行。军至临清，依约派中使去接刘娘娘，但刘美人不见信簪，辞谢说："不见簪，不信，不敢赴。"武宗见美人心切，没有办法，便独自乘舸昼夜兼行，亲自迎接美人。

十二月一日，武宗抵达扬州府。第二天，武宗率领数人骑马在府城西打猎，从此，天天出去打猎。众臣进谏无效，便请刘美人出面，终于劝住了好玩成性的皇帝。十二月十八日，明武宗亲自前往妓院检阅各位妓女，一时花粉价格暴涨，妓女身价倍增。

这一闹足足八个多月。王阳明早在六个月前就把宁王押到了南京，苦求皇上受俘，朱厚照一概不准。正德十五年（1520）七月，王阳明终于福至心灵，再次报捷，为了照顾朱厚照的情绪，在捷报上写明完全是按照威武大将军的布置，才讨平了叛乱，又把随征的诸宦官、大臣的名字也列上请功。朱厚照没有亲自捉到朱宸濠，觉得不过意，于是在正德十五年（1520年）八月，于南京搞了场面非常可笑的受俘仪式。他设了一个广场，竖起威武大将军的大旗，由全副武装的士兵围场一周，令人去掉朱宸濠身上枷锁，自己着戎服，持利剑，在伐鼓鸣金声中，冲进场去与朱宸濠格斗，将其擒获，重上桎梏，然后接受献俘。这场闹剧结束后，朱厚照才觉满意，在大学士梁储、蒋冕的劝说下，决定"班师"。

自南京返回京师的途中，朱厚照迷恋于水乡秀丽的景色，一路上捕鱼射雁，走走站站，从容不迫地享用南巡的最后一段时光。九月，他来到清江浦，划着小船在一个叫积水池的地方捕鱼捉虾，不想在奋身撒网时，翻船跌落水中，幸亏左右的人及时跳入水中将他捞起。朱厚照的身体状况已经不好，这次虽没被淹死，但受了凉，生起病来，并且一直不见减轻。十月，朱厚照还至通州。没过多久，在通州处死了朱宸濠，将其焚尸扬灰。这时，江彬还在鼓动朱厚照北上宣府，因他的身体实在不能支持，才没依从。从通州起驾回京的路上，朱厚照再也无力骑马了，只得登辇而行。车辇所到之处，皇威赫赫，士兵们全身胄甲，横刀扬鞭，为他护辇。十一日，文武百官迎驾到正阳桥，朱厚照令大阅军容。一批俘虏被预先砍了脑袋，首级悬挂在长杆上；一些侥幸活命的，还有死者的家眷，被押跪在大道两旁。朱厚照强打精神，披挂战袍，立于正阳门下，与百官们检阅大军以及"赫赫战果"，接受人们的欢呼表贺。十四日，朱厚照因凯旋大祀天地于南郊，跪拜天地时，由于病体不支，突然从口中喷涌出鲜血，终于提前告退。

正德十六年（1521年）三月十四日，朱厚照死于豹房，终年31岁，在位16年。庙号武宗，谥号"承天达道英肃睿哲昭德显功弘文思孝毅皇帝"，葬于康陵。

朱厚照一生嫔妃如云，但没能为自己留下后嗣。对自己荒嬉无度的一生，朱厚照自己有个评价。他在临死的头一天，对守护身边的太监说："我的缺点实在是太多了，不足以成为人们学习的榜样。你把我的意思转告太后，天下的事情，还是朝政为重，请她今后一定与阁臣们商量行事。过去的事情，责任由我负，与别人无关。"

明世宗朱厚熜

明世宗（1507—1566年），名朱厚熜，明宪宗朱见深的孙子，明武宗朱厚照的堂弟。1507年，他出生于藩国安陆（今湖北钟祥），是明代第十一位皇帝。

1521年3月明武宗病死，在皇太后和内阁首辅杨廷和的辅助下，武宗的堂弟朱厚熜继承皇位，第二年改年号为"嘉靖"，史称"明世宗"。

明嘉靖帝继位后，下诏废除了武宗时的弊政，诛杀了佞臣钱宁、江彬等，使朝政为之一新。嘉靖二年（1523年），天气反复无常，明

朱厚熜像

世宗听信太监崔文瞅的谗言，开始迷信，设坛祭天，祈求避祸。他还开始崇信道教，好神仙老道之术，并一心求长生不老之术。他派人到处搜罗秘方，使得许多为嘉靖皇帝撰写青词（道教仪式中向上天祷告的词文）的人员入阁成为宰相。严嵩就是其中的代表人物，他善于写青词，善于揣测皇帝的心思。因此尽管嘉靖皇帝对严嵩的贪赃枉法了然于心，可就是不舍得处理他，由严嵩主持朝政，自己则深居皇宫专心于成仙修道。严嵩立朋党，除异己，造成兵备废弛，财政拮据，社会危机日益加深。

而在东南沿海，由于权臣的误国，使得海防十分空虚，一些重要地段的士兵仅有原来的1/3，战船十存一二，致使日本海盗大举进犯。仅明嘉靖三十一年（1552年）以后的三四年间，江浙军民被倭寇杀害的就有数十万人。这是东南沿海倭患最为严重的时期。虽然最后东南沿海的抗倭斗争取得了决定性的胜利，涌现了像戚继光、于大猷等著名抗倭将领，也不能抵消嘉靖帝的过失。

明世宗统治后期，他听信方士们告诉他用每天早上的露水炼丹效果很好，可以长生的谗言，组织了许多宫女清早为他采露，宫女们实在忍受不了，决定杀死嘉靖皇帝。嘉靖三十年（1542年）十二月

二十一日深夜，以杨金英为首的宫女们趁嘉靖皇帝熟睡之时，潜入他的寝室，按住嘉靖皇帝，用绳子勒住他的脖子，眼看就要大功告成，由于紧张宫女将绳子系成了死扣，怎么也收不紧，被一个婢女发现，跑出去报告皇后，皇后马上领人来救驾，嘉靖皇帝才免于一死。而宫女们全部被捕，几天后被凌迟处死。

尽管经过这次事件，明世宗还是执迷不悟，仍然坚持长期服用丹药，使得他不光身体越来越差，而且脾气也变得越来越坏，许多大臣不是动辄被杀头就是廷杖，弄得朝廷人人自危。为了修炼，他又大肆建造宫殿，国库极度空虚。嘉靖四十五年（1557年）十二月，明世宗因吃丹药中毒走完了他的人生道路，享年60岁。

明神宗朱翊钧

明神宗朱翊钧（1562—1620年），明穆宗朱载垕第三子，生母孝定太后李氏。明朝第十三位皇帝。

嘉靖四十一年（1562年）八月十七日，朱翊钧出生在裕王府。

朱翊钧像

明穆宗有四子，长子朱翊釴、次子朱翊钤俱早亡，四子朱翊镠与朱翊钧同为李氏所生。朱翊钧的祖父世宗嘉靖帝晚年迷信道教，"讳言储贰，有涉一字者死"，因此，关于朱翊钧的诞生，没人敢报告嘉靖皇帝，更不敢为之起名字。直到隆庆元年（1567年）正月初十日，廷臣上疏请立皇太子，同月十八日明穆宗才为他赐名翊钧。明穆宗说："赐你名字，名为钧，是说圣王制驭天下，犹如制器之转钧也，含义非常重大。你当念念不忘。"隆庆二年（1568年）三月十一日，因朱翊钧为嘉靖子嗣中最为年长的，故被立为皇太子，正位东宫。朱翊钧的生母李太后身世卑微原是宫人，后来母以子贵才晋升为贵妃。

皇太子就是未来的皇帝，将来要治国治民，必须从小接受教育，了解以往帝王承业治国的经验教训，熟悉朝章典故，掌握驾驭臣民的本领。朱翊钧虽然年幼，却很懂得这个道理。明穆宗任命一批大臣为教导他读书，朱翊钧学习非常用功。其母李氏教子非常严格，朱翊钧稍有懈怠，李太后就将其召至面前长跪。每次遇到讲筵的时候，李太后都令经筵讲官入前亲授。没遇到早朝的时候，五更就到了朱翊钧的寝宫，早早将朱翊钧叫起。由于讲官的尽心辅导，李太后的严格管教，以及朱翊钧本人的刻苦努力，朱翊钧年渐长而学愈进。他自己后来也常常十分得意地说："朕5岁即能读书。"

隆庆六年（1572年）五月二十二日，明穆宗病危，三天后内阁大学士高拱、张居正、高仪被召入宫中。高拱等人进入寝宫东偏室，见明穆宗坐在御榻上，榻边帘后坐着皇后陈氏、皇贵妃李氏，10岁的太子朱翊钧就立在御榻的右边。明穆宗抓住高拱的手，临危托孤，"以全国使先生劳累"。司礼监太监冯保宣读给太子朱翊钧的遗诏："遗诏与皇太子。朕不行了，皇帝你做。一应礼仪自有该部题请而行。你要依三辅臣并司礼监辅导，进学修德，用贤使能，无事荒怠，保守帝业。"三位大学士受托之后，掩泪而出。五月二十六日，明穆宗即崩于乾清宫。六月初十，皇太子朱翊钧正式继位，次年改元万历。

万历皇帝继位伊始，大学士高拱马上呈进新政五事，要求其御门听政，亲答奏请，面见辅臣，议处要事，且一应章奏览后俱须发送内阁看详拟票，杜绝内批留中。虽然高拱的本意在于"以主上幼冲，惩中官专政，条奏请诎司礼权，还之内阁"，但仍可看出他对于幼年皇帝朝夕训诲的急迫心情，初衷无有不妥。然而当时正值主少国疑之际，"上冲年在疚，拱默受成于两宫，权不自制，唯恐外廷之擅"。在读书方面，朱翊钧也是从一开始就坚持按照祖宗旧制，举日讲，御经筵，读经传、史书。在明朝的众皇帝中，除明太祖朱元璋之外，像朱翊钧那样确实是不多见的。朱翊钧继位后，就按照内阁首辅张居正的建议，每天于太阳初出时就驾幸文华殿，听儒臣讲读经书。然后少息片刻，复回讲席，再读史书，至午饭完毕时始返回宫内。只有每月逢三、六、九常朝之日，才暂免讲读。除此之外，即便是隆冬盛暑亦从不间断。

朱翊钧继位时，一个突出的问题就是内阁纷争倾轧，整个朝廷也没有能够挽回嘉靖一朝的积弊。这个社会问题，以后变得更为激烈。按照明穆宗的布置，高拱是外廷的顾命大臣中排名最前的；在宫中，朱翊钧自然依靠冯保。但是，冯保与高拱的关系非常恶劣。此前，司礼监掌印太监职位空缺，高拱先后推荐了陈洪、孟冲，就是不愿让冯保做掌印太监。神宗自己在登极诏中也命令他们：朕方在冲年，尚赖文武亲贤，"共图化理"，"与民更始"。

冯保此人知书达礼，又有文艺素养，所以很受明穆宗的喜爱。冯保利用皇权更迭之间的权力真空，通过遗诏驱逐了政敌孟冲，亲自任司礼监掌印太监。而此时的内阁首辅高拱也对冯保欲除之而后快，在高拱的授意下，工科都给事中程文、吏科都给事中雒遵、礼科都给事中陆树德都开始弹劾冯保。由此，一场政治斗争势必不免。斗争中，冲突双方是冯保和高拱。而张居正表面上是帮助高拱的，但实际上，张居正与冯保关系非常密切，早就预谋赶走高拱。

明穆宗末年，高拱为内阁首辅。神宗继位之后，高拱"才略自许，负气凌人"，恰恰触犯了"自负付托之重，专行一意，以致内猜外忌"的为臣大戒，最终在官场角逐中失利。人事变更的结果，张居正依序升为内阁首辅，责无旁贷地肩担起培养万历皇帝的重任。而此次政治震荡对幼小的万历皇帝产成的刺激也颇为深刻：

"专权之疑，深中帝心，魁柄独持，以终其世。晚虽倦勤，而内外之间，无复挟恣意如初年者。主术所操，为得其大也。"而且高拱为人性格执拗，出言偏颇。明穆宗去世时，高拱以

张居正所撰《帝鉴图说》

主幼国危，痛哭时说了一句："10 岁太子如何治天下！"神宗继位后，冯保将这句话加以歪曲，改成："高公讲，10 岁小孩哪能决事当皇帝！"神宗听到这话当然不快。隆庆六年（1572 年）六月十六日将高拱免职，以张居正取代他的位置。此后神宗在位 48 年，始终坚持自操威柄，正如他所说："若用舍予夺，不由朝廷，朕将何以治天下！"高拱一走，高仪也惊得呕血三日而亡，三位内阁顾命大臣中只剩下张居正一人。

此时，朝廷在经济和政治方面的问题也堆积如山。面对着这些重重的困难，万历皇帝励精图治，推行新政，在其位前十年中很有所作为。

张居正为内阁首辅以后，朱翊钧将内廷的事务托给冯保，"而大柄悉以委居正"。对张居正不仅委以重任，而且尊礼有加，言必称"元辅张先生"或"张先生"，从不直呼其名。隆庆六年（1572 年）六月十九日，张居正刚刚走马上任几天，朱翊钧就在平台（即后左门）单独召见他，共商大计。由于明穆宗在位从没有召见过大臣，所以这事在当时曾引起轰动，使廷臣看到朱翊钧承业治国的精神和决心，又大

大提高了张居正的威信。

朱翊钧从思想上到行动上，全力支持张居正，合力进行改革，推行万历新政。政治改革的主要措施，是万历元年（1573 年）推行的章奏"考成法"。它是针对官僚作风和文牍主义而提出的，意在"尊主权，课吏职，信赏罚，一号令"，提高朝廷机构办事效率。按照考成法的要求，事必专任，立限完成；层层监督，各负其责。神宗说："事不考成，何由底绩？"其时，因为朱翊钧年幼，对祖制还不十分明白，不晓得个中的利害关系。后来，他意识到张居正的权力过大，"几乎震主"，这无疑是一个重要原因。

经济领域的改革，一是清丈全国田亩；二是推广"一条鞭法"。万历六年（1578 年）十一月，朱翊钧下令在福建行省进行清丈田亩试点。至万历八年（1580 年）九月，福建"清丈田粮事竣"。朱翊钧与张居正因势利导，趁热打铁，立即通行全国清丈。户部奉旨就清丈范围、职责、政策、方法、费用、期限等制定了八项规定，于同年十一月下发各地。至万历十年（1582 年）十二月，各省均按三年期限基本完成，总计支出新增 140 余万顷。推广"一条鞭法"，是当时经济改革的又一个重要举措。万历九年（1581 年），一条鞭法已在全国各地"尽行之"。这标志着整个张居正改革已经取得了重大胜利。

万历朝的前十年，在幼帝朱翊钧的支持下，张居正在政治上、经济上进行大刀阔斧的改革，政府面貌焕然一新，经济状况也大为改善。万历十年（1582 年）六月，一代名臣张居正病逝，朱翊钧从此开始亲政。这次改革，始于万历元年（1573 年），至万历十年（1582 年）基本结束。它是明中叶以来地主阶级革新自救运动的继续和发展，也是明后期政治、经济关系新变动的深刻反映，其范围覆盖政治、经济诸方面。具体步骤是，前五年以政治改革为重点，后五年以经济改革为主要任务。十年改革取得了非常大的成就，扭转了正德、嘉靖两朝以来形成的颓势。

朱翊钧亲政后，主持了著名的"万历三大征"。先后在明王朝西北、西南边疆和朝鲜展开的三次大规模军事行动，分别为李如松（李成梁长子）平定蒙古人哱拜叛变的宁夏之役，李如松、麻贵抗击日本丰臣秀吉政权入侵的朝鲜之役，以及李化龙平定苗疆土司杨应龙叛变的播州之役，巩固了汉家疆土。后世有说明军虽均获胜，但军费消耗甚巨。而"三大征"实际军费则由内帑和太仓库银足额拨发，"三大征"结束后，内帑和太仓库仍有存银。

万历十四年（1586 年）十一月，朱翊钧开始沉湎于酒色之中，身体虚弱，每况愈下。因此，朱翊钧执政中后期，几乎很少上朝。他处理政事的主要方法是通过谕旨的形式向下面传递。"万历三大征"中边疆大事的处理，都是通过谕旨的形式，而不是大臣们所希望的"召对"形式。在"三大征"结束之后，朱翊钧对于大臣们的奏章的批复，似乎更不感兴趣了。同年，礼部主事卢洪春奏曰：朱翊钧"日夜纵饮作乐"。另外，从同年起，为争立皇太子，演变成了旷日持久的"国本之争"。

万历帝长子朱常洛为太后宫女王氏所生，极受冷遇；而宠妃郑贵妃所生皇三子朱常洵为万历帝所钟爱，郑氏与万历帝"密誓"立常洵为太子。

朝臣依据封建王朝太子立嫡，无嫡立长的法纲力争，但万历帝总以各种借口拖延，直至皇太后施加压力，始于万历二十九年（1601 年）册立朱常洛为皇太子，同时也封常洵为福王，藩国洛阳，这就是万历朝围绕确立太子争论了 15 年的"争国本"斗争。从万历二十九年（1601 年）至四十二年（1614 年），又斗争了 13 年，直至福王离开北京赴洛阳，才真正确立了朱常洛的太子地位。但宫闱的权力之争仍未停止。

万历四十三年（1615 年）五月，宫外男子张差手持木棒闯入大内东华门，一直打到皇太子居住的慈庆宫，后被内监捕获。对张差梃击太子宫之事，朝内争论不一。支持郑贵妃倾向福王为太子的臣僚认为是张差疯癫所为；支持皇太子的大臣认为是陷害太子的阴谋。经刑部十三司会审，查明张差系京畿一带白莲教的一支红封教的成员，其首领为马三道、李守才，他们与郑贵妃宫内的太监庞保、刘成勾结，派张差打入宫内，梃击太子宫。

此案的发生，震惊了宫内和朝野。联系万历四十一年（1613年）曾发生郑贵妃的内侍与奸人勾结诅咒皇太子的事件，梃击案牵连到郑贵妃在所难免。万历皇帝极力调解皇太子与郑贵妃的矛盾，一方面怒责郑贵妃，另一方面迫使皇太子改变态度，由"张差所为，必有主使"改变为"此事只在张差身上结局足矣"。此外，万历皇帝又召见群臣，表示怀念皇太子的保护人皇太后，以示自己立太子的诚意。他明令除惩治张差等人外，"不许波及无辜人"，以解脱郑贵妃。

此案结局，张差磔死，马三道、李守才发远方戍守，太监庞保、刘成在内廷击毙，梃击案掀起的轩然大波暂时平息。

因立太子之事与内阁争执长达十余年，朱翊钧最后索性30年不出宫门、不理朝政、不郊、不庙、不朝、不见、不批、不讲。万历十七年（1589年），朱翊钧不再接见朝臣，内阁出现了"人滞于官"和"曹署多空"的现象。至于贪财一事，朱翊钧他在亲政以后，查抄了冯保、张居正的家产，就让太监张诚全部搬入宫中，归自己支配。为了掠夺钱财，他派出宦官担任矿监税使，四处搜刮民财。

万历二十五年（1597年），右副都御史谢杰批评朱翊钧荒于政事，亲政后政不如初："陛下孝顺父母、尊祖、好学、勤政、敬天、爱民、节约开支、听取意见、亲人和贤人，都不能够像当初一样。"以致朱翊钧在位中期以后，方入内阁的廷臣不知皇帝长相如何，于慎行、赵志皋、张位和沈一贯等四位国家重臣虽对政事忧心如焚，却无计可施，仅能以数太阳影子长短来打发值班的时间。万历四十年（1612 年），南京各道御史上疏："台省空虚,那些致力于废除掉,皇上深居二十多年,从来没有一个接见大臣,天下将要沦陷的忧虑。"首辅叶向高却说皇帝一日可接见福王两次。万历四十五年（1617 年）十一月,"部、寺大官十缺六七,风宪重地空署几年,六科只剩下四个人,十三道只剩下五人"。

万历中期后虽然不上朝,但是不上朝之后并没有宦官之乱,也没有外戚干政,也没有严嵩这样的奸臣,朝内党争也有所控制,万历对于日军攻打朝鲜、女真入侵和梃击案都有反应,表示虽然忽略一般朝政,还是关心国家大事,并透过一定的方式控制朝局。

明末官僚队伍中党派林立,东林党、宣党、昆党、齐党、浙党,名目众多,门户之争日盛一日,互相倾轧。就在朱翊钧宗晏处深宫,"万事不理",导致从内廷到外廷闹得不可开交之际,辽东后金迅速崛起,不断出兵南犯,向明军发动进攻,辽东战争爆发。万历四十四年（1616 年）正月初一日,后金政权正式建国,终于成为明朝的主要威胁。自此明朝辽东的形势也随之每况愈下。尤其是经过东征援朝战争和矿税使高淮乱辽以后,辽东边防空虚,军民困甚,供应艰难,加上明神宗用人不当,明军屡屡败北。

万历四十七年（1619 年）三月,萨尔浒之战中,明军四路大军,三路全军覆没,丧师九万,败局遂成。辽东战争每年约需银 400 余万两,朱翊钧为了应付这笔庞大的军费,自万历四十六年

万历《平番得胜图》

（1618年）九月起，先后三次下令加派全国田赋，时称"辽饷"。明末三饷（辽饷、剿饷、练饷）加派开始。然而加派非但无济于事，反而激起了全国人民的强烈不满，纷纷投入反对明朝的革命洪流。朱翊钧自己也因此情绪低落，愁眉不展。

万历四十八年（1620年）三月，朱翊钧因长期酒色无节，加上辽东惨败，国事困扰，终于病重不起。七月二十一日，在弘德殿驾崩，终年58岁。二十二日发丧，二十三日颁布遗诏，命皇太子朱常洛嗣位。九月初十日尊谥号神宗范天合道哲肃敦简光文章武安仁止孝显皇帝，庙号神宗。十月初三日，安葬于定陵。

朱翊钧是明代历史中在位最久的皇帝。明代历史中以万历纪元的时间，持续将近48年之久。明神宗在位期间，前10年奋发图强，中间10年由勤变懒，最后近30年"万事不理"。他的主要特征，是贪酒、贪色、贪财而又贪权，始终"魁柄独持"，可谓操权有术，从这一点说，他不是一个庸人之辈。但他又缺乏明太祖、明成祖那样的雄才大略。他继位于16世纪70年代初，终于17世纪20年代。当时，正是整个世界处于翻天覆地的大变动时期。中国封建社会也已经发展到晚期，"天崩地裂"，新的生产关系开始萌芽，生产力有了巨大发展，也同样处于由古代社会向着近代社会转型的剧变前夜。在这个历史的大变动中，由于几千年中国封建制度的顽症根深蒂固，加上他沉溺酒色、财货的心理病态，非但未能使中国跟上世界新潮流，迎来新时代的曙光，相反在他的手里把明朝推向绝境，加快了其终结的历史进程。

明思宗朱由检

万历三十八年（1610年）十二月，光宗朱常洛第五子、熹宗朱由校之弟朱由检出生。天启二年（1622年），13岁的朱由检被熹宗封为信王。天启六年（1626 年），朱由检前往信王府邸居住。次年八月，比朱由检仅大 5 岁的熹宗病逝。熹宗临死前没有子嗣，兄弟也只剩下朱由检一人。如此一来，熹宗便将他视为唯一的继承人。

朱由检在良师的指导下不仅有着端正的品行，而且擅长书法、弹琴等，在朝臣中的口碑很好。在这种情况下，朱由检顺理成章地登上了皇帝宝座。朱由检继位后，是为思宗。

明思宗朱由检像

光宗的悲惨命运和熹宗的英年早逝在给思宗带来创伤的同时，也使他养成了谨慎和警惕的习惯。谨慎和警惕使他成功铲除了天启年间以魏忠贤为首的阉党，体现出了他的英明果敢。

崇祯二年（1629 年），思宗命令大学士韩爌等人了结阉党逆案，魏忠贤党的残余势力很快被剿灭。然而，就在这一年，山海关外的满洲人开始进攻明朝。此时的思宗没有因谨慎和警惕化解危机，反而因过度谨慎和警惕而犯了猜疑的毛病。满洲人正是看中了这一点，利用反间计使得思宗错杀了令满洲人感到畏惧、战功赫赫的袁崇焕，从而加速了明朝的灭亡。

正在思宗为抵抗满洲人忙得焦头烂额时，国内出现了大规模的农民起义。崇祯三年（1630 年），陕西延安府米脂人李自成率领当地饥民起义，于崇祯九年（1636 年）被推为闯王，于崇祯十七年（1644 年）正月建国大顺。此后，大顺军继续攻打明军，很快逼近明都北京城。

思宗拒绝投降，李自成下达全面进攻的命令，大顺军于当晚攻破广宁门（广安门）。接着，德胜门、阜成门、宣武门、正阳门、朝阳门均被攻破。思宗知道大势已去，匆忙来到煤山（今景山）上俯瞰，见整个北京城已经是"烽火彻天"，顿时觉得王朝末日来临。徘徊许久后，他回到乾清宫，然后秘密召来太子、永王、定王这三个儿子，嘱咐一番后命人保护他们秘密外逃。不久，皇后与他诀别后自缢。他几近崩溃，用宝剑杀死幼女昭仁公主，并砍伤了长女乐安公主。

三月十九日凌晨，思宗"鸣钟集百官，无至者"。心腹太监王承恩劝思宗趁天不明逃出京城，怎奈各城门均有大顺军把守。思宗带着沉重的心情重返皇城，在煤山自缢。思宗之死，宣告明朝彻底灭亡。

第二节　清朝著名皇帝

清太宗文皇帝皇太极

清太宗爱新觉罗·皇太极（1592—1643年），清太祖爱新觉罗·努尔哈赤第八子，清初杰出的军事家、政治家，后金第二位大汗，兼任蒙古大汗。清朝开国皇帝。

皇太极是太祖努尔哈赤的第八个儿子，生母叶赫那拉氏是叶赫部酋长杨吉砮的女儿，不仅美丽动人，而且待人宽厚，处事稳重，在努尔哈赤的妻、妾中很受努尔哈赤的恩宠。子以母贵，她所生的儿子也得到了努尔哈赤的疼爱。努尔哈赤家中有教育子女的专门教师，皇太极从小便受到了一定的文化教育。

明万历四十年（1612年）秋，年方21岁的皇太极就开始跟随父兄出征作战，皇太极出色的军事才干，就是在和父兄一起征战的戎马生涯中逐渐磨砺而成的。

努尔哈赤的长子褚英是一员疆场骁将，但褚英心胸狭窄，拥权自重，对自己的兄弟和群臣百般欺凌。皇太

皇太极像

极等人忍受不过，禀报了努尔哈赤，努尔哈赤大为愤怒，下令监禁了褚英，后来又因有人告发他有篡位行为努尔哈赤将其处死。

褚英失势后，年轻的皇太极成为父亲的得力助手而不断受到重用。努尔哈赤于万历四十四年（1616年）称汗后在10多个子侄中，选定皇太极与次子代善、侄子阿敏、五子莽古尔泰为四大贝勒，佐理国家政务。皇太极没有辜负父亲对他的期望，积极参与政务、军事的谋划和决策。在进兵攻打抚顺时，向父亲巧献妙计，结果一举拿下了抚顺。在萨尔浒之战中，皇太极身先士卒，指挥若定，俨然成为一位智勇双全、部署有方的战将了。

战场上骁勇非常，处理政事时，皇太极更是头脑冷静、果断机敏，颇有全局观念。在努尔哈赤虑事不周之时，皇太极时常提出建议，把事情处置得更妥帖。

天命十一年（1626年）八月，68岁的努尔哈赤去世。经过诸兄弟子侄的共同协商，公推35岁的皇太极继汗位。皇太极推让再三后接受了众议，于九月一日登上了后金汗位，并决定从次年改元天聪。

皇太极塑像

后金东邻朝鲜，北接蒙古，西南面则是明朝。后金的积极扩张对明朝、蒙古和朝鲜都构成了直接威胁，使得它们对后金抱有很深的敌意。因此后金的政权也是四面受敌。皇太极继承汗位时，曾对当时面临的形势进行了分析：明王朝是皇太极最主要的敌人，但他考虑到明王朝的强大，采取议和的策略，先争取时间，再图大举；蒙古和朝鲜则是内顾之忧，必须先加以解决。

天聪元年（1627 年）一月，皇太极乘朝鲜发生内乱之机，派遣阿敏统率 3 万军队出征朝鲜，俘获了朝鲜王妃、王子和宗室大臣。朝鲜君主李棕走投无路，只得出城投降，与皇太极签订了城下之盟。朝鲜向清称臣，成为清的属国。接着，皇太极又发兵攻取了皮岛，全歼驻岛明军。至此，朝鲜完全控制在皇太极的手中。

蒙古部落众多，其中漠南蒙古地处明朝与后金之间，位置尤为重要，成为明与后金争夺的重点。皇太极对蒙古各部则采取软硬兼施的两手策略，以强大的武力为后盾，积极争取蒙古各部归属自己。对于归顺各部首领，皇太极一律予以优厚的待遇。漠南蒙古察哈尔部首领林丹汗恃强自傲，依仗明朝在政治、经济上的支持，坚决与后金为敌。后来，属下联合起兵反抗林丹汗的残暴统治，皇太极借此机会，召集漠南蒙古部落的一些代表在沈阳会盟宣誓，决定联合出兵，打败了察哈尔部。然后皇太极以盟主的身份征调科尔沁、喀喇沁、敖汉等部兵马，向西一直追击到阿尔泰山方才收兵。为了加强对归附的蒙古各部的控制，皇太极在这次西征后向各部颁布了从征军令，严申军纪，从而加强了军队的战斗力。

天聪六年（1632年），皇太极在昭乌达（今昭乌达盟）会集蒙古各部首领，再次调集蒙古各部兵马同八旗军一道大举西征。天聪八年（1634年），多尔衮率

皇太极雕像

部剿灭了林丹汗的残部。从此，漠南蒙古完全被皇太极所控制，明朝在蒙古一线受到了严重威胁。

朝鲜、蒙古归服后，皇太极的目标就是明王朝了。1628年，明天启帝死，崇祯皇帝上台，皇太极认为攻击削弱明王朝的时机已经来到，因此立即率领大军绕过了明军防御坚强的宁锦防线，取道蒙古南下。大军从喜峰口越过了长城，一直打到北京城下。回援的袁崇焕边军与皇太极在北京城下展开了激战，互有伤亡。皇太极在激战中施展反间计，多疑的崇祯帝果真逮捕了袁崇焕，并于第二年将他凌迟处死。皇太极并没有攻下北京城，他知道明朝国力尚未倾颓，只有加紧整顿军队，等待时机。他安排了永平、迁安等四城的防守，然后率军返回了沈阳。

为了消耗明王朝的有生力量，最终取而代之，皇太极采取边打边谈的政策。1634—1638年，皇太极又先后四次出兵进入明朝内地。由于明朝统治的腐败，后金兵在历次征战中往来驰骋，如入无人之境。许多城池遭到了清军的洗劫，尸首狼藉，甚至连水井中也填满了尸体。虽然皇太极曾多次申明军纪，但他发动战争的目的之一就是要掠夺损毁明朝的财物人口，最终达到极力削弱明王朝的目的。

1636年，皇太极称帝，改国号为大清，建元崇德。

在皇太极称帝前后，朝鲜、蒙古的威胁已经被解除，后金政权的

机体已经变得强健起来。在有利的形势面前，皇太极因势利导，最终抛弃了对明朝议和的幌子而转为力主征伐。明王朝也不甘心坐以待毙，一场双方酝酿已久的决战开始了。

崇德四年（1639年），下定决心的皇太极首先对松山发动了强攻，在明军的顽强抵抗下清军攻势受挫，尔后，皇太极又陆续增调人马逼近锦州，在城外挖掘深壕，将锦州城团团围困起来。明朝蓟辽总督洪承畴奉旨率领13万大军前来解锦州之围。洪承畴采取稳扎稳打、步步为营的策略，徐徐向锦州靠拢，多尔衮等人与明军几次交战，人马损失了很多。这时，锦州城中的明军乘机反扑，夺回了外城。皇太极得知这些消息，心急如焚。他拖着病体，亲自率领大军驰援前线，要与明军决一死战。

皇太极首先切断了明军的粮饷供应，把松山城和城外的明军一并包围起来。明军很快因军粮匮乏而军心动摇，许多将领都想突围奔回宁远。洪承畴别无他策，也只得孤注一掷，下令全军突围，伤亡极为惨重，松山城中的明朝副将夏承德降清，松山城失陷，洪承畴被俘。经过皇太极极力劝降，洪承畴最终在孝庄的美貌和规劝之下，叩首归降了清。接着，锦州守将祖大寿也献城出降。皇太极取得了历时两年多的松锦战役决定性的胜利，明朝的精兵良将已经所剩无几，皇太极完全控制了关外的局势。

多年操劳政务和四处征战，已经耗尽了他的精力，崇德八年（1643年）八月的一个夜晚，皇太极在清宁宫内离开了人世，谥号"文皇帝"。

清世祖顺治帝福临

清世祖，名爱新觉罗·福临（1638—1661年），太宗皇太极第九子，生于清崇德三年（1638年）。传说孝庄文皇后怀孕后，红光照身，盘旋如龙形。分娩前夜曾梦见神人抱着一个婴儿放入自己腹内，并告知是统一华夏之主。孩子生出来后，满室红光，并散发出奇异的香气，经久不散，孩子的头发也不是趴在头顶上，而是直立着。但这毕竟是传说，没有科学根据。

福临小时候天资聪颖，读书勤奋，爱好绘画，他画的小幅山水"写林峦向背，水石明晦之状"颇为时人称道，他的手指螺纹墨画《渡水牛图》意态自然，有笔墨烘染所不能到处，堪称一绝。他尤其擅长人物速写，有一次，他路见中书大臣盛际斯，

顺治帝像

忽然命令盛跪下，盛吓出一身冷汗。福临对盛凝目熟视片刻后，取笔草就一帧盛的小像，递给左右诸臣传阅，盛转惊为喜，请福临将小像赐给自己，福临笑而不答，随手将小像付之一炬。

崇德八年（1643年）八月十四日，清太宗皇太极突然病死。由于他没有立下诏书，所以由谁继承王位成为各位朝臣争论的焦点。有些人赞成让皇太极的长子肃亲王豪格继位，而有些人则赞成由皇太极的弟弟睿亲王多尔衮继承，一时间争得不可开交。最后时为睿亲王的多尔衮提出拥立皇太极的第九子福临继位，此事才得到圆满解决。

崇德八年（1643年）八月二十六日，福临在沈阳继位，由其叔父多尔衮辅政。顺治元年（1644年）四月二十二日，多尔衮乘明将吴三桂和起义军李自成有矛盾的情况下，在明将吴三桂指引下，乘明亡之乱率清军进入山海关，击败了李自成的农民军，将清都迁往了北京。但不久，多尔衮因出塞射猎而死于塞外，14岁的福临提前亲政。

顺治帝亲政后，因不晓汉文汉语，在阅读诸臣奏章时，总是茫然不解。为此他发愤读书，很快就使自己的汉文文化得到了提高。但由于这时处于明亡的一个乱世时期，所以全国出现了新的抗清高潮。

为了能安定全国，顺治帝采取抚重于剿的策略。他采纳范文程等人的建议，设立兴屯道厅，推行屯田，并积极鼓励地主、乡绅招民垦荒。对地方官员制定《垦荒考成则例》，按垦荒实绩，分别予以奖惩。同年，编成《赋役全书》，颁布天下。这些措施使濒于绝境的农业生产开始有了转机。

顺治帝还对整顿吏治甚为关注，派监察御史巡视各地，惩治了一批贪官污吏。为了提高官僚机构的办事效能，他比较注意发挥汉官的作用。十四年十一月，命吴三桂、赵布泰、罗托统领大军，向贵州、云南进发。很快，全国除地处东南沿海的郑成功之外，抗清武装力量基本被平定。

顺治帝还积极吸收了先进的汉文化，审时度势，对成法祖制有所更张，且不顾满洲亲贵大臣的反对，倚重汉官。为了使新兴的统治基业长治久安，他以明之兴亡为借鉴，警惕宦官朋党为祸，重视整饬吏治，推行与民生息的政策，为稳定社会、恢复经济、巩固清王朝统治政权做出了贡献。

但他少年气盛，刚愎自用，急躁易怒。顺治十八年（1661年）正月，顺治上早朝时，看起来神态还正常，身体健康。第二天早上，宫中养心殿却突然传出了他的死讯，享年24岁。但还有一种说法是，顺治多年来一直厌恶尘世。1660年秋，他所宠爱的黄妃病故后，哀伤不已，毅然放弃皇位，暗暗去五台山出家为僧，后来康熙还秘密地去看望过他。也有人说他的出家与董小宛有关，董小宛曾为冒辟疆的小妾，被洪承畴献给顺治为妃，后董小宛被皇太后赐死，顺治转而消极厌世，才去五台山出家为僧。

清圣祖康熙帝玄烨

清圣祖爱新觉罗·玄烨（1654—1722 年），是清太宗皇太极之孙，清世祖福临（顺治帝）第三子。他是清朝入关后第二代皇帝。他在位 61 年，是我国封建社会杰出的封建君主，因其年号为康熙，故又称其为康熙帝。

顺治十八年（1661 年）正月，24 岁的顺治帝因天花辞世，皇太子玄烨继位，年仅 8 岁。顺治帝遗诏由索尼、苏克萨哈、遏必隆、鳌拜四大臣辅政，第二年改元康熙。

康熙帝亲政前，辅政的四大臣中，索尼年老多病，不甚管事。遏必隆处事圆滑，为回避鳌拜嚣张气焰，从不发表意见。苏克萨哈遇事常与鳌拜冲突，终于被鳌拜借故处死。鳌拜大权独揽，结党营私，专横跋扈，朝政日非。康熙八年（1669 年），16 岁的康熙铲除权臣鳌拜，开始亲政。

当时，平西王吴三桂、靖南王耿精忠（耿仲明之孙）和平南王尚可喜合称"三藩"。"三藩"各拥重兵，其中吴三桂兵力最强，军队不下 7 万人，耿、尚二藩合起来也有兵力两三万人。"三藩"总兵力相当于清朝八旗兵的一半，或接近一半。这对清朝中央政府是一个严重威胁。

清初对"三藩"的迁就，助长了"三藩"的嚣张气焰。"三藩"都把自己的辖区作为独立王国，强

清圣祖玄烨像

征关税，垄断盐铁，霸占土地，横行不法。他们权势日重，尾大不掉，严重威胁中央集权，康熙亲政后，以"三藩及河务、漕运为三大事"，夙夜思虑，曾书而悬之于宫中柱上。可见，"三藩"已成为朝廷的心腹之患。

康熙十二年（1673年）三月，平南王尚可喜因年老多病，疏请归老辽东，提出由其子尚之信承袭王爵，继续留镇广东。康熙帝趁机令其全家迁归辽东，对其子袭爵留镇的要求，则根本不予考虑。同年七月，吴、耿二藩也疏请撤藩，以此向朝廷施加压力，同时也借此试探朝廷的真实意图。

康熙帝深知"三藩气焰日炽，不可不撤"，而且"撤也反，不撤也反"，于是果断下令撤藩。"撤藩"令一下，当年十一月，吴三桂便首先发动叛乱。他自称"天下都招讨兵马大元帅"，蓄发、易服发布檄文，宣称"兴明讨虏"，并迅速攻入湖南。康熙十三年（1674年），靖南王耿精忠与平南王尚可喜之子尚之信，亦据福建、广东举兵叛乱，广西将军孙延龄以及四川、陕西、襄阳等地的提督、总兵也纷纷起兵响应。一时间，战火遍及滇、黔、闽、粤、桂、湘、鄂、川、陕等省。

康熙帝根据形势，制定了打击首恶、剿抚兼施的策略。对东南和西北两个战场，以抚为主，以攻为辅；对西南腹地的吴三桂势力，坚决打击，彻底铲除。吴三桂一发动叛乱，康熙帝即下令处死在北京的吴三桂的儿子吴应熊（娶清朝公主，为额驸）、孙子吴世霖，表示对吴三桂绝无妥协的余地。同时发布诏书，分化、瓦解参加吴三桂叛乱的其他汉族军阀。

吴三桂引清兵入关，甘当清王朝的鹰犬，早就受到汉族人民的唾弃。因此，他起兵反清，得不到人民的有力支持。在战略上，他持重保守，不敢迅速渡过长江和清廷逐鹿中原，而是梦想与清王朝划江而治。这样，就让康熙帝赢得了组织反攻的宝贵时间。而且，清廷占据中原财赋重地，有雄厚的物质基础；而参加叛乱的汉族军阀，同床异梦，步调不一，首鼠两端。康熙帝运用安抚收买和军事镇压相结合的手段，使参加叛乱的耿精忠、尚之信、王辅臣等汉族军阀先后倒戈。不久，清廷又控制了广西、广东、福建、江西、陕西等省，形势对吴三桂极为不利。

吴三桂情竭势绌，孤注一掷，于康熙十八年（1679 年）在湖南衡阳称帝，国号周，建元昭武，企图以此稳定人心，鼓舞士气。不久，吴三桂病死，其孙吴世瑶继位，退据昆明，康熙二十年（1681 年），城破自杀。历时 8 年的"三藩之乱"被彻底平息。

康熙二十二年（1683 年）六月，为了消灭割据台湾的郑经势力，康熙令大将施琅率战舰 300 艘、军士 20000 人，从福建出发，在澎湖海战中消灭了郑氏集团的主力，攻占了澎湖，台湾郑氏集团"莫不解体"，郑克塽（郑经第二子）遣使乞降。八月，清军进驻台湾。郑克塽到北京后，受到康熙帝的接见，并封他和部下以官爵。康熙帝还特别下诏说郑成功、郑经不是"乱臣贼子"，可以归葬南安。

康熙二十三年（1684 年），清政府设台湾府，辖三县，隶属福建省，并在台湾驻军 8000 人，在澎湖驻军 2000 人。这些措施加强了台湾与大陆的联系，促进了台湾的开发，巩固了我国的东南沿海。

1643 年，沙俄首次派遣以波雅科夫为首的殖民侵略者侵入黑龙江流域。1650 年，以哈巴罗夫、斯捷潘诺夫为首的第二批殖民军再次侵入黑龙江流域。他们占据了雅克萨，修筑堡垒，构筑工事，作为进一步侵略我国的据点。同时，沙俄还派遣军队越过贝加尔湖向东进犯，侵占了尼布楚，在此筑城构堡作为进一步向黑龙江下游扩张的军事基地。

1683 年，康熙帝设黑龙江将军，驻军瑷珲，并派军拔掉沙俄侵略军在黑龙江下游建立的几个军事据点。这为集中打击雅克萨之敌创造

康熙帝像

了条件。康熙二十四年（1685年）春，清廷以彭春为统帅，派兵3000人向雅克萨开进。五月，彭春率军到达雅克萨城下，当即发炮攻城。俄军头目阿尔布津走投无路，宣布投降。清军准许他率残部退出雅克萨。当清军撤离雅克萨后，阿尔布津在得到援助后，又重返雅克萨，重新构筑工事，妄图长期固守。康熙二十五年（1686年）六月，黑龙江将军萨布素奉命率军2000人，再次开赴雅克萨，同俄军激战两日，匪首阿尔布津被击毙，守城俄军伤亡惨重。在这种情况下，俄国被迫同意同我国就边界问题进行谈判，清军也奉命停止攻击。

康熙二十八年（1689年）八月，中俄双方在尼布楚正式开始会谈。经多次交涉，在中方做了一定让步的情况下，九月，双方正式签订了《尼布楚条约》。这是中俄两国的第一个边界条约，是双方经过平等协商签订的。它从法律上肯定了格尔必齐河、额尔古纳河以东，外兴安岭以南，黑龙江流域、乌苏里江流域包括库页岛在内的广大地区都是中国的领土。康熙帝组织的雅克萨自卫反击战，维护了祖国领土的完整，保卫了东北边境的安全。

清初，我国西、北部居住的蒙古族共分为漠南蒙古（即内蒙古）、漠北蒙古（即外蒙古）、漠西蒙古三部分。其中，漠南蒙古早在清兵入关之前就隶属于清朝统治之下。后来，漠北蒙古和漠西蒙古也先后臣服于清王朝。

漠西蒙古的准噶尔部（原先游牧于伊犁河流域）在17世纪中叶逐渐强盛起来。当时，沙皇俄国正在疯狂向外侵略，他们极力想把漠西蒙古的人民及其所居土地攫为己有。为此，沙皇于康熙五年（1666年）派"使团"到准噶尔部，对其首领僧格等人威胁利诱，要其归顺俄国，遭到拒绝，阴谋未能得逞。

康熙十年（1671年），噶尔丹杀死其兄僧格，夺取了准噶尔部的统治权。噶尔丹夺得汗位后，首先征服了漠西蒙古其他几部，占据了新疆北部，然后又进攻天山南路，控制了南疆的维吾尔族地区，形成了一个拥有60万人口的强大封建割据势力，其势力还渗透到青海、西藏地区。噶尔丹为了实现其割据一方的野心，遂与沙俄勾结起来。

康熙二十七年（1688年）春，噶尔丹对外蒙古各部发动了突然袭击。在噶尔丹和沙俄里外夹击下，外蒙古各部很快败退下来，三部几十万人奔向漠南，请求清朝保护。康熙帝给予牲畜、茶、布等物资救济，把他们暂时安置在科尔沁地区，并命噶尔丹率众西归，退还外蒙三部的牧地。噶尔丹不听从清朝命令，于康熙二十九（1690年）又以追击外蒙古兵士为名，攻入内蒙，其前锋一直到了距北京仅900里的乌珠穆沁。康熙帝决定分兵两路予以痛击，派裕亲王福全（康熙之兄）率军出古北口；派恭亲王常宁（康熙之弟）率军出喜峰口，最后会师乌兰布通。八月间，左翼军同噶尔丹军队在乌兰布通（今辽宁境内）发生了激烈的遭遇战。噶尔丹把10000多头骆驼捆住卧地，驼背上搭上箱垛，盖上浸湿的毡子，摆成一条防线，称"驼城"。主力部队从"驼城"垛隙放枪射箭，进行顽抗。清军用猛烈的炮火击破噶尔丹的"驼城阵"，噶尔丹逃出重围，幸免被擒。康熙三十四年（1695年），噶尔丹又率领3万人马沿克鲁伦河大举南犯，并扬言他背后有沙俄撑腰，已经从俄国借了6万鸟枪兵。康熙三十五年（1696年）春，康熙帝力排众议，决定第二次亲征。他命将军萨布素率兵出东路迎头截击，命大将军伯费杨古率兵出宁夏为西路，断绝噶尔丹的退路，自己则亲率禁旅为中路，三路约期来攻噶尔丹，务期彻底歼灭。

康熙帝亲率大军，在克鲁伦河附近同噶尔丹的军队相对扎营。当时两军相距甚近，噶尔丹望见康熙的御营和清军的威武阵营，不禁为之胆寒，立即下令拔营逃跑。康熙帝亲自率军追击到拖诺山。当噶尔丹逃到昭莫多（在乌兰布托以东）时，又同清军的西路大军相遇。在两军激战中，噶尔丹的军队几乎全军覆没，他仅率少数人死里逃生。康熙的第二次亲征又取得了巨大胜利。但是，噶尔丹没有死，这股叛乱势力并未根除。所以康熙一面分化噶尔丹控制的回部、青海、哈萨克诸部，并警告与噶尔丹狼狈为奸的西藏第巴桑结，一面限期噶尔丹到北京投降。

由于噶尔丹拒绝投降，康熙三十六年（1697年），康熙帝又进行了第三次亲征。当时，康熙在各部族中的工作成效甚大。因此，噶尔丹四面楚歌，处于"居无庐，出无骑，食无粮"的地步。原先追随噶尔丹叛乱的亲信们，也慑于清军威力，望风而降。最后，噶尔丹在走投无路、众叛亲离的困境中服毒自杀。至此，康熙平定噶尔丹叛乱的斗争宣告结束。

恢复和发展社会经济，也是摆在康熙帝面前的又一重大社会问题。经过几十年农民战争和清朝统一战争，全国土地荒芜，人丁缺少，财政收支入不敷出。为了巩固封建政权，迫切需要安定社会秩序，恢复和发展生产。康熙帝顺应这一社会需要，采取了一些有利于恢复和发展生产的措施。

在顺治年间，清朝就命令地方官吏召集流亡，开垦荒地，将各州县卫所的无主荒地分给官兵和流民屯种，但成效不大。康熙帝继位后，继续推行这一政策，要求地方官在5年之内垦完境内荒田。招徕的流民不论原籍和别籍，都编入保甲，新开垦的荒田给以印信执照，永准为业。这样，一部分被招垦的农民获得少量土地，由佃户变成自耕农。在"开垦无主荒地"的名义下，一些农民将明代藩王的大量庄田和战争中死散地主的荒田占据垦种。清朝对这种既成事实加以法律上的承认，规定"凡地土有数年无人耕种完粮者，即系抛荒。以后如已经垦熟，不许原主复问"。并宣布明藩王庄田改为"更名田"，归耕种之人所有。占有"更名田"的农民，只缴田赋，不再缴纳地租，由过去的佃户变成占有土地的自耕农。这就提高了他们的生产热情，促进了社会经济的发展。

康熙年间，减免钱粮的次数和数量远远超过前代。在他执政的 55 年中，免天下钱粮 3 次，漕粮 2 次，遇有庆典、巡幸、用兵和水旱灾情，也都分别减免有关地方的钱粮。虽然，常常是官吏得到实惠，老百姓所得甚少，但对老百姓还是有好处的。除有少量土地的农民可以减免赋税外，无地农民也可以豁免本身丁钱。康熙四十九年（1710 年），更明确规定：以后"凡遇捐免钱粮，合计分数，业户捐免七分，佃户捐免三分，永著为例"。康熙五十一年（1712 年），宣布以上年丁额为准，以后额外增丁，不再加赋，叫"盛世滋丁，永不加赋"。这些措施在一定程度上减轻了人民群众的负担，有利于提高生产力水平，增加社会财富。

康熙一再向臣下宣布："朕恨贪污之吏，更过于噶尔丹。此后澄清吏治，如平噶尔丹则善矣。"他说："凡别项人犯，尚可宽恕，贪官之罪，断不可宽。"又说："治天下以惩贪奖廉为要。"在他执政期间，惩办了山西巡抚木而赛、两江总督噶礼、太原知府赵凤诏等罪名昭著的大贪污犯，对陆陇其、于成龙、彭鹏等"操守廉洁"的清官则予以奖励和提拔。

同年十一月十三日，康熙病逝，享年 69 岁。康熙在统一国家、捍卫主权、发展生产、提倡文化等方面都做出了卓越的贡献。

清世宗雍正帝胤禛

清世宗爱新觉罗·胤禛（1678—1735 年），清朝第五位皇帝，定都北京后第三位皇帝，蒙古尊称为纳伊拉尔图托布汗。康熙帝第四子，

少年胤禛行乐图

母为孝恭仁皇后。

胤禛出生于北京紫禁城永和宫，生母为德妃乌雅氏。由于其生母乌雅氏出身低微，不能给胤禛带来皇子中的特殊地位；此外，清初时后宫也不允许生母抚育自己的儿子，因此胤禛满月后由孝懿仁皇后佟佳氏抚养。孝懿仁皇后是一等公佟国维之女，孝康章皇后的侄女。孝懿仁皇后没有生过皇子，只有一个公主还早年殇逝，故而养育德妃之子。

康熙二十二年（1683年）胤禛六岁进尚书房，跟从张英学习四书五经，向徐元梦学习满文。稍长，便跟随康熙帝四出巡幸，并奉命办理一些政事。

康熙三十五年（1696年），19岁的胤禛随从康熙帝征讨噶尔丹，掌管正红旗大营。康熙三十七年（1698年），21岁的胤禛受封为贝勒。康熙三十九年（1700年），胤禛侍从康熙帝视察永定河工地，检验工程质量。

康熙四十七年（1708年）夏，康熙帝第一次罢黜了太子胤礽。在推选新太子的过程中，胤禛支持复立胤礽，同时与皇八子胤禩也保持良好的关系。康熙四十八年（1709年），复立胤礽为太子。同年封胤禛为和硕雍亲王。此间诸皇子为谋求储位，各结私党，钩心斗角极为激烈。

胤礽再立后，为巩固储位又进行了一些非法活动，引起康熙帝的不快，于康熙五十年（1711年）再次将他废黜。以后不断有朝臣为他复位奔忙，均遭康熙帝处罚。胤礽被遗弃了，但他留下的皇太子的空位，康熙帝却未令人替补，惹得诸皇子为之大动心机。胤禩有资本，继续活动，又一次受到父皇斥责。十四皇子胤禵"虚贤下士"，联络各方人士，"颇有所图"。康熙五十七年（1718年），胤禵受命为抚远大将军，出征西北，指挥两路清军入藏，送达赖六世至拉萨，驱逐了一度盘踞在西藏的准噶尔人的势力，稳定了西藏局势。他的声誉日高，有可能成为储君。三皇子诚亲王胤祉受命开蒙养斋馆，身边聚集着一群学人。他也"希冀储位"，以至胤礽再废后，竟"以储君自命"。

胤禛善于治国、懂得韬光养晦。他尊释教道学，自称"天下第一闲人"，与诸兄弟维持和气，与年羹尧和隆科多交往密切，同时向父亲康熙帝表现诚孝，画西藏于版图，赢得康熙帝的信赖。康熙六十年（1721年），雍正44岁这年，正是康熙帝登基60周年大庆，他奉命往盛京祭告祖陵，回京参加贡士会试试卷复查事务，冬至时遵命代康熙帝南郊祭天。次年，清查京、通两仓，又秉命冬至祭天。胤禛的这些活动，对他来说有两重意义：一是由于他多次随从巡幸、外出代办政务，足迹遍于中国主要地区，使他有机会了解各地经济物产，山川水利，民间风俗，宗教信仰，历史问题，取得了关于民事的第一手资料；二是观察了康熙帝处理政事，考查了地方行政和吏治，锻炼了处理某些政事的能力，获得了从政的一些经验。这两个方面的因素，对胤禛日后治理国事都有很大的实践意义。

雍正帝在储位斗争中的胜利，有其必然性，这就是：第一，他的才能和务实精神会取得一些人的支持，他的属人戴铎曾向大学士李光地称道其主子："才德兼全，且恩威并施，大有作为。"事实上，在争夺皇储的斗争中，雍正帝提

青年胤禛读书像

清世宗雍正雕像

出整顿积习的振作有为的政治方针，与八皇子胤禩的仁义方针相对立，以争取人心。第二，他善于耍两面派手法，从而欺骗了对手和康熙帝，使政敌不以他为意，没有集中力量对付他，从而轻巧地取得成功。第三，他有一个集团，在关键时刻用上了力，如通过隆科多稳定京中局势，通过年羹尧控制胤禵和稳定西北地区。

康熙六十一年（1772年）十一月十三日，被康熙在世时认为"人品贵重，深肖朕躬，必能克承大统"的皇四子爱新觉罗·胤禛（即雍正）登基继皇帝位。雍正登基时已经44岁，在位不满13年。尽管他的政绩不如父、子，但他仍不失为封建社会中一位智勇超群、长于谋略、颇有作为的君主。他承先启后，治邦安国，为"康乾盛世"谱写了自己的篇章。

雍正的生母乌雅氏，非满清贵族出身。雍正本人更非康熙的嫡长子，但从小康熙就很宠爱这个"四阿哥"，让他就读于宫中，给予严格的管教。雍正既学汉、满、蒙文和经史、书法，又学骑射、武术，还经常随皇父四处巡幸，增长历练。康熙三十五年（1696年），他随康熙出征噶尔丹，掌管正红旗大营，开始参与军事。

雍正继位后开始着手整治朝臣朋党，两个重要目标是年羹尧和隆科多。当年，雍正内靠舅舅、一等侍卫、理藩院尚书、步军统领隆科多的威势，外恃定西将军、川陕总督年羹尧的兵力，继承了皇位，年、隆二人可称功高盖世。可后来他们以此为资本，专权骄纵，私名公行，朋比结党，肆意任用亲信，经年羹尧和隆科多任用的官吏被时人称为"年选""佟选"，而且妄自尊大，权力炙手，这是雍正绝对不能容忍的。雍正三年（1725 年）十二月，他定年羹尧大逆罪、欺罔罪、僭越罪、狂悖罪、专擅罪、忌刻罪、残忍罪、贪黩罪、侵蚀罪，共 92 款，将其赐死。雍正五年（1727 年），他定隆科多大不敬罪、欺罔罪、紊乱朝政罪、党奸罪、不法罪、贪婪罪，共 42 款，将其"永远禁锢"。次年六月隆科多死于禁所。

雍正对官场上的种种弊端有较多的了解，曾下决心予以整治。雍正元年正月初一日，他登基后第一个春节，作为君主他并没有沉溺于喜庆欢乐之中，而是连续颁布 11 道谕旨，告诫各朝廷命官廉洁自律，严禁文武官吏逢迎意旨、暗通贿赂、侵渔克扣、营伍废驰、库银亏空、贪利废法等弊端。不仅如此，他拿出自己的招数，整治贪官污吏，从严治官。他继位仅一个月，就通过户部下达了全面清查钱粮的命令，并在中央设立了稽查钱粮和主持报销的机构——会考府。凡经清查"出入之数"不相符的，限期三年内如数补足，不得苛派民间，如期不全补足，重治不宥。经过这次大规模的清查，查出一批案件，惩办了一批贪官污吏。如户部库银亏空达 250 万两，涉及世族和高级官僚。雍正毫不留情，给予严惩。康熙十二子胤祹曾主管内务府，因为亏空，雍正同样责令其变卖家产偿还。内务府官员李英等人，冒支正项钱粮百余万两，也被抄家。一时因追归赃银而抄家籍没的事屡屡相见，因此，时人送雍正一个"抄家皇帝"的雅号。

雍正崇尚、信奉君权至上，"愿以一人治天下，不以天下奉一人"。他独揽朝纲，按照有利于高度集权的目的，改革行政机构，建立新制，把中国封建君主专制推上了顶峰。

他推行所谓"台省合一"的改革，把"传达纶音，稽考庶政"的谏官六科给事中交给督察院掌管。这样一来，六科给事中要整天奔波于巡视城、漕、盐、仓等，便无暇行使其"封还奏章"的职权。这就削弱了给事中"稽考庶政"的职权，使皇帝之命即所谓"纶音"能得到绝对尊崇。

扩大密奏范围，这是雍正为强化君主专制权力而推行的又一项新奇的措施。奏折本是封建君主与臣民之间的带有书信性质的往来文件。雍正上台后，觉得奏折可以进一步改造成为皇帝控制官员的一种手段。

雍正六年（1729年），他下令各省督抚大员可以密上奏折，后来又给提督以至学政密上奏折的权力，并特许一些低级官员以及与他关系亲近的人密奏权。随着密折范围的扩大，便形成了一套皇帝与奏折人直线联系的严密的行文制度。密奏内容大小事都有，主要是君臣筹商政务、官吏的考察与评价、地方绅民情况、提拔处分官员等。通过这种方式，雍正可以直接处理庶务，极大地强化了专制权力；可以更有效地控制内外官员，使他们相互之间各存戒心，互相牵制，不敢妄为。

雍正将临时性机构——军机房改为军机处，并使它成为一个超越内阁和议政王大臣会议的常设机构。军机处设军机大臣，下有秘书军机章京，人数及资历不限，主要看和雍正的亲密程度。雍正每天面授机宜，由军机大臣、军机章京写成文字，转发各地。其内容不仅限于战事军务和八旗事务，后来几乎涉及所有机要政务。而且，凡属军机处所寄东西，不经内阁审议，由朝廷直接寄出，封口处盖军机处印，保密性极强，投递速度也特别快。而军机大臣起的不过是皇上的传话筒的作用，天下庶务全部取决于雍正一人。这就进一步加强了皇权，也提高了行政效率。

雍正搞乾纲独断，天下庶务咸归一人，需要以坚强的毅力和充沛的精力作代价。雍正亲政勤政，日理万机，废寝忘食，而且精力过人，在中国封建帝王中实属罕见。他常常"以勤慎自勉"，也常常向他的

臣僚们宣扬自己如何惜时如金，励精图治。他白天御殿听政，接见大
小官员，批览奏章；晚上批阅各地密报，而且每一份奏折，他都要亲
自启封，从头到尾仔细阅读，并加以详细的指示，然后亲自密封上锁。

　　雍正继承其皇考康熙对边疆其他民族采取的恩威并举的政策，为
维护国家统一做出了自己的努力。

　　雍正元年，青海罗卜藏丹津发动叛乱，西北骚动。第二年正月，
四川提督岳钟琪率兵讨伐，攻占了青海湖周围的地区。二月从西宁向
西进军，奇袭驻守在腾吉里克（今青海柴达木河下游）的丹津。当时
丹津还睡在被窝里，得知清军到来，"人不及衣，马不及鞍"，惊慌
中穿了一身女人服，只身逃奔准噶尔，青海遂告平定。

　　接着，清廷即派使臣至准噶尔，要求引渡丹津，其首领策妄阿拉
布坦拒绝交出丹津。雍正五年（1727年），策妄阿拉布坦死，他的儿
子噶尔丹策零继立。策零年少好战，不仅不交出丹津，而且还领兵出
击，杀害屯田新疆的清兵。雍正九年（1731年）五月，清靖边将军傅
尔丹率兵讨伐策零，结果兵败和通伯（今新疆富蕴县东北），损失惨重。
第二年七月，策零袭击清驸马和硕亲王策凌在塔米尔河（今蒙古国鄂
尔浑河上游）的驻地。策凌率蒙古兵3万，袭击驻扎在光显寺（今蒙
古国哈尔和林）的准噶尔军，策零梦中惊起，率部向西奔溃，逃回新疆。
之后，又多次被清军打败，策零被迫讲和，西北边疆平定下来。

　　雍正四年（1726年），在西南云贵地区，雍正采纳云贵总督鄂尔
泰废除世袭土司、改派流官治理的建议，改革自元、明以来在西南少
数民族聚居地推行的土司制度，改任用流官，设立府县制，这就是"改
土归流"。至雍正九年（1731年）"改土归流"的地区已达309处，"蛮
悉改流，苗亦归化"，建置了许多府州县。这一措施适应了民族杂居
扩大和民族融合发展的客观趋势，有利于巩固统一的多民族国家西南
地区的疆域。

雍正十三年（1735年），清世宗暴毙于圆明园，时年58岁。

清高宗乾隆帝弘历

清高宗爱新觉罗·弘历（1711—1799年），雍正皇帝第四个儿子，母亲孝圣宪皇后钮祜禄氏。清朝第六位皇帝，入关之后的第四位皇帝。年号"乾隆"，寓意"天道昌隆"。

乾隆皇帝同他的祖父康熙皇帝一样，既是一个传奇式的人物，也是我国封建社会中很有建树的皇帝之一，还是我国封建帝王史上享年最高的皇帝。他继位时，清王朝经过康熙、雍正两朝70余年的治理，经济上出现了繁荣的景象。在此基础上，经过乾隆皇帝的努力，使清朝达到了强盛的极点。

乾隆中叶，全国的耕地面积已达到700万顷，比顺治末年增加了1/3；人口也空前增加，到乾隆末期已经超过3亿。较为突出的是商业和城市日趋兴盛，资本主义开始萌芽。据史料记载，乾隆年间，扬州的商业十分发达，聚集了全国的商业大贾。乾隆南巡扬州时，曾有"广陵风物久繁华"和"广陵繁华今倍昔"的诗句，描绘了扬州的生意兴隆。

乾隆皇帝弘历

在武功方面，乾隆统治时期也极为强盛。乾隆皇帝先后两次平定准噶尔叛乱，一次回部叛乱，两次大小金川叛乱，并镇压了一次林爽文领导的台湾人民起义；与廓尔喀作战2次，其中缅甸、安南各1次。通过武功，使其都向清朝上表纳贡。为此，乾隆曾志骄意满地夸耀自己"十全武功"，自称"十全老人"。

乾隆皇帝继位后，便组织文人从（1773 年）乾隆三十八年到（1782年）乾隆四十七年，编辑了中国封建时代空前绝后的《四库全书》。"四库"二字，最早是唐朝魏征提出来的。乾隆皇帝一向喜欢贪大求全，亲自给这部书取名《四库全书》。

为编好这部书，朝廷开设四库全书馆。乾隆皇帝任命皇室郡王及大学士为总裁，六部尚书及侍郎为副总裁。实际上主要的校纂者是总纂官纪昀、陆锡熊和总校官陆费墀，而以纪昀出力居多。为了编写《四库全书》，乾隆组织了 360 余名文人，其中不少是当时著名的学者，如戴震、邵晋涵、姚鼐、朱筠、王念孙等。

在编写中，他们把过去的敕撰本、内府本、永乐大典本、各省采购采访本、私人进献本及国内一些通行的流传本，统统集中起来重新校勘，按经、史、子、集四部，分门别类加以整理汇编，该刻印的刻印，该抄存的抄存。明、清两朝政府编辑的实录、正史、政书、会典、方略、方志、目录、诗文总集等各种图书，大部分也收入《四库全书》之内，总计收入 3503 种（也有的说是 3461 种），79337 卷，装订成 36275 册；存目 6766 种，9355 卷；仅抄写人员就有 1500 人之多。

我国图书典籍非常丰富，真可说是汗牛充栋，浩如烟海。《四库全书》虽然不可能将天下的书籍一一尽收，但朝廷不惜工本，聚集相当的人力从事规模巨大的编纂工作，将各种已刊未刊的书籍，尽力搜集，其中有不少珍本秘籍。它对我国古代图书的保存，学术文化的发展，是很有功绩的。

乾隆推行有刚有柔的治国之道，安定了社会秩序，进一步巩固了统治地位。在经济方面，他认为"民为邦本，食为民天"，"务本足国、首重农桑"。历史的经验也使他深知，年景丰歉，粮价涨落，不仅关系到社会秩序的好坏，也直接关系到其统治地位能否巩固。

为此，他把发展和保护农业生产，作为治理国家的根本之道。首先，乾隆皇帝为发展生产，比较关心民众的疾苦。如哪里受了灾，他便亲临灾区踏勘，减免灾区的赋税，及时下令开仓赈济等；其次，乾隆提倡开垦荒地，免其"升科"；最后，乾隆注意提高耕作技术，要求民众植树造林，以保水土，训勉各地官员不误农时。同时，他还重视兴修水利，特别注意治理黄河，以预防水灾的发生。所有这些，对促进农业生产的发展，都产生了重大作用。

乾隆皇帝之所以自称文治武功为古今第一人，是因为他不但在治国之道上卓有成效，而且在"武功"方面，即在平定叛乱、安边固防上也有重大功绩。他先后有：两次平定准噶尔之役、回疆之役，大、小金川之役，两次廓尔喀之役和缅甸、安南之役等，计 10 余次。这 10 余次战役，对国内边境少数民族的平叛战争，都取得了胜利，对外战争也都以邻国请和而结束。

清初的几个皇帝，一方面重视、笼络知识分子，另一方面对不利于其统治地位的思想文化，则严加禁锢。因此，早从康熙、雍正时起，就开始搞起文字狱来，到了乾隆时期，竟兴了 70 余次文字狱。所谓文字狱，就是统治者由于挑剔文字上的过错而兴起的大狱，即捕风捉影地罗织罪名，滥杀无辜。

此外，乾隆皇帝还多次颁布禁令，派人四处搜求遗书，对于那些不利于清朝统治的"异端邪说"，一律加以查禁、销毁，私藏禁书者重罚。据统计，仅从乾隆三十九年至四十七年的 8 年中，全国毁书 24 次，538 种，13862 部。乾隆大兴文字狱的目的是为维护其统治地位，但它起着禁锢思想、钳制言论、摧残人才的恶劣作用，其后果是严重的，造成了政治上和学术上的窒息局面。

乾隆皇帝尽管是个有道之君，但也不可避免地带有其他封建帝王挥霍淫逸的本质。乾隆皇帝为了追求享受，大修避暑山庄，所费亿万；大修圆明园，也不下亿万。乾隆皇帝 6 次南巡，又 5 次巡幸五台山，5

次告祭曲阜，7次东谒三陵，2次巡游天津，1次登嵩山，1次游览正定，多次避暑热河，加之"十全"用兵，又耗费 12000 万两以上。

有人说，乾隆皇帝好像一个纨绔子弟，得了先人的遗产，穷奢极欲，富丽堂皇，成了清朝由盛转衰的枢纽。实际上，到乾隆末年，多年丰盈的库府几乎挥耗一空，形势急转直下，使盛极一时的清王朝开始走下坡路了。

乾隆皇帝在位之初，就曾焚香告天，发誓"若得 60 年，即当传位于嗣子。"乾隆一共三次密定储位。前两次，所定皇子都先后夭折了；第三次，密立的是第十五子嘉亲王颙琰。乾隆六十年（1795 年），乾隆当了 60 年皇帝后，于九月宣布明年退位。第二年正月，乾隆皇帝举行了内禅之典，让位给颙琰，即嘉庆皇帝，这就是清仁宗。乾隆从此自称太上皇，于嘉庆四年（1799 年）病逝，享年 89 岁。

清仁宗爱新觉罗·颙琰

清仁宗，名爱新觉罗·颙琰（1760—1820 年），乾隆皇帝第十五子。清代入关后第五代皇帝，生于乾隆二十五年（1760 年）。幼年时颙琰生活在乾隆盛世中，享受了皇家所有的幸福。本来他是不会被立为太子的，只是因为在乾隆的皇子中，不是年纪轻轻死去，就是对皇位不感兴趣，还有的怕招来杀身之祸而不愿接受皇位的继承。

当初，在雍正皇帝在位期间，乾隆皇帝的第二子出生了，这个婴儿是乾隆帝嫡福晋所生。由于清代以前的皇帝没有一位是嫡长子，所以雍正皇帝非常重视这个孙子，并亲自赐名永琏，暗示在乾隆之后立他为皇帝。乾隆皇帝继位后，马上将传位永琏的诏书放在了正大光明匾后，谁知永琏并不是当皇帝的命，只活了 9 年就离开了人世。

其后不久，皇后又生下了皇七子永琮，一心完成祖先遗愿的乾隆皇帝，马上决定立这位嫡子为太子。谁知传位永琮的诏书刚放到正大光明匾后，2 岁的永琮也离开了人间。连丧两子的乾隆皇帝，再也不敢立嫡子为太子，更不敢将传位诏书放在正大光明匾后了。

就这样，乾隆皇帝只得任庶出的皇子中选择了忠厚老实的颙琰，而且，为了不让老天夺走他这个儿子，乾隆帝一直没敢宣布立他为太子。直到即将禅位的前一年，才正式公诸于众。乾隆六十年（1795 年）底，乾隆将皇位禅让给皇太子颙琰，史称"嘉庆帝"。

嘉庆继位后，政事仍由乾隆决定，嘉庆四年（1799 年）乾隆病死后，他才开始了亲政道路。亲政后的第六天，他就逮捕了和珅，抄了他的家。从他家抄出家财约白银 10 亿两，不久便将和珅处死。

为了能够解决乾隆后期的种种弊政，他想通过改革来达到解决的目的，然而由于这时的土地高度集中在大地主大官僚的手中，农民大都被沦为佃农、雇农，再加上吏治腐败，贿赂公行，武备废弛，军无斗志，各地农民起义纷纷爆发，使得嘉庆帝无法实行他的政治构想。

爱新觉罗·颙琰像

仅嘉庆元年，今四川、湖北地区爆发白莲教起义就历时 9 年，其面积遍及四川、湖北、陕西、甘肃、河南五省，虽然得到了平息，但耗资近 2 亿两白银，相当于清政府四年的财政收入，使得清王朝的元气大伤。同年，又有黔、湘地区的苗民起义，嘉庆十八年（1823 年），天理教组织京师、河南、山东等地教众起义，京师一支并曾攻入紫禁城，京师为之震动。嘉庆十九年（1824 年），陕西三才峡木工因失业乏食，也发动起义。另外，东南海上也有蔡、朱等领导的反清起义，使得嘉庆帝统治时期社会达到特别混乱时期。

到了嘉庆帝后期，由于实行闭关锁国政策，使得英国为改变对华贸易的不利局面，相继派出马戛尔尼使团和阿美士德使团来进行对话。由于礼节问题而没有进行，此后，英国利用鸦片贸易来抵消贸易逆差。嘉庆帝觉察到鸦片的危害，于嘉庆五年禁止鸦片进口，以后又不断采取禁烟措施。但因禁令不严，鸦片贩子又通过贿赂和走私手段，一些与鸦片利益有关的官员加以阻挠，鸦片输入反而连年激增，从而给中国人民和中国社会造成严重灾难。

嘉庆一生，曾经遭逢两次宫变。嘉庆八年（1803 年）闰二月二十日，嘉庆从圆明园返回大内，将进顺贞门，突然有一汉子冲出行刺，嘉庆的随从 100 多人一时被惊呆，亏得在场的几个亲王卖命格斗，才将刺客擒住。原来，他叫陈德，是个平民，因贫困无告，愤恨统治阶级的压榨，才舍身潜入皇宫，准备刺杀皇帝。事后，陈德一家被残杀。

嘉庆十八年（1813 年）九月，嘉庆离宫北去木兰狩猎。这时京郊林清领导的一支天理教农民起义军，决定乘清朝的王公大臣外出迎接嘉庆回宫，宫中空虚之日，攻占皇宫，推翻清王朝。九月十四日，起义军扮成商贩，暗藏武器，混进京城，和皇宫内的部分太监取得联系后，于十五日中午发动起义，冲入西华门，沿皇道直扑隆宗门。皇宫护卫军忙关闭大门。起义军转而从养心门对面南墙外，攀援树木，爬上墙头，被皇次子旻宁率领清军用火枪击败。事后，嘉庆心有余悸，下令将宫内树木全部伐掉。后代皇帝从祖训，也不重新种植树木，致使今日故宫古树罕见。嘉庆二十五年（1820 年）七月，嘉庆再次去木兰游猎，住于避暑山庄。先是头痛发热，之后病情日益严重，嘉庆知道不好，连忙宣召大臣赛冲阿、托津等入室，宣布立即传位于皇次子旻宁，二十五日死于避暑山庄，享年 61 岁。

清宣宗道光帝旻宁

清宣宗爱新觉罗·旻宁（1782—1850年），原名绵宁，继位后改为旻宁。嘉庆皇帝第二子，母为孝淑睿皇后喜塔腊氏。清朝第八位皇帝，清朝定都北京后的第六位皇帝，也是清朝唯一以嫡长子身份继承皇位的皇帝。

乾隆四十七年（1782年）八月初十日，爱新觉罗·旻宁生于紫禁城撷芳殿。他是嘉庆帝嫡出的皇次子，出生时父亲嘉庆帝颙琰尚为普通的皇子，母喜塔腊氏为颙琰福晋（嫡妻），由于长子早夭，所以他是事实上的嫡长子。清朝不立储君，康熙帝曾一度学习汉人立嫡长子为皇太子，不久即废。雍正帝创设秘密立储之法，也不是立嫡立长。但嫡长子在继承皇位上，还是具有一定的优势。

旻宁6岁开始读书，授读的是翰林院编修秦承业和检讨万承风。成年以后，旻宁又与礼部右侍郎汪廷珍、翰林院侍讲学士答颋"朝夕讲论"。汪氏为嘉、道年间名臣，史传称其"风裁严峻，立朝无所亲附"，"多闻渊博"。旻宁对其十分敬重，称其讲学"非法不道，使朕通经义、辨邪正，受益良多"，"于师道、臣道可谓兼备"。旻宁所受的传统教育是十分严格而系统的，而且似乎也颇以此自诩。在他当上皇帝之后，在文华殿的经筵上常常是侃

旻宁读书像

侃而论儒家的经典。

乾隆五十六年（1791年）八月，10岁的旻宁跟随祖父乾隆皇帝打猎获鹿，乾隆帝大喜，赐黄马褂、花翎。

嘉庆帝继位时，旻宁已14岁。嘉庆元年（1796年），旻宁进行大婚，娶满洲镶黄旗布彦达赉之女钮祜禄氏。十一月奉嘉庆帝赐册，立为皇子绵宁的嫡福晋。长大成人的旻宁，"颀身隆准，玉理珠衡"，仪表高贵，举止得体。他既有祖父的真心宠爱，又有父亲的着意栽培，由他来承继爱新觉罗氏的帝统，实在是顺理成章的事。嘉庆四年（1799年）四月初十，嘉庆帝根据密建皇储的家法，亲自写上旻宁的名字，藏在乾清宫正大光明匾额的锦匣之内。嘉庆十三年（1808年）正月，原配嫡福晋钮钴禄氏薨，继娶佟佳氏为嫡福晋。

嘉庆十八年（1813年）九月，旻宁随其父巡狩木兰，因连天阴雨绵绵，故先期回到京师。他这一回来，正赶上一件震惊朝野的大事变。嘉道年间，北方地区的白莲教诸门派活动频繁，统治者虽然采取了残酷的剿灭手段，但始终未能平息，甚至京畿重地的百姓也纷纷传习。这一年，久居京郊的天理教坎卦教主林清策动了一次起事，准备在内廷信教太监的接应下，攻入皇宫，一举推翻清帝的统治。九月十四日，林清教徒200余人潜入京城，翌日在太监的引导下，分为两路，由西华门、东华门攻入紫禁城。时旻宁正在上书房读书，闻讯即命侍者携鸟枪入，并下令看好四门，敦促官兵入内剿捕。攻入西华门的一支义军，已杀到隆宗门，并翻墙进入皇城。旻宁立于养心殿阶下，以鸟枪击中两名已经爬上房顶的教众。此时清廷上下乱作一团，但义军准备不足，组织很差，起事终于失败。这一事变，使得旻宁在内廷上下人等心目中威望大增。嘉庆帝在回京途中得到奏报，即封旻宁为智亲王，增俸银1.2万两，连他所使用的那支枪也命名"威烈"。事后，旻宁上奏着实自谦了一番，声称自己当时"事不由己"，"事后愈思愈恐"，所以一切奖励均不敢当。此后，旻宁备受嘉庆帝器重，嘉庆帝称赞他"忠孝兼备"。

嘉庆二十五年（1820年）七月，嘉庆帝亲赴热河秋狝，旻宁跟随父皇前往。此时嘉庆帝病重，御前大臣赛冲阿、索特纳木多布斋，军机大臣托津、戴均元、卢荫溥、文孚，总管内务府禧恩、和世泰等人当众开启乾清宫正大光明匾后的匣子，宣布嘉庆四年（1799年）的时候的诏书，立旻宁为皇太子。嘉庆皇帝驾崩后，当日就护送嘉庆帝的灵柩回北京。八月二十七日，旻宁正式继位于太和殿，颁诏天下，改明年为道光元年，成为清朝入关后的第六位皇帝。

道光元年（1821年）三月，旻宁加封托津、曹振镛为太子太傅。四月，授予伯麟为体仁阁大学士，曹振镛为武英殿大学士。封阮福晈为越南国王。封松筠为兵部尚书，庆惠为热河都统。

新入值军机的是大学士曹振镛、吏部尚书英和和礼部尚书黄钺三人，其中曹振镛因"小心谨慎，一守文法"而"最被倚任"。曹氏安徽歙县人，乾隆年间任职翰林院，嘉庆年间屡屡升迁，官至体仁阁大学士。曹氏历官三朝，在三个很难侍候的皇帝手下当差，居然没有犯下什么过失，在道光朝充军机首辅十余年，备受信任，屡有褒奖，被称为"股肱心膂之臣"。曹氏抱定"多磕头，少说话"的做官要诀，处处小心老成，事事不逾旧制，这与以"守成"为指归的道光帝是极为相契的。

不过道光帝继位之初，也颇有一番振刷朝纲的宏愿。旻宁执政仅半月，即于九月十一日下诏清查陋规，诏书中称："箕敛盘剥之风日甚一日，而民间之储藏概耗于官司之朘削，因此民生困极。与其私取，不如明给"，"各省的陋规，如舟车行户、火耗平余、杂税存剩、盐当规礼，其名不一。有此地有而彼地无者，有彼处可以裁革而此处断不能裁者。虽然明令禁止，照样巧取豪夺，上司借此恐吓属员，小民为此控告官吏。不如明立章程，加以限制。只是各省情形不同，令各地督抚将所属地区陋规逐一清查，应存者存，应革者革。"此后再有搜刮者，一经查出，即从重治罪。陋规是清朝官场的一大弊端。清代官员俸禄过低，又无必要的行政经费支出，故"办公"之类费用莫不取给于陋规。陋规名目繁多，各地征收地丁赋税中提取的"火耗""银耗"为其大宗，余下的就是各种行贿受贿的代名词。如地方官员向中央官员的馈赠，夏有"冰敬"，冬有"炭敬"；京城官员出差路过地方，索取"程仪"；地方官署办差，有津贴、月费等开支；水师巡洋，商贾渔民要孝敬"水礼"，等等。雍正年间曾对陋规有过一番整顿，"耗羡归公"，划为养廉，但并未从根本上解决问题。陋规之妙，就在于它表面上是不合法的，但实际上成为官僚机器正常运转的润滑剂；表面上是违反道德准则的，但实际上是官场中人的一种非正式收入，谁也离不开它。清代官场贪污受贿，上下其手，风气腐败，黑幕重重。要整顿吏治，首先必须整顿陋规，但整顿必须和整个官僚体制的改革结合起来，方能收到成效。这样的改革一旦付诸实施，必然引起大小官僚的极大震动，以道光帝的胆量和见识，他是万万下不了这种决心的。新皇帝要整顿的虽然只是地方钱粮征收中的一些陋规，还不包括其他，但谕令一下，立即引起官场一片混乱，遭到齐声反对。在官场的一片反对声中，道光帝只好屈从。十二月十三日，他明发上谕，说自己"于天下

道光帝像

吏治民生情形未悉"，"此事不但无益于民生，抑且有伤于国体"，"著即明白宣示各督抚，停止查办"。对反对此议甚力的臣属，他温言褒奖，呼为"诤臣"，交部议叙；而倡议此事的英和，则以"冒昧建言"的过失令其退出军机处。

道光帝执政30年，问题成堆，积重难返，他虽然痛下决心施行"实政"，收效却不明显，这常常使他困惑。他对朝政不可谓不认真，成天忙忙碌碌，却总是顾此失彼。他感到各级官员在蒙骗他，不肯求实，不肯认真，却从不在自己身上找原因。他在起用新人时总是满怀希望，指望他们能一举廓清积弊，求得国泰民安，但最后带给他的大多是失望，甚而是痛苦。他虽然感到祖宗留下的这份"家业"已经破旧，但总想依据"祖制"修修补补，从不思考另觅新法。所以，他只得在各种现实问题的矛盾中苦苦周旋，日复一日，年复一年，眼睁睁地看着清王朝衰落下去。

嘉庆二十五年（1820年）九月初七，道光帝正式登基才十来天，就传来了西北边陲发生动乱的消息，这是扰及道光帝执政最初十年间边疆骚动的先声。

事端是由当地大和卓博罗尼都的后裔张格尔纠集闹事挑起的。博氏在乾隆朝曾经参与发动反清叛乱，事败被杀。其子萨木克逃匿浩罕，生有三子，张格尔为其次子。张格尔的玛赫杜米家族曾长期统治天山南麓广大地区，在政治上、宗教上都有广泛的影响。清廷统一天山南北后，玛赫杜米家族的后裔逃亡至浩罕，他们时时刻刻都在策划恢复失去的天堂。张格尔的闹事，得到浩罕统治者的支持。浩罕利用清廷争取边境地区安宁的愿望，不断在贸易特权等问题上纠缠，要求得不到满足，就放出了一直声称要打一场"圣战"的张格尔，以收渔人之利。张格尔闹事的背后还有英国殖民主义者活动的影子，其队伍的装备和训练都与英国人有关。而清廷地方官员的腐败和荒淫，正好为民族分裂叛乱的发生埋下了祸根。

八月间，张格尔率 300 余人骚扰边卡，领队大臣色普征额带领清军很快将其击溃，待张格尔狼狈逃回浩罕时，仅剩残兵败将二三十人。道光帝接到边疆滋事的奏报后，最初的反应是"匆妄杀戮，以安众心而靖边围"，希望地方官员能稳妥谨慎地处理。所以，他在听到参赞大臣斌静已将擒获的俘虏一概处死的消息后，心里就起了疑惑，即令伊犁将军庆祥前往调查。

不久，斌静等人种种腐败不法的行为陆续被揭露出来，道光帝遂于道光元年二月将其革职，发往黑龙江效力。对张格尔叛乱的严重性，他没有给予足够的重视，只是认为他们"实因穷苦起意抢掠"，朝廷既然已经严办了失职的官员，事端大约就可以平息了。

道光帝很快就为自己的这种轻敌思想付出了代价。已经继承了宗教首领身份的张格尔没有停止活动，他依然"以诵经祈福传食部落"，积蓄力量，以图再起。道光四年、五年间，他脱离了浩罕的控制，不断组织布鲁特（柯勒克孜人）前来骚扰，而清军的无能也逐渐暴露。

道光四年（1824 年）十月，回部匪酋张格尔率兵进入乌鲁克卡伦，清军围剿失利，侍卫花山布等阵亡。巴彦巴图等率兵剿张格尔，大败张格尔，张格尔奔喀拉提锦。

道光六年（1826 年）七月，张格尔纠结安集延、布鲁特的回部部众进入清军哨卡。喀什噶尔的回部部众也为之响应。旻宁命杨遇春为钦差大臣率兵进剿张格尔。不久，张格尔攻陷和阗城。旻宁命长龄为扬威将军，命武隆阿作为钦差大臣，与杨遇春一起协助管理军务。八月，回部匪酋巴布顶等人攻陷英吉沙尔。张格尔攻陷喀什噶尔城，然后接着攻陷叶尔羌。

道光七年（1827 年）正月，和阗地区的回部部众投降，但是不久又被张格尔攻陷。旻宁任命惠显为驻藏大臣。四月，长龄等人攻克喀什噶尔，张格尔逃走未能将其捉拿。

道光八年（1828年）五月，抓获匪首张格尔，并且行献俘礼。旻宁亲临午门受俘。旻宁亲自宣布张格尔的罪恶，将其处以极刑。

这次西北用兵实际上已经暴露出清廷对边疆地区的统治及清军作战、应变能力的诸多弊病。为了对付张格尔一伙乌合之众，清廷动用了近4万人的军队，花费了1000多万两银子，并且前后折腾了7年。

道光十年（1830年）九月，回匪安集延等人再次攻陷喀什噶尔，围喀什噶尔城。旻宁命玉麟前往新疆围剿。十二月，喀什噶尔、英吉沙尔的回匪被清军平定。

此时，一个更为棘手的问题——如何对付汹涌而来的鸦片烟毒，已经悄悄地但十分严重地摆在他的面前。鸦片原产于南欧和小亚细亚，自古被视作药材，用于麻醉和镇痛。大约从唐代以后传入中国，在明代医书中已有记载。明清之际，鸦片的吸食法由爪哇传入台湾，又由台湾传入福建，逐渐流毒社会。英国殖民机构东印度公司垄断印度的鸦片生产和专卖后，这种毒品销往中国获得极大利润，并成为中国的一大社会问题。

清廷禁止吸食鸦片，至迟在雍正七年（1729年）已有明确规定。当时每年进口不超过200箱（每箱重约为50或60千克）。乾隆四十五年（1780年），又明确禁止药用以外的鸦片输入与贩卖，此时每年进口数增至1000余箱。到了嘉庆元年，清政府宣布完全禁止鸦片输入，但鸦走私有增无减，每年输入已在4000箱以上了。道光帝继位之初，重申了嘉庆时的禁令，把注意力更多地放在严查海口、禁止运入方面。广州方面的鸦片贸易一度吃紧，中外鸦片贩子在澳门的囤积和黄埔的买卖均感受到威胁，于是，烟贩设趸船于零丁洋。为了督饬各级官员厉行禁烟，他于道光三年下令吏、兵二部制定了《失察鸦片条例》，上谕称：鸦片烟一项，流毒甚炽，总由地方官查拿不力所致。"

在这以后，由于河工吃紧，漕运危急，加上西北用兵，道光帝几乎没有时间来过问这个问题，鸦片走私入口的数量很快就突破了 1 万箱。道光初政时的禁烟活动没有收到成效。

随着鸦片走私数量剧增，白银外流的问题引起了清朝统治集团的注意。早在道光二年，御史黄中模就提出过鸦片"耗财伤生，莫此为甚"，道光九年正月御史章沅则报告说，鸦片"每年易银至数百万两之多"，吸食者"渐染十数省之广"。道光帝即令广东方面的大员李鸿宾、卢坤等妥议章程，结果订立了《查禁官银出洋及私货入口章程》，道光十年（1830 年）五月又订立了《查禁纹银偷漏及鸦片分销章程》，将打击矛头对准各地走私烟贩以及包庇他们的书役兵丁。道光帝认为："鸦片流毒内地，较纹银出口为尤甚"，警告制定章程的广东官员"无得视为文告故事，日久又致有名无实"。六月，御史邵正笏奏称内地多有种卖鸦片事，有台浆、葵浆、建浆、广浆、芙蓉膏等名目。此折引起道光帝的注意，他下令各省督抚确查严惩，妥议章程，在全国范围查禁鸦片种卖。他所提出的办法是地方官于抽查保甲时随时稽查，由道府出具印结，督抚每年年终具奏一次。从这年十月到次年二月，各地官员多有复奏。

道光十一年（1831 年），广东的黎族乱匪作乱，旻宁命李鸿宾派兵进剿。并且以在广东贸易的英国人违反禁令之名，命李鸿宾等人彻查办理。六月，申明颁布官民购买并吸食鸦片的罪责。

道光十二年（1832 年）八月，陶澍上奏英国的商船再次进入中国海域，并且有时不遵守约束，应当严惩。旻宁认为他是挑起事端将其驳斥。九月，英国的商船再次进入中国的主权海域，旻宁命沿海省份整饬水师。

道光十四年（1834 年）六月，英国第一任驻华商务监督律劳卑抵达广州，在要求与两广总督会见直接磋商贸易事务被拒绝后，率军舰炮击虎门。

道光十五年（1835 年）四月，两广总督卢坤、水师提督关天培奏请增修广州炮台，广东定《防范洋人贸易章程》。

道光十八年（1838 年）四月，鸿胪寺卿黄爵滋疏陈鸦片为害之烈，主张严禁。十二月，旻宁命林则徐为钦差大臣，派往广东禁烟。

道光十九年（1839 年）四月，旻宁命林则徐以禁贩鸦片檄谕英国及各国在粤洋商，于虎门销烟。五月，英水手杀村民林维喜，英领事义律拒交凶犯，侵犯中国法律主权，史称林维喜事件。九月，英舰在虎门外穿鼻洋挑衅，水师提督关天培率部迎击。十二月，停止与英人贸易，以林则徐为两广总督。

道光二十年（1840 年）五月，英舰队在广东海面集结，第一次鸦片战争爆发，林则徐严密设防，英军无隙可乘。六月，英军北犯定海，疯狂屠杀，占领定海。七月，英军直抵天津，直隶总督琦善与义律在大沽口会谈，琦善向英人妥协。旻宁迫于英军气焰，竟将林则徐、邓廷桢交军机处严加议处。九月，林则徐、邓廷桢被革职，以琦善署两广总督。十二月，琦善擅自与义律订定《穿鼻草约》，私许割让香港，开放广州，赔偿烟价。

道光二十一年（1841 年）正月，英军攻陷虎门沙角、大角炮台，旻宁被迫下诏向英军宣战。派奕山为靖逆将军，赴广东主持战事。二月，英军进犯广东虎门，引起虎门海战，关天培力战殉职。因与英人交涉中妥协退让，夺琦善大学士职，逮捕讯问，抄没其家。五月，《广州和约》的签订，激起广州人民义愤填膺，广州三元里人民奋起抗英。

道光二十二年（1842 年）五月，英军攻陷长江吴淞炮台，江南提督陈化成力战牺牲，上海失陷。七月，英军舰侵入南京江面，钦差大臣耆英与英驻华全权公使璞鼎查在南京江面英舰上谈判，答应英国一方提出的全部条款。旻宁批准中英《江宁条约》（即《南京条约》），答应割地、赔款、五口通商。中国从此步入半封建半殖民地社会，步入近代，旻宁也就成为唯一的跨古代和近代的皇帝。

道光二十三年（1843年）三月，英国女王颁布香港皇家殖民地宪章（即《英王制诰》），以璞鼎查为首任总督兼驻港英军总司令。八月，耆英与璞鼎查在虎门签订《五口通商章程》。九月，上海开埠。

道光二十四年（1844年）五月，耆英与美国代表顾盛签订不平等的《中美望厦条约》。九月，耆英与法国代表签订不平等的《中法黄埔条约》。

道光二十五年（1845年）六月，耆英照会比利时来华谈判专使兰纳，准许比利时按五口通商章程办法通商。十一月，上海道台宫慕久公布了与英国驻租界地之先河。十二月，广州人民反对英人入城，数千人众冲入府署。

道光二十七年（1847年）二月，耆英与瑞典、挪威签订《五口通商章程》。

道光二十八年（1848年）正月，重申不准法人擅入内地传教。五月，拒绝俄罗斯在新疆通商贸易。十二月，英驻沪领事阿利国上书香港总督文翰，建议对中国再次发动战争，以便获得更多利益。

道光二十九年（1849年）二月，葡萄牙澳门总管亚马勒非法宣布澳门为自由港，停征关税，并下令封闭粤海关衙门。

旻宁在鸦片战争中立场动摇，指挥失败，使中国蒙受耻辱，实在可悲。但他更为可悲的是在此事件之后他没反思，没有任何振兴王朝的举措。

道光帝素以节俭著称。作为一代帝王，这方面表现出来的品德，是难能可贵的。在民间有关清朝皇帝的传说中，他从来没有风流艳事。私家记载他的一些逸闻，几乎都与"节俭"有关。力崇节俭，为道光帝个人德行赢得了声誉，但也仅此而已。他这种值得尊敬的品行，对现实生活似乎没有什么影响。

道光二十九年十二月十一日，嘉庆皇帝的遗孀孝和皇后钮祜禄氏去世。道光帝15岁时生母即病故，故对这位继母十分尊敬，她的去世，给道光帝的精神打击颇大。在料理皇太后的丧事之后，他终于病倒了。道光三十年（1850年）正月十四日，病势加重，遂召宗人府宗令载铨、御前大臣怡亲王载垣、郑亲王端华、科尔沁王僧格林沁、军机大臣穆彰阿、赛尚阿、何汝霖、陈孚恩、季芝昌和内务府大臣文庆"入内"，宣示御书"皇四子立为皇太子""封皇六子奕䜣为恭亲王"。随即死于他的寝宫圆明园慎德堂，终年69岁。四月上谥号为"成"，庙号宣宗。咸丰二年（1852年）二月，葬于慕陵。

清文宗咸丰帝奕詝

爱新觉罗·奕詝（1831—1861年），清朝第九位皇帝，定都北京后的第七位皇帝，清朝以及中国历史上最后一位有实际统治权的皇帝，也是清朝最后一位通过秘密立储继位的皇帝。

道光十一年（1831年）七月十七日，奕詝生于京师圆明园澄静斋，生母为孝全成皇后钮祜禄氏。钮祜禄氏是二等侍卫颐龄之女，家境寒素。她入宫之初，封为嫔。但她聪慧漂亮，妩媚动人，很讨道光帝的喜欢，晋封为贵妃。钮祜禄氏生子两年后，孝慎皇后佟佳氏病死。她时来运转，晋封为皇贵妃，统摄六宫之事。翌年，被册为皇后。钮祜禄氏虽身为皇后，但渐因色衰而爱弛，郁郁寡欢，得了大病。道光二十年（1840年）正月病死，年33岁。奕詝当时只有10岁。

奕詝是道光帝旻宁的第四子，但他生逢其时。道光帝所生的前三个皇子奕纬、奕纲、奕继先后夭折，因此奕詝虽是皇四子，但实际上处于皇长子的地位。奕詝生母过世后，交由静贵妃抚育。静贵妃是刑部员外郎花郎阿之女。静贵妃膝下只有皇六子奕䜣,奕䜣比奕詝小一岁。静贵妃便将失去生母的奕詝收在膝下抚育,奕詝孝敬静贵妃如同生母,视奕䜣如同胞弟。而同后来奕詝争夺皇储最有力者,就是他视作同胞的皇六弟奕䜣。

道光在连丧三位皇后——孝穆成皇后、孝慎成皇后、孝全成皇后的悲伤之余,没有再册立皇后。便册静贵妃为皇贵妃,摄六宫事。奕䜣和奕詝,都在上书房读书,年龄相近,关系密切,并无嫌猜。但他的来世,好像是一个兆头,皇子接连诞生。皇子众多,使道光帝日后的立储问题变得复杂起来。

道光帝时有五子,皇七子、皇八子、皇九子年龄太小,难以入选。皇四子、皇五子、皇六子年龄相近,但皇五子既不聪明,也不老成,生母又不为道光帝所喜,也不能入选。入承大统只能在皇四子和皇六子之间抉择。就聪明才智和胸怀为人,奕䜣略胜一筹,而奕詝还是个跛子。在封建社会,皇太子被视为国本,关系甚大,因此,道光帝在两人之间长期犹豫不决。皇子们虽觊觎皇位,但绝不能显露出来。兄弟争夺,既非悌友之道,更非君王之道。道光帝也不能听任康熙朝故事重演。

道光二十六年(1846 年),道光帝用立储家法,书名缄藏。道光三十年(1850 年)正月十四日清晨,道光帝已将垂死,特召数位重臣至寝宫慎德堂,宣示建储"御书":皇四子立为皇太子,封皇六子奕䜣为恭亲王。未久,道光帝便死去了。

当日起,奕詝即开始听政,正月二十六日,他在清宫太和殿行登基大典,王公百官朝贺如仪,改明年为咸丰元年。此时他尚不满19 岁。

年轻的咸丰帝继位,颇有振作之心。咸丰帝继位之后的主要措施一是清洗军机处,任用改革派官员革新弊政;二是大举提拔汉族士绅官僚，镇压太平天国叛乱。从《清文宗实录》中看，他此时的工作极为勤奋，每天都有许多谕旨下达，其中不少是亲笔写的朱批、朱谕，不劳军机大臣动手。咸丰帝在上台后的八个月，就罢免了道光朝的军机大臣穆彰阿。随后又罢免了主和派的耆英等。而且咸丰帝初年为了缓和与恭亲王奕䜣的政治矛盾，任命其为军机大臣；但是不久罢免了奕䜣的职务，巩固了皇权。

咸丰帝罢免了道光朝的主和派大臣之后，重新安排了军机大臣的人选。咸丰帝开始任用肃顺等改革派官员，对之前的政治局面实行整顿。肃顺掌权后，以铁腕的方式面对自乾隆末期以来的官场腐败，严厉打击贪污腐败，严惩渎职失职，整肃官场政风。其果断处理"戊午科场案"，将一品大员柏葰处斩，使得清王朝此后几十年间官场风气，特别是自乾隆后期愈演愈烈的贪腐风气有了很大改观。咸丰帝继位初年，因太平天国起义，户部库房匮乏，于是清廷决定由户部设立宝钞处和官钱总局发行大量钞票。滥发官钞非但没有纾解财政，反倒致使通货膨胀、物价飞腾，而官商乘机勾结，"侵占挪用""拒收买抵"，从中牟取暴利，将币制改革失败的恶果转嫁于百姓头上，当时"五城内外兵民不下数百万户，各粮行抬价居奇，小民每日所得钱文，竟不能供一日之饱"。咸丰八年（1858 年）底，肃顺改任户部尚书，决心整顿财政积弊。肃顺从调查五宇官号账目入手，刨根究底，涉案人员几百人，抄没户部司员、商户及满洲宗室数十家，一定程度上压制了官场贪贿公行的风气。

咸丰帝临朝理政的第一天，遇到的第一项政务，就是广西巡抚郑祖琛报告湖南天地会李沅发起义部众进至广西的奏折，他指示命郑祖琛率领文武"分路兜剿"，擒拿李沅发。历时四个月，李沅发起义终于被镇压下去，咸丰帝满心欢喜，向有功大臣颁赏加衔。

这时，更大的起义爆发了。首先是广西、广东的天地会众纷纷起事，占州据县十余座，势力大张。咸丰元年（1851 年）元月，爆发了太平天国起义。对于太平天国起义，咸丰帝一开始是不清楚的，只是看见广西地方不靖，"匪"势猖獗，于是他三次诏令广西巡抚郑祖琛实力剿捕。随后，他见郑祖琛镇压不力，便改派最受信任的两广总督徐广缙前往广西剿办，并调镇压李沅发起义有功的湖南提督向荣为广西提督。不久他又起用林则徐为钦差大臣，命驰赴广西督理军务，镇压拜上帝会，并调湘、黔、滇兵弁各二千入桂。林则徐在广东潮州途中病卒的消息传到北京，他再派前两江总督李星沅为钦差大臣，办理广西军务。接到了李星沅等人的奏报后，他才朦胧地了解太平天国的情况。在两年的时间里，太平军先后攻取了汉阳、岳州、汉口、南京等南方重镇，威胁清朝中部腹地，于咸丰三年（1853 年）定都南京。咸丰帝于三年初命令大江南北各省在籍官绅举办团练，组织地主武装。曾国藩所办湘军，就是其中之一。他以罗泽南的湘勇为基础，"别树一帜，改弦更张"。由于太平军没有集中力量全力进行北伐以及咸丰六年（1856 年）太平天国内部的"天京事变"使清廷获得了喘息的机会。咸丰帝依靠汉族地主曾国藩、左宗棠、李鸿章等人勾结外国势力，合力扑灭太平天国运动。

就在清王朝与太平军进行长期战争的同时，全国各地民众亦纷纷揭竿而起，其中规模较大者有：

一、捻军。嘉庆初在安徽、

咸丰帝像

河南、江苏、山东等省的私盐贩夫、贫苦农民和无业游民中存在着分散的秘密组织，称为"捻"。咸丰元年起，皖北、豫的"捻"党纷纷起事，其中最大的为由张乐行领导的在安徽雉河集起事的一股。咸丰五年（1855年）秋，豫皖边地区的捻军各首领在雉河集"会盟"，推张乐行为盟主，建立了五旗军制。咸丰七年（1857年），捻军接受太平天国封号，此后，活跃于淮河两岸，并进击豫东、苏北，兵力达10万以上，坚持斗争18年。

二、天地会。天地会是南方各省的民间秘密组织，始创于乾隆年间，内称"洪门"，有小刀会、红钱会等支派。咸丰三年起，各地天地会起义进入高潮，最著名的有：黄德美领导的福建小刀会起义，曾占漳州、厦门等地，后退海上；林俊领导的福建红钱会起义，有会众数万，曾占德化等十余县；刘丽川领导的上海小刀会起义，有会众数万，曾据上海、嘉定等县城；何六、陈开、李文茂领导的广东天地会起义，号召会众十万，称"红巾"，围攻广州半年，后退入广西桂平，号"大成国"，曾占柳州、梧州、南宁；朱洪英、胡有禄领导的广西天地会起义，曾占灌阳等地，号"升平天国"，聚众数万，活跃于湘、桂、黔三省边区。

这些起义，配合了太平天国，形成了全国规模的"造反"浪潮。18行省中，已有14行省战火正炽，相比之下，稍稍平静一些的直隶、山西、陕西、甘肃也不时爆发一些小规模的聚众抗官的事件。"造反"！"造反"！咸丰帝的脚下，再也没有一片平静的土地。这是清朝立国以来前所未有的"混战"局面。

仅仅是一个太平天国，就使咸丰帝无以应付；面对着如此众伙的"逆贼"，咸丰帝的负担更加沉重了。他已经非常倦怠，也确实无此心力。他常常想到天意，曾多次祈天求神，但局势总是那么坏，只得愁绪满怀，真正感到自己无力回天了。

就在咸丰帝一筹莫展，消极应付局势的时候，清王朝的一些官员由下而上地办起两件大事：一为厘金；二为湘军。

太平军兴，使咸丰帝最为头痛的就是无钱。无钱即不能调兵，不能募勇，不能继续作战。他多方筹措，开捐输，清家底，挪闲款，迫令各省交钱。他甚至还下令将内府所藏的乾隆年间御制的三口大金钟（分别重400千克、350千克、290千克）熔化，取金以充军需。这些方法用了3年，到这时已无法再维持下去了。太平军兴至咸丰三年六月，咸丰帝共拨军费银将近3000万两，而户部库存正项待支银仅22万两，就连京城官兵的俸饷也开不出来了。为了解救财政危机，咸丰帝批准通行官票，后又批准印制钱票（又称宝钞、钱钞），又以纸代银、钱。同时，他又批准铸造当十、当五十、当百、当二百、当三百、当四百、当五百、当千大钱。咸丰四年，他因铸大钱的铜料不足，还批准了铸造当一、当五、当十的铁大钱，甚至批准铸造铅钱。此类票、钱、顿时引起金融市场的极大混乱，严重地破坏了社会经济。咸丰帝对这些后果事先完全清楚，为了挽救财政困局，筹措军费，他不得不这样做。即使如此，中央财政仍然处于无银可放的困境。咸丰三年，户部曾奏请停发在京官兵俸饷，咸丰帝考虑再三，认为王公大臣，收入

清宫廷画师绘咸丰帝便装像

素优，可以停发，其他官兵不能断饷，遂决定：文职四品以下，武职三品以下仍发春季饷俸饷。户部无银，他发内帑50万两以应急需。咸丰四年（1854年），户部奏准官兵的俸饷，以银两改折钱、票，不再以白铺充兵饷了；而各衙门的公费等项银两，改折银、票对半。清朝的货币由此大乱。

自咸丰三年下半年起，各军统兵大员（僧格林沁一路除外），再也收不到中央财政拨发下来的银、钱，只是收到咸丰帝指省拨款的命令。各省奉旨指拨也往往不能如数如期照解。统兵大员只得自想办法。他们一方面裁减兵勇，以节其费，一方面自筹款项，起初主要靠捐输。负责琦善军营粮饷的帮办江北军务刑部侍郎雷以諴，根据幕客钱江的建议，在扬州创办厘金，以济军需。厘金是对各类商品抽取百分之一的税，初办时对米行、店铺征抽，称为"坐厘"，后又在各交通要道设关置卡，抽收厘金，称为"行厘"。咸丰四年三月，雷以諴扩大厘金范围，向里下河各州县征抽，同时上奏以闻。咸丰帝据此命令江苏省筹办厘金。是年底，咸丰帝又根据户部的建议，下令用兵各省推行，尔后遍于全国。厘金制度的实行，为清政府筹措了大量的军费。据不完全统计，清政府为镇压太平天国共耗军费银1.7亿两以上，若无厘金的支持是绝不可想象的。

湘军的组建，是在太平军围攻武昌时，咸丰帝命丁忧在籍的前礼部右侍郎曾国藩办理湖南团练事宜开始的。此后，咸丰帝四次任命免官在籍的三品以上大员共43人，办理安徽、江苏、河南、直隶、山东、浙江、江西、贵州、福建等省团练。团练是一种地方性的地主武装，任务是护卫乡里身家，无事仍为民，有警则为兵，不远行征调。团练的经费由当地绅耆筹办掌管。曾国藩一眼看出此种武装对付太平军完全无效，他在办团练的谕旨后面放手大干，编练出一支完全不同的军队——湘军。

　　咸丰三年初，曾国藩将湘乡团丁约千人，按照明代戚继光的束伍成法，编成中、左、右三营。此后陆续扩充。是年夏，他派湘军 2000 人随江忠源守南昌，并开始编练水师。咸丰四年正月，湘军正式编成，共有陆军 13 营、水军 10 营，全军员弁长夫丁役共计 1.7 万余人，配炮 500 位，配大小船只 400 余艘。曾国藩编练的湘军是完全出乎咸丰帝意图之外的；而他闻知后颇为赞许。其时，咸丰帝抽调全国的兵力已达 12 万人，正感到无兵可用。邻国廓尔喀（今尼泊尔一带）国王曾致书表示愿出兵“剿贼”，此种外夷之兵，咸丰帝当然不敢用，连忙谢绝。因此，当太平军西征入湖北时，咸丰帝就调曾国藩带湘军救援。曾国藩以军未练成而不肯赴命。不久，咸丰帝又命曾国藩率部援皖。曾国藩仍不发兵。咸丰帝很生气，在其奏折上朱批：“今观汝奏，直以数省军务一身克当，试问汝之才力能乎？否乎？平时漫自矜诩，以为无出其右者，及至临事，果能尽符其言甚好，若稍涉张皇，岂不贻笑于天下，着赶紧设法赴援，能早一步即得一步之益。”此谕可见咸丰帝非识臣之君，也未能预料日后湘军的力量，同时也可看出咸丰帝到处找不到可用之武力的心态。曾国藩仍不为所动。至湘军编成，正值太平军再入湖南，曾国藩才引军自衡阳北上，初败后胜，迫太平军退出湖南。咸丰帝予曾国藩三品顶戴。八月，曾国藩督湘军攻陷武汉，咸丰帝喜出望外，在曾的奏折上朱批：“览奏感慰实深，获此大胜殊非意料所及”，即命曾国藩署理湖北巡抚。他对军机大臣们说，军兴以来，出征将帅连战皆败，而曾国藩以一书生竟能建此奇功，对曾颇为赞许。军机中有人言，曾国藩以侍郎在籍，犹如匹夫，匹夫居乡里振臂一呼，从之者万余人，恐非国家之福。咸丰帝闻之立即变脸，对曾国藩由嘉许变为疑虑。不久，他不再让曾国藩署理鄂抚，改予兵部侍郎的空衔。曾国藩在接到署鄂抚之命后，照例以丁忧请辞，而咸丰帝竟以谢辞的奏折未书官衔为由，下令“严行申饬”。曾国藩“闻之黯然”，“怆叹久之"。湘军非经制兵（国家正式军队），曾国藩兵权在握，做皇帝的自然放心不下；而太平军威胁未除，下令解散湘军又无兵以对付"长毛"。咸丰帝两相为难。后来，尽管军机中有人常提到遣散湘军，以防尾大不掉，咸丰帝一直未从；同时他对曾国藩长期不加信任，不予实缺。咸丰七年，曾国藩以丁父忧请辞，并怕咸丰帝不明其意，后又上了《沥陈办事艰难仍恳终制折》，以退为进，要挟咸丰帝给一巡抚官职。咸丰帝也装聋卖傻，非但不夺情，就连兵部侍郎的底缺也开革了。次年，太平军进入浙江，咸丰帝不得已才命其复出，一直到咸丰十年（1860年）才授曾国藩为两江总督、钦差大臣的官职。尽管如此，曾国藩所统湘军，兵力不断扩张，后来发展至10余万，出现了胡林翼、左宗棠等谋勇俱全的统帅，成为清王朝镇压太平天国的主力，也是清王朝最有战斗力的部队。

厘金和湘军，是咸丰一朝的两大变局。银与兵，是咸丰帝当政初期日夜焦虑耗尽心力的两件事。厘金与湘军正应朝廷之急而生，可以说它们挽救了清王朝的危亡。可是，财权和兵权这两项封建王朝极为重要的权力渐渐地落在地方督抚的手中，朝廷的权力也慢慢只剩下了任官命将一项（这一项权力后来也受到了很大的侵蚀）。厘金和湘军开始了晚清中央权经、地方权重的新格局，封建的统治秩序从内部开始变异。

正在咸丰帝镇压太平天国之时，英、法等国再次染指中国。咸丰四年（1854年），英、美、法三国向清廷提出修约等要求，遭到咸丰帝拒绝，故而导致英、法两国于咸丰六年（1856年）再次对清廷宣战，英国借口"亚罗号事件"，攻占广州，但被击退。咸丰八年（1858年）三月，英法联军以及英、法、美、俄四国公使抵达天津大沽口外，要求所谓"修约"。咸丰帝谕令直隶总督谭廷襄"以夷制夷"，对俄示好，对美设法羁縻，对法进行劝诱，对英国则严词质问。谭廷襄奉旨行事，但是没有成功。英法舰队攻陷大沽炮台，进迫天津。咸丰派桂良、花沙纳往天津议和，与英、美、法、俄分别签订《中英天津条约》《中美天津条约》《中法天津条约》和《中俄天津条约》。条约样本奏上，咸丰帝十分愤怒，但是不得不批准。列强不满足于《天津条约》规定的权利，蓄意重新挑起战争，咸丰帝命清军加强大沽口防务。咸丰九年（1859年），在英国蓄意挑起的大沽口冲突中，英、法侵略军被击败。咸丰帝见大沽口获胜，尽毁《天津条约》。而后，英、法调兵遣将，准备新的侵略。

咸丰十年（1860年）春，英、法两国再次组成侵华联军，大举入侵。六月，向大沽口进攻，咸丰帝谕旨："天下根本，不在海口，而在京师。"七月，英、法联军进攻北塘，咸丰帝和战不定，痛失歼敌的良机。在清军与英、法联军激战之时，竟令清军统帅离营撤退，大沽再次沦陷。八月一日，英、法两国舰队又一次抵达天津外海，为了避免纠缠，联军干脆在大沽以北的北塘登岸。僧格林沁为保存实力，下令南岸守军撤往通州。次日，英国舰队安然驶入白河。英、法联军攻占天津，随即向北京进犯。咸丰帝派遣怡亲王载垣、兵部尚书穆荫为钦差大臣，往通州与英、法议和。英、法联军以和谈为掩护，继续组织对北京的进攻，在通州八里桥之战击败清军后，进攻北京，史称"庚申虏变"。

英、法联军进逼北京，咸丰帝以"木兰秋狝"为名自圆明园仓皇逃往热河（今承德市），命恭亲王奕䜣留京议和。奕䜣代表清政府与英、法、俄签订了《中英北京条约》《中法北京条约》《中俄北京条约》，并批准了中英、中法《天津条约》。在《中俄北京条约》中，承认了咸丰八年（1858年）沙俄迫使清黑龙江将军奕山签订的《瑷珲条约》。咸丰十年（1860年）十月六日，英法联军攻占圆明园，总管园务大臣文丰投福海自尽。次日，圆明园遭到抢劫之后被焚毁殆尽。冲天大火数日不熄，耗银上亿两的东方名园一毁而尽。只剩下那些烧不掉的石头记载着侵略者的暴行和中华民族的耻辱；铭刻着咸丰帝未能整军经武保卫国防的大罪和企图以夷制夷保全颜面的外交的失败。

咸丰帝继位后，仍用老皇帝留下的军机班底。是年底，他经过准备后罢免首席军机穆彰阿。军机中以赛尚阿、祁寯藻为领班。对于国家大政及大臣进退，咸丰帝仍先询杜受田而后行。因此，杜氏虽未入军机，职权却重于军机。穆彰阿、耆英两相罢斥，林则徐、周天爵等人起用，向荣兵败后获保全，以及黄河堤决发漕米 60 万石赈灾等事，无不反映出杜氏的胸襟和政治头脑。杜受田虽不是聪颖过人，但也老成持重，朝野中颇得崇信。

咸丰二年，杜受田亡故，咸丰帝痛失良师干臣。赛尚阿已赴广西督师，军机中以祁寯藻领枢务。祁氏为朴学之士，兼通义理和训诂，一时被士大夫推为儒宗。他为政尚属清廉，但遇事不免迂腐，尤其是对湘军及曾国藩多加诋毁，更见其不能办事识人。咸丰此期政务不能显达，与他不无关系。咸丰四年，祁氏称病求退，咸丰帝允之。按例，大学士病退、丁忧，其位暂空一月，表示对老臣的慰抚。而祁退的当天，咸丰帝即授贾桢为大学士。此种特例，亦可见咸丰帝对祁氏的态度。

清文宗读书像

接替祁寯藻领枢务的是奕䜣，但在咸丰五年因兄弟嫌猜而罢斥。咸丰命文庆继任。文庆曾在道光朝两次入军机，四次受黜。咸丰帝登位后复出，由五品顶戴擢至尚书。他办事方式，一反祁寯藻，不重虚名，推崇实在。他虽为满人，但主张重用汉人，保全曾国藩，荐举胡林翼，重用袁甲三。在他管理户部时，特别看重主事阎敬铭（正六品，司官中最低一级，后官至大学士、军机大臣），有事不耻下问。文庆为相时期，正遇咸丰帝倦怠政务，他为咸丰帝排忧解难，颇费心力。

咸丰六年底，文庆卒。军机处以彭蕴章为首揆。彭氏以军机章京入值，以资深为领班。他为人廉谨小心，无大志向亦无大建树，但对湘军集团颇多微词。若按彭氏之意办理，湘军早被裁撤，清朝亦被断送。而在此时，肃顺已经崛起。

肃顺是郑亲王乌尔泰阿第六子，于咸丰初年入值内廷。他以卑微之身与咸丰帝谈论军国大事，知无不言，直抒己见，显示了其机敏聪颖的才能和勇于任事的性格，因而颇得咸丰帝的赏识。肃顺由此官运亨通，历内阁学士、侍郎、都统、尚书、协办大学士等职。但他更重要的职务，却是御前侍卫（咸丰四年）、御前大臣（咸丰八年）、署理领侍卫内大臣（咸丰十一年）。此类内廷职务，本属带领引见，随护宫跸的差使，并不负实际政治责任，却给肃顺经常与咸丰帝接近的机会。

肃顺虽出身于皇族，但十分轻视庸碌无为的满人。他十分推崇湘军将帅，主张让汉人执掌兵符。咸丰八年，钦差大臣湖广总督官文指使下属参劾湘军将领左宗棠。咸丰帝密谕官文："如左宗棠果有不法情事，可即就地正法。"肃顺得讯，嘱幕客外泄，授意他人上疏援救。咸丰帝询问肃顺时，他历数左的功绩，将其保全。咸丰十年，太平军东征苏常，两江总督何桂清获罪革职。咸丰帝欲调湖北巡抚胡林翼督两江，询问肃顺。他称胡氏在鄂举措尽善，未可轻动，不如用曾国藩，长江上下游皆得人。对于汉人的态度，肃顺与文庆相同，而他们两人皆为满人。祁寯藻、彭蕴章虽为汉人，却多维护满人，加害汉人。

肃顺办事，敢于用险着，大胆泼辣，雷厉风行。咸丰初年，财政困窘，他主张发钞票，铸大钱，裁减八旗俸饷，并将之强制推行。对于外患，他主张持强硬态度。对于当时吏治的败坏，他又主张用严刑峻法以挽颓风。在他的谋划下，咸丰朝兴起两桩大狱：一是轰动一时的"戊午科场案"，二是著名的"户部宝钞案"。"科场""宝钞"案，反映出肃顺锐意求治，不惜求助于严刑峻法；其中又有铲除异己、张扬权势之用意。肃顺因此积怨甚重，人必欲去之而后快。他仍毫不顾忌，上恃帝宠，下结党人，为所欲为。

咸丰十年（1860年）八月，咸丰帝出逃热河，载垣、端华、肃顺为内廷大臣，随驾前往。军机处五大臣中（穆荫、匡源、文祥、杜翰、焦、瀛）除文祥留京，协助奕䜣办理和局外其余皆随侍。但是，京师的六部九卿几十个衙门无法搬至热河，仍留京办事。清政府分成了两半，头脑在热河，身体却在京师。在热河，是清一色的肃党，他们挟天子以令诸侯。在京师，又出现了新的格局，奕䜣再度崛起。清代的一切权力均出于皇帝。热河那头，拥天子自重，权势自然占有压倒的优势。据敬事房档案，咸丰十一年（1861年）大年初一，咸丰帝净面冠服在前殿升座，"章京希绷阿用楠木樱奶茶碗呈送奶茶，肃中堂揭碗盖"。"亲揭碗盖"这一举止，可见肃顺与咸丰帝关系之密切，可见肃顺一党权势之熏灼。在京师的这派政治力量，为了使咸丰帝能摆脱肃顺等人的暗中控制，也为了使封建王朝的统治秩序能恢复常态，多次奏请咸丰帝返回北京。咸丰十年十月，咸丰帝对奕䜣等人的奏请予以驳责，称驻京公使"请递国书"一事尚未完全罢议，恐有纠缠；又称"天气渐居严寒"，决定"暂缓回銮"，"明岁再降谕旨"。在递交国书、天气严寒的理由的背后，可以看出肃顺的阻挠。在热河，咸丰帝身边全是其党人，回銮北京后，他们就不能完全独占局面。热河与京师之间，京师处于下风。

咸丰帝 17 岁为皇子时，娶克达萨氏为福晋。未久，克达萨氏去世。登位后，他立钮祜禄氏为皇后（即后来的慈安太后、东太后）。他有妃嫔贵人共 19 人，答应、常在以下，人数不可考。其中，咸丰帝所喜欢者有懿贵妃叶赫那拉氏（即后来的慈禧太后、西太后）、丽妃他他拉氏、祺嫔佳佟氏、婉嫔索绰络氏、玫嫔徐佳氏。宫内格局，在清代的皇帝中，属正常现象。

咸丰帝当政初年尚能注重政事，召对批章，从不间断。皇后钮祜禄氏，颇符封建的"妇德"，见咸丰帝偶尔游宴，婉言进谏；外省军报及廷臣奏疏至寝宫，促其即刻省览，咸丰帝初时也无不相从。

太平军兴，英法联军之役起，时政艰难。咸丰帝绞尽心力以求治，而天下局势却越来越坏。他束手无策，中夜彷徨，不能自已，于是转向醇酒、妇人来排遣愁闷。早年的优美英发之姿，至此时转变为风流滑稽之态。对于他的荒淫生活，野史中有一些反映。

咸丰十一年（1861 年）七月十五日，咸丰帝在热河行宫病重。十六日，咸丰帝在烟波致爽殿寝宫，召见怡亲王载垣、郑亲王端华、肃顺、景寿、穆荫、匡源、杜翰、焦祐瀛等。咸丰帝下谕："立皇长子载淳为皇太子。"又谕："皇长子载淳现为皇太子，著派载垣、端华、景寿、肃顺、穆荫、匡源、杜翰、焦祐瀛，尽心辅弼，赞襄一切政务。"以上就是历史上著名的"顾命八大臣"或"赞襄政务八大臣"。载垣等请咸丰帝朱笔亲写，以昭郑重。而咸丰帝此时已经病重，不能握管，遂命廷臣承写朱谕。咸丰在病逝前，授予皇后钮祜禄氏"御赏"印章，授予皇子载淳"同道堂"印章（由懿贵妃掌管）。十七日清晨，咸丰帝病逝。庙号文宗，谥号协天翊运执中垂谟懋德振武圣孝渊恭端仁宽敏庄俭显皇帝，其后葬于清东陵定陵。

咸丰帝病死之后，其生前安排的政治局势很快发生了变化。其子载淳年幼，载淳的生母那拉氏力图取得最高统治权力。她与慈安太后和奕䜣相勾结，拉拢握有兵权的胜保等人，于咸丰十一年九月三十日（1861 年 11 月 2 日），将载垣、端华、肃顺等革职拿问。十月初一日（11 月 3 日），又接连发出上谕，授恭亲王奕䜣为议政王、在军机处行走、宗人府宗令，大学士桂良、户部尚书沈兆霖、户部右侍郎宝鋆、户部左侍郎文祥在军机大臣上行走，鸿胪寺少卿曹毓英在军机大臣上学习行走。随后，慈禧太后等迅速捕杀了载垣、端华、肃顺，其余五大臣革职治罪，将载垣等人拟定的皇帝年号"祺祥"改为"同治"。慈禧太后夺取了实际的最高统治权。

清穆宗同治帝载淳

清穆宗爱新觉罗·载淳（1856—1874 年），为清文宗咸丰帝长子，生母为孝钦显皇后叶赫那拉氏。清朝第十位皇帝，清定都北京后第八位皇帝，年号"同治"。

载淳的生母叶赫那拉氏于咸丰二年（1852 年）五月入宫，赐号兰贵人。咸丰四年（1854 年）晋升为懿嫔。咸丰六年（1856 年）生载淳于储秀宫，母以子贵，分娩的当天就晋升为懿妃。咸丰七年（1857 年），再晋升为懿贵妃。咸丰十年（1860 年），英法联军攻陷天津，直接威逼京师，载淳随其父母仓皇逃到热河承德避暑山庄。咸丰十一年（1861 年）七月，奕詝在承德病危，召怡亲王载垣、郑亲王端华、御前大臣景寿、协办大学士肃顺、军机大臣穆荫、吏部侍郎匡源、署礼部右侍郎杜翰、太仆寺卿焦祐瀛等至榻前，宣布立载淳为皇太子，命载垣等八大臣赞襄政务。同时规定以"御赏""同道堂"两颗印章为日后下达诏谕的符信，"御赏"章为印起，"同道堂"章为印讫。将"御赏"章交皇后钮祜禄氏掌管，"同道堂"章由皇太子载淳掌管。载淳年幼，实际上是由其生母叶赫那拉氏掌管。奕詝的决策就是在他死后由皇后钮祜禄氏、懿贵妃叶赫那拉氏及八大臣联合执政，而钮祜禄氏、叶赫那拉氏的权力更大于八大臣，她们均拥有对一切军国大事的否决权。她们只要不盖印章，一切诏谕就不算合法，概不能生效。

咸丰十一年七月十七日，奕詝病死于避暑山庄。二十六日，新皇帝载淳建元年号奉旨用"祺祥"二字。宫廷的权力之争迅速达到白热化的程度。八月初一，皇弟恭亲王奕訢从北京赶到承德，钮祜禄氏、叶赫那拉氏

载淳像

立即召见，他们密谋发动政变，商定了计划，决心从赞襄政务王大臣手中夺取清朝统治大权。次日，兵部侍郎胜保明知清廷已下达谕旨不准许各地统兵大臣赴热河吊丧，仍然奏请到热河去"哭奠"，甚至不待清廷批准，径自率兵经冀州、河间、雄县一带兼程北上。

正在这个关键时刻，山东道监察御史董元醇呈递奏折"奏请皇太后权理朝政并另简亲王辅政"。此折递上后，初十日并未发下，说是叶赫那拉氏留阅。次日，皇太后钮祜禄氏、叶赫那拉氏抱着新皇帝载淳召见载垣、端华、肃顺等赞襄政务王大臣，会议董元醇"垂帘听政"的请求。皇太后与八大臣发生了激烈的舌战。八大臣方面"哓哓置辩，无人臣礼"，咸丰帝的师傅杜受田之子杜翰"尤肆言无忌"，"声震殿陛"。叶赫那拉氏气得手战不已，载淳惊怖太甚，

小便失禁，将皇太后的衣服都尿湿了。叶赫那拉氏当时斗不过八大臣，不得不同意发出切责董元醇的上谕："我朝圣圣相承，向无皇太后垂帘听政之礼。"九月二十三日，按照清代礼制，载淳在避暑山庄丽正门外跪送咸丰帝奕詝的灵柩启程回京，然后即随皇太后钮祜禄氏、叶赫那拉氏间道先行。因为灵柩既大且重，行进十分迟缓；载淳等以快班轿夫兼程返京，所以提前四天抵达。这就为叶赫那拉氏发动政变赢得了时间，准备了条件。在叶赫那拉氏和奕䜣的精心策划下，九月二十九日，载淳等回到京师，次日就爆发了震惊中外的"祺祥政变"。大学士管理兵部事务贾桢、大学士管理户部事务周祖培、户部尚书沈兆霖、刑部尚书赵光等在奕䜣的"风示"之下，联名奏请皇太后亲操政权以振纲纪。叶赫那拉氏立刻颁发谕旨一道，著王、大臣等妥议皇太后亲理大政并另简近支亲王辅政。又颁一道上谕，正式宣布"载垣、端华、肃顺着即解任，景寿、穆荫、匡源、杜翰、焦祐瀛着退出军机处"。接着，将载垣、端华、肃顺拿问治罪，任命恭亲王奕䜣为议政王，在军机处行走。大学士桂良、户中尚书沈兆霖，户部右侍郎宝鋆等在军机大臣上行走，鸿胪寺少卿曹毓瑛着在军机大臣上学习行走，户部右侍郎文祥着仍在军机大臣上行走。朝廷要害部门的人事安排就绪，叶赫那拉氏把清王朝的最高统治权全部攫取到自己手里。十月初六，载垣、端华、肃顺分别被处死。原来准备改元使用的"祺祥"二字改为"同治"。十月初九，载淳继位于太和殿。尊称钮祜禄氏为母后皇太后（或慈安皇太后），尊称叶赫那拉氏为圣母皇太后（或慈禧皇太后）。

十月十六日，礼亲王世铎等会议奏准《垂帘章程》。十一月初一，载淳与慈安皇太后、慈禧皇太后同在养心殿开始"垂帘听政"，王爵以下大学士、六部九卿等官员在养心殿门外行跪拜礼。从此，两宫皇太后日日召见军机大臣，对于内外臣工的奏章亦复一一加以批阅。

钮祜禄氏和叶赫那拉氏垂帘听政，由于钮祜禄氏的作风"和易，少思虑"，"见大臣讷讷如无语者，……或竟月不决一事"，实际上叶赫那拉氏独揽大权。载淳虽然年幼无知，仍然必须每日临朝，召见文武官员，在皇帝宝座上正襟危坐。他对王公大臣奏对的军国大事一概不懂，也就感到索然乏味，又不得不力加克制，以防稍微放肆随便，有失"人君"之仪度。此外，每年正月初一日，还必须率王公大臣至慈宁宫向慈安、慈禧两位太后行礼。十二月，还要到抚辰殿向蒙古王公赐宴。这些都是一些使他不得不拘谨从事的礼仪。

载淳在做应景皇帝的同时，每天还要用半天时间读书。咸丰帝对于载淳的教育原本十分重视，早在咸丰十年载淳5岁的时候，已经调河南学政李鸿藻来京，专教载淳读书。李鸿藻随载淳至承德。咸丰十一年三月初八，咸丰帝决定载淳于四月初七正式入学读书，特派翰林院编修李鸿藻为大阿哥师傅，礼部侍郎伊精阿为大阿哥谙达。谙达专授满文，地位在师傅之下。载淳随其母慈禧太后回京后，慈禧为了加强对爱子的教育，又于同治元年二月初二发出上谕：派礼部尚书前大学士祁寯藻、管理工部事务前大学士翁心存、工部尚书倭仁、翰林院编修李鸿藻均在弘德殿授皇帝读书，礼部尚书倭什珲部为总谙达，与礼部左侍郎伊精阿、兵部尚书爱仁均在弘德殿教习满文。惠亲王绵愉在弘德殿常川照料，专司督责，其子奕详在弘德殿伴读。恭亲王奕䜣总司稽查。载淳日常作息时间及功课内容，已经奕䜣先期奏准：每日至书房，先拉弓，次习蒙古语，读满文书籍，然后读汉文书籍。先系半功课，至8岁时改为整功课。既有诵读，又有讨论。3年后练习步射。10岁后练习打枪。自入学后，每隔5日，于下书房后即在宫中长街学习骑马，令是日教读满文书籍之御前大臣一人压马，大臣三四人进行教习。

同治元年（1862年）正月，下谕命曾国藩、左宗棠保住衢州并且进而解徽州之围，命曾国藩调兵遣将保卫上海不受太平军的侵扰，调蒋益澧部赴左宗棠军。不久太平军进逼上海，薛焕上书英、法各国将派兵协同清军围剿太平军，同治帝表示嘉奖。捻军侵扰沭阳，载淳下谕僧格林沁要南北兼顾进行驻防，清军克复莘县。不久李世忠的军队攻克了江浦、浦口。鲍超被提升为浙江提督，冯子材被提升为广西提督。闰八月，庆端军克复缙云，多隆阿军克复了荆紫关。各地军队也势如破竹，鄂军克复了竹山、竹谿、黔军克复了天柱、邛水、太平军逃窜到了老河口。

同治二年（1863年）二月，左宗棠率军克复浙江的金华、汤溪、龙游、兰谿等地。川军在四川大渡河围剿太平军的石达开，将其击破。六月，清朝终于平定了太平天国的叛乱。七月，平定太平天国后进行封赏，晋封议政王恭亲王之子载澂为贝勒，载滢不入八分辅国公，载滢不入八分镇国公，加军机大臣文祥太子太保衔，宝鋆、李棠阶太子少保衔。

同治四年（1865年）二月，四川酉阳县人民不堪教会欺凌，数百人奋起捣毁教堂，即酉阳教案。四月，赖文光等指挥捻军在山东歼灭僧格林沁统率的清军主力，僧格林沁突围时被杀。五月，李鸿章在上海设立江南制造总局，成为洋务派创办新式军事工业的开始。闰五月，起用沈葆桢督办江西防剿的事务。

同治七年（1868年）二月，退役驻华公使浦安臣率"中国使团"出访美国、英国、俄国、法国、普鲁士等国，是为中国使团首次出访国外。

同治九年（1870年）正月，滇军克复禄丰，甘陕的回匪攻陷定边。二月，刘松山督剿金积堡的回匪时中炮身亡，载淳赏道员刘锦棠为三品卿衔，接管刘松山的部众；派遣与俄国谈判商界的使臣前往齐齐哈尔、吉林进行会谈，命富明阿、德英据约率军防守，不能对俄国让步。五月，命崇实前往贵州会同曾璧光查办教案。六月，命彭玉麟赴江南，会同沿江督抚整顿长江水师。

同治十年（1871年）二月，刘锦棠等率军攻克金积堡，甘陕回乱的匪首马化龙等被杀，清廷加左宗棠一骑都尉之职，赏刘锦棠云骑尉、黄马褂。同治帝调江苏按察使应宝时到天津，筹办与日本通商的事务。并且命瑞常为大学士，文祥为协办大学士。三月，金顺等军占领宁夏，匪首马万选被杀，滇军攻克澂江，攻入江那土城，匪首马和等被杀。

载淳年龄渐长，选后婚娶，亲临朝政已经提上了日程。在选后的过程中，载淳与其生母慈禧又发生了冲突。因为慈禧喜欢员外郎凤秀之女富察氏，慈安喜欢侍讲崇绮之女阿鲁特氏，无法定议，乃令载淳自定，载淳选中了崇绮之女阿鲁特氏。同治十一年（18721年）九月十四日，同治帝大婚，正式册立阿鲁特氏为皇后。同一天，册封富察氏为慧妃。

同治十二年（1873年）正月，载淳亲政，时年18岁。这一天，在各口岸的中国船只有史以来第一次在桅杆上挂起龙旗，以示庆贺。载淳亲政以后，也办了一些事情。例如，外交方面，在他亲政的第二天，俄、德、美、英、法等国公使即联衔照会总理各国事务衙门，请求觐见，面达庆忱。总理衙门复称俟总署大臣文祥病愈面谈。二月初七，俄、德、美、英、法等国公使再行照会总理衙门，请求定期会议觐见之事。二月十三日，文祥赴俄国使馆与俄、德、美、英、法等国公使会商觐见问题，坚持见皇帝必须行跪拜礼，各国公使只答应行免冠五鞠躬礼。载淳命李鸿章妥议觐见之礼仪，李鸿章认为各国使臣觐见应宽其小节，示以大度。于是，决定免除使臣跪拜。六月初五是星期日，各国公使在五点半于"北堂"会合。六点，由崇厚引导前往皇城的福华门，在那里受到了文祥的接待，款以茶点。八点半钟，他们又被引到一个行幄中，受到恭亲王奕䜣的接见。九点正，同治帝载淳在紫光阁升上宝座，当时作为唯一的特派大使日本副岛种臣首先被单独接见。然后全权公使和代办按照他们到达北京的日期先后为序，一同进入，有俄国公使倭良嘎哩、美国公使镂斐迪、英国公使威妥玛、法国公使热福理、荷兰公使费果荪。他们由作为翻译的俾士麦陪同。俾士麦既是使馆中资格最老的翻译官，也是暂时缺席的德国公使的代表。倭良嘎哩以外交使团团长的身份代表各国使节致贺词。接着，每位公使依次将该国国书呈递在同治帝面前的案上。同治帝通过恭亲王奕䜣的口，对使臣们所代表的国家元首表达了亲睦之谊。联合觐见一共用了半小时。

在内政方面，主要是镇压农民起义。十二年正月，云贵总督刘岳昭、云南巡抚岑毓英等攻陷大理，回民起义领袖杜文秀、杨荣、蔡廷栋等兵败身亡。同年闰六月，刘岳昭等又攻陷腾越。载淳都分别论功行赏。为了缓和尖锐的阶级矛盾，他还下诏免去同治十一年以前云南全省的积欠粮赋，并永远停征济军厘谷。命刘岳昭慎选牧令，察吏安民。除云南外，清军左宗棠等部正在西北地区镇压回民起义。十二年二月，刘锦棠部攻陷大通向阳堡。金顺部开抵肃州与回民起义军作战。三月，杀西宁回民领袖马桂源。四月，攻陷肃州塔尔湾。六月，陷循化，杀

同治帝生母慈禧太后

马玉连等多人。八月，清军至哈密、巴里坤等地作战，为了加强领导，特调锡纶为乌鲁木齐领队大臣，以明春为哈密帮办大臣。十月，清军攻陷肃州，杀回民领袖马文禄。载淳十分高兴，特意到慈安、慈禧住处分别贺捷。

这时，宫廷中的权力之争，也波澜起伏，几起几落。第一回合是载淳母子与恭亲王奕䜣的较量。同治四年（1865年）三月，慈禧为了打击奕䜣，指使署日讲官还不满一月的蔡寿祺出面弹劾，要奕䜣罢官引退。随后，恭亲王奕䜣即被罢去了一切职务。但是，当天即有诸王大臣纷纷上疏求情。无奈，慈禧乃另下上谕，使奕䜣仍在内廷行走，仍管理各国事务衙门。奕䜣谢恩召见，伏地痛哭，乃又恢复军机大臣职务。慈禧母子与奕䜣这场斗争，经过了39天的折冲起伏，才算告一段落，最终只是解除了奕䜣的"议政王"的职位。

同治八年（1869年）七月，又发生了安德海案。安德海为慈禧的亲信太监，祺祥政变之前，慈禧拉拢侍卫荣禄为己用，为之通消息者即安德海；慈禧密召奕䜣，为之通消息者，亦安德海。垂帘之后，安德海恃宠渔利，为慈禧造戏园，取得她的宠幸。慈禧尝着戏装游于西苑，走到哪里，安德海都随侍在侧。安德海既得势，声势喧赫。同治八年夏，他受慈禧指派，到南方织办龙衣，一路耀武扬威，毫无顾忌。按清朝家法规定，太监不许擅出皇城，违者格杀勿论。安德海公然出远门，沿途骚扰地方，引起朝廷内外大臣强烈不满。安德海一行抵达山东，巡抚丁宝桢援引国家大法，发兵追捕，并请示朝廷严惩。奕䜣、文祥、李鸿藻力主严办，办务府大臣中有为安德海缓颊者，慈禧碍于祖宗成法，也只好表示："此曹如此，'该杀'二字。"八月初七，丁宝桢将安德海等20余人在济南正法。这一次是奕䜣抓住了慈禧的把柄，暂时占了上风。

同治十二年（1873年）九月，载淳秉承慈禧的意旨下令重修圆明园。

圆明园

同治亲政只有一年多的时间，这是他亲自主持经办的一件大事。慈禧退帝后，想到宫外游冶愉悦，回忆起当年的圆明园生活，她懿旨重修圆明园。这是重大的工程，至少要花几千万两白银。九月，载淳发布上谕：兴修圆明园以为两宫太后居住和皇帝听政之所，让王公以下京内外大小官员量力捐修。朝廷震动，反对重修圆明园。七月十八日，恭亲王奕䜣、大学士文祥等十人（三位亲王郡王、三位御前大臣、三位军机大臣、一位师傅）联衔疏奏，请停止圆明园工程。两宫太后见事情闹大，只好出面调解，谕修葺西苑三海工程。慈禧母子与奕䜣的政治权力之争，再次告一段落。

此后不久，载淳即生病，病情迅速恶化。同治十三年十二月初五（1874年1月12日），载淳逝于养心殿，享年19岁。两宫太后召醇亲王奕譞的儿子载湉入承大统，为嗣皇帝。赐奕譞以亲王世袭罔替，并免朝会行礼。王大臣等以遗诏迎载湉于太平湖醇亲王邸，与慈安太后居钟粹宫；慈禧太后居住在长春宫；两宫太后垂帘听政。诏停三海工程。以第二年为光绪元年。上大行皇帝谥为"毅"，庙号穆宗。光绪五年（1879年）三月，同治帝载淳与孝哲毅皇后阿鲁特氏合葬于清东陵的惠陵。

清德宗光绪帝载湉

清德宗爱新觉罗·载湉（1871—1908年），父亲醇亲王奕譞是道光帝旻宁第七子，生母叶赫那拉·婉贞为慈禧皇太后亲妹。清朝第十一位皇帝，定都北京后的第九位皇帝。在位年号光绪，史称光绪帝。

载湉于同治十年六月二十八日（1871年8月14日）出生于北京宣武门太平湖畔醇王府的槐荫斋。同治十三年（1874年）十二月初五，同治帝去世。同治帝没有留下子女，并且同治帝是咸丰帝的独子，他去世后，咸丰一系也随之绝嗣。同治皇帝驾崩仅仅两个小时，事关清朝国运的紧急会议就在养心殿西暖阁按时召开了。参加会议的有同治皇帝的五叔惇亲王奕誴、六叔恭亲王奕䜣、七叔醇亲王奕譞、八叔钟郡王奕詥、九叔孚郡王奕譓，还有奕劻、景寿等大臣。首先有人请为同治皇帝立嗣，并且提到了溥侃、溥伦两位人选。惇亲王奕誴就反对，他说了四个字："疏属不可"。慈禧不失时机地表示首肯说："溥字辈无当立者。"此时军机大臣跟慈禧太后发生了争执。慈禧太后说："此后垂帘如何？"军机大臣中有人说："宗社为重，请择贤而立，然后恳乞垂帘。"此后军机大臣为奕䜣的儿子载澂争取机会，但是慈禧为了能名正言顺地把持朝政，在选嗣君时，亲自指定醇亲王奕譞的次子，也是自己妹妹的亲生子，过继于咸丰帝，登基为帝。慈禧话音刚落，醇亲王奕譞一声哀号，瘫倒在地，大哭不止。亲贵纷纷伸手相搀，但谁也拉不动。年仅4岁的载湉被选定继承皇位，第二年改年号为"光绪"。

半夜时分，紫禁城的全部正门次第打开，孚郡王奕譓率领内务府官员前往宣武门内太平湖东岸的醇王府，迎接新君主载湉进宫。初六日，就是慈禧太后宣布载湉嗣承皇位的第二天，载湉由醇亲王府邸乘轿前往皇宫，进了午门，到养心殿。向两宫皇太后请安，并在大行皇帝同治帝灵前祭奠后，便"剪发成服"，入继大统，做了皇帝。初七日，载湉奉慈安太后住居在东六宫的钟粹宫，俗称慈安太后为"东太后"；奉慈禧太后住居在西六宫的长春宫，俗称慈禧太后为"西太后"。载湉住在养心殿。慈安太后与慈禧太后实行垂帘听政。皇帝训谕称"谕旨"，皇太后训谕称"懿旨"。醇亲王王府原位于西城太平湖，载湉登位后，王府成为皇帝的潜邸（后称南府）。所以清廷另赐醇亲王王府，位于后海北沿（又称北府）。光绪元年（1875年）正月二十日，两宫皇太后懿旨载湉在太和殿举行继位大礼，并告祭天、地、庙、社。载湉继位后，到乾清宫向同治帝御容（画像）行礼，又到钟粹宫向慈安太后行礼，再到长春宫向慈禧太后行礼，复到储秀宫向孝哲毅皇后（同治皇后）行礼。

光绪二年（1876年）四月二十一日，载湉开始在毓庆宫读书。毓庆宫在东六宫东侧斋宫与奉先殿之间。师傅为署侍郎、内阁学士翁同龢和侍郎夏同善。翁同龢与夏同善为同榜进士。翁同龢主要教载湉读书，夏同善主要教载湉写仿格（写字）。御前大臣教习满语文、蒙古语文和骑射。载湉读书很用功，慈禧太后夸赞他："非常爱好学习，坐着、站着、躺着都在朗诵诗书。"他把读书同做国君相联系。载湉有父亲奕譞在毓庆宫照料自己读书，但君臣之礼，取代父子之情。载湉在毓庆宫的读书学习长达十余年。

光绪帝继位的时候，清王朝已经是内外交困、百孔千疮。幼年的光绪帝在毓庆宫所受的教育与熏陶，与他一生的事业和坎坷的命运都结下了不解之缘。

帝德教育是毓庆宫的必修课。在光绪帝早期思想中，"民唯邦本，兢兢求治"的思想占有十分重要的地位。他批评历代帝王"或耽于安逸，或习于奢侈，纵耳目之娱而忘腹心之位者"，是造成水覆舟的重要原因。他认为，当皇帝的只有爱民，国家才会长治久安，人君只有孜孜求治，才会使天下臻于太平。从这种认识出发，光绪帝很厌恶官吏巧立名目，对人民实行盘剥。他反对"用度奢靡，漏卮不塞"，认为"剥民以奉君，犹割肉以充腹"。他十分强调节用民力与藏富于民。

除了爱民求治思想外，光绪帝在毓庆宫还树立了"求贤若渴，破格用人"的观念。在选用人才问题上，他认为，天下之大，绝非一人所能治，"必得贤人而共治之"，他不主张把一切权力都集中在皇帝一个人手里，而是认为"权者，人君所执以治天下者也。人君无权，则天下不可得而治，然使权尽归于人君，而其臣皆无权，则天下亦不可得而治。"这种认识虽然与西方的民主思想还不是一回事，但是他反对权力过于集中，把选贤任能当作关乎国家长治久安，兴衰存亡的一件头等大事，无疑是正确的。光绪一反论资排辈、循资提升和以门户取人的陈腐观点，极力主张循名责实，破格拔擢和唯才是举。他非常精辟地指出："用人之道，不拘资格，唯其贤而已矣。其人贤，即少

载湉像

年新进，亦不妨拔举之；其人不贤，既阅历已久，安得不除去之？此朝廷用人之权衡也。"他对于当时的大臣尸位，骄居自喜，却千方百计地压抑新生力量非常不满。他还认为，作为人君，最重要的职责就是知人善任；主张通过实践，"明试以功"来进行考察。光绪帝不但自己重视人才，他也希望大小臣工都能做发现人才、起用人才的伯乐，尽快把天下的人才发掘出来，广为罗致，共图大业。

光绪帝在毓庆宫所受的教育是多方面的，翁同龢等人在毓庆宫十多年，向光绪帝传授了大量知识和行政经验，尽管这些知识与经验有许多不足之处，有不少脱离实际的空洞教条，但是，与同治朝相比，无疑是取得了很大的成功。这些知识给年轻的皇帝插上了双翅，他雄心勃勃，踌躇满志，决心要搏击云天，一显身手。

光绪十二年（1886年），载湉虚龄16岁时，即中国传统观念认为已为成人之际，据称就已具备了"披阅章奏，论断古今，剖决是非"的能力。慈禧手腕圆滑，权欲极强。眼看光绪已长大成人，而朝政仍不欲下移。光绪帝想要施展自己的政治抱负，首先要通过慈禧这一关。当初两宫皇太后立载湉为帝、再度垂帘听政之时，曾把听政解释为"一时权宜"之举，保证"一俟嗣皇帝典学有成，即行归政"。光绪十二年（1886年）六月初十日，慈禧太后在"懿旨"中重申了前面所说的话，并宣布"著钦天监选择吉期，于明年举行亲政典礼"。表面看来，慈禧太后是在信守诺言，而实际上幼帝长大后迟早都要面对亲政的问题，慈禧太后早做预谋，目的是在无可奈何地让光绪帝亲政后她仍然能够找到一个新的方式操纵清廷大权。对于她的这个用意，醇亲王奕譞是心领神会的。奕譞在两年前的"甲申易枢"中取代了恭亲王奕䜣在朝廷的地位而成为慈禧太后的心腹。他在慈禧太后准备让光绪帝亲政的"懿旨"颁布后仅五天，就上奏称与各位王大臣审时度势，合词恳请慈禧太后"训政"，并表示皇帝"将来大婚后，一切典礼规模，咸赖训教饬诫"。他提出的训政模式为："必须永照现在规制，一切事件，先请懿旨，再于皇帝前奏闻"。慈禧太后顺水推舟，表示接受奕譞的训政请求。这年十月，礼亲王世铎就训政的细则奏报慈禧太后允准，其中"凡遇召见引见，皇太后升座训政"一条，实质上与垂帘听政并没有什么区别。

光绪十三年（1887年）正月，载湉始亲政。这与其说是光绪帝亲政的开始，倒不如说是慈禧太后通过训政的方式为其日后归政于光绪帝而铺平了一条能够长期对皇帝加以控制的通道。而且，为了进一步加强对光绪帝的控制，慈禧还强行将自己弟弟、都统桂祥的女儿立为光绪帝的皇后，即后来的隆裕太后。这样做，"一则于宫闱之间，可刺探皇帝之动作；一则为将来母族秉政张本"。即使有一天光绪帝"乾纲独断"了，而他的一举一动仍将归于慈禧的耳目监督之下。

光绪十五年（1889年）正月二十六日册封皇后，二十七日大婚。二月三日，慈禧太后归政。此时，慈禧太后没有打破幼帝一经大婚便要亲理朝政的祖宗之法，只好搬出皇宫到颐和园去"颐养天年"。但这并不意味着她已甘心地去让光绪帝行使皇权，而是在归政前后搞了一连串的活动，以便对亲政后的光绪帝加以控制，继续操纵清廷大权。为加强对朝廷的控制，她在文武官员的安排任命上多用对其效忠之人，以致光绪帝亲政之时所面对的几乎尽是太后听政与训政时期的重臣。为便于把握光绪帝的动向，她决定将光绪帝读书的书房由毓庆宫改在颐和园附近的西苑，要求光绪帝每日到颐和园向她请安，亲政后的光绪帝必须将朝中大事向她"禀白而后行"。显然，慈禧太后为光绪帝亲政设置了重重路障。光绪帝的亲政历程由酝酿到开始经过了两年多时间，并且是一波多折。但是，已长大成人且渐渐成熟的光绪帝一经正式亲政，其所作所为则是慈禧太后始料不及的。尽管慈禧太后仍不

光绪像

断以各种方式钳制着他，然而作为一个年轻的皇帝，他总还要施展一下自己的政治抱负，他与慈禧太后之间的矛盾与冲突已经不可避免。

大婚后不几天，慈禧便颁布懿旨，宣布将政权交给光绪帝，但是，就在二月初三（3月4日）举行亲政典礼前夕，慈禧还同光绪的父亲奕譞暗中达成了另一项协议。据礼亲王世铎等人所上《酌拟归政事宜折》奏称：光绪帝亲政后，在京各衙门每日具奏折件，拟请查照醇亲王条奏，皇上披阅传旨后，发交军机大臣另缮清单，恭呈皇太后慈览；每日外省折报，皇上朱批发下后，根据醇亲王意见，由军机大臣摘录事由，及所奉批旨，另缮清单，恭呈皇太后慈览；简放一般官员，由皇上裁决；其简放大员，及各项要差，拟请查照醇亲王条奏，由军机大臣请旨裁定后再由"皇上奏明皇太后，次日再颁谕旨"。

这件至关重要的奏折，军机大臣们于光绪十四年十月初十（1888年11月13日）递上，并声称是事先已"与醇亲王面商，意见相同"。慈禧于十五日批示"依议"，并交军机处在《要事存记档》中注明，应"永远存记"。奏折没有说到何日终止实行，实际上是只要皇太后还活在世上，就永远有效。它清清楚楚地显示了慈禧太后虽然允诺光绪帝亲政，但对于朝廷的用人行政仍具有最终的裁决权力。醇亲王的这一举措使慈禧的干政举动制度化、合法化。这个章程像一条无形的绳索，把光绪的手脚紧紧地捆住了。该退位的不退位，对于在毓庆宫受了多年教育，饱读诗书，满腹经纶的光绪帝来说，不能眼看着这种状况长期存在下去。

他要起来做一定程度的抗争，尤其是在光绪 17 岁时，醇亲王奕譞郁郁死去，他的这种念头与日俱增，终于在甲午战争中酿成了轰动一时的帝后之争。

早在甲午战争爆发之前，日本侵略者已经制定了先征服朝鲜，然后再侵略中国的战略决策。光绪二十年（1894 年）朝鲜半岛上掀起了"东学党"起义的浪潮，日本政府以狡猾的手段，一面竭力怂恿清政府派兵赴朝镇压"东学党"起义，一面又以保护日本使馆与侨民和协助朝鲜平乱为口实，先后派遣了大批军队自仁川登陆，四五月间，日军兵力已远在清军之上。因此在"东学党"起义被平息之后，清廷以乱事敉平，照会日本同时撤兵。日本非但不予理会，又以改革朝鲜内政为理由，要求长期赖在朝鲜，并且不断地进行挑衅，滋生事端，处心积虑地点燃战火。

对于日本所要挑起的战争，光绪帝主张予以严厉回击。光绪帝多次下诏令直隶总督兼北洋大臣李鸿章筹备战守事宜，并命南洋各督抚大臣预为筹备，反对李鸿章恳求列强出面调停的做法。光绪帝于六月十三日下令派翁同龢和礼部尚书李鸿藻参与军机处事宜，与诸军机大臣会商中日朝鲜争端。在会上，翁、李二人提出备战御敌的方策，得到认可。会后第二天，与会诸臣联衔向光绪帝递上《复陈会议朝鲜事宜折》，折中采纳了翁、李的主战见解。对此，光绪帝于六月十六日再次下诏令李鸿章抓紧军事部署。但在此之前，日本早已做好了发动战争的准备，正当高升号轮船于六月二十三日在北洋海军"济远""广乙"舰护卫下运兵行至丰岛海面时，蓄谋已久的日本海军突然发动袭击，击沉"高升"号轮船，即高升号事件，悍然挑起丰岛海战。面对日本已发动侵略战争的事实，朝野上下要求主战御敌的呼声日趋高涨，光绪帝也毅然决定对日宣战。七月初一日，清廷发布对日宣战的"上谕"。载湉认为："日本首先挑起事端，侵略挟制朝鲜，如果导致事情很难收场，那我们自然应该出兵讨伐。"七月二十四日，他又谕示李鸿章不要贻误军机。他直接命令朝鲜牙山南路叶志超与进入朝鲜北部的清军夹击侵朝日军。他多次下令加兵筹饷，停止慈禧太后挪用海军军费修建颐和园，但是李鸿章没有听取载湉的谕旨。在后来的战役中，中国初于牙山战役失利，继于平壤之战中战败。鸭绿江江防之战失利，日本乘势发起辽东战役，连陷九连、凤凰诸城。大连、旅顺相继失守。复据威海卫、刘公岛。在威海卫战役中日军夺中国兵舰，中国海军覆丧殆尽。

　　光绪二十一年（1895 年）三月二十三日，李鸿章在日本抱着"宗社为重，边徼为轻"的宗旨，与日方草签了《马关条约》。由于该约内容苛刻，光绪帝以割地太多为由，表示对该约"不允"，拒绝签字用宝。此时，爱国官员的谏诤和举人的上书活动风起云涌，光绪帝怀着通过迁都而与日本周旋的想法到颐和园请求慈禧太后接受这唯一可行之策，结果遭到拒绝。四月初八日，军机大臣孙毓汶拿着李鸿章从天津送来的和约稿本与奕䜣等人共同逼迫光绪帝签字，慈禧太后在这时也指令必须批准和约，光绪帝"绕殿急步约时许，乃顿足流涕"，被迫在《马关条约》上签了字，第二天"和约用宝"。四月，康有为联合在北京参加会试的 1300 名举子，上书都察院要求拒和、迁都、变法，史称"公车上书"。接着，康有为又撰写了上清帝第三书，呈递都察院。五月十一日，这份上书送到了光绪帝的手中。此时，正在为甲午丧师痛感不安、为签约用宝深怀内疚的光绪帝，急切需要的是怎样雪耻自强之方，康有为这份上书中所详细陈述的"富国""养民""教民""练兵"等实施变法的具体内容，所申明的必须"及时变法"，"求人才而慎左右，通下情而图自强，以雪国耻，而保疆圉"的剀切之言，引起了他的共鸣，对上书"览而喜之"，立即命令再抄录副本 4 件，以 1 件呈送慈禧太后，1 件留存军机待日后发交各省督抚讨论，1件存放乾清宫南窗小篋，1件存勤政殿以备随时"览观"。六月，康有为与梁启超在北京组织"强学会"。十月，俄、德、法三国干涉，迫使日本放弃对中国辽东半岛的主权要求，此为"三国干涉还辽"。

光绪帝读书像

光绪二十三年十月（1897年11月），德国侵略军借口山东巨野发生的教案，悍然出兵侵占了胶州湾。这是一个危险的信号，沙俄的军舰紧急动员，开足马力向旅顺海面驶来。英、法、日等国无不虎视眈眈地注视着事态的发展。列强已张开血盆大口，等待时机一旦成熟，就要将偌大的神州瓜分吞食。正是在此局面下，康有为再度来到北京。他在向光绪帝的上书中警告说，当前的局面已是"地雷四伏，药线交通，一处火燃，四面皆应"，如若再高卧不醒，不图变法，"恐自尔之后，皇上与诸臣，虽欲苟安旦夕，歌舞湖山而不可得矣，且恐皇上与诸臣求为长安布衣而不可得矣。"这份措辞尖锐的上书，由于守旧朝臣的阻挠未能递到光绪皇帝的手里。康有为还试图发动台谏官员联合起来伏阙吁请清廷变法，可惜响应者寥寥。

光绪二十四年（1898年）正月初三日，康有为被请到总理衙门西花厅问话。参与问话的翁同龢把康有为在问话时所陈言的有关变法的重要性、内容及步骤向光绪帝汇报后，光绪帝命令臣属今后对康有为递上的条陈，要即日进呈，不得阻拦或积压。于是，康有为在问话后的第五天，向光绪帝上第六书，提出了下诏定国事的要求，强调中国变法"莫如取鉴日本之维新"，要义有三点："一曰大誓群臣以革旧维新"；"二曰开制度局于宫中"；"三曰设待诏所"。光绪帝读了这份上书后颇以为然，坚定了变法的决心。二月二十日，康有为第七次向光绪帝上书，要求光绪帝以俄国彼得大帝为榜样，以君权厉行变法。三月二十七日，康有为等人组织了保国会，由御史李盛铎领首。守旧大臣攻击该会"名为保国，势必乱国"，甚至要追究入会之人。光绪帝则指出："会为保国，岂不甚善！有力打击了顽固势力的气焰，支持了维新派。

四月，选派宗室王公出洋游历；载湉亲选亲王、贝勒，公以下闲散人员由宗人府保荐。召见康有为，命充总理各国事务衙门章京。颁布"定国是诏"，开始百日维新。五月，载湉诏立京师大学堂；陆军改练洋操；自下科始，乡、会、岁科各试，改试策论；诏八旗两翼诸营，均以其半改习洋枪。六月，诏改定科举新章。七月，诏裁詹事府、通政司、大理、光禄、太仆、鸿胪诸寺，归并其事于内阁，礼、兵、刑部兼理之。赏内阁侍读杨锐、中书林旭、刑部主事刘光第、江苏知府谭嗣同并加四品卿衔，参与新政。召袁世凯来京。维新派于上海创办《时务报》，以汪康年为总理，梁启超为总主笔。

这些改革措施，虽然带有一定的局限性，但从北京紫禁城发出的一道接一道的新政诏令，毕竟是光绪帝革旧图新决心的体现，毕竟使维新派的变法愿望得到部分实现，这就在文教上打击了旧学，提倡了新学，经济上有利于资本主义的近代化，政治上给人们某些言论、出版、结社的权利，因而具有进步作用。新政诏令却遭到封建守旧势力的抵制和反对，许多顽固大臣引慈禧太后为奥援，唯"懿旨"是尊，不把光绪帝放在眼里，甚至明目张胆地阻挠新政，致使光绪帝的变法诏书大多成了一纸空文。

百日维新期间，光绪帝在康有为进呈的《日本变政考》《列国政要比较表》以及《波兰分灭记》等书的影响下，了解到在"大地既通，各国争雄竞长"的时代，欧美列强相争进逼，日进无已，中国经济如不尽快振兴，必然会败亡立至。尤其是康有为把中外经济分项列表进行比较，更使光绪帝阅后心骨悚然，增添了"民生之不易，祸至之无日"的紧迫感和危机感。明定国是诏书颁布的第二天，光绪帝即下令各省整顿商务矿务、广开利源；尔后又在京师设立了农工商总局、铁路矿务局。为了培养人才，广开风气，劝励工艺，奖募创新，他还颁布了振兴工艺给奖章程，对各省士民著有新书及创行新法，制成新器，果系堪资实用者，悬堂奖励；量其才能，或授以实职，或赐以章服，表以殊荣。所制新器，颁给执照，准其专利售卖。他甚至不惜触动旗人的寄生特权，让他们自食其力，准许自谋生计，废除以前的计口授田成案。为了富强至计，光绪帝日夜焦思，千方百计促使中国经济繁荣，保其固有之利权不被掠夺。在这一系列政策感召下，中国的民族资本主义经济获得了长足进展。

进入农历七月之后，光绪帝变法的步骤比以前有明显的加快。他不顾守旧官僚的强烈反对，下令对叠床架屋的官僚体制进行大刀阔斧的改革，将詹事府、通政司、光禄寺、鸿胪寺、太仆寺、大理寺等京内各衙门进行裁撤；并对各地的行政官员，候补捐纳

慈禧太后像

的冗员及通同佐贰等闲员下令要在一月之内裁汰净尽，不得借口体制攸关，进行阻格；并不得以无可再裁，敷衍了事。这些严厉的措施在中央和地方遇到了前所未有的阻力。守旧派官员群起出动，与新政为敌，他们造谣说："皇帝吃了康有为的迷魂药"；有的直接上书，请光绪帝诛杀康有为、梁启超，以平息"民愤"，保全国体。有的不顾利害，摆出"誓死以殉"的架势。光绪帝见到折后十分生气，他不但不加罪康、梁，还怕慈禧看见，令谭嗣同将其折逐条驳斥，竭尽全力保全维新力量。

政治改革的深入与新旧两党的尖锐冲突同步进行。新政诏令颁布始，以慈禧太后为首的顽固守旧势力就预谋着对政局的控制。在翁同龢被开缺回籍的谕令发布当天，慈禧太后又胁迫光绪帝宣布以后凡授任新职的二品以上官员，须到颐和园向她谢恩。同日，任命慈禧太后的亲信大臣荣禄署理直隶总督，以控制京津一带的兵权。光绪帝也未一味示弱，进入戊戌七月之后，光绪帝深知守旧大臣与自己势不两立，于是益发放手办事。他不理睬守旧大臣的反对，而将谭嗣同、林旭等四人拔擢为军机章京，赏给四品卿衔，参加新政。

这一行为触怒了慈禧。七月二十日，载湉又任命维新派重要人物江苏候补知府谭嗣同、刑部候补主事刘光第、内阁候补侍读杨锐、内阁候补中书林旭担任四品衔章京，处理新政事宜。后来维新派又企图聘请当时已经下野的日本前首相伊藤博文担任顾问，在慈禧干涉下未能实现。与此同时又有众多利益受到侵犯的顽固势力聚集到慈禧身边，请求她出面制止变法。七月二十二日，把阻挠新政的李鸿章逐出总理衙门。光绪帝的这些反击措施，进一步引起慈禧太后的忌恨，她不断派人去天津与荣禄密谋策划，京津一带也盛传秋季慈禧太后偕光绪帝去天津阅兵时将废掉光绪帝。

随着天津阅兵日期的迫近，光绪帝惊慌不安，于七月二十八日交给杨锐一道密诏，称："朕维时局艰难，非变法不足以救中国，非去守旧衰谬之大臣，而用通达英勇之士，不能变法。而皇太后不以为然，朕屡次几谏，太后更怒。今朕位几不保，汝康有为、杨锐、林旭、谭嗣同、刘光第等，可妥速密筹，设法相救，朕十分焦灼，不胜企望之至。"光绪帝这种置自身命运于度外的精神使康有为等人大为感动，但他们在捧诏痛哭之后，却是束手无策，最后只好把希望寄托于东交民巷的公使馆和曾参加过强学会并握有新建陆军的袁世凯身上。各国公使只是虚表"同情"，不愿干预。康有为等人便策划了兵围颐和园捕杀慈禧太后的行动；一方面敦请光绪帝于八月初一日召见袁世凯并破格重赏侍郎候补；一方面物色湖南会党首领毕永年为捕杀慈禧太后的人选；又一方面则是由谭嗣同在八月初三日夜访袁世凯，鼓动袁世凯先诛荣禄，再兵围颐和园。毕永年进京与康有为交谈，认为袁世凯不可靠，此事不可恃，便径赴日本。袁世凯表面上答应了谭嗣同，却在八月初五日再次受到光绪帝召见后，于当日赶到天津向荣禄告了密。荣禄便连夜驰奔京城，向慈禧太后密报。

慈禧太后闻讯，深夜从颐和园还宫。八月初六日晨，慈禧太后宣布重新训政，下令缉捕康有为等维新派人士，戊戌政变发生。康有为在政变发生的前一天逃离北京，谭嗣同、杨锐、林旭、刘光第、康广仁、杨深秀"六君子"于八月十三日被杀于北京菜市口。慈禧太后在八月初八日举行临朝训政礼后，囚光绪帝于中南海瀛台涵元殿。轰动一时的"百日维新"被慈禧太后为代表的顽固守旧势力所扼杀。

在三个多月大刀阔斧的改革失败之后，光绪帝的生涯大部分是在瀛台度过的。他用西法来挽救中国的宏图已变为泡影。他曾对别人说过："朕不自惜，死生听天，汝等肯激发天良，顾全祖宗基业，保全新政，朕死无憾"，充分流露了他眷恋新政，不忘变法的意愿。

在光绪帝被囚禁的岁月里，慈禧耿耿于怀，几次欲废掉光绪的帝位，但因为内外势力的反对，因而只是在光绪二十五年冬演出了一场"己亥建储"的丑剧，将顽固派载漪之子溥俊立为"大阿哥"，以俟时机成熟再行为立。然而，后党的这些举动遭到了英、法等列强的抵制与反对，这就使得在慈禧当权势力与列强之间的矛盾更趋尖锐。慈禧、荣禄一伙极力推行排外政策，并企图利用正在兴起的义和团运动达到其独揽政权的目的。

光绪二十五年（1898年）五月间，京津义和团如火如荼，守旧的当权势力利令智昏，他们一面策动义和团众围攻使馆，一面掀起了一股排外的狂潮。光绪二十六年（1900年）八国联军侵华战争时，清廷必须在和与战问题上作出抉择。当时围绕要不要对列强宣战，清廷连续召开数次御前会议进行讨论。光绪帝虽已处于无权的地位，却在会上力陈使馆不可攻，洋人不应加害，并极力反对向列强宣战。他认为："战非不可言，顾中国积弱，兵又不足恃，用乱民以求一逞，宁有幸乎？"并反驳顽固派散布的义和团有神术，枪炮不入等谬说，称："乱民皆乌合，能以血肉相搏耶？且人心徒空言耳，奈何以民命为儿戏"，千方百计地阻止同时向诸国宣战的愚蠢做法。

光绪将义和团称作"乱民"，固然暴露了他仇视民众运动的立场，但是，他对形势的分析显然比顽固派高明得多，他反对以国家命运作为儿戏，无疑有其正确的一面。可惜他的这些正确的呼声都被掌权的顽固派置若罔闻，在慈禧排外政策指导下，中国变成了一架发狂的机器，有的顽固派大臣公然叫嚷，要杀掉中国境内的一切洋人，以为从此会天下太平。

联军于八月十四日攻破北京，载漪于八月十五日在慈禧太后的带领下逃往西安，直到丧权辱国的《辛丑条约》签订后返回北京，才结束了这种流亡生活。

从西安行在回銮之后，慈禧似乎有些感觉到戊戌年光绪所推行的新政，对于大清王朝的基业巩固不无裨益；而"戊戌政变"带来的后果几乎都与灾难相连，于是又挂出了新政的招牌，废除科举，大兴学堂，仿行宪政……这些举措甚至比戊戌年更要激进些。无奈大势已去，人心已散，收效极微。在这些重大事件中，发布上谕的虽说还是光绪，但他只是傀儡而已，真正的主宰是慈禧。

光绪帝返京后，不再被囚于瀛台，而是常常临朝，恢复到以往的帝位生活，但慈禧太后对他仍严加控制。此时的清廷固然仍在推行着自光绪二十六年十二月初十日（1901 年 1 月 29 日）开始下诏变法所实行的新政，似乎是把戊戌变法时期的新政措施又一步步恢复，然而光绪帝在颁发新政诏令时却不得不服从慈禧太后的旨意"先自骂两句"，说"康有为之变法，非变法也，乃乱法也"。他在对德龄公主的自白中表达了苦衷："我有意振兴中国，但你知道我不能做主，不能如我的志。"

光绪三十四年（1908 年）十月，光绪生病卧床。这时慈禧也生病了。光绪在日记中写道："我病得很重，但是我心觉得老佛爷（指慈禧）一定会死在我之前。如果这样，我要下令斩杀袁世凯和李莲英。"不料这段日记被李莲英获悉，他立即报告了慈禧，说："皇上想死在老佛爷之后呢！"慈禧听了，恨恨地说："我不能死在他之前！"

光绪三十四年（1908 年）冬，载湉病重，慈禧太后下令将溥仪养育在宫中。溥仪是醇贤亲王奕𫍯之孙，摄政王载沣之子。十一月十四日，载湉身故，终年 38 岁。庙号德宗，谥"同天崇运大中至正经文纬武仁孝睿智端俭宽勤景皇帝"，简称景皇帝。民国二年（1913 年）葬入河北易县清西陵中的崇陵。

清宣统帝溥仪

爱新觉罗·溥仪（1906—1967年），字耀之，号浩然。道光帝旻宁的曾孙、醇贤亲王奕譞之孙、摄政王载沣长子，母亲苏完瓜尔佳·幼兰是荣禄之女。清朝末代皇帝，也是中国历史上最后一个皇帝，也称清废帝或宣统帝。1909年到1912年、1917年7月1日到1917年7月12日两次在位。

光绪三十四年（1908年）十月二十一日，光绪帝身故，慈禧同时病笃，决定立溥仪为嗣皇帝，承继同治帝载淳，兼祧光绪。消息传来，醇王府顿时发生一场大乱。溥仪的祖母老福晋刘佳氏刚听完载沣带回来的懿旨就昏厥过去。未来的皇帝溥仪连哭带打不让内监抱走。溥仪的乳母王焦氏用奶水止住了三岁孩子的哭叫，并由她抱着一起进宫，再交内监抱去见太后。溥仪被阴森森的帏帐和慈禧的那张病脸吓得直打哆嗦，掩面大哭。慈禧吩咐拿串糖葫芦来哄哄，却被溥仪一把摔在地上，嚷着要乳母，使重病在身的慈禧很不痛快。第二天，慈禧去世。

一个月后，溥仪登基，做了清皇朝入关后第十位皇帝，改元宣统。其父载沣监国摄政。光绪三十四年十二月初二（1908年12月24日），在紫禁城太和殿内，文武百官三跪九叩，朝贺坐在又高

摄政王载沣与其子溥仪、溥杰（怀中）

又大的宝座上的小皇帝溥仪。这里正在举行新皇帝的登基大典。刚刚年满3岁的小皇帝哭喊着要回家；其父摄政王载沣急得汗滴淋漓，双手扶稳他哄着说："别哭，快完了。"典礼匆忙结束，文武百官忧心忡忡，都觉得这是不祥之兆。的确，这不是一次留名青史的隆盛帝业的开端，而是统治中国长达200多年的爱新觉罗氏王朝帝位更替的最后一幕。

早在1894年11月，孙中山便组织了兴中会，倡言反满。1905年孙中山又成立同盟会，以"驱除鞑虏，恢复中华，创立民国，平均地权"为宗旨，接连发动武装起义，屡败屡起，奋斗不止。溥仪登基后，全国革命潮流更加高涨。宣统元年（1909年）各地群众反抗斗争149次，宣统二年跃升到266次。这年4月湖南长沙饥民风潮，数万人焚烧抚署和洋行。5月，山东莱阳农民抗捐，五六万人围困县城。震动全国的收回利权运动，逐渐发展为粤、湘、鄂、川四省保路运动。武昌起义前夕，清四川总督屠杀请愿民众，造成血案。全川人民组织保路同志军发动起义，20万人围攻成都。清廷从湖北调兵入川镇压，造成武昌空虚，革命呈一触即发之势。

面对风起云涌的革命斗争，清廷在慈禧去世前，从光绪三十二年（1906年）起便下诏"预备立宪"，其目的是为了消弭革命，应付舆论，以达到"皇位永固"。清廷借改革官制之机把政权集中在满族贵族手中。溥仪继位后，载沣继续加强亲贵集权，罢斥了北洋军统帅袁世凯，理由是让他回河南彰德治脚病。载沣自任代理陆海军大元帅，其弟载洵为海军大臣，载涛为军谘大臣（相当于参谋总长），弟兄三人总揽军政大权。立宪派先后发动三次请愿，要求速开国会，遭到清廷镇压。1911年5月，清廷颁布内阁官制并分布内阁成员名单。内阁只对皇帝负责，议院无权监督内阁。包括总理奕劻在内的阁员13人中，满蒙贵族占9人，其中皇族又占9人，实际上是皇族内阁。汉族官僚、军阀和立宪派强烈不满。清朝亲贵统治集团完全孤立了。

溥仪登基不到三年，辛亥革命就爆发了。1911年10月10日湖北新军中革命党人在武昌发动起义，成立军政府，由新军协统黎元洪出任湖北军政府都督。各省纷纷宣告独立。一个月后，除直隶、河南、山东、东三省尚能由清政府控制外，民军已"三分天下而有其二"。各省谘议局的立宪党人包括一些旧官僚，也都卷入了革命浪潮。

武昌起义消息传来，清廷一片慌乱，溥仪下《罪己诏》。清廷派陆军大臣荫昌率北洋军队两镇南下，同时命海军驶入武汉江面配合陆军作战。但荫昌指挥不动北洋陆军。在彰德"养病"的袁世凯，一直密切注视局势的变化，同在北京官场和北洋陆军中的心腹徐世昌、段祺瑞等保持着联系，对政局了如指掌。武昌起义的胜利，引起帝国主义的仇视，各国公使一致促请清廷起用袁世凯。清廷不得已任命袁为湖广总督，令其督师南下。袁以脚病未好为借口，不肯应命，暗中却操纵北洋军怠战，并提出组织责任内阁，给他指挥水陆各军的全权等条件，要挟清廷。清廷被迫召荫昌回京，任命袁为内阁总理大臣和节制水陆各军。袁在彰德"遥领圣旨"，下令北洋军向革命军进攻。11月2日攻下汉口后，即按兵不动，而后带卫队抵京。16日组成责任内阁，迫使载沣辞去监国摄王职务，袁世凯总揽政府大权，接着便下令北洋军猛攻汉阳，炮击武昌。

这时，光复各省代表经过多次磋商，选举孙中山为中华民国临时大总统。1912年1月1日，孙中山在南京誓就职，成立临时政府，以这年为民国元年。南京临时政府制定和颁布了一系列政令和措施，要求全国统一，反对民族压迫与民族分裂，扫除专制弊病和发展资本主义等。南京临时政府颁布的《临时约法》，使民主共和国的观念从此深入人心。但是，由于立宪党人、旧官僚的加入，南京临时政府从一开始就极不牢固。

英国害怕战火危及它在长江流域的利益，便由英驻华公使出面与袁世凯商定，利用革命军暂时受挫，诱迫革命党人向袁妥协。英驻汉口领事建议双方停战。接着，南北双方代表伍廷芳和唐绍仪在汉口举行"和议"（后移上海）。

南北和议前夕，英、美、日、俄、德、法六国公使举行会议，决定一致对革命党人施加压力，促其向袁世凯妥协。革命党人在和议过程中一味退让。孙中山虽曾力主北伐，反对和议，但在帝国主义和袁世凯的威胁下，抵不住革命营垒内部的妥协压力。1912年1月13日，孙中山表示：如清帝退位，即宣布辞职，推袁为总统。

狡猾的袁世凯左右逢源，一面用清朝的武力要挟革命党人议和妥协，一面又借革命势力逼迫清帝退位。在连续召开的御前会议上，光绪帝的皇后隆裕太后只是抱着溥仪大哭。与会者意见纷纭，战和不定。不久，坚决反对议和、顽固维护帝位的宗社党总头目良弼被革命党人彭家珍炸死，皇室亲贵为之丧胆。主战最力的恭亲王溥伟、肃亲王善耆此时也噤若寒蝉，离开北京。袁世凯在得到革命党人交出政权的保证后，便掉转头来对清廷进行逼宫。在这以前，他授意驻外公使联合致电清廷，要求清帝退位。1月26日，2月6日，又指使段祺瑞等四十七名前敌将领，

溥仪读书像

一反以前反对共和的腔调，突然从前线发来电报，要求清帝退位，"立定共和政体"，并声言要率军入京"与王公痛陈利害"。袁世凯一面施加压力，一面提出优待条件作为诱饵。南北和议代表先后举行了五次会议。除讨论军队停战和政权体制问题，还议定了清帝退位的优待条件。经多次磋商，双方达成优待清室条件八条：清室退位后暂居宫中，日后移居颐和园；仍用皇帝尊号，民国政府以外国君主之礼相待；每年提供400万两的费用；特别保护皇家私有财产，等等。宣统三年十二月二十五（1912年2月12日）隆裕皇太后带着六岁的溥仪，在养心殿举行清王朝的最后一次朝仪，正式宣告退位。退位诏书是状元公张謇的手笔，内中说："今全国人民心理，多倾向共和"，"人心所向，天命可知。予亦何忍因一姓之尊荣，拂兆民之好恶"，"特率皇帝将统治权公诸全国，定为立宪共和国体，近慰海内厌乱望治之心，远协古圣天下为公之义"。溥仪懵懵懂懂地当了三年末代皇帝，也是中国历史上最后一个君主。他的退位，结束了统治中国长达2000多年的封建君主专制制度。

溥仪坐像

2月13日，孙中山宣布辞职，推荐袁世凯为临时大总统，并请他在南京就职。袁口头上应诺南下就职，暗中却唆使曹锟等于2月29日发动兵变，以此为借口实现迁都北京的目的。3月10日，袁世凯在北京宣誓就职，组成北洋军阀政府，窃取了辛亥革命成果。溥仪和他的皇室按清室优待条件，开始了小朝廷的生活。这时，紫禁城里的太和殿、中和殿、保和殿等三大殿已划归民国。挂着皇帝空名的溥仪，只能把他的小朝廷设在养心殿了。

1912年9月10日，隆裕太后为六岁的溥仪请了师傅，开始读书。书房先设在中南海瀛台补桐书屋。这里三面环水，风景秀丽，曾是慈禧软禁光绪皇帝的地方。后来将书房移到紫禁城斋宫右侧的毓庆宫。众多的师傅中，陆润庠、徐坊、陈宝琛、朱益藩和梁鼎芬先后教汉文，伊克坦教满文。在读书的六七年里，溥仪学的主要是十三经、古诗、古文以及《大学衍义》《朱子家训》《庭训格言》《圣谕广训》《御批通鉴辑览》之类，没有学过算术，也没有学过地理、历史。从14岁开始向庄士敦学习英文。

溥仪读书极不用功，除经常生病不上学外，还不时让太监传谕老师放假。老师们对于这个学生无可奈何，只好采用权宜办法，每天早晨起来后，由总管太监张谦和站在卧室外，把昨天的课文大声诵读几遍给溥仪听；在溥仪到太后面前请安时，则以"见面礼"让他在太后面前把书从头念一遍，促使他记忆。这样，学了几年，当然背不出几篇文章。满文学得更糟，连字母都没学会，随着师傅伊克坦的去世而彻底了结了这门功课。

老师们为促进溥仪学习，想了个伴读的办法。伴读的学生每月可以拿到八十两银子的酬赏，另外还赏"紫禁城骑马"，即从东华门、西华门进宫以后还可以在宫内骑一段路程再下马，这是朝廷对臣下的一种特殊恩典和荣誉。先是由贝子溥伦之子毓崇伴读汉文，后来又增加溥仪的弟弟、醇亲王次子溥杰伴读汉文。这时溥仪稍有长进，当着老师的面能在书房里坐住凳子；老师对溥仪的过失也可以用训斥伴读生的办法加以规劝、训诫。

对溥仪影响最深的老师是陈宝琛和庄士敦。

陈宝琛，福建闽县人，有"福建才子"之称。同治朝进士，二十岁点翰林，清末曾任内阁学士和礼部侍郎。入阁后以敢于向太后进谏出名，与张之洞等人同被称为清流党。光绪十七年被借口没有办好南洋事务连降五级，从此回家赋闲。辛亥革命前夕才被起用，原放山西巡抚，未到任，就留下做溥仪的启蒙老师。他为人稳健谨慎，反对太监们给溥仪讲"怪力乱神"故事，对溥仪学习比较尽心。每天除教读书、念圣训外，还给溥仪讲历代帝王为政得失，要他自幼立志读书，奋发有为。他敌视民国和革命，终不忘遗臣之志，为溥仪求签，卜测清室和溥仪的未来命运。宝琛教溥仪的时间最长，所以溥仪很信任他，事无巨细都要问一问这位智囊。皇室给陈宝琛待遇优厚，每月有1000圆（折银720两）酬金，还经常赏赐古董字画、御笔联匾。

庄士敦，是英国苏格兰人，牛津大学文学硕士。到亚洲20多年，曾任香港总督府秘书、威海卫行政长官等职，走遍中国内地各省，通晓中国历史，对儒、墨、释、老都有研究，特别欣赏中国古诗。庄士敦经洋务派李鸿章之子李经迈推荐，由徐世昌代向英国公使交涉，正式被清室聘为溥仪的英文老师。1919年3月，庄士敦到养性斋开始教授英文。庄士敦教溥仪英文，同时也注意向他灌输西方文明，使他潜移默化，培养其绅士的气质。庄士敦给溥仪起了一个英国人的名子叫亨利。他常常带外国画报给溥仪阅看，给他讲坦克、飞机，给他品尝带水果香味的外国糖果，同时给他解释如何用化学方法制造香精，如何用机器生产漂亮包装的糖果，也讲如何穿着西服、注意仪表、参加茶会等。这些，溥仪虽然不能完全理解，但不能不说是已经成功地渗入他的心田。随着时间的推移，庄士敦在溥仪心目中占有更重要的位置。庄士敦和溥仪经常谈论各国政体国情，第一次世界大战后的列强实力，世界各地风光，英国王室生活，中国内战局势，中国"五四"新文化运动和西方文明的关系，甚至还谈到复辟的可能性和不可靠的军阀态度，等等。经庄士敦介绍，溥仪在紫禁城里接见过英国海军司令、香港总督。受庄士敦的影响，溥仪醉心于生活欧化，不惜违反祖宗家法，剪去曾经象征清王朝统治的长辫，轰动了整个宫内。他像庄士敦一样穿西服、吃西餐、骑自行车、打网球、戴眼镜、安电话，甚至在和伴读生交谈时还模仿庄士敦那种中英文夹杂着说的方式。庄士敦的熏陶，也使溥仪产生了赴英留学的念头和逃离紫禁城去西方漫游的幻想。

小朝廷对外的联系，主要还是同袁世凯。袁出于不可告人的目的，对清室也极尽安抚手段。民国二年（1913年）元旦，袁世凯派礼官朱启钤给溥仪拜年。临到溥仪生日2月7日这天，袁世凯又派礼官祝贺如仪。2月15日隆裕太后寿日，袁世凯派总统府秘书长梁士诒入宫致贺，呈上写着"大中华民国大总统致书大清隆裕皇太后陛下"的国书，国务总理赵秉钧率领全体国务员进宫行礼。2月22日，隆裕太后去世，袁世凯通电吊唁，称为"国丧"，要全国下半旗一天致哀，文武官员服丧27天，并派全体国务员到紫禁城致祭。接着，在太和殿举行国民哀悼大会，由参议院议长吴景濂主祭；军界也举行全国陆军哀悼大会，由陆军部总长段祺瑞主持。但是所有这一切并没有引起溥仪对袁世凯的任何好感。

民国六年（1917年）6月14日，前清遗臣张勋以调解段祺瑞代表的国务院与黎元洪代表的总统府之间的矛盾为名，率定武军4000人入京，把黎元洪赶下台。7月1日，张勋兵变，宣统复辟，年仅12岁的溥仪又坐上龙椅，大封群臣：封赠黎元洪为一等公，任命张勋、王士珍、陈宝琛、梁敦彦等为内阁议政大臣，万绳式、胡嗣瑗为内阁阁丞，梁敦彦、王士珍、张镇芳、雷震春、萨镇冰、朱家宝、詹天祐、沈曾植、劳乃宣、李盛铎、贡桑诺尔布为外务、参谋、度支、陆军、海军、民政、邮船、传、学、法、农工商、理藩等部大臣，徐世昌、康有为为弼德院正副院长，还任命了各部尚书和督抚。7月3日，段祺瑞出兵讨伐，逆军于12日进逼北京，张勋逃往荷兰使馆，康有为逃往美国使馆。溥仪这一次仅做了12天皇帝。

1922年12月1日，溥仪"大婚"，娶了一后一妃。"皇后"叫郭布罗·婉容，字慕鸿，年方十七，与溥仪同年。婉容是出身高贵的大家闺秀，旗人中有名的美女。其父荣源，其母爱新觉罗·恒馨，是皇族贝勒毓朗的次女。早在1921年，溥仪16岁，大臣们就聚议说"皇上春秋已盛，宜早定中宫"，在取得溥仪和太妃的同意后进行选后活动，各方玉照雪片似飞来，经过几番淘汰，最后只剩荣源和瑞恭两家。荣源的女儿婉容得到载涛的推荐和端康太妃的支持，端恭的12岁的女儿文绣得到载洵的推荐和敬懿太后的支持，双方势均力敌，明争暗斗，各不相让。一直拖到第二年春天无法再拖，只好请溥仪"圣裁"最后是立婉容为后，文绣为妃。于是荣宅便升格为"荣公府"，荣源被封为"承恩公"，婉容的两个兄弟润良和润麒得赏护军参领。

婉容

当溥仪穿着龙袍，仍按皇帝身份举行"大婚"典礼时，民国大总统黎元洪及外省大吏都遣使送礼致贺，各国驻华使节也都进宫庆贺，盛况仍自可观，好像大清帝国犹存一般。北京城里热闹了好一阵，报纸杂志天天都有新闻花絮。

对于溥仪的婚礼，黎元洪不但亲自送了8件礼物，红帖子上写了"中华民国大总统黎元洪赠宣统大皇帝"，还让财政部特意从关税款内拨出 10 万元以助大婚，其中两万元算作民国贺礼。民国政府派出大批军、宪、警为之护卫。溥仪小朝廷对此实是喜出望外。

婉容入宫不久便延聘英国人教授英文，后来不但能用英语讲话，还能用英文字信，同每天相见的溥仪互通音问，落款是用溥仪给她取的与英国女王相同的名字伊丽莎白。在婉容的熏陶下，溥仪也学会了吃西餐，当时被称作"洋饭"。

然而新婚生活并没有消除溥仪早已形成的对宫中狭隘生活环境的厌倦情绪。溥仪虽然用读书、吟诗、作画、弹琴消磨时间，但更吸引他的是走出紫禁城，接触高墙外边的天地。溥仪想，结婚已是成人的标志，别人再不能把他当作孩子那样管束。不久，他终于找到一个"探问师病"的理由，尝到了坐汽车逛大街的滋味。从此便一步步扩大访问范围，今天看父亲，明天看叔叔，甚至到颐和园、玉泉山等地游玩。每次出门，一列小汽车队，浩浩荡荡，威风十足，支出的费用自然惊人。这时，溥仪的生活既古怪又荒唐。他有时还能认真读书，也记一点日记，但更多的是在宫中捏泥人、玩石头、骑马、养狗、养鹿。单是中外各种名狗就有 100 多条，请专门医生给狗看病，每月花狗食费就达 300 多元。为了养鹿，在御花园中单辟了鹿苑。他还经常颁赐巨额犒赏。小朝廷挥霍无度，1915 年开支 279 万余两，1918 年后逐年减少，最低数仍达 189 万多两。1924 年溥仪用 1.2 万多元在北京亨茂洋行买了三辆最新式的小轿车，未及使用，他便被驱逐出宫。

溥仪的心中，郁积着一股出洋的冲动。庄士敦认为时机不相宜，他就耐下性子等待时机，暗中进行私逃的准备。忠心帮助他的是弟弟溥杰。他们的第一步行动是筹措经费，溥仪以赏赐溥杰为名，把宫里最值钱的字画和古籍一批批运出宫外，存到天津英租界原为溥仪万一必要时准备安身的一所房子里去。盗运活动连续干了半年多。

第二步计划是秘密逃出紫禁城，进入外国公使馆。庄士敦叫溥仪先和公使团的首席公使荷兰的欧登科联系，使其事先有所准备。溥仪通过电话并让溥杰前往联络，同欧登科约定了具体行动日期（1923年2月25日）和方法。后来由于走漏消息，没有走成。1923年春夏之间，在曹锟操纵下，直系军阀、政客通过策动内阁辞职、军警索饷请愿，围困黎元洪住宅、断水断电等手段，把二次当上总统的黎元洪逼下台。接着，曹锟又以每人500元贿买议员的肮脏办法，于10月5日当选为"总统"。小朝廷对曹锟的恐惧感消失了，并开始对声望日高的直系首领吴佩孚发生兴趣。陈宝琛的同乡，并为陈宝琛和庄士敦所推崇的郑孝胥，来到溥仪身边不久便向溥仪献策说，吴佩孚素以关羽自居，且心存大清社稷，最有希望，大可前去游说。经溥仪允许，郑孝胥带了一份厚礼，给在洛阳做五十寿诞的吴佩孚拜寿。吴的态度若即若离。

伪满洲国时期的溥仪

溥仪因见时局不靖，特意订了上海、广州、京内外文言白话报十余种，逐日按次阅读。不过，他兴趣最浓的还是那些野史、小说等，摆满了养心殿后面称作燕喜堂的小书房。

不守祖制、行为乖张的溥仪，越来越使王公大臣们惴惴不安。私逃不成，接受庄士敦"励精图治"的建议，溥仪下令整顿小朝廷内部，清查财务。这一举动，尤其使臣下心惊肉跳。宫内表面平静，内里腐败不堪。总管太监阮进寿招摇纳贿，吸食鸦片，每月膳费竟多至3000元。上行下效，宫中盗窃、赌博、放火，乃至行凶杀人，接踵而起。明清两代帝王数百年收集的珍宝文物，被宫中上下人等大批盗走。庄士敦告诉溥仪，地安门街头开几处古玩铺，店主多是太监、内务府官员或其亲戚。大婚刚过，婉容凤冠上的珠宝全被换成赝品，溥仪价值3万元的一粒钻石也不翼而飞。清点古玩开始不久，宫中突发大火，烧毁珍宝无数，纵火者为的是焚库灭迹。火灾过后，又发生太监行凶刺伤告发人的案件。溥仪吓得让婉容坐在床边为他守夜。

溥仪感到太监偷盗、杀人行凶的可恶，更感到这些被他任意打骂凌辱的奴隶对他有人身威胁，不顾太妃们反对，主张驱逐太监出宫。1923年7月16日，溥仪下令除留175名太监在太妃等处侍候以外，其余太监全部遣散。那天正值大雨泥泞，被逐太监被内务府大臣绍英带领军队押在神武门外，其状十分凄惨。

清帝退位以后，小朝廷宫内执事人员照旧不变。皇室经费有限，入不敷出，开支困难；且内务府官员贪污中饱，营私舞弊，内外尽知，于是溥仪在1914年7月9日下了一道"谕旨"，决定裁减内务府的官员。任命贝子溥伦等负责裁减事宜，首先将上驷院、武备院、奉宸苑裁归内务府堂管理，圆明园裁归颐和园管理。因小朝廷生活挥霍，民国政府又逐年减少供给经费，溥仪不得不在1922年7月再次下令将内务府官员裁减一半。

溥仪为了维持他的小朝廷，不惜大肆拍卖和抵押宫藏珍贵古物。1922年曾公开用投标的办法拍卖古物。1923年清室向银行借款，一次就抵押80件金器制品，最后无力赎回，只好估价卖给汇丰银行。溥仪虽然几次裁减官员，但是机构仍然臃肿，官员照拿俸饷。1924年7月溥仪决定将内务府七司三院裁为总务、文书、会计、采办四个科，然而改革不久，溥仪便被驱逐出宫。

1924 年 11 月 5 日，冯玉祥派北京卫戍总司令鹿钟麟、警察总监张璧带着 20 人的手枪队，闯进宫内，要溥仪在"从即日起永远废除皇帝尊号"的修改了的优待条件上签字，并限三小时内全部搬出紫禁城。溥仪一行丧魂落魄地被国民军赶出宫后，到了后海醇王府，发现载沣的惊慌比他更甚。庄士敦在傍晚时分带来的消息，稍稍缓和了紧张气氛。庄士敦说经他奔走，公使团首席公使荷兰的欧科登、英国公使麻克类、日本公使芳泽已经向摄政内阁外交总长王正廷提出抗议，王向他们保证溥仪生命财产的安全。接着郑孝胥和东交民巷的竹本多吉大佐定计，由竹本的副官中平常松大尉穿上便衣，带一位医生，假装送溥仪进医院，把他带出醇王府，送进日本兵营。因为太冒险，被载沣等人禁止。在挨过惶恐不宁的日夜后，由庄士敦、陈玉琛和溥仪商定了一个脱逃之计。12 月 10 日，溥仪由陈宝琛、庄士敦陪同，出醇王府到东交民巷乌利文洋行购物，借口有病避进德国医院。随后，在郑孝胥与日本使馆安排下，由医院逃入日本使馆。1925 年 2 月 23 日，在罗振玉和日本使馆策划下，由池田书记官和几名日本便衣警察护送，溥仪秘密地转移到了天津张园。

原来打算出洋的溥仪，结果在天津一住七年。在遗老们的包围下，梦想复辟的溥仪，与日本帝国主义者相勾结而越陷越深，终于被日本侵略者玩弄于股掌之中，平添了一段罪恶史。1931 年，溥仪在侵华日军策划下被挟持至东北。1932 年 3 月，出任日本傀儡政权"满洲国"执政。1934 年 3 月 1 日改称满洲帝国"皇帝"，年号康德。1945 年 8 月 15 日日本投降后退位，16 日被苏联军队俘获，转入伯力监狱。1950 年 8 月移交给中华人民共和国政府，被监禁于抚顺。1959 年 12 月特赦释放。1963 年起任全国政协文史资料研究委员会专员。1964 年任中国人民政治协商会议第四届全国委员会委员。1967 年 10 月 17 日在北京病逝，终年 61 岁。

长期以来，人们对中国的末代皇帝溥仪的称呼都是宣统帝或者清废帝、末代皇帝、逊帝等，因为他没有庙号和谥号，他去世时是平民身份，所有没有谥号。但爱新觉罗家族在台湾的后裔于 1967 年给溥仪上了庙号"宪宗"和谥号"配天同运法古绍统粹文敬孚宽睿正穆体仁立孝襄皇帝"。但溥仪所谓的谥号、庙号是家族内定的，未获国民认可，并不能算是正式的谥号、庙号。